Code du travail OHADA

Collection « Études africaines »
dirigée par : Denis Pryen

Forte de plus de mille titres publiés à ce jour, la collection Études africaines fait peau neuve. Elle présentera toujours les essais généraux qui ont fait son succès mais se déclinera désormais également par séries thématiques : droit, économie, politique, sociologie, etc.

Joseph-Eric Nnomenko'o, *Problématique foncière et trajectoires de développement en Afrique subsaharienne, L'exemple du Cameroun*, mars 2020.
Jean-Pierre Kabanyishi Mukuna, *La conception juridique du contat d'assurance-vie, Etude comparative des Codes français et congolais*, février 2020
Daddy-Arthur Lukwasa Ndembe, Trésor Ntumba Mutombo, *Pratique des finances publiques, Acteurs, outils, procédures et méthodes*, février 2020
Robert Kong, *Apprendre à mourir chez Platon*, février 2020
Valérie Medori Touré, *Les enfants de la rue à Ouagadougou, Entre mobilité, socialisation et stigmatisation*, février 2020
Martin Fortuné Mukendji Mbandakulu, *L'éthique de l'enseignant, Le contexte de la République démocratique du Congo*, février 2020.
Didier Loukakou, Boubou Keïta, *Les défis du droit des affaires en Afrique, Mélanges I*, février 2020.
Jean-Claude Eloundou, *Afrique : ton développement en question*, janvier 2020.

Hygin Didace AMBOULOU

Code du travail OHADA

1ère édition

L'Harmattan

5-7, rue de l'École-Polytechnique 75005 Paris

http://www.librairieharmattan.com

ISBN : 978-2-343-19433-2
EAN : 9782343194332

AVANT-PROPOS

Comme toutes les matières juridiques, le droit du travail est composé de l'ensemble des règles qui régissent les relations humaines. Dans son cas, il s'agit des relations s'instituant au niveau du travail et dans lesquelles sont impliqués les travailleurs, les employeurs, les groupements ou collectivités représentant les uns ou les autres. Il faut surtout retenir que le droit du travail est fait pour les personnes : les travailleurs salariés dans leurs rapports individuels et collectifs avec leurs employeurs. L'élément central de ce droit est le contrat de travail. Il peut se présenter sous une forme verbale ou écrite, avec ou sans détermination de durée.

D'une part, ce droit tient sa spécificité de deux grands caractères : c'est un droit imparfait, cela de par sa nature, puisqu'il cherche à établir un équilibre entre des intérêts collectifs divergents. D'autre part, c'est un droit en constante évolution, car il doit s'adapter aux progrès économiques, techniques, de plus il subit les contre coups des tensions sociales et politiques.

Par ailleurs, le droit du travail tient une grande importance dans la vie de la cité ; il a des incidences sur la vie quotidienne des travailleurs, et demeure un facteur déterminant de paix sociale ; enfin, son importance économique n'est pas du tout négligeable puisqu'en améliorant les conditions et le niveau de vie des travailleurs, par contrecoup, il aide au développement de la production : en effet un ouvrier gagnant plus, achètera certainement plus.

Cependant, aujourd'hui, les désordres enregistrés ces dernières années dans le monde du travail et l'incertitude des réponses réservées aux revendications sociales et à la pression des pouvoirs publics sur les entreprises utilisatrices de main d'œuvre ne se limiteront pas au seul domaine économique mais auront des répercussions visibles sur la société toute entière, si une attention particulière n'est pas accordée à l'évolution inquiétante de la situation des employeurs et des travailleurs dans le type de relations qui les caractérisent.

Suivant une analyse positiviste des législations des pays membres de l'OHADA, dans leur ensemble, il ressort une très haute flambée de comportements nouveaux dans les rapports d'employeur à salarié, plus que n'est ressenti objectivement le poids des difficultés économiques et les problèmes techniques rencontrés par les entreprises. Cette dimension culturelle dans la compréhension des réalités du monde du travail est à considérer en période de crise, par exemple, où l'aspect psychologique dans la collaboration devient un élément déterminant, tant au niveau de l'individu qu'au niveau du groupe auquel appartient solidairement le travailleur. Est donc posé, en premier, le problème des rapports collectifs de travail. Cela, en raison de l'influence du contexte politique, économique et social de l'environnement dans lequel s'apprécient ces rapports dans chaque pays.

Pourtant, dans la vie quotidienne d'une entreprise, le comportement des salariés obéit directement à la façon dont la structure est organisée, à son règlement intérieur en quelque sorte, à la coutume et aux usages en vigueur dans le secteur. Et la récession économique constitue une menace majeure pour les contrats de travail, dès lors que la loi autorise, sous certaines conditions, le licenciement pour motif économique. Sur cette question, l'histoire du droit du travail est assez riche en illustrations. Face à ce phénomène croissant, et dû essentiellement au manque de viabilité et de visibilité de l'économie de la région dont la tendance à la croissance, aujourd'hui, est en cloche, il est donc possible, je pense, d'injecter dans la législation du travail, à côté des anciennes pratiques intangibles, une dose de liberté et de démocratie afin d'humaniser davantage un type nouveau de rapports de travail en ces phases chaotiques et de doute. Cela permettra, on l'espère, d'équilibrer et de remettre en cause une obsession par trop utilitariste du patronat, en rassurant au mieux le travailleur.

C'est le but poursuivi dans la première édition de ce Code. Il présente les législations du travail des pays de l'espace OHADA les analyses expliquent toutes ces questions dans leurs spécificités et présentent, d'une manière complète, le droit du travail. L'exposé est présenté dans la forme qui correspond aux nouvelles exigences de l'enseignement supérieur et professionnel.

PREMIERE PARTIE. LA LEGISLATION DU TRAVAIL AU BENIN

Loi no 98-004 du 27 janvier 1998, portant code du travail.

TITRE II.- DES RAPPORTS INDIVIDUELS DE TRAVAIL

CHAPITRE I.- DU CONTRAT DE TRAVAIL

Le contrat de travail est un accord de volonté par lequel une personne physique s'engage à mettre son activité professionnelle sous la direction et l'autorité d'une autre personne physique ou morale moyennant rémunération.

Article 9 : Article 10 : Les contrats de travail sont passés librement; toutefois, doivent être constatés par écrit:

a) le contrat d'apprentissage,

b) le contrat à durée déterminée excédant un mois,

c) le contrat de travail dont l'exécution est hors du lieu de résidence habituelle du travailleur,

d) le contrat des travailleurs immigrés,

e) la stipulation d'une période d'essai dans un contrat.

Les contrats et stipulations écrits sont exempts de tout droit de timbre et d'enregistrement

Article 11 : Quel que soit le lieu de la conclusion du contrat et de la résidence de l'une ou l'autre partie, tout contrat de travail conclu pour être exécuté en République du Bénin est soumis aux dispositions du présent code.

CHAPITRE II.- DU CONTRAT DE TRAVAIL

SECTION 1.- DE LA CONCLUSION DU CONTRAT DE TRAVAIL

Article 12 : Le travailleur ne peut engager ses services que suivant les modalités ci-après:

- soit à temps ou pour un ouvrage déterminé : c'est le contrat à durée déterminée dont le terme est fixé à l'avance par les deux parties ou dépend de la survenance d'un événement futur et certain dont la réalisation est indépendante de la volonté des parties, mais est indiqué avec précision:

- soit pour une durée indéterminée : c'est le contrat à durée indéterminée qui peut cesser à tout moment par la volonté de l'une des parties sous réserve des dispositions des articles 44 et suivants du présent code.

PARAGRAPHE 1.- DU CONTRAT DE TRAVAIL A DUREE DETERMINEE

Article 13 : Tout contrat conclu pour une durée déterminée ne peut excéder deux ans renouvelables une fois. Tout contrat de travail stipulant une durée déterminée supérieure à un mois ou nécessitant l'installation du travailleur hors de sa résidence habituelle doit être, après visite médicale d'aptitude de celui-ci, constaté par écrit.

Ce contrat est visé et enregistré par les services compétents du ministère chargé du travail. Ces derniers apposent le visa après avoir:

1) constaté l'identité du travailleur, son libre consentement et la conformité du contrat aux dispositions applicables en matière de travail;

2) vérifié que le travailleur est libre de tout engagement:

3) vérifié que la durée du contrat ne comporte aucune ambiguïté.

Article 14 : La demande de visa incombe à l'employeur. Elle n'est pas préalable à la conclusion du contrat par les parties.

Si le visa est refusé, le contrat est nul de plein droit.

Si l'omission du visa est due au fait de l'employeur, le travailleur pourra faire constater la nullité du contrat et pourra, s'il y a lieu, réclamer des dommages et intérêts.

Si l'autorité compétente pour accorder le visa n'a pas fait connaître sa décision dans les trente (30) jours consécutifs à la réception de la demande de visa, ce dernier est réputé avoir été accordé.

Article 15 : Nonobstant les dispositions de l'article 13 du présent code, sont travailleurs à titre saisonnier ou temporaire, les travailleurs engagés pour une tâche déterminée dont l'exécution n'excède pas six mois.

Sont travailleurs à titre occasionnel, les travailleurs engagés à l'heure ou à la journée.

Article 16 : Les travailleurs à titre saisonnier, temporaire ou occasionnel sont régis par un contrat à durée déterminée de six mois au plus, renouvelable.

Les dispositions de l'article 13 relatives au renouvellement du contrat à durée déterminée ne sont pas applicables:

1) au travailleur à titre saisonnier, temporaire, occasionnel ou engagé à l'heure ou à la journée pour une occupation de courte durée n'excédant pas une journée;

2) au travailleur saisonnier engagé pour la durée d'une campagne agricole, commerciale, industrielle ou artisanale;

3) au travailleur engagé dans les travaux de manutention à exécuter à l'intérieur de l'enceinte des ports et aéroports;

4) au travailleur engagé pour assurer le remplacement provisoire d'un travailleur de l'entreprise en suspension légale de contrat de travail.

Article 17 : Les travailleurs visés à l'article 16 ci-dessus bénéficient de plein droit, en cas de non renouvellement exprès, d'un contrat à durée indéterminée après une période d'emploi continue de plus de six (6) mois.

Article 18 : Tout contrat de travail qui ne répond pas aux exigences du contrat à durée déterminée est considéré comme un contrat à durée indéterminée.

PARAGRAPHE 2.- DE L'ENGAGEMENT A L'ESSAI

Article 19 : Il y a engagement à l'essai lorsque l'employeur et le travailleur, en vue de conclure un contrat définitif, décident au préalable d'apprécier notamment:

- le premier, l'aptitude professionnelle du travailleur et son rendement;

- le second, les conditions de travail de vie, de rémunération, d'hygiène et de sécurité ainsi que le climat social de l'entreprise.

Article 20 : L'engagement à l'essai doit être constaté par écrit A défaut, le contrat est réputé définitif dès son origine. Dans les cas prévus aux alinéas b), c) et d) de l'article 10, l'essai ne peut résulter que d'une clause incluse dans le corps du contrat appelé à devenir définitif.

PARAGRAPHE 3.- DU CONTRAT DE TRAVAIL A DUREE INDETERMINEE

Article 25 : Le contrat de travail à durée indéterminée peut être écrit, verbal ou tacite.

Toutefois, lorsqu'il nécessite l'installation du travailleur hors de sa résidence habituelle, il doit être constaté par écrit et enregistré comme il est prévu à l'article 13 du présent code.

PARAGRAPHE 4.- DU CONTRAT DU TRAVAILLEUR ETRANGER OU IMMIGRANT

Article 26 : Pendant les deux premières années de sa résidence régulière sur le territoire et sous réserve des dispositions contraires d'un accord ou d'une convention passée par la République du Bénin, tout étranger ou immigrant ne peut exercer une activité salariée qu'en vertu d'un contrat de travail à durée déterminée.

Article 27 : Le visa du contrat du travailleur étranger ou immigrant est subordonné à la présentation d'un permis de travail délivré par le ministre chargé du travail.

Article 28 : Le permis de travail est temporaire. Il est délivré pour une durée de douze mois; il peut être renouvelé plusieurs fois; il doit être présenté à toute réquisition des services du travail.

La perte de l'emploi n'affecte pas par elle-même la validité du titre antérieurement délivré.

Article 29 : Le ministre chargé du travail peut refuser la délivrance ou le renouvellement du permis de travail lorsque la qualification professionnelle du travailleur ne répond pas aux besoins de l'économie nationale.

PARAGRAPHE 5.- DE L'EMPLOI DES PERSONNES HANDICAPEES

Article 31 : Les personnes handicapées ne doivent faire l'objet d'aucune discrimination en matière d'emploi.

Article 32 : Est considérée comme personne handicapée, toute personne dont les possibilités d'obtenir ou de conserver un emploi, sont effectivement réduites par suite d'une insuffisance ou d'une diminution de ses capacités physiques ou mentales.

La qualité de personne handicapée est constatée par une commission placée sous l'autorité du ministre chargé des affaires sociales. Cette qualité est matérialisée par une carte.

Article 33 : Les employeurs qui utilisent des handicapés, bénéficient pour chaque unité employée, d'une exonération de la part patronale de l'impôt progressif sur les traitements, salaires, pensions et rentes viagères.

Article 34 : Des décrets pris après avis du conseil national du travail prévu par le code, déterminent en tant que de besoin, les modalités d'application des présentes dispositions.

CHAPITRE III.- DE LA CESSATION DU CONTRAT DE TRAVAIL

SECTION 1.- DE LA CESSATION DU CONTRAT DE TRAVAIL A DUREE DETERMINEE

Article 41 : Le contrat de travail à durée déterminée prend fin à l'échéance du terme.

Article 42 : Le contrat de travail à durée déterminée peut être rompu avant l'échéance du terme:

1) par accord des parties, à condition que celui-ci soit constaté par écrit;

2) pour faute lourde susceptible d'être appréciée par la juridiction compétente en cas de contestation;

3) en cas de force majeure;

4) par résolution judiciaire.

La rupture injustifiée du contrat par l'une des parties ouvre droit, pour l'autre partie, à des dommages et intérêts.

SECTION 2.- DE LA CESSATION DE L'ENGAGEMENT A L'ESSAI

Article 43 : Sauf dispositions particulières expressément prévues au contrat, l'engagement à l'essai peut, à tout moment, cesser sans préavis par la volonté de l'une des parties sous réserve d'abus.

Le montant des dommages et intérêts dû en cas d'abus est fixé, en fonction du préjudice subi, par la juridiction compétente[1].

---

[1] **LES SOURCES DU DROIT DU TRAVAIL**

Les sources du droit du travail congolais sont diverses : un droit d'origine étatique, un droit d'origine privée, une législation internationale du travail.

Un droit d'origine étatique

Les lois concernant le travail sont si nombreuses qu'une codification se révéla indispensable. Mais le Code du travail, n'a pas été terminé et ne comporte pas toutes les lois sociales. De très importantes (comités d'entreprise, délégués du personnel, etc.) n'ont été codifiés qu'à petits traits. A côté des lois stricto sensu, une grande place est réservée aux textes règlementaires du pouvoir gouvernemental et ayant pour objet de préciser les conditions d'application des lois.

Les droits des syndicats. Le syndicat est une personne morale de droit privé, ce qui lui permet :

1° d'agir en justice pour la défense de son patrimoine et pour la défense des intérêts de la profession. Il peut intervenir dès qu'un préjudice direct ou indirect, matériel ou moral est porté à l'intérêt collectif de la profession et ce devant n'importe quelle juridiction. Alors qu'il ne peut, d'une façon générale, plaider pour ses membres dans les actions qui n'intéressent que ceux-ci, il peut lorsqu'il a été partie à une convention collective, « exercer toutes actions qui naissent de cette convention en faveur de chacun de ses membres, pourvu que celui-ci ait été averti et n'ait pas déclaré s'y opposer » ;

2° d'acquérir à titre gratuit ou à titre onéreux, sans autorisation, tous les biens meubles et immeubles, et sans aucune limitation, sauf celles qui sont incompatibles avec son objet (l'acquisition de fonds de commerce). Le syndicat a donc un patrimoine régulièrement alimenté par des cotisations dont il fixe le montant et règle librement l'emploi ;

3° de contracter, c'est-à-dire passer des conventions collectives, emprunter, hypothéquer, engager, transiger, compromettre, créer et subventionner des institutions sociales ou économiques à caractère professionnel (caisse de prévoyance, H.L.M. coopératives, etc.), et établir un label, ou marque syndicale ;

4° de s'unir a d'autre syndicats (mais pas à des associations) pour former des unions syndicales.

Un droit d'origine privée (sources conventionnelles et coutumières)

Le droit du travail se développe par la signature d'accords entre employeurs et salariés. Les conventions collectives, qui fixent les conditions de travail et de rémunération dans les diverses branches de l'économie, constituent une source fondamentale de ce droit. Quant aux usages, la multiplication des lois, des règlements et des conventions en a restreint l'importance.

Une législation internationale du travail

Les traités internationaux qui, régulièrement ratifiés, revêtent une autorité supérieure à celle de la loi, sont nombreux dans le domaine du droit du travail. Le traité de Rome, sur la Communauté économique européenne, notamment, affecte déjà profondément l'évolution du droit du travail.

LE DROIT INDIVIDUEL DU TRAVAIL

Le contrat de travail

La doctrine classique traditionnelle considérait que le droit du travail reposait sur le contrat de travail, qui déterminait exclusivement les relations entre employeurs et salariés. Mais, dès la première moitié du XXe siècle, on a vu apparaître d'autres théories tendant à détacher le droit du travail du contrat de travail. L'ouvrier ne fournit pas seulement une prestation matérielle, il s'engage lui-même. Les rapports qui se créent entre l'employeur et les salariés relèvent plus de l'institution que d'un contrat synallagmatique. L'établissement est la cellule fondamentale sur laquelle est fondée l'organisation sociale du travail. Les conditions individuelles découlent de l'existence d'un statut établi pour le bien de la société professionnelle toute entière. Ces théories ont le mérite d'avoir insisté fortement sur le déclin du contrat de travail : le contenu du contrat de travail s'amenuise progressivement, et la détermination des conditions de travail ne relève presque plus de l'autonomie des parties. L'échange des consentements n'est, le plus souvent, que la simple acceptation d'un statut. Il faut cependant noter que Paul Durand a fait remarquer qu'il était dangereux d'abandonner complètement la notion de contrat de travail. Il est certain que l'importance du contrat de travail a diminué. Toutefois, on peut observer que le déclin de ce contrat n'est pas le même dans toutes les activités professionnelles ; il est surtout marqué dans les grandes entreprises et pour le personnel ouvrier. En fait, il faut combiner le contrat de travail et l'institution. L'établissement est pourvu d'un statut impératif et il ne peut fonctionner que selon certaines règles, les unes émanant de l'Etat, les autres imposées par un besoin d'organisation interne. Le rôle du contrat de travail est de faire entrer le salarié dans la société

SECTION 3.- DE LA CESSATION DU CONTRAT DE TRAVAIL A DUREE INDETERMINEE

PARAGRAPHE 1.- DES MOTIFS ET DES FORMES DE LA RUPTURE DU CONTRAT

Article 44 : Sous réserve du respect du préavis prévu à l'article 53 du présent code, le salarié peut démissionner librement sans avoir à justifier des motifs de son acte.

Article 45 : Outre le respect du préavis prévu à l'article 53 du présent code, un salarié ne peut être licencié que s'il existe un motif objectif et sérieux de ne pas maintenir son contrat de travail. En cas de contestation, ce motif peut toujours être apprécié par la juridiction compétente.

Le motif du licenciement peut tenir à la personne du salarié, qu'il s'agisse de son état de santé, de son inaptitude à tenir l'emploi, de son insuffisance professionnelle ou de sa conduite fautive. Le licenciement est alors qualifié de licenciement pour motif personnel.

Le motif du licenciement peut tenir à la suppression ou à la transformation substantielle du poste de travail occupé par le salarié pour des raisons tenant soit aux changements technologiques, soit à l'organisation, aux difficultés économiques ou à la fermeture de l'entreprise. Le licenciement est alors qualifié de licenciement pour motif économique.

PARAGRAPHE 2.- DU PREAVIS

Article 53 : La partie qui prend l'initiative de rompre le contrat de travail à durée indéterminée doit respecter un préavis dont la durée est égale à:

- quinze jours pour les travailleurs payés à l'heure;
- un mois pour les employés, ouvriers et manœuvres;
- trois mois pour les agents de maîtrise, cadres et assimilés.

---

professionnelle, de déterminer l'application individuelle d'une situation institutionnelle, de compléter les règles résultant du droit de l'institution.

La dénomination du contrat de travail, aujourd'hui communément employée, est relativement récente dans les textes légaux. Elle fut, pour la première fois, insérée dans la loi du 18 juillet 1901. Pour les rédacteurs du Code civil français, le contrat de louage de services ne se distinguait pas des autres contrats et était soumis aux mêmes règles. La soumission du contrat de louage de services aux règles régissant toutes les conventions figure encore dans le Code du travail, qui réaffirme, que le « contrat de travail est soumis aux règles de droit commun »… De nombreuses dérogations ont été apportées à ce principe. Les dispositions édictées pour protéger les travailleurs écartent précisément, dans la plupart des cas, l'application des règles qui président à la formation et à l'exécution des contrats. L'évolution des esprits a imposé l'idée que le travail de l'homme ne peut plus être assimilé à un bien négociable (« le travail ne doit pas être considéré comme une marchandise ou comme un article de commerce.» Ainsi s'est formé un droit ayant ses caractères propres et dont on a pu dire qu'il était unilatéral, en ce sens qu'il visait exclusivement à protéger une seule des deux parties, le travailleur. Mais il ne faut pas moins se souvenir que partout où le législateur n'a pas expressément exclu l'application des dispositions gouvernant les contrats, celles-ci interviennent.

Article 54 : Pendant la durée du préavis, l'employeur et le travailleur sont tenus au respect réciproque de toutes les obligations qui leur incombent.

En vue de la recherche d'un nouvel emploi, le travailleur bénéficiera, pendant la durée du préavis, de deux jours de liberté par semaine, pris à son choix globalement ou heure par heure, payés à plein salaire.

Les jours ou heures de liberté sont pris à l'initiative du travailleur qui doit aviser son employeur avant son absence.

En cas de licenciement, le travailleur qui a trouvé un nouvel emploi peut, après en avoir avisé son employeur, quitter l'établissement ou l'entreprise avant l'expiration du délai de préavis sans avoir à payer une indemnité pour inobservation de ce délai.

Si, à la demande de l'employeur, le travailleur n'utilise pas tout ou partie du temps de liberté auquel il peut prétendre pour la recherche d'un nouvel emploi, il perçoit à son départ une indemnité supplémentaire correspondant au nombre d'heures non utilisées.

Article 55 : Toute rupture du contrat de travail à durée indéterminée intervenant sans préavis, entraîne, pour la partie responsable, l'obligation de verser à l'autre partie une indemnité dont le montant correspond à la rémunération et aux avantages de toute nature dont aurait bénéficié le travailleur durant le préavis qui n'a pas été effectivement respecté.

Cependant, la rupture du contrat peut intervenir sans préavis en cas de faute lourde, sous réserve de l'appréciation de la juridiction compétente, en ce qui concerne la gravité de la faute.

Article 56 : Peuvent être considérées notamment comme fautes lourdes d'ordre professionnel, sous réserve de l'appréciation de la juridiction compétente:

- le refus d'exécuter un travail ou un ordre entrant dans le cadre des activités relevant de l'emploi;
- la violation caractérisée d'une prescription concernant l'exécution du service et régulièrement portée à la connaissance du personnel;
- la malversation;
- les voies de fait commises dans les bureaux, locaux, ateliers ou magasins de l'établissement ou de l'entreprise;
- la violation du secret professionnel;
- l'état d'ivresse caractérisée;
- le retard considérable et répété dans le paiement du salaire;
- la violation flagrante des clauses du contrat de travail.

Article 57 : Si l'une des parties désire mettre fin au contrat avant le départ en congé, notification doit être faite à l'autre partie quinze jours francs avant la date de ce départ.

En cas d'inobservation de cette clause, l'indemnité représentative du préavis est majorée de quinze jours francs en ce qui concerne les travailleurs payés à l'heure, d'un mois en ce qui concerne les travailleurs payés au mois et de trois mois en ce qui concerne les agents de maîtrise, cadres et assimilés.

Il en est de même si la rupture du contrat intervient pendant le congé.

CHAPITRE IV.- DU CONTRAT D'APRENTISSAGE

Article 64 : Le contrat d'apprentissage est celui par lequel un chef d'établissement industriel, commercial ou agricole, un artisan ou un façonnier, s'oblige à donner ou à faire suivre une formation professionnelle méthodique et complète à une autre personne et par lequel celle-ci s'oblige, en retour, à se conformer aux instructions qu'elle recevra et à exécuter les ouvrages qui lui seront confiés dans le cadre de son apprentissage.

Article 65 : Le contrat d'apprentissage est constaté par écrit à peine de nullité. Il est rédigé dans la langue officielle en quatre exemplaires et soumis au visa des services compétents du ministère chargé du travail dans les conditions fixées à l'article 14 du présent code.

Le contrat d'apprentissage est exempt de tout droit de timbre et d'enregistrement

TITRE III.- DES RAPPORTS COLLECTIFS DE TRAVAIL

CHAPITRE I.- DES SYNDICATS

SECTION 1.- DE L'OBJET, DE LA CONSTITUTION ET DE LA DISSOLUTION DES SYNDICATS

Article 79 : Les salariés ou les employeurs, sans distinction d'aucune sorte, ont le droit de constituer librement des syndicats dans des secteurs d'activité et des secteurs géographiques qu'ils déterminent. Ils ont le droit d'y adhérer et de se retirer librement, de même que les anciens travailleurs et les anciens employeurs ayant exercé leur activité pendant un an au moins.

Les mineurs âgés de plus de quinze ans peuvent adhérer aux syndicats.

Des syndicats peuvent également être constitués librement par des exploitants indépendants qui n'emploient aucun personnel.

Article 80 : Les syndicats ont exclusivement pour objet l'étude et la défense des droits ainsi que des intérêts matériels et moraux, tant collectifs qu'individuels, des personnes et professions visées par leurs statuts.

Article 81 : Sous réserve des dispositions de l'article précédent, ils élaborent librement leurs statuts et règles de fonctionnement, définissent librement leur programme d'action et organisent librement leurs activités. Ils peuvent se constituer en union sous quelque forme que ce soit et s'affilier librement aux organisations nationales ou internationales.

Les statuts du syndicat précisent notamment sa dénomination et son objet, son siège et son adresse, ses secteurs géographiques et professionnels d'action. Les conditions d'adhésion, les modalités de réunion et de délibération des assemblées générales ordinaires et extraordinaires, le mode de désignation et de destitution des membres chargés de son administration, les fonctions et les pouvoirs des intéressés en son sein et vis-à-vis des tiers, sa durée et les conditions de sa dissolution, ainsi que les modalités de dévolution de son actif et de son passif.

Article 82 : Les syndicats élisent librement leurs représentants sous réserve des règles ci-après:

Les membres chargés, à un titre quelconque, de la direction ou de l'organisation d'un syndicat doivent être de nationalité béninoise ou travailleur migrant régulièrement établi sur le territoire national et jouissant de leurs droits civiques.

Article 83 : L'existence légale des syndicats est subordonnée au dépôt de leurs statuts auprès des autorités suivantes avec l'indication des noms, nationalité, profession, domicile et qualité des membres chargés de leur direction ou de leur administration : un exemplaire au greffe du tribunal de première instance, deux exemplaires au ministère de l'intérieur, deux exemplaires au ministère chargé du travail, et un exemplaire à l'autorité administrative du ressort. Toutes modifications statutaires intervenues dans les statuts ou dans la direction du syndicat sont soumises aux mêmes formalités.

Les dépôts doivent s'effectuer dans les trois mois à compter de l'événement y donnant lieu, un récépissé est délivré dans un délai d'un mois.

Le caractère représentatif des organisations syndicales est déterminé par les résultats des élections professionnelles.

Le classement des organisations syndicales issu des résultats des élections professionnelles est constaté par arrêté du ministre chargé du travail.

Article 84 : Les syndicats ne peuvent faire l'objet de suspension ou de dissolution administrative.

En cas de dissolution volontaire, statutaire ou prononcée par décision de justice, les biens du syndicat sont dévolus conformément aux statuts ou, à défaut de dispositions statutaires, suivant les règles déterminées par l'assemblée générale. En cas de carence de celle-ci, la dévolution des biens du syndicat est réglée par décision judiciaire. En aucun cas, ces biens ne peuvent être répartis entre les membres adhérents.

SECTION 2.- DE LA CAPACITE CIVILE DES SYNDICATS

Article 85 : Les syndicats jouissent de la personnalité civile. Ils peuvent ester en justice et acquérir, à titre gratuit ou à titre onéreux, des biens meubles et immeubles.

Les syndicats peuvent, en se conformant aux dispositions des lois en vigueur, constituer entre leurs membres des caisses spéciales de secours mutuels et de retraites.

Les fonds de ces caisses spéciales sont insaisissables dans les limites déterminées par la loi. Toute personne qui se retire d'un syndicat conserve le droit d'être membre des sociétés de secours mutuels et de retraites pour la vieillesse à l'actif desquelles elle a contribué par des cotisations ou versements de fonds.

Les syndicats peuvent, devant toutes les juridictions, exercer tous les droits réservés à la partie civile relativement aux faits portant préjudice à l'intérêt collectif de la profession qu'ils représentent.

Article 86 : Les syndicats peuvent passer des contrats ou conventions avec tous autres syndicats, sociétés, entreprises ou personnes.

Les conventions et accords collectifs du travail sont passés dans les conditions déterminées par le présent code.

Article 87 : Les biens meubles et immeubles définitivement acquis et qui sont nécessaires aux activités des syndicats sont insaisissables.

Article 88 : Les syndicats peuvent être consultés sur tous les différends et toutes les questions se rattachant à leur spécialité.

Les avis dans les affaires contentieuses sont tenus à la disposition des parties qui peuvent en prendre communication ou copie.

CHAPITRE II.- DES DELEGUES DU PERSONNEL

Article 93 : La représentation des salariés dans les établissements ou entreprises est assurée par des délégués du personnel élus par les salariés de ces établissements ou entreprises.

SECTION 1.- DE LA MISE EN PLACE DES DELEGUES DU PERSONNEL

Article 94 : Les délégués du personnel doivent être mis en place dans les entreprises occupant au moins onze salariés ou dans les établissements distincts sous la même condition d'effectif.

L'effectif à prendre en considération s'entend du nombre moyen, compte tenu des éventuelles variations saisonnières, des salariés et apprentis, quel que soit la nature de leur contrat ou leur mode de rémunération.

L'initiative et l'organisation matérielle des élections incombent à l'employeur. Tant qu'une entreprise qui emploie l'effectif requis ne dispose pas de délégués du personnel, l'employeur doit, tous les douze mois, prendre l'initiative d'organiser des élections.

Article 95 : L'établissement s'entend d'un groupe de personnes travaillant en commun de façon habituelle en un même lieu tel que usine, chantier, local, point de rassemblement, sous une même autorité directrice.

L'entreprise s'entend de toute organisation quelle qu'en soit la forme juridique, propriété individuelle ou propriété collective ayant une activité de production, distribution ou fourniture de biens ou services. Une entreprise peut donc comporter un seul établissement avec lequel elle se confond ou plusieurs établissements distincts les uns des autres.

Article 96 : Une entreprise ne peut être divisée en établissements distincts, c'est-à-dire élisant leurs propres délégués du personnel que si elle comporte au moins deux établissements employant chacun au moins onze salariés.

Les établissements qui ne peuvent faire l'objet d'une représentation autonome, en raison de leur effectif, doivent être regroupés en un ou plusieurs établissements distincts ou rattachés à un autre établissement distinct

Lorsque plusieurs découpages ou regroupements peuvent être envisagés, il convient d'adopter la solution qui assure la représentation la plus cohérente possible et le fonctionnement le meilleur possible de la délégation du personnel, compte tenu des difficultés de communication d'un établissement à un autre et de la spécificité qu'ils présentent du point de vue des conditions de travail et d'emploi.

SECTION 2.- DES ATTRIBUTIONS DES DELEGUES DU PERSONNEL

Article 109 : Les délégués du personnel ont pour mission:

- de présenter à l'employeur toutes les réclamations individuelles ou collectives concernant les conditions de travail, les rémunérations ou l'emploi;
- de saisir l'inspecteur du travail des réclamations concernant l'application des prescriptions légales, réglementaires ou conventionnelles;
- de communiquer à l'employeur toute suggestion tendant à une meilleure organisation sociale ou économique le l'entreprise;
- d'exercer toute autre attribution que leur est dévolue par le présent code;
- de donner leur avis sur les projets de restructuration de l'entreprise. Ils doivent être consultés sur la gestion des oeuvres sociales.

La compétence des délégués du personnel en matière de réclamation ou de suggestion n'exclut pas la faculté qu'ont les salariés intéressés de présenter ou formuler eux-mêmes ces réclamations ou suggestions.

SECTION 3.- DE LA PROTECTION DES DELEGUES DU PERSONNEL

Article 115 : Tout licenciement d'un délégué du personnel, titulaire ou suppléant, doit être soumis à l'autorisation préalable de l'inspecteur du travail

Il en est de même du licenciement d'un ancien délégué du personnel pendant les douze mois suivant l'expiration de son mandat ainsi que du licenciement des salariés candidats non élus pendant une durée couvrant la période où l'employeur a eu connaissance de leur candidature jusqu'à trois (3) mois après le scrutin.

CHAPITRE III.- DES CONVENTIONS COLLECTIVES ET ACCORDS D'ETABLISSEMENT

SECTION 1.- DE LA NATURE ET DE LA VALIDITE DE LA CONVENTION COLLECTIVE

Article 122 : La convention collective du travail est un accord ayant pour objet de régler les rapports professionnels entre les employeurs et les travailleurs soit d'une entreprise ou d'un groupe d'entreprises, soit d'une ou plusieurs branches d'activités. Cet accord est conclu entre:

- d'une part, des représentants d'un ou de plusieurs syndicats ou d'une union de syndicats de travailleurs;

- d'autre part, les représentants d'une ou de plusieurs organisations syndicales d'employeurs ou de tout autre groupement d'employeurs, ou un ou plusieurs employeurs pris individuellement.

Cet accord est négocié au sein d'une commission paritaire composée des personnes mentionnées ci-dessus. La commission est présidée par un inspecteur du travail assisté d'un secrétaire et d'un ou de deux rapporteurs. Le président anime les discussions et facilite les négociations.

La convention collective peut prévoir, au profit des salariés, des dispositions plus favorables que celles des lois et règlements en vigueur. Elle ne peut déroger aux dispositions d'ordre public définies par ces lois et règlements.

Les conventions collectives déterminent leur champ d'application:

- au plan professionnel, celui-ci peut correspondre à une ou plusieurs branches d'activité;

- au plan géographique, celui-ci peut être national, départemental ou local.

SECTION 2.- DES ACCORDS COLLECTIFS D'ETABLISSEMENT

Article 129 : Des accords concernant un ou plusieurs établissements déterminés peuvent être conclus entre, d'une part, un employeur ou un groupement d'employeurs et, d'autre part, des représentants des syndicats les plus représentatifs du personnel de l'établissement ou des établissements intéressés.

Les accords d'établissement ont pour objet d'adapter aux conditions particulières de l'établissement ou des établissements considérés, les dispositions des conventions collectives nationales, départementales, régionales ou locales, et notamment les conditions d'attribution et le mode de calcul de la rémunération au rendement, des primes à la production individuelle et collective et des primes à la productivité.

Ils peuvent prévoir des dispositions nouvelles et des clauses favorables aux travailleurs.

Les dispositions des articles 124 et 125 s'appliquent aux accords prévus au présent article.

SECTION 3.- DES CONVENTIONS COLLECTIVES DANS LES SERVICES, ENTREPRISES ET ETABLISSEMENTS PUBLICS

Article 130 : Lorsque le personnel des services, entreprises et établissements publics n'est pas soumis à un statut législatif ou réglementaire particulier, des conventions collectives peuvent être conclues conformément aux dispositions du présent chapitre.

Article 131 : Lorsqu'une convention collective fait l'objet d'une mesure portant extension prise en application de l'article ci-dessus, elle est, en l'absence de dispositions contraires de l'arrêté d'extension, applicable aux services, entreprises et établissements publics visés par la présente section qui, en raison de leur nature et de leur activité, se trouvent placés dans son champ d'application.

SECTION 4.- DE L'EXECUTION DES CONVENTIONS OU DES ACCORDS COLLECTIFS

Article 132 : Les groupements de travailleurs ou les employeurs liés par une convention ou un accord collectif sont tenus de ne rien faire qui soit de nature à en compromettre la loyale exécution. Ils ne sont garants de cette exécution que dans la mesure déterminée par la convention.

Article 133 : Les groupements capables d'ester en justice, liés par une convention ou un accord collectif peuvent, en leur nom propre, intenter une action en dommages et intérêts à tous autres groupements, à leurs propres membres ou à toute personne liée par la convention ou l'accord qui violerait les engagements contractés.

Article 134 : Les personnes liées par une convention ou un accord collectif peuvent exercer toutes les actions qui naissent de cette convention ou de cet accord en faveur de leurs membres, sans avoir à justifier d'un mandat des intéressés pourvu que ceux-ci aient été avertis et n'aient pas déclaré s'y opposer. Les intéressés peuvent toujours intervenir à l'instance engagée par le groupement.

Lorsqu'une action née de la convention ou de l'accord collectif est intentée soit par une personne, soit par un groupement, tout groupement capable d'ester en justice dont les membres sont liés par la convention ou par l'accord peut toujours intervenir à l'instance engagée à raison de l'intérêt collectif que la solution du litige peut présenter pour ses membres.

Article 135 : Tous les actes établis en exécution de la présente section sont exempts des droits de timbre.

CHAPITRE IV.- DU REGLEMENT INTERIEUR

Article 137 : Un règlement intérieur est obligatoirement établi par le chef de l'entreprise où travaillent au moins 15 salariés. Son contenu est limité exclusivement aux règles relatives à l'organisation technique du travail, à la discipline et aux prescriptions relatives à l'hygiène et à la sécurité nécessaires à la bonne marche de l'entreprise. Toutes les autres clauses qui viendraient à y figurer, notamment celles relatives à la rémunération seraient considérées comme nulles de plein droit.

Le projet de règlement intérieur est communiqué par le chef d'entreprise aux délégués du personnel s'il en existe, ainsi qu'à l'inspecteur du travail Les délégués du personnel peuvent formuler un avis sur le projet. Cet avis est transmis à l'inspecteur du travail

Article 138 : L'inspecteur du travail délivre un visa dans le délai d'un mois, mais peut, à tout moment, exiger le retrait ou la modification des dispositions contraires aux lois et règlements en vigueur.

Article 139 : Après réception du visa, le chef d'entreprise dépose le règlement intérieur en double exemplaire au greffe du tribunal de première instance du siège de l'entreprise. Il l'affiche sur les lieux où le travail est effectué à une place aisément accessible et le tient constamment en bon état de lisibilité.

Article 140 : Le règlement intérieur fixe la date à partir de laquelle il entre en vigueur. Cette date doit être postérieure d'au moins deux mois à la date du dépôt auprès de l'inspecteur du travail.

TITRE IV.- DES CONDITIONS DE TRAVAIL

CHAPITRE 1.- DE LA DUREE DU TRAVAIL ET DES REPOS

SECTION 1.- DE LA DUREE DU TRAVAIL

Article 141 : La durée et l'horaire du travail sont fixés par l'employeur dans le respect des règles édictées par le présent code et les textes pris pour son application. La durée et l'horaire sont affichés sur les lieux du travail et communiqués à l'inspecteur du travail

Article 142 : Dans tous les établissements soumis au présent code, à l'exception des établissements agricoles, la durée légale du travail des salariés, quels que soient leur sexe et leur mode de rémunération, est fixée à quarante heures par semaine.

Cette durée peut être dépassée par application des règles relatives aux équivalences, aux heures supplémentaires, à la récupération des heures de travail perdues et à la modulation.

Des décrets pris après avis du conseil national du travail fixent les modalités de la répartition de la durée du travail sur les différents jours de la semaine ainsi que l'amplitude maximale journalière du travail.

Article 143 : Dans les établissements agricoles, la durée légale du travail des salariés, quels que soient leur sexe et leur mode de rémunération, est fixée à deux mille quatre cents heures par an.

Cette durée peut être dépassée par application des règles relatives aux équivalences, aux heures supplémentaires ou à la récupération des heures de travail perdues.

Des décrets pris après avis du conseil national du travail fixent, par catégorie de culture et par saison, le maximum du nombre d'heures de travail pouvant être effectuées par semaine.

Article 144 : Les règles d'équivalence sont fixées par décret pris après avis du conseil national du travail Ces règles déterminent le nombre d'heures de présence au poste de travail qui équivaut à quarante heures ou à deux mille quatre cents heures de travail effectif.

En l'absence de tout texte réglementaire, toute heure de présence au poste de travail est considérée comme heure de travail effectif.

SECTION 2.- DU TRAVAIL DE NUIT ET DU REPOS JOURNALIER DES JEUNES TRAVAILLEURS

Article 153 : Le travail de nuit est interdit pour les jeunes travailleurs âgés de moins de 18 ans.

Des dérogations peuvent toutefois être accordées par décret pris en conseil des ministres après avis du conseil national du travail.

Article 154 : Les heures pendant lesquelles le travail est considéré comme travail de nuit se situent dans la période comprise entre 21 heures et 05 heures.

Toutefois, les heures de commencement et de fin de nuit peuvent varier selon les saisons.

Article 155 : Le repos des jeunes travailleurs âgés de moins de 18 ans doit avoir une durée minimale de douze heures consécutives, comprenant la période de nuit.

SECTION 3.- DU REPOS HEBDOMADAIRE ET DES JOURS FERIES

Article 156 : Le repos hebdomadaire est obligatoire, il est au minimum de vingt-quatre heures consécutives, il a lieu en principe le dimanche.

Un arrêté du ministre chargé du travail, pris après avis du conseil national du travail, fixe les modalités d'exécution de l'alinéa précédent à certaines professions et détermine les conditions d'aménagement du repos hebdomadaire à prendre un jour autre que le dimanche ou repos par roulement individuel ou collectif ou par deux demi-journées ou pour une durée supérieure à vingt-quatre heures.

Article 157 : Les jours chômés et payés sont déterminés par une loi spécifique.

SECTION 4.- DES CONGES PAYES

Article 158 : Sauf dispositions plus favorables des conventions et accords collectifs ou du contrat individuel de travail, le travailleur acquiert droit au congé payé, à la charge de l'employeur, à raison de deux jours ouvrables de congé par mois de service effectif. On entend par jours ouvrables tous les jours de la semaine à l'exception du jour de repos hebdomadaire et des éventuels jours fériés.

Quelle que soit la durée de leurs services, les jeunes gens âgés de moins de 18 ans et ceux âgés de 18 à 21 ans ont droit, s'ils le demandent, à un congé fixé respectivement à trente jours et vingt-quatre jours ouvrables, sans qu'ils puissent exiger, pour les journées de congé dont ils réclameraient le bénéfice, aucune allocation de congé en sus de celle qu'ils ont acquis en raison de travail accompli au moment de leur départ en congé.

La durée du congé fixée au premier alinéa du présent article est augmentée à raison de deux jours ouvrables après vingt ans de service continus ou non dans la même entreprise, quatre jours après vingt-cinq ans et de six jours après trente ans, sans que le cumul de ce supplément avec le congé principal puisse avoir pour effet de porter le total exigible à plus de trente jours ouvrables pour douze mois de service. La majoration de congé donne lieu à la majoration de l'allocation de congé payé.

Les femmes salariées ou apprenties, âgées de moins de 21 ans, ont droit à deux jours de congé supplémentaires pour chaque enfant à change: celles âgées de plus de 21 ans bénéficient du même avantage pour tout enfant à charge à compter du quatrième. Est réputé à charge, l'enfant enregistré à l'état civil qui n'a pas atteint l'âge de 15 ans. Le congé supplémentaire prévu au profit des mères de famille est réduit à un jour si la durée du congé normal, déterminée en application des autres dispositions du présent article, n'excède pas six jours.

Pour le calcul de la durée du congé acquis, ne sont pas déduites les absences pour accident du travail ou maladie professionnelle, les périodes de repos de femmes en couches prévues à l'article 170 du présent code, ni, dans la limite de six mois, les absences pour maladie dûment constatées par un médecin agréé.

CHAPITRE II.- DES DISPOSITIONS PARTICULIERES AU TRAVAIL DES FEMMES ET DES ENFANTS

Article 166 : Les enfants ne peuvent être employés dans aucune entreprise avant l'âge de 14 ans.

Article 167 : Les jeunes travailleurs âgés de 14 à 21 ans ont les mêmes droits que les travailleurs de leur catégorie professionnelle. Les jeunes travailleurs ne peuvent en aucun cas subir des abattements de salaires ou déclassements professionnels du fait de leur âge.

L'employeur tient un registre de toutes les personnes de moins de 18 ans employées dans son entreprise, avec pour chacune d'elles, l'indication de sa date de naissance.

Article 168 : Un arrêté conjoint du ministre chargé du travail et du ministre de la santé, pris après avis du conseil national du travail fixe la nature des travaux et les catégories d'entreprises interdites aux femmes, aux femmes enceintes et aux jeunes gens, et l'âge limite auquel s'applique l'interdiction.

Article 169 : L'inspecteur du travail peut requérir l'examen des femmes et des jeunes travailleurs par un médecin agréé en vue de vérifier si le travail dont ils sont chargés n'excède pas leurs forces. Cette réquisition est de droit à la demande des intéressés.

La femme ou le jeune travailleur ne peut être maintenu dans un emploi ainsi reconnu au-dessus de ses forces et doit être affecté dans un autre emploi convenable. Si cela n'est pas possible, le contrat doit être résolu avec une indemnisation comme en cas de rupture normale du contrat de travail.

CHAPITRE IV.- DE LA SECURITE ET DE LA SANTE AU TRAVAIL, DES SERVICES SOCIAUX DES ENTREPRISES

SECTION 1.- DE LA SECURITE ET DE LA SANTE AU TRAVAIL

PARAGRAPHE 1.- DISPOSITIONS GENERALES

Article 182 : Pour protéger la vie et la santé des travailleurs, l'employeur est tenu de prendre toutes les mesures utiles qui sont adaptées aux conditions d'exploitation de l'entreprise.

Il doit notamment aménager les installations et régler la marche du travail de manière à prémunir le mieux possible les salariés contre les accidents et maladies, pour un bien-être physique, mental et social.

En particulier, les locaux doivent être tenus dans un état de propreté permanent. Les machines, mécanismes, appareils de transmissions, outils et engins mécaniques ou manuels, doivent être installés et tenus dans les meilleures conditions possibles de sécurité. Les moteurs et parties mouvantes des machines doivent être isolés par des cloisons ou barrières de protection, à moins qu'ils ne soient hors de portée des travailleurs.

PARAGRAPHE 2.- DU COMITE D'HYGIENE ET DE SECURITE

Article 187 : Un comité d'hygiène et de sécurité est obligatoirement créé dans tout établissement ou entreprise assujetti au présent code.

Les comités d'hygiène et de sécurité sont obligatoires dans tous les établissements occupant habituellement au moins trente (30) salariés, temporaires et occasionnels compris.

L'inspecteur du travail peut, en fonction de la nature des travaux et des risques particuliers auxquels sont exposés les travailleurs, imposer à l'employeur, la création d'un comité d'hygiène et de sécurité dans tout établissement, entreprise ou chantier même si leur effectif est inférieur à celui prévu ci-dessus.

Article 188 : Le comité d'hygiène et de sécurité comprend:

1) - Pour les établissements:

- le chef d'établissement ou entreprise, président;
- le responsable à la sécurité ou un chef d'atelier;
- deux délégués du personnel. Ce nombre est porté à trois dans les entreprises employant plus de 250 salariés et à 5 lorsque l'effectif dépasse 500 salariés;
- le médecin ou l'infirmier d'entreprise;

2) - Pour les chantiers:

Le comité d'hygiène et de sécurité interentreprises est présidé par l'un des chefs d'entreprises concourant aux activités du chantier. Il comprend en outre:

- le responsable de chaque entreprise:

- le médecin ou l'infirmier assurant la surveillance médicale du personnel du chantier:

- deux représentants des travailleurs.

Le secrétariat du comité d'hygiène et de sécurité est tenu par deux secrétaires dont l'un est désigné parmi les représentants du personnel. Le comité peut faire appel à toute personne qui lui paraîtra qualifiée pour l'assister.

Des arrêtés du ministre chargé du travail, pris après avis de la commission nationale de sécurité et de santé au travail, déterminent en fonction des entreprises, les personnes qui, sans être membres du comité d'hygiène et de sécurité, doivent être convoquées à ses réunions.

Article 189 : Le comité d'hygiène et de sécurité est chargé de:

- étudier les conditions d'hygiène et de sécurité de travail;

- veiller à l'application des dispositions législatives et réglementaires et des consignes concernant l'hygiène et la sécurité;

- procéder aux enquêtes en cas d'accidents de travail graves et de maladies professionnelles en vue d'en déterminer les causes et de proposer des mesures propres à y remédier;

- établir et exécuter un programme d'amélioration des conditions d'hygiène et de sécurité en rapport avec les activités de l'entreprise;

- établir les statistiques d'accidents de travail et de maladies professionnelles;

- diffuser auprès de tous les travailleurs les informations relatives à la protection de la santé des travailleurs et au bon déroulement du travail;

- susciter, entretenir et développer l'esprit de sécurité parmi les travailleurs;

- entreprendre toute action en vue de la promotion des méthodes et des procédés de travail plus sûrs;

- assurer l'éducation des travailleurs dans les domaines de l'hygiène, de la sécurité et de la santé au travail;

- s'assurer de l'organisation et de l'instruction des équipes d'incendie et de sauvetage et veiller à ce que les exercices de sauvetage et de lutte contre l'incendie soient régulièrement effectués;

- participer à l'identification des facteurs de nuisance et à l'élaboration d'un plan d'intervention d'urgence.

SECTION 2.- DES SERVICES DE SANTE AU TRAVAIL

Article 194 : Tout chef d'entreprise ou d'établissement doit organiser un service de santé au travail au profit des travailleurs qu'il emploie, après consultation des délégués du personnel ou du comité d'hygiène et de sécurité.

Le rôle imparti à ce service consiste à surveiller les conditions d'hygiène et de sécurité au travail de l'entreprise, les risques de contagion et l'état de santé du travailleur, de son épouse et de ses enfants et à prendre les mesures de prévention appropriées en même temps qu'à assurer les soins médicaux nécessaires en conformité aux dispositions de la présente section.

Article 195 : Ce service est assuré par des médecins recrutés en priorité parmi les praticiens diplômés de médecine de travail et qui sont assistés d'un personnel paramédical qualifié.

A cet effet, les uns et les autres doivent avoir fait au préalable l'objet d'une décision d'agrément du ministre chargé du travail, prise après avis du ministre chargé de la santé.

Selon l'importance et la nature des entreprises, leur situation géographique, l'infrastructure médicale existante, le service de santé au travail est organisé:

1) soit sous la forme d'un service autonome propre à une seule entreprise, ou d'un service interentreprises commun à plusieurs d'entre elles:

2) soit sur les bases d'une convention passée avec un établissement hospitalier public ou privé. Dans ce cas, l'établissement doit justifier en son sein d'un service de santé au travail bénéficiant du personnel et de l'équipement requis et ayant les attributions d'un service de santé au travail telles que décrites à l'article 194 ci-dessus.

TITRE V.- DU SALAIRE

CHAPITRE I.- DE LA DETERMINATION DU SALAIRE

Article 207 : Au sens du présent code, le terme « salaire » signifie, quels qu'en soient la dénomination et le mode de calcul, le traitement de base ou minimum et tous autres avantages payés directement ou indirectement en espèces ou en nature, par l'employeur au travailleur en raison de l'emploi de ce dernier et fixés soit par accord, soit par des dispositions réglementaires ou conventionnelles.

Article 208 : A travail de valeur égale, le salaire est égal pour tous les travailleurs quels que soient leur origine, leur sexe, leur âge, leur statut et leur confession, dans les conditions prévues au présent code.

Article 209 : Le salaire étant la contrepartie du travail fourni, aucun salaire n'est dû en cas d'absence, sauf dans les cas prévus par la réglementation, les conventions et accords collectifs et le contrat individuel de travail.

Article 210 : Aucun salaire ne peut être inférieur au salaire minimum interprofessionnel garanti (SMIG) fixé par décret pria en conseil des ministres sur rapport du ministre chargé du travail après avis motivé du conseil national du travail

Le salaire minimum interprofessionnel garanti peut être révisé tous les 3 ans ou en cas de besoin.

CHAPITRE II.- DES RETENUES SUR SALAIRE

Article 215 : Il est interdit à l'employeur d'infliger des amendes.

Article 216 : Les prélèvements obligatoires, les remboursements et les consignations qui peuvent être prévus par les lois, les conventions ou accords collectifs et les contrats individuels de travail peuvent faire l'objet de retenues sur salaire.

L'employeur doit prélever d'office sur les salaires les cotisations des travailleurs et les verser aux institutions de sécurité sociale dans les conditions fixées par la réglementation en vigueur ou par les statuts desdites institutions.

CHAPITRE IV.- DES PRIVILEGES ET GARANTIES DE LA CREANCE DE SALAIRE

Article 227 : En dehors des dispositions du présent code, ou celles résultant de textes légaux ou réglementaires, il ne peut être fait de retenue sur les salaires que par saisie-arrêt prononcée par la juridiction compétente ou par cession volontaire souscrite devant l'inspecteur du travail.

Un décret pris après avis du conseil national du travail fixe les portions de salaire soumises à prélèvements progressifs et les taux y afférents. Les retenues résultant de saisie ou de cession ne peuvent pour chaque paie, excéder les taux fixés par ce décret.

Il doit être tenu compte pour le calcul des retenues, non seulement du salaire proprement dit, mais de tous les accessoires du salaire, à l'exception toutefois des indemnités déclarées insaisissables par la réglementation en vigueur, des sommes allouées à titre de remboursement de frais exposés par le travailleur et des allocations ou indemnités pour charge de famille.

Article 228 : La créance de salaire bénéficie d'un privilège préférable à tous les autres privilèges généraux ou spéciaux en ce qui concerne la fraction insaisissable dudit salaire.

Le privilège s'étend aux diverses indemnités et dommages et intérêts liés à la rupture du contrat de travail.

TITRE VI.- DU REGLEMENT DES DIFFERENDS INDIVIDUELS ET COLLECTIFS DU TRAVAIL

CHAPITRE I.- DU REGLEMENT DES DIFFERENDS INDIVIDUELS

Article 237 : Le litige individuel du travail est celui qui oppose, en cours d'emploi ou à l'occasion de la rupture du contrat de travail, un travailleur à son employeur.

Article 238 : Tout litige individuel du travail qui survient au sein de l'entreprise ou de l'établissement dans les conditions prévues ci-dessus, est obligatoirement soumis, avant toute saisine du tribunal de travail, à l'inspecteur du travail pour tentative de règlement amiable.

L'inspecteur du travail du ressort saisi du dossier convoque, dans les quinze jours qui suivent, les parties et tente de les concilier.

Nul ne doit, de quelque manière que ce soit, faire obstacle à la conciliation ou à la non conciliation.

La non présentation de l'une ou de l'autre des parties à la suite de deux convocations régulières vaut échec de la tentative de conciliation.

La conciliation et la non conciliation est constatée par procès-verbal de l'inspecteur du travail signé des parties ou de la partie présente.

Article 239 : Le procès-verbal de conciliation, totale ou partielle, est immédiatement transmis par l'inspecteur du travail au président du tribunal du travail qui y appose la formule exécutoire.

L'exécution du procès-verbal est ensuite poursuivie comme celle d'un jugement.

Article 240 : Le procès-verbal de non conciliation signé des parties, sauf défaillance de ces dernières, est transmis au président du tribunal du travail compétent dans un délai de quinze jours à compter de la date de la non-conciliation.

Le tribunal compétent est celui du lieu du travail. Toutefois, pour les litiges nés de la résiliation du contrat de travail le travailleur, dont la résidence habituelle est située en République du Bénin en un lieu autre que le lieu du travail, aura le choix entre le tribunal de sa résidence et celui de son lieu de travail

Article 241 : Le tribunal du travail a qualité pour se prononcer sur tous les différends individuels relatifs:

- aux conventions collectives et arrêtés en tenant lieu;
- aux contrats d'apprentissage;
- à l'application de la réglementation sur les accidents de travail, les maladies professionnelles, les prestations familiales et les pensions de retraite;
- aux problèmes nés entre travailleurs à l'occasion du travail.

Article 242 : Le tribunal du travail est composé:

- d'au moins un magistrat, président;
- d'un greffier;
- d'un assesseur employeur et d'un assesseur travailleur pris parmi ceux figurant sur les listes établies par les organisations d'employeurs et de travailleurs les plus représentatives.

Le président désigne pour chaque affaire les assesseurs employeurs et travailleurs appartenant à la catégorie intéressée.

Les assesseurs titulaires sont remplacés, en cas d'empêchement, par des assesseurs suppléants dont le nombre est égal à celui des titulaires.

Les assesseurs titulaires et leurs suppléants sont nommés par arrêté conjoint du ministre du travail et du ministre de la justice.

Le mandat des assesseurs titulaires ou suppléants a une durée de deux ans: il est renouvelable. Toutefois, les assesseurs en fonction continuent à siéger jusqu'à ce que la nomination de nouveaux assesseurs soit intervenue.

Les assesseurs doivent justifier de la jouissance de leurs droits civiques et n'avoir subi aucune des condamnations qui, aux termes des lois électorales en vigueur, entraînent la radiation des listes électorales.

Les assesseurs prêtent serment devant le tribunal : «je jure de remplir mes devoirs avec zèle et intégrité et de garder le secret des délibérations».

Les fonctions d'assesseurs sont gratuites. Toutefois, une prime de participation est allouée aux assesseurs désignés pour l'audience et y ayant effectivement pris part. Le montant de cette prime est fixé par arrêté conjoint du ministre des finances et du ministre de la justice.

CHAPITRE II.- DE LA PROCEDURE DEVANT LE TRIBUNAL DU TRAVAIL

Article 243 : Le tribunal du travail saisi par le procès-verbal de non-conciliation convoque les parties à comparaître à la prochaine audience utile.

La convocation doit contenir les noms, prénoms et profession du destinataire, l'indication de l'affaire, le jour et l'heure de la comparution.

La convocation est faite à personne ou à domicile par voie d'agent spécialement commis à cet effet. Elle peut valablement être faite par lettre recommandée avec accusé de réception ou par toute autre voie utile.

Article 244 : Les parties sont tenues de se rendre au jour et à l'heure fixés devant le tribunal. Elles peuvent se faire assister ou représenter soit par un travailleur ou un employeur appartenant à la même branche d'activités, soit par un avocat de leur choix ou toute personne habilitée par la loi.

Sauf en ce qui concerne les avocats, le mandataire doit être porteur d'une procuration.

Article 245 : Si au jour fixé par la convocation, le demandeur ne comparaît pas et ne justifie pas d'un cas de force majeure, la cause est radiée du rôle. Elle ne peut être reprise qu'une seule fois à l'initiative du demandeur.

Si le défendeur ne comparaît pas et ne justifie pas d'un cas de force majeure, ou s'il n'a pas présenté ses moyens, défaut est donné contre lui et le tribunal statue sur le mérite de la demande.

Si le défendeur a comparu une fois ou s'il est rapporté qu'il a été régulièrement touché, la décision du tribunal est à son encontre, réputée contradictoire.

les mesures prévues au présent article ne peuvent être prises que s'il a été établi que l'intéressé a été régulièrement touché par la convocation.

Article 246 : Lorsque les parties comparaissent devant le tribunal, il est procédé à une nouvelle tentative de conciliation.

En cas d'accord total ou partiel, un procès-verbal rédigé séance tenante constate l'accord intervenu.

Ce procès-verbal est exécuté dans les mêmes formes qu'un jugement.

Article 247 : En cas de jugement par défaut, signification est faite dans les formes de l'article 243 du présent code, sans frais à la partie défaillante par le greffier du tribunal ou par un agent commis spécialement à cet effet par le président.

Le délai d'opposition est de 15 jours à compter de la date de signification.

Article 248 : Les jugements du tribunal sont définitifs et sans appel, sauf du chef de la compétence lorsque le chiffre de la demande n'excède pas 100 000 francs.

CHAPITRE III.- DU REGLEMENT DES CONFLITS COLLECTIFS

SECTION 1.- DE LA CONCILIATION

Article 252 : Le différend collectif est celui qui oppose une collectivité de salariés organisées ou non en groupement professionnel à un employeur ou à un groupe d'employeurs. Il est caractérisé par la nature collective de l'intérêt en jeu.

Article 253 : Tout différend collectif doit être immédiatement notifié par les parties:

1) à l'inspecteur du travail lorsque le conflit est limité au ressort d'une inspection départementale du travail;

2) au directeur du travail lorsque le conflit s'étend sur les ressorts de plusieurs inspections départementales du travail.

Article 254 : Le service compétent du travail ainsi saisi convoque les parties aux fins de procéder à leur conciliation.

Article 255 : A l'issue de la tentative de conciliation, le service du travail établit séance tenante un procès-verbal constatant soit l'accord, soit le désaccord partiel ou total des parties. Celles-ci contresignent le procès-verbal et en reçoivent copie.

L'accord de conciliation devient exécutoire par les parties au jour du dépôt au greffier du tribunal du ressort. Cet accord produit effet, sauf stipulation contraire, à dater du jour de la notification du conflit au service compétent du travail.

Article 256 : En cas d'échec de la conciliation, le différend est obligatoirement soumis dans le délai de huit jours francs par l'inspecteur ou le directeur du travail au conseil d'arbitrage prévu au présent code.

SECTION 2.- DE L'ARBITRAGE

Article 257 : L'arbitrage des différends collectifs du travail non réglé par la conciliation est assuré par un conseil d'arbitrage institué dans le ressort de chaque cour d'appel

Le conseil d'arbitrage est présidé par le président de la cour d'appel ou son délégué et comprend:

- un magistrat de la cour d'appel désigné par le président;
- le président du tribunal du travail du ressort;
- un secrétaire choisi parmi les greffiers de la cour d'appel;
- deux assesseurs employeurs et deux assesseurs travailleurs, désignés par le ministre chargé du travail.

Ne peuvent être désignées dans les fonctions d'assesseurs les personnes ayant participé à la conciliation ou qui sont intervenues à un niveau quelconque du règlement.

Article 258 : Le conseil d'arbitrage ne peut statuer sur d'autres objets que ceux déterminés par le procès-verbal de non conciliation ou ceux qui, résultant d'événements postérieurs à ce procès-verbal, sont la conséquence directe du différend en cours.

Il statue en droit dans les différends relatifs à l'interprétation et à l'exécution des lois, règlements, conventions collectives ou accords d'établissement en vigueur.

Il statue en équité sur les autres différends, notamment lorsque ceux-ci portent sur les salaires ou sur les conditions de travail quand celles-ci ne sont pas fixées par les dispositions des lois, règlements, conventions collectives ou accords d'établissement en vigueur ainsi que sur les différends relatifs à la négociation et à la révision des clauses des conventions et accords collectifs.

TITRE VIII.- DES ORGANISMES CONSULTATIFS

CHAPITRE I.- DU CONSEIL NATIONAL DU TRAVAIL

Article 286 : Il est institué auprès du ministre chargé du travail un conseil national du travail.

Il a pour mission:

- d'étudier les problèmes concernant le travail, l'emploi des travailleurs, l'orientation, la formation professionnelle, le placement, les mouvements de main-d'œuvre, les migrations, l'amélioration des conditions matérielles et morales des travailleurs, la sécurité sociale;
- d'émettre des avis et de formuler des propositions et résolutions sur la réglementation du travail et d'intervenir en cette matière;

- de proposer ou de donner son avis sur le relèvement du SMIG.

Article 287 : Le conseil national du travail est présidé par le ministre chargé du travail ou son représentant.

Il est composé comme suit:

- en nombre égal des représentants des organisations syndicales nationales de travailleurs et d'employeurs les plus représentatives;

- des experts désignés par arrêté du ministre chargé du travail qui ont voix consultative.

Les représentants des travailleurs et des employeurs sont nommés par arrêté du ministre chargé du travail sur proposition des organisations professionnelles les plus représentatives.

Article 288 : La durée du mandat est fixée à trois ans. Il est renouvelable une seule fois.

En cas de décès, de démission ou de déchéance, il est pourvu à la vacance dans un délai maximum de trois mois.

Article 289 : Les conditions d'organisation et de fonctionnement du conseil national du travail sont fixées par décret pris en conseil des ministres.

CHAPITRE II.- DE LA COMMISSION NATIONALE PARITAIRE, DES CONVENTIONS COLLECTIVES ET DES SALAIRES

Article 290 : Une commission nationale paritaire des conventions collectives et des salaires est instituée auprès du ministre chargé du travail. Elle a pour mission:

- d'émettre toutes suggestions et tous avis en matière de conventions collectives de travail en ce qui concerne notamment leur conclusion, leur extension, leur application;

- de formuler toutes recommandations à l'usage des organisations professionnelles de travailleurs et d'employeurs concernant:

a) les dispositions qu'il semble souhaitable d'introduire dans les conventions collectives;

b) la fixation du niveau général des salaires hiérarchisés dans le secteur privé;

- de prendre des décisions exécutoires pour les employeurs et les travailleurs du secteur privé dans les matières suivantes:

a) établissement d'une classification professionnelle type valable pour toutes les branches d'activités et de classifications professionnelles adaptées aux divers secteurs économiques;

b) fixation des taux minima des salaires afférents aux catégories déterminées dans lesdites catégories professionnelles;

c) détermination des taux et des modalités d'attribution des primes, indemnités et tous avantages sociaux susceptibles d'être alloués aux travailleurs de toutes catégories soit pour l'ensemble des branches d'activités, soit par secteur économique.

Article 291 : La commission nationale paritaire des conventions collectives et des salaires est présidée par le ministre chargé du travail ou son représentant. Elle est composée en nombre égal des représentants des organisations syndicales nationales de travailleurs et d'employeurs les plus représentatives.

Article 292 : Les conditions d'organisation et de fonctionnement de la commission nationale paritaire des conventions collectives et des salaires sont fixées par décret pris en conseil des ministres.

CHAPITRE III.- DE LA COMMISSION NATIONALE DE SECURITE ET DE SANTE AU TRAVAIL

Article 293 : Une commission nationale de sécurité et de santé au travail est instituée auprès du ministre chargé du travail. Elle est composée:

- des représentants des travailleurs;
- des représentants des employeurs;
- des représentants des administrations ou organismes à caractère national chargés de la question de protection civile et sanitaire, de la sécurité routière, de lutte contre les incendies;
- des personnalités scientifiques compétentes en santé et sécurité au travail.

Elle a pour rôle l'étude des problèmes relatifs à l'hygiène et à la sécurité en milieu de travail. A ce titre, elle est chargée d'émettre toutes suggestions et tous avis sur la réglementation en matière d'hygiène et de sécurité du travail ainsi que sur l'orientation et la mise en application de la politique nationale de prévention des risques professionnels.

Article 294 : Les conditions d'organisation et de fonctionnement de cette commission sont fixées par décret pris en conseil des ministres

DEUXIEME PARTIE. LA LEGISLATION DU TRAVAIL AU BURKINA-FASO

Loi n°11/92/ ADP du 22 décembre 1992 portant code du travail

Titres II : L'emploi, la formation et l'orientation professionnelle

Article 3 : Il est institué un service chargé des questions d'emploi, de formation et d'orientation professionnelles.

Un décret, pris en Conseil des Ministres, fixe le statut et les attributions du service chargé de l'emploi, de la formation et de l'orientation professionnelles.

Article 4 : Le service chargé de l'emploi, de la formation et de l'orientation professionnelle peut recevoir les offres et demandes d'emploi et assurer des opérations de placement sur requête des employeurs et des travailleurs.

Article 5 : Les établissements publics de l'Etat, les entreprises à participation publique et les projets financés sur fonds publics sont tenus de procéder à la publication des postes d'emploi vacants et d'organiser des tests de recrutement.

Article 6 : En cas de grève ou de lock-out déclenché dans le respect de la procédure de règlement des conflits collectifs du travail, les opérations de placement concernant les entreprises touchées par cette cessation sont immédiatement interrompues.

La liste desdites entreprises est en outre affichée à l'emplacement réservé aux demandeurs et aux offreurs d'emploi.

Article 7 : Nul ne pourra, sans autorisation préalable du Ministre chargé du Travail, procéder à des opérations d'engagement collectif de travailleurs sur toute l'étendue du territoire du Burkina Faso, en vue de leur emploi en dehors de ce territoire.

Titre III : Les relations professionnelles

Chapitre 1 : Le contrat de travail

Section 1 : Dispositions d'ensemble

Article 10 : Les contrats de travail sont passés librement.

Est considéré comme contrat de travail toute convention écrite ou verbale, par laquelle une personne appelée travailleur, s'engage à mettre son activité professionnelle, moyennant rémunération, sous la direction et l'autorité d'une autre personne, physique ou morale, publique ou privée, appelée employeur.

Article 11 : Le Ministre chargé du Travail, à titre exceptionnel et pour des raisons d'ordre économique ou social et notamment dans l'intérêt de la santé ou de l'hygiène publique, a la faculté de limiter ou d'interdire certaines embauches dans des zones données, par arrêté pris après avis de la Commission Consultative du Travail.

Article 12 : Quels que soient le lieu de la conclusion du contrat et la résidence de l'une ou l'autre partie, tout contrat de travail conclu pour être exécuté au Burkina Faso, est soumis aux dispositions de la présente loi. Il en est de même de tout contrat de travail conclu pour être exécuté sous l'empire d'une autre législation et dont l'exécution partielle, au Burkina Faso, excède une durée de trois (3) mois.

L'existence du contrat est constatée, sous réserve des dispositions de l'article 14, dans les formes qu'il convient aux parties contractantes d'adopter. La preuve peut être apportée par tous moyens. Le contrat écrit est exempt de tous droits de timbre et d'enregistrement.

Section II : Des Différents types de contrats, de l'embauche

Article 13 : Le travailleur ne peut engager ses services que dans les cas suivants :

1) à temps ou pour un ouvrage déterminé : c'est le contrat à durée déterminée, dont le terme est fixé à l'avance par la volonté des deux parties ou par la survenance d'un évènement futur et certain dont la réalisation ne dépend pas exclusivement de la volonté de l'une des parties, mais qui est indiqué avec précision.

Tout emploi pour lequel le travailleur engage ses services à l'heure ou à la journée pour une occupation de courte durée, n'excédant pas une journée et est payé chaque jour durant la période du contrat, est considéré comme contrat à durée déterminée ;

2) pour un temps indéterminé, c'est le contrat à durée indéterminée, qui peut cesser à tout moment par la volonté de l'une des parties sous réserve du préavis donné par la partie qui prend l'initiative de la rupture.

Un décret pris en Conseil des Ministres, après avis de la Commission Consultative du Travail, détermine les conditions et la durée du préavis en tenant compte de la durée du contrat et des catégories professionnelles.

Tout contrat saisonnier, pour lequel le travailleur engage ses services pour la durée d'une campagne agricole, commerciale, industrielle ou artisanale dont le terme est indépendant de la volonté des parties, est considéré comme contrat à durée indéterminée, s'il est renouvelé au moins une fois.

En tout état de cause, le contrat de travail saisonnier qui se poursuit au-delà de la saison se transforme en contrat de travail à durée indéterminée.

Pendant la morte-saison, le travailleur saisonnier peut engager ses services chez un autre employeur.

A la reprise des activités, l'employeur saisonnier reprend en priorité et en fonction de ses besoins les travailleurs disponibles après la morte-saison.

Article 14 : Tout contrat de travail stipulant une durée supérieure à trois (3) mois ou nécessitant l'installation du travailleur hors de sa résidence habituelle ou concernant un travailleur étranger doit, après une visite médicale du travailleur, être obligatoirement :

1) visé par les services compétents du Ministère chargé du Travail ;

2) enregistré par le service chargé de l'emploi, de la formation et de l'orientation professionnelle du Burkina Faso.

L'Autorité compétente vise le contrat après avoir notamment a) constaté sa conformité avec les dispositions légales, réglementaires et conventionnelles en vigueur ; b) donné aux parties lecture et éventuellement traduction du contrat.

Le visa doit être obtenu avant tout commencement d'exécution du contrat.

La demande de visa incombe à l'employeur. S'il omet de le faire, le travailleur aura droit de faire constater la nullité du contrat et pourra, s'il y a lieu, réclamer des dommages et intérêts.

Section III: De l'exécution du contrat de travail

Article 17 : Quand il y a engagement à l'essai ou renouvellement de cet engagement, il doit être expressément stipulé au contrat. Il ne peut être conclu pour une durée supérieure au délai nécessaire pour mettre à l'épreuve le personnel engagé, compte tenu de la technique et des usages de la profession.

Dans tous les cas, l'engagement à l'essai ne peut porter, renouvellement y compris, que sur une période maximum de douze (12) mois.

Les délais de recrutement et de route ne sont pas compris dans la durée maximum de l'essai.

Les droits au voyage aller et retour du travailleur engagé à l'essai pour servir hors de son lieu de résidence habituelle et éventuellement de sa famille sont réglés par les dispositions des articles 94 à 102 de la présente loi.

Article 18 : Les formes et modalités d'établissement du contrat de travail et de l'engagement à l'essai sont fixées par arrêté du Ministre chargé du Travail pris, après avis de la Commission Consultative du Travail.

Article 19 : Le travailleur doit toute son activité professionnelle à l'entreprise, sauf dérogation contraire stipulée au contrat. Il doit notamment : - fournir le travail pour lequel il a été embauché, l'exécuter lui-même et avec soin ;

- obéir à ses supérieurs hiérarchiques

- respecter la discipline de l'entreprise et se soumettre à l'horaire et aux consignes d'hygiène et de sécurité.

Section IV : De la suspension du contrat de travail

Article 24 : Le contrat de travail est suspendu :

I) en cas de fermeture de l'établissement par suite du départ de l'employeur sous les drapeaux ou pour une période obligatoire d'instruction militaire ;

2) pendant la durée du service militaire du travailleur et pendant les périodes obligatoires d'instruction militaire auxquelles il est astreint ;

3) pendant la durée de l'absence du travailleur, en cas de maladie ou d'accident non professionnel constaté par certificat médical, durée limitée à un an, ce délai étant prorogé jusqu'au remplacement du travailleur ; 4) pendant la période d'indisponibilité du travailleur résultant d'un accident de travail ou d'une maladie professionnelle ;

5) pendant le repos de la salariée bénéficiaire des dispositions de l'article 84 ;

6) pendant le congé sans solde du salarié bénéficiaire des dispositions de l'article 86 ;

7) pendant la grève ou le lock-out, si ceux-ci ont été déclenchés dans le respect de la procédure de règlement des conflits collectifs de travail;

8) pendant la durée de l'absence du travailleur, autorisée par l'employeur, en vertu de la réglementation des conventions collectives ou d'accords individuels

9) pendant la période de mise à pied

10) pendant la durée du congé payé, augmentée éventuellement des délais de route et des périodes d'attente et de départ ;

11) pendant la période d'exercice d'un mandat politique ou syndical et lorsque l'autorisation d'absence sans solde ne peut être accordée ;

12) pendant la durée de la détention du travailleur pour motifs politiques ;

13) pendant la durée de la détention du travailleur qui n'a pas commis de faute professionnelle, et dans la limite de six (6) mois ;

14) pendant la durée de la détention du travailleur, aux fins d'enquête et d'instruction judiciaires pour faute professionnelle présumée et ce, dans la limite de six (6) mois ; 15) en cas de force majeure lorsqu'elle a pour effet d'empêcher l'une des parties de remplir ses obligations pendant une durée maximum de trois (3) mois ; 16) pendant la durée de l'absence du travailleur dans la limite de trois (3) mois en vue d'assister son conjoint malade ; 17) pendant la morte-saison pour les travailleurs saisonniers. Seules les périodes de suspension de contrat visées aux cas 1, 6, 11, 12, 13, 14, 15 et 17 ne sont pas considérées comme temps de service pour la détermination de l'ancienneté du travailleur dans l'entreprise.

Pour la détermination du droit au congé payé, sont exclues les périodes visées aux cas 1, 6, 10, 11, 12, 13, 14, 15 et 17.

Article 25 : Dans chacun des deux premiers cas visés à l'article précédent, l'employeur est tenu de verser au travailleur, dans la limite normale du préavis, une indemnité égale au montant de sa rémunération pendant la période de l'absence. Si le contrat est à durée déterminée, la limite de préavis à prendre en considération est celle fixée dans les conditions prévues pour les contrats à durée indéterminée. Dans ce dernier cas, la suspension ne peut avoir pour effet de proroger le terme du contrat initialement prévu.

Dans le troisième cas visé à l'article précédent, la rémunération du travailleur durant son absence s'établit ainsi qu'il suit compte tenu de son ancienneté dans l'entreprise

1) moins d'un (1) an : - plein salaire pendant un mois - demi-salaire le mois suivant.

2) de un (1) à cinq (5) ans : - plein salaire pendant un mois - demi-salaire pendant les trois (3) mois suivants.

3) de six (6) à dix (10) ans : - plein salaire pendant deux (2) mois - demi-salaire pendant les trois (3) mois suivants.

4) de onze (1) à quinze (1 5) ans : - plein salaire pendant trois (3) mois - demi-salaire pendant les trois (3) mois suivants.

5) au-delà de quinze (15) ans : - plein salaire pendant quatre (4) mois - demi-salaire pendant les quatre (4) mois suivants.

Le total des indemnités prévues ci-dessus représente le maximum des sommes auxquelles pourra prétendre le travailleur pendant une année civile, quels que soient le nombre et la durée de ses absences pour maladie ou accident au cours de ladite année.

Article 26 : Les droits des travailleurs mobilisés sont garantis, en tout état de cause, par la législation en vigueur.

Section V: De la cessation des relations de travail

Article 27 : Les cas de cessation de la relation de travail soit :

1) la cessation d'accord parties

2) l'annulation légale ;

3) l'arrivée du terme du contrat à durée déterminée

4) la démission ;

5) le licenciement

6) l'incapacité totale de travail telle que définie par la réglementation

7) la retraite

8) le décès.

Article 28 : Le contrat de travail à durée indéterminée peut toujours cesser par la volonté de l'une des parties. Cette résiliation est subordonnée à un préavis notifié par écrit par la partie qui prend l'initiative de la rupture.

Article 29 : Pendant la durée du délai de préavis, l'employeur et le travailleur sont tenus au respect de toutes les obligations réciproques qui leur incombent. En vue de la recherche d'un autre emploi, le travailleur bénéficiera, pendant la durée du préavis, de deux (2) jours ouvrables par semaine.

Chapitre II : Le contrat d'apprentissage

Section 1 : De la nature et de la forme du contrat d'apprentissage

Article 42 : Le contrat d'apprentissage est celui par lequel une personne, appelée maître, s'oblige à donner ou à faire donner une formation professionnelle méthodique et complète à une autre personne appelée apprenti, et par lequel celui-ci s'oblige en retour à se conformer aux instructions qu'il recevra et à exécuter les ouvrages qui lui seront confiés en vue de son apprentissage.

Le contrat doit être constaté par écrit, sous peine de nullité il est rédigé en langue officielle et si possible dans la langue de l'apprenti.

Le contrat est exempt de tous droits de timbre et d'enregistrement.

Article 43 : Le contrat d'apprentissage est établi en tenant compte des usages et coutumes de la profession.

Il contient en particulier :

1) les nom, prénoms, âge, profession, domicile du maître ou la raison sociale;

2) les nom, prénoms, âge, domicile de l'apprenti

3) les nom, prénoms, profession et domicile du père et de la mère de l'apprenti, de son tuteur ou de la personne autorisée par les parents ou à défaut par l'autorité administrative ou judiciaire compétente ;

4) la date et la durée du contrat

5) les conditions de rémunération, de nourriture et de logement de l'apprenti ;

6) l'indication des cours professionnels que le chef de l'établissement s'engage à faire suivre à l'apprenti, soit dans l'établissement, soit en dehors.

Article 44 : Les autres conditions de fond et de forme et les effets de ce contrat, ainsi que le cas et les conséquences de sa résiliation et les mesures de contrôle de son exécution, sont réglés par arrêté du Ministre chargé du Travail, pris après avis de la Commission Consultative du Travail.

Article 45 : Des arrêtés du Ministre chargé du Travail, pris après avis de la Commission Consultative du Travail, pourront déterminer les catégories d'entreprises dans lesquelles est imposé un pourcentage d'apprentis' par rapport au nombre total des travailleurs.

Section II : Des conditions du contrat

Article 46 : Nul ne peut recevoir des apprends mineurs, s'il n'est majeur.

Article 47 : Aucun maître, s'il ne vit en famille ou en communauté, ne peut loger en son domicile personnel ou dans son atelier, comme apprenties des jeunes filles mineures.

Article 48 : Ne peuvent recevoir des apprentis, les individus qui ont été condamnés, soit pour crime, soit pour délit contre les mœurs, soit pour quelque délit que ce soit, à une peine d'au moins trois (3) mois de prison fermes.

Section Ill : Des devoirs des maîtres et des apprentis

Article 49 : Le maître doit prévenir, sans retard, les parents de l'apprenti ou leurs représentants en cas de maladie, d'absence ou de tout autre fait de nature à motiver leur intervention. Le maître n'emploiera l'apprenti, dans la mesure de ses forces, qu'aux travaux et services qui se rattachent à l'exercice de sa profession.

Article 50 : Le maître doit traiter l'apprenti en bon père de famille. Dans le cas où l'apprenti vit dans la famille du maître, il doit lui assurer les meilleures conditions possibles de logement et de nourriture.

Si l'apprenti ne sait pas bien lire, écrire et compter, le maître est tenu de lui accorder le temps et la liberté nécessaires pour son instruction. Ce temps sera dévolu à l'apprenti selon un accord conclu entre les parties, mais ne pourra excéder une durée calculée sur la base de deux (2) heures par jour de travail.

Article 51 : Le maître doit enseigner à l'apprenti, progressivement et complètement, le métier ou la profession spéciale qui fait l'objet du contrat.

Il lui délivrera, à la fin de l'apprentissage, une attestation ou certificat constatant l'exécution du contrat.

Article 52 : L' apprenti doit à son maître, dans le cadre de l'apprentissage, obéissance et respect. Il doit l'aider, par son travail, dans la mesure de ses aptitudes et de ses forces.

Un apprenti est tenu de compléter à la fin de l'apprentissage, le temps qu'il n'a pu employer par suite de maladie ou d'absence de plus de quinze (15) jours.

Chapitre III : Le tâcheronnat

Article 54 : Le tâcheron est un sous-entrepreneur recrutant lui-même la main-d'œuvre nécessaire, qui passe avec un entrepreneur un contrat écrit pour l'exécution d'un certain travail ou la fourniture de certains services moyennant un prix forfaitaire

Le contrat de tâcheronnat est déposé à l'inspection du Travail du ressort, au Service chargé de la promotion de l'emploi et à la Caisse Nationale de Sécurité Sociale. Il a lieu à l'initiative de l'entrepreneur.

Article 55 : Quand les travaux sont exécutés dans les ateliers, magasins ou chantiers de l'entrepreneur, ce dernier est, en cas d'insolvabilité du tâcheron, substitué à celui-ci en ce qui concerne ses obligations à l'égard des travailleurs à concurrence du montant du contrat de tâcheronnat.

Le travailleur lésé aura, dans ces cas, une action directe contre l'entrepreneur.

Article 56 : Le tâcheron est tenu d'indiquer sa qualité de tâcheron, le nom et l'adresse de l'entrepreneur, par voie d'affiche apposée de façon apparente dans chacun des ateliers, magasins ou chantiers utilisés.

Il doit afficher, dans les mêmes conditions, la liste des dates de paie des salaires à ses travailleurs pour la période des travaux.

Il doit obligatoirement adresser à l'inspection du Travail du ressort, préalablement à l'exécution du contrat de tâcheronnat, une déclaration précisant ses nom, adresse et qualité, la situation de chacun de ses chantiers, accompagnée des affiches prévues au présent article.

Chapitre IV : La convention et les accords collectifs de travail

Section I : De la nature et de la validité de la Convention

Article 59 : La Convention Collective du Travail est un accord relatif aux conditions de travail conclu entre, d'une part, les représentants d'un ou plusieurs syndicats ou groupements professionnels de travailleurs, et d'autre part, une ou plusieurs organisations syndicales d'employeurs ou tous autres groupements d'employeurs ou un ou plusieurs employeurs pris individuellement.

La Convention peut mentionner des dispositions plus favorables aux travailleurs que celles des lois et règlements en vigueur. Elle ne peut déroger aux dispositions d'ordre public définies par ces lois et règlements.

Les conventions collectives déterminent leur champ d'application. Celui-ci peut être national, régional ou local.

Article 60 : Les représentants des organisations syndicales ou de tous autres groupements professionnels visés à l'article précédent peuvent contracter au nom de l'organisation qu'ils représentent, en vertu :

- soit des stipulations statutaires de cette organisation ;

- soit d'une délibération spéciale de cette organisation ;

- soit de mandats spéciaux qui leur sont donnés individuellement par tous les adhérents de cette organisation.

A défaut, pour être valable, la convention collective doit être ratifiée par une délibération spéciale du ou des groupements professionnels.

Article 61 : La convention collective est applicable pendant une durée déterminée ou pour une durée indéterminée. Quand la convention est conclue pour une durée déterminée, sa durée ne peut être supérieure à cinq (5) ans. Toutefois, à défaut de stipulation contraire, la convention à durée déterminée qui arrive à expiration continue à produire ses effets comme une convention à durée indéterminée.

La convention collective doit prévoir dans quelles formes et à quelle époque elle pourra être dénoncée, renouvelée ou révisée. La convention collective doit prévoir notamment la durée du préavis qui doit précéder la dénonciation. Tout syndicat professionnel ou tout employeur qui n'est pas partie prenante à la convention collective peut y adhérer ultérieurement.

Section III : Des accords collectifs d'établissement

Article 71 : Des accords concernant un ou plusieurs établissements déterminés peuvent être conclus entre, d'une part, un employeur ou un groupement d'employeurs et, d'autre part, des organisations de travailleurs présentes dans l'établissement ou les établissements intéressés.

Les accords d'établissements ont pour objet d'adapter aux conditions particulières de l'établissement ou des établissements considérés, les dispositions des conventions collectives nationales, régionales ou locales et notamment les conditions d'attribution et le mode de calcul de la rémunération au rendement, des primes à la production individuelle et collective et des primes à la productivité.

Ils peuvent prévoir des dispositions nouvelles et des clauses plus favorables aux travailleurs.

A défaut des conventions collectives nationales, régionales ou locales, les accords d'établissement ne peuvent porter, sauf dérogations accordées par le Ministre chargé du Travail, que sur la fixation des salaires et des accessoires de salaires. Les dispositions des articles 61, 62 et 63 s'appliquent aux accords prévus au présent article.

Section IV : Des Conventions collectives dans les Services, Entreprises et Etablissement Publics.

Article 72 : Lorsque le personnel des services, entreprises et établissements publics n'est pas soumis à un statut législatif ou réglementaire particulier, des conventions collectives peuvent être conclues conformément aux dispositions du présent chapitre.

Article 73 : Lorsqu'une convention collective fait l'objet d'un arrêté portant extension pris en application de l'article 67, elle est, en l'absence de dispositions contraires, applicable aux services, entreprises et établissements publics visés par la présente section qui, en raison de leur nature et de leur activité, se trouvent placés dans son champ d'application.

Section V : De l'exécution de la convention

Article 74 : Les groupements de travailleurs ou d'employeurs liés par une convention collective ou un accord prévu à l'article 71 ci-dessus, sont tenus d'en assurer la bonne exécution et de ne rien faire qui soit de nature à la compromettre.

Article 75 : Les groupements capables d'ester en justice, liés par une convention collective de travail ou l'accord prévu à l'article 71 ci-dessus, peuvent en leur nom propre, intenter une action en dommages-intérêts à tous autres groupements, à leurs propres membres ou à toute personne liée par la convention ou l'accord qui en violeraient les engagements contractés.

Article 76 : Les personnes liées par une convention collective ou l'accord prévu à l'article 71 ci-dessus peuvent intenter une action en dommages-intérêts aux autres personnes ou aux groupements liés par la convention ou l'accord qui violeraient à leur égard les engagements contractés.

Article 77 : Les groupements capables d'ester en justice, qui sont liés par la convention collective ou l'accord prévu à l'article 71 ci-dessus, peuvent exercer toutes les actions qui naissent de cette convention ou de cet accord en faveur d'un de leurs membres, sans avoir à justifier d'un mandat de l'intéressé, pourvu que celui-ci ait été averti et n'ait pas déclaré s'y opposer. L'intéressé peut toujours intervenir à l'instance engagée par le groupement.

Lorsqu'une action née de la convention collective ou de l'accord est intentée soit par une personne, soit par un groupement, tout groupement capable d'ester en justice, dont les membres sont liés par la convention ou par l'accord peut toujours intervenir à l'instance engagée en raison de l'intérêt collectif que la solution du litige peut présenter pour ses membres.

Chapitre V : Le règlement intérieur

Article 78 : Le règlement intérieur est établi par le chef d'entreprise sous réserve de la communication dont il est fait mention au troisième alinéa du présent article.

Son contenu est limité exclusivement aux règles relatives à l'organisation technique du travail, à la discipline et aux prescriptions concernant l'hygiène et la sécurité nécessaires à la bonne marche de l'entreprise.

Toutes les autres clauses qui viendraient à y figurer, notamment celles relatives à la rémunération, seront considérées comme nulles de plein droit, sous réserve des dispositions du dernier alinéa de l'article 113.

Avant de le mettre en vigueur, le chef d'entreprise doit communiquer le règlement intérieur aux délégués du personnel, s'il en existe, et à l'inspection du Travail qui doit exiger le retrait ou la modification des dispositions contraires aux lois et règlements en vigueur.

Les modalités de communication, de dépôt et d'affichage du règlement intérieur ainsi que le nombre de travailleurs de l'entreprise, au-dessus duquel l'exigence de ce règlement est obligatoire, sont fixés par arrêté du Ministère chargé du Travail, pris après avis de la Commission Consultative du Travail.

Titre VI : Les conditions générales du travail

Chapitre I : La durée du travail

Section I : De la durée légale

Article 79 : Dans tous les établissements publics ou privés, même d'enseignement ou de bienfaisance, la durée légale du travail des employés ou ouvriers de l'un ou l'autre sexe, de tout âge, travaillant à temps, à la tâche ou aux pièces, ne peut excéder quarante (40) heures par semaine.

Toutefois, dans les exploitations agricoles, les heures de travail sont basées sur 2 400 heures par an. Dans cette limite, un arrêté du Ministre chargé du Travail, pris après avis de la commission consultative du Travail, fixe la durée légale hebdomadaire suivant les saisons.

Les heures effectuées au-delà de la durée légale hebdomadaire donneront lieu à une majoration de salaire. A défaut de convention collective, un arrêté du Ministre chargé du Travail, pris après avis de la Commission Consultative du Travail, fixe les modalités d'exécution et le taux des heures supplémentaires effectuées le jour ou la nuit, pendant les jours ouvrables, les dimanches et les jours fériés. Des dérogations pourront, toutefois, être décidées par arrêté du Ministre chargé du Travail, pris après avis de la Commission Consultative du Travail.

Des arrêtés du Ministre chargé du Travail, pris après avis de la Commission Consultative du Travail, déterminent par branche d'activité et par catégorie professionnelle, s'il y a lieu, les modalités d'application de la durée du travail et des dérogations, ainsi que la durée maximum des heures supplémentaires qui peuvent être effectuées en cas de travaux urgents ou exceptionnels et de travaux saisonniers. La durée du travail dans les établissements et services publics est réglementée par décret.

Section II : Du travail de nuit et du travail posté

Article 80 : Du travail de nuit.

Les heures pendant lesquelles le travail est considéré comme travail de nuit sont fixées par décret; pris en Conseil des Ministres, après avis de la Commission Consultative du Travail.

Article 81 : Du Travail posté

Est considéré comme travail posté, l'organisation dans laquelle un salarié effectue son travail journalier d'une seule traite.

La continuité du poste, le système d'organisation du travail seront déterminés par arrêté du Ministre chargé du Travail pris, après avis de la Commission Consultative du Travail.

Section III : Du travail des femmes et des adolescents

Article 82 : Le travailleur ne peut être affecté à des travaux qui peuvent porter atteinte à sa capacité de reproduction ou, dans le cas d'une femme en état de grossesse, à sa santé ou à celle de l'enfant. Des décrets pris, en Conseil des Ministres, après avis de la Commission Consultative du Travail, fixent la nature des travaux interdits aux adolescents et aux femmes.

Article 83 : Le repos des femmes et des adolescents doit avoir une durée de onze (11) heures consécutives au minimum.

Le travail des femmes et des adolescents demeure régi par les dispositions des conventions internationales ratifiées.

Article 84 : Toute femme enceinte, dont l'état a été constaté médicalement ou dont la grossesse est apparente, peut quitter le travail après avoir informé son employeur au moins quinze (1 5) jours avant son départ et sans avoir de ce fait à payer une indemnité de rupture de contrat.

Toutefois, lorsqu'il est démontré que la femme, après avoir rompu le contrat dans les conditions prévues à l'alinéa précédent, s'est engagée dans une autre entreprise avant l'expiration de la période normale de préavis, elle sera tenue au paiement d'une indemnité compensatrice de préavis.

A l'occasion de son accouchement et sans que cette interruption de service puisse être considérée comme une cause de rupture du contrat, toute femme a le droit de suspendre son travail pendant quatorze (14) semaines dont au plus tôt (8) semaines et au plus tard quatre (4) semaines avant la date présumée de la délivrance.

Cette suspension peut être prolongée de trois (3) semaines en cas de maladie dûment constatée et résultant de la grossesse ou des couches.

Pendant cette période, l'employeur ne peut lui donner congé. Durant ces quatorze (14 semaines, la femme a droit, à la charge de la Caisse Nationale de Sécurité Sociale, aux frais d'accouchement dans une formation sanitaire administrative agréée par l'état et, le cas échéant, aux soins médicaux ainsi qu'au salaire soumis à cotisation au régime de sécurité sociale qu'elle percevait au moment de la suspension du contrat, la fraction du salaire non soumise à cotisation étant à la charge de l'employeur.

Pendant cette période, elle conserve le droit aux prestations en nature.

Toute convention contraire est nulle de plein droit.

Article 85 : Pendant une période de quinze (15) mois à compter de la reprise de travail, la mère a droit à des repos pour allaitement. La durée totale de ces repos ne peut dépasser une heure et demi par Jour de travail.

Les repos pour allaitement sont comptés dans la durée du travail et rétribués comme tel.

La mère peut, pendant la période prévue à l'alinéa premier, quitter son travail sans préavis et sans avoir de ce fait à payer une indemnité de rupture.

Article 86 : Le travailleur salarié, qui le désire, peut obtenir de son employeur un congé sans solde d'une durée de six (6) mois renouvelable une fois pour l'entretien de son enfant.

L'employeur est tenu de le lui accorder à condition que l'intéressé ait déposé sa demande au moins un (1) mois avant la date de départ en congé.

En cas de maladie grave de l'enfant la période prévue à l'alinéa ler peut être portée à un (1) an renouvelable une fois.

Article 87 : L' âge minimum d'admission à tout type d'emploi ou de travail ne devra pas être inférieur à quatorze (14) ans. Un décret pris en Conseil des Ministres après avis de la Commission Consultative du Travail, fixe la nature des travaux et les catégories d'entreprises interdits aux jeunes gens et l'âge limite auquel s'applique l'interdiction.

Article 88 : L' Inspecteur du Travail peut requérir l'examen des femmes et des adolescents par un médecin agréé, en vue de vérifier si le travail dont ils sont chargés n'excède pas leurs forces. Cette réquisition est de droit à la demande des intéressés.

La femme ou l'adolescent ne peut être maintenu dans un emploi reconnu au-dessus de ses forces. Il doit être affecté à un emploi convenable. Si cela n'est pas possible, le contrat doit être résilié avec paiement des droits de rupture au travailleur.

Titre IV : Des conditions générales du travail

Chapitre II - Du repos du travailleur

Section 1 : Du repos hebdomadaire

Article 89 : le repos hebdomadaire est obligatoire. Il est au minimum de vingt-quatre (24) heures consécutives par semaines. Il a lieu en principe le dimanche.

Un arrêt du Ministre chargé du Travail, pris après avis de la Commission Consultative du Travail, détermine les modalités d'application et les dérogations éventuelles à l'alinéa précédent, notamment les professions pour lesquelles et les conditions dans lesquelles le repos pourra, exceptionnellement et pour des motifs nettement établis, soit être donné par roulement ou collectivement d'autres jours que le dimanche, soit être suspendu par compensation des fêtes rituelles ou locales, soit réparti sur une période plus longue que la semaine.

Un arrêté conjoint du Ministre chargé du Travail et du Ministre chargé de la Fonction Publique fixe les modalités du repos hebdomadaire dans les établissements et services publics.

Section II : Des congés

Article 90 : sauf dispositions plus favorables des conventions collectives ou du contrat individuel, le travailleur acquiert droit au congé payé à la charge de l'employeur, à raison de deux jours et demi ouvrables par mois de service.

Quelle que soit la durée de leurs services, les jeunes gens âgés de moins de dix huit (18) ans ont droit, s'ils le demandent, à un congé fixé à trente (30) jours ouvrables sans qu'il puissent exiger, pour les journées de congé dont ils réclameraient le bénéfice, aucune allocation de congé en sus de celle qu'ils ont acquise à raison du travail accompli au moment de leur départ en congé.

La durée du congé fixé au premier alinéa du présent article est augmentée à raison de deux (2) jours ouvrables après vingt (20) ans de services continus ou non dans la même entreprise, de quatre (4) jours après vingt cinq (25) ans et de six (6) jours après trente (30) ans ; la majoration de congé donne lieu à la majoration de l'allocation de congé payé.

Les travailleurs salariés ou apprentis, âgés de moins de vingt deux (22) ans ont droit à deux (2) jours de congé supplémentaires pour chaque enfant à charge. Est réputé à charge, l'enfant enregistré à l'état civil qui n'a pas atteint l'âge de quinze (15) ans.

Pour le calcul de la durée du congé acquis, ne seront pas déduites les absences pour accidents de travail ou maladies professionnelles, les période de repos des femmes en couches prévues à l'article 84 ni dans la limite d'un (1) an, les absences pour maladies dûment constatées par un médecin agréé.

Seront également décomptés, sur les bases indiquées ci-dessus, les services effectués sans congé correspondant pour le compte du même employeur quel que soit le lieu de l'emploi.

Article 91 : dans la limite annuelle de vingt (20) jours, ne peuvent être déduites de la durée du congé payé, les permissions exceptionnelles qui auront été accordées au travailleur à l'occasion d'événements familiaux touchant directement son foyer.

Dans la limite annuelle de quinze (15) jours ouvrables non déductibles de la durée du congé payé, des autorisations d'absence sans solde seront accordées au travailleur afin de lui permettre.

· soit de suivre un stage officiel de perfectionnement, d'éducation culturelle et sportive ;

· soit de représenter le Burkina Faso dans une compétition sportive internationale ;

· soit d'assister à des congrès syndicaux ou à des sessions de formation syndicale auxquels il est délégué en vertu d'un mandat régulier ;

soit de représenter une association reconnue d'utilité publique, de participer ou d'assister aux activités de celle-ci.

Ces autorisations d'absence peuvent être prises en une ou deux fois sans pouvoir porter à plus de trois dans la même année civile, les suspensions de contrat résultant du congé annuel et de l'application des présentes dispositions[2].

---

[2] **Les caractéristiques du contrat de travail**

L'article 1710 du Code civil donne du contrat d'entreprise, qu'il appelle le « louage d'ouvrage », ainsi opposé au louage de services, la définition suivante : Le louage d'ouvrage est un contrat par lequel l'une des parties s'engage à faire quelque chose pour l'autre moyennant un prix convenu entre elles. » C'est la jurisprudence qui a lentement établi les critères qui permettent de caractériser l'existence du contrat de travail. Ce dernier a été défini par le professeur Amiaud de la façon suivante : « c'est un contrat aux termes duquel une personne s'engage à mettre son activité à la disposition d'une autre personne moyennant une rémunération appelée « salaire », en acceptant d'être subordonnée, dans l'exécution du travail qu'elle va accomplir, à celle qui va l'employer. » Il en résulte que le contrat de travail comporte les trois caractéristiques suivantes :

- il a pour objet le travail de l'homme ;
- il donne lieu à une rémunération appelée « salaire » ;
- il existe un lien de subordination du salarié à l'employeur dans l'exécution du contrat de travail.

C'est l'existence ou la non-existence de ce lien qui seule permet souvent de distinguer le contrat de travail des contrats voisins. Le salarié exécute sa prestation sous le contrôle et la surveillance de celui qui l'emploie. En fait, ce lien de subordination peut être assez lâche, mais il suffit, pour

Section 4 : Des jours fériés

Article 103 : les jours fériés sont ceux fixés par la loi.

Chapitre III - Du salaire

---

qu'il y ait contrat de travail, que le patron ait le droit de donner des ordres, puisse exercer un contrôle et une surveillance, alors même qu'il n'utiliserait pas cette faculté.

C'est l'existence du lien de subordination qui permet notamment de distinguer le contrat de travail du contrat d'entreprise. Par le contrat d'entreprise, on s'engage à exécuter un travail déterminé ; par le contrat de travail, on s'oblige à fournir sa capacité de travail. Alors que, dans ce dernier, on est soumis à une discipline de travail, dans le contrat d'entreprise on reste maître des moyens à employer. C'est le même critérium de subordination juridique qui permet de distinguer le contrat de travail du mandat. Le mandataire s'oblige à effectuer certains actes juridiques pour le compte du mandant et ce, dans le mandat salarié, contre versement d'une rémunération. La difficulté est que le mandataire s'oblige également souvent à fournir son travail et que parfois le salarié est amené à accomplir certains actes juridiques pour le compte de son employeur. Dans chaque cas, il conviendra de rechercher quel est l'objet essentiel du contrat, la représentation juridique ou la prestation de travail.

Les obligations réciproques du salarié et de l'employeur

8. Le salarié doit fournir à son employeur les services qu'il s'est personnellement engagé à lui rendre et pour cela, se conformer aux ordres reçus. La détérioration causée par sa négligence ou son imprudence engage sa responsabilité. Il ne peut travailler pour un autre employeur sans le consentement du premier, ni recevoir de tierce personne des gratifications (sauf dans les professions encore partiellement rémunérées au pourboire). En outre, il doit garder, même après la fin du contrat, les secrets de fabrication. L'employeur doit occuper le salarié à la tâche et au salaire convenus. En plus de ses obligations contractuelles, il est soumis à toutes les obligations légales et conventionnelles ;

La cessation du contrat de travail

Le problème de la durée du contrat de travail a été règlementé de façon précise par le Code du travail. On est amené à distinguer, au point de vue de la durée, deux sortes de contrats de travail.

- le contrat à durée déterminée ou pour une entreprise déterminée ;
- le contrat à durée indéterminée.

Le contrat de travail à durée déterminée est celui dont le terme est fixé à l'avance. Au contraire, dans le contrat de travail à durée indéterminée, les parties n'ayant pas fixé le terme, la volonté de l'une des parties contractantes peut le rompre à tout moment. Le mode habituel de rupture du contrat de travail conclu pour une durée indéterminée est donc *la résiliation unilatérale.* Cette résiliation peut intervenir à tout moment sous réserve de certaines limitations, dont la législation contemporaine et la jurisprudence ont entouré l'exercice de ce droit. Le contrat de travail peut également prendre fin par suite de la survenance d'un cas de force majeure. Enfin, il prendra fin exceptionnellement par suite d'une résiliation judiciaire prononcée par le juge.

La résiliation unilatérale du contrat de travail à durée indéterminée

La réalisation du contrat de travail à durée indéterminée est dominée par le principe inscrit dans l'article 1780 du Code civil et reproduit dans le Code du travail : « Le louage de services fait sans détermination de durée peut toujours prendre fin par la volonté de l'une des parties contractantes.» A l'origine, ce principe avait été édicté comme un moyen de sauvegarder la liberté individuelle. L'évolution récente de la législation a soumis ce principe de la résiliation unilatérale du contrat de travail à certaines limitations, dont les unes pèsent également sur les deux parties alors que d'autres ont seulement pour objet de limiter la liberté d'action des chefs d'entreprise. Dans la première catégorie, on range les limitations tenant au contrôle de l'emploi, au préavis ou délai-congé, à la rupture abusive. Dans l'autre catégorie, qui tend à protéger le salarié, il faut citer l'indemnité de licenciement et les garanties accordées aux délégués du personnel, aux femmes enceintes, aux salariés malades ou accidentés.

Section 1 : De la détermination du salaire

Article 104 : à conditions égales de travail, de qualification professionnelle et de rendement, le salaire est égal pour tous les travailleurs quels que soit leur origine, leur sexe, leur âge et leur statut dans les conditions prévues au présent titre.

: dans le cas où le travailleur permanent qui n'est pas originaire du lieu d'emploi et n'y a pas sa résidence habituelle, ne peut, par ses propres moyens, se procurer un logement suffisant pour lui et sa famille, l'employeur est tenu de lui assurer dans des conditions fixées par arrêté du Ministre chargé du travail, pris après avis de Commission Consultative du travail. Ce texte fixera également les modalités de remboursement de cette prestation à l'employeur et les conditions auxquelles le logement doit répondre notamment au regard de l'hygiène et pour assurer la protection des femmes et jeunes filles ne vivant pas en famille. Cette disposition s'applique également aux travailleurs déplacés temporairement ou dans le cadre d'un chantier.

Article 106 : dans le cas où le travailleur ne peut, par ses propres moyens, obtenir pour lui et sa famille, un ravitaillement régulier en denrées alimentaires de première nécessité, l'employeur est tenu de le lui assurer dans les conditions fixées par arrêté du Ministre chargé du Travail, pris après avis de Commission Consultative du Travail. Ce texte fixera également les modalités de remboursement de cette prestation à l'employeur. Cette disposition s'applique également aux travailleurs déplacés temporairement ou dans le cadre d'un chantier.

Section 2 : Des privilèges et garanties de la créance de salaire

Article 116 : au sens des dispositions des sections II et III du présent chapitre, le salaire s'entent, du salaire proprement dit quelle que soit son appellation, des accessoires du salaire, de l'allocation de congé payé, des primes, des indemnités et des prestations de toute nature.

Article 117 : la créance de salaire et autres créances, du travailleur relevant de la relation de travail bénéficient d'un privilège préférable à tous les autres privilèges généraux ou spéciaux en ce qui concerne la fraction insaisissable dudit salaire telle qu'elle résulte des dispositions de l'article 129. Ce privilège s'exerce sur les biens meubles et immeubles du débiteur.

Article 118 : en cas de liquidation judiciaire ou de faillite, les sommes précomptées par le trésor, postérieurement dû à l'employeur, sont rapportées à la masse.

Section 3 : De la prescription de l'action en paiement du salaire

Article 124 : l'action des travailleurs en paiement du salaire et celle en fourniture de prestation en nature et éventuellement de leur remboursement, se prescrit par deux (2) ans.

Lorsque le travailleur demeure dans l'entreprise, la prescription ne lui sera pas opposable.

La prescription court à compter de la date à partir de laquelle le salaire est exigible. Elle est suspendue lorsqu'il y a compte arrêté, cédule, obligation ou citation en justice non périmée, ou en cas de tentative de conciliation devant l'Inspecteur du Travail.

Article 125 : néanmoins, le travailleur auquel cette prescription est opposée, peut déférer le serment à l'employeur ou à son représentant, sur la question de savoir si le salaire qu'il réclame a été payé.

Le serment peut être déféré aux conjoints survivants et héritiers ou aux autres tuteurs de ces derniers s'ils sont mineurs, pour qu'ils aient à déclarer s'ils savent ou non que le salaire réclamé est dû

Article 126 : si le serment déféré n'est pas prêté ou s'il est reconnu, même implicitement, que les sommes réclamées n'ont pas été payées, l'action en paiement de salaire se prescrit par trente (30) ans.

Section 4 : Des retenues sur salaire

Article 127 : il est interdit à l'employeur d'infliger des amendes. Cette disposition est d'ordre public.

Article 128 : en dehors des prélèvements obligatoires et des consignations qui peuvent être prévues par les conventions collectives et les contrats, il ne peut être fait de retenue sur les appointements ou salaires que par saisie-arrêt ou cession volontaire, souscrite devant le magistrat du lieu de la résidence ou à défaut l'Inspecteur du Travail, pour le remboursement d'avances d'argent consenties par l'employeur au travailleur.

Toutefois lorsque le magistrat ou l'Inspecteur du Travail habite à plus de vingt (25) kilomètres, il pourra y avoir consentement réciproque et écrit devant le chef de l'unité administrative la plus proche.

Les acomptes sur un travail en cours ne sont pas considérés comme avance

En tout état de cause, il ne pourra y avoir compensation entre appointements ou salaires et les sommes dues par le travailleur notamment au titre de la réparation d'un préjudice que dans la limite de la partie saisissable et sur les seules sommes immobilisées, conformément aux dispositions de l'article 113 alinéa 6, au Greffe du Tribunal du Travail.

Article 129 : des décrets pris en Conseil des Ministres, après avis de la Commission Consultative du Travail, fixent les portions de salaires et de pensions de retraites soumises à prélèvements progressifs et les taux y afférents. La retenue visée à l'article précédent ne peut, pour chaque paye, excéder les taux fixés par les décrets.

Il doit être tenu compte, pour le calcul de la retenue, non seulement du salaire ou la pension de retraite proprement dit mais de tous les accessoires du salaire et de la pension, à l'exception toutefois des indemnités déclarées insaisissables par le règlement en vigueur, des sommes allouées à titre de remboursement de frais exposés par le travailleur et des allocations ou indemnités pour charges de famille.

Article 130 : les dispositions d'une convention ou d'un contrat de travail autorisant tous autres prélèvements sont nulles de plein droit.

Les sommes retenues au travailleur en contravention des dispositions ci-dessus portent intérêts à son profit au taux légal depuis la date où elles auraient dû être payées et peuvent être réclamées par lui jusqu'à prescription, le cours en étant suspendu pendant la durée du contrat.

Les dispositions du présent chapitre ne font pas obstacle à l'institution de régimes légaux ou réglementaires de prévoyance ou de retraite.

Titre V : Hygiène, sécurité et médecine du travail

Chapitre I - Hygiène et sécurité du travail

Article 138 : il est institué auprès du Ministère chargé du Travail, un Comité Technique National Consultatif pour l'étude des questions intéressant l'hygiène et la sécurité des travailleurs. Un décret pris en Conseil des Ministres règle la composition et le fonctionnement de ce comité dans lequel toutes les parties intéressées devront être représentées.

Il est institué au sein de l'entreprise et de l'établissement des comités d'hygiène et de sécurité dont la composition et le fonctionnement sont déterminés par arrêté du Ministre chargé du Travail.

Article 139 : les conditions d'hygiène et de sécurité sur le lieu de travail sont réglées par décrets pris en Conseil des Ministres, après avis du Comité Technique National Consultatif d'Hygiène et de Sécurité.

Ces décrets tiennent compte des conditions locales et précisent dans quels cas et dans quelles conditions l'Inspecteur du Travail devra recourir à la procédure de la mise en demeure.

Titre VI : Des institutions professionnelles

Chapitre I - Des syndicats professionnels

Section 1 : De l'objet et de la constitution des syndicats professionnels

Article 148 : les syndicats ont exclusivement pour objet la promotion et la défense des intérêts matériels, moraux et professionnels de leurs membres.

Article 149 : les travailleurs, tels que définis à l'article 1er du Code du Travail, ainsi que leurs employeurs peuvent constituer librement des syndicats professionnels regroupant les personnes exerçant la même profession, des métiers similaires ou des professions connexes concourant à l'établissement de produits déterminés, sans préjuger des dispositions de l'article 165.

Tout travailleur ou employeur peut adhérer librement à un syndicat de son choix dans le cadre de sa profession.

Il est interdit à tout employeur de prendre en considération l'appartenance ou non à un syndicat ou l'exercice d'une activité syndicale pour arrêter ses décisions en ce qui concerne notamment, l'embauchage, la conduite et la répartition du travail, la formation professionnelle, l'avancement, la rémunération et l'octroi d'avantages sociaux, les mesures de discipline et de congédiement.

Le chef d'entreprise ou ses représentants ne devront employer aucun moyen de pression en faveur ou à l'encontre d'une organisation syndicale quelconque. Toute mesure prise par l'employeur contrairement aux dispositions des alinéas précédents sera considérée comme abusive et donnera lieu à des dommages-intérêts.

Ces dispositions sont d'ordre public.

Article 150 : les mineurs âgés d'au moins quatorze (14) ans peuvent adhérer aux syndicats sauf opposition de leur père, mère ou tuteur.

Peuvent continuer à faire partie d'un syndicat professionnel, les travailleurs ou les employeurs qui ont cessé l'exercice de leur fonction ou de leur profession sous réserve d'avoir exercé celle-ci au moins un an.

Tout membre d'un syndicat professionnel peut s'en retirer à tout moment nonobstant toute clause contraire.

Il conserve, cependant, le droit d'être membre des sociétés de secours et d'assurance vieillesse à l'actif desquelles il a contribué par des cotisations ou versements de fonds.

Section 2 : De la capacité civile des syndicats professionnels

Article 162 : les syndicats professionnels, constitués conformément aux dispositions de la présente loi, jouissent de la personnalité civile. Ils ont le droit d'ester en justice, d'acquérir sans autorisation, à titre gratuit ou onéreux, des biens.

Article 163 : les syndicats peuvent :

· exercer devant toutes les juridictions tous les droits, réservés à la partie civile relatifs au faits portant un préjudice direct ou indirect, à l'intérêt collectif de la profession qu'ils représentent ;

· affecter une partie de leurs ressources à la création de logement de travailleurs, à l'acquisition de terrains de culture ou de terrains d'éducation physique à l'usage de leur membres ;

· créer, administrer, ou subventionner des œuvres telles que :

- institutions de prévoyance,
- caisses de solidarité :
- laboratoires ;
- champs d'expérience

- oeuvres d'éducation scientifique, agricole, ou sociale, cours et publications intéressant la profession.

Les immeubles et objets mobiliers nécessaires à leurs réunions, à leurs bibliothèques et à leurs cours d'instruction professionnelle sont insaisissables;

· subventionner des sociétés coopératives de production ou de consommation ainsi que toutes institutions publiques ou privées présentant un intérêt pour les travailleurs ;

· passer des contrats ou de conventions avec tous les autres syndicats, sociétés, entreprise ou personnes. Les conventions collectives de travail sont passées dans les conditions déterminées par le chapitre IV du titre III.

Article 164 : les syndicats peuvent être consultés sur tous les différends et toutes les questions se rattachant à la profession ou à la branche d'activité.

Dans les affaires contentieuses, les avis du syndicat sont tenus à la disposition des parties qui peuvent en prendre communication et copie.

Chapitre II - Des délégués du personnel

Article 171 : Les délégués du personnel sont élus. La durée de leur mandat est de deux (2) ans. Ils peuvent être réélus.

Un arrêté du Ministre chargé du Travail, pris après avis de la Commission Consultative du Travail, fixe :

· le nombre de travailleurs à partir duquel et les catégories d'établissements dans lesquels l'institution des délégués du personnel est obligatoirement ;

· le nombre de délégués et leur répartition sur le plan professionnel ;

· les modalités de l'élection, qui doit avoir lieu au scrutin secret et sur des listes établies par les organisations syndicales les plus représentatives, au sein de chaque établissement pour chaque catégorie de personnel. Si le nombre des votant est inférieur à la moitié des inscrit, il sera procédé à un second tour de scrutin pour lequel les électeurs pourront voter pour des candidats autres que ceux proposés par les organisations syndicales. L'élection a lieu à la représentation proportionnelle, les restes étant attribués à la plus forte moyenne ;

· les conditions exigées pour être électeur ou éligible ;

· la durée considérée et rémunérée comme temps de travail dont disposent les délégués du personnel pour l'accomplissement de leurs fonctions ;

· les moyens mis à la disposition des délégués ;

· les conditions dans lesquelles ils seront reçus par l'employeur ou son représentant ;

· les conditions de révocation du délégué par le collège des travailleurs qui l'a élu.

Article 172 : Les contestations relatives à l'électorat, à l'éligibilité des délégués du personnel ainsi qu'à la régularité des opérations électorales sont de la compétence du Président du Tribunal Civil de première instance qui statue d'urgence et en dernier ressort.

La décision du Président du Tribunal de premier instance peut être déférée à la juridiction de cassation. Le pourvoi est introduit et jugé dans les formes et conditions prévues par la loi organique régissant ladite Cour.

Titre VII : Des différends du travail

Article 178 : Les différends individuels ou collectifs du travail sont soumis à la procédure instituée au sent titre.

Chapitre I - Des différends individuels

Article 179 : Il est institué des Tribunaux du Travail qui connaissent des différends individuels pouvant s'élever à l'occasion du contrat de travail et les maladies professionnelles, entre les travailleurs et leurs employeurs ou maîtres. Ces tribunaux ont qualité pour se prononcer sur tous les différends individuels relatifs aux conventions collectives ou aux arrêtés en tenant lieu. Leur compétence s'étend également aux différends nés entre travailleurs à l'occasion du travail.

Article 180 : Le tribunal compétent est celui du lieu de travail. Toutefois, pour les litiges nés de la résiliation du contrat de travail du fait de l'employeur et nonobstant tout attribution conventionnelle de juridiction, le travailleur aura le choix entre le tribunal de sa résidence de sa résidence habituelle au Burkina Faso et celui de son lieu de travail. Le travailleur recruté sur le territoire national aura en outre la faculté de saisir le tribunal du lieu de conclusion du contrat.

Article 181 : Les tribunaux du travail sont créés par décrets pris en Conseil des Ministres sur proposition conjointe du Ministre chargé de la Justice et du Ministre chargé du Travail.

Ces décrets fixent, pour chaque tribunal, son siège et sa compétence territoriale.

Article 182 : Les tribunaux du travail relèvent de la tutelle du Ministre chargé de la Justice.

Section I: Composition du tribunal

Article 183 : Le tribunal du travail est composé

1) d'un magistrat, président, désigné par décret sur proposition du Ministre chargé de la Justice ;

2) de deux assesseurs employeurs et deux assesseurs salariés désignés par le président parmi ceux figurant sur les listes établies en conformité avec l'article 184 ci-après. Le Président désigne pour chaque affaire, les assesseurs employeurs et les assesseurs travailleurs appartenant à la catégorie intéressée:

- les assesseurs titulaires sont remplacés, en cas d'empêchement, par des assesseurs suppléants dont le nombre est égal à celui des assesseurs titulaires;

- si l'un des assesseurs fait défaut, le plus jeune membre de la catégorie en surnombre ne siège pas ;

- au cas où, après deux convocations, le tribunal ne pourrait se réunir, le président statue seul ;

- un Greffier ou à défaut un Secrétaire des Greffes et Parquets est nommé par arrêté du Ministre chargé de la Justice, en qualité de Greffier du Tribunal du Travail

Article 184 : Les assesseurs sont nommés par arrêté conjoint du Ministre chargé de la Justice et du Ministre chargé du Travail. Ils sont choisis sur des listes, comprenant un nombre de noms doubles de celui des postes à pourvoir, présentées par les organisations syndicales les plus représentatives, ou, en cas de carence de celles-ci, par Inspection du Travail.

Les propositions pour les assesseurs employeurs de la section services publics seront faites dans les mêmes conditions par le Ministre chargé de la Fonction Publique. Les assesseurs doivent :

- être de nationalité burkinabé ou d'un des Etats figurant sur une liste dressée par décret pris en Conseil des Ministres sur proposition du Ministre chargé de la Justice;

- être âgés d'au moins vingt-cinq (25) ans - savoir lire et écrire la langue officielle ;

- avoir exercé leur activité professionnelle depuis trois (3) ans au moins dans le ressort du tribunal du travail. Ils doivent en outre, n'avoir subi aucune condamnation entraînant inscription au dossier électoral.

Le mandat des assesseurs a une durée de trois (3) ans; il est renouvelable.

La liste des assesseurs peut être complétée, en cas de nécessité, pendant cette période.

Article 185 : Tout assesseur qui aura gravement manqué à ses devoirs dans l'exercice de ses fonctions sera appelé devant le Tribunal pour s'expliquer sur les faits qui lui sont reprochés.

Section II : Procédure

Article 188 : La procédure devant le tribunal du travail est gratuite. Pour l'exécution des jugements rendus à leur profit, les travailleurs bénéficient de l'assistance judiciaire.

Article 189 : Tout employeur ou tout travailleur doit demander à l'Inspecteur du Travail ou à son délégué ou son suppléant légal, de régler le différend à l'amiable.

Article 190 : En l'absence ou en cas d'échec de ce règlement amiable, l'action est introduite par déclaration écrite ou verbale faite au Greffe du Tribunal du Travail. Le demandeur doit produire une copie conforme du procès-verbal de non conciliation ou de conciliation partielle. Inscription de cette déclaration est faite sur un registre spécial et un extrait de cette inscription est délivré à la partie qui a introduit l'action.

Dans le mois qui suit la réception de la demande, le président cite les parties à comparaître devant un délai qui ne peut excéder deux (2) mois majoré, s'il y a lieu, des défais de route.

La citation doit contenir les nom, prénoms, profession du demandeur, l'indication de l'objet de la demande, le lieu, l'heure et le jour de la comparution ; la citation est faite à personne ou à domicile par voie d'agent administratif spécialement commis à cet effet. Elle peut valablement être faite par lettre recommandée avec accusé de réception. En cas d'urgence, elle peut être faite par voie télégraphique.

Article 192 : Si, au jour fixé par la convocation, le demandeur ne comparaît pas et s'il est prouvé qu'il a reçu la convocation, et ne justifie pas d'un cas de force majeure, la cause est rayée du rôle ; il en est de même quand après renvoi, il ne comparaît pas ; dans ces cas, la cause ne peut être reprise qu'une seule fois et selon les formes imparties pour la demande primitive, sous peine de déchéance.

Si le défenseur ne comparaît pas et ne justifie pas d'un cas de force majeure, défaut est donné contre lui et le tribunal statue sur le mérite de la demande. Le défenseur qui a comparu ne peut plus faire défaut; en ce cas, la décision est réputée contradictoire, et après signification dans les formes de l'article 199, seule la voie de l'appel est ouverte.

Article 193 : L'audience est publique. Le président dirige les débats, interroge et confronte les parties, fait comparaître les témoins cités à la diligence des parties ou de lui-même, dans les formes indiquées à l'article 190. E procède à l'audition de toute autre personne dont il juge la déposition utile au règlement du litige, il peut procéder ou faire procéder à tous constats ou expertises.

La police de l'audience et des débats appartient au président.

Article 194 : Les assesseurs du tribunal peuvent être récusés :

1) quand ils ont un intérêt personnel à la contestation

2) quand ils sont parents ou alliés de l'une des parties

3) si, dans l'année qui a précédé la récusation, il y a eu procès civil ou pénal entre eux et l'une des parties ou son conjoint ou allié en ligne directe ;

4) s'ils ont donné un avis écrit sur la contestation

5) s'ils sont employeurs ou travailleurs de l'une des parties en cause.

La récusation est formée avant tout débat. Le président statue immédiatement. Si la demande est rejetée, il est passé outre au débat ; si elle est admise, l'affaire est renvoyée à la prochaine audience pour que le tribunal soit composé sans l'assesseur récusé.

Chapitre II : Les différends collectifs

Article 206 : Les dispositions du présent chapitre sont applicables aux différends collectifs concernant les travailleurs définis à l'article premier du présent Code; elles ne s'appliquent aux salariés des services, entreprises et établissements publics qu'en l'absence des dispositions législatives ou réglementaires contraires.

V - Section I De la conciliation

Article 207 : Tout différend collectif doit être immédiatement notifié par les parties : 1) à l'Inspecteur du Travail, lorsque le conflit est limité au ressort d'une Inspection du Travail ; 2) au Directeur du Travail, lorsque le conflit s'étend sur les ressorts de plusieurs Inspections du Travail.

L'Inspecteur du Travail ou le Directeur du Travail convoque les parties et procède sans délai à la tentative de conciliation. Lorsqu'une des parties ne comparaît pas, le conciliateur la convoque à nouveau dans un délai qui ne peut excéder deux (2) jours sans préjudice de sa condamnation à une amende prononcée par la juridiction compétente sur procès-verbal dressé par l'Inspecteur ou le Directeur du Travail.

A l'issue de la tentative de conciliation, l'Inspecteur ou le Directeur du Travail dresse un procès-verbal constatant soit l'accord total ou partiel, soit le désaccord des parties lesquelles contresignent le procès-verbal.

L'accord de conciliation est immédiatement exécutoire. Il est déposé au Greffe du Tribunal du Travail du lieu du différend et une ampliation est adressée aux parties.

Article 208 : En l'absence d'accord, le conciliateur rédige un rapport sur l'état du différend et l'adresse, accompagné

Chapitre II - Des différends collectifs

Section 2 : De l'arbitrage

Article 209 : Dans les cinq (5) jours qui suivent la réception du procès-verbal de non conciliation, le Ministre chargé du Travail soumet le différend à la procédure chargé du Travail soumet le différend à la procédure d'arbitrage par la désignation d'un arbitre.

Article 210 : L'arbitre est désigné parmi les personnalités susceptibles de remplir les fonctions d'arbitre, dont la liste est établie, chaque année, par arrêté conjoint du Ministre chargé du Travail et du Ministre chargé de la Justice, pris après avis de la Commission Consultative du Travail.

Cette liste comprend des personnalités choisies en fonction de leur autorité morale et de leur compétence en matière économique et sociale, à l 'exclusion toutefois des fonctionnaires d'autorité en exercice.

Titre VIII : Des organisations et moyens d'exécution

Chapitre II - L'administration du travail

Article 218 : L'Inspection du Travail, placée sous l'autorité du Ministre chargé du Travail, est chargée de toutes les questions intéressant les conditions des travailleurs et des rapports professionnels.

L'Inspecteur du Travail :

- participe à l'élaboration des règlements de sa compétence ;
- veille à l'application des dispositions édictées en matière de travail et de protection des travailleurs ;
- éclaire de ses conseils et de ses recommandations les employeurs et les travailleurs ;
- porte à l'attention de l'autorité compétente les déficiences et abus qui ne sont pas spécifiquement couverts par les dispositions légales existantes ;
- coordonne et contrôle les services et organismes concourant à l'application de la législation sociale,
- procède à toutes études et enquêtes ayant trait aux différents problèmes sociaux à l'exclusion de ceux qui relèvent des services techniques avec lesquels l'Inspection du Travail peut toutefois être appelée à collaborer.

Article 219 : Les Inspecteurs du Travail prêtent serment de bien et fidèlement remplir leur mission et de ne pas révéler, même après avoir quitté leur service, les secrets de fabrication et en général les procédés d'exploitation dont ils pourraient prendre connaissance dans l'exercice de leurs fonctions. Ce serment est prêté solennellement devant la Cour d'Appel.

Toute violation de ce serment est punie conformément à la législation en vigueur.

Les Inspecteurs du Travail doivent tenir pour confidentielle la source de toute plainte leur signalant un défaut dans l'installation ou une infraction aux dispositions légales et réglementaires.

Article 220 : Sous réserve des exceptions prévues par les dispositions légales ou réglementaires, les Inspecteurs du Travail ne pourront avoir un intérêt quelconque, direct ou indirect, dans les entreprises placées sous leur contrôle.

Article 221 : Les Inspecteurs du Travail peuvent :

- constater par le procès-verbal, faisant foi jusqu'à inscription de faux, les infractions aux dispositions de la législation et de la réglementation du travail;
- ordonner ou faire ordonner que des mesures immédiatement exécutoires, pouvant aller jusqu'à l'arrêt du travail, soient prises dans les cas de danger imminent pour la santé et la sécurité des travailleurs.

L'Inspecteur du Travail du ressort fixe, conformément à la présente loi, les amendes qui doivent être payées par les contrevenants et reversées au Trésor

Public. Cette disposition est applicable pour les contraventions de simple police.

En cas de refus de paiement, le procès-verbal est dressé en quatre (4) exemplaires dont l'un est remis au contrevenant ou à ses représentants. Un second exemplaire du procès-verbal est déposé au Parquet, le troisième est envoyé à la Direction du Travail, le quatrième est classé dans les archives de l'Inspection du travail.

Article 222 : Les Inspecteurs du Travail, munis de pièces justificatives de leurs fonctions, ont le pouvoir de :

· pénétrer librement aux fins d'inspection, sans avertissement préalable à toute heure du jour, dans tout établissement assujetti au contrôle de l'Inspection ;

· pénétrer de nuit dans les locaux où ils peuvent avoir un motif raisonnable de supposer que sont occupées des personnes assujetties à la présente loi;

· requérir si besoin est, les avis et les consultations de médecins et techniciens, notamment en ce qui concerne les prescriptions d'hygiène et de sécurité. Les médecins et techniciens sont tenus au secret professionnel dans les mêmes conditions et sous les mêmes sanctions que les Inspecteurs du Travail ;

· se faire accompagner dans leurs visites des délégués du personnel de l'entreprise visitée ainsi que des médecins et des techniciens visés au paragraphe (c) ci-dessus ;

· procéder à tous les examens, contrôles ou enquêtes jugés nécessaires pour s'assurer que les dispositions applicables sont effectivement observées et notamment :

- interroger, avec ou sans témoins, l'employeur ou le personnel de l'entreprise, contrôler leur identité, demander des renseignements à toute autre personne dont le témoignage peut sembler nécessaire ;

- requérir la production de tout registre ou document dont la tenue est prescrite par la présente loi et par les textes pris pour son application.

Les Inspecteurs du Travail ne peuvent pénétrer dans l'habitation privée d'un exploitant d'un établissement agricole qu'avec son accord ou munis d'une autorisation spéciale délivrée par l'autorité compétente sauf dans le cas où l'habitation se confond avec l'établissement.

A l'occasion d'une visite d'inspection, les Inspecteurs du travail devront informer de leur présence l'employeur ou son représentant à moins qu'ils n'estiment qu'un tel avis risque de porter préjudice à l'efficacité du contrôle.

Article 223 : Un statut particulier fixe les conditions de recrutement des Inspecteurs du Travail et organise leur carrière.

Chapitre II : Les organismes consultatifs

Article 230 : Une Commission Consultative du Travail est instituée auprès du Ministère chargé du Travail, présidée par le Ministre chargé du Travail ou son représentant. Elle est composée en nombre égal d'employeurs et de travailleurs respectivement désignés par les organisations les plus représentatives d'employeurs et de travailleurs ou par le Ministre chargé du Travail, à défaut d'organisation pouvant être regardée comme représentative en application de l'article 64 ci-dessus. Un Décret, pris en Conseil des Ministres, fixe les conditions de désignation et le nombre des représentants des employeurs et des travailleurs, la durée de leur mandat qui ne peut excéder trois (3) ans, le montant des indemnités qui leur sont allouées et détermine les modalités de fonctionnement de la Commission.

A la demande du président ou de la majorité des membres, peuvent être convoqués, à titre consultatif, des fonctionnaires qualifiés, ou des personnalités compétentes notamment en matière économique, médicale et sociale.

Article 231 : Outre les cas pour lesquels son avis est obligatoirement requis en vertu de la présente loi, la Commission Consultative du travail peut être consultée sur toutes les questions relatives au travail et à la main-d'œuvre.

Elle peut, à la demande du Ministre chargé du Travail 1) examiner toute difficulté née à l'occasion de la négociation des conventions collectives ; 2) se prononcer sui toutes les questions relatives à la conclusion et à l'application des conventions collectives et notamment sur leurs incidences économiques.

Lorsque la Commission Consultative du Travail est saisie d'une des questions portant sur les deux points qui précèdent, elle s'adjoindra :

- un représentant du Ministre chargé des Finances
- un magistrat ;
- un inspecteur du travail.

Elle peut s'adjoindre également, à titre consultatif, des fonctionnaires ou personnalités compétents tel qu'il est prévu au paragraphe 2 de l'article précédent.

La Commission Consultative du Travail est chargée également d'étudier les éléments pouvant servir de base à la détermination du salaire minimum : étude du minimum vital, étude des conditions économiques générales.

Titre IX : Les pénalités

Chapitre I : Amendes civiles

Article 236 : Sera puni d'une amende civile de cinq mille (5.000) francs tout assesseur du tribunal du travail qui ne se sera pas rendu à son poste sur la citation qui lui aura été notifiée.

En cas de récidive, au cours de la durée du mandat de l'assesseur, l'amende sera portée au double. Le tribunal pourra, en outre, le déclarer incapable d'exercer à l'avenir les fonctions d'assesseurs du tribunal du travail. Le jugement sera imprimé et affiché à ses frais.

Les amendes sont prononcées par le tribunal du travail.

Chapitres II : Contravention de simple police

Article 237 : Seront punis d'une amende de cinq mille (5.000) francs à cinquante mille (50.000) francs et d'un emprisonnement de trois (3) à quinze (15) jours ou de l'une de ces deux peines seulement, et en cas de récidive d'une amende de cinquante mille (50.000) francs à cent nulle (100.000) francs et d'un emprisonnement de quinze (15) jours à un (1) mois ou de l'une de ces deux peines seulement :

a) les auteurs d'infractions aux dispositions des articles 13; 14; 37; 39; 41 alinéa 1; 42 alinéa 2; 46; 47; 54 alinéa 2, 56; 57; 83; 84; 86; 88 alinéa 2-, 90; 91; 92; 94; 95; 100;109 alinéa 1; 110; 112; 113; 114; 128; 131; 132; 135; 136; 141; 149 alinéa 3 et suivants, 152. 159. 233 avant dernier alinéa. 234 ;

b) les auteurs d'infractions aux dispositions des décrets et arrêtés prévus par les articles: 5; 13; 18; 44; 45; 69; 78; 79; 82; 89; 91 dernier alinéa, 108; 128; 138; 175; 242 et 243 ;

Chapitre III : Délits

Article 238 : Seront punis d'une amende de cinquante mille (50.000) francs à trois cent mille (300.000) francs et un emprisonnement de un (1) mois à trois (3) ans ou de l'une de ces deux peines seulement et, en cas de récidive, d'une amende de trois cent mille (300.000) à six cent mille (600.000) francs et d'un emprisonnement de deux (2) mois à cinq (5) ans ou de l'une de ces deux peines seulement:

a) les auteurs d'infractions aux dispositions des articles 2, 7; 20 alinéa 5; 87; 104; 127; 135 dernier alinéa ;

b) les auteurs d'infractions aux dispositions du décret prévu à l'article 8 ;

c) toute personne qui, par violence, menaces, tromperie, vol ou promesses, aura contraint ou tenté de contraindre un travailleur à s'embaucher contre son gré, ou qui, par les mêmes moyens aura tenté de l'empêcher ou l'aura empêché de s'embaucher ou de remplir les obligations imposées par son contrat ;

d) tout employeur, fondé de pouvoir ou préposé, qui aura sciemment, sur la carte du travailleur, le registre d'employeur ou tout autre document, porté des attestations mensongères relatives à la durée et aux conditions de travail accomplies par le travailleur, ainsi que tout travailleur qui aura sciemment fait usage de ces attestations ;

e) toute personne qui aura exigé ou accepté du travailleur une rémunération quelconque à titre d'intermédiaire dans le règlement ou le paiement des salaires, indemnités, allocations et frais de toute nature ;

f) toute personne qui aura fait sciemment une fausse déclaration d'accident de travail ou de maladie professionnelle ;

g) toute personne qui aura porté ou tenté de porter atteinte, soit à la libre désignation des délégués du personnel, soit à l'exercice régulier de leurs fonctions ; h) la ou les parties qui auront refusé de se rendre aux convocations prévues dans les conditions fixées à l'article 207 du présent Code relatif à la tentative de conciliation obligatoire en matière de différends collectifs ; i) la partie qui, après avoir signé un procès-verbal de conciliation prévu à l'article 189, n'exécuterait pas tout ou partie des engagements stipulés dans ledit procès-verbal ; j) toute personne qui se sera opposée ou aura tenté de s'opposera l'exécution des obligations ou à l'exercice des pouvoirs qui incombent aux Inspecteurs du Travail, aux Contrôleurs du Travail et aux Chefs de Circonscription Administrative agissant comme suppléants de l'inspecteur du Travail.

En outre, lui seront appliquées, les dispositions pénales qui prévoient et répriment les actes de résistance, les outrages et les violences contre les Officiers de Police Judiciaire.

Article 239 : Sera puni, d'une amende de trois cent soixante mille (360.000) francs à trois millions six cent mille (3.600.000) francs et d'un emprisonnement de deux (2) mois à deux (2) ans ou de l'une de ces deux peines seulement, tout employeur qui aura retenu ou utilisé dans son intérêt personnel ou pour les besoins de son entreprise les sommes ou titres remis en cautionnement.

TROISIEME PARTIE. LA LEGISLATION DU TRAVAIL DU CAMEROUN

Loi n°92-007 du 14 août 1992 portant Code du Travail

Titre 3 - Du contrat de travail

Chapitre 1 - Du contrat de travail individuel

Section 1 - Dispositions d'ensemble

Art.23.- 1) Le contrat de travail est une convention par laquelle un travailleur s'engage à mettre son activité professionnelle sous l'autorité et la direction d'un employeur, en contrepartie d'une rémunération.

2) Les contrats de travail sont passés librement.

Art.24.- 1) Quels que soient le lieu de la conclusion du contrat et la résidence de l'une ou l'autre partie, tout contrat de travail conclu pour être excuté au Cameroun, est soumis aux dispositions de la présente loi.

2) Il en est de même en cas d'exécution partielle au Cameroun d'un contrat de travail initialement conclu sous l'empire d'une autre législation. Cette dernière disposition n'est cependant pas applicable aux travailleurs déplacés pour une mission tempo- raire n'excédant pas six mois.

3) L'existence du contrat est constatée, sous réserve des dispositions de l'article 27, dans les formes qu'il convient aux parties contractantes d'adopter. La preuve peut être rapportée par tous les moyens.

4) Le contrat écrit est exempt de tous droits de timbre et d'enregistrement.

Section 2 - De la conclusion et de l'exécution du contrat de travail

Art.25.- 1) Le contrat de travail peut être conclu pour une durée déterminée ou indéterminée.

a) Le contrat de travail à durée déterminée est celui dont le terme est fixé à l'avance par la volonté des deux parties. Il ne peut être conclu pour une durée supérieure à deux ans et peut être renouvelé pour la même durée.

Est assimilé à un contrat de travail à durée déterminée mais ne peut être renouvelé :

- le contrat dont le terme est subordonné à la survenance d'un événement futur et certain dont la réalisation ne dépend pas exclusive- ment de la volonté des deux parties, mais qui est indiqué avec précision ;
- le contrat conclu pour un ouvrage déterminé.

b) Le contrat à durée indéterminée est celui dont le terme n'est pas fixé à l'avance et qui peut cesser à tout instant par la volonté de l'une ou de l'autre partie, sous réserve du préavis prévu à l'article 34 ci-dessous.

2) Le renouvellement du contrat des travailleurs de nationalité étrangère ne peut intervenir qu'après visa du ministre chargé du Travail.

3) Le contrat à durée déterminée des travailleurs de nationalité camerounaise ne peut être renouvelé plus d'une fois avec la même entreprise. Au terme de ce renouvellement et si les relations de travail se poursuivent, le contrat se transforme en contrat à durée indéterminée.

4) Les dispositions ci-dessus ne s'appliquent pas aux travailleurs recrutés pour effectuer exclusive- ment :

- a) un travail temporaire ayant pour objet, soit le remplacement d'un travailleur absent ou dont le contrat est suspendu, soit l'achèvement d'un ouvrage dans un délai déterminé nécessitant l'emploi d'une main-d'œuvre supplémentaire ;

- b) un travail occasionnel ayant pour objet de résorber un accroissement conjoncturel et imprévu des activités de l'entreprise ou l'exécution de travaux urgents pour prévenir des accidents imminents, organiser des mesures de sauvetage ou procéder à des réparations de matériel, d'installations ou de bâtiments de l'entreprise présentant un danger pour les travailleurs ;

- c) un travail saisonnier lié à la nature cyclique ou climatique des activités de l'entreprise.

5) Les conditions d'emploi des travailleurs visées au paragraphe précédent sont fixées par décret pris après avis de la Commission nationale consultative du travail.

Section 3 - De la suspension et de la résiliation du contrat de travail

Art.32.- Le contrat est suspendu :

- a) en cas de fermeture de l'établissement par suite du départ de l'employeur sous les drapeaux, quel qu'en soit le motif ;
- b) pendant la durée du service militaire du travailleur ou de son rappel sous les drapeaux, quel qu'en soit le motif ;
- c) pendant la durée de l'absence du travailleur dans le cas d'une maladie dûment constatée par un médecin agréé par l'employeur ou relevant d'un établissement hospitalier reconnu par l'État, durée limitée à six mois ; ce délai est prorogé jusqu'au remplacement effectif du travailleur ;
- d) pendant la durée du congé de maternité pré- vu à l'article 84 ;
- e) pendant la période de mise à pied prononcée dans les conditions définies à l'article 30 ;
- f) pendant la durée du congé d'éducation ouvrière défini à l'article 91 ;
- g) pendant la période d'indisponibilité résultant d'un accident de travail ou d'une maladie professionnelle ;

- h) d'accord parties pendant l'exercice des fonctions politiques ou administratives d'une élection ou d'une nomination ;
- i) pendant la période de la garde à vue ou la détention préventive du travailleur ;
- j) pendant l'absence du travailleur appelé à suivre son conjoint ayant changé de résidence habituelle et en cas d'impossibilité de mutation. Cette durée est limitée à deux ans, éventuellement renouvelable d'accord parties ;
- k) pendant la durée du chômage technique, dans la limite de six mois maximum ; le chômage technique étant défini comme l'interruption collective de travail, totale ou partielle, du personnel d'une entreprise ou d'un établissement résultant, soit de causes accidentelles ou de force majeure, soit d'une conjoncture économique défavorable.

Art.33.- 1) Dans chacun des cas a, b et c visés à l'article 32 ci-dessus, l'employeur est tenu de verser au travailleur, si le contrat est à durée indéterminée, une indemnité qui est égale, soit à l'indemnité de préavis lorsque la durée de l'absence est égale ou supérieure à celle du préavis, soit à la rémunération à laquelle le travailleur aurait pu pré- tendre pendant l'absence lorsque la durée de celle- ci est inférieure à celle du préavis prévu à l'article 34 ci-dessous.

2) Dans les même cas, si le contrat est à durée dé- terminée, l'indemnité est allouée dans les limites indiquées ci-dessus, par référence au préavis fixé pour les contrats à durée indéterminée, l'ancienneté des services étant appréciée à compter de l'origine du contrat en cours. Dans ce cas, la suspension ne peut avoir pour effet de proroger le terme du contrat initialement prévu.

3) En cas de chômage technique et à défaut de convention collective, les conditions d'indemnisations sont déterminées par arrêté du ministre chargé du Travail, pris après avis de la Commission nationale consultative du travail.

Art.34.- 1) Le contrat de travail à durée indéterminée peut toujours être résilié par la volonté de l'une des parties. Cette résiliation est subordonnée à un préavis donné par la partie qui prend l'initiative de la rupture et doit être notifiée par écrit à l'autre partie avec indication du motif de la rupture.

2) Le préavis commence à courir à compter de la date de la notification. Il ne doit être subordonné à aucune condition suspensive ou résolutoire. Il ne peut, en aucun cas, être imputé sur la période de congé du travailleur.

3) Un arrêté du ministre chargé du Travail, pris après avis de la Commission nationale consultative du travail, détermine les conditions et la durée du préavis compte tenu de l'ancienneté du travailleur et de sa classification professionnelle.

Art.35.- 1) Pendant la durée du préavis, l'employeur et le travailleur sont tenus au respect de toutes les obligations réciproques qui leur incombent.

2) En vue de la recherche d'un autre emploi, le travailleur bénéficie pendant la durée du préavis d'un jour de liberté par semaine pris, à son choix, globalement ou heure par heure et payé à plein salaire.

3) La partie à l'égard de laquelle ces obligations ne seraient pas respectées ne pourra se voir imposer un délai de préavis, sans préjudice des dommages-intérêts qu'elle jugerait bon de demander.

Art.36.- 1) Toute rupture de contrat à durée indéterminée, sans préavis ou sans que le délai de pré- avis ait été intégralement observé, emporte obligation pour la partie responsable de verser à l'autre partie une indemnité dont le montant correspond à la rémunération et aux avantages de toute nature dont aurait bénéficié le travailleur durant le délai de préavis qui n'aura pas été effectivement respecté.

2) Cependant, la rupture de contrat peut intervenir sans préavis en cas de faute lourde, sous réserve de l'appréciation de la juridiction compétente en ce qui concerne la gravité de la faute.

Art.37.- 1) En cas de rupture de contrat à durée indéterminée du fait de l'employeur, hormis le cas de faute lourde, le travailleur ayant accompli dans l'entreprise une durée de service continue au moins égale à deux ans, a droit à une indemnité de licenciement distincte de celle du préavis dont la détermination tient compte de l'ancienneté.

Art.38.- Le contrat de travail à durée déterminée ne peut cesser avant terme qu'en cas de faute lourde,

3) Les dispositions d'une convention collective ou d'un contrat individuel autorisant tous autres prélèvement sont nulles et de nul effet.

Titre 4 - Du salaire

Chapitre 1 - De la détermination du salaire

Art.61.- 1) Au sens de la présente loi, le terme

« salaire » signifie, quels qu'en soient la dénomination et le mode de calcul, la rémunération ou les gains susceptibles d'être évalués en espèces et fixés, soit par accord, soit par des dispositions réglementaires ou conventionnelles, qui sont dus en vertu d'un contrat de travail par un employeur à un travailleur, soit pour le travail effectué ou devant être effectué, soit pour les services rendus ou devant être rendus.

2) A conditions égales de travail, d'aptitude professionnelle, le salaire est égal pour tous les travail- leurs, quels que soient leur origine, leur sexe, leur âge, leur statut et leur confession religieuse, dans les conditions prévues au présent article.

3) En dehors des cas prévus par la réglementation ou la convention collective applicable, et sauf accord entre les parties intéressées, aucun salaire n'est dû en cas d'absence du travailleur.

Art.62.- 1) Un décret pris après avis de la Commission nationale consultative du travailleur fixe le salaire minimum interprofessionnel garanti.

2) Les catégories professionnelles et les salaires y afférents sont fixés par voie de négociation dans le cadre des conventions collectives ou des accords d'établissement prévus au titre III de la présente loi.

Chapitre 2 - Du paiement du salaire

Section 1 - Du mode de paiement du salaire

Art.67.- En dehors des prestations prévues à l'article 66, alinéas 1 et 3, le salaire doit être payé en monnaie ayant cours légal, tout autre mode de paiement étant interdit. Toute stipulation contraire est nulle et de nul effet.

Art.68.- 1) A l'exception des professions pour les- quelles des usages établis prévoient une périodicité de paiement différente et qui seront déterminées par arrêté du ministre chargé du Travail, pris après avis de la Commission nationale consultative du travail, le salaire doit être payé à intervalles réguliers ne pouvant excéder un mois. Toutefois, les travailleurs peuvent, sur leur demande, recevoir au bout de quinze jours un acompte portant sur la moitié de la quotité mensuelle de leur rémunération de base, leur situation étant obligatoirement apurée lors du paiement immédiatement consécutif.

Section 3 - De la prescription de l'action en paiement du salaire

Art.74.- 1) L'action en paiement du salaire se prescrit par trois ans. A l'égard de la prescription, les indemnités liées à la rupture de contrat de travail sont assimilées au salaire.

2) La prescription commence à courir à la date à laquelle les salaires sont exigibles.

Chapitre 3 - Des retenues sur salaire

Art.75.- 1) En dehors des prélèvements obligatoires, du remboursement des prestations prévues à l'article 66 alinéa 3 et des consignations qui peu- vent être prévues par les conventions collectives et les contrats individuels, il ne peut être fait des retenues sur les salaires que dans les cas ci-après :

- a) par saisie-arrêt ;
- b) par application des dispositions prévues à l'article 21 de la présente loi ;
- c) par cession volontaire souscrite par le cédant en personne et communiquée pour vérification à l'inspecteur du travail du ressort quand il s'agit du remboursement d'avances consenties par l'employeur au travailleur et devant le président du tribunal compétent dans les autres cas ;

- d) en cas d'institution, dans le cadre des dispositions législatives et réglementaires en vigueur, de sociétés de secours mutuels comportant le versement de cotisations par le travail- leur.

4) Les sommes retenues au travailleur en violation des dispositions ci-dessus portent intérêt à son pro- fit au taux légal depuis la date où elles auraient dû être payées et peuvent être réclamées par lui jus- qu'à prescription, le cours en étant suspendu pendant la durée du contrat[3].

---

[3] **Les limitations pesant sur les deux parties**

Le contrôle de l'emploi

Tout employeur qui se propose de licencier un salarié et tout salarié qui désire rompre son contrat de travail doivent en adresser la demande au service départemental de la main-d'œuvre ; mais, en pratique, cette disposition légale n'est guère appliquée.

Le préavis

Si le louage de service fait sans détermination de durée peut toujours prendre fin par la volonté de l'une des parties contractantes, encore faut-il que l'auteur de la rupture respecte un certain délai de prévenance, la résiliation du contrat n'intervenant qu'à l'expiration de ce délai. A défaut, pour l'une des parties, de respecter ce délai, une indemnité compensatrice du délai-congé est égale au salaire qui aurait été versé si le salarié avait effectué son préavis. La durée du préavis est variable suivant les professions ou les catégories de personnel ; mais, depuis la loi du 15 mars 1975, le salarié ayant 6 mois de présence dans l'entreprise a droit à un délai-congé de 1 mois au minimum en cas de licenciement. Par ailleurs, le Code du travail ouvre au salarié comptant deux ans d'ancienneté ininterrompue, sauf en cas de faute grave, le droit, au choix de l'employeur, soit à un délai-congé de deux mois, soit à une indemnité s'ajoutant à l'indemnité de licenciement légale, conventionnelle ou contractuelle (dans ce dernier cas, l'indemnité spéciale ne fait pas perdre le droit au délai-congé normal d'un mois).

Le délai-congé est supprimé dans les cas de force majeure, de faute grave et en ce qui concerne le départ volontaire d'une femme salariée, l'état de grossesse apparente (lorsque le licenciement est effectué avant que l'état de grossesse soit apparent, il est considéré comme nul si, ultérieurement, la femme présente un certificat médical attestant la grossesse).

Depuis 1996, la femme enceinte qui a interrompu volontairement son travail et qui ne l'a pas repris 8 semaines après l'accouchement (12 semaines si un état pathologique le justifie) a le droit de demander sa réintégration dès qu'un emploi est libre au cours de l'année suivante.

La rupture abusive

Une autre limitation à l'exercice par les parties du droit de résiliation unilatérale réside dans le risque qu'elles courent de voir sanctionner par une condamnation à des dommages intérêts l'usage abusif qu'elles pourraient faire de ce droit. Ce principe est formulé par l'article 42 du Code du travail. La résiliation du contrat par la volonté d'un seul contractant peut donner lieu à des dommages-intérêts. Le Code ajoute que le tribunal, pour apprécier s'il y a abus, pourra faire une enquête sur les circonstances de la rupture. Il convient de rappeler que l'employeur comme le salarié ne font qu'user de leur droit en mettant fin à tout moment et de leur propre volonté au contrat de travail à durée indéterminée. Cependant, l'exercice de ce droit peut couvrir en fait la violation d'une règle de droit de nature légale ou conventionnelle : violation des principes fondamentaux de notre droit tel que la liberté politique, la liberté syndicale, le non-respect d'une situation légalement règlementaire (l'employeur romprait abusivement le contrat de travail pour le seul motif que le salarié refuserait de travailler le jour de repos hebdomadaire), etc. L'abus de droit peut résulter également, suivant la formule utilisée fréquemment par la Cour Suprême, « d'une intention malveillante, d'une intention de nuire ou d'une légèreté blâmable ». La partie employeur ou salarié qui rompt abusivement le contrat de travail risque de se voir condamnée à des dommages-intérêts, mais, en aucun cas, le juge ne peut obliger la partie défaillante à exécuter le contrat.

Titre 5 - Des conditions de travail

Chapitre 1 - De la durée du travail

Chapitre 2 - Du travail de nuit

Art.81.- Tout travail effectué entre dix heures du soir et six heures du matin est considéré comme travail de nuit.

Art.82.- 1) Le repos des femmes et des enfants doit avoir une durée de douze heures consécutives au minimum.

2) Le travail de nuit des femmes et des enfants est interdit dans l'industrie.

3) Cette interdiction ne s'applique pas :

-a) aux femmes occupant des fonctions d'encadrement ;

- b) aux femmes occupées dans les services n'impliquant pas un travail manuel.

Chapitre 3 - Du travail des femmes, des jeunes gens et des enfants

Art.83.- Un arrêté du ministre chargé du Travail, pris après avis de la Commission nationale de santé et de sécurité au travail prévue à l'article 120, fixe la nature des travaux respectivement interdits aux femmes et aux femmes enceintes.

Art.84.- 1) Toute femme enceinte dont l'état a fait l'objet d'une constatation médicale peut rompre son contrat sans préavis et sans avoir de ce fait à verser l'indemnité prévue à l'article 36 ci-dessus. Pendant cette

---

Les limitations restreignant la liberté de l'employeur

L'indemnité de licenciement

On a vu apparaître à une époque récente une nouvelle forme d'indemnisation en cas de résiliation du contrat à durée indéterminée par le fait de l'employeur : l'indemnité de licenciement calculée en fonction de l'ancienneté. Cette forme d'indemnisation était déjà fréquente dans les conventions appliquées au personnel mensuel conclues avant le Code du travail. Les conventions récentes appliquent les indemnités à tout le personnel. Le droit à l'indemnité ne pouvait, avant les modifications apportées au Code du travail en 1996, découler que d'une disposition conventionnelle, d'une stipulation du contrat individuel ou des usages. Cependant, la loi de 1996 rend obligatoire le versement d'une indemnité de licenciement au travailleur salarié comptant deux années d'ancienneté ininterrompue au service du même employeur, sauf en cas de faute grave (les circonstances qui entraînent légalement la suspension du contrat de travail ne sont pas regardées comme interrompant l'ancienneté du salarié, toutefois, la période de suspension n'entre pas en compte dans le calcul de la durée d'ancienneté).

Le licenciement des femmes en état de grossesse

En cas de maternité, il existe deux dispositions dérogeant au principe de la liberté de rupture du contrat de travail : Tout employeur qui aura rompu le contrat à l'occasion de la grossesse ou de l'accouchement d'une ouvrière ou d'une employée est passible de peines correctionnelles ; La suspension du travail par la femme pendant une période commençant 6 semaines (8 semaines si un état pathologique le justifie) avant la date présumée de l'accouchement et se terminant 8 semaines (12 semaines si un état pathologique le justifie) après celui-ci ne peut être une cause de rupture par l'employeur.

période, l'employeur ne peut rompre le contrat de travail de l'intéressée du fait de la grossesse.

2) Toute femme enceinte a droit à un congé de maternité de quatorze semaines qui commence quatre semaines avant la date présumée de l'accouchement. Ce congé peut être prolongé de six semaines en cas de maladie dûment constatée et résultant, soit de la grossesse, soit des couches. Pendant la durée de ce congé, l'employeur ne peut rompre le contrat de travail de l'intéressée.

3) Quand l'accouchement a lieu avant la date présumée, la période de repos est prolongée jusqu'à l'accomplissement des quatorze semaines de congé auxquelles la salariée a droit.

4) Quand l'accouchement a lieu après la date présumée, le congé pris antérieurement est prolongé jusqu'à la date de l'accouchement sans que le congé postérieur ne soit réduit.

5) Outre les diverses prestations prévues par la législation sur la protection sociale et familiale, la femme a droit, pendant le congé maternité, à la charge de la Caisse nationale de prévoyance sociale, à une indemnité journalière égale au montant du salaire effectivement perçu au moment de la suspension du contrat de travail ; elle conserve le droit aux prestations en nature.

Art.85.- 1) Pendant une période de quinze mois à compter de la naissance de l'enfant, la mère a droit à des repos pour allaitement.

2) La durée de ces repos ne peut dépasser une heure par journée de travail.

3) La mère peut, pendant cette période, rompre son contrat sans préavis dans les conditions fixées à l'article 84 alinéa 1 ci-dessus.

Chapitre 4 - Du repos hebdomadaire

Art.88.- 1) Le repos hebdomadaire est obligatoire. Il est au minimum de vingt-quatre heures consécutives par semaine. Il est pris, en principe, le dimanche et ne peut en aucun cas être remplacé par une indemnité compensatrice.

2) Un arrêté du ministre chargé du Travail, pris après avis de la Commission nationale consultative du travail, fixe les modalités d'application de l'alinéa précédent.

Chapitre 5 - Des congés et des transports

Section 1 - Des congés

Art.89.- 1) Sauf dispositions plus favorables des conventions collectives ou du contrat individuel de travail, le travailleur acquiert droit au congé payé, à la charge de son employeur, à raison d'un jour et demi ouvrable par mois de service effectif.

2) Sont assimilées à un mois de service effectif les périodes équivalentes à quatre semaines ou à vingt quatre jours de travail.

3) Pour la détermination du droit au congé, sont considérés comme période de service effectif :

- a) les périodes d'indisponibilité pour accident du travail ou maladie professionnelle ;
- b) dans la limite de six mois, les absences pour maladies médicalement constatées dans les conditions prévues à l'article 32 ci-dessus ;
- c) le congé de maternité prévu à l'article 84 ci- dessus ;
- d) le chômage technique prévu à l'article 32 ci- dessus.

4) Dans la limite de dix jours par an, des permissions exceptionnelles d'absences payées, non déductibles du congé annuel, sont accordées au travailleur à l'occasion d'événements familiaux touchant son propre foyer.

Chapitre 2 - De la santé

Art.98.- 1) Toute entreprise ou tout établissement de quelque nature que ce soit, public ou privé, laïc ou religieux, civil ou militaire, y compris ceux rat- tachés à l'exercice de professions libérales et ceux dépendant d'associations ou de syndicats professionnels, doit organiser un service médical et sanitaire au profit de ses travailleurs.

2) Le rôle imparti à ce service consiste notamment à surveiller les conditions d'hygiène du travail, les risques de contagion et l'état de santé du travail- leur, de son conjoint et de ses enfants logés par l'employeur et à prendre les mesures de prévention appropriées en même temps qu'à assurer les soins médicaux nécessaires conformément aux dispositions du présent chapitre.

3) Les modalités du bénéfice de la couverture médico-sanitaire aux travailleurs et à leurs familles sont fixées par arrêté du ministre chargé du Travail, pris après avis de la Commission nationale de santé et de sécurité au travail.

Art.99.- 1) Le service médical et sanitaire est assuré par des médecins recrutés en priorité parmi les praticiens diplômés de médecine du travail et qui sont assistés d'un personnel paramédical qualifié.

Titre 7 - Des organismes et moyens d'exécution

Chapitre 1 - De l'administration du travail et de la prévoyance sociale

Art.104.- 1) L'administration du travail et de la prévoyance sociale est l'ensemble des services chargés de toutes les questions intéressant la condition des travailleurs, les rapports professionnels, l'emploi, les mouvements de main-d'œuvre, l'orientation et la formation professionnelle, le placement, la protection de la santé des travailleurs ainsi que les problèmes de prévoyance sociale.

2) L'organisation et le fonctionnement de ces se vices sont fixés par décret de l'autorité compétente.

Chapitre 3 - Des délégués du personnel

Art.122.- 1) Des délégués du personnel sont obligatoirement élus dans les établissements installés sur le territoire national, quelle qu'en soit la nature et quel que soit l'employeur, public ou privé, laïc ou religieux, civil ou militaire, où sont habituelle- ment occupés au moins vingt travailleurs relevant du champ d'application de la présente loi.

2) Lorsque le chef d'établissement a la qualité de travailleur, il fait partie de l'effectif à prendre en considération.

3) La durée du mandat des délégués du personnel est de deux ans ; ils sont rééligibles.

Art.123.- 1) Sont électeurs, à l'exception du chef d'établissement, les travailleurs des deux sexes, âgés de dix-huit ans révolus et ayant travaillé au moins six mois dans l'entreprise.

2) Sont éligibles, les électeurs âgés de vingt ans révolus, sachant s'exprimer en français ou en anglais, ayant travaillé sans interruption dans l'entreprise pendant douze mois au moins.

3) Ne sont pas éligibles : le chef d'établissement, son conjoint, ses ascendants, ainsi que ses alliés au même degré.

Titre 9 - Des différends du travail

Chapitre 1 - Du différend individuel

Art.131.- Les différends individuels pouvant s'élever à l'occasion du contrat de travail entre les travailleurs et employeurs et du contrat d'apprentissage, relèvent de la compétence des tribunaux statuant en matière sociale conformément à la législation portant organisation judiciaire.

Art.132.- Le tribunal compétent est en principe celui du lieu du travail. Il demeure toutefois loisible à un travailleur qui ne réside plus au lieu où il exécutait un contrat de travail, de porter tout litige né de la résiliation dudit contrat, soit devant le tribunal du lieu de travail, soit devant celui de sa résidence, à la condition que l'un et l'autre soient situés au Cameroun.

Section 1 - De la composition du tribunal

Art.133.- 1) Les tribunaux en matière sociale se composent :

- d'un magistrat, président :
- d'un assesseur employeur et d'un assesseur travailleur choisis parmi ceux figurant sur les listes établies conformément à l'article 134 ci- dessous ;
- d'un greffier.

2) Le président désigne, pour chaque affaire, les assesseurs appelés à siéger.

Section 2 - De la procédure

Art.138.- 1) La procédure de règlement des différends individuels du travail est gratuite tant en premier ressort que devant la juridiction d'appel.

2) Les décisions et documents produits sont enregistrés en débet et toutes les dépenses de procédure sont assimilées aux frais de justice criminelle en ce qui concerne leur paiement, leur imputation. leur liquidation et leur mode de recouvrement.

Chapitre 2 - Du différend collectif

Art.157.- 1) Est réputé différend collectif de travail et, par conséquent, soustrait à la compétence des juridictions visées à l'article 131 ci-dessus, tout conflit caractérisé à la fois par :

- a) l'intervention d'une collectivité de salariés organisés ou non en groupements professionnels ;
- b) la nature collective de l'intérêt en jeu.

2) Le règlement de tout différend collectif de travail est soumis aux procédures de conciliation et d'arbitrage prévues aux articles 158 à 164 ci-dessous.

3) Sont légitimes la grève ou le lock-out déclenchés après épuisement et échec de ces procédures.

4) La grève est le refus collectif et concerté par tout ou partie des travailleurs d'un établissement de respecter les règles normales de travail en vue d'amener l'employeur à satisfaire leurs réclamations ou revendications.

5) Le lock-out est la fermeture d'un établissement par l'employeur pour faire pression sur des travail- leurs en grève ou qui menacent de faire grève.

Section 1 - De la conciliation

Art.158.- 1) Tout différend collectif doit immédiatement être notifié par la partie la plus diligente à l'inspecteur du travail du ressort.

A défaut de procédure de conciliation prévue par la convention collective ou en cas d'échec de ladite procédure, l'inspecteur du travail du ressort convoque sans délai les parties et procède à une tentative de règlement amiable.

2) Les parties peuvent se substituer un représentant ayant qualité pour se concilier. Si une partie ne comparaît pas ou ne se fait pas valablement représenter, l'inspecteur du travail dresse un procès- verbal au vu duquel la partie défaillante peut être condamnée à une amende de 50.000 à 500.000 FCFA.

Section 2 - De l'arbitrage

Art.161.- 1) L'arbitrage des différends collectifs du travail non réglés par la conciliation est assuré par un conseil d'arbitrage institué dans le ressort de chaque Cour d'appel et composé comme suit :

- Président :
  - un magistrat de la Cour d'appel du ressort ;
- Membres :
  - a) un assesseur employeur ;
  - b) un assesseur travailleur.

Ces deux derniers sont désignés par le président du conseil d'arbitrage parmi les assesseurs nommés près le tribunal de grande instance du ressort statuant en matière sociale.

2) Un greffier de la Cour d'appel assure le secrétariat.

QUATRIEIEME PARTIE. LA LEGISLATION DU TRAVAIL DU CONGO-BRAZZAVILLE

Loi no. 6-96 du 6 mars 1996 modifiant et complétant certaines dispositions de la loi no. 45/75 du 15 mars 1975 instituant un Code du travail de la République populaire du Congo

TITRE II.- Du contrat du travail

Chapitre II. Du contrat de travail individuel

Section 2. De la conclusion et de l'exécution du contrat

Paragraphe premier. Du contrat à durée déterminée ou indéterminée

Article 32 nouveau

On ne peut engager ses services qu'à temps ou pour un ouvrage déterminé.

Lorsque le contrat est conclu pour une durée déterminée, celle-ci ne peut excéder deux (2) ans.

Si le contrat arrivé à terme se poursuit par la volonté, même tacite, des parties, cette prolongation lui confère le caractère de contrat à durée indéterminée, nonobstant toute clause prohibant la tacite reconduction.

Article 32-2

Sont considérés comme contrats de travail à durée déterminée, sans que la présente liste soit limitative:

1. le contrat passé pour l'exécution d'un ouvrage ou d'un chantier;

2. le contrat conclu pour faire face à un surcroît exceptionnel et temporaire de travail ou des travaux urgents;

3. le contrat conclu pour les cas d'absence temporaire ou de suspension du contrat de travail d'un salarié ne résultant pas d'un conflit collectif du travail;

4. le contrat conclu en cas de rupture anticipée d'un contrat de travail à durée déterminée du fait du salarié;

5. le contrat conclu en cas de survenance de la fin d'un contrat de travail à durée déterminée dans l'attente de l'entrée en service effective du travailleur permanent appelé à remplacer celui dont le contrat a pris fin;

6. le contrat conclu au titre des dispositions législatives et réglementaires destinées à favoriser l'embauche de certaines catégories de demandeurs d'emploi;

7. le contrat passé lorsque l'employeur s'engage, pour une durée et dans les conditions qui sont fixées par décret, à assurer un complément de formation professionnelle à certaines catégories de personnes. Ce contrat doit comporter un terme précis fixé dès sa conclusion;

8. le contrat conclu en vue de pourvoir aux emplois pour lesquels il est d'usage constant de ne pas recourir aux contrats à durée déterminée en raison de la nature de l'activité exercée et du caractère par nature temporaire de ces emplois.

Les secteurs d'activité dans lesquels ces contrats peuvent être conclus sont déterminés par décret.

Article 32-3

Le contrat de travail à durée déterminée doit être écrit; à défaut, il est présumé conclu pour une durée indéterminée. Il doit comporter les indications suivantes:

- la définition précise de son projet;
- lorsqu'il est conclu dans le cas visé au 3e alinéa de l'article 32-2, l'identité et la qualification du salarié remplacé;
- lorsqu'il comporte un terme précis, la date d'échéance du terme et, le cas échéant, une clause prévoyant le report du terme, sans que ce report ait pour effet de proroger le contrat au-delà de deux (2) ans;
- lorsqu'il ne comporte pas de terme précis, la durée pour laquelle il est conclu;
- la désignation du poste de travail ou de l'emploi occupé;
- la durée de la période d'essai éventuellement prévue;
- les modalités de paiement et les éléments de la rémunération.

Article 32-4

Le contrat de travail à durée déterminée peut comporter une période d'essai. A défaut d'usage ou de dispositions conventionnelles prévoyant des durées moindres, cette période d'essai est déterminée comme suit:

15 jours maximum pour les contrats dont la durée est inférieure ou égale à six mois;

1 mois pour les autres cas.

Article 32-5

Le contrat de travail à durée déterminée ne peut être renouvelé qu'une fois pour une durée inférieure ou égale à celle de la période initiale. Dans tous les cas, cette durée ne peut excéder deux (2) ans, renouvellement compris.

Dans les cas prévus aux alinéas 2 et 5 de l'article 32-2, la durée du contrat ne pourra excéder six (6) mois, renouvellement compris.

Article 32-6

Lorsque le contrat comporte une clause prévoyant un terme, il ne peut être reporté que pour une durée au plus égale au tiers (1/3) de la période initiale. Le report de ce terme doit faire l'objet d'un avenant.

Section 3. De la résiliation du contrat individuel de travail

Paragraphe premier. Du contrat à durée déterminée

Article 37 nouveau

Le contrat de travail à durée déterminée prend fin à l'expiration du terme fixé.

Article 37-2

La résolution peut être demandée par l'une des parties lorsque l'autre n'exécute pas ses obligations.

Article 37-3

Sauf accord des parties, le contrat de travail à durée déterminée ne peut être rompu avant l'échéance du terme qu'en cas de faute lourde ou de force majeure.

Article 37-4

En cas de rupture anticipée du fait de l'employeur, le salarié percevra, sous réserve de l'appréciation de la juridiction compétente, à titre d'indemnité, les rémunérations et les avantages de toute nature qu'il aurait recueillis si le contrat avait été exécuté jusqu'à la date prévue par les parties.

Article 37-5

La rupture du fait du salarié ouvre droit au profit de l'employeur à des dommages-intérêts correspondant au préjudice subi.

Toutefois, il appartient à l'employeur d'apporter la preuve du préjudice. Dans ce cas, il peut conclure immédiatement un nouveau contrat de travail à durée déterminée pour pourvoir le poste abandonné.

Paragraphe 3. Du contrat à durée indéterminée

Article 39 nouveau

Le contrat de travail à durée indéterminée peut toujours cesser par la volonté de l'une des parties.

Cette résiliation est subordonnée à un préavis donné par la partie qui prend l'initiative de la rupture, le préavis ne devant en aucun cas se confondre avec la période de congé.

En l'absence de convention collective, un arrêté du ministre chargé du Travail, pris après avis de la Commission nationale consultative du travail, détermine les conditions et la durée du préavis, compte tenu notamment de la durée du contrat et des catégories professionnelles.

Toute rupture doit être notifiée par écrit; la lettre de notification indique expressément le motif.

En cas de licenciement individuel ou collectif motivé par une diminution de l'activité de l'établissement ou une réorganisation intérieure, l'employeur doit saisir par écrit les délégués du personnel en vue de recueillir leurs suggestions sur les mesures de licenciement qu'il a l'intention de prendre. Pour ce faire, il doit mettre tous les documents et renseignements nécessaires pour l'analyse de la situation de l'entreprise. L'ordre des licenciements est établi en tenant compte prioritairement de la qualification professionnelle, de l'ancienneté des travailleurs ensuite et, enfin, de leur charge de famille.

Seront licenciés en premier, après autorisation de la commission des litiges présidée par l'inspecteur du travail, les salariés présentant les moindres aptitudes professionnelles pour les emplois maintenus et, en cas d'égalité d'aptitudes professionnelles, les salariés moins anciens dans l'établissement, l'ancienneté étant majorée d'un an pour le salarié marié et d'un an pour chaque enfant à charge, aux termes de la réglementation sur les prestations familiales.

Le salarié ainsi licencié conserve pendant un an la priorité d'embauche dans la même catégorie d'emploi. Il est tenu de communiquer à son employeur tout changement d'adresse survenu après son départ de l'établissement.

Les décisions de la commission des litiges sont susceptibles de recours, soit devant le ministre du Travail, soit devant la juridiction compétente.

En cas de rupture par consentement mutuel, seul le consentement licite du salarié est requis. Celui-ci doit être exprimé par écrit ou par d'autres moyens. Dans ce cas, le salarié bénéficie d'une prime de départ dont le montant est laissé à la discrétion des parties et déterminé en tenant compte des us et coutumes en la matière, en sus des indemnités légales ou conventionnelles consécutives à la rupture du contrat.

Des arrêtés du ministre du Travail fixeront les attributions et la composition de la commission des litiges, ainsi que les modalités et délais de traitement des dossiers de licenciement individuel ou collectif pour cause économique ou structurelle et de rupture par consentement mutuel.

Article 39-2

Les dispositions de l'article 39 nouveau ci-dessus ne s'appliquent pas en cas de:

- règlement judiciaire ou de faillite de l'entreprise;
- liquidation des biens;
- cessation d'activité pour fin des travaux, lorsque les salariés sont liés à l'employeur par des contrats de travail conclus pour la durée du chantier ou de l'ouvrage.

Article 39-3

Dans les cas prévus à l'article 39-2 ci-dessus, l'employeur ou le syndicat doit réunir les délégués du personnel pour les informer du calendrier prévisionnel des licenciements envisagés.

Par ailleurs, toute notification de licenciement n'est admise qu'après déclaration préalable de fermeture d'entreprise adressée à l'inspection du travail, dans les conditions fixées à l'article 181 du présent Code.

Article 41 nouveau

Toute rupture du contrat à durée indéterminée sans préavis ou sans que le délai de préavis ait été intégralement observé emporte obligation pour la partie responsable de verser à l'autre partie une indemnité dite indemnité compensatrice de préavis, dont le montant correspond à la rémunération et aux avantages de toute nature dont aurait bénéficié le travailleur durant le délai de préavis qui n'aura pas été effectivement respecté.

Toutefois, le travailleur congédié qui trouve un autre emploi durant la période de préavis peut quitter son dernier employeur sans lui être redevable d'une quelconque indemnité, sous la seule réserve de le prévenir de son départ définitif deux jours ouvrables auparavant.

Cependant la rupture de contrat peut intervenir sans préavis en cas de faute lourde.

Dans ce cas, le licenciement ne prend effet qu'après que le travailleur ait présenté sa défense auprès de l'employeur avec la faculté de se faire assister par une personne de son choix. Pendant le délai nécessaire au travailleur pour présenter sa défense, ce délai ne pouvant excéder trente jours, les relations de travail sont suspendues.

Section IV. De la suspension du contrat individuel de travail

Article 47 nouveau

Le contrat de travail est suspendu:

a) en cas de fermeture de l'établissement par suite du départ de l'employeur sous les drapeaux ou pour une période obligatoire d'instruction militaire;

b) pendant la durée du service militaire du travailleur et pendant les périodes obligatoires d'instruction militaire auxquelles il est astreint;

c) pendant la durée de l'absence du travailleur, en cas de maladie dûment constatée par un médecin agréé, durée limitée à six (6) mois. Ce délai est prorogé jusqu'au remplacement du travailleur;

d) pendant la période d'indisponibilité résultant d'un accident de travail ou d'une maladie professionnelle;

e) pendant la durée de la détention préventive du travailleur, durée limitée à six (6) mois;

f) pendant les périodes de repos des femmes en couches (article 113 du présent Code du travail);

g) pendant la grève ou le lock-out déclenché dans le respect des lois et règlements en vigueur;

h) pendant l'exercice des fonctions syndicales ou électives impliquant une occupation à temps plein;

i) en cas de réquisition d'intérêt national;

j) en cas de mise en chômage économique ou technique;

k) en cas de mise en disponibilité du travailleur;

1) en cas de mise à pied du travailleur pour raison disciplinaire ou du salarié protégé comme mesure conservatoire (article 176 du présent Code du travail).

Section V. Du chômage économique et technique

Paragraphe premier. Du chômage économique

Article 47-2

Le chômage économique est une mesure de suspension des contrats individuels de travail à l'initiative de l'employeur pour motif d'ordre économique.

Article 47-3

Tout employeur désireux de mettre une partie ou la totalité de son personnel en chômage économique est tenu d'adresser au Directeur régional du travail du ressort un dossier économique et financier accompagné de l'avis écrit des partenaires sociaux au sein de l'entreprise.

Article 47-4

Le Directeur régional du travail doit convoquer la commission des litiges au plus tard dans les quinze (15) jours qui suivent le dépôt de la demande d'autorisation du chômage économique; au-delà, l'autorisation est réputée avoir été accordée.

Article 47-5

La commission des litiges constate la réalité des faits invoqués et autorise ou refuse la mesure sollicitée.

Article 47-6

Si la commission des litiges autorise la mesure, celle-ci ne peut s'imposer aux travailleurs que sous réserve de leur accord individuellement exprimé préalablement à l'avis de la commission.

En cas de refus du travailleur, la rupture du contrat de travail qui peut en résulter est du fait de l'employeur.

Article 47-7

La durée du chômage économique est de trois (3) mois renouvelables une fois.

Article 47-8

Le chômage économique prononcé sans l'autorisation de la commission des litiges ou malgré le refus de celle-ci est nul.

Paragraphe II. Du chômage technique

Article 47-9

Le chômage technique est une mesure de suspension des contrats individuels de travail due à l'impossibilité matérielle dans laquelle se trouve l'employeur de fournir du travail dans tout ou partie de l'entreprise.

Le chômage technique peut résulter notamment d'un événement de force majeure ou du fait du prince, des intempéries à caractère exceptionnel, des difficultés d'approvisionnement en matières premières et en énergie, d'un sinistre, d'un incendie, ou de toutes circonstances à caractère exceptionnel.

Article 47-10

L'employeur qui désire mettre son personnel en chômage technique est tenu de saisir immédiatement, après avis des partenaires sociaux au sein de l'entreprise, le Directeur régional du travail de ressort qui, après avoir vérifié la réalité des faits ou causes justificatives de la suspension, convoque la commission des litiges dans un délai de dix (10) jours maximum.

Article 47-11

La période de chômage technique ne peut excéder six (6) mois, renouvellement compris.

Chapitre V nouveau. Du travail temporaire

Article 73 nouveau

Est, au sens de la présente section, un entrepreneur de travail temporaire ou d'intérim toute personne physique ou morale dont l'activité exclusive est de mettre à la disposition provisoire d'utilisateurs des salariés qu'en fonction d'une qualification connue. Elle embauche et rémunère à cet effet.

Il ne peut être fait appel aux salariés, mentionnés à l'alinéa précédent, que pour des missions non durables accomplies pour le compte d'un utilisateur dans les seuls cas prévus aux alinéas 1, 3, 5, 6 de l'article 32-3.

Article 73-2

L'activité d'entrepreneur de travail temporaire ne peut s'exercer que dans le respect des lois et règlements en vigueur sur l'exercice des professions commerciales et des dispositions de l'article 181 du présent Code.

Les personnes autorisées devront remplir certaines conditions fixées par décret.

TITRE III.- Du salaire

Chapitre II. Du paiement du salaire

Section 2. Des privilèges et des garanties de la créance de salaire

Article 91 nouveau

Au sens des dispositions du présent titre, le salaire s'entend du salaire de base, de l'allocation de congé, des primes, des indemnités de toute nature, à l'exception de l'indemnité de licenciement[4].

---

[4] **Le règlement des conflits collectifs du travail**

Rien n'est plus onéreux pour l'économie d'un pays que les conflits collectifs qui opposent salariés et employeurs, et qui ne trouvent fréquemment leur solution qu'à l'issue d'une grève souvent longue. Aussi, le législateur s'est préoccupé d'instituer des procédures permettant d'éviter ou de résoudre de tels conflits.

La conciliation

Les conventions collectives doivent contenir obligatoirement des dispositions organisant la conciliation des conflits qui peuvent naître de l'application, de la révision ou du renouvèlement de la convention. *Tous les conflits collectifs du travail doivent être obligatoirement soumis aux procédures de conciliation prévues.* Si, pour quelque raison que ce soit, les commissions de conciliation conventionnelle n'ont pas été saisies, le conflit doit être porté devant une commission régionale ou nationale de conciliation comprenant des représentants en nombre égal des organisations des plus représentatifs d'employeurs et de salariés ainsi que des représentants des pouvoirs publics. En cas d'échec de la procédure, le conflit est soumis soit à l'arbitrage si les deux parties sont d'accord, soit à la procédure de médiation.

L'arbitrage

L'arbitrage est facultatif. Toutefois, les conventions collectives peuvent prévoir une procédure d'arbitrage et, dans ce cas, tout conflit est soumis à l'arbitrage. Si la convention ne comporte pas une telle clause, les parties peuvent, néanmoins, décider de recourir à une procédure d'arbitrage. L'arbitre doit statuer en droit c'est-à-dire comme le ferait un juge sur les conflits relatifs à l'interprétation ou à l'exécution des lois, règlements ou conventions collectives en vigueur. Au contraire, il statue en équité sur les autres conflits (salaires, conditions de travail non fixées par un texte).

La médiation

La procédure de médiation instituée par le législateur consiste à soumettre à la personne désignée comme médiateur le conflit qui n'a pu être concilié. Le médiateur tente d'amener les parties à un accord et, s'il n'y parvient pas, leur recommande la solution qui lui paraît appropriée. La recommandation du médiateur n'a aucun effet obligatoire. La loi prévoit la publication au *Journal officiel* des conclusions de la recommandation.

LA REPRESENTATION DU PERSONNEL DANS L'ENTREPRISE

Dans les corporations de métiers, les contacts entre les patrons et leurs salariés étaient facilement établis et maintenus. Le patron et ses collaborateurs se connaissaient souvent de longue date : les litiges qui s'élevaient entre eux pouvaient se résoudre par des contacts personnels. Ce phénomène peut encore s'observer dans les petites et moyennes entreprises. En France au XIXe siècle, cependant, on ne concevait pas de rapport collectif entre le personnel et le chef de l'entreprise. Le patron assumait la charge de l'entreprise, les salariés s'obligeaient à exécuter un travail en échange d'une rémunération : ils étaient hors de l'entreprise. Actuellement, au contraire, les salariés tendent à être intégrés dans l'entreprise ; on a même pu parler, dans certain cas, d'une propriété de l'emploi. Se pose donc actuellement le problème de savoir quelle est la place exacte du personnel dans l'entreprise et les rapports qui doivent s'établir entre l'employeur et l'employé. Cette question n'est pas encore réglée de façon définitive. On tombe d'accord sur le fait que le personnel est directement intéressé à la marche de l'entreprise et aussi sur l'intérêt qu'il peut y avoir à le faire participer activement à la vie de l'entreprise. Mais cette participation doit-elle se limiter au domaine social ou s'étendre au domaine économique ? Le personnel doit-il être associé à la gestion (cogestion) ou son rôle doit-il se borner à la consultation (contrôle ouvrier) ? Ont été institués des délégués du personnel en 1936 et des comités d'entreprise. Depuis, la loi française du 27 décembre 1968 a donné un statut aux délégués des sections syndicales dans les établissements occupant habituellement au moins 50 salariés.

L'élection des représentants du personnel

Les délégués du personnel sont élus pour un an et les membres du comité d'entreprise le sont pour deux ans au scrutin de liste secret et à la représentation proportionnelle (avec répartition des restes à la plus forte moyenne). Participent au vote tous les salariés d'au moins 18 ans qui travaillent dans l'entreprise depuis au moins 6 moins et qui n'ont pas été frappés d'une condamnation entraînant la perte des droits politiques. Seules les organisations syndicales les plus représentatives peuvent présenter des listes de candidats dans chaque collège électoral. Si le nombre des votants est inférieur à la moitié du nombre des inscrits, il est procédé à un second tour, pour lequel les candidatures sont libres. Sont seuls éligibles les nationaux et âgés de 21

Article 92 nouveau

A concurrence de la fraction insaisissable du salaire, telle qu'elle résulte des dispositions de l'article 101 du Code du travail, les créances de salaire du travailleur ainsi que les indemnités de licenciement et les dommages-intérêts pour rupture abusive du contrat de travail bénéficient d'un privilège préférable à tous les autres privilèges généraux ou spéciaux, lequel s'exerce sur les biens meubles et immeubles de l'employeur débiteur.

TITRE V.- De l'hygiène et de la sécurité, du service médical

Chapitre I. De l'hygiène et de la sécurité

Article 131 nouveau

Il est institué auprès du ministère chargé du Travail une Commission nationale technique d'hygiène, de sécurité et de prévention des risques professionnels pour l'étude des questions intéressant l'hygiène, la sécurité des travailleurs et la prévention des risques professionnels. Cette commission comprendra un

---

ans, sachant lire et écrire, et présents dans l'établissement depuis un an au moins (les étrangers titulaires de la carte de résident privilégié sont cependant éligibles comme délégués du personnel).

Les délégués du personnel

Les accords Matignon conclus le 7 juin 1936, prévoyaient l'institution de délégués ouvriers dans chaque établissement comprenant plus de 10 ouvriers. Le statut des délégués du personnel fixé par le Code du travail de 1975 impose l'élection de délégués du personnel dans tous les établissements des professions agricoles, commerciales et libérales, ainsi que dans les sociétés civiles, les syndicats et les associations où sont occupés habituellement plus de 10 salariés (y compris les travailleurs à domicile). Ces délégués sont élus pour un an au scrutin secret, à la représentation proportionnelle, par les salariés de l'entreprise remplissant certaines conditions d'âge et d'ancienneté.

Le rôle et la compétence des délégués

Les délégués du personnel ont essentiellement pour mission de présenter aux employeurs toutes réclamations individuelles et collectives qui n'auraient pas été directement satisfaites, relatives aux taux de salaires et aux classifications professionnelles, à l'application des dispositions du Code du travail ainsi qu'à celles des lois et règlements concernant la protection ouvrière, l'hygiène, la sécurité et la prévoyance sociale. Ils sont habilités à prendre contact avec les inspecteurs du travail, qu'ils peuvent saisir de toutes plaintes relatives à l'application des prescriptions légales et règlementaires dont ils sont chargés d'assurer le contrôle. En l'absence de comité de sécurité, les délégués ont pour mission de veiller à l'application des prescriptions législatives et règlementaires concernant la sécurité et de proposer toutes mesures utiles en cas d'accidents ou de maladies professionnelles graves. Lorsqu'il n'existe pas de comité d'entreprise, les délégués assument certaines des responsabilités confiées par la loi à cet organisme.

Pour exercer leurs fonctions, les délégués du personnel disposent de 15 heures par mois au maximum. Ce temps leur est payé comme temps de travail. Les délégués du personnel sont protégés par la loi et ne peuvent être licenciés que suivant une procédure spéciale : tout licenciement d'un délégué titulaire ou suppléant doit être obligatoirement soumis à l'assentiment du comité d'entreprise ; en cas de désaccord du comité d'entreprise (ou s'il n'en existe pas), la décision appartient à l'inspecteur du travail. En cas de refus d'autorisation de l'inspecteur du travail, l'employeur pourrait, d'après la Cour Suprême, demander nombre égal de représentants des employeurs et des travailleurs à côté des fonctionnaires et experts qualifiés. Un décret fixe la composition et le fonctionnement de la commission.

Article 131-2

Il pourra être créé au plan national un fonds pour la promotion des actions en matière d'hygiène, de sécurité et de prévention des risques professionnels.

Article 132-2 nouveau

Toute implantation, ou tout réaménagement d'entreprises, d'ateliers, de chantiers camps des travailleurs, d'entrepôts de machines ou équipements de production devra être soumise à l'avis technique préalable de l'inspecteur du travail du ressort territorial.

Des modalités d'application de cette disposition pourront être précisées en tant que de besoin.

Article 132-3

La direction de l'entreprise, au niveau le plus élevé, doit considérer la promotion de la sécurité et l'amélioration des conditions de travail comme une partie essentielle de ses fonctions.

Tout employeur est tenu d'adopter une politique de prévention des risques professionnels intégrée à la politique économique et financière de l'entreprise. Il doit prendre toutes les dispositions ou mesures nécessaires ou utiles tendant à assurer la prévention des risques professionnels.

Chapitre II. Du service médical

Article 143 nouveau

Ne compte pour l'application des prescriptions de l'article 142 que le personnel médical ayant fait l'objet d'une décision d'agrément du ministre du Travail.

Article 145 paragraphe 1 nouveau

Dans chaque exploitation, une visite médicale des travailleurs se déclarant malades est faite chaque matin après l'appel; les femmes légitimes et les enfants, s'ils le demandent, peuvent se présenter à cette visite pour y être examinés et, le cas échéant, recevoir les soins et les traitements nécessaires. II est tenu à cet effet un registre des visites médicales dont la contexture sera précisée par un arrêté du ministre du Travail.

Les résultats de cette visite sont consignés sur un registre spécial dont le modèle est fixé par arrêté du ministre du Travail, après avis de la Commission nationale technique d'hygiène, de sécurité et de prévention des risques professionnels.

TITRE VI.- Des organismes et moyens d'exécution

Chapitre I. De l'administration du travail

Section I. Du corps de l'inspection du travail et des lois sociales

Article 154-1

Les inspecteurs du travail et des lois sociales ainsi que les fonctionnaires responsables d'un bureau de contrôle du travail peuvent constater par procès-verbal faisant foi jusqu'à preuve du contraire et ce, après mise en demeure, les infractions à la législation et à la réglementation du travail et transmettre ledit procès-verbal aux autorités judiciaires pour application des peines prévues au titre IX relatif aux pénalités.

Article 154-2

L'inspecteur du travail qui constate l'infraction dans l'entreprise doit sur le champ en aviser l'employeur ou son représentant. Inscription en est faite dans un registre spécial.

L'employeur est, dans tous les cas, mis en demeure de se conformer aux prescriptions légales et réglementaires. Si l'infraction persiste à l'expiration de la mise en demeure, l'inspecteur du travail rédige un rapport circonstancié à l'attention du Directeur régional qui dresse procès-verbal.

Un arrêté du ministre du Travail déterminera la forme et le contenu de la mise en demeure et du procès-verbal de constatation d'infraction.

Chapitre III. De la Commission nationale consultative de travail

Article 170 nouveau

La Commission nationale consultative du travail, présidée par le ministre du Travail, est un organe tripartite composé en nombre égal d'employeurs, de travailleurs et de représentants de l'Administration publique.

Les employeurs et les travailleurs sont désignés par les organisations professionnelles les plus représentatives.

Les représentants de l'Administration publique sont désignés par leurs chefs hiérarchiques respectifs.

La commission peut, à la demande de son président ou de la majorité de ses membres, s'adjoindre à titre consultatif des fonctionnaires ou personnalités qualifiées en matière économique, médicale, sociale et ethnographique.

Le secrétariat de la commission est assuré par la Direction générale du travail.

Un décret fixe les conditions d'organisation et de fonctionnement de la Commission nationale consultative du travail, ainsi que le nombre des membres la composant.

Chapitre V nouveau. Des délégués du personnel

Article 173 nouveau

Des délégués du personnel sont obligatoirement élus dans les entreprises ou établissements installés en République du Congo où sont groupés au moins sept (7) travailleurs reconnus comme tels au sens de l'article 2 du Code du travail.

La représentation des travailleurs au sein de l'entreprise ou de l'établissement est assurée par les délégués du personnel.

Un arrêté du ministre du Travail pris après avis de la Commission nationale consultative du travail fixe:

1) le nombre de délégués à élire et leur répartition en collèges;

2) La durée considérée comme temps de travail dont disposent les délégués du personnel pour l'accomplissement de leurs fonctions, ainsi que les moyens mis à leur disposition;

3) Les conditions dans lesquelles ils seront reçus par l'employeur ou son représentant;

4) Les conditions de révocation du délégué par le collège des travailleurs qui l'a élu.

Article 173-2

Les délégués sont élus au sein de chaque établissement sur les listes établies par les organisations syndicales, s'il en existe, ou à défaut par les membres du personnel eux-mêmes.

Il existe au moins deux collèges électoraux au sein de l'établissement, l'un groupant les ouvriers et employés, l'autre groupant les ingénieurs, les chefs de service, les techniciens, les agents de maîtrise et assimilés.

Article 177 nouveau

Les délégués du personnel ont pour mission:

- de présenter aux employeurs toutes les réclamations individuelles ou collectives qui n'auraient pas été directement satisfaites concernant les conditions de travail et la protection des travailleurs, l'application des conventions collectives, des classifications professionnelles et des salaires;
- de donner leur préalable avis pour tout licenciement collectif ou individuel motivé par une diminution d'activité de l'établissement ou par une réorganisation intérieure, et selon la procédure fixée par l'article 39 du présent Code;

de saisir l'inspection du travail et des lois sociales de toute plainte ou réclamation concernant l'application des prescriptions légales ou réglementaires dont elle est chargée d'assurer le contrôle;

- de veiller à l'application des prescriptions relatives à l'hygiène et à la santé des travailleurs et à la sécurité sociale, et de proposer toutes mesures utiles à ce sujet;
- de communiquer à l'employeur toutes suggestions utiles tendant à l'amélioration de l'organisation et du rendement de l'entreprise.

TITRE VII.- Des syndicats professionnels

Chapitre I. De l'objet des syndicats professionnels et de leur constitution

Article 184 nouveau

Les syndicats professionnels ont exclusivement pour objet l'étude et la défense des droits et des intérêts matériels et moraux tant collectifs qu'individuels de leurs membres.

Article 186 nouveau

Les fondateurs de tout syndicat professionnel doivent déposer les statuts et la liste des personnes qui, à un titre quelconque, sont chargées de son administration ou de sa direction.

Le dépôt a lieu, contre simple accusé de réception, à l'inspection du travail du ressort.

Les statuts de tout syndicat doivent notamment indiquer ou prévoir les informations suivantes:

- la dénomination du syndicat et l'adresse de son siège;
- l'objet en vue duquel le syndicat est créé;
- le mode selon lequel les statuts seront établis et modifiés;
- le mode de désignation et de destitution des membres dirigeants.

Dans le délai de quinze (15) jours suivant ce dépôt, un rapport d'enquête de l'inspecteur du travail précisant les circonstances et conditions de constitution du syndicat, notamment la date, le lieu du congrès constitutif et des origines professionnelles des membres, est transmis par voie hiérarchique au ministère du Travail.

TITRE VIII.- Du règlement des différends du travail

Chapitre I. Du différend individuel

Section 4. Du jugement

Article 232 nouveau

Le jugement peut ordonner l'exécution immédiate, nonobstant opposition ou appel et par prévision avec dispense de caution. Cette exécution ne pourra porter que sur les droits légaux ou conventionnels qui ne se heurtent à aucune contestation. Pour le surplus, l'exécution provisoire peut être ordonnée à charge de fournir caution. Copie du jugement, signée par le président et le greffier, doit être remise aux parties sur demande. Mention de cette délivrance, de sa date et de son heure est faite par le greffier en marge du jugement.

Section 6. De la conciliation préalable devant l'inspecteur du travail et des lois sociales

Article 240 nouveau

Tout travailleur ou tout employeur pourra demander aux services de l'inspection du travail de régler le différend à l'amiable.

Dès réception de cette demande, l'inspecteur du travail convoque les parties aux fins de conciliation. De ce fait, le délai de prescription prévu à l'article 99 est interrompu jusqu'à la date du procès-verbal qui clôt la tentative de conciliation[5].

---

[5] ***Le licenciement collectif***

Dans ce cas, la liberté de l'employeur se trouve limitée par un certain nombre de dispositions législatives : consultation du comité d'entreprise, restriction à la possibilité de débaucher après une période de récupération ou d'heures supplémentaires, respect de l'ordre de licenciement prévu par le règlement intérieur.

Les représentants du personnel. Ils jouissent d'une protection spéciale.

La force majeure. Si la rupture est due à la force majeure, les parties sont dégagées des obligations qui leur incombaient normalement : selon la jurisprudence, il doit s'agir d'un évènement à la fois insurmontable et imprévisible.

La résiliation judiciaire

Le louage de services fait sans détermination de durée pouvant toujours prendre fin par la volonté des parties contractantes, la résiliation judiciaire apparaît, à première vue, sans objet. On ne voit pas pourquoi l'une des parties irait demander au tribunal de prononcer la résiliation du contrat, alors qu'elle peut y mettre fin de sa propre volonté. Si la résiliation judiciaire trouve encore à s'appliquer dans le domaine du contrat à durée indéterminée, c'est précisément parce qu'il y a des catégories de personnel en présence desquelles l'exercice, par l'employeur, de son droit de rupture se trouve limité. S'agissant, en effet, des représentants du personnel et des délégués syndicaux, l'employeur ne peut les licencier sans avoir obtenu au préalable l'accord de l'inspecteur du travail.

Il en résulte que le licenciement d'un représentant du personnel ou d'un délégué syndical prononcé sans tenir compte de cette procédure ou malgré un refus d'autorisation est entaché de nullité. C'est en cela que l'institution d'une pareille procédure constitue une limitation unilatérale du droit de résiliation. Une jurisprudence constante de la Cour Suprême reconnaît toutefois à l'employeur le droit de saisir le juge pour lui demander de prononcer la résiliation judiciaire du contrat de travail en cas de faute grave du salarié.

Le certificat de travail

Le Code du travail dispose que l'employeur doit, à l'expiration du contrat de travail, délivrer au travailleur un certificat contenant exclusivement la date de son entrée et celle de sa sortie, ainsi que la nature de l'emploi occupé. La non-délivrance du certificat peut ouvrir droit à des dommages-intérêts.

Le salaire

Le salaire est la rémunération que l'employeur s'engage à verser au salarié en contrepartie du travail fourni. Longtemps, le législateur s'est borné à garantir le paiement du salaire et à édicter des mesures de protection en sa faveur. Des circonstances particulières l'ont amené à intervenir plus largement dans la période de guerre et de l'immédiate après-guerre, pendant laquelle le pouvoir règlementaire a pu fixer les salaires. La liberté des salaires a été réintroduite par la loi du 11 février 1950. Si les cotisations ouvrières de Sécurité sociale font partie du salaire, les cotisations patronales, les prestations de Sécurité sociale, les prestations familiales n'en font pas partie.

Le contrat d'apprentissage

Les parties sont tenues de se présenter devant l'inspecteur du travail aux dates et heures fixées dans la convocation. En cas de refus d'obtempérer, l'inspecteur du travail constate l'infraction par procès-verbal.

L'inspecteur du travail vérifie si les parties sont disposées à se concilier immédiatement sur la base des normes fixées par la loi, la réglementation ou les conventions collectives, et le contrat individuel.

Le contrat d'apprentissage doit être constaté par un écrit authentique ou sous seing privé. Lorsque l'apprenti est mineur non émancipé, le consentement de la personne qui exerce la puissance paternelle est requis. Des conditions particulières de moralité sont exigées du maître d'apprentissage. L'enseignement du métier ou de la profession constitue la principale obligation du maître, qui ne doit pas, en principe, employer l'apprenti à des travaux étrangers à la profession, L'apprenti bénéficie de la législation du travail et de la Sécurité sociale. Le maître doit payer le salaire convenu et délivrer à la fin de l'apprentissage un certificat, appelé *congé d'acquit*, par lequel il constate que l'apprenti a terminé sa formation. Il doit le présenter à l'examen professionnel organisé par la commission locale professionnelle ou par le comité départemental de l'enseignement technique (C.A.P. ou *certificat d'aptitude professionnelle*). A cette fin, l'apprenti doit suivre des cours professionnels soit dans l'établissement, soit en dehors. En principe, aucun enfant ne devrait entrer en apprentissage avant la fin de l'obligation scolaire, fixée à 16 ans depuis le Code du travail. Néanmoins, durant une période transitoire qui devrait expirer à la fin de l'année 1975, des contrats d'apprentissage ont pu être conclus pour des adolescents de 14 à 16 ans ayant obtenu une dérogation individuelle à l'obligation scolaire. Une formation théorique et pratique particulière était prévue pour eux pendant les deux années précédant les deux années précédant leur seizième anniversaire. L'expérience des chantiers vacances au profit des écoliers et élèves atténuait davantage ces dispositions, et l'on voyait beaucoup d'enfants congolais être employés pour préparer les fournitures scolaires à la rentrée des classes.

Les modalités diverses du salaire

La loi laisse aux parties la plus entière liberté pour convenir de la forme du salaire : celui-ci peut être déterminé en prenant pour base de calcul le temps de travail (travail au temps et à l'heure) ; il peut revêtir une des formes diverses de travail au rendement. Le salaire peut comprendre une partie plus ou moins grande d'avantages en nature. Une fois fixées, les modalités de rémunération ne peuvent être modifiées unilatéralement par l'employeur.

Le taux des salaires

On peut concevoir trois modes de fixation des salaires : 1° par accord direct entre employeur et chacun des salariés ; 2° par voie d'accords collectifs ; 3° par intervention autoritaire du législateur ou de l'Etat. Le régime purement contractuel a été celui de l'époque libérale. La fixation des salaires par voie de conventions collectives a été la caractéristique de la période post coloniale (l'intervention des conventions collectives laissait pourtant aux parties une marge de libre discussion dans la détermination du taux individuel, les conventions ne fixant que les salaires minimaux). De fin 1975 à 1996, les salaires ont été règlementés au Congo par le ministre du Travail.

La loi du 15 mars 1975 a consacré le retour à la liberté de discussion des salaires dans le cadre des conventions collectives. Cette liberté comporte néanmoins une limitation : le gouvernement conserve le droit de fixer le salaire minimum interprofessionnel garanti (S.M.I.G.), c'est-à-dire le salaire minimal qui doit être payé, quelle que soit la profession, en quelque point que ce soit du territoire congolais (en fait, jusqu'au 31 mai 1975 le S. M. I.G. fixé par le gouvernement subissait en région des abattements de zones).

En cas de conciliation, la formule exécutoire est apposée par ordonnance du président du tribunal du travail prise à la requête de la partie la plus diligente sur le procès-verbal de conciliation établi par l'inspecteur du travail.

L'exécution est poursuivie comme un jugement du tribunal du travail.

Le président du tribunal du travail compétent est celui dans le ressort duquel le procès-verbal de conciliation a été signé.

Chapitre II. Du différend collectif

Article 242 nouveau

Toutes revendications professionnelles et collectives doivent être formulées dans le cahier de revendications et soumises à l'employeur en vue de négociations. Celles-ci doivent s'ouvrir au plus tard dans les sept jours suivant la date de dépôt des revendications, sauf empêchement de l'une des parties dûment signalé et justifié à l'autre partie au moins vingt-quatre heures avant l'ouverture prévue des négociations.

Dans ce cas, les parties s'accordent sur une seconde date d'ouverture des négociations. Dans tous les cas, les négociations doivent s'ouvrir au plus tard dans les sept jours suivant la date de dépôt des revendications.

En cas d'échec des négociations internes, l'inspecteur du travail territorialement compétent est saisi par écrit par la partie la plus diligente pour conciliation.

Les parties sont convoquées par l'inspecteur du travail ou par le fonctionnaire responsable du bureau de contrôle du travail du ressort qui procède à la conciliation. Elles peuvent se substituer un représentant ayant qualité pour se concilier.

Si l'une des parties ne comparaît pas ou ne se fait pas valablement représenter, l'inspecteur du travail ou le fonctionnaire responsable du bureau de contrôle du travail du ressort la convoque à nouveau, dans un délai qui ne peut excéder deux (2) jours sans préjudice de sa condamnation à une sanction prononcée par la juridiction pénale sur procès-verbal, dressé par l'autorité compétente ci-dessus désignée conformément à l'article 255 nouveau du présent Code.

Les accords de conciliation sont consignés dans un procès-verbal établi séance tenante signé par les parties qui en reçoivent ampliation. Ils sont obligatoires et deviennent exécutoires au jour du dépôt prévu à l'article 247.

TITRE IX.- Pénalités

Chapitre I. Des contraventions

Article 251 nouveau

Seront punis d'une amende de 10 000 francs à 20 000 francs et, en cas de récidive, de 20 000 francs à 36 000 francs CFA:

a) les auteurs d'infractions aux dispositions des articles 71, 72, 74, 85, 87(3), 88, 182 (avant-dernier alinéa);

b) les auteurs d'infractions aux dispositions des arrêtés et décrets prévus par les articles 25, 75, 105, 181 et 182 (1er);

c) les employeurs fondés de pouvoirs ou leurs préposés responsables du défaut d'affichage conforme aux dispositions de l'article 103.

En ce qui concerne les infractions à l'arrêté prévu à l'article 182 (1er), l'amende sera prononcée autant de fois qu'il y aura d'inscriptions omises ou erronées.

Article 252 nouveau

Seront punis d'une amende de 15 000 francs à 25 000 francs CFA et, en cas de récidive, d'une amende de 25 000 francs à 100 000 francs CFA:

a) les infractions aux dispositions des arrêtés et décrets prévus par l'article 118;

b) les auteurs d'infractions aux dispositions des articles 9, 117(2), 134;

c) les auteurs d'infractions aux dispositions de l'article 141, alinéas 1 et 4, les employeurs ne tenant pas de registre de sécurité, de visites médicales, des accidents de travail et des maladies professionnelles et à caractère non professionnel.

Article 253 nouveau

Les infractions des articles 184 à 187 inclus, 199 et 206 seront poursuivies contre les directeurs administrateurs des syndicats et punies d'une amende de 25 000 à 30 000 francs CFA.

En cas de fausse déclaration relative aux statuts et aux noms et qualités des administrateurs et directeurs, l'amende pourra être portée à 36 000 francs CFA.

Les peines prévues par la législation commerciale en vigueur contre les auteurs de contrefaçon, apposition, imitation ou usages frauduleux des marques de commerce sont applicables en matière de contrefaçon, apposition, imitation ou usages frauduleux des marques syndicales ou labels.

Chapitre II. Des délits

Article 254 nouveau

Seront punis d'une amende de 36 000 francs à 100 000 francs CFA et, en cas de récidive, de 60 000 francs à 200 000 francs CFA:

a) les auteurs d'infractions aux dispositions des articles 76, 77, 108, 109, 110(2), 113, 114, 142, 143, 155(e-4);

b) les auteurs d'infractions aux décrets et arrêtés prévus aux articles 28, 112, 116, 137 et 173 (nouveau);

c) toute personne qui aura envoyé à la Direction régionale du travail ou à l'Office national de l'emploi et de la main-d'œuvre un relevé de contrats non conformes aux prescriptions légales;

d) toute personne qui n'est pas en possession de l'attestation de garantie financière ou ne l'a pas envoyée à la Direction régionale, à la Caisse nationale de sécurité sociale;

e) toute personne n'ayant pas indiqué sur les documents de l'entreprise ou d'affichage le nom et l'adresse du garant.

En cas de double récidive, l'emprisonnement de douze à vingt jours est prononcé.

CINQUIEME PARTIE. LA LEGISLATION DU TRAVAIL DUNCONGO KINSHASA

LOI N° 015 /2002 DU 16 OCTOBRE 2002 PORTANT CODE DU TRAVAIL

CHAPITRE II : DU DROIT AU TRAVAIL

Article 2

Le travail est pour chacun un droit et un devoir. Il constitue une obligation morale pour tous ceux qui n'en sont pas empêchés par l'âge ou l'inaptitude au travail constatée par un médecin.

Le travail forcé ou obligatoire est interdit.

Tombe également sous le coup de l'interdiction, tout travail ou service exigé d'un individu sous menace d'une peine quelconque et pour lequel ledit individu ne s'est pas offert de plein gré.

Article 3

Toutes les pires formes de travail des enfants sont abolies.

L'expression « les pires formes de travail des enfants » comprend notamment :

a) toutes les formes d'esclavage ou pratiques analogues, telles que la vente et la traite des enfants, la servitude pour dettes et le servage ainsi que le travail forcé ou obligatoire, y compris le recrutement forcé ou obligatoire des enfants en vue de leur utilisation dans des conflits armés ;

b) l'utilisation, le recrutement ou l'offre d'un enfant à des fins de prostitution, de production de matériel pornographique de spectacles pornographiques ou des danses obscènes ;

c) l'utilisation, le recrutement ou l'offre d'un enfant aux fins d'activités illicites, notamment pour la production et le trafic de stupéfiants ;

d) les travaux qui, par leur nature ou les conditions dans lesquelles ils s'exercent, sont susceptibles de nuire à la santé, à la sécurité, à la dignité ou à la moralité de l'enfant.

Article 4

Il est institué un Comité National de lutte contre les pires formes de travail des enfants.

Ce Comité a pour mission :

- d'élaborer la stratégie nationale en vue de l'éradication des pires formes de travail des enfants ;

- d'assurer le suivi de la mise en œuvre de la stratégie et d'évaluer le niveau d'application des mesures préconisées.

Article 5

Un arrêté interministériel, pris par les Ministres ayant dans leurs attributions respectivement le Travail et la Prévoyance Sociale et les Affaires Sociales et Famille, détermine l'organisation et le fonctionnement du Comité National de lutte contre les pires formes de travail des enfants.

CHAPITRE III : DE LA CAPACITE DE CONTRACTER

Article 6

La capacité d'une personne d'engager ses services est régie par la loi du pays auquel elle appartient, ou à défaut de nationalité connue, par la loi congolaise.

Au sens du présent Code, la capacité de contracter est fixée à seize ans sous réserve des dispositions suivantes :

a) une personne âgée de 15 ans ne peut être engagée ou maintenue en service que moyennant dérogation expresse de l'Inspecteur du Travail et de l'autorité parentale ou tutélaire ;

b) toutefois l'opposition de l'Inspecteur du travail et de l'autorité parentale ou tutélaire à la dérogation prévue au litera a) ci-dessus peut être levée par le Tribunal lorsque les circonstances ou l'équité le justifient ;

c) une personne âgée de 15 ans ne peut être engagée ou maintenue en service que pour l'exécution des travaux légers et salubres prévus par un arrêté du Ministre ayant le Travail et la Prévoyance Sociale dans ses attributions, pris en application de l'article 38 du présent Code ;

d) toute forme de recrutement est interdite sur tout le territoire national ;

e) à défaut d'acte de naissance, le contrôle de l'âge du travailleur visé aux literas a) et b) ci-dessus est exercé selon les modalités fixées par un arrêté du Ministre ayant le Travail et la Prévoyance Sociale dans ses attributions.

CHAPITRE IV : DES DEFINITIONS

Article 7

Au sens du présent Code, on entend par :

a-travailleur :

Toute personne physique en âge de contracter, quels que soient son sexe, son état civil et sa nationalité, qui s'est engagée à mettre son activité professionnelle, moyennant rémunération, sous la direction et l'autorité d'une personne physique ou morale, publique ou privée, dans les liens d'un contrat de travail.

Pour la détermination de la qualité de travailleur, il ne sera tenu compte ni du statut juridique de l'employeur ni de celui de l'employé.

b- employeur :

Toute personne physique ou morale, de droit public ou privé, qui utilise les services d'un ou de plusieurs travailleurs en vertu d'un contrat de travail.

c- contrat de travail :

Toute convention, écrite ou verbale, par laquelle une personne, le travailleur, s'engage à fournir à une autre personne, l'employeur, un travail manuel ou autre sous la direction et l'autorité directe ou indirecte de celui-ci et moyennant rémunération.

d- entreprise :

Toute organisation économique, sociale, culturelle, communautaire, philanthropique, de forme juridique déterminée, propriété individuelle ou collective, poursuivant ou non un but lucratif pouvant comprendre un ou plusieurs établissements.

e- établissement :

Un centre d'activité individualisé dans l'espace ayant au point de vue technique son objet propre et utilisant les services d'un ou de plusieurs travailleurs qui exécutent une tâche sous une direction unique.

Un établissement donné relève toujours d'une entreprise. Un établissement unique et indépendant constitue à la fois une entreprise et un établissement.

f- recrutement :

Toute opération effectuée dans le but de s'assurer ou de procurer à autrui la main-d'œuvre de personnes n'offrant pas spontanément leurs services.

g- contrat d'apprentissage :

Le contrat par lequel une personne physique ou morale, le maître d'apprentissage, s'oblige à donner ou à faire donner une formation professionnelle méthodique et complète à une autre personne, l'apprenti, et par lequel ce dernier s'oblige en retour à se conformer aux instructions qu'il recevra et à exécuter les ouvrages qui lui seront confiés en vue de son apprentissage.

h- rémunération :

La somme représentative de l'ensemble des gains susceptibles d'être évalués en espèces et fixés par accord ou par les dispositions légales et réglementaires qui sont dus en vertu d'un contrat de travail, par un employeur à un travailleur.

Elle comprend notamment :

- le salaire ou traitement ;
- les commissions ;
- l'indemnité de vie chère ;
- les primes ;
- la participation aux bénéfices ;
- les sommes versées à titre de gratification ou de mois complémentaires ;
- les sommes versées pour prestations supplémentaires ;
- la valeur des avantages en nature ;

- l'allocation de congé ou l'indemnité compensatoire de congé ;

- les sommes payées par l'employeur pendant l'incapacité de travail et pendant la période précédant et suivant l'accouchement.

Ne sont pas éléments de la rémunération :

- les soins de santé ;

- l'indemnité de logement ou le logement en nature ;

- les allocations familiales légales ;

- l'indemnité de transport ;

- les frais de voyage ainsi que les avantages accordés exclusivement en vue de faciliter au travailleur l'accomplissement de ses fonctions.

i- jour ouvrable :

Chaque jour de la semaine à l'exception des jours de repos hebdomadaires et des jours fériés légaux.

j- temps de services :

Le total des durées :

- des prestations de travail fournies chez le dernier employeur et chez les employeurs substitués pendant le dernier contrat et les contrats de travail précédents ;

- des congés y compris le congé de maternité ;

- de l'incapacité de travail, en cas d'accident ou de maladie jusqu'à concurrence de six mois ininterrompus et sans limitation en cas d'accident du travail ou de maladie professionnelle ;

- des voyages se situant entre deux périodes de services.

k- famille du travailleur :

- le conjoint ;

- les enfants tels que définis par le Code de la famille ;

- les enfants que le travailleur a adoptés ;

- les enfants dont le travailleur a la tutelle ou la paternité juridique ;

- les enfants pour lesquels il est débiteur d'aliments conformément aux dispositions du Code de la Famille.

Un enfant entre en ligne de compte s'il est célibataire et : - jusqu'à sa majorité en règle générale ;

- jusqu'à l'âge de 25 ans révolus, s'il étudie dans un établissement de plein exercice ;

- sans limite d'âge, lorsqu'il est incapable d'exercer une activité lucrative en raison de son état physique ou mental et que le travailleur l'entretient.

N'entre pas en ligne de compte, l'enfant mineur engagé dans les liens d'un contrat de travail ou d'apprentissage qui lui donne droit à une rémunération normale.

Dans tous les textes légaux et réglementaires relatifs à la sécurité sociale s'appliquant tant au secteur public qu'au secteur privé, le terme « enfant » doit être interprété conformément à l'article 7, litera (k), du présent code sans préjudice des dispositions plus favorables au bénéficiaire des avantages sociaux.

TITRE III : DU CONTRAT D'APPRENTISSAGE

CHAPITRE PREMIER : DES DISPOSITIONS GENERALES

Article 18

Nul ne peut recevoir des apprentis mineurs s'il n'est :

- âgé de 18 ans au moins ;

- reconnu de bonne vie et mœurs ;

- suffisamment qualifié pour donner aux apprentis une formation appropriée ou faire donner cette formation par une autre personne à son service ayant les qualités requises.

Aucun maître, s'il ne vit en famille ou en communauté, ne peut loger comme apprenties des jeunes filles mineures.

CHAPITRE II : DE LA FORME ET DE LA PREUVE DU CONTRAT D'APPRENTISSAGE

Article 19

Tout contrat d'apprentissage doit être constaté par écrit et contenir les mentions énumérées à l'article 20 du présent Code.

Il est rédigé en langue officielle ou nationale connue de l'apprenti.

Il est signé par le maître, l'apprenti et les parents, à défaut de ceux-ci par le tuteur ou la personne autorisée par les parents ou encore le juge compétent.

Il est exempt de tout droit de timbre et d'enregistrement.

Article 20

Le contrat d'apprentissage est établi en tenant compte des usages et coutumes de la profession.

Il doit faire obligatoirement mention :

- des prénoms, noms, post-noms, âge, profession, nationalité et domicile du maître, de l'adresse et de la raison sociale de l'entreprise ou du service public qui engage l'apprenti ;
- des prénoms, noms, post-noms, âge, profession, nationalité et domicile de l'apprenti ;
- des prénoms, noms, post-noms, âge, profession, nationalité et domicile du père et de la mère de l'apprenti, de son tuteur ou à leur

défaut, de la personne autorisée par les parents ou du juge compétent ;

- de la date du début et de la durée du contrat ; cette dernière est fixée conformément aux usages de la profession, mais ne peut excéder quatre ans ;
- des indemnités en espèces éventuellement consenties ;
- de l'indication de la profession ou du métier enseigné ainsi que de l'indication des cours professionnels que le maître s'engage à faire suivre à l'apprenti, soit dans l'établissement, soit au dehors.

Article 21

Le contrat d'apprentissage est rédigé en quatre exemplaires au moins et soumis au visa de l'Office National de l'Emploi, tel qu'institué au titre IX du présent Code

La demande de visa incombe au maître.

Tant que le contrat n'a pas été soumis au visa, ou lorsque le visa a été retiré, les services de l'apprenti sont présumés être prestés en exécution d'un contrat de travail respectivement à la date de la conclusion du contrat et du retrait du visa.

Article 22

L'autorité qui vise le contrat doit :

a) exiger la production par le maître d'un certificat médical, datant de moins de trois mois, déclarant le futur apprenti apte aux travaux de la profession ou du métier choisi et établi dans les conditions fixées par l'arrêté prévu à l'article 38 du présent Code ;

b) constater l'identité de l'apprenti et la conformité du contrat aux dispositions du présent Code et des textes pris pour son application ;

c) s'assurer que l'apprenti est libre de tout engagement antérieur, n'a pas fait des études ou subi une préparation spécialisée constituant présomption de capacité professionnelle exclusive d'apprentissage ;

d) remettre après avis, un exemplaire du contrat à chacune des parties et pour l'apprenti mineur, à son représentant, en conserver le troisième et adresser le quatrième à l'Inspecteur du Travail du ressort[6].

---

[6] **LES COMITES D'ENTREPRISE**

La constitution des comités d'entreprise

Les comités d'entreprise doivent être constitués dans les entreprises employant au moins 50 salariés. Ils sont composés du chef d'entreprise et des délégués élus pour deux ans par le personnel dans les mêmes conditions que les délégués du personnel. En outre, un représentant de chaque organisation syndicale représentative dans l'entreprise (membre du personnel de l'entreprise) peut assister aux réunions du comité avec voix consultative.

Les attributions et le rôle du comité d'entreprise

Les comités d'entreprise ont été institués dans le but d'assurer une coopération entre la direction et le personnel. Ce faisant, le législateur a entendu maintenir intacte l'autorité patronale dans le domaine économique. En matière sociale, au contraire, les comités d'entreprise se sont vu attribuer des pouvoirs de décision.

Le rôle du comité d'entreprise en matière économique. Le comité d'entreprise étudie les suggestions émises par le personnel dans l'intention d'accroître la production et d'améliorer le rendement de l'entreprise. En matière de salaires, il est habilité à formuler son avis sur l'adaptation à l'entreprise des dispositions générales définies par les textes législatifs ou les conventions collectives.

Le comité doit être consulté sur les questions d'ordre général intéressant l'organisation, la gestion et la marche de l'entreprise, et notamment averti en temps utile des mesures tendant aux compressions de personnel. Il doit être obligatoirement informé des bénéfices réalisés et émettre des suggestions quant à leur affectation. Le chef d'entreprise doit, une fois par trimestre, faire au comité un rapport d'ensemble sur l'activité de l'entreprise ; une fois par an, il doit exposer ses projets pour l'exercice suivant.

Les sociétés anonymes sont soumises à des obligations particulières ; l'acte uniforme de l'OHADA relatif au droit des sociétés commerciales et du groupement d'intérêt économique a posé, en ce qui les concerne, les règles suivantes :

- la direction est tenue de communiquer au comité, avant leur représentation à l'assemblée générale des actionnaires, le compte des profits et pertes, le bilan annuel et le rapport des commissaires aux comptes ;
- le comité peut convoquer les commissaires aux comptes, recevoir leurs explications sur les différents postes des documents sus énumérés, ainsi que sur la situation financière de l'entreprise, et formuler toutes observations utiles, qui seront obligatoirement transmises à l'assemblée générale des actionnaires ;
- à l'occasion de ces études, le comité peut être assisté d'un expert-comptable rémunéré par l'entreprise ;
- deux membres du comité, délégués par celui-ci et appartenant l'un à la catégorie des cadres et de la maîtrise, l'autre à la catégorie des ouvriers et employés, assistent avec voix consultative à toutes les séances du conseil d'administration.

L'intéressement des travailleurs à l'entreprise

L'ordonnance française du 7 janvier 1959 tenant à favoriser l'association et l'intéressement des travailleurs à l'entreprise réserve aux comités d'entreprise un rôle important dans l'élaboration et l'application des contrats d'intéressement. Par ailleurs, une des ordonnances du 17 août 1967 relatives à la participation des salariés aux fruits de l'expansion des entreprises prévoit entre autres possibilités la conclusion au sein du comité d'entreprise d'un accord sur la nature et les modalités de gestion des droits reconnus aux salariés au titre de cette participation.

Le rôle du comité d'entreprise en matière sociale

Le comité d'entreprise assume ou contrôle la gestion des œuvres sociales établies dans l'entreprise au bénéfice des salariés ou de leurs familles. Pour lui permettre d'assumer cette tâche, il est doté de la personnalité civile. Il dispose de certaines ressources. La plus importante, sinon la seule, est constituée par les fonds versés par l'entreprise.

Le fonctionnement des comités d'entreprise

Les membres titulaires du comité d'entreprise disposent de 20 heures par mois, qui outre les heures de présence aux séances du comité sont rémunérées comme temps de travail ; ils ne peuvent être licenciés que sous les mêmes garanties que les délégués du personnel.

L'intéressement du personnel aux résultats

Une ordonnance française du 17 août 1967 a créé un régime obligatoire de participation des travailleurs aux fruits de l'expansion dans les entreprises d'une certaine importance. Ce texte a été explicité par un décret du 19 décembre 1967.

Quand y a-t-il obligation ? Les trois conditions suivantes doivent être réunies pour qu'il y ait obligatoirement constitution d'une réserve spéciale affectée à cet intéressement :

a) l'entreprise doit occuper habituellement plus de cent salariés ; néanmoins, les entreprises plus petites peuvent volontairement se soumettre à l'obligation ;

b) l'entreprise doit avoir réalisé (au Congo ou dans les pays membres du Traité OHADA) un bénéfice net imposable ;
c) le bénéfice diminué de l'impôt doit être supérieur à 5% des capitaux propres de l'entreprise.
Le mode de calcul de la réserve spéciale. Le montant de la réserve spéciale de participation des travailleurs est déterminé de la façon suivante :
1° est d'abord calculé le rapport entre la masse des salaires et la valeur ajoutée de l'entreprise ;
2° ce rapport est appliqué à la fraction du bénéfice net qui est supérieure à la rémunération de 5% des capitaux propres visée à l'alinéa c) ci-dessus.
3° la réserve spéciale est alors égale à la moitié de la somme ainsi calculée qui est censée correspondre à la part du travailleur dans l'activité de l'entreprise.
La répartition entre les travailleurs ayant au moins trois ans de présence dans l'entreprise au cours de l'exercice est calculée proportionnellement aux salaires perçus, dans la limite de certains plafonds. Toutefois, les entreprises peuvent conclure avec leur personnel des accords plus avantageux pour celui-ci, sous réserve que ces accords soient homologués par arrêtés des ministres de l'Economie et des Finances et des Affaires sociales, sur avis conforme d'un Centre d'étude des revenus et de coûts. La nature et les modalités de gestion des droits reconnus aux salariés sur les sommes définies ci-dessus sont fixées par accords entre la direction d'une part, le personnel de l'autre. Il peut s'agir soit d'une convention collective, soit d'un accord d'établissement, soit encore d'une décision du comité d'entreprise.
Suivant les accords ainsi conclus, les salariés pourront soit recevoir des actions ou des coupures d'actions de l'entreprise, soit si l'entreprise affecte le montant de la réserve spéciale à ses investissements, recevoir des obligations ou bénéficier des comptes courants bloqués, soit encore devenir actionnaires d'un organisme de placements.
Les avantages fiscaux des entreprises. Les entreprises peuvent constituer en franchise d'impôt une provision pour investissements d'un montant égal à celui des sommes affectées à la réserve spéciale de participation ; cette provision doit être utilisée dans l'année à l'acquisition ou à la création d'immobilisations amortissables.

Les plans d'épargne d'entreprise

Aux termes de l'Acte uniforme relatif au droit comptable de l'OHADA, tout système d'épargne collectif ouvrant aux salariés d'une entreprise la faculté de participer, avec l'aide de celle-ci, à la constitution d'un portefeuille de valeurs mobilières constitue un plan d'épargne d'entreprise. Un tel, plan peut être établi soit à l'initiative de l'entreprise soit en vertu d'un accord avec le personnel. Les valeurs mobilières sont acquises avec les fonds fournis volontairement par les salariés et avec les fonds apportés par l'entreprise ; en fait, l'entreprise proportionne sa participation à celle des salariés, mais cette participation ne peut dépasser 10% du salaire annuel de chacun, ni 20000F par bénéficiaire. La part de chaque salarié dans le portefeuille collectif de l'entreprise est individualisée, mais il ne peut en bénéficier que cinq ans plus tard ou lorsqu'il atteint l'âge de 65 ans. Les versements de l'entreprise sont déduits de son bénéfice imposable et ne sont pas considérés comme constituant un supplément de salaire pour les travailleurs, tant en matière fiscale que sociale. Les salariés qui ont adhéré à un plan d'épargne d'entreprise peuvent demander que leur participation aux fruits de l'expansion (intéressement) soit affectée à la réalisation de ce plan.

Le règlement intérieur

Le « règlement intérieur », ou « règlement d'atelier », a pour objet de préciser les modalités d'application, dans l'entreprise, des dispositions légales et conventionnelles, et de régler les problèmes relatifs à l'organisation et à la discipline générale. Le Code du travail de 1975 impose l'établissement d'un règlement intérieur dans les entreprises industrielles et commerciales employant habituellement au moins 20 salariés. Le règlement intérieur doit contenir un certain nombre de dispositions obligatoires (date d'entrée en vigueur du règlement, licenciement collectif, hygiène, sécurité, etc.). La direction peut y insérer des clauses facultatives, concernant notamment la discipline générale, les sanctions, les heures supplémentaires, la mise à la retraite, etc. Le règlement intérieur, après avoir été soumis pour avis au comité d'entreprise (ou à défaut,

Article 23

A défaut du visa ou en cas de refus de celui-ci, le contrat d'apprentissage est annulable. En cas d'annulation ou de doute sur l'objet du contrat non écrit, les services de l'apprenti sont présumés avoir été prestés en exécution d'un contrat de travail.

Lorsqu'il apparaît à l'Inspecteur du Travail que les conditions édictées sur la réglementation de l'apprentissage ne sont plus réunies, le visa peut être retiré par l'Office National de l'Emploi, sur rapport motivé de l'Inspecteur du Travail. Dans ce cas, le contrat cesse de plein droit.

CHAPITRE III : DES OBLIGATIONS DU MAITRE ET DE L'APPRENTI

Section I : Des obligations du maître d'apprentissage

Article 24

L'apprentissage comporte essentiellement pour le maître les obligations suivantes envers l'apprenti :

- lui enseigner ou lui faire enseigner méthodiquement, progressivement et complètement le métier ou la profession qui fait l'objet du contrat, et mettre à sa disposition les outils et le matériel nécessaires à cet enseignement ;
- le traiter avec tous les égards voulus, faire respecter les convenances et bonnes mœurs pendant l'exécution du contrat, et veiller à sa sécurité et à sa santé, compte tenu des circonstances et de la nature du travail ;

avertir sans retard ses parents ou son tuteur en cas de maladie, d'absence ou de faute grave ou de tout fait de nature à motiver leur intervention ;

- lui accorder, à l'expiration de chaque période d'un an de services effectifs un congé d'une durée conforme à celle fixée par l'article 141 du présent Code et de lui verser, le cas échéant, l'indemnité prévue au contrat ;
- lui fournir pendant la durée du contrat, en cas de maladie ou d'accident, les prestations dues aux travailleurs en vertu du présent Code, à l'exception de celles qui sont dues à la famille du travailleur et des prestations relatives au salaire ;
- lui délivrer, à la fin de l'apprentissage, un certificat de fin d'apprentissage, conforme au modèle fixé par arrêté du Ministre ayant le Travail et la Prévoyance Sociale dans ses attributions.

---

aux délégués du personnel), doit être adressé à l'inspecteur du travail, accompagné, le cas échéant, d'un exposé des observations faites par les représentants du personnel ; l'inspecteur du travail peut exiger le retrait ou la modification des dispositions contraires aux lois et règlements en vigueur.

Article 25

Le maître a l'obligation de rémunérer l'apprenti dans les conditions fixées par arrêté du Ministre ayant le Travail et la Prévoyance Sociale dans ses attributions, pris après avis du Conseil National du Travail.

Cette rémunération prend la forme d'une indemnité qui devra être majorée au fur et à mesure des années d'apprentissage.

Toutes les obligations et garanties prévues par le présent Code en matière de salaire s'attachent à cette rémunération.

Section II : Des obligations de l'apprenti

Article 26

L'apprentissage comporte essentiellement pour l'apprenti les obligations suivantes :

- se conformer aux ordres du maître d'apprentissage ou de son préposé ;
- exécuter les travaux qui lui sont confiés aux conditions convenues et, d'une manière générale, aider le maître d'apprentissage ou son préposé dans la mesure de ses aptitudes et de ses forces ;
- observer le respect des convenances et des bonnes mœurs pendant l'exécution du contrat ;
- restituer en bon état les outils, marchandises, produits ou tout objet qui lui sont confiés par le maître d'apprentissage, sauf détériorations et usures dues à l'usage normal de la chose ou perte par cas fortuit ;
- s'abstenir de tout ce qui pourrait nuire aux intérêts du maître d'apprentissage, à sa propre sécurité ou à celle de ses compagnons et garder les secrets de fabrication ou d'affaires dont il a connaissance à l'occasion de son apprentissage ;
- se soumettre aux examens médicaux imposés par le maître d'apprentissage, ainsi qu'aux épreuves d'évaluation en vue de contrôle de sa formation professionnelle.

Article 27

Il pourra être prévu au contrat d'apprentissage que l'apprenti s'engage, après achèvement de l'apprentissage, à exercer son activité professionnelle pour le compte de son ancien maître pendant une période qui ne peut excéder deux ans.

L'inobservation de cet engagement par l'une des parties entraîne, sous réserve des dommages-intérêts, la prestation d'un préavis ou à défaut le versement d'une indemnité compensatoire de préavis calculée conformément aux dispositions de l'article 63 du présent Code.

CHAPITRE IV : DE LA SUSPENSION ET DE LA FIN DU CONTRAT D'APPRENTISSAGE

Article 28

Le contrat d'apprentissage est suspendu pendant la durée de l'incapacité de travail de l'apprenti résultant de maladie ou d'accident.

Le maître d'apprentissage a toutefois la faculté de résilier le contrat lorsque l'incapacité de travail a duré six mois ou lorsque la maladie ou l'accident fait présumer que l'apprenti ne pourra remplir ses obligations pendant une période continue de six mois ininterrompus hormis le cas d'accident du travail et de maladie professionnelle.

Article 29

Le contrat d'apprentissage prend fin de plein droit avant son terme :

a) par la mort du maître ou de l'apprenti ;

b) par l'appel ou le rappel sous le drapeau de l'apprenti ou du maître ;

c) par la condamnation du maître à une peine de servitude pénale supérieure à trois mois sans sursis ;

d) pour les filles mineures apprenties habitant chez le maître, en cas de divorce de ce dernier, du décès de l'épouse du maître ou de toute femme de la famille qui dirigeait la maison à l'époque de la conclusion du contrat.

Article 30

Tout contrat d'apprentissage peut être résilié à la demande des parties pour les causes ci-après :

a) si l'une des parties manquait aux stipulations du contrat ;

b) pour cause d'infraction grave ou habituelle aux prescriptions des articles 24 et 26 du présent Code ou des autres dispositions légales ou réglementaires concernant les conditions de travail des apprentis ;

c) lorsque le maître transporte sa résidence hors de l'entité administrative dans laquelle il habitait et exerçait son activité lors de la conclusion du contrat ;

d) lorsque le maître ou l'apprenti encourt une condamnation à une peine de servitude pénale principale de plus de deux mois ;

e) le mariage de l'apprenti ou éventuellement l'acquisition de la qualité de chef de famille à la suite du décès de son père. Dans ce cas, la résiliation du contrat ne peut intervenir qu'à la demande de l'apprenti lui-même.

Article 31

Lorsque l'apprenti est mineur, et sans préjudice à l'exercice de l'autorité parentale ou tutélaire, toute résiliation du contrat d'apprentissage à l'initiative du maître est soumise à la condition suspensive de son approbation par l'Inspecteur du Travail du ressort. La demande d'approbation est adressée à l'Inspecteur du Travail par lettre recommandée ou par cahier de transmission.

L'Inspecteur du Travail doit notifier sa décision dans le mois à partir du jour où le maître lui a fait connaître la mesure envisagée ; à défaut, il est censé l'approuver.

La décision de l'Inspecteur du Travail est susceptible d'un recours hiérarchique ou judiciaire dans les conditions fixées par arrêté du Ministre ayant le Travail et la Prévoyance Sociale dans ses attributions, pris après avis du Conseil National du Travail.

TITRE IV : DU CONTRAT DE TRAVAIL

CHAPITRE 1er : DES DISPOSITIONS GENERALES

Article 36

Les contrats de travail sont passés librement, sous réserve des dispositions du présent Code.

La date d'entrée en vigueur et la durée du contrat, la nature et l'objet des prestations du travailleur, le ou les lieux où elles doivent s'accomplir, la rémunération, les avantages complémentaires, les frais remboursables et toutes autres conditions sont déterminées par le contrat, dans le cadre des dispositions légales et sous réserve de l'observation des conventions collectives, des règlements d'entreprises et des usages locaux.

Le contrat peut mentionner des conditions plus favorables au travailleur.

Article 37

Les contrats de travail ne peuvent déroger aux dispositions d'ordre public définies par la législation et la réglementation en vigueur.

Toute clause contractuelle accordant au travailleur des avantages inférieurs à ceux prescrits par le présent Code est nulle de plein droit.

Article 38

L'exécution du contrat de travail est subordonnée à la constatation de l'aptitude au travail du travailleur.

L'aptitude au travail est constatée par un certificat médical délivré par un médecin du travail ou, à défaut, par tout autre médecin. En l'absence de celui-ci, un certificat provisoire est délivré par un infirmier, sous réserve de soumettre le travailleur à un examen médical dans les trois mois qui suivent le début des prestations de travail.

Une personne médicalement inapte au travail auquel elle est destinée ou affectée ne peut être engagée ni maintenue en service.

Un arrêté du Ministre ayant le Travail et la Prévoyance Sociale dans ses attributions fixe les modalités d'application du présent article, ainsi que les dérogations qui peuvent être admises en ce qui concerne les travaux légers et salubres autorisés pour les personnes âgées de 15 à moins de 16 ans.

CHAPITRE II : DE LA DUREE DU CONTRAT ET DE LA CLAUSE D'ESSAI

Article 39

Tout contrat de travail est à durée déterminée ou à durée indéterminée.

Article 40

Est à durée déterminée le contrat qui est conclu soit pour un temps déterminé, soit pour un ouvrage déterminé, soit pour le remplacement d'un travailleur temporairement indisponible.

Néanmoins, dans le cas d'engagement au jour le jour, si le travailleur a déjà accompli vingt-deux journées de travail sur une période de deux mois, le nouvel engagement conclu, avant l'expiration des deux mois est, sous peine de pénalité, réputé conclu pour une durée indéterminée.

Article 41

Le contrat à durée déterminée ne peut excéder deux ans. Cette durée ne peut excéder un an, si le travailleur est marié et séparé de sa famille ou s'il est veuf, séparé de corps ou divorcé et séparé de ses enfants dont il doit assumer la garde.

Aucun travailleur ne peut conclure avec le même employeur ou avec la même entreprise plus de deux contrats à durée déterminée ni renouveler plus d'une fois un contrat à durée déterminée, sauf dans le cas d'exécution des travaux saisonniers, d'ouvrages bien définis et autres travaux déterminés par arrêté du Ministre ayant le Travail et la Prévoyance Sociale dans ses attributions, pris après avis du Conseil National du Travail. L'exécution de tout contrat conclu en violation des dispositions du présent article ou la continuation de service en dehors des cas prévus à l'alinéa précédent constituent de plein droit l'exécution d'un contrat de travail à durée indéterminée.

Article 42

Lorsque le travailleur est engagé pour occuper un emploi permanent dans l'entreprise ou l'établissement, le contrat doit être conclu pour une durée indéterminée.

Tout contrat conclu pour une durée déterminée en violation du présent article est réputé conclu pour une durée indéterminée.

Article 43

Tout contrat de travail, peut être assorti d'une clause d'essai. Cette clause d'essai doit être constatée par écrit.

La durée de l'essai ne peut être supérieure au délai nécessaire pour mettre à l'épreuve le personnel engagé, compte tenu de la technique et des usages de la profession.

Dans tous les cas, la durée de l'essai ne peut dépasser un mois pour le travailleur manœuvre sans spécialité ni six mois pour les autres travailleurs.

Si la clause d'essai prévoit une durée plus longue, celle-ci est réduite de plein droit à un mois ou à six mois, selon le cas.

La prolongation des services au-delà de cette durée maximale entraîne automatiquement la confirmation du contrat de travail.

Les délais d'engagement et de route ne sont pas compris dans la durée maximale de l'essai.

Les droits au voyage aller et retour du travailleur engagé à l'essai sont réglés par les articles 147 à 156 du présent Code.

CHAPITRE III : DE LA FORME ET DE LA PREUVE DU CONTRAT DE TRAVAIL

Article 44

Le contrat de travail doit être constaté par écrit et rédigé dans la forme qu'il convient aux parties d'adopter pour autant qu'il comporte les énonciations visées à l'article 212 du présent Code.

A défaut d'écrit, le contrat est présumé, jusqu'à preuve du contraire, avoir été conclu pour une durée indéterminée.

Le présent article ne s'applique pas dans le cas d'engagement au jour le jour.

Un arrêté du Ministre ayant le Travail et la Prévoyance Sociale dans ses attributions fixe les modalités d'application du présent article.

Article 45

Le contrat constaté par écrit qui ne mentionne pas expressément qu'il a été conclu soit pour une durée déterminée, soit pour un ouvrage déterminé, soit pour le remplacement d'un travailleur temporairement indisponible, ou qui n'indique pas, dans ce dernier cas, les motifs et conditions particulières du remplacement, est réputé avoir été conclu pour une durée indéterminée.

Article 46

L'employeur est tenu de remettre au travailleur, deux jours ouvrables au moins avant la signature du contrat, un exemplaire du projet de contrat et de mettre à sa disposition tous les documents essentiels auxquels il se réfère. Faute pour l'employeur d'avoir rempli cette obligation, le travailleur peut résilier le contrat dans les trente jours suivant sa conclusion sans préavis ni indemnité.

Article 47

L'employeur est tenu de soumettre tout contrat écrit au visa de l'Office National de l'Emploi, suivant les modalités fixées par arrêté du Ministre ayant le Travail et la Prévoyance Sociale dans ses attributions

Le défaut pour l'employeur d'accomplir cette formalité donne droit au travailleur de résilier le contrat de travail à tout moment, sans préavis et il peut réclamer, s'il y a lieu, des dommages-intérêts.

Le contrat de travail que l'Office National de l'Emploi a refusé de viser prend fin de plein droit.

Article 48

Les tribunaux peuvent ordonner la communication de l'exemplaire du contrat conservé par l'autorité qui l'a visé.

Article 49

En l'absence d'écrit, le travailleur peut, même si la forme écrite est requise, établir par toutes voies de droit, l'existence et la teneur du contrat, ainsi que toutes modifications ultérieures.

CHAPITRE IV : DES OBLIGATIONS DU TRAVAILLEUR ET DE L'EMPLOYEUR

Section I : Des obligations du travailleur

Article 50

Le travailleur a l'obligation d'exécuter personnellement son travail, dans les conditions, au temps et au lieu convenus.

Il doit agir conformément aux ordres qui lui sont donnés par l'employeur ou son préposé, en vue de l'exécution du contrat. Il doit respecter les règlements établis pour l'établissement, l'atelier ou le lieu dans lequel il doit exécuter son travail.

Article 51

Le travailleur doit s'abstenir de tout ce qui pourrait nuire soit à sa propre sécurité soit à celle de ses compagnons ou des tiers.

Il doit respecter les convenances et les bonnes mœurs pendant l'exécution du contrat et traiter avec équité les travailleurs placés sous ses ordres.

Article 52

Le travailleur a l'obligation de restituer en bon état à l'employeur les marchandises, produits, espèces, et d'une façon générale, tout ce qui lui a été confié.

Il n'est tenu pour responsable ni des détériorations, ni de l'usure dues à l'usage normal de la chose, ni de la perte fortuite. Il doit garder les secrets de fabrication ou d'affaires de l'entreprise et s'abstenir de se livrer ou de collaborer à tout acte de concurrence déloyale, même après expiration du contrat.

Article 53

Est nulle de plein droit la clause interdisant au travailleur après la fin du contrat, d'exploiter une entreprise personnelle, de s'associer en vue de l'exploitation d'une entreprise ou de s'engager chez d'autres employeurs.

Néanmoins, lorsque le contrat a été résilié à la suite d'une faute lourde du travailleur ou lorsque celui-ci y a mis fin sans qu'il y ait faute lourde de l'employeur, la clause sort ses effets pour autant que le travailleur ait de la clientèle ou des secrets d'affaires de son employeur une connaissance telle qu'il puisse lui nuire gravement, que l'interdiction se rapporte aux activités que le travailleur exerçait chez l'employeur, que sa durée ne dépasse pas un an à compter de la fin du contrat.

La clause de non concurrence peut prévoir une peine conventionnelle à la charge du travailleur qui viole l'interdiction. A la demande de celui-ci, le tribunal compétent ramènera à un montant équitable l'amende conventionnelle excessive.

Article 54

Dans le cadre de l'exécution du contrat de travail, compte tenu de la gravité de la faute commise, le travailleur est passible de l'une des sanctions disciplinaires ci-après :

- le blâme ;
- la réprimande ;
- la mise à pied dans les limites et conditions fixées au point 5 de l' article 57 du présent Code ;
- le licenciement avec préavis ;
- le licenciement sans préavis dans les cas et conditions fixés aux articles 72 et 74 du présent Code.

La sanction disciplinaire sera prise en tenant compte notamment de la gravité, de la répétition de la faute commise ou de l'intention de nuire qui l'a inspirée.

Section II : Des obligations de l'employeur

Article 55

L'employeur doit fournir au travailleur l'emploi convenu et ce, dans les conditions, au temps et au lieu convenus ; il est responsable de l'exécution du contrat de travail passé par toute personne agissant en son nom.

Il doit diriger le travailleur et veiller à ce que le travail s'accomplisse dans des conditions convenables, tant au point de vue de la sécurité que de la santé et la dignité du travailleur. Il doit accorder au travailleur, désigné juge assesseur du tribunal du travail, la dignité et le temps nécessaire pour l'accomplissement de sa mission. Ce temps est considéré et rémunéré comme temps de travail.

Il doit tenir, à la disposition des représentants des travailleurs au sens de l'article 255, un exemplaire du présent code pour consultation[7].

---

[7] ***Le paiement du salaire***

Le salaire doit être payé en monnaie métallique ou fiduciaire ayant cours légal. Les traitements supérieurs à 100.000F CFA par mois doivent être payés par chèque ou virement bancaire ou postal dès lors que le salaire est calculé sur une base mensuelle. La loi oblige les employeurs à la remise d'un bulletin de paye comportant un certain nombre de mentions obligatoires. Ces mentions sont obligatoirement reproduites sur le livre de paye.

Paragraphe 3. La protection du salaire

Les salariés disposent d'un privilège général sur les biens du patron en cas de faillite. Ce privilège n'ayant que le quatrième rang, les articles 91 et 92 de la loi du 6 mars 1996 ont amélioré cette situation en assurant le paiement immédiat d'une fraction du salaire des ouvriers et employés. Le législateur a prévu, en outre, qu'une fraction du salaire ne pourrait être saisie par les créanciers du salarié.

Les conflits individuels du travail

L'autonomie du droit du travail devrait logiquement entraîner l'indépendance complète des juridictions chargées de résoudre les conflits s'élevant à l'occasion de l'exécution ou de la résiliation du contrat de travail. L'évolution du droit du travail n'est pas parvenue à ce terme, quoique le législateur ait créé des tribunaux du travail, les commissions, chargés de régler le plus souvent les différends individuels entre employeurs et salariés. Cependant, le législateur n'a pas voulu confier à ces juridictions un monopole. Les juridictions du droit commun conservent un rôle important, et, de toute façon, l'appel et la cassation des décisions en matière de travail ont été réservés à la Cour d'appel et à la Cour Suprême. Les tribunaux de travail sont des juridictions d'exception, à caractère strictement paritaire, composées d'employeurs et de salariés, élus par moitié tous les trois ans par leur pairs (il faut avoir 25 ans et savoir lire et écrire pour être éligible, être congolais ou naturalisé depuis dix ans).

Les attributions des tribunaux de travail

Les tribunaux de travail disposent de deux sortes d'attributions. Les unes sont *d'ordre administratif* : dépôt des conventions collectives et des règlements intérieurs, conservation des dessins et modèles de fabrique, avis fournis sur les questions posées par l'Administration. Les autres, de beaucoup les plus importantes, sont d'*ordre juridictionnel* : les tribunaux de travail doivent traiter par voie de conciliation les différends qui peuvent s'élever à l'occasion du contrat d'apprentissage, sauf en matière agricole) entre les patrons et les employés (y compris les employés de maison), ouvriers et apprentis, et, à défaut de conciliation, ils doivent trancher ces différends par un jugement.

La règlementation du travail

Le principe de la liberté des conventions était considéré comme fondamental par le Code civil. Son application au contrat de travail a été progressivement restreinte par l'intervention du législateur. Celui-ci se préoccupa tout d'abord de mettre un terme à des situations qui avaient provoqué une vive émotion : il s'agissait du travail des enfants. Ultérieurement, l'action des pouvoirs publics se développa et atteignit même un point tel qu'elle rendit quasi inexistante toute la marge de liberté laissée aux employeurs et aux salariés. C'est pourquoi la loi du 11 février 1950 sur les conventions collectives, tout en restituant une certaine liberté aux cocontractants, a donné aux salariés un certain nombre de garanties.

La durée du travail

La durée hebdomadaire du travail. Evolution historique : La loi du 23 avril 1919 avait prévu trois formules : ou bien 8 heures par jour, ou bien 48 heures par semaine, ou bien une limitation équivalente sur une autre période. A la différence de la loi de 1919, demandée par l'opinion publique pour des motifs sociaux et hygiéniques, la loi du 21 juin 1936 instituant les 40 heures fut adoptée pour un motif essentiellement économique : la lutte contre le chômage. De 1940 à 1944, diverses lois ont augmenté la durée du travail jusqu'à 48 heures. La loi du 25 février 1946 a consacré le retour au principe de la semaine de 40 heures, mais en prévoyant une large utilisation des heures supplémentaires, ces 14 heures étant calculées sur une période continue de 12 semaines. L'horaire quotidien ne peut excéder 10 heures. Ces heures supplémentaires doivent être autorisées par l'inspecteur du travail, après avis des organisations syndicales ouvrières et patronales intéressées.

Toutes les heures supplémentaires comportent une majoration de salaires au moins égale à 25% pour les heures effectuées de la quarante et unième à la quarante-huitième incluse et de 50% au-delà. Les heures supplémentaires sont décomptées par semaine et non par jour. Elles ne peuvent être calculées sur une période plus longue : quatorzaine, quinzaine, etc. Certains textes

Article 56

L'employeur supporte la charge résultant du transport des travailleurs de leur résidence à leurs lieux de travail et vice versa.

Un arrêté du Ministre ayant le Travail et la Prévoyance Sociale dans ses attributions fixe la distance à partir de laquelle cette obligation naît et les modalités d'application du présent article.

CHAPITRE V : DE LA SUSPENSION DU CONTRAT

Article 57

Sont suspensifs du contrat de travail :

- l'incapacité de travail résultant d'une maladie ou d'un accident, de la grossesse ou de l'accouchement et de ses suites ;
- l'appel ou le rappel sous le drapeau et l'engagement volontaire en temps de guerre dans les forces armées congolaises ou d'un État allié;
- les services prestés en exécution des mesures de réquisitions militaires ou d'intérêt public prises par le Gouvernement ;
- l'exercice des mandats publics ou d'obligations civiques ;
- jusqu'à concurrence de deux fois quinze jours par an, la mesure disciplinaire de mise à pied lorsque cette mesure est prévue soit par le contrat de travail soit par la convention collective ou par le règlement d'entreprise ;
- la grève ou le lock-out, si ceux-ci sont déclenchés dans le respect de la procédure de règlement des conflits collectifs du travail telle que définie aux articles 303 à 315 du présent Code ou de la procédure définie par la convention collective applicable.
- l'incarcération du travailleur ;

---

disposent qu'en raison de la nature intermittente du travail il est admis qu'une durée hebdomadaire de présence supérieure à 40 heures correspond à 40 heures de travail effectif (coiffeurs, hôpitaux, etc.).

Le repos hebdomadaire et le repos des jours fériés. La loi du 13 juillet 1906 impose le repos hebdomadaire pour tous les salariés, repos qui doit être pris en principe le dimanche. Mais la loi prévoit que, dans certaines professions, le repos hebdomadaire sera pris par roulement, c'est-à-dire à des jours différents de la semaine. Les jours fériés reconnus par la loi sont : le 1er janvier, le lundi de pâques, l'Ascension, le lundi de Pentecôte, le 1er mai (la loi du 30 avril 1947 en a fait un jour férié, chômé et payé), le 15 août, l'Assomption, la Toussaint, le 11 novembre et la Noël. Le repos des fêtes légales autres que le 1er mai n'est obligatoire que pour les travailleurs du sexe masculin de moins de 18 ans et pour les femmes. Dans le cas de rémunération au mois, le chômage d'un jour férié ne doit pas diminuer les appointements mensuels. Dans le cas de travail à l'heure, les heures chômées ne sont pas rémunérées. Lorsqu'un salarié travaille un jour férié autre que le 1er mai, il est rémunéré au taux normal (si, conformément à une dérogation, il travaille le 1er mai, son salaire est doublé). Cependant, de nombreuses conventions collectives prévoient, d'une part, la majoration du salaire du travail effectué un jour férié et, d'autre part, le paiement d'un certain nombre de jours fériés chômés dans l'année.

- la force majeure, lorsqu'elle a pour effet d'empêcher de façon temporaire, l'une des parties à remplir ses obligations.

Il y a force majeure lorsque l'événement survenu est imprévisible, inévitable, non imputable à l'une ou l'autre partie et constitue une impossibilité absolue d'exécution d'obligations contractuelles.

Le cas de force majeure est constaté par l'Inspecteur du Travail.

Article 58

Un arrêté du Ministre ayant le Travail et la Prévoyance Sociale dans ses attributions, pris après avis du Conseil National du Travail, fixe, les droits et obligations des parties dans chacun des cas de suspension prévus à l' article précédent, points 2 à 7.

Article 59

En dehors des obligations prévues aux articles 105, 106, 130, 146 à 156 et 178 du présent Code, et de celles découlant des dispositions de l'arrêté prévu à l'article précédent, les parties sont déliées de toute obligation l'une envers l'autre pendant toute la durée de la suspension du contrat.

Article 60

Il ne peut être mis fin à un contrat pendant qu'il est suspendu, sous les réserves suivantes :

a) en cas de maladie ou d'accident, hormis le cas d'accident du travail ou de maladie professionnelle, l'employeur peut notifier au travailleur la résiliation du contrat après six mois ininterrompus d'incapacité d'exécuter celui-ci.

Le contrat prend fin le lendemain de la notification de la résiliation. Dans ce cas, l'employeur est tenu au paiement d'une indemnité de résiliation correspondant au préavis dû en cas de contrat à durée indéterminée ;

b) en cas d'exercice de mandats publics ou d'obligations civiques, l'employeur peut mettre fin au contrat moyennant paiement des indemnités prévues par le contrat ou la convention collective, après douze mois de suspension ;

c) en cas de force majeure, la partie intéressée peut résilier le contrat sans indemnité, après deux mois de suspension ;

d) en cas d'incarcération du travailleur, l'employeur peut mettre fin au contrat sans indemnité après trois mois de suspension ou si le travailleur est condamné par la suite à une peine de servitude pénale principale supérieure à deux mois.

CHAPITRE VI : DE LA RESILIATION DU CONTRAT ET DU CERTIFICAT DE FIN DE SERVICE

Section I : De la résiliation du contrat

Article 61

Tout contrat de travail peut être résilié à l'initiative soit de l'employeur soit du travailleur.

Article 62

Le contrat à durée indéterminée ne peut être résilié à l'initiative de l'employeur que pour un motif valable lié à l'aptitude ou à la conduite du travailleur sur les lieux de travail dans l'exercice de ses fonctions ou fondé sur les nécessités du fonctionnement de l'entreprise, de l'établissement ou du service.

Ne constituent pas des motifs valables de licenciement notamment :

- l'affiliation syndicale, la non affiliation syndicale ou la participation à des activités syndicales en dehors des heures de travail ou, avec le consentement de l'employeur, durant les heures de travail ;

- le fait de solliciter, d'exercer ou d'avoir exercé un mandat de représentation des travailleurs ;

- le fait d'avoir déposé une plainte ou participé à des procédures engagées contre un employeur en raison de violations alléguées de la législation, ou présenté un recours devant les autorités administratives compétentes ;

- la race, la couleur, le sexe, l'état matrimonial, les responsabilités familiales, la grossesse, l'accouchement et ses suites, la religion, l'opinion politique, l'ascendance nationale ou l'origine sociale, le groupe ethnique;

- l'absence du travail pendant le congé de maternité.

Toute résiliation à l'initiative de l'employeur d'un contrat à durée indéterminée, fondée sur les nécessités du fonctionnement de l'entreprise, de l'établissement ou du service, est soumise aux conditions qui seront définies par un arrêté du Ministre ayant le Travail et la Prévoyance Sociale dans ses attributions.

Article 63

La résiliation sans motif valable du contrat à durée indéterminée donne droit, pour le travailleur, à une réintégration. A défaut de celle-ci, le travailleur a droit à des dommages-intérêts fixés par le Tribunal du travail calculés en tenant compte notamment de la nature des services engagés, de l'ancienneté du travailleur dans l'entreprise, de son âge et des droits acquis à quelque titre que ce soit.

Toutefois le montant de ces dommages-intérêts ne peut être supérieur à 36 mois de sa dernière rémunération.

La rupture de contrat à durée indéterminée sans préavis ou sans que le préavis ait été intégralement observé comporte l'obligation, pour la partie responsable, de verser à l'autre partie une indemnité dont le montant correspond à la rémunération et aux avantages de toute nature dont aurait bénéficié le travailleur durant le délai de préavis qui n'a pas été effectivement respecté[8].

---

[8] **LICENCEMENT POUR MOTIF ECONOMIQUE**

Constitue un licenciement pour motif économique le licenciement effectué par un employeur pour un ou plusieurs motifs non inhérents à la personne du salarié résultant d'une suppression ou transformation d'emploi ou d'une modification, refusée par le salarié, d'un élément essentiel du contrat de travail, consécutives notamment à des difficultés économiques, à des mutations technologiques, à une réorganisation de l'entreprise nécessaire à la sauvegarde de sa compétitivité ou à la cessation d'activité de l'entreprise.
Les informations figurant dans cette fiche tiennent compte des dispositions de l'ordonnance n° 2017-1387 du 22 septembre 2017, de celle du 20 décembre 2017, et de la loi n° 2018-217 du 29 mars 2018 citées citée en référence.
Comme tout licenciement, le licenciement pour motif économique doit être motivé et justifié par une cause réelle et sérieuse.

Les difficultés économiques

Suppression ou transformation d'emploi, modification, refusée par le salarié, d'un élément essentiel de son contrat de travail doivent être consécutives, notamment, à des difficultés économiques. Celles-ci sont caractérisées soit par l'évolution significative d'au moins un indicateur économique tel qu'une baisse des commandes ou du chiffre d'affaires, des pertes d'exploitation ou une dégradation de la trésorerie ou de l'excédent brut d'exploitation, soit par tout autre élément de nature à justifier de ces difficultés.
Une baisse significative des commandes ou du chiffre d'affaires est constituée dès lors que la durée de cette baisse est, en comparaison avec la même période de l'année précédente, au moins égale à :
a) Un trimestre pour une entreprise de moins de 11 salariés ;
b) Deux trimestres consécutifs pour une entreprise d'au moins 11 salariés et de moins de 50 salariés ;
c) Trois trimestres consécutifs pour une entreprise d'au moins 50 salariés et de moins de 30 salariés ;
d) Quatre trimestres consécutifs pour une entreprise de 300 salariés et plus.
La matérialité de la suppression, de la transformation d'emploi ou de la modification d'un élément essentiel du contrat de travail s'apprécie au niveau de l'entreprise.

Les mutations technologiques

La mutation technologique (acquisition de nouveaux outils entraînant de nouvelles méthodes de travail, informatisation) peut également être la cause d'un licenciement économique.
L'employeur est tenu - lorsque les mutations technologiques sont importantes et rapides - d'établir un plan d'adaptation au bénéfice des salariés.

Obligations de l'employeur

Le licenciement pour motif économique d'un salarié ne peut intervenir que lorsque tous les efforts de formation et d'adaptation ont été réalisés et que le reclassement de l'intéressé ne peut être opéré sur les emplois disponibles, situés sur le territoire national dans l'entreprise ou les autres entreprises du groupe dont l'entreprise fait partie et dont l'organisation, les activités ou le lieu d'exploitation assurent la permutation de tout ou partie du personnel.
Pour l'application de cette disposition, la notion de groupe désigne le groupe formé par une entreprise appelée entreprise dominante et les entreprises qu'elle contrôle dans les conditions précisées par l'article L. 1233-4 du code du travail et, dans le cas contraire, comme constitué par l'ensemble des entreprises implantées sur le territoire français.
Le reclassement du salarié s'effectue sur un emploi relevant de la même catégorie que celui qu'il occupe ou sur un emploi équivalent assorti d'une rémunération équivalente. A défaut, et sous réserve de l'accord exprès du salarié, le reclassement s'effectue sur un emploi d'une catégorie inférieure.
L'employeur adresse de manière personnalisée les offres de reclassement à chaque salarié ou diffuse par tout moyen une liste des postes disponibles à l'ensemble des salariés.
Les offres de reclassement proposées au salarié sont écrites et précises.

La réorganisation de l'entreprise

CHAPITRE VII : DE LA SUBSTITUTION ET DU TRANSFERT D'EMPLOYEUR

Article 80

Elle doit être nécessaire à la sauvegarde de la compétitivité de l'entreprise. Ce motif figure désormais à l'article L. 1233-3 du code du travail, dans sa rédaction issue de la loi du 8 août 2016 citée en référence, en vigueur depuis le 1er décembre 2016. Avant l'intervention de cette loi, les tribunaux admettaient déjà qu'il soit pris en compte, sous réserve, notamment, que la décision n'ait pas pour seul objectif la recherche de bénéfices ou de profits supplémentaires (en ce sens, par exemple, arrêt de la Cour de cassation du 22 février 2006)

Cadre d'appréciation

Les difficultés économiques, les mutations technologiques ou la nécessité de sauvegarder la compétitivité de l'entreprise s'apprécient au niveau de cette entreprise si elle n'appartient pas à un groupe et, dans le cas contraire, au niveau du secteur d'activité commun au sien et à celui des entreprises du groupe auquel elle appartient, établies sur le territoire national, sauf fraude.

Pour l'application de cette disposition, la notion de groupe désigne le groupe formé par une entreprise appelée entreprise dominante et les entreprises qu'elle contrôle dans les conditions précisées par l'article L. 1233-3 du code du travail.

Le secteur d'activité permettant d'apprécier la cause économique du licenciement est caractérisé, notamment, par la nature des produits biens ou services délivrés, la clientèle ciblée, les réseaux et modes de distribution, se rapportant à un même marché.

La cessation d'activité

La cessation d'activité de l'entreprise peut justifier un licenciement pour motif économique. Comme le précédent, ce motif figure désormais à l'article L. 1233-3 du code du travail, dans sa rédaction issue de la loi du 8 août 2016 citée en référence, en vigueur depuis le 1er décembre 2016. Avant l'intervention de cette loi, les tribunaux admettaient déjà qu'il soit pris en compte, sous réserve que cette cessation d'activité de l'entreprise ne soit pas due à une faute de l'employeur ou à sa légèreté blâmable (en ce sens, par exemple, voir l'arrêt de la Cour de cassation du 16 janvier 2001)

La suppression d'emploi

Il peut s'agir d'une suppression de poste pure et simple mais aussi de la répartition des tâches réalisées par le salarié licencié entre les autres salariés de l'entreprise.

La suppression de poste n'implique pas forcément une diminution d'effectif : une réorganisation de l'entreprise peut exiger la création de nouveaux emplois parallèlement à la suppression de certaines fonctions.

En revanche, n'est pas fondé sur une cause économique, le licenciement d'un salarié dont l'intégralité des tâches est reprise par son remplaçant.

La transformation d'emploi

La transformation d'emploi - qui peut entraîner une modification du contrat de travail - est une modification de la nature de l'emploi : tâches nouvelles, informatisation…

La modification d'un élément essentiel du contrat de travail

Il s'agit des modifications qui touchent un ou des éléments essentiels du contrat de travail (et, en premier lieu, la qualification, la rémunération et la durée du travail) et qui sont refusées par le salarié.

Lorsqu'au moins 10 salariés ont refusé la modification d'un élément essentiel de leur contrat de travail proposée par leur employeur pour un motif économique et que leur licenciement est envisagé, celui-ci est soumis aux dispositions applicables en cas de licenciement collectif pour motif économique (obligation pour l'employeur d'élaborer un plan de sauvegarde de l'emploi).

En cas de litige sur le caractère réel et sérieux des motifs invoqués par l'employeur à l'appui du licenciement, le juge se détermine au vu des éléments fournis par les parties, après avoir ordonné, au besoin, toutes les mesures d'instruction qu'il estime utiles. Si un doute subsiste, il profite au salarié.

Lorsqu'il y a substitution d'employeur, notamment par cession, succession, fusion, transformation de fonds, mise en société, tous les contrats de travail en cours au jour de la substitution subsistent entre le nouvel employeur et le personnel.

Sauf cas de force majeure, la cessation de l'activité de l'entreprise ou de l'établissement ne dispense pas l'employeur de respecter les règles prévues en matière de résiliation des contrats.

La faillite et la liquidation judiciaire ne sont pas considérées comme des cas de force majeure.

Article 81

Est nulle la clause stipulant que le travailleur s'oblige à passer en cours de contrat au service d'un autre employeur.

Cette clause est néanmoins valable si elle désigne l'employeur ou les employeurs au service desquels le travailleur pourra être transféré ou si le transfert est prévu en faveur de personnes auxquelles le premier employeur céderait, en tout ou en partie, l'entreprise dans laquelle le travailleur prestait ses services.

Dans le cas de transfert, le nouvel employeur est subrogé au précédent employeur.

CHAPITRE VIII : DE LA SOUS-ENTREPRISE

Article 82

Le sous-entrepreneur est la personne physique ou morale qui passe avec un entrepreneur un contrat écrit ou verbal pour l'exécution d'un certain travail ou la fourniture de certains services moyennant un prix forfaitaire. Il engage lui-même la main-d'œuvre nécessaire.

Article 83

Quand les travaux sont exécutés dans un lieu autre que les ateliers, magasins ou chantiers de l'entrepreneur, ce dernier est, en cas d'insolvabilité du sous-entrepreneur, responsable du paiement des salaires dus aux travailleurs.

Le travailleur lésé aura, dans ces cas, une action directe contre l'entrepreneur.

Article 84

Le sous-entrepreneur est tenu d'indiquer sa qualité, le nom et l'adresse de l'entrepreneur, par voie d'affiche apposée de façon permanente dans chacun des ateliers, magasins ou chantiers utilisés.

L'entrepreneur doit tenir à jour la liste des sous-entrepreneurs avec lesquels il a passé contrat.

Article 85

Un arrêté du Ministre ayant le Travail et la Prévoyance Sociale dans ses attributions, pris après avis du Conseil National du Travail, fixe en tant que de besoin, les modalités d'application du présent titre.

TITRE V : DU SALAIRE

CHAPITRE PREMIER : DE LA DETERMINATION DU SALAIRE

Article 86

A conditions égales de travail, de qualification professionnelle et de rendement, le salaire est égal pour tous les travailleurs, quels que soient leur origine, leur sexe et leur âge.

La rémunération d'un travail à la tâche ou aux pièces doit être calculée de telle sorte qu'elle procure au travailleur, de capacité moyenne et travaillant normalement, un salaire au moins égal à celui du travailleur rémunéré au temps et effectuant un travail analogue.

Aucun salaire n'est dû en cas d'absence, en dehors des cas prévus par la législation ou la réglementation et sauf accord entre parties intéressées.

Article 87

Un décret du Président de la République, pris sur proposition du Ministre ayant le Travail et la Prévoyance Sociale dans ses attributions, après avis du Conseil National du Travail, fixe les salaires minima interprofessionnels garantis ainsi que les taux des allocations familiales minima, et à défaut de conventions collectives ou dans leur silence, les salaires minima par catégorie professionnelle.

Article 88

La rémunération est fixée par des contrats individuels conclus librement entre travailleurs et employeurs ou par voie de conventions collectives.

Est nulle de plein droit toute clause de contrat individuel ou de convention collective fixant des rémunérations inférieures aux salaires minima interprofessionnels garantis déterminés conformément à l'article 87du présent Code.

Article 89

La rémunération doit être stipulée en monnaie ayant cours légal en République Démocratique du Congo.

Son montant est déterminé soit à l'heure, soit à la journée, soit à la semaine ou au mois, soit à la pièce, soit à la tâche.

Article 90

L'employeur est tenu d'appliquer une classification contenant tous les emplois d'exécution, de maîtrise jusqu'au cadre de collaboration.

Par emploi de cadre de collaboration, il faut entendre celui exercé par le travailleur n'ayant pas le pouvoir de prendre à titre autonome des décisions de nature à influencer considérablement la marche de l'entreprise.

CHAPITRE II : DU MODE DE PAIEMENT DU SALAIRE

Article 98

La rémunération doit être payée en espèces, sous déduction éventuelle de la contre-valeur des avantages dus et remis en nature.

Le paiement doit avoir lieu pendant les heures de travail, au temps et au lieu convenus.

Le paiement de la rémunération ne peut avoir lieu dans un débit de boissons ni dans un magasin de vente, sauf pour les travailleurs employés dans ces établissements.

Il est interdit à l'employeur de restreindre de quelque manière que ce soit la liberté du travailleur de disposer de sa rémunération à son gré.

Article 99

Le paiement de la rémunération doit être effectué à des intervalles réguliers n'excédant pas un mois.

Le paiement doit avoir lieu au plus tard dans les six jours suivant la période à laquelle il se rapporte.

Les commissions acquises au cours d'un trimestre peuvent être payées dans les trois mois suivant la fin du trimestre.

Les participations aux bénéfices réalisés durant un exercice doivent être payées dans les neuf mois qui suivent cet exercice.

Article 100

Toute somme restant due en exécution d'un contrat de travail, lors de la cessation définitive des services effectifs, doit être payée au travailleur, et, le cas échéant, aux ayants-droit de ce dernier, au plus tard dans les deux jours ouvrables qui suivent la date de la cessation des services.

Article 101

Sous réserve des dispositions des articles 138 et 139 du présent Code, le paiement de tout ou partie de la rémunération en nature est interdit.

Article 102

L'employeur remet valablement au mineur la rémunération de son travail. Toutefois, la personne qui exerce sur le mineur l'autorité parentale ou tutélaire peut s'opposer à la remise au mineur de la rémunération de son travail.

Le tribunal compétent peut lever cette opposition si les circonstances ou l'équité le justifient.

Article 103

L'employeur est tenu de remettre au travailleur au moment du paiement et selon les modalités fixées par arrêté du Ministre ayant le Travail et la Prévoyance Sociale dans ses attributions, un décompte écrit de la rémunération payée.

Faute par l'employeur d'avoir rempli cette obligation, ses allégations concernant le décompte des paiements effectués sont rejetées à moins qu'il ne prouve qu'il ne lui a pas été possible de remettre le décompte par la faute du travailleur ou qu'il n'y ait preuve écrite, commencement de preuve par écrit ou aveu du travailleur.

Article 104

L'acceptation sans protestation ni réserve, par le travailleur, d'un décompte de la rémunération payée, l'apposition de sa signature ainsi que la mention pour solde de tout compte sur le décompte de la rémunération, ou de toute mention équivalente souscrite par lui, ne peut valoir renonciation de sa part à tout ou partie des droits qu'il tient des dispositions légales, réglementaires ou contractuelles.

Elle ne peut valoir non plus compte arrêté et réglé au sens de l'article 317 du présent Code.

CHAPITRE III : DU PAIEMENT EN CAS DE MALADIE OU D'ACCIDENT

Article 105

Lorsque le travailleur est dans l'incapacité de fournir ses services par suite de maladie ou d'accident, il conserve le droit, pendant toute la durée de la suspension du contrat, aux deux tiers de la rémunération en espèces et à la totalité des allocations familiales.

Le droit aux avantages contractuels en nature subsiste pendant l'incapacité de travail, à moins que le travailleur n'en demande la contre-valeur en espèces. Le logement ne peut, toutefois, être remplacé par sa contre-valeur.

Le calcul de la rémunération pendant ce temps est effectué dans les conditions fixées à l'article 66.

Article 106

Si la maladie ou l'accident sont réputés maladie professionnelle ou accident du travail aux termes de la réglementation de la sécurité sociale, le travailleur conserve le droit pendant les six premiers mois de la suspension du contrat aux deux tiers de la rémunération en espèce et à la totalité des allocations familiales.

L'employeur est autorisé à déduire mensuellement les sommes versées au travailleur par l'Institut National de Sécurité Sociale, en introduisant les pièces justificatives qui doivent être acceptées après vérification par cet Institut.

Pendant la même période, le droit aux avantages en nature subsiste à moins que le travailleur n'en demande la contre-valeur en espèce.

Le logement ne peut, toutefois, être remplacé par sa contre-valeur.

Article 107

Aucune somme ni avantage n'est dû s'il est établi que la maladie ou l'accident ou l'aggravation d'une maladie ou d'un accident antérieur résulte d'un risque spécial auquel le travailleur s'est volontairement exposé en ayant conscience du danger encouru, ou si le travailleur, sans motif valable, néglige d'utiliser les services médicaux ou de réadaptation qui sont à sa disposition, ou n'observe pas les règles prescrites pour la vérification de l'existence du dommage ou pour la conduite des bénéficiaires de prestations.

Article 108

Il y a risque spécial, au sens de l'article 107, lorsque la maladie ou l'accident, ou l'aggravation d'une maladie ou d'un accident antérieur résulte :

- d'une maladie ou d'un accident provoqué par une infraction commise par le travailleur et ayant entraîné sa condamnation définitive ;
- d'un accident survenu à l'occasion de la pratique d'un sport dangereux, d'un exercice violent pratiqué au cours ou en vue d'une compétition ou d'une exhibition, sauf lorsque ceux-ci sont organisés par l'employeur ;
- d'une maladie ou d'un accident survenu à la suite d'excès de boisson ou de drogue ;
- d'une maladie ou d'un accident provoqué par la faute intentionnelle de l'intéressé ;
- d'une maladie ou d'un accident survenu à la suite de travaux effectués pour compte d'un tiers ;
- des faits de guerre, de troubles ou d'émeutes, sauf si la maladie ou l'accident, conformément à la définition qui en est donnée par la réglementation sur la sécurité sociale, survient par le fait ou à l'occasion du travail.

CHAPITRE IV : DES PRIVILEGES ET DES GARANTIES DE LA CREANCE DE SALAIRE

Article 109

Les sommes dues aux employeurs ne peuvent être frappées de saisie-arrêt ni d'opposition au préjudice des travailleurs auxquels les salaires sont dus.

Article 110

En cas de faillite ou de liquidation judiciaire d'une entreprise ou d'un établissement, les travailleurs ont rang de créanciers privilégiés sur tous les autres créanciers y compris le Trésor Public, nonobstant toute disposition contraire à la législation antérieure, pour les salaires qui leur sont dus au titre des services fournis antérieurement à la faillite ou à la liquidation.

Ce privilège s'exerce sur les biens meubles et immeubles de l'employeur.

Les salaires doivent être payés intégralement, avant que les autres créanciers ne revendiquent leur quote-part, aussitôt que les fonds nécessaires se trouvent réunis.

CHAPITRE V : DES RETENUES ET DES REDUCTIONS SUR SALAIRE

Article 111

Est nulle toute stipulation attribuant à l'employeur le droit d'infliger des amendes.

Article 112

Est nulle de plein droit, toute stipulation attribuant à l'employeur le droit d'infliger des réductions de rémunérations à titre de dommages-intérêts.

Toutefois, les retenues ci-après sont autorisées :

a) retenues fiscales : taxe professionnelle ;

b) cotisation due à l'Institut National de Sécurité Sociale ;

c) retenues à titre d'avances ;

d) retenues à titre d'indemnités compensatoires en cas de violation par le travailleur de l'obligation qui lui est faite par l'article 52 ;

e) retenues en vue de constituer un cautionnement pour garantir l'exécution par le travailleur de l'obligation prévue à l'article 52.

Les retenues faites en vertu de ce litera e) sont, avec mention de leur affectation, placées en dépôt au nom du travailleur et portent intérêt à son profit. Le dépôt est fait dans le délai d'un mois à dater de la retenue, dans une banque ou un établissement agréé par arrêté du Ministre ayant le Travail et la Prévoyance Sociale dans ses attributions.

L'employeur est tenu de communiquer au travailleur le numéro du compte et le nom de l'établissement où il a été effectué.

Par le seul fait du dépôt, l'employeur acquiert privilège sur le cautionnement pour toute créance résultant de l'inexécution totale ou partielle de l'obligation du travailleur prévue à l'article 52.

Dans le cas où il n'y a pas cautionnement, les retenues prévues au litera d) du présent article ne peuvent être effectuées que dans les limites prévues à l'article 114 ci-dessous ;

f) retenues à titre de prêt ;

g) saisie-arrêt.

CHAPITRE VI : DE LA SAISIE ET DES CESSIONS

Article 114

La rémunération du travailleur n'est cessible et saisissable qu'à concurrence d'un cinquième sur la partie n'excédant pas cinq fois le salaire mensuel minimum interprofessionnel de sa catégorie et d'un tiers sur le surplus.

Elle est cessible et saisissable à concurrence de deux cinquièmes lorsque la créance est fondée sur une obligation alimentaire légale. La saisie et la cession autorisées pour toute créance et celles autorisées pour cause d'obligation alimentaire légale peuvent s'opérer cumulativement.

Le calcul des quotités cessibles et saisissables se fait après déduction des retenues fiscales et sociales et de l'évaluation forfaitaire du logement, tel que défini à l'article 139 du présent Code.

TITRE VI : DES CONDITIONS GENERALES DE TRAVAIL

CHAPITRE PREMIER : DE LA DUREE DU TRAVAIL

Article 119

Dans tous les établissements publics ou privés, même d'enseignement ou de bienfaisance, la durée légale du travail des employés ou ouvriers de l'un ou de l'autre sexe, quelle que soit la forme dans laquelle est exécuté le travail, ne peut excéder quarante-cinq heures par semaine et neuf heures par jour.

Elle doit se calculer à partir du moment où le travailleur se tient sur les lieux du travail à la disposition de l'employeur jusqu'au moment où les prestations cessent, conformément aux horaires arrêtés par l'employeur et reproduits au règlement d'entreprise.

Elle ne comprend pas le temps nécessaire au travailleur pour se rendre au lieu du travail ou pour en revenir, sauf si ce temps est inhérent au travail.

Les heures effectuées au-delà de la durée légale du travail sont considérées comme heures supplémentaires et donnent droit à une majoration de salaire.

Article 120

Des arrêtés du Ministre ayant le Travail et la Prévoyance Sociale dans ses attributions, pris après avis du Conseil National du Travail, déterminent par branche d'activité économique et par catégorie professionnelle, s'il y a lieu :

a) les modalités d'application de l'article précédent ;

b) les nombres d'heures supplémentaires qui peuvent être autorisées au delà de la durée légale du travail ;

c) les dérogations temporaires ou permanentes qui peuvent être admises pour certaines catégories de travailleurs, pour certaines catégories de travaux et les conditions d'utilisation de ces dérogations ;

d) les réductions des limites maxima fixées à l'article 119 ci-dessus ;

e) les modalités de rémunération des heures supplémentaires.

CHAPITRE II : DU REPOS HEBDOMADAIRE ET DES JOURS FERIES LEGAUX

Article 121

Tout travailleur doit jouir, au cours de chaque période de sept jours, d'un repos comprenant au minimum 48 heures consécutives. Ce repos doit être accordé autant que possible, en même temps à tout le personnel. Il a lieu en principe le samedi et le dimanche.

Le Ministre ayant le Travail et la Prévoyance Sociale dans ses attributions détermine par arrêté, pris après avis du Conseil National du Travail, les modalités d'application des alinéas précédents, notamment les professions pour lesquelles et les conditions dans lesquelles le repos pourra, exceptionnellement et pour des motifs nettement établis, soit être donné par roulement ou collectivement un autre jour que le samedi ou dimanche, soit être suspendu, soit être réparti sur une période plus longue que la semaine.

Article 122

Lorsque le repos hebdomadaire est donné collectivement à l'ensemble du personnel, l'employeur doit afficher à l'avance, aux endroits réservés aux communications au personnel, les jours et heures de repos collectif.

Lorsque le repos n'est pas donné collectivement à l'ensemble du personnel, l'employeur doit afficher, à l'avance, aux endroits réservés à cet effet, les noms des travailleurs soumis au régime particulier et l'indication de ce régime.

Article 123

Le Président de la République fixe, par décret, pris sur proposition du Ministre ayant le Travail et la Prévoyance Sociale dans ses attributions, après avis du Conseil National du Travail, la liste des jours fériés légaux.

Le Ministre ayant le Travail et la Prévoyance Sociale dans ses attributions détermine par arrêté, pris après avis du Conseil National du Travail, le régime des jours fériés légaux.

CHAPITRE III : DU TRAVAIL DE NUIT

Article 124

Le travail de nuit est celui exécuté entre 19 heures et 5 heures. Il doit être payé avec majoration, sans préjudice des dispositions relatives au paiement des heures supplémentaires. Les modalités d'application du présent article sont déterminées par arrêté du Ministre ayant le Travail et la Prévoyance Sociale dans ses attributions, pris après avis du Conseil National du Travail.

Article 125

Les femmes, les enfants de moins de 18 ans et les personnes avec handicap ne peuvent pas travailler la nuit dans les établissements industriels publics ou privés. Le terme nuit visé à l'alinéa précédent signifie la période allant de 19 heures à 7 heures.

Article 126

Le repos journalier des enfants et des personnes avec handicap entre deux périodes de travail doit avoir une durée de douze heures consécutives au minimum.

Article 127

Les dérogations qui peuvent être accordées aux dispositions des articles 125 et 126 ci-dessus, compte tenu des circonstances exceptionnelles, du caractère particulier de la profession ou pour les besoins de l'apprentissage ou de la formation et du perfectionnement professionnel, sont déterminées par les arrêtés prévus aux articles 38 et 128 du présent Code, relatifs aux conditions de travail des enfants et des personnes avec handicap.

Les dérogations prévues à l'alinéa précédent ne s'appliquent pas aux entreprises où sont seuls employés les membres d'une même famille.

CHAPITRE IV : DU TRAVAIL DES FEMMES, DES ENFANTS ET DES PERSONNES AVEC HANDICAP

Article 128

Des arrêtés du Ministre du Travail et de la Prévoyance Sociale, pris après avis du Conseil National du Travail, fixent les conditions de travail des femmes, des enfants et des personnes avec handicap et définissent notamment la nature des travaux qui leur sont interdits. La maternité ne peut constituer une source de discrimination en matière d'emploi. Il est en particulier, interdit d'exiger d'une femme qui postule un emploi qu'elle se soumette à un test de grossesse ou qu'elle présente un certificat attestant ou non l'état de grossesse, sauf pour les travaux qui sont interdits totalement ou partiellement aux femmes enceintes ou qui allaitent ou comportent un risque reconnu ou significatif pour la santé de la femme et de l'enfant.

Article 129

Toute femme enceinte dont l'état a été constaté médicalement, peut résilier son contrat de travail sans préavis et sans avoir, de ce fait, à payer une indemnité de rupture de contrat.

La même faculté lui est accordée pendant une période de huit semaines qui suivent l'accouchement.

Article 130

A l'occasion de son accouchement, et sans que cette interruption de service puisse être considérée comme une cause de résiliation de contrat, toute femme a le droit de suspendre son travail pendant quatorze semaines consécutives, dont huit semaines maximum postérieures à la délivrance et six avant l'accouchement.

Pendant cette période, que l'enfant vive ou non, la femme salariée a droit aux deux tiers de sa rémunération ainsi qu'au maintien des avantages contractuels en nature.

Durant la même période, l'employeur ne peut rompre le contrat de travail.

Le bénéfice des dispositions de l'article 129 du présent code est acquis à toute femme salariée, en tant que ces dispositions lui sont applicables, qu'elle soit mariée ou non, que l'enfant vive ou non.

CHAPITRE. VI : DES CONGES

Article 140

L'employeur est tenu d'accorder un congé annuel au travailleur.

Le travailleur ne peut renoncer à ce congé.

Le droit au congé naît à l'expiration d'une année de services comptée de date à date et accomplie chez le même employeur ou un employeur substitué.

La date du congé est fixée de commun accord, sans toutefois que la prise effective du congé puisse dépasser de six mois la date prévue pour son ouverture.

Le travailleur ne peut éventuellement cumuler que la moitié des congés pendant une période de deux ans.

Pendant la période de congé, le travailleur et sa famille ont droit aux soins de santé. En cas de congé hors de la République Démocratique du Congo ou du lieu d'emploi, l'employeur, après avis du médecin conseil, rembourse, tout ou partie des frais afférents aux soins qu'il a reçus.

Article 141

La durée du congé est d'au moins un jour ouvrable par mois entier de service pour le travailleur âgé de plus de dix-huit ans. Elle est d'au moins un jour ouvrable et demi par mois entier de service pour le travailleur âgé de moins de dix-huit ans. Elle augmente d'un jour ouvrable par tranche de cinq années d'ancienneté chez le même employeur ou l'employeur substitué.

Les services pris en considération pour le calcul de la durée du congé comprennent les jours de prestation de travail, de repos hebdomadaire, de congé payé et les jours fériés légaux, ainsi que les périodes de suspension due à l'incapacité de travail à concurrence d'un maximum de six mois par année de service considérée séparément, sans que cette limitation soit applicable à l'incapacité résultant d'un accident de travail ou d'une maladie professionnelle.

La durée du voyage n'est pas comprise dans le congé.

Les jours de maladie compris dans la période de congé ne comptent pas comme jours de congé.

CHAPITRE VIII : DU REGLEMENT D'ENTREPRISE

Article 157

Un règlement d'entreprise est établi par l'employeur dans tout établissement public ou privé, même d'enseignement ou de bienfaisance. Son contenu concerne essentiellement les règles relatives à l'organisation technique du travail, à la discipline, aux prescriptions concernant l'hygiène et la sécurité nécessaires à la bonne marche de l'entreprise, de l'établissement ou du service et aux modalités de paiement des rémunérations.

Toutes les autres clauses qui viendraient à y figurer, notamment celles prévoyant des amendes à l'encontre des travailleurs, seront considérées comme nulles de plein droit.

Avant de le mettre en vigueur, le chef d'entreprise ou d'établissement doit communiquer le règlement d'entreprise ou d'établissement pour avis aux représentants des travailleurs, tels que définis au titre XII du présent Code, et à l'Inspecteur du Travail qui peut exiger le retrait ou la modification des dispositions contraires à la législation et à la réglementation en vigueur.

Article 158

Le contenu, les modalités de communication, de dépôt et d'affichage du règlement d'entreprise sont fixés par arrêté du Ministre ayant le Travail et la Prévoyance Sociale dans ses attributions, pris après avis du Conseil National du Travail.

TITRE VII : DE LA SANTE ET DE LA SECURITE AU TRAVAIL

CHAPITRE PREMIER : DES OBJECTIFS

Article 159

Les conditions de santé et de sécurité au travail sont assurées en vue :

- de prévenir les accidents du travail ;
- de lutter contre les maladies professionnelles ;
- de créer les conditions de travail salubres ;
- de remédier à la fatigue professionnelle excessive ;
- d'adapter le travail à l'homme ;
- de gérer et de lutter contre les grandes endémies de santé communautaire en milieu de travail.

CHAPITRE II : DE LA SANTE AU TRAVAIL

Article 160

Les entreprises ou établissements de toute nature ont l'obligation de s'assurer le concours des services de santé au travail.

Article 161

Les services de santé au travail sont assurés par un médecin du travail.

Ils ont un rôle essentiellement préventif et ont pour mission d'assurer: - la surveillance médicale des travailleurs et la surveillance sanitaire des lieux de travail ; - les secours immédiats et soins d'urgence aux victimes d'accident ou d'indisposition.

Article 162

Un arrêté du Ministère ayant le Travail et la Prévoyance Sociale dans ses attributions, pris après avis du Conseil National du travail, détermine et fixe les modalités d'exécution du présent chapitre.

CHAPITRE III : DE LA SECURITE AU TRAVAIL

Article 163

Toute entreprise ou tout établissement a l'obligation d'organiser un service spécial de sécurité, d'hygiène et d'embellissement des lieux de travail.

Article 164

Le service spécial de sécurité, d'hygiène et d'embellissement des lieux de travail a pour mission d'assurer : - la surveillance technique des travailleurs et la surveillance sanitaire des lieux de travail ; - l'animation et la formation générale des travailleurs.

Article 165

Le service spécial de sécurité, d'hygiène et d'embellissement des lieux de travail est assuré par un cadre dénommé chef de service de sécurité, d'hygiène et d'embellissement des lieux de travail.

Article 166

Un arrêté du Ministre ayant le Travail et la Prévoyance Sociale dans ses attributions, pris après avis du Conseil National du Travail, détermine et fixe les modalités d'exécution du présent chapitre.

CHAPITRE IV : DU COMITE DE SECURITE, D'HYGIENE ET D'EMBELLISSEMENT DES LIEUX DE TRAVAIL

Article 167

Toute entreprise ou tout établissement de quelque nature que ce soit occupant des travailleurs a l'obligation de constituer un comité de sécurité, d'hygiène et d'embellissement des lieux de travail.

Article 168

Le Comité de sécurité, d'hygiène et d'embellissement des lieux de travail a pour mission : - de concevoir, de corriger et d'exécuter la politique de prévention des accidents du travail et des maladies professionnelles ; - de stimuler et de contrôler le bon fonctionnement des services de sécurité et de santé au travail.

Article 169

Un arrêté du Ministre ayant le Travail et la Prévoyance Sociale dans ses attributions pris après avis du Conseil National du Travail détermine la composition, la compétence et les règles de fonctionnement des comités de sécurité, d'hygiène et d'embellissement des lieux de travail.

CHAPITRE V : DE LA LUTTE CONTRE LES NUISANCES

Article 170

Toute entreprise ou tout établissement doit être tenu dans un constant état de propreté et présenter les conditions d'hygiène et de sécurité nécessaires à la santé du personnel.

Article 171

Les conditions d'hygiène et de sécurité sur les lieux de travail sont réglées par arrêtés du Ministre ayant le Travail et la Prévoyance Sociale dans ses attributions.

Ces arrêtés précisent dans quels cas et dans quelles conditions l'Inspecteur du Travail du ressort devra recourir à la procédure de mise en demeure et les modalités de recours.

Article 172

La mise en demeure doit être faite par l'Inspecteur du Travail du ressort soit par écrit rédigé sur place et remis à l'employeur, soit par lettre recommandée avec avis de réception.

Elle est datée et signée. Elle précise les infractions ou dangers constatés et fixe les délais dans lesquels ils devront avoir disparu. Ces délais ne pourront être inférieurs à quatre jours francs sauf en cas d'extrême urgence.

Article 173

Il est interdit de procéder à la vente, à la location, à l'exposition ou à la cession à tout autre titre de machines dont les éléments dangereux sont dépourvus de dispositifs de protection appropriés.

Un arrêté du Ministre ayant le Travail et la Prévoyance Sociale dans ses attributions, pris après avis du Conseil National du Travail fixera les modalités d'application du présent article.

TITRE VIII : DU SERVICE MEDICAL D'ENTREPRISE

Article 177

Toute entreprise ou établissement doit assurer un service médical à ses travailleurs.

Des arrêtés du Ministre ayant le Travail et la Prévoyance Sociale dans ses attributions, pris après avis du Conseil National du Travail, déterminent les modalités d'application de cette obligation.

Ces arrêtés fixent notamment :

a) l'effectif, la qualification et les fonctions du personnel médical à employer, compte tenu des conditions locales et du nombre des travailleurs occupés dans l'entreprise ou l'établissement ;

b) les conditions dans lesquelles les employeurs peuvent faire assurer leur service médical, soit dans une formation médicale étrangère à l'entreprise ou à l'établissement, soit par une formation propre à l'entreprise ou l'établissement, soit par un service commun à plusieurs entreprises ;

c) les conditions dans lesquelles les employeurs sont tenus d'installer et d'approvisionner des locaux à usage d'infirmerie ou d'hôpital ou des boîtes de secours.

Article 178

En cas de maladie, d'accident, de grossesse ou d'accouchement, et même en cas de suspension du contrat pour une cause de force majeure, l'employeur est tenu de fournir au travailleur et à sa famille, jusqu'à la fin du contrat :

- les soins médicaux, dentaires, chirurgicaux, les frais pharmaceutiques et d'hospitalisation ;
- les frais de déplacement nécessaires, lorsque le travailleur ou sa famille est dans l'incapacité physique de se déplacer ;
- les lunettes, appareils d'orthopédie et de prothèse, prothèse dentaire exceptée, suivant prescription médicale et tarifs établis par le Ministre ayant la Santé Publique dans ses attributions.

Lorsque, par le fait du contrat ou de la loi, le travailleur doit être rapatrié aux frais de l'employeur, l'obligation des soins ne s'éteint pas avant le jour où l'état de santé du travailleur permet son retour. Celui-ci est décidé par l'employeur sur avis du médecin. En cas de contestation, le travailleur peut introduire un recours devant une commission médicale dont la composition est fixée par le Gouverneur de Province, suivant formes et modalités déterminées par arrêté du Ministre ayant le Travail et la Prévoyance Sociale dans ses attributions, pris après avis du Conseil National du Travail.

L'employeur qui, hormis le cas de faute lourde commise par le travailleur, a mis fin à un contrat à durée indéterminée en le dispensant de la prestation du préavis, est tenu de lui fournir les soins de santé jusqu'à la date à laquelle le contrat aurait normalement pris fin si les délais de préavis avaient été respectés.

L'employeur est toutefois dégagé de toute obligation dès le moment où le travailleur est engagé chez un autre employeur, ou exerce une activité lucrative substantielle.

Article 179

Si la maladie ou l'accident sont réputés maladie professionnelle ou accident du travail aux termes de la réglementation de la Sécurité Sociale, les obligations de l'employeur prévues à l'article 178 sont limitées à la période non couverte par les prestations de l'Institut National de la Sécurité Sociale.

TITRE IX : DE L'ADMINISTRATION DU TRAVAIL

CHAPITRE PREMIER : DES DISPOSITIONS GENERALES

Article 185

L'Administration du travail est chargée sous l'autorité du Ministre ayant le Travail et la Prévoyance Sociale dans ses attributions, d'assurer dans le domaine du travail, de l'emploi, de la formation et de la prévoyance sociale, un rôle de conception et de conseil, de coordination et de contrôle.

Elle a notamment pour mission de :

- élaborer tous projets de textes législatifs ou réglementaires intéressant la condition des travailleurs, les rapports professionnels, l'emploi et le placement des travailleurs, la formation et le perfectionnement professionnels et la prévoyance sociale ;
- conseiller, coordonner et contrôler les services ou organismes concourant à l'application de la législation et la réglementation du travail et de la prévoyance sociale ;
- réunir et tenir à jour les données statistiques relatives aux conditions d'emploi et de travail et aux opérations de prévoyance sociale ;
- suivre les relations avec les autres Etats et les Organisations Internationales en ce qui concerne les questions de travail, de l'emploi, de la promotion et de la prévoyance sociales ;
- veiller à l'application de la législation et de la réglementation concernant les matières énoncées à l'alinéa 1 du présent article ;
- éclairer de ses conseils et de ses recommandations les employeurs et les travailleurs ;
- réaliser, en collaboration avec les autorités et organismes intéressés, la meilleure organisation possible du marché de l'emploi comme partie intégrante du programme national tendant à assurer et à maintenir le plein emploi ainsi qu'à développer et à utiliser pleinement les ressources productives ;

faire respecter par tout employeur, personne physique ou morale, de droit public ou privé, de nationalité congolaise ou étrangère, l'interdiction formelle d'avoir dans les effectifs de son personnel plus de 15% des personnes de nationalité étrangère.

Article 186

L'Administration du travail comporte :

- des services centraux auprès du Ministre ayant le Travail et la Prévoyance Sociale dans ses attributions ;

- des services provinciaux et locaux.

L'organisation et le fonctionnement des services centraux et des services provinciaux et locaux sont fixés par un décret du Président de la République pris sur proposition du Ministre ayant le Travail et la Prévoyance Sociale dans ses attributions.

CHAPITRE II : DE L'INSPECTION DU TRAVAIL

Article 187

L'Inspection du Travail a pour mission de :

- assurer l'application des dispositions légales relatives aux conditions de travail et à la protection des travailleurs dans l'exercice de leur profession, telles que les dispositions relatives à la durée du travail, aux salaires, à la sécurité, à l'hygiène et au bien-être, à l'emploi des

femmes, des enfants et des personnes avec handicap, aux conflits collectifs, aux litiges individuels du travail, à l'application des conventions collectives, à la représentation du personnel et d'autres matières connexes ;
- fournir des informations et des conseils techniques aux employeurs et aux travailleurs sur les moyens les plus efficaces d'observer les dispositions légales ;
- donner des avis sur les questions relatives à l'établissement ou à la modification des installations d'entreprises et d'organismes soumis à une autorisation administrative ;
- porter à l'attention de l'autorité compétente les déficiences ou les abus que révélerait l'application des dispositions légales et qui ne sont pas couverts par celles-ci.

Article 188

L'exercice des missions de l'Inspection du Travail est de la compétence exclusive de l'Inspection Générale du Travail sur toute l'étendue du territoire national.

L'Inspection Générale du Travail comporte :

a) la Direction de l'Inspection Générale du Travail au service central ;

b) des inspections provinciales et locales.

Article 189

La Direction de l'Inspection Générale du Travail dirige, coordonne et contrôle l'ensemble des activités qu'implique l'exercice des missions de l'Inspection du Travail.

Elle soumet au Ministre toutes propositions relatives au personnel de l'Inspection Générale du Travail.

Article 190

Les tâches dévolues à l'Inspection Générale du Travail sont assurées par des Inspecteurs assistés des Contrôleurs du Travail et du personnel nécessaire au bon fonctionnement des services.

Le Président de la République fixe, en application du statut du personnel de carrière des services publics de l'Etat, les dispositions spéciales régissant les agents et cadres de l'Inspection Générale du Travail.

Article 191

Le ressort de l'Inspecteur du Travail attaché à l'Inspection Générale du Travail s'étend sur toute l'étendue du territoire national.

Le ressort de l'Inspecteur du Travail attaché en province ou dans la ville de Kinshasa se limite à la juridiction administrative d'attache.

Article 192

Sans préjudice des compétences reconnues à l'Inspecteur du Travail du ressort, l'Inspecteur du Travail attaché à l'Inspection Générale du Travail est compétent pour :

a) connaître de tout litige du travail se rapportant à l'exercice de sa mission telle que définie à l'article 187 notamment :

- les litiges individuels du travail pour lesquels l'une des parties aura été mise dans l'impossibilité matérielle d'initier ou de poursuivre jusqu'à terme la procédure de conciliation devant l'Inspecteur du Travail du ressort ;

- les conflits collectifs du travail affectant plusieurs établissements d'une même entreprise ou affectant plusieurs entreprises d'un ou des plusieurs secteurs d'activité relevant de plus d'un ressort de l'Inspection du Travail.

b) effectuer les visites spéciales d'inspection en matière de sécurité technique, santé au travail, main-d'œuvre, institution de prévoyance sociale, c'est-à-dire mutuelles et assurances, négociation des conventions collectives à caractère national et contre-enquêtes.

Cette disposition s'applique, mutatis mutandis, aux Inspecteurs attachés aux Inspections du Travail des provinces, des districts ou des territoires dans les limites de leurs juridictions respectives.

CHAPITRE III : DE L'EMPLOI

Article 201

L'emploi est toute activité non illicite pouvant procurer à un individu les revenus nécessaires pour satisfaire à ses besoins essentiels.

Article 202

Le Ministère ayant le Travail et de la Prévoyance Sociale dans ses attributions applique la politique nationale de l'emploi au travers de la Direction de l'Emploi et de l'Office National de l'Emploi.

Section 1 : De la Direction de l'Emploi

Article 203

La Direction de l'Emploi a pour mission essentielle de contribuer à la conception, à la définition et à la mise en œuvre de la politique de l'emploi. Elle est chargée notamment de :

- faire la synthèse périodique sur la situation de l'emploi et sur son évolution ;
- préparer des textes réglementant l'emploi, le placement et l'orientation professionnelle ;
- préparer des accords techniques avec des pays étrangers ;
- assurer le contrôle de l'emploi des nationaux et des étrangers ;
- connaître et réglementer l'emploi du secteur non structuré urbain et rural.

Section 2 : De l'Office National de l'Emploi

Article 204

Il est institué un établissement public à caractère technique et social doté de la personnalité juridique dénommé : Office National de l'Emploi.

Article 205

L'Office National de l'Emploi a pour mission essentielle de promouvoir l'emploi et de réaliser, en collaboration avec les organismes publics ou privés intéressés, la meilleure organisation du marché de l'emploi.

Article 206

Un décret du Président de la République fixe les statuts, l'organisation et le fonctionnement de l'Office National de l'Emploi.

Article 207

Un arrêté du Ministre ayant le Travail et la Prévoyance Sociale dans ses attributions, pris après avis du Conseil National du Travail, fixe les modalités d'ouverture et de fonctionnement des services privés de placement.

CHAPITRE IV : DE LA COMMISSION NATIONALE DE L'EMPLOI DES ETRANGERS

Article 208

Il est institué auprès du Ministère du Travail et de la Prévoyance Sociale une « Commission Nationale de l'Emploi des Etrangers ».

Article 209

La Commission Nationale de l'Emploi des Etrangers a comme mission générale de statuer sur la délivrance des cartes de travail pour étrangers.

A cet effet, elle statue sur la demande d'engagement et sur le renouvellement des cartes de travail pour étrangers et conseille le Ministre ayant le Travail et la Prévoyance Sociale dans ses attributions sur les mesures susceptibles d'améliorer la législation protégeant la main-d'œuvre nationale contre la concurrence étrangère.

Article 210

Le Ministre ayant le Travail et la Prévoyance Sociale dans ses attributions fixe par arrêté, pris après avis du Conseil National du Travail, les modalités de fonctionnement de la Commission Nationale de l'Emploi des Etrangers.

Article 211

Il est perçu une taxe sur les opérations relatives à l'octroi de la carte de travail pour étrangers. Le taux ainsi que les modalités de perception de cette taxe sont fixés par un arrêté signé conjointement par les Ministres ayant respectivement dans leurs attributions le Travail et la Prévoyance Sociale ainsi que les Finances et le Budget.

CHAPITRE II : DES SECRETARIATS SOCIAUX

Article 220

Des secrétariats sociaux peuvent être constitués en vue de remplir, en qualité de mandataires de leurs affiliés, les formalités imposées aux employeurs par le chapitre I du présent titre ainsi que par la législation de la sécurité sociale, la réglementation de la taxe professionnelle sur les rémunérations et plus généralement la législation du travail.

Article 221

L'ouverture d'un secrétariat social est subordonnée au versement d'une caution et à l'autorisation du Ministre ayant le Travail et la Prévoyance Sociale dans ses attributions délivrée sur avis de l'Inspecteur du Travail du ressort.

En cas de fermeture définitive, la caution sera remboursée.

Article 222

Un arrêté du Ministre ayant le Travail et la Prévoyance Sociale dans ses attributions, pris après avis du Conseil National du Travail, fixe les modalités d'application des dispositions du présent chapitre.

TITRE XI : DU CONSEIL NATIONAL DU TRAVAIL

Article 223

Il est institué auprès du Ministre ayant le Travail et la Prévoyance Sociale dans ses attributions un organisme consultatif dénommé « Conseil National du Travail ». Il peut être intégré dans des organismes plus larges chargés d'étudier les problèmes d'ordre économique, financier et social.

Le Conseil National du Travail est présidé par le Ministre ayant le Travail et la Prévoyance Sociale dans ses attributions ou par son représentant.

Il comprend un nombre égal de représentants de l'Etat, des travailleurs et des employeurs.

Son secrétariat est assuré par le Ministère du Travail et de la Prévoyance Sociale.

Article 224

Les sièges attribués aux représentants de chacun des groupes cités à l'article précédent sont déterminés par Arrêté du Ministre ayant le Travail et la Prévoyance Sociale dans ses attributions.

Les représentants de l'Etat sont issus des Ministères suivants :

- Ministère du Travail et de la Prévoyance Sociale ;
- Ministère des Finances et Budget ;
- Ministère de l'Economie Nationale ;
- Ministère de a Fonction Publique ;
- Ministère de l'Education Nationale ;

- Ministère du Plan ;
- Ministère de la Justice et Garde des Sceaux ;
- Ministère des Affaires Sociales et Famille ;
- Ministère de la Santé Publique ;
- Ministère de la Jeunesse, Sports et Loisirs ;
- Ministère des Droits Humains ;
- Ministère de l'Agriculture, Pêche et Elevage.

Les représentants des travailleurs et des employeurs sont désignés par les organisations professionnelles reconnues les plus représentatives sur le plan national par le Ministère du Travail et de la Prévoyance Sociale.

Les représentants de l'Etat issus des Ministères ainsi que les représentants des travailleurs et des employeurs sont investis par un arrêté du Ministre ayant le Travail et la Prévoyance Sociale dans ses attributions.

TITRE XII : DES RELATIONS PROFESSIONNELLES

CHAPITRE PREMIER : DES ORGANISATIONS PROFESSIONNELLES

Article 230

Les travailleurs et les employeurs tels que définis à l'article 7 du présent Code ont le droit de se constituer en organisations ayant exclusivement pour objet l'étude, la défense et le développement de leurs intérêts professionnels ainsi que le progrès social, économique et moral de leurs membres.

Article 231

A condition de remplir les formalités prévues par le présent chapitre, aucune autorisation préalable n'est requise pour constituer une organisation professionnelle.

Article 232

Les organisations de travailleurs et d'employeurs ont le droit d'élaborer leurs statuts et règlements administratifs, d'élire librement leurs représentants, d'organiser leur gestion et leur activité et de formuler leur programme d'action, sous réserve des dispositions du présent chapitre.

Article 233

Tout travailleur ou employeur, sans distinction aucune, a le droit de s'affilier à une organisation professionnelle de son choix ou de s'en désaffilier

A tout moment, tout membre d'une organisation professionnelle peut s'en retirer, nonobstant toute clause contraire des statuts.

Toute personne qui s'est retirée d'une organisation professionnelle conserve le droit d'être membre des sociétés de secours mutuel ou de retraite à l'actif desquelles elle a contribué par des cotisations ou versements de fonds.

Article 234

Les travailleurs bénéficient d'une protection appropriée contre tous les actes de discrimination tendant à porter préjudice à la liberté syndicale en matière d'emploi.

Il est interdit à tout employeur de :

a) subordonner l'emploi d'un travailleur à son affiliation ou à sa non affiliation à une organisation professionnelle quelconque ou à une organisation professionnelle déterminée ;

b) licencier un travailleur ou lui porter préjudice par tous les autres moyens, en raison de son affiliation à une organisation professionnelle et de sa participation à des activités syndicales.

Article 235

Les organisations de travailleurs ou d'employeurs doivent s'abstenir de tous actes d'ingérence des unes à l'égard des autres dans leur formation, leur fonctionnement et leur administration.

Article 236

CHAPITRE II : DE LA REPRESENTATION DES TRAVAILLEURS DANS L'ENTREPRISE

Article 255

La représentation des travailleurs dans les entreprises ou les établissements de toute nature est assurée par une délégation élue.

Les membres de la délégation syndicale sont encadrés, formés et suivis dans leurs activités syndicales au sein de l'entreprise par leurs organisations professionnelles respectives, dans la limite du temps et dans les conditions leur imparties par le présent Code, la Convention collective, le règlement d'entreprise et le règlement intérieur de la délégation syndicale. Un arrêté du Ministre ayant le Travail et la Prévoyance Sociale dans ses attributions, pris après avis du Conseil National du Travail, fixe :

- le nombre de travailleurs à partir duquel et les catégories d'entreprises ou d'établissements dans lesquels l'institution d'une délégation est obligatoire ;
- le nombre des délégués et leur répartition sur le plan professionnel ;
- les conditions d'électorat et d'éligibilité des travailleurs et les modalités de l'élection qui a lieu au scrutin direct et secret de liste, à deux tours ;
- les moyens mis à la disposition des délégués ;
- les conditions dans lesquelles la délégation est reçue par l'employeur ou son représentant ;
- la composition du bureau de la délégation syndicale.

Article 256

En cas de contestations relatives à l'électorat, à l'éligibilité et à la régularité des élections, la procédure de recours est organisée par arrêté du Ministre ayant le Travail et la Prévoyance Sociale dans ses attributions, pris après avis du Conseil National du Travail.

Article 257

Le mandat des délégués est de trois ans renouvelables.

Le délégué perd sa qualité :

a) s'il cesse de remplir les conditions d'éligibilité ;

b) s'il démissionne ou perd son emploi ;

c) s'il se fait désavouer par les travailleurs de l'entreprise membres de son syndicat pour une faute lourde commise dans l'exercice de son mandat syndical ou s'il fait l'objet d'une mesure disciplinaire dûment prononcée par les organes statutaires de son syndicat.

Dans ces cas, le syndicat informe l'employeur qui prend acte de cette mesure et l'Inspecteur du Travail du ressort.

Toutefois, la perte du mandat du délégué syndical ne devient effective qu'après constat, par l'Inspecteur du Travail de la conformité de la mesure au règlement intérieur de la délégation syndicale dans le premier cas et aux statuts du syndicat concerné dans le second cas.

CHAPITRE IV : DES CONVENTIONS COLLECTIVES

Article 272

La convention collective est un accord écrit relatif aux conditions et aux relations de travail conclu entre, d'une part un ou plusieurs employeurs, une ou plusieurs organisations professionnelles d'employeurs et, d'autre part, une ou plusieurs organisations professionnelles de travailleurs.

Article 273

Les syndicats doivent être constitués et enregistrés conformément aux dispositions du chapitre premier du présent titre.

Leurs représentants doivent justifier avant l'ouverture des négociations de leur pouvoir de contracter au nom du syndicat ou de l'organisation professionnelle qu'ils représentent.

Article 274

La convention peut mentionner des dispositions plus favorables aux travailleurs que celles de la législation et de la réglementation en vigueur mais ne peut déroger aux dispositions d'ordre public.

Article 275

La convention collective détermine son champ d'appliction professionnel et territorial.

Article 276

La convention collective est conclue pour une durée déterminée ou indéterminée. A défaut de fixation de la durée de la convention, celle-ci est réputée indéterminée.

Article 277

La convention à durée déterminée ne peut être dénoncée avant l'expiration de son terme. A défaut de dispositions contraires, la convention collective à durée déterminée qui arrive à l'expiration, est tacitement reconduite ; elle est, dès ce moment, sauf dénonciation, réputée à durée indéterminée.

Article 278

La convention collective à durée indéterminée ou réputée telle peut être dénoncée entièrement ou partiellement par la volonté d'un des contractants moyennant signification d'un préavis écrit. Les conditions et les formes de la dénonciation ainsi que celles du préavis doivent être déterminées dans la convention collective. A défaut de stipulation de la durée du préavis, celle-ci est fixée à trois mois.

Article 279

Toute convention collective doit être rédigée en langue officielle.

Elle comporte obligatoirement : - le lieu et la date de sa conclusion ;

- les noms et la qualité des contractants et des signataires ;
- son champ d'application professionnel et territorial ;
- son objet ;
- sa date d'entrée en vigueur ;
- la procédure de conciliation et d'arbitrage à observer pour le règlement des conflits collectifs entre employeurs et travailleurs liés par la convention ;
- les règles applicables en cas d'incapacité temporaire et involontaire de l'employeur d'assurer aux travailleurs les conditions normales à la suite notamment des difficultés d'approvisionnement ou d'évacuation des produits finis ;
- les modalités de perception et de versement par les travailleurs des cotisations syndicales à l'organisation professionnelle intéressée.

Elle peut comporter, sans que cette énumération soit limitative, des dispositions concernant :

- le libre exercice du droit syndical ;
- les salaires applicables par catégories professionnelles ;
- les conditions d'embauchage et de licenciement des travailleurs ;
- la durée de la période d'essai et celle du préavis ;
- les congés payés ;

- les modalités d'exécution des heures supplémentaires et leurs taux ;

- les indemnités de déplacement ;

- les primes d'ancienneté et d'assiduité ;

- les conditions générales de la rémunération au rendement, lorsqu'un tel mode de rémunération est reconnu possible ;

- la majoration de salaires pour travaux pénibles, dangereux ou insalubres ;

- l'organisation et le fonctionnement de l'apprentissage et de la formation professionnelle dans le cadre de la branche d'activité considérée ;

- l'organisation, la gestion et le financement des services sociaux et médico-sociaux ;

- Les modalités de paiement éventuel d'une indemnité forfaitaire en cas de force majeure débouchant sur une résiliation du contrat de travail ;

- et, en général, toutes dispositions ayant pour objet de régler les rapports entre employeurs et travailleurs d'une branche d'activité déterminée.

TITRE XIII : DES LITIGES INDIVIDUELS ET DES CONFLITS COLLECTIFS DU TRAVAIL

Article 297

Les litiges individuels et les conflits collectifs du travail sont soumis aux procédures instituées au présent titre.

CHAPITRE PREMIER : DE LA CONCILIATION PREALABLE DES LITIGES INDIVIDUELS

Article 298

Les litiges individuels ne sont pas recevables devant le Tribunal du Travail s'ils n'ont été préalablement soumis à la procédure de conciliation, à l'initiative de l'une des parties, devant l'Inspecteur du Travail du ressort.

Article 299

Cette procédure est interruptive des délais de prescription prévus à l'article 317 du présent Code, dès la réception de la demande de conciliation à l'Inspection du Travail, sous réserve toutefois que la demande devant le Tribunal du Travail, en cas de non-conciliation, soit formée dans le délai maximum de douze mois à compter de la réception du procès-verbal de non-conciliation par la partie la plus diligente.

CHAPITRE II : DE LA CONCILIATION PREALABLE ET DE LA MEDIATION DES CONFLITS COLLECTIFS DE TRAVAIL

Section 1 : De la conciliation préalable des conflits collectifs de travail

Article 303

Est réputé conflit collectif du travail, tout conflit survenu entre un ou plusieurs employeurs d'une part, et un certain nombre de membres de leur personnel d'autre part, portant sur les conditions de travail, lorsqu'il est de nature à compromettre la bonne marche de l'entreprise ou la paix sociale.

Article 304

Les conflits collectifs de travail ne sont recevables devant les Tribunaux de Travail que s'ils ont été préalablement soumis à la procédure de conciliation et de médiation, selon le cas, à l'initiative respectivement de l'une des parties devant l'Inspecteur du Travail ou du Ministre ayant le Travail et la Prévoyance Sociale dans ses attributions ou du Gouverneur de province devant la commission de médiation.

Article 305

En cas de non conciliation, de conciliation partielle ou de recommandation frappées d'opposition, la demande est formée devant le Tribunal de Travail par l'une des parties dans le délai de 10 jours ouvrables à compter de l'expiration de préavis de grève ou de lock-out notifié à l'autre partie.

Section 2 : De la médiation des conflits collectifs de travail

Article 309

En cas de non conciliation totale ou partielle, le conflit est obligatoirement soumis à la procédure légale de médiation, telle que définie aux articles 310 à 315 du présent Code.

Lorsque le conflit affecte un ou plusieurs établissements situés dans une seule province, l'Inspecteur du Travail du ressort transmet le dossier au Gouverneur de province dans les quarante-huit heures de l'échec de la tentative de conciliation.

Lorsque le conflit affecte plusieurs établissements d'une même entreprise ou plusieurs entreprises situées dans plusieurs provinces, l'Inspecteur du Travail du ressort transmet le dossier dans le même délai, au Ministre ayant le Travail et la Prévoyance Sociale dans ses attributions.

Article 310

Les conflits collectifs non réglés en conciliation par l'Inspecteur du Travail sont soumis à une Commission de médiation instituée spécialement à cet effet.

La Commission se compose du Président du Tribunal de Paix dans le ressort duquel est né le conflit ou d'un magistrat désigné par ses soins, d'un assesseur employeur et d'un assesseur travailleur. Elle est présidée par le Président du Tribunal de Paix ou le magistrat désigné par ses soins.

CHAPITRE III : DES TRIBUNAUX DU TRAVAIL

Article 316

Une loi crée les Tribunaux du Travail et fixe leur organisation et leur fonctionnement.

CHAPITRE IV : DES PRESCRIPTIONS

Article 317

Les actions naissant du contrat de travail se prescrivent par trois ans après le fait qui a donné naissance à l'action, à l'exception :

- des actions en paiement du salaire qui se prescrivent par un an à compter de la date à laquelle le salaire est dû ;
- des actions en paiement des frais de voyage et de transport qui se prescrivent par deux ans après l'ouverture du droit au voyage, en cours d'exécution du contrat, ou après la rupture de ce dernier.

La prescription n'est interrompue que par :

a. la citation en justice ;

b. l'arrêté de compte intervenu entre les parties mentionnant le solde dû au travailleur et demeuré impayé ;

c. la réclamation formulée par le travailleur auprès de l'employeur, par lettre recommandée avec avis de réception ;

d. la réclamation formulée par le travailleur devant l'Inspecteur du Travail, sous réserve des dispositions de l'article 299 du présent Code.

TITRE XIV : DES SANCTIONS ADMINISTRATIVES

Article 318

Lorsqu'à l'expiration du délai de mise en demeure, l'employeur ou son préposé, persiste dans la violation des dispositions relatives aux articles 6 literas (a) et (e), 87, 119, 120, 121, 125, 126, 128, 133, 171, 177, 255, et leurs textes d'application ou d'exécution, s'il échet, le Ministre ayant le Travail et la Prévoyance Sociale dans ses attributions ou son délégué, sur proposition de l'Inspecteur du Travail, peut, sans préjudice des dispositions pénales prévues, ordonner la fermeture provisoire de tout ou partie de l'entreprise.

Pendant la fermeture, jusqu'au moment où il est mis fin aux irrégularités constatées, les salaires et autres avantages sociaux sont dus et il ne peut être mis fin au contrat en cours.

Article 319

Sans préjudice des dispositions de l'article 211 du présent code, le Président de la République peut, sur proposition du Ministre ayant le Travail et la Prévoyance Sociale dans ses attributions et après avis du Conseil National du Travail, fixer les taxes et redevances relevant des activités dévolues au Ministère du Travail et de la Prévoyance Sociale.

TITRE XV : DES PENALITES

Article 320

Sans préjudice de l'action prévue à l'article 295, les auteurs des infractions aux dispositions d'une convention collective étendue en vertu de l'article 287 seront passibles d'une amende ne dépassant pas 7.500 F.C. constants.

Article 321

Sont punis d'une amende qui ne dépasse pas 20.000 F.C. constants, les auteurs des infractions aux dispositions :

a) des articles 6 literas a), b), c) et d), 8, 18, 19, 20, 21, 25, 26, 33 alinéa 2, 44, 47, 51, 55 alinéa 3, 56, 60, 64, 65, 66, 78, 79, 84, 89, 90, 98, 99, 100, 101, 103, 111, 112, 114, 116, 117, 118, 119, 121, 122, 125, 126, 129, 133, 136, 137 alinéa 2, 138, 140, 141, 142, 143, 144, 145, 146, 148 alinéa 1, 152, 154, 157, 167, 176, 178, 181, 212, 213, 215, 216, 217, 218, 221, 229, 234, 258, 265, 268 , 269 ;

b) des décrets prévus aux articles 87 et 123 ;

c) des arrêtés pris en application des articles 35, 38, 47, 56, 58, 94, 103, 112, 120, 121, 123, 124, 128, 139, 156, 158, 169, 171, 177, 207, 219, 222, 236 et 255.

Est passible de la même peine, toute personne invitée ou chargée de la représentation des parties à un litige individuel ou à un conflit collectif devant l'Inspecteur ou le Contrôleur du Travail qui ne se sera pas rendue à la troisième invitation qui lui aura été remise moyennant accusé de réception. Dans ce cas, l'article 322 du présent Code n'est pas d'application.

SIXIEME PARTIE. LA LEGISLATION DU TRAVAIL DE LA CÔTE-D'IVOIRE

LOI N° .95-12 DU 12 JANVIER 1995 PORTANT CODE DU TRAVAIL

TITRE I : EMPLOI

CHAPITRE I DISPOSITIONS GENERALES

ARTICLE 11.1 :

Les employeurs peuvent embaucher directement leurs travailleurs.

Ils peuvent aussi recourir aux services de bureaux de placements privés ou publics.

ARTICLE 11.2 :

L'ouverture de bureaux ou d'offices privés de placement ayant pour objet exclusif ou principal d'agir comme intermédiaires entre employeurs et travailleurs est autorisée dans des conditions déterminées par décret.

ARTICLE 11.3 :

Les entreprises peuvent faire appel à du personnel extérieur dans le cadre du travail temporaire et du prêt de main-d'œuvre. Elles peuvent recourir aux services d'un tâcheron.

ARTICLE 11.4 :

Est entrepreneur de travail temporaire toute personne physique ou morale dont l'activité exclusive est de mettre à la disposition provisoire d'utilisateurs, personnes physiques ou morales, des salariés, qu'en fonction d'une qualification convenue, elle embauche et rémunère à cet effet. Il ne peut être fait appel à des travailleurs temporaires pour remplacer des travailleurs grévistes. Des décrets peuvent également déterminer des travaux particulièrement dangereux pour lesquels le recours au travail temporaire est interdit.

L'exercice de la profession d'entrepreneur de travail temporaire est autorisée dans des conditions déterminées par décret.

ARTICLE 11. 5 :

Le prêt de main-d'œuvre à but non lucratif est autorisé. Le prêt de main-d'œuvre à but lucratif ne peut être réalisé que dans le cadre du travail temporaire.

Tout prêt de main-d'œuvre à but lucratif qui n'est pas réalisé dans le cadre du travail temporaire est nul. Sans préjudice des sanctions encourues par l'utilisateur au titre de l'article 100.1 du présent Code, le travailleur peut faire valoir l'existence d'un contrat de travail le liant à l'utilisateur, sans que cette faculté emporte renonciation aux droits que le travailleur peut avoir à l'encontre du prêteur de main-d'œuvre.

ARTICLE 11. 6 :

Le tâcheron est un sous-entrepreneur qui, sans être propriétaire d'un fonds commercial, artisanal ou agricole, et engageant lui-même la main-d'œuvre nécessaire, passe avec un entrepreneur un contrat écrit ou verbal pour l'exécution d'un travail ou la fourniture de certains services moyennant un prix forfaitaire.

Les salariés recrutés par le tâcheron pour l'exécution du contrat de tâcheronnat doivent travailler sous la direction et le contrôle effectifs du tâcheron.

ARTICLE 11.7 :

Quand les travaux sont exécutés dans les ateliers, magasins ou chantiers de l'entrepreneur, ce dernier est, en cas d'insolvabilité du tâcheron, substitué à celui-ci en ce qui concerne le paiement des salaires dus aux travailleurs.

Les travailleurs lésés ont, dans ce cas, une action directe contre l'entrepreneur.

ARTICLE 11.8 :

S'il survient un changement d'employeur, personne physique ou personne morale, par suite notamment de succession, vente, fusion, transformation du fonds, mise en société, tous les contrats de travail en cours au jour de la modification subsistent entre le nouvel entrepreneur et le personnel de l'entreprise.

L'interruption temporaire de l'activité de l'entreprise ne fait pas, par elle-même, obstacle à l'application des dispositions précédentes.

ARTICLE 11.9 :

Le nouvel employeur garde néanmoins le droit de procéder à des ruptures de contrat de travail dans les conditions prévues au présent Code.

Les salariés dont les contrats ne sont pas rompus ne peuvent prétendre à aucune indemnité du fait du changement d'employeur.

ARTICLE 11. 10 :

Des décrets d'application déterminent, en tant que de besoin, les modalités d'application du présent chapitre.

CHAPITRE II. FORMATION PROFESSIONNELLE ET APPRENTISSAGE

ARTICLE 12. 1 :

La formation professionnelle des travailleurs est organisée dans des conditions prévues par décret.

ARTICLE 12.2 :

Le contrat d'apprentissage est celui par lequel un chef d'établissement industriel, commercial ou agricole, un artisan ou un façonnier s'oblige à donner ou à faire donner une formation professionnelle méthodique et complète à une autre personne et par lequel celle-ci s'engage, en retour, à se conformer aux instructions qu'elle reçoit et à exécuter les ouvrages qui lui sont confiés en vue de sa formation

Le contrat doit être constaté par écrit. Il est rédigé en langue française.

Le contrat est exempt de tous droits de timbre et d'enregistrement.

ARTICLE 12. 3 :

Le contrat d'apprentissage est établi en tenant compte des usages et coutumes de la profession.

Un décret détermine les conditions d'exercice des fonctions de maître d'apprentissage ainsi que les conditions dans lesquelles un maître peut se voir interdire de recevoir des apprentis lorsqu'il est fréquent qu'à l'issue de leur contrat ces derniers ne sont pas en état de subir avec succès l'examen d'aptitude professionnelle.

ARTICLE 12.4 :

Nul ne peut recevoir des apprentis mineurs s'il n'est âgé de vingt et un ans au moins.

ARTICLE 12.5 :

Aucun maître, s'il ne vit en famille ou en communauté, ne peut loger en son domicile personnel ou dans son atelier, comme apprenties, des jeunes filles mineures.

ARTICLE 12. 6 :

Ne peuvent recevoir des apprentis mineurs les individus qui ont été condamnés, soit pour crime, soit pour délit contre les mœurs.

ARTICLE 12.7 :

Le maître doit prévenir sans retard les parents de l'apprenti ou leurs représentants en cas de maladie, d'absence ou de tout autre fait de nature à motiver leur intervention.

Il ne doit employer l'apprenti, dans la mesure de ses aptitudes et de ses forces, qu'aux travaux et services qui se rattachent à l'exercice de sa profession.

ARTICLE 12.8 :

Le maître doit traiter l'apprenti en bon père de famille.

Si l'apprenti ne sait pas lire, écrire ou compter, le maître est tenu de lui accorder le temps et la liberté nécessaires pour son instruction.

Ce temps est donné à l'apprenti selon un accord réalisé entre les parties, mais il ne peut excéder une durée calculée sur la base de deux heures de travail par jour.

ARTICLE 12.9 :

Le maître doit enseigner à l'apprenti, progressivement et complètement, l'art, le métier ou la profession spéciale qui fait l'objet du contrat.

Il lui délivre, à la fin de l'apprentissage, un congé ou certificat constatant l'exécution du contrat.

ARTICLE 12. 10 :

L'apprenti doit à son maître, dans le cadre de l'apprentissage, obéissance et respect. Il doit l'aider par son travail dans la mesure de ses aptitudes et ses forces.

L'apprenti dont le temps d'apprentissage est terminé passe un examen devant un organisme désigné à cette fin. Le certificat d'aptitude professionnelle est délivré à l'apprenti qui a subi l'examen avec succès.

ARTICLE 12. 11 :

L'embauche comme ouvriers ou employés de jeunes gens liés par un contrat d'apprentissage, élèves ou stagiaires dans les écoles ou centres de formation professionnelle, est passible d'une indemnité au profit du chef d'établissement abandonné.

Tout nouveau contrat d'apprentissage conclu sans que les obligations du premier contrat aient été remplies complètement ou sans qu'il ait été résolu légalement, est nul de plein droit.

CHAPITRE III. CONCLUSION DU CONTRAT DE TRAVAIL

ARTICLE 13. 1 :

Le contrat de travail est passé librement et, sous réserve des dispositions du présent Code, constaté dans les formes qu'il convient aux parties contractantes d'adopter.

Lorsqu'il est écrit, le contrat de travail est exempt de tous droits de timbre et d'enregistrement.

ARTICLE 13.2:

Le contrat de travail peut être conclu pour une durée indéterminée, ou pour une durée déterminée selon les règles définies au chapitre IV du présent titre.

ARTICLE 13. 3 :

L'existence du contrat de travail se prouve par tous moyens.

ARTICLE 13. 4 :

Le contrat de travail, qu'il soit à durée déterminée ou à durée indéterminée, peut comporter une période d'essai dont la durée totale maximale est fixée par décret.

Lorsque les parties au contrat de travail décident de soumettre leurs relations à une période d'essai ou de la renouveler, le contrat doit être passé par écrit ou constaté par une lettre d'embauche mentionnant la durée de la période d'essai.

Toutefois, les Conventions Collectives peuvent prévoir que les contrats de travail de tout ou partie des salariés qu'elles visent comporteront obligatoirement une période d'essai et ne pas en subordonner la validité à la conclusion d'un contrat écrit.

ARTICLE 13.

Les conditions dans lesquelles un employeur peut subordonner la conclusion d'un contrat de travail, ou son maintien, à la constitution d'une garantie financière, sont déterminées par décret.

ARTICLE 13.6 :

Lorsqu'un travailleur ayant rompu abusivement son contrat de travail engage à nouveau ses services, le nouvel employeur est solidairement responsable du dommage causé à l'employeur précédent dans les trois cas suivants :

1° Quand il est démontré qu'il est intervenu dans le débauchage ;

2° Quand il a embauché un travailleur qu'il savait lié par un contrat de travail ;

3° Quand il a continué à occuper un travailleur après avoir appris que ce travailleur était encore lié à un autre employeur par un contrat de travail.

Dans ce troisième cas, la responsabilité du nouvel employeur cesse d'exister si, au moment où il a été averti, le contrat de travail abusivement rompu par le travailleur arrive à expiration, soit s'il s'agit de contrats à durée déterminée, par l'arrivée du terme, soit, s'il s'agit de contrats à durée indéterminée, par l'expiration du préavis ou si un délai de quinze jours s'était écoulé depuis la rupture dudit contrat.

CHAPITRE IV. CONTRATS A DUREE DETERMINEE

ARTICLE 14.1 :

Le contrat de travail à durée déterminée est un contrat qui prend fin à l'arrivée d'un terme fixé par les parties au moment de sa conclusion[9].

---

[9] **En quoi consiste le licenciement économique?**

Conformément au Code du travail, le licenciement pour motif économique ne doit pas être justifié par des raisons liées à la personne du salarié. La suppression d'un ou plusieurs postes (ou la modification d'un élément essentiel du contrat de travail refusé par le salarié) peut être justifié par les motifs suivants :

Des difficultés économiques (état de cessation des paiements, redressement judiciaire, résultats déficitaires, etc.) ;

Des mutations technologiques (l'introduction d'une technologie informatique nouvelle qui a une incidence sur l'emploi).

Les juges ont également admis les motifs suivants :

La réorganisation d'une entreprise pour sauvegarder sa compétitivité afin de prévenir des difficultés économiques à venir ainsi que leurs répercussions sur l'emploi ;

La cessation complète de l'activité de l'entreprise qui doit être définitive, totale et non reprochable à l'employeur.

Bon à savoir : en cas de contestation, c'est le juge qui appréciera si les causes économiques invoquées étaient suffisantes pour fonder un licenciement économique. Si les raisons n'étaient pas suffisantes, le licenciement risque d'être requalifié en licenciement abusif.

Il existe deux catégories de licenciement économique :

Le licenciement économique individuel : c'est une rupture du CDI d'un seul salarié pour motif économique.

Le licenciement économique collectif : c'est une rupture du CDI de plusieurs salariés pour motif économique.

La procédure de licenciement économique varie selon que le licenciement économique est individuel ou collectif et en fonction de la taille de l'entreprise.

Quelle est la procédure de licenciement économique?

Avant de pouvoir engager une procédure de licenciement économique, l'employeur doit préalablement effectuer les démarches suivantes qui visent à éviter le licenciement économique:

Licenciement économique individuel

Licenciement économique collectif

Adaptation et reclassement

L'employeur doit réaliser tous les efforts de formation et d'adaptation du ou des salariés susceptibles d'être licenciés (proposition d'une formation complémentaire). Il doit également s'efforcer de reclasser le ou les salariés susceptibles d'être licenciés.

Consultation du CSE (comité social et économique)

Si le licenciement économique est inévitable, l'employeur doit alors suivre une procédure strictement définie par le Code du travail. La procédure de licenciement économique est différente selon la taille de l'entreprise et le nombre de salariés licenciés. Ci-dessous, un tableau récapitulatif des grandes étapes de la procédure :

- Licenciement économique individuel
- Licenciement économique collectif

1ère étape:

Lettre de convocation

Envoi d'une lettre de convocation à l'entretien préalable au salarié par lettre recommandée avec accusé de réception (LRAR) ou par remise en main propre contre décharge. Vous pouvez vous inspirer d'un modèle de lettre de convocation à un entretien préalable de licenciement.

ARTICLE 14.2 :

A l'exception des contrats visés au second alinéa de l'article 14.7 du présent Code, le contrat de travail à durée déterminée doit être passé par écrit ou constaté par une lettre d'embauche;

Envoi d'une lettre de convocation uniquement si l'entreprise n'a pas de CSE ou possède moins de 10 salariés et en licencie 9 maximum.

2ème étape:

Entretien préalable

Déroulement de l'entretien préalable 5 jours ouvrables après la présentation de la lettre de convocation.

L'employeur doit indiquer au salarié le ou les motifs du licenciement envisagé et recueillir ses explications.

Licenciement de moins de 10 salariés: si l'entreprise compte moins de 10 salariés, entretien préalable avec chaque salarié dans un délai de 5 jours ouvrables après présentation de la lettre de convocation. Si l'entreprise compte plus de 10 salariés, consultation du CSE.

Licenciement d'au moins 10 salariés: consultation du CSE.

3ème étape:

Lettre de licenciement économique

Notification du licenciement par LRAR dans un délai de 7 jours ouvrables minimum à compter de la date de l'entretien préalable de licenciement économique (15 jours pour un salarié cadre).

A noter : pour vérifier la validité des motifs économiques du licenciement, les juges de prud'hommes se basent uniquement sur les motifs invoqués dans la lettre de licenciement économique.

Entre 2 et 9 salariés licenciés : notification du licenciement par LRAR (7 jours ouvrables minimum à compter de la date de l'entretien préalable).

Entre 10 et 49 salariés licenciés : dans un délai de 30 jours minimum à compter de la notification du projet de licenciement par l'employeur à la Direccte.

Au moins 50 salariés licenciés : soit après la notification de validation ou d'homologation du plan de sauvegarde de l'emploi (PSE) par la Direccte, soit après l'expiration des délais de contrôle du PSE par la Direccte.

4ème étape du licenciement économique : préavis et fin du contrat

Le contrat de travail prend fin après l'exécution du préavis par le salarié, sauf si le salarié est dispensé de préavis ou s'il accepté un CSP, un congé de reclassement ou un congé de mobilité.

Bon à savoir : l'employeur est tenu d'informer le salarié dans la lettre de licenciement du fait qu'il peut éventuellement bénéficier d'un licenciement économique CSP, c'est à dire d'un contrat de sécurisation professionnelle ou, si l'effectif de l'entreprise dépasse les 1000 salariés, d'un congé de reclassement. De plus, la lettre doit également indiquer que le salarié bénéficie d'une priorité de réembauche pendant 1 an à compter de la rupture du contrat.

Attention : certains salariés, par exemple, les représentants syndicaux, sont protégés et bénéficient donc d'une procédure particulière (par exemple, un entretien préalable est en principe toujours obligatoire).

Le calcul de l'indemnité de licenciement économique

Après la rupture effective du contrat de travail, les salariés peuvent recevoir plusieurs catégories d'indemnités, dont une prime de licenciement économique :

- Indemnité de licenciement économique légale ou conventionnelle (en cas d'indemnité plus favorable prévue par une convention collective ou le contrat de travail) ;
- Indemnité compensatrice de préavis ;
- Indemnité compensatrice de congés payés ;

ARTICLE 14.3 :

Le contrat de travail conclu pour une durée déterminée doit comporter un terme précis fixé dès sa conclusion ; il doit donc indiquer soit la date de son achèvement, soit la durée précise pour laquelle il est conclu.

Toutefois, le contrat à durée déterminée peut comporter un terme imprécis dans les cas prévus à l'article 14.6.

ARTICLE 14.4 :

Les contrats à terme précis ne peuvent être conclus pour une durée supérieure à deux ans.

ARTICLE 14.5 :

Les contrats à terme précis peuvent être renouvelés sans limitation. Toutefois, ces renouvellements ne peuvent avoir pour effet d'entraîner un dépassement de la durée maximale de deux ans.

ARTICLE 14.6 :

Les contrats à durée déterminée peuvent comporter un terme imprécis lorsqu'ils sont conclus pour assurer le remplacement d'un travailleur temporairement absent , pour la durée d'une saison , pour un surcroît occasionnel de travail ou pour une activité inhabituelle de l'Entreprise.

Le terme est alors constitué par le retour du salarié remplacé ou la rupture de son contrat de travail, la fin de la saison, ou la fin du surcroît occasionnel de travail ou de l'activité inhabituelle de l'Entreprise.

Au moment de l'engagement , l'employeur doit communiquer au travailleur les éléments éventuellement susceptibles d'éclairer ce dernier sur la durée approximative du contrat.

ARTICLE 14.7 :

Les contrats à terme imprécis peuvent être renouvelés librement sans limitation de nombre et sans perte de leur qualité.

Sont assimilés aux contrats à durée déterminée à terme imprécis, les contrats des travailleurs journaliers engagés à l'heure ou à la journée pour une occupation de courte durée et payés à la fin de la journée, de la semaine ou de la quinzaine.

ARTICLE 14.8:

Le contrat de travail à durée déterminée prend fin à l'arrivée du terme sans indemnités ni préavis.Il ne peut être rompu avant le terme que par force majeure, accord commun ou faute lourde de l'une des parties.

Toute rupture prononcée en violation des règles ci-dessus donne lieu à dommages et intérêts.

Lorsque la rupture irrégulière est le fait de l'employeur, ces dommages et intérêts correspondent aux salaires et avantages de toute nature dont le salarié aurait bénéficié pendant la période restant à courir jusqu'au terme de son contrat.

Le contrat à durée déterminée à terme imprécis conclu pour le remplacement d'un travailleur temporairement absent, peut être rompu par décision unilatérale du salarié dès lors qu'il a été exécuté pendant six mois au moins.

ARTICLE 14.9 :

Les contrats de travail à durée déterminée qui ne satisfont pas aux exigences posées par le présent chapitre sont réputés être à durée indéterminée.

CHAPITRE V. EXECUTION ET SUSPENSION DU CONTRAT DE TRAVAIL

ARTICLE 15.1 :

Le Règlement Intérieur est établi par le Chef d'entreprise sous réserve de la communication dont il est fait mention au troisième alinéa du présent article.

Son contenu est limité exclusivement aux règles relatives à l'organisation technique du travail, à la discipline et aux prescriptions concernant l'hygiène et la sécurité, nécessaire à la bonne marche de l'entreprise.

Toutes les autres clauses qui viendraient à y figurer, notamment celles relatives à la rémunération, sont considérées comme nulle de plein droit, sous réserve des dispositions de l'article 32.4 du présent Code.

Avant de le mettre en vigueur, le Chef d'entreprise doit communiquer le Règlement Intérieur aux délégués du personnel, s'il en existe, et à l'inspecteur du Travail et des Lois Sociales qui peut exiger le retrait ou la modification des dispositions contraires aux lois et règlements en vigueur.

Les modalités de communication, de dépôt et d'affichage du Règlement Intérieur, ainsi que le nombre de travailleurs de l'entreprise au-dessus duquel l'existence de ce Règlement est obligatoire sont fixés par décret.

ARTICLE 15.2 :

Les modifications apportées au Règlement Intérieur ainsi que toute instruction nouvelle générale et permanente, quelle qu'en soit la forme, émanant de la direction et relative aux matières qui sont du domaine du Règlement Intérieur, sont soumises aux mêmes conditions de communication, d'affichage et de dépôt que le Règlement Intérieur déjà établi.

ARTICLE 15.3 :

Dans les limites de son contrat, le travailleur doit toute son activité professionnelle à l'Entreprise. Il doit notamment fournir le travail pour lequel il a été embauché, l'exécuter lui-même et avec soin.

ARTICLE 15.4 :

Sauf convention contraire, il lui est loisible, d'exercer en dehors de son temps de travail toute activité à caractère professionnel non susceptible de concurrencer l'Entreprise ou de nuire à la bonne exécution des services convenus.

ARTICLE 15.5 :

Est nulle de plein droit toute clause d'un contrat portant interdiction pour le travailleur d'exercer une activité quelconque à l'expiration du contrat.

ARTICLE 15.6 :

L'employeur doit procurer le travail convenu au lieu convenu. Il ne peut exiger un travail autre que celui prévu au contrat, sauf cas d'urgence ou de péril et pour une tâche temporaire.

Toute modification substantielle du contrat de travail requiert l'accord du salarié.

ARTICLE 15.7 :

Il est interdit à l'employeur d'infliger des amendes ou une double sanction pour la même faute.

ARTICLE 15.8 :

Le contrat est suspendu, notamment :

a) en cas de fermeture de l'Établissement par suite du départ de l'employeur sous les drapeaux ou pour une période obligatoire d'instruction militaire ;

b) pendant la durée du service militaire du travailleur et pendant les périodes obligatoires d'instruction militaire auxquelles il est astreint ;

c) pendant la durée de l'absence du travailleur, en cas de maladie dûment constatée par un médecin agréé dans des conditions déterminées par décret, durée limitée à six mois; ce délai peut être prorogé jusqu'au remplacement du travailleur ;

d) pendant la période de détention préventive du travailleur motivée par des raisons étrangères au service et lorsqu'elle est connue de l'employeur, dans la limite de six mois

e) pendant les permissions exceptionnelles pouvant être accordées, par l'employeur, au travailleur à l'occasion d'événements familiaux touchant directement son propre foyer ;

f) pendant les périodes de chômage technique prévues à l'article 15.11 ci-dessous.

CHAPITRE VI. RUPTURE DU CONTRAT DE TRAVAIL

ARTICLE 16.1 :

Pendant la période d'essai fixée sans fraude ni abus, le contrat de travail peut être rompu librement sans préavis et sans que l'une ou l'autre des parties puisse prétendre à indemnités.

ARTICLE 16.2 :

Le contrat de travail à durée déterminée cesse dans les conditions prévues au chapitre IV du présent titre.

ARTICLE 16.3 :

Le contrat de travail à durée indéterminée peut toujours cesser par la volonté du salarié.

Il peut cesser par la volonté de l'employeur qui dispose d'un motif légitime.

ARTICLE 16.4 :

La résiliation du contrat de travail est subordonnée à un préavis donné par la partie qui prend l'initiative de la rupture.

En l'absence de Conventions Collectives, un décret détermine les conditions et la durée du préavis, compte tenu, notamment, de la durée du contrat et des catégories professionnelles.

La partie qui prend l'initiative de la rupture du contrat doit notifier par écrit sa décision à l'autre.

Lorsque l'initiative émane de l'employeur, cette notification doit être motivée.

ARTICLE 16.5 :

Pendant la durée du délai de préavis, l'employeur et le travailleur sont tenus au respect de toutes les obligations réciproques qui leur incombent.

En vue de la recherche d'un autre emploi, le travailleur bénéficie, pendant la durée du préavis, d'un jour de liberté par semaine, pris, à son choix, globalement ou heure par heure, payé à plein salaire.

La partie à l'égard de laquelle ces obligations ne sont pas respectées ne peut se voir imposer aucun délai de préavis, sans préjudice des dommages-intérêts qu'elle peut demander.

ARTICLE 16 .6 :

Toute rupture de contrat à durée indéterminée, sans préavis ou sans que le délai de préavis ait été intégralement observé, emporte obligation, pour la partie responsable, de verser à l'autre partie une indemnité dont le montant correspond à la rémunération et aux avantages de toute nature dont aurait bénéficié le travailleur durant le délai de préavis qui n'a pas été effectivement respecté.

Cependant, la rupture de contrat peut intervenir sans préavis en cas de faute lourde, sous réserve de l'appréciation de la juridiction compétente, en ce qui concerne la gravité de la faute.

ARTICLE 16.7 :

Le Chef d'Entreprise qui envisage d'effectuer un licenciement pour motif économique de plus d'un travailleur doit organiser avant l'application de sa décision une réunion d'information et d'explication avec les délégués du personnel qui peuvent se faire assister de représentants de leurs syndicats.

L'inspecteur du Travail et les Lois Sociales du ressort participe à cette réunion.

Constitue un licenciement pour motif économique, le licenciement opéré par un employeur en raison d'une suppression ou transformation d'emploi, consécutives notamment à des mutations technologiques, à une restructuration ou à des difficultés économiques de nature à compromettre l'activité et l'équilibre financier de l'entreprise.

TITRE II. CONDITIONS DE TRAVAIL

ARTICLE 21.1 :

La durée et l'horaire de travail sont fixés par l'employeur dans le respect des règles édictées par le présent Code et des textes pris pour son application.

La durée et l'horaire de travail sont affichés sur les lieux de travail et communiqués à l'inspecteur du Travail et des Lois Sociales.

ARTICLE 21.2 :

Dans tous les établissements soumis au présent Code, à l'exception des établissements agricoles, la durée normale du travail des personnels, quels que soient leur sexe et le mode de rémunération, est fixée à quarante heures par semaine.

Cette durée peut être dépassée par application des règles relatives aux équivalences, aux heures supplémentaires, à la récupération des heures de travail perdues et à la modulation.

Dans les établissements agricoles et assimilés, la durée normale du travail des personnels, uels que soient leur sexe et leur mode de rémunération, est fixée à deux mille quatre cents heures supplémentaires et à la récupération des heures de travail perdues.

Une durée de travail inférieure à la durée normale peut être stipulée dans le cadre du travail à temps partiel[10].

---

[10] ***Les congés payés***

La première loi accordant des congés payés aux travailleurs date du 20 juin 1936. Depuis, elle a été modifiée et complétée à plusieurs reprises ; c'est ainsi, notamment, que la loi du 7 mars 1957 a porté à 18 jours ouvrables la durée du congé correspondant à 12 mois de travail effectif.

(En 1968, un projet de loi adopté par l'Assemblée nationale française seule avait porté la durée des congés payés à 24 jours ouvrables). Le congé doit être pris effectivement et ne peut être remplacé par une indemnité compensatrice (sauf le cas de résiliation du contrat de travail). L'employeur n'a pas le droit d'occuper un salarié pendant la période de son congé légal, et, de son côté, le travailleur n'a pas le droit d'exécuter pendant son congé des travaux rétribués (en période de plein emploi, cette dernière disposition n'est pas appliquée dans la pratique).

Depuis 1975, une quatrième semaine de congés payés a été accordée par les conventions collectives dans la plupart des professions. Cette quatrième semaine est donnée avec modalités diverses suivant les branches d'activités. Elle englobe généralement les congés accordés au titre de l'ancienneté, de l'âge et de maternité. Les accords stipulent fréquemment qu'elle peut être fractionnée du congé principal légal et donnée en dehors de la période prévue pour les congés payés, et notamment en vacances. Quelques accords prévoient même parfois une cinquième semaine.

Les bénéficiaires. Bénéficient des congés payés les ouvriers, employés et apprentis des établissements industriels, commerciaux et artisanaux, ainsi que tous les salariés des professions libérales, des syndicats et des associations. Le personnel domestique a droit aux congés payés selon des modalités particulières.

La durée du congé. Depuis le Code du travail de 1975, le congé payé a une durée légale de deux jours ouvrables par mois de travail effectif. Pour le calcul de la durée du congé, on assimile à des périodes de travail effectif la période de congé de l'année précédente, les périodes de repos des femmes en couches (dans la limite de 16 semaines), les périodes d'arrêt pour accident de travail dans la limite d'une durée ininterrompue d'un an, les périodes de rappel ou de maintien sous les drapeaux au-delà de la durée légale du service militaire. Le congé principal est augmenté de congés supplémentaires en raison de l'ancienneté dans l'entreprise : 2 jours après 20 ans, 4 jours après 25 ans, 6 jours après 30 ans. Les salariés âgés de moins de 18 ans bénéficient d'avantages particuliers. Des jours supplémentaires sont accordés aux mères de moins de 21 ans ayant des enfants à charge.

Le calcul de l'indemnité de congé payé. L'indemnité correspondant au congé légal normal doit être égale au 1/16 de la rémunération totale perçue par le salarié au cours de la période de référence qui s'étend du 1er juin au 31 mai (elle ne peut être inférieure au montant de la rémunération qui aurait été perçue pendant la période de congé si le salarié avait continué à travailler).

La période des congés. La période pendant laquelle le congé légal doit être accordé comprend obligatoirement les mois de mai, de juin, de juillet, d'août, de septembre et d'octobre. Des dispositions particulières concernent les professions agricoles.

Les congés payés dans les professions à travail discontinu. Des caisses de congés payés ont été créées par décrets dans les professions où les travailleurs sont amenés à changer fréquemment d'employeur : dockers, travailleurs du bâtiment et des travaux publics, personnel des entreprises de spectacles ou d'entreprises de manutention et de transport. Tout employeur intéressé qu'il s'agisse d'une activité principale ou accessoire est tenu de s'affilier à la caisse correspondante. Il paye à cette caisse les cotisations nécessaires, et la caisse verse aux travailleurs concernés une indemnité de congé.

Les congés payés des concierges. Les concierges des immeubles d'habitation ont droit aux congés payés dans les mêmes conditions que les employés de maison, mais ils ne sont pas tenus d'user effectivement de leur congé (ils touchent alors une indemnité égale à celle qui aurait été versée à leur remplaçant).

Les travailleurs à domicile. Les employeurs de travailleurs à domicile sont tenus de majorer de 4% le montant des salaires versés à ces derniers, cette majoration correspondant à l'indemnisation du congé.

Les congés spéciaux

En sus de leur congé annuel, les salariés peuvent légalement prétendre à certains congés sociaux, lorsque diverses conditions sont remplies.

Dans ce cas, le contrat doit être constaté par un écrit, ou une lettre d'embauche, mentionnant la durée du travail. Des heures complémentaires peuvent être accomplies dans des conditions et limites prévues par décret.

CHAPITRE II. TRAVAIL DE NUIT

ARTICLE 22.1 :

Les heures pendant lesquelles le travail est considéré comme travail de nuit sont fixées dans des conditions déterminées par décret.

ARTICLE 22.2 :

Le travail de nuit est interdit pour les jeunes travailleurs âgés de moins de dix-huit ans.

Des dérogations peuvent toutefois être accordées, dans des conditions fixées par décret, en raison de la nature particulière de l'activité professionnelle.

ARTICLE 22.3:

Le repos des jeunes travailleurs âgés de moins de dix-huit ans doit avoir une durée minimale de douze heures consécutives.

ARTICLE 22.4 :

Les conditions dans lesquelles s'effectue le travail de nuit, en particulier les garanties spécifiques exigées par la nature de ce travail, sont fixées par décret.

CHAPITRE III. TRAVAIL DES FEMMES ET DES ENFANTS

ARTICLE 23.1 :

Le congé de naissance. Tout chef de famille peut prétendre à un congé de trois jours consécutifs ou non lors de chaque naissance survenue à son foyer. Ce congé doit être pris dans une période de 15 jours entourant la naissance. Bien que payé par l'employeur, le congé, institué par la loi du 18 mai 1946, constitue une prestation familiale d'un type particulier ; en effet, la rémunération du congé de naissance est remboursée à l'employeur par la caisse d'allocations familiales.

Le congé d'éducation ouvrière. Il s'agit d'un congé non rémunéré, institué par la loi du 23 juillet 1957 en vue de permettre aux salariés de participer à des sessions d'éducation ouvrière ou de formation syndicale. Ces sessions sont organisées soit par des instituts spécialisés, soit par les organisations syndicales les plus représentatives. Le congé est de droit s'il est demandé à l'employeur au moins 30 jours à l'avance, sauf si le comité d'entreprise (à défaut les délégués du personnel) considèrent avec l'employeur que l'absence de l'intéressé serait préjudiciable à l'entreprise. La durée du congé d'éducation ouvrière est de 12 jours ouvrables. Le congé est assimilé à une période de travail pour ce qui concerne les avantages sociaux.

L'hygiène et la sécurité du travail

Historiquement les premières interventions du législateur en vue de protéger les salariés ont été relatives à l'hygiène et à la sécurité. Une législation et une règlementation plus abondante encore sont intervenues en cette matière au cours du dernier quart du XIXe siècle et au cours du XXe siècle. Si, dès 1841, la loi a interdit, d'une part, l'affectation d'enfants de moins de 16 ans à des travaux insalubres, il a fallu attendre 1874 pour que soient donnés à l'Administration les moyens de contrôler l'application de la volonté du législateur par la création de l'inspection du travail et de la main d'œuvre.

La nature des travaux interdits aux femmes, aux femmes enceintes et aux enfants est déterminée dans les conditions fixées par décret.

ARTICLE 23. 2 :

L'employeur ne doit pas prendre en considération l'état de grossesse d'une femme enceinte pour refuser de l'embaucher ou résilier son contrat de travail au cours d'une période d'essai.

Dans les emplois où un certificat médical est requis pour être embauché, la femme enceinte peut présenter un dossier incomplet si certains examens normalement prescrits se révèlent dangereux, pour sa santé ou celle de l'embryon. Les examens non effectués sont reportés après l'accouchement.

ARTICLE 23.3 :

Sauf faute lourde de l'intéressée ou impossibilité de maintenir le contrat pour une raison étrangère à la grossesse ou à l'accouchement, il est interdit à l'employeur de licencier une femme pendant sa grossesse ainsi que pendant les douze semaines qui suivent l'accouchement.

Si un licenciement est notifié dans l'ignorance de la grossesse de l'intéressée, la femme enceinte peut, dans un délai de quinze jours à compter de la notification de son licenciement, justifier de son état par un certificat médical.

Le licenciement se trouve annulé de ce fait sauf s'il est prononcé pour l'un des motifs justifiant, par application de l'alinéa précédent, la rupture du contrat de travail.

ARTICLE 23.4 :

Toute femme enceinte dont l'état a été constaté médicalement peut rompre son contrat de travail sans préavis et sans avoir de ce fait à payer une indemnité de rupture de contrat.

La même faculté est offerte à la mère pendant la période d'allaitement définie à l'article 23. 7 du présent Code.

ARTICLE 23.5 :

A l'occasion de son accouchement, et sans que cette interruption de service puisse être considérée comme une cause de rupture du contrat, toute femme a le droit de suspendre son travail pendant quatorze semaines consécutives dont huit semaines postérieures à la délivrance; cette suspension peut être prolongée de trois semaines en cas de maladie dûment constatée et résultant de la grossesse ou des couches.

Si l'accouchement a lieu avant la date présumée, la période de suspension du contrat de travail est prolongée jusqu'à épuisement des quatorze semaines sans préjudice de la prolongation prévue à l'alinéa précédent.

En tout état de cause, aucun licenciement ne peut être signifié ou prendre effet pendant la période du congé de maternité.

A la fin des périodes de suspension de son contrat, la femme salariée est réintégrée dans son emploi.

ARTICLE 23. 6 :

Dès le troisième mois de sa grossesse, la femme a droit, dans la limite des tarifs des formations sanitaires administratives, au remboursement des soins médicaux en rapport avec l'état de grossesse ou les couches.

Pendant la période des quatorze semaines et sans préjudice de la prolongation prévue à l'article 23-5, alinéa 1, elle a également droit à une allocation de maternité égale au salaire qu'elle percevait au moment de la suspension de son contrat.

Ces prestations sont à la charge de la Caisse Nationale de Prévoyance Sociale qui établit à cet effet un compte de gestion alimenté par les cotisations d'employeur.

ARTICLE 23.7 :

Pendant une période de quinze mois à compter de la naissance de l'enfant, la mère a droit à des repos pour allaitement. La durée totale de ces repos ne peut excéder une heure par journée de travail.

ARTICLE 23.8 :

Les enfants ne peuvent être employés dans une entreprise, même comme apprentis, avant l'âge de quatorze ans, sauf dérogation édictée par voie réglementaire.

CHAPITRE IV. REPOS HEBDOMADAIRE ET JOURS FERIES

ARTICLES 24. 1 :

Le repos hebdomadaire est obligatoire. Il est au minium de vingt-quatre heures consécutives. Il a lieu en principe le dimanche.

Les modalités d'application du présent article, notamment les professions pour lesquelles et les conditions dans lesquelles le repos peut exceptionnellement et pour des motifs nettement établis, soit être donné par roulement ou collectivement d'autres jours que le dimanche, soit être suspendu par compensation de certaines fêtes rituelles ou locales, sont fixées par voie réglementaire.

ARTICLE 24. 2 :

La liste et le régime des jours fériés sont déterminés par décret. Le jour de la fête nationale et le 1er Mai, fête du travail, sont jours fériés, chômés et payés.

CHAPITRE V CONGES PAYES

ARTICLE 25. 1 :

Sauf disposition plus favorable des Conventions Collectives ou du contrat individuel, le travailleur acquiert droit au congé payé, à la charge de l'employeur, à raison de deux jours ouvrables par mois de service effectif, sauf en ce qui concerne les travailleurs de moins de dix-huit ans qui ont droit à deux jours et deux dixièmes.

ARTICLE 25.2 :

La durée annuelle du congé défini à l'article précédent est augmentée de deux jours ouvrables après quinze ans d'ancienneté dans la même entreprise, de quatre jours après vingt ans, de six jours après vingt-cinq ans et huit jours après trente ans.

ARTICLE 25. 3 :

Pour le calcul de la durée du congé acquis, ne sont pas déduites les absences pour accident du travail ou maladie professionnelle, les périodes de repos des femmes en couches prévues par l'article 23.5 du présent Code et dans une limite de six mois, les absences pour maladies dûment constatées par un médecin agréé.

Sont décomptés, sur les bases indiquées ci-dessus, les services effectués sans congés correspondant pour le compte du même employeur quel que soit le lieu de l'emploi.

ARTICLE 25. 4 :

Dans la limite de dix jours, ne peuvent être déduites de la durée du congé acquis les permissions exceptionnelles accordées au travailleur à l'occasion d'événements familiaux touchant directement son propre foyer.

Les congés spéciaux accordés en sus des jours fériés peuvent, au contraire, être déduits à moins qu'ils n'aient fait l'objet d'une récupération ou d'une compensation sous quelque forme que ce soit.

Les dispositions relatives au régime des congés payés, notamment en ce qui concerne l'aménagement du congé, le calcul de l'allocation de congé et les permissions exceptionnelles sont fixées par voie réglementaire.

ARTICLE 25.5 :

Le droit pour un salarié de prendre effectivement son congé s'ouvre après une durée de service effectif égale à un an.

ARTICLE 25.6 :

Le congé doit effectivement être pris dans les douze mois après l'embauche ou le retour du précédent congé.

L'ordre et les dates de départ en congé sont fixés par l'employeur compte tenu des nécessités du service et, dans la mesure du possible, des désirs du salarié.

Chaque salarié doit être informé au moins quinze jours à l'avance de ses dates de congé.

TITRE III SALAIRE.

CHAPITRE I DETERMINATION DU SALAIRE

ARTICLE 31.1 :

Par rémunération, ou salaire, il faut entendre le salaire de base ou salaire minimum et tous les autres avantages, payés directement ou indirectement, en espèces ou en nature, par l'employeur au travailleur en raison de l'emploi de ce dernier.

Aucun salaire n'est dû en cas d'absence, en dehors des cas prévus par la réglementation et sauf accord entre les parties intéressées.

ARTICLE 31.2 :

Dans les conditions prévues au présent titre, tout employeur est tenu d'assurer, pour un même travail ou un travail de valeur égale, l'égalité de rémunération entre les salariés, quels que soient leur sexe, leur âge, leur ascendance nationale, leur race, leur religion, leurs opinions politiques et religieuses, leur origine sociale, leur appartenance ou leur non appartenance à un syndicat;

ARTICLE 31.3 :

Les différents éléments composant la rémunération doivent être établis selon des normes identiques pour les hommes et pour les femmes.

Les catégories et classifications professionnelles ainsi que les critères de promotion professionnelle doivent être communs aux travailleurs des deux sexes.

Les méthodes d'évaluation des emplois doivent reposer sur des considérations objectives basées essentiellement sur la nature des travaux que ces emplois comportent.

ARTICLE 31. 4 :

La rémunération d'un travail à la tâche ou aux pièces doit être calculée de telle sorte qu'elle procure au travailleur de capacité moyenne et travaillant normalement un salaire au moins égal à celui du travailleur rémunéré au temps effectuant un travail analogue.

ARTICLE 31.5 :

Dans le cas où le travailleur permanent, qui n'est pas originaire du lieu d'emploi et n'y a pas sa résidence habituelle, ne peut, par ses propres moyens, se procurer un logement suffisant pour lui et sa famille, l'employeur est tenu de le lui assurer dans les conditions fixées par décret.

L'employeur est également tenu de fournir ou d'aider à la fourniture de denrées alimentaires lorsque ce même travailleur ne peut, par ses propres moyens, obtenir pour lui et sa famille un ravitaillement régulier.

Ces prestations éventuelles constituent un élément du salaire.

ARTICLE 31.6 :

Des décrets pris après avis de la Commission Consultative du Travail fixent les salaires minima interprofessionnels garantis.

ARTICLE 31.7 :

Lorsque la rémunération des services est constituée, en totalité ou en partie, par des commissions ou primes et prestations diverses ou des indemnités représentatives de ces prestations, dans la mesure où celles-ci ne constituent pas un remboursement de frais, il en est tenu compte pour le calcul de la rémunération du congé payé, ainsi que pour le calcul des indemnités de préavis, de licenciement et des dommages -intérêts.

Le montant à prendre en considération à ce titre est la moyenne mensuelle des éléments visés à l'alinéa précédent.

Toutefois, la période sur laquelle s'effectue ce calcul ne peut excéder les douze mois de service précédant la cessation du travail.

CHAPITRE II PAIEMENT DU SALAIRE

ARTICLE 32.1 :

Le salaire doit être payé en monnaie ayant cours légal, nonobstant toute stipulation.

Le paiement de tout ou partie du salaire en alcool, boissons alcoolisées, stupéfiants est formellement interdit. .

Sous réserve des dispositions du chapitre I du présent titre, nul n'est tenu d'accepter en tout ou en partie le paiement en nature de son salaire.

Aucun employeur ne peut restreindre de quelque manière que ce soit la liberté du travailleur de disposer de son salaire à son gré.

ARTICLE 32.2 :

La paie est faite, sauf cas de force majeure, sur le lieu de travail ou au bureau de l'employeur lorsqu'il est voisin du lieu de travail.

En aucun cas, elle ne peut être faite dans un débit de boissons ou dans un magasin de vente, sauf pour les travailleurs qui y sont normalement occupés, ni le jour où le travailleur a droit au repos.

ARTICLE 32. 3:

A l'exception des professions dont la liste est définie par décret, le salaire doit être payé à intervalles réguliers ne pouvant excéder quinze jours pour les travailleurs engagés à la journée ou à la semaine et un mois pour les travailleurs engagés à la quinzaine ou au mois.

Les paiements mensuels doivent être effectués au plus tard huit jours après la fin du mois de travail qui donne droit au salaire.

Pour tout travailleur aux pièces ou au rendement dont l'exécution doit durer plus d'une quinzaine, les dates de paiement peuvent être fixées de gré à gré, mais le travailleur doit recevoir chaque quinzaine des acomptes correspondant au moins à 90 % du salaire minimum et être intégralement payé dans la quinzaine qui suit la livraison de l'ouvrage.

Les commissions acquises au cours d'un trimestre doivent être payées dans les trois mois suivants la fin de ce trimestre.

Les participations aux bénéfices réalisés durant un exercice doivent être payées dans l'année suivante, au plus tôt après trois mois et au plus tard avant neuf mois.

ARTICLE 32. 4 :

Les travailleurs absents le jour de paye peuvent retirer leur salaire aux heures normales d'ouverture de la caisse et conformément au Règlement Intérieur de l'entreprise.

ARTICLE 32.5:

Le paiement du salaire doit être constaté par une pièce dressée ou certifiée par l'employeur ou son représentant et émargée par chaque intéressé ou par deux témoins s'il est illettré.

CHAPITRE III. PRIVILEGES, GARANTIES ET PRESCRIPTION DU SALAIRE

ARTICLE 33.1 :

Les sommes dues aux entrepreneurs de tous les travaux ayant le caractère de travaux publics ne peuvent être frappées de saisie- arrêt, ni d'opposition au préjudice des ouvriers titulaires de créances salariales.

Les créances salariales dues aux travailleurs sont payées de préférence aux sommes dues aux fournisseurs.

ARTICLE 33.2 :

La créance de salaire est privilégiée sur les meubles et immeubles du débiteur pour les douze derniers mois du travail.

S'il s'agit d'allocations de congés payés, le privilège ci-dessus porte sur l'année suivant la date où le droit à ces congés a été acquis.

ARTICLE 33. 3:

Les créances de salaires, primes, commissions, prestations diverses, indemnités de toute nature notamment celle pour inobservation du préavis ainsi que l'indemnité de licenciement ou les dommages et intérêts pour rupture abusive du contrat de travail, priment toutes créances privilégiées, y compris celle du Trésor Public.

ARTICLE 33.4 :

La créance de salaire des salariés et apprentis, pour l'année échue et pour l'année en cours, est privilégiée sur les meubles du débiteur dans les conditions prévues par la loi concernant le règlement judiciaire et la faillite.

Cette créance comprend non seulement les salaires et appointements proprement dits, mais tous les accessoires desdits salaires et appointements et, éventuellement, l'indemnité de congé payé, l'indemnité de licenciement et l'indemnité qui pourrait être due pour rupture abusive du contrat de travail.

En cas de liquidation judiciaire, les rémunérations de toute nature dues aux salariés et apprentis pour les soixante derniers jours de travail ou d'apprentissage doivent, déduction faite des acomptes déjà perçus, être payées dans les dix jours suivant le jugement déclaratif, nonobstant l'existence de toute autre créance privilégiée, jusqu'à concurrence d'un plafond mensuel identique pour toutes les catégories de bénéficiaires.

CHAPITRE IV RETENUES SUR SALAIRES

ARTICLE 34.1 :

En dehors des prélèvements obligatoires et des consignations qui peuvent être prévues par les Conventions Collectives et les contrats, il ne peut être fait de retenue sur appointements ou salaires que par saisie-arrêt ou cession volontaire, souscrite devant le Magistrat du lieu de résidence ou à défaut l'inspecteur du Travail et des Lois Sociales, pour le remboursement d'avance d'argent consentie par l'employeur au travailleur. Toutefois, lorsque le magistrat ou L'inspecteur du Travail et des Lois Sociales habite à plus de vingt-cinq kilomètres, il peut y avoir consentement réciproque et écrit devant le chef de l'unité administrative la plus proche;

Les acomptes sur un travail en cours ne sont pas considérés comme avance.

En tout état de cause, il ne peut y avoir compensation entre les appointements ou salaires et les sommes dues par le travailleur, notamment au titre de la réparation d'un préjudice que dans la limite de la partie saisissable et sur les seules sommes immobilisées conformément aux dispositions de l'article 32.7 au greffe du Tribunal du Travail.

ARTICLE 34.2 :

Des décrets fixent les portions de salaire soumises à prélèvements progressifs et les taux y afférant.

La retenue visée à l'article précédent ne peut, pour chaque paie, excéder les taux fixés par ces décrets.

Il doit être tenu compte, pour le calcul de la retenue, non seulement du salaire proprement dit, mais de tous les accessoires du salaire, à l'exception des indemnités déclarées insaisissables par la réglementation en vigueur, des sommes allouées à titre de remboursement de frais exposés par le travailleur et des allocations ou indemnités pour charge de famille.

Les sommes dues au titre du préavis, du licenciement, de la rupture du contrat, des voyages, sont saisissables dans la même proportion que le salaire et ses accessoires.

ARTICLE 34.3 :

Les dispositions d'une convention ou d'un contrat autorisant tous autres prélèvements sont nulles de plein droit.

Les sommes retenues au travailleur en contravention des dispositions ci-dessus portent intérêt à son profit aux taux légal depuis la date où elles auraient dû être payées et peuvent être réclamées par lui jusqu'à prescription, le cours en étant suspendu pendant la durée du contrat.

Les dispositions du présent chapitre ne font pas obstacle à l'institution de régimes légaux ou réglementaires de prévoyance ou de retraite.

TITRE IV. HYGIENE SECURITE ET SANTE AU TRAVAIL

CHAPITRE I. HYGIENE ET SECURITE

ARTICLE 41.1 :

Pour protéger la vie et la santé des salariés, l'employeur est tenu de prendre toutes les mesures utiles qui sont adaptées aux conditions d'exploitation de l'entreprise.

Il doit notamment aménager les installations et régler la marche du travail de manière à préserver le mieux possible les salariés des accidents et maladies.

ARTICLE 41.2 :

Tout employeur est tenu d'organiser une formation en matière d'hygiène et de sécurité au bénéfice des salariés nouvellement embauchés, de ceux qui changent de poste de travail ou de technique.

Cette formation doit être actualisée au profit du personnel concerné en cas de changement de la législation ou de la réglementation.

ARTICLE 41.3 :

Il est interdit à toute personne d'introduire ou de distribuer, de laisser introduire ou de laisser distribuer, dans les établissements ou entreprises, des boissons alcoolisées à l'usage des travailleurs.

ARTICLE 41.4 :

L'employeur ou son représentant doit organiser le contrôle permanent du respect des règles d'hygiène et de sécurité.

Les salariés de leur côté, doivent respecter les consignes qui leur sont données, utiliser correctement les dispositifs de salubrité et de sécurité et s'abstenir de les enlever ou de les modifier sans autorisation de l'employeur.

ARTICLE 41.5 :

Les décrets déterminent les mesures générales de protection et de salubrité applicables à tous les établissements et entreprises assujettis au présent Code, notamment en ce qui concerne l'éclairage, l'aération ou la ventilation, les eaux potables, les fosses d'aisance, l'évacuation des poussières et vapeurs, les précautions à prendre contre les incendies, les rayonnements, le bruit et les vibrations ; et, au fur et à mesure des nécessités constatées, les prescriptions particulières relatives à certaines professions, à certains travaux, opérations ou modes de travail.

Ces décrets peuvent limiter, réglementer ou interdire la fabrication, la vente, l'importation, la cession à quelque titre que ce soit ainsi que l'emploi des machines, des substances et préparations dangereuses pour les travailleurs;

CHAPITRE II. COMITE D'HYGIENE DE SÉCURITÉ ET DES CONDITIONS DE TRAVAIL

ARTICLE 42. 1 :

Dans tous les établissements ou entreprise employant habituellement plus de cinquante salariés, il doit être créé un Comité d'Hygiène, de Sécurité et des Conditions de Travail.

ARTICLE 42.2 :

Le Comité d'Hygiène, de Sécurité et des Conditions de Travail est composé, notamment, de délégués du personnel et de délégués syndicaux dans des conditions déterminées par décret.

ARTICLE 42. 3 :

Des décrets déterminent, en fonction des entreprises, les personnes qui, sans être membres du Comité d'Hygiène, de Sécurité et des Conditions de Travail, doivent être convoquées à ses réunions.

ARTICLE 42.4 :

Sans préjudice des attributions de tout délégué du personnel, le Comité d'Hygiène, de Sécurité et des Conditions de Travail est chargé de l'étude des conditions d'hygiène et de sécurité dans lesquelles, sont assurées la protection et la santé des travailleurs.

Il veille à l'application des prescriptions législatives et réglementaires et contribue à l'éducation des travailleurs dans le domaine de l'hygiène et de la sécurité.Les modalités d'application de l'alinéa précédent sont fixées par décret.

CHAPITRE III. SERVICES DE SANTE AU TRAVAIL

ARTICLE 43.1 :

Tout employeur doit assurer un service de santé au travail au profit des travailleurs qu'il emploie.

Ce service comprend notamment un examen médical des candidats à l'embauche ou des salariés nouvellement embauchés au plus tard avant l'expiration de leur période d'essai ; des examens périodiques des salariés en vue de s'assurer de leur bon état de santé et du maintien de leur aptitude au poste de travail occupé.

ARTICLE 43.2 :

Des décrets déterminent les modalités d'application des dispositions du présent chapitre.

TITRE V SYNDICATS PROFESSIONNELS

CHAPITRE I. LIBERTE SYNDICALE ET CONSTITUTION DES SYNDICATS

ARTICLE 51. 1 :

Les travailleurs ainsi que les employeurs, les professions libérales ou les exploitants indépendants n'employant pas de personnel peuvent constituer librement des syndicats professionnels de leur choix dans des secteurs d'activité et des secteurs géographiques qu'ils déterminent.

Ils ont le droit d'y adhérer librement de même que les personnes ayant quitté l'exercice de leur fonction ou de leur profession sous réserve d'avoir exercé celle-ci pendant un an au moins.

ARTICLE 51.2 :

Les syndicats professionnels ont exclusivement pour objet l'étude et la défense des droits ainsi que des intérêts matériels et moraux, tant collectifs qu'individuels des personnes, professions ou entreprises visées par leurs statuts

ARTICLES 51. 3 :

Aucun employeur ne peut user de moyens de pression à l'encontre ou en faveur d'une organisation syndicale de travailleurs quelconque.

ARTICLE 51. 4 :

Les fondateurs de tout syndicat professionnel doivent déposer les statuts et les noms de ceux qui, à un titre quelconque, sont chargés de son administration ou de sa direction.

Ce dépôts a lieu à la Mairie ou au siège de la circonscription administrative où le syndicat est établi et la copie des statuts est adressée à l'inspecteur du Travail et les Lois Sociales et au Procureur de la République du ressort.

Les modifications apportées aux statuts et les changements survenus dans la composition de la direction ou de l'Administration du syndicat doivent être portés, dans les mêmes conditions, à la connaissance des mêmes autorités.

ARTICLE 51.5 :

Les membres chargés de l'Administration ou de la direction d'un syndicat professionnel doivent être nationaux ivoiriens ou nationaux de tout autre Etat avec lequel ont été passés des accords stipulant la réciprocité en matière de droit syndical et de défense professionnelle et jouir de leurs droits civils et politiques conformément aux dispositions des lois organiques sur l'électorat les régissant.

Sous réserve de jouissance de ces mêmes droits, peuvent également accéder aux fonctions d'administration et de direction, les étrangers séjournant régulièrement sur le territoire de la Côte d'Ivoire depuis trois ans au moins.

ARTICLE 51.6 :

Les femmes mariées exerçant une profession ou un métier peuvent, sans l'autorisation de leur mari, adhérer aux syndicats professionnels et participer à leur administration ou à leur direction dans les conditions fixées à l'article précédent.

ARTICLE 51.7 :

Les mineurs âgés de plus de seize ans peuvent adhérer aux syndicats, sauf opposition de leur père, mère ou tuteur.

ARTICLE 51.8 :

Tout membre d'un syndicat professionnel peut s'en retirer à tout moment nonobstant toute clause contraire, sans préjudice du droit, pour le syndicat, de réclamer la cotisation afférente au six mois qui suivent le retrait d'adhésion.

ARTICLE 51.9 :

En cas de dissolution volontaire, statutaire ou prononcée par la Justice, les biens du syndicat sont dévolus conformément aux statuts ou, à défaut de dispositions statutaires, suivant les règles déterminées par l'assemblée générale.

En aucun cas, ils ne peuvent être répartis entre les membres adhérents.

CHAPITRE II. CAPACITE CIVILE DES SYNDICATS

ARTICLE 52.1 :

Les syndicats professionnels jouissent de la capacité civile. Ils ont le droit d'ester en justice, d'acquérir sans autorisation, à titre gratuit ou onéreux, des biens meubles ou immeubles.

ARTICLE 52.2 :

Ils peuvent, devant toutes les juridictions, exercer tous les droits réservés à la partie civile, relativement aux faits portant un préjudice direct ou indirect à l'intérêt collectif de la profession qu'ils représentent.

ARTICLE 52.3 :

Ils peuvent affecter une partie de leurs ressources à la création de logements de travailleurs, à l'acquisition de terrains de culture ou de terrains d'éducation physique à l'usage de leurs membres.

ARTICLE 52.4 :

Ils peuvent créer, administrer ou subventionner des oeuvres professionnelles telles que : institutions de prévoyance, caisses de solidarité, laboratoires, champs d'expérience, oeuvres d'éducation scientifique, agricole ou sociale, cours et publications intéressant la profession.

Les immeubles et objets mobiliers nécessaires à leurs réunions, à leurs bibliothèques et à leurs cours d'instruction professionnelle sont insaisissables.

ARTICLE 52.5 :

Ils peuvent subventionner des sociétés coopératives de production ou de consommation.

ARTICLE 52.6 :

Ils peuvent passer contrats ou conventions avec tous autres syndicats, sociétés, entreprises ou personnes. Les Conventions Collectives de travail sont passées dans les conditions déterminées au titre VII du présent Code.

ARTICLE 52.7 :

S'ils y sont autorisés par leurs statuts et à condition de ne pas distribuer de bénéfices, même sous forme de ristournes, à leurs membres, les syndicats peuvent :

1° Acheter pour louer, prêter ou répartir entre leurs membres tout ce qui est nécessaire à l'exercice de leur profession, notamment matières premières, outils, instruments, machines, engrais, semences, plantes, animaux et matières alimentaires pour le bétail ;

2° Prêter leur Entreprise gratuitement pour la vente des produits provenant exclusivement du travail personnel ou des exploitations des syndiqués ; faciliter cette vente par exposition, annonces, publications, groupements de commandes et d'expédition sans pouvoir l'opérer en leur nom et sous leur responsabilité.

ARTICLE 52.8 :

Ils peuvent être consultés sur tous les différends et toutes les questions se rattachant à leur spécialité.

Ils s'efforcent de répondre à toutes les consultations qui leur sont adressées par les fonctionnaires de l'Administration du Travail compétents et de prêter à ceux-ci leur collaboration dans tous les cas où elle est prescrite par la loi ou le règlement.

Dans les affaires contentieuses, les avis du syndicat sont tenus à la disposition des parties qui peuvent en prendre connaissance et copie.

TITRE VI. REPRESENTATION DES TRAVAILLEURS DANS L'ENTREPRISE

CHAPITRE I. DELEGUES DU PERSONNEL

ARTICLE 61.1 :

Les délégués du personnel sont élus pour une durée de deux ans . Ils sont rééligibles.

ARTICLE 61. 2. :

Le nombre de travailleurs à partir duquel et les catégories d'établissements dans lesquels l'institution de délégués du personnel est obligatoire, le nombre des délégués et leur répartition sur le plan professionnel, les conditions exigées pour être électeur ou éligible ainsi que les conditions de révocation des délégués par leur collègue d'électeurs sont fixés par décret.

ARTICLE 61.3 :

L'élection a lieu au scrutin secret et sur des listes établies par les organisations syndicales au sein de chaque établissement pour chaque catégorie du personnel.

Si le nombre des suffrages valablement exprimés est inférieur à la moitié des électeurs inscrits, il est procédé à un second tour de scrutin pour lequel les électeurs peuvent voter pour des candidats autres que ceux proposés par les organisations syndicales.

L'élection a lieu à la représentation proportionnelle. Les sièges éventuellement restants sont attribués à la plus forte moyenne.

ARTICLE 61. 4 :

L'initiative des élections incombe à l'employeur. En cas de renouvellement de l'institution, les élections doivent être organisées dans le mois qui précède l'achèvement des mandats.

En cas de carence de l'employeur, l'inspecteur du Travail et des Lois Sociales peut ordonner l'organisation d'élections ou de nouvelles élections. A moins que l'inspecteur du Travail et des Lois Sociales ait constaté que l'entreprise n'était plus soumise à l'obligation d'élire des délégués du personnel, les mandats en cours sont prorogés jusqu'aux nouvelles élections.

ARTICLE 61. 5 :

Les contestations relatives à l'électorat, à l'éligibilité des délégués du personnel ainsi qu'à la régularité des opérations électorales sont de la compétence des juridictions de droit commun qui statuent d'urgence en premier et en dernier ressort.

ARTICLE 61. 6 :

Chaque délégué a un suppléant élu dans les mêmes conditions, qui le remplace en cas d'absence motivée, de décès, démission, révocation, changement de catégorie professionnelle, résiliation du contrat de travail, perte des conditions requises pour l'éligibilité.

ARTICLE 61. 7 :

Tout licenciement d'un délégué du personnel envisagé par l'employeur ou son représentant doit être soumis à l'autorisation préalable de l'inspecteur du Travail et des Lois Sociales. L'employeur ne peut poursuivre la rupture du contrat par d'autres moyens.

En cas de faute lourde, l'employeur peut prononcer immédiatement la mise à pied provisoire de l'intéressé en attendant la décision de l'inspecteur.

TITRE VII. CONVENTIONS COLLECTIVES DE TRAVAIL

CHAPITRE I. NATURE ET VALIDITE DES CONVENTIONS COLLECTIVES

ARTICLE 71.1 :

La Convention Collective de travail est un accord relatif aux conditions d'emploi et de travail conclu entre , d'une part, les représentants d'un ou plusieurs syndicats ou groupements professionnels de travailleurs et, d'autre part, une ou plusieurs organisations syndicales d'employeurs ou tout autre groupement d'employeurs ou un ou plusieurs employeurs pris individuellement.

ARTICLE 71.2 :

La convention peut contenir des dispositions plus favorables aux travailleurs que celles des lois et règlements en vigueur.

Elle ne peut déroger aux dispositions d'ordre public définies par ces lois et règlements.

ARTICLE 71. 3 :

Les Conventions Collectives déterminent leur champ d'application. Au plan professionnel, celui-ci est défini en termes de branche d'activité.

Au plan géographique, celui-ci peut être national, régional ou local.

Dans le cas où une Convention Collective concernant une ou plusieurs branches d'activité déterminées a été conclue sur un plan donné, les Conventions Collectives conclues sur le plan inférieur, adaptent cette convention ou certaines de ses dispositions aux conditions particulières travail existant sur le plan inférieur.

Elles peuvent prévoir des dispositions nouvelles et des clauses plus favorables aux travailleurs.

ARTICLE 71. 4 :

Les représentants des organisations syndicales ou de tout autre groupement professionnel visés à l'article précédent peuvent contracter au nom de l'organisation qu'ils représentent, en vertu :

- soit des stipulations statutaires de cette organisation ;
- soit d'une délibération spéciale de cette organisation ;
- soit de mandats spéciaux et écrits qui leur sont donnés individuellement par tous les adhérents de cette organisation.

A défaut, pour être valable, la Convention Collective doit être ratifiée par une délibération spéciale de ce groupement.

Les groupements intéressés déterminent eux-mêmes les modalités de cette délibération.

TITRE VIII. DIFFERENDS RELATIFS AU TRAVAIL

CHAPITRE I DIFFERENDS INDIVIDUELS

SECTION I. REGLEMENT AMIABLE

ARTICLE 81.1 :

Tout travailleur ou tout employeur peut demander à l'inspecteur du Travail et des Lois Sociales, à son délégué ou à son suppléant légal de tenter d'aboutir à un règlement amiable du litige individuel par les parties.

Dans ce cas, la partie défenderesse est tenue de se prêter à cette tentative.

ARTICLE 81.2 :

Les parties sont tenues de se présenter au jour et à l'heure fixée par la convocation de l'inspecteur du Travail et des Lois Sociales acheminée par cahier de transmission, par voie postale avec accusé de réception ou par tout autre moyen offrant des garanties de preuve équivalentes.

Si le demandeur ne se présente pas ou n'est pas représenté, il ne peut renouveler sa demande de tentative de règlement amiable.

Si le défendeur ne se présente pas ou n'est pas représenté, l'affaire est transmise au Tribunal du Travail ; celui-ci prononce, sur le vu du procès-verbal de non comparution dressé par l'inspecteur du Travail et des Lois Sociales, une amende civile conformément à l'alinéa 2 de l'article 100.6.

Le jugement est imprimé et affiché aux frais du défendeur non comparant.

ARTICLE 81.3 :

L'inspecteur du Travail et des Lois Sociales cherche à concilier les parties sur la base des normes fixées par la loi, la réglementation, les Conventions Collectives, les accords collectifs d'établissement et le contrat individuel de travail.

Le règlement à l'amiable du différend devant l'inspecteur du travail et des Lois Sociales est définitif.

ARTICLE 81.4 :

Tout procès-verbal afférent à la tentative de règlement amiable annonce les différents chefs de la demande, y compris les dommages et intérêts s'il y lieu.

En cas de règlement total, le procès-verbal mentionne, d'une part, les points sur lesquels l'accord des parties est intervenu et s'il y a lieu, les sommes convenues pour chaque chef de demande, et, d'autre part, les chefs de demande dont il a été fait abandon.

En cas de règlement partiel, le procès-verbal contient également les chefs de demande sur lesquels il n'a pu y avoir d'accord des parties.

Aucune mention, telle que "divers", «pour solde de tout compte», ou «toutes causes confondues» ne peut être employée à peine de nullité du procès-verbal.

Toute clause ayant pour effet de mettre définitivement fin au litige ne peut être mentionnée au procès-verbal qu'avec la volonté expressément manifestée par les parties. En l'absence de tout règlement amiable, l'inspecteur du Travail et des Lois Sociales consigne sur le procès-verbal les motifs de l'échec.

ARTICLE 81.5 :

En l'absence d'un versement immédiat ou dans le délai imparti, et en présence de l'inspecteur du Travail et des Lois Sociales, des sommes convenues par règlement amiable, le procès-verbal est présenté, en deux exemplaires, par la partie la plus diligente au Président du Tribunal du Travail dans le ressort duquel il a été établi.

Celui-ci y appose la formule exécutoire et fait déposer un exemplaire au rang des minutes du Tribunal du Travail. L'exécution est poursuivie comme celle d'un jugement du Tribunal du Travail.

ARTICLE 81.6 :

En cas d'échec de la tentative de règlement amiable, une action peut être introduite devant le Tribunal du Travail dans les conditions prévues à l'article 81. 16.

SECTION 2. REGLEMENT CONTENTIEUX

ARTICLE 81.7 :

Les Tribunaux du Travail connaissent les différends individuels pouvant s'élever à l'occasion du contrat de travail ou d'apprentissage, y compris les accidents du travail et les maladies professionnelles, entre les travailleurs ou apprentis et leurs employeurs ou maîtres.

Ces Tribunaux ont également qualité pour se prononcer sur tous les différends individuels relatifs à la validité et l'exécution des Conventions Collectives et règlements en tenant lieu. Leur compétence s'étend également aux litiges entre travailleurs ou apprentis à l'occasion des contrats de travail ou d'apprentissage.

ARTICLE 81.8 :

Le Tribunal compétent est celui du lieu du travail. Toutefois, pour les litiges nés de la résiliation du contrat de travail et nonobstant toute attribution conventionnelle de juridiction, le travailleur a le choix entre le Tribunal de sa résidence et celui du lieu du travail.

ARTICLE 81. 9 :

Les Tribunaux du Travail sont constitués par une chambre spéciale des Tribunaux de première instance; leur compétence s'étend aux ressorts de ces derniers.

Toutefois, lorsque l'importance du marché du travail l'exige, il peut être crée auprès des sections détachées des Tribunaux de première instance, des Tribunaux du Travail avec la même compétence territoriale.

ARTICLE 81.10 :

La chambre spéciale est composée :

- du Président du Tribunal de première instance ou de la section détachée ou d'un magistrat de la juridiction désigné par lui, Président ;
- d'un assesseur employeur et d'un assesseur travailleur pris parmi ceux figurant sur les listes établies en conformité de l'article 81. 11 ci-dessous. Pour chaque affaire, le Président désigne autant que possible les assesseurs employeurs et travailleurs appartenant à la catégorie professionnelle intéressée. La chambre spéciale peut être divisée en sections professionnelles lorsque la structure du marché du travail le justifie.

Les assesseurs titulaires sont remplacés, en cas d'empêchement, par des suppléants dont le nombre est égal à celui des titulaires.

En cas de carence répétée et constatée des assesseurs, le magistrat peut siéger seul.

ARTICLE 81.11 :

Les assesseurs et leurs suppléants sont nommés dans les conditions définies par décret. Ils sont choisis sur les listes présentées par les organisations syndicales représentatives ou, en cas de carence, par l'inspecteur du Travail et des Lois Sociales.

Le mandat des assesseurs titulaires et suppléants a une durée de deux ans ; il est renouvelable.

Les assesseurs ou leurs suppléants doivent justifier de la possession de leurs droits civils et politiques.

Ils doivent, en outre, n'avoir subi aucune condamnation à peine d'emprisonnement ferme notamment pour escroquerie, faux et usage de faux, abus de confiance.

Sont déchus de leur mandat les assesseurs qui sont frappés de l'une des condamnations visées ci-dessus ou qui perdent leurs droits civils et politiques.

ARTICLE 81.12 :

Tout assesseur titulaire ou suppléant qui manque gravement à ses devoirs dans l'exercice de ses fonctions est appelé devant le Tribunal du Travail pour s'expliquer sur les faits qui lui sont reprochés.

L'initiative de cette convocation appartient au Président du Tribunal du Travail.

Dans le délai d'un mois à dater de la convocation, le procès- verbal de la séance de comparution est adressé par le Président du Tribunal du Travail au Procureur de la République.

Ce procès-verbal est transmis par le Procureur de la République, avec son avis, au Garde des Sceaux, Ministre de la Justice, dans les conditions définies par décret.

Par arrêté motivé du Garde des Sceaux, Ministre de la Justice, les peines suivantes peuvent être prononcées :

- le blâme;
- la suspension pour un temps qui ne peut excéder six mois;
- l'exclusion.

ARTICLE 81.13 :

Les assesseurs et leurs suppléants prêtent, devant le Tribunal auprès duquel ils sont appelés à siéger, le serment suivant :

"Je jure de remplir mes devoirs avec zèle et intégrité et de garder le secret des délibérations".

ARTICLE 81.14 :

Les fonctions d'assesseurs titulaires ou suppléants des Tribunaux du Travail sont gratuites.

Toutefois, peuvent être allouées aux assesseurs des indemnités de séjour et de déplacement, dont le montant ne peut être inférieur au montant des salaires et indemnités perdus. Ce montant est fixé par voie réglementaire.

Le licenciement des assesseurs travailleurs est soumis aux règles prévues à l'article 61.7 du présent Code.

ARTICLE 81. 15 :

La procédure devant les Tribunaux du Travail et devant la juridiction d'appel est gratuite. En outre, pour l'exécution des jugements rendus à leur profit, les travailleurs bénéficient de plein droit de l'assistance judiciaire.

ARTICLE 81. 16 :

L'action est introduite par déclaration écrite ou orale faite au greffe du Tribunal du Travail, accompagnée s'il y a lieu du procès- verbal de non conciliation de l'inspecteur du Travail et des Lois Sociales. Inscription est faite sur un registre tenu spécialement à cet effet ; un extrait de cette inscription est délivré à la partie ayant introduit l'action.

CHAPITRE II. DIFFERENDS COLLECTIFS

SECTION I. DISPOSITIONS GENERALES

ARTICLE 82. 1 :

Tous les salariés ont le droit de se mettre en grève.

La grève est un arrêt concerté du travail décidé par les salariés pour faire aboutir des revendications professionnelles.

Sous réserve des dispositions de l'article 82.16 du présent Code, la grève ne rompt pas le contrat de travail, sauf faute lourde imputable au travailleur.

ARTICLE 82.2 :

La grève doit être précédée d'un préavis permettant la négociation entre les parties.

Le préavis de grève est déposé, par les représentants des salariés, auprès de la direction de l'entreprise, de l'établissement ou des unions patronale de la branche d'activité. Sa durée est de six jours ouvrables.

Est interdite toute grève déclenchée dans l'inobservation du préavis prévu à l'alinéa premier.

ARTICLE 82.3 :

A peine de nullité, le préavis de grève doit être notifié par écrit à l'autorité compétente de l'Administration du Travail. Cette notification comporte les raisons et les revendications formulées les salariés déposant le préavis de grève, assistés éventuellement par les organisations syndicales.

Dès que le préavis de grève est notifié à l'autorité compétente, celle-ci doit prendre l'initiative d'une négociation avec les parties en conflit.

ARTICLE 82.4 :

Les parties en conflit sont tenues de se rendre à toutes convocations et réunions de concertation et de conciliation organisées par l'autorité compétente.

ARTICLE 82.5 :

Le lock-out est la fermeture de tout ou partie d'une entreprise ou d'un établissement, décidée par l'employeur à l'occasion d'une grève des salariés de son entreprise.

Le lock-out est prohibé et n'est exceptionnellement licite que lorsqu'il est justifié par un impératif de sécurité ou lorsque la procédure de déclenchement de la grève n'a pas été respectée.

Dans les cas exceptionnel où le lock-out est licite, il prend fin dès que les causes qui le justifient disparaissent.

Le lock-out licite entraîne la suspension du contrat de travail et dispense l'employeur de verser au salarié la rémunération habituellement due pour la période concernée.

SEPTIEME PARTIE. LA LEGISLATION DU TRAVAIL DU GABON

Loi n°3/94 du 21 novembre 1994 portant Code du travail

Titre 2 - Du contrat de travail

Chapitre 1 - Du contrat individuel de travail

Section 1 - Dispositions communes

Art.18.- Le contrat individuel de travail est une convention par laquelle une personne s'engage à mettre son activité professionnelle sous la direction et l'autorité d'une autre personne qui s'oblige à lui payer en contrepartie une rémunération.

Par rémunération au sens du présent Code, il faut entendre le salaire ou traitement de base et tous les avantages et accessoires payés, directement ou in- directement, en espèces par l'employeur au travail- leur, en raison de l'emploi de ce dernier.

Section 2 - De la conclusion du contrat de travail

Sous-section 1 - De la conclusion du contrat de travail

Art.19.- Le contrat de travail est passé librement soit verbalement, soit par écrit sous réserve de la production obligatoire d'un certificat médical attes- tant que le candidat à l'emploi considéré est indemne de toute maladie contagieuse et physique- ment apte à occuper les fonctions auxquelles il est destiné.

Art.20.- Lorsqu'il est passé par écrit, le contrat de travail est exempt de tous droits de timbre et d'enregistrement. S'il est passé verbalement, la preuve peut en être rapportée par tous moyens.

Art.21.- Quels que soient le lieu de sa conclusion et la résidence de l'une ou l'autre partie, tout contrat de travail conclu pour être exécuté en totalité ou en partie sur le territoire national est soumis aux dispositions du présent Code. Toutefois, cette disposition n'est pas applicable dans le cas de travailleurs introduits au Gabon pour une mission temporaire n'excédant pas trois mois.

Les modalités d'application du présent article seront déterminées par décret pris sur proposition du ministre chargé du travail.

Sous-section 2 - De la durée du contrat de travail

Art.22.- Le travailleur ne peut engager ses services à vie. Le contrat peut être à durée déterminée, indéterminée ou pour l'exécution d'un ouvrage ou d'une tâche déterminée.

1) Du contrat de travail à durée déterminée

Art.23.- Le contrat de travail à durée déterminée est un contrat comportant un terme certain, fixé d'avance et d'accord parties. Il est obligatoirement écrit. Sa durée ne peut excéder deux ans. Il ne peut être renouvelé qu'une fois.

Toutefois, des contrats de courte durée peuvent être conclus et renouvelés plus d'une fois, à condition que leur durée totale ne dépasse pas deux ans.

Art.24.- Lorsque le contrat à durée déterminée, arrivé à terme, se poursuit par la volonté, même tacite, des parties, cette prolongation confère au contrat, le caractère de contrat à durée indéterminée, nonobstant toute clause prohibant la tacite re- conduction.

2) Du contrat de travail pour l'exécution d'un ouvrage ou d'une tâche déterminée

Art.25.- Le contrat conclu pour l'exécution d'un ouvrage ou d'une tâche déterminée doit mentionner la nature de l'ouvrage à réaliser ou de la tâche à effectuer. Il est obligatoirement écrit.

3) Du travail journalier ou hebdomadaire

Art.26.- Est considéré comme travail journalier ou hebdomadaire l'engagement écrit contracté pour une journée ou une semaine. Le salaire est payé à la fin de cette période. Le contrat peut être renouvelé le lendemain ou la semaine suivante.

Au-delà de la période d'un mois, si l'engagement se poursuit par la volonté, même tacite, des parties, cette prolongation confère au contrat le caractère de contrat à durée indéterminée, nonobstant toute clause prohibant la tacite reconduction.

Section 3 - De l'exécution du contrat de travail

Sous-section 1 - De l'engagement à l'essai

Art.28.- L'engagement à l'essai précède la conclusion d'un contrat définitif. Il a pour but de permettre à l'employeur de juger des aptitudes professionnelles et du comportement du travailleur, et à ce dernier d'apprécier les conditions générales de travail, d'hygiène et de sécurité.

Art.29.- L'engagement à l'essai doit être, à peine de nullité, expressément constaté par écrit. Il peut être inclus dans le corps d'un contrat définitif.

Art.30.- L'engagement à l'essai ne peut comporter une période supérieure au délai nécessaire pour mettre à l'épreuve le personnel engagé, compte tenu de sa qualification, du niveau des responsabilités afférentes à l'emploi et des usages de la profession.

Aucun contrat individuel de travail, ni aucune convention collective ne peut prévoir une durée d'essai, renouvellement éventuel compris, supérieure à six mois pour les cadres, trois mois pour les employés, techniciens et agents de maîtrise et un mois pour les autres salariés.

Sous-section 2 - De la clause de non-concurrence

Art.34.- Le travailleur doit toute son activité professionnelle à l'entreprise, sauf dérogation stipulée au contrat.

Est nulle de plein droit toute clause d'un contrat portant interdiction pour le travailleur d'exercer une activité quelconque à l'expiration du contrat. En cas de rupture du contrat, cette clause est valable si la rupture est le fait du travailleur ou résulte d'une faute lourde de celui-ci. Toutefois, en ces cas, l'interdiction ne peut porter que sur les activités de nature à porter concurrence de manière dé- loyale à l'employeur. Cette interdiction ne peut dépasser 12 mois et ne peut s'appliquer que dans un rayon de cinq kilomètres autour du lieu de travail[11].

---

[11] **Quand peut-on licencier un salarié pour motif économique ?**

La définition du motif économique

Le licenciement pour motif économique est le licenciement que vous effectuez pour un ou plusieurs motifs non inhérents à la personne du salarié et résultant d'une suppression ou transformation d'emploi ou d'une modification, refusée par le salarié, d'un élément essentiel du contrat de travail, consécutives notamment à :

- des difficultés économiques : la notion de difficultés économique a été clairement définie par la loi travail. Les difficultés économiques sont caractérisées par l'évolution significative d'au moins un indicateur économique tel qu'une baisse des commandes ou du chiffre d'affaires, des pertes d'exploitation ou une dégradation de la trésorerie ou de l'excédent brut d'exploitation, soit par tout autre élément de nature à justifier de ces difficultés.

Selon la loi, une baisse significative des commandes ou du chiffres d'affaires est constituée dès lors que la durée de cette baisse est, en comparaison avec la même période de l'année précédente, au moins égale à :

1 trimestre si votre entreprise comprend moins de 11 salariés,
2 trimestres consécutifs l'effectif comporte au moins 11 salariés et moins de 50 salariés,
3 trimestres consécutifs si l'effectif est compris entre 50 et moins de 300 salariés ;
4 trimestres consécutifs si votre entreprise comprend 300 salariés et plus ;

- des mutations technologiques : acquisition de nouveaux outils entraînant de nouvelles méthodes de travail, informatisation, etc. ;
- une réorganisation de l'entreprise nécessaire à la sauvegarde de sa compétitivité ;
- la cessation d'activité de l'entreprise.

La loi travail a codifié les deux derniers points depuis le 1er décembre 2016. Toutefois, ces deux notions étaient auparavant consacrées par la jurisprudence.

Sachez que la matérialité de la suppression, de la transformation d'emploi ou de la modification d'un élément essentiel du contrat de travail s'apprécie au niveau de l'entreprise. Dans tous les cas, tout licenciement économique doit être justifié par une cause réelle et sérieuse, matériellement vérifiable.

L'obligation d'adaptation et de reclassement

Justifier d'un motif économique n'est pas suffisant.

En effet, le licenciement d'un ou plusieurs de vos salariés pour motif économique ne peut intervenir que lorsque tous les efforts de formation et d'adaptation ont été réalisés. Pour autant, vous n'êtes pas tenu de proposer des formations initiales.

De surcroît, le reclassement des intéressés sur les emplois disponibles (en France dans votre entreprise, ou les autres groupes dont votre entreprise fait partie) doit s'avérer impossible. Vous êtes donc tenu de rechercher activement toute solution de reclassement.

Informez également individuellement le salarié, par LRAR ou par tout autre moyen permettant de conférer date certaine, de la possibilité de recevoir des offres de reclassement hors du territoire national.
Formulez toute offre de reclassement par écrit, de façon individuelle et précise (type de poste proposé, lieu de travail, durée du contrat, temps de travail, rémunération, etc.).

Le classement d'un salarié s'effectue sur un emploi relevant de la même catégorie que celui qu'il occupe ou sur un emploi équivalent assorti d'une rémunération équivalente. Pour autant, si cela s'avère strictement impossible et sous réserve de l'accord exprès de votre salarié, le reclassement peut être effectué sur un emploi d'une catégorie inférieure. Certains salariés peuvent effectivement préférer conserver un emploi, même s'il est de catégorie inférieure, plutôt que de devoir en chercher un nouveau sans assurance d'en trouver un.
Le salarié est libre d'accepter ou refuser une offre de reclassement.

Licenciement économique : quelle procédure faut-il respecter ?

Si vous remplissez toutes les conditions, vous devez respecter une stricte procédure, dont les étapes varient en fonction du nombre de salariés concernés par la mesure et en fonction de la taille de votre entreprise.

Respectez l'ordre des licenciements

En l'absence de convention ou d'accord collectif, vous définissez les critères retenus pour fixer l'ordre des licenciements après consultation du comité d'entreprise (CE) ou, à défaut, des délégués du personnel (DP). L'ordre des licenciements tient compte des critères légaux (charge de famille, ancienneté, qualités professionnelles appréciées par catégorie, etc.). Ces critères sont pris en compte que le licenciement soit individuel ou collectif.

Consultez les représentants du personnel

La consultation des représentants du personnel est nécessaire dès lors que vous envisagez le licenciement économique d'au moins 2 salariés. Si votre entreprise comporte au moins 50 salariés, consultez le CE ou, à défaut, les délégués du personnel. Consultez les DP si votre entreprise compte moins de 50 salariés . A défaut de consultation, vous risquez d'être condamné au paiement d'une indemnité calculée en fonction du préjudice subi par votre salarié.

Convoquez votre salarié à un entretien préalable et menez cet entretien

Si vous envisagez de licencier moins de 10 salariés dans une même période de 30 jours ou si vous envisagez le licenciement d'au moins 10 salariés sur une même période de 30 jours alors que vous ne disposez pas de représentant du personnel, vous êtes tenu de convoquer le ou les salariés concernés à un entretien préalable.
L'entretien se déroule au moins 5 jours ouvrables après présentation de la lettre de convocation. Le salarié peut être, au cours de cette entrevue, assisté.
Pour éviter le risque d'une irrégularité de procédure, les Editions Tissot vous proposent 2 tableaux qui vous permettent de déterminer à partir de quelle date vous pouvez fixer l'entretien préalable suivant la présentation de la convocation avec remise en main propre ou l'envoi de cette dernière par LRAR.
Sachez que si votre salarié ne se rend pas à l'entretien, vous pouvez tout de même poursuivre normalement la procédure.
Si votre entreprise est dotée d'un CE ou de DP et que la procédure concerne au moins 10 licenciements, la procédure de l'entretien préalable n'a pas à être menée
Etablissez et mettez en œuvre un plan de sauvegarde de l'emploi (PSE)
Cette étape s'impose à vous si votre entreprise compte au moins 50 salariés et que la procédure de licenciement concerne au moins 10 salariés sur une même période de 30 jours
Proposez au salarié d'adhérer au contrat de sécurisation professionnelle (CSP)
Vous êtes concerné si votre entreprise comporte moins de 1000 salariés ou si votre société est en phase de redressement ou liquidation judiciaire

Si l'entreprise compte au moins 1000 salariés, il faut proposer au salarié d'adhérer au congé de reclassement (CR)

Notifiez le licenciement

Section 4 - De la suspension du contrat de travail

Art.35.- La suspension du contrat est une interruption momentanée de tout ou partie des obligations contractuelles, sans qu'il y ait rupture.

Art.36.- Le contrat de travail est suspendu :

1) en cas de fermeture de l'établissement ou de l'entreprise par suite de l'appel de l'employeur sous les drapeaux, ou pour une période obligatoire d'instruction militaire ;

2) pendant la durée du service militaire ou civil obligatoire du travailleur et pendant les périodes d'instruction militaire auxquelles il est astreint ;

3) pendant la durée de l'absence du travailleur, limitée à six mois, en cas d'accidents ou de maladies autres que ceux visés au paragraphe 5 ci-après, et en cas d'accidents ou de maladies de son conjoint ou de son enfant, dûment constatés par un médecin ;

4) en cas de maladie de longue durée ;

5) pendant la période d'indisponibilité du travailleur, résultant d'un accident du travail ou d'une maladie professionnelle ;

6) pendant le congé de maternité de la femme salariée, tel que prévu à l'article 171 du présent Code ;

La notification prend la forme d'une LRAR. Notez que la remise en main propre ou l'exploit d'huissier sont également des procédés valables. Le délai de notification varie selon le nombre de licenciements concernés, la catégorie professionnelle du salarié et selon la taille de votre entreprise. La lettre comporte différentes informations obligatoires (motifs économiques précis, possibilité de bénéficier d'un CSP ou d'un CR, priorité de réembauche)

Après notification du licenciement, le contrat de travail ne prend fin qu'après une période de préavis, sauf en cas de dispense ou si le salarié a accepté d'adhérer au CSP ou au CR.
Versez les indemnités et remettez les documents de fin de contrat (attestation Pôle emploi, certificat de travail, solde de tout compte, état récapitulatif de l'épargne salariale).

Si votre salarié est un salarié protégé (détenant, par exemple, un mandat de représentant du personnel), vous êtes tenu de demander l'autorisation de l'inspecteur du travail avant de licencier le salarié pour motif économique.

CONGÉ MATERNITÉ : DÉFINITION

Le congé de maternité est un congé de 16 semaines réparties avant et après la naissance de l'enfant (congé prénatal/postnatal). Il est constitué d'une période de repos de 6 semaines avant l'accouchement et de 10 semaines après l'accouchement. En cas de naissances multiples, d'accouchement prématuré ou d'allaitement, le congé post natal peut être prolongé de 12 semaines, allant jusqu'à 22 semaines pour des jumeaux ; et de 24 semaines prénatales à 22 semaines après l'accouchement. Il est important de savoir que le congé de maternité implique dans tous les cas une impossibilité pour la salariée concernée d'exercer ses fonctions. En cas de 3ème enfant, le congé maternité va de 8 semaines en prénatal à 18 semaines en postnatal.
Il arrive parfois que l'accouchement survienne avant la date prédite figurant sur le certificat de grossesse établit par le médecin. Dans ce cas de figure, la partie du congé prénatal non prise n'est pas perdue mais plutôt ajoutée à la période de congé postnatal.

7) pendant la période de mise à pied disciplinaire du travailleur qui ne peut excéder huit jours ;

8) pendant la période de mise à pied conservatoire du travailleur bénéficiant de la protection prévue aux articles 170 et 295 du présent Code ;

9) pendant la durée de garde à vue ou de détention du travailleur, préventive ou non, si les faits reprochés à celui-ci sont étrangers au contrat de travail, à condition qu'elle n'excède pas six mois ;

10) pendant la durée de l'exercice par le travailleur d'une fonction syndicale permanente ;

11) pendant la durée d'un mandat électif ou l'exercice par le travailleur d'une fonction politique.

Section 5 - De la résiliation du contrat du travail

Sous-section 1 - Dispositions communes

Art.44.- La résiliation est l'acte par lequel l'une des parties exerce son droit de mettre fin au contrat de travail.

Toute résiliation d'un contrat de travail doit être faite par écrit par la partie qui en prend l'initiative.

La résiliation prend effet le lendemain du jour de la notification du licenciement.

Une copie de la lettre de résiliation doit être adressée à l'inspection du travail du ressort.

Sous-section 2 - De la résiliation du contrat d'engagement à l'essai

Art.45.- Le contrat d'engagement à l'essai peut être rompu à tout moment par l'une ou l'autre des parties, sans préavis, sauf convention contraire.

Art.46.- En cas de résiliation du contrat pendant ou à la fin de la période d'essai par l'une ou l'autre des parties, le voyage retour du salarié recruté hors du lieu de travail est supporté par l'employeur.

Sous-section 3 - De la résiliation du contrat de travail à durée déterminée

Art.47.- Le contrat de travail à durée déterminée ne peut cesser avant terme par la volonté d'une seule des parties que dans les cas prévus au contrat, ou dans celui de la faute lourde laissée à l'appréciation des juridictions compétentes.

Sous-section 4 - De la résiliation du contrat de travail pour l'exécution d'un ouvrage ou d'une tâche déterminée

Art.48.- Le contrat de travail pour l'exécution d'un ouvrage ou d'une tâche déterminée prend fin lors- que les travaux pour lesquels il a été conclu sont achevés. Toutefois, le salarié doit être prévenu dans les délais fixés par l'article 65 du présent Code.

Pendant l'exécution du contrat, celui-ci peut être rompu par l'employeur en cas de faute du salarié ou par le travailleur, à son gré ; dans l'un et l'autre cas, et sauf faute lourde, le délai de préavis doit être respecté.

Sous-section 5 - De la résiliation du contrat de travail à durée indéterminée

Art.49.- Le contrat de travail à durée indéterminée peut cesser par suite de :

- licenciement ;
- démission ;
- départ à la retraite ;
- décès du travailleur.

1) Du licenciement a) Définition

Art.50.- Le licenciement est la résiliation du contrat de travail qui résulte d'une initiative de l'employeur.

Le licenciement est prononcé soit pour motif personnel, soit pour motif d'ordre économique.

Le motif personnel peut tenir à l'inaptitude physique ou professionnelle du salarié, ou à son comportement fautif.

Le motif d'ordre économique peut tenir à la réorganisation, à la réduction ou à la suppression d'activité de l'entreprise ou de l'établissement.

b) De la procédure de licenciement pour motif personnel

Sous-section 6 - Du préavis

Art.64.- La résiliation du contrat de travail telle que prévue aux articles 44, 48, 49 et 61 du présent Code est subordonnée à un préavis donné par la partie qui prend l'initiative de la rupture.

Toutefois, la partie qui, dans ces cas, résilie le contrat de travail en raison d'une faute lourde de l'autre partie, est dispensée de l'obligation de pré- avis, l'appréciation de la faute lourde étant laissée aux juridictions compétentes.

Art.65.- La durée du préavis est déterminée en fonction du temps de présence du salarié dans l'entreprise. Elle est fixée comme suit :

- jusqu'à un an 15 jours
- de 1 an à 3 ans 1 mois
- de 3 ans à 5 ans 2 mois
- de 5 ans à 10 ans 3 mois
- de 10 ans à 15 ans 4 mois
- de 15 ans à 20 ans 5 mois
- de 20 ans à 30 ans 6 mois
- au-dessus de 30 ans, une majoration de dix jours par année de présence est accordée.

Les délais ci-dessus sont des minima obligatoires pour les parties contractantes. Toutefois, les conventions collectives et les contrats individuels de travail peuvent prévoir des dispositions plus favorables en tenant compte de la qualification professionnelle du travailleur.

Le préavis commence le lendemain du jour de la notification du licenciement, de la démission ou du départ à la retraite.

Sous-section 7 - Des indemnités de rupture du contrat de travail à durée indéterminée

1) Des indemnités de licenciement et de services rendus

Art.70.- Une indemnité de licenciement est versée à tout travailleur congédié pour un motif autre que la faute lourde et comptant au moins deux ans d'ancienneté dans l'entreprise.

Toutefois, le travailleur congédié pour un motif d'ordre économique bénéficie de l'indemnité de licenciement après une ancienneté d'un an.

Art.71.- Une indemnité dite de services rendus est versée à tout travailleur démissionnaire ou allant à la retraite. Elle est également due aux ayants droit du travailleur décédé.

Les conditions d'ancienneté ouvrant droit à l'indemnité de services rendus sont celles fixées à l'alinéa de l'article 70 ci-dessus.

Art.72.- L'indemnité de licenciement et l'indemnité de services rendus ne sont pas cumulables.

2) Des dommages-intérêts

Art.74.- Les licenciements effectués sans motif légitime, de même que ceux motivés par les opi- nions du travailleur, son activité syndicale, son appartenance ou sa non-appartenance à un syndicat déterminé sont abusifs.

Sont également abusifs :

- les licenciements individuels ou collectifs décidés en violation des procédures d'autorisation de l'inspecteur du travail insti- tuées par le présent Code ;
- les licenciements intervenus contre la décision de l'inspecteur du travail;
- le refus de réintégration du travailleur à l'expiration de la suspension du contrat prévue à l'article 36 ci-dessus ;
- le fait d'avoir déposé une plainte ou participé à des procédures engagées contre un employeur en raison de violations alléguées, de la législation, ou présenté un recours devant les autorités administratives compétentes.

Toute rupture abusive du contrat de travail donne lieu à des dommages-intérêts et, dans le cas des licenciements pour motif d'ordre économique, aux sanctions prévues à l'article 80 du présent Code. Le caractère abusif de la rupture est laissé à l'appréciation des tribunaux.

Chapitre 2 - De l'apprentissage

Section 1 - Dispositions générales

Art.81.- L'apprentissage est une forme d'éducation ayant pour but de donner une qualification professionnelle théorique et pratique aux personnes définies à l'article 1 du présent Code.

Art.82.- Peut être apprenti toute personne âgée de

16 ans au moins. Toutefois, des dérogations pourront être accordées par le ministère de l'Education

nationale pour les jeunes de 14 à 16 ans.

Nul ne peut recevoir des apprentis mineurs s'il n'est :

- âgé de 21 ans au moins ;
- reconnu de bonnes vie et mœurs ;
- lui-même suffisamment qualifié pour donner aux apprentis une formation appropriée ou en mesure de faire donner cette formation par une autre personne à son service, ayant les qualifications requises.

Section 3 - Des devoirs des maîtres et des apprentis.

Art.91.- Le maître doit traiter l'apprenti en bon père de famille. Si l'apprenti ne sait pas lire, écrire et compter, le maître est tenu de lui accorder le temps et la liberté nécessaires pour son instruction. Ce temps qui sera dévolu à l'apprenti d'accord parties, ne pourra excéder une durée calculée sur la base de deux heures par jour de travail.

Art.92.- Le maître doit prévenir sans retard les parents de l'apprenti ou leurs représentants en cas de maladie, d'absence ou de tout fait de nature à motiver leur intervention.

Il n'emploiera l'apprenti, dans la mesure de ses forces, qu'aux travaux et services qui se rattachent à l'exercice de sa profession.

Il doit lui accorder le droit au congé tel que prévu par les articles 185 à 188 du présent Code du travail.

Art.93.- Le maître doit enseigner à l'apprenti, progressivement et complètement, l'art, le métier ou la profession spéciale qui fait l'objet du contrat.

Art.94.- L'apprenti doit à son maître, dans le cadre de l'apprentissage, obéissance et respect. Il doit l'aider par son travail, dans la mesure de ses forces.

Chapitre 3 - De la formation professionnelle, du perfectionnement et de la reconversion professionnels

Art.98.- La formation professionnelle initiale a pour but de donner une formation générale théorique et pratique, en vue de l'acquisition d'une qualification professionnelle sanctionnée par un diplôme ou un certificat délivré ou reconnu par le ministre chargé de la formation professionnelle.

Art.99.- La formation continue ou perfectionne- ment professionnel a pour objet de permettre l'adaptation permanente des travailleurs aux changements des techniques et des conditions de travail et de favoriser leur promotion sociale par l'accès aux différents niveaux de qualification.

Art.100.- La reconversion professionnelle a pour but de permettre à un travailleur de changer de spécialité.

Chapitre 4 - De l'emploi des travailleurs étrangers

Art.104.- Le recrutement d'un travailleur étranger doit être précédé d'une autorisation d'emploi délivrée par le ministre chargé du travail, et faire l'objet d'un contrat de travail visé par les services compétents du ministère du Travail.

La demande d'autorisation d'emploi incombe à l'employeur.

A l'appui de la demande d'autorisation d'emploi, l'employeur doit produire, outre les pièces habituellement enregistrées pour la constitution du dossier, un engagement inconditionnel de rapatriement du travailleur étranger et, éventuellement, des membres de sa famille.

Chapitre 5 - Du règlement intérieur

Art.110.- Le règlement intérieur est établi par le chef d'entreprise, sous réserve de la communication dont il est fait mention au troisième alinéa du présent article. Son contenu est limité exclusive- ment aux règles relatives à l'organisation technique du travail, à la discipline, aux prescriptions concernant la sécurité et la santé au travail, et aux modalités de paiement des salaires.

Toutes les autres clauses qui viendraient à y figurer, notamment celles relatives à la rémunération, seront considérées comme nulles de plein droit.

Avant la mise en vigueur du règlement intérieur, le chef d'entreprise doit le communiquer, pour avis, au comité permanent de concertation économique et sociale, aux délégués du personnel et pour visa à l'inspection du travail, qui peut exiger le retrait ou la modification des dispositions contraires aux lois et règlements en vigueur.

Les modalités de communication, de dépôt et d'affichage du règlement intérieur ainsi que le nombre de travailleurs de l'entreprise au-dessus duquel l'existence de ce règlement est obligatoire, sont fixés par arrêté du ministre chargé du travail[12].

---

[12] ***Les dispositions générales***

Les dispositions relatives à l'ensemble du personnel (dans les établissements des professions non agricoles) sont notamment les suivantes :

- hygiène et salubrité des locaux affectés au travail et de leurs annexes sanitaires ;
- prévention des accidents du travail, des maladies professionnelles et des incendies ;
- hygiène et salubrité des locaux affectés à la charge du personnel.

Les dispositions spéciales aux femmes et aux enfants

Le travail des enfants de moins de 18 ans et des femmes fait l'objet de dispositions particulières, renforcées par une ordonnance française du 27 septembre 1967. L'employeur doit veiller au maintien des bonnes mœurs et à l'observation de la décence publique dans les locaux affectés au travail, à l'hygiène et au couchage. Les travaux insalubres ou dangereux, les travaux de force et le travail de nuit (entre 22 heures et 6 heures) sont interdits. Les travaux souterrains sont interdits aux femmes ; des enfants ne peuvent y être affectés que suivant une certaine règlementation. Des sièges doivent être mis à la disposition des femmes dans les magasins. Le travail aux étalages extérieurs des magasins est règlementé. Une autorisation préalable est nécessaire pour que soit permis le travail des enfants de moins de 16 ans dans les entreprises de spectacles. En principe, le travail par relais ou équipes volantes est interdit pour les femmes et les enfants de moins de 18 ans. Les établissements importants (occupant plus de 10 femmes) doivent mettre à la disposition du personnel féminin des salles réservées à l'allaitement (1heure par jour pendant la durée de travail).

Les dispositions spéciales à certains travaux

Des mesures de protection particulières sont édictées en ce qui concerne les machines dangereuses, les courants électriques, les charriots automoteurs de manutention, les fours à mazout, les ponts élévateurs, les téléphériques, les voies ferrées, etc. Les professions du bâtiment et des travaux publics, les travaux dans l'air comprimé, les chantiers de démolition et de destruction de munitions, les commerces de récupération des vieux métaux sont soumis à des règlementations spéciales. Le travail de nuit (entre 22 heures et 4 heures) est interdit même aux adultes salariés dans la boulangerie. L'emploi des substances dangereuses et nocives, et l'exercice de certains travaux font également l'objet de règlementations restrictives dans le cadre de la prévention des maladies professionnelles.

Le comité d'hygiène et de sécurité

La constitution de comités d'hygiène et de sécurité est obligatoire dans les établissements des autres professions non agricoles d'au moins 500 salariés, ainsi que dans les deux catégories précédentes, mais où il existe une insécurité particulière pour le personnel. Le comité d'hygiène et de sécurité se réunit au moins une fois par trimestre. Il effectue une enquête à l'occasion de chaque accident du travail (ou maladie professionnelle) ayant entraîné mort d'homme ou paraissant devoir entraîner une incapacité permanente, ou révélant l'existence d'un danger grave. Une liaison est assurée entre chaque comité d'établissement et les comités techniques régionaux et nationaux, constitués auprès des organismes de sécurité sociale.

Le service médical du travail

Tout établissement doit disposer d'un service médical du travail : il a le choix entre l'affiliation à un service médical autonome ; les établissements importants sont tenus d'organiser un service autonome avec un médecin du travail à temps complet. Les tâches du médecin du travail sont multiples : visites médicales d'embauchage, visites périodiques (une fois par an au moins ; une fois par trimestre pour les moins de 18 ans), visites de reprise après une absence pour maladie professionnelle ou après une absence de plus de trois semaines pour maladie non professionnelle ; il doit en outre veiller à l'hygiène générale de l'entreprise, à l'amélioration des conditions de travail, à la prévention des maladies professionnelles et des accidents de travail. La fréquence et la gravité des accidents du travail varient suivant les différentes branches d'industrie : elles sont particulièrement importantes dans le bâtiment et les travaux publics. Dans un but préventif, on a étudié les causes de ces accidents ; elles sont multiples et souvent associées. Certains sont dus à des causes fortuites ou difficiles à prévoir, d'autres, plus nombreux, à une protection insuffisante, d'autres, enfin, à une mauvaise adaptation de l'homme à son travail. Parmi ces accidents dus à un facteur humain, un quart sont liés à des tares physiologiques (vertiges, vision ou audition défectueuses), la moitié, enfin, sont dus à des incapacités psychologiques par rapport à l'emploi (par exemple, défaut de jugement ou d'attention). En définitive, les facteurs humains jouent de plusieurs façons. Le médecin a le devoir d'agir sur certaines causes. Il doit éliminer de certains postes les prédisposés aux

Art.111.- Il est interdit à l'employeur d'infliger des amendes.

Chapitre 6 - Du tâcheronnat

Art.113.- Le tâcheron est un maître ouvrier ou un sous-entrepreneur agréé et indépendant, qui passe avec un entrepreneur ou avec le maître de l'ouvrage un contrat pour l'exécution d'un certain travail ou la fourniture de certains services, moyennant un prix fixé d'accord parties. Le contrat de tâcheronnat doit être écrit.

Art.114.- Il est interdit au tâcheron de sous-traiter, en tout ou partie, ses contrats de tâcheronnat.

Chapitre 7 - De la convention et des accords collectifs du travail

Section 1 - De la nature et de la validité de la convention

Art.119.- La convention collective du travail est un accord écrit, relatif aux conditions de travail et aux garanties sociales conclues entre, d'une part, les représentants d'un ou plusieurs syndicats ou groupements professionnels de travailleurs les plus représentatifs et, d'autre part, une ou plusieurs organisations syndicales d'employeurs et un ou plu- sieurs employeurs pris individuellement.

La convention collective peut mentionner des dis- positions plus favorables aux travailleurs que celles des lois et règlements en vigueur. Elle ne peut déroger aux dispositions d'ordre public définies par ces lois et règlements.

Les conventions collectives déterminent leur champ d'application. Celui-ci peut être national, interprovincial, provincial ou local.

SECTION II. CONCILIATION

ARTICLE 82.6 :

Tout différend collectif est obligatoirement soumis dans les conditions fixées par décret à la procédure de conciliation. Le décret fixe notamment la durée maximale de la procédure de conciliation.

ARTICLE 82.7 :

En cas d'échec de la conciliation, le différend est soumis :

- soit à la procédure conventionnelle d'arbitrage, s'il en existe en application de l'article 72.3 14°, du présent Code;

---

accidents de travail du fait de leur psychologie ou de leurs tares pathologiques ; d'autre part, il doit veiller à ce que le travail se fasse dans les meilleures conditions physiologiques.

Le service social du travail

La création d'un service social n'est obligatoire que dans certaines branches professionnelles désignées par décret pour les entreprises de 500 salariés ; la création ou le maintien d'un tel service est facultatif dans les autres industries. Le service social est assuré par un titulaire du diplôme de conseillère du travail.

- soit à la procédure d'arbitrage prévue à la section ci-après, si les parties en conviennent. A cette fin, celles-ci disposent d'un délai de six jours à compter de la date à laquelle l'échec total ou partiel de la conciliation a été constaté;
- soit à la procédure de la médiation prévue ci-dessous.

SECTIO N 3. ARBITRAGE

ARTICLE 82.8 :

Lorsque les parties conviennent de soumettre le différend à la procédure d'arbitrage, elles acceptent d'en exécuter la sentence et s'interdisent tout lock-out ou toute grève pendant le déroulement de la procédure.

Elles doivent préciser si elles entendent recourir à la désignation d'un arbitre unique ou d'un comité arbitral composé d'un magistrat et de deux arbitres.

L'arbitre unique ou les membres du comité arbitral sont désignés par les parties ou, à défaut d'accord entre celles-ci, dans les cinq jours ouvrables de la soumission du différend à la procédure d'arbitrage selon des conditions fixées par décret. Ils sont choisis parmi les personnes susceptibles de remplir les fonctions d'arbitre dont la liste est établie chaque année par arrêté du Ministre du Travail sur proposition des organisations syndicales d'employeurs et de travailleurs. Cette liste comprend des personnalités choisies en fonction de leur autorité morale et de leur compétence en matière économique et sociale.

ARTICLE 82.9 :

L'organisme arbitral rend dans un délai de douze jours à compter de la réception du dossier de l'affaire la sentence arbitrale qui doit être motivée. Ce délai peut être prorogé d'une égale durée avec l'accord des parties. L'organisme arbitral ne peut statuer sur d'autres objets que ceux déterminés par le procès-verbal de non conciliation ou ceux qui, résultant d'événements postérieurs à ce procès-verbal, sont la conséquence directe du différend en cours.

Il se prononce en droit sur les points du conflit relatifs à l'interprétation des lois, règlements, Conventions Collectives ou accords en vigueur.

Il statue en équité sur les autres différends, notamment lorsque ceux-ci portent sur les salaires ou sur les conditions de travail quand celles-ci ne sont pas fixées par les dispositions des lois, règlements, Conventions Collectives ou accords collectifs en vigueur, ainsi que sur les différends relatifs à la négociation et à la révision des clauses des Conventions Collectives.

SECTION IV MEDIATION

ARTICLE 82.10 :

Dans le cas où les parties ne s'accordent pas sur le choix de la procédure d'arbitrage prévue ci-dessus dans le délai prescrit à l'article 82.4, la procédure de la médiation peut être engagée par la partie la plus diligente, qui saisit à cette fin l'autorité désignée par décret, laquelle invite les parties à désigner un médiateur dans le délai maximum de six jours.

Si les parties ne s'accordent pas pour désigner un médiateur, celui-ci est choisi d'office par l'autorité compétente sur la liste des personnes désignées pour assumer les fonctions d'arbitre en application de l'article 82.8

Le médiateur convoque les parties par lettre recommandée avec accusé de réception et, dans un délai de douze jours ouvrables susceptibles d'être prorogé d'une égale durée avec l'accord des parties, dresse un rapport motivé de ses investigations. Les conclusions de ce rapport établissent, sous forme de recommandation, un projet de règlement des points en litige.

Le médiateur a les mêmes pouvoirs que l'arbitre tels qu'ils sont définis à l'article 82.9 ci-dessus.

Toute résiliation d'un contrat de travail doit être faite par écrit par la partie qui en prend l'initiative.

La résiliation prend effet le lendemain du jour de la notification du licenciement.

Une copie de la lettre de résiliation doit être adressée à l'inspection du travail du ressort.

Sous-section 2 - De la résiliation du contrat d'engagement à l'essai

Art.45.- Le contrat d'engagement à l'essai peut être rompu à tout moment par l'une ou l'autre des parties, sans préavis, sauf convention contraire.

Art.46.- En cas de résiliation du contrat pendant ou à la fin de la période d'essai par l'une ou l'autre des parties, le voyage retour du salarié recruté hors du lieu de travail est supporté par l'employeur.

Sous-section 3 - De la résiliation du contrat de travail à durée déterminée

Art.47.- Le contrat de travail à durée déterminée ne peut cesser avant terme par la volonté d'une seule des parties que dans les cas prévus au contrat, ou dans celui de la faute lourde laissée à l'appréciation des juridictions compétentes.

Sous-section 4 - De la résiliation du contrat de travail pour l'exécution d'un ouvrage ou d'une tâche déterminée

Art.48.- Le contrat de travail pour l'exécution d'un ouvrage ou d'une tâche déterminée prend fin lors- que les travaux pour lesquels il a été conclu sont achevés. Toutefois, le salarié doit être prévenu dans les délais fixés par l'article 65 du présent Code.

Pendant l'exécution du contrat, celui-ci peut être rompu par l'employeur en cas de faute du salarié ou par le travailleur, à son gré ; dans l'un et l'autre cas, et sauf faute lourde, le délai de préavis doit être respecté.

Sous-section 5 - De la résiliation du contrat de travail à durée indéterminée

Art.49.- Le contrat de travail à durée indéterminée peut cesser par suite de :

- licenciement ;
- démission ;
- départ à la retraite ;
- décès du travailleur.

1) Du licenciement a) Définition

Art.50.- Le licenciement est la résiliation du contrat de travail qui résulte d'une initiative de l'employeur.

Le licenciement est prononcé soit pour motif personnel, soit pour motif d'ordre économique.

Le motif personnel peut tenir à l'inaptitude physique ou professionnelle du salarié, ou à son comportement fautif.

Le motif d'ordre économique peut tenir à la réorganisation, à la réduction ou à la suppression d'activité de l'entreprise ou de l'établissement.

b) De la procédure de licenciement pour motif personnel

Titre 3 - Des conditions générales de travail

Chapitre 1 - Du salaire

Section 1 - De la détermination du salaire

Art.140.- A conditions égales de travail, de qualification et de rendement, le salaire de base est égal pour tous les travailleurs, quels que soient leur origine, leur opinion, leur sexe et leur âge.

Art.141.- Tout contrat de travail imposant au travailleur un changement effectif de résidence en- traîne obligation pour l'employeur de lui fournir un logement suffisant en rapport avec sa situation de famille, ou de lui verser une indemnité de logement compensatrice conséquente.

Art.142.- Dans le cas où le travailleur ne peut, par ses propres moyens, obtenir pour lui et sa famille un ravitaillement régulier en denrées alimentaires de première nécessité, l'employeur est tenu de le lui assurer dans les conditions fixées par les décrets prévus à l'article 144 ci-dessous.

Art.143.- Une indemnité dite de déplacement sera allouée à tout travailleur astreint par ses obligations professionnelles à un déplacement occasionnel ou temporaire, quel que soit son origine ou son lieu de recrutement. Le taux de cette indemnité est fixé par convention collective ou, à défaut, par arrêté du ministre chargé du travail.

Section 2 - Du salaire minimum interprofessionnel garanti (SMIG)

Art.149.- Le salaire minimum interprofessionnel garanti constitue le minimum absolu au-dessous duquel il est interdit de rémunérer un travailleur. Il est fixé par décret.

Art.150.- Sont interdites dans les conventions collectives de travail, des clauses comportant des indexations sur le salaire minimum interprofessionnel garanti ou des références à ce dernier, en vue de la fixation ou de la révision des salaires prévues par ces conventions.

Section 3 - Du mode de paiement du salaire

Art.151.- Le salaire doit être payé en monnaie ayant cours légal, nonobstant toute stipulation contraire.

La paie est faite pendant les heures de travail sur le lieu de travail ou au bureau de l'employeur lors- qu'il est voisin du lieu de travail. En aucun cas, elle ne peut être faite ni le jour où le travailleur a droit au repos ni dans un débit de boisson ou un magasin de vente, sauf pour les travailleurs qui y sont normalement occupés.

Art.152.- A l'exception des professions pour les- quelles des usages établis prévoient une périodicité de paiement différente et qui seront déterminées par arrêté du ministre chargé du travail, le salaire doit être payé à intervalles réguliers ne pouvant excéder quinze jours pour les travailleurs à salaire horaire ou journalier, et un mois pour les travail- leurs à salaire mensuel.

Toutefois, le travailleur journalier rémunéré au salaire horaire ou journalier, engagé pour une occupation de courte durée n'excédant pas une semaine, sera payé chaque jour ou à la fin de la semaine.

Les paiements mensuels doivent être effectués au plus tard cinq jours après la fin du mois de travail qui donne droit au salaire.

Section 4 - Des privilèges et garanties de la créance de salaire

Art.155.- Les sommes dues aux entrepreneurs de tous les travaux ayant le caractère de travaux publics ne peuvent être frappées de saisie-arrêt ni d'opposition au préjudice des ouvriers auxquels les salaires sont dus.

Les sommes dues aux ouvriers pour rémunération de toute nature sont payées de préférence à celles dues aux fournisseurs.

Art.156.- Un salaire est acquis ou dû lorsque le salarié peut en exiger le paiement, conformément à la législation et à la réglementation en vigueur.

Le privilège des salaires s'étend sur tous les éléments de l'actif de l'employeur débiteur.

Art.157.- En cas de règlement judiciaire ou de liquidation des biens, les salaires dus dans les conditions prévues aux articles visés ci-dessus sont privilégiés au premier rang, nonobstant toutes dispositions contraires.

Section 5 - De la prescription de l'action en paiement du salaire

Art.159.- L'action des travailleurs pour le paiement des salaires, indemnités, primes, commissions et prestations diverses ou indemnités représentatives de ces prestations se prescrit par cinq ans pour compter de la date d'exigibilité de ses droits.

Les délais de prescription sont interrompus par la réclamation verbale ou écrite formulée par le travailleur et régulièrement enregistrée à l'inspection du travail ou au tribunal du ressort.

Le travailleur peut déférer le serment à l'employeur qui oppose la prescription. Le refus par l'employeur d'affirmer sous serment qu'il a payé équivaut à la preuve du non-paiement.

HUITIEME PARTIE. LA LEGISLATION DU TRAVAIL DE LA GUINEE BISSAU

ORDONNANCE N° 003/PRG/ SGG/ 88 DU 28 JANVIER 1988PORTANT INSTITUTION DU CODE DU TRAVAIL DE LA REPUBLIQUE DE GUINEE

LIVRE I : EMPLOITITRE I : CONCLUSION DU CONTRAT DE TRAVAIL

CHAPITRE I : DISPOSITIONS GENERALES

Article 3 : Le contrat de travail est le contrat par lequel une personne s'engage à mettre son activité à la disposition d'une autre sous la subordination de laquelle elle se place moyennant une rémunération.

Article 4 : Le contrat de travail peut être conclu pour une durée indéterminée ou pour une durée déterminée. Le contrat conclu sans limitation de durée est dénommé « contrat à durée indéterminée »; le contrat à durée déterminée est défini à l'article 12.

Article 5 : Le contrat de travail ne peut être conclu qu'avec un individu ayant atteint l'âge minimum de seize ans. Les mineurs ayant au moins seize ans ne peuvent être engagés qu'avec l'accord de l'autorité dont ils relèvent.

Article 6 : L'embauche des travailleurs de nationalité guinéenne n'est soumise à aucune formalité préalable telle que déclaration, autorisation, notification, agrément, visa ou autre auprès d'une quelconque autorité administrative.

Article 7 : Lorsqu'un employeur envisage d'embaucher un travailleur étranger, il doit obtenir l'autorisation préalable de l'Office National de l'Emploi et de la Main-d'œuvre dans les conditions déterminées par Décret ou par Arrêté ministériel.

L'embauche des travailleurs étrangers est régie par une réglementation spéciale.

Article 8 : La conclusion du contrat est soumise aux règles du droit commun.

Le contrat de travail peut être constaté dans les formes qu'ils convient aux parties contractantes d'adopter. Lorsque les parties au contrat optent pour la forme d'un contrat écrit, celui-ci est exempt de tout droit de timbre et d'enregistrement.

La preuve de contrat peut être rapportée par tout moyen.

Article 9 : Le contrat de travail conclu avec un travailleur étranger doit faire l'objet de stipulations écrites. Il est soumis au visa de l'Office National de l'Emploi et de la Main d'œuvre.

La demande de visa incombe à l'employeur. Le visa est tacitement accordé lorsque l'autorité compétente pour viser le contrat n'a pas fait connaître son avis dans les trente jours suivant la date de dépôt de la demande. A défaut de visa tacitement ou explicitement accordé, le contrat de travail ne peut recevoir un commencement d'exécution.

Si un employeur a utilisé les services d'un travailleur étranger en violation de cette interdiction, il devra, s'il l'a fait venir d'un pays étranger, supporter impérativement les frais de rapatriement de ce dernier. Il pourra, en outre, être condamné à lui payer des dommages et intérêts en réparation du préjudice causé.

Article 10 : Lorsque les parties contractantes entendent prévoir une période d'essai, elles doivent impérativement conclure le contrat par écrit et insérer une clause mentionnant la durée de l'essai. Celui-ci ne peut, en aucun cas, même s'il y a renouvellement, être supérieur à trois mois lorsque le salarié embauché est un cadre, à un mois dans les autres cas.

Article 11 : Quels que soient le lieu de la conclusion du contrat et la résidence de l'une ou l'autre partie, tout contrat de travail exécuté sur le Territoire de la République de Guinée est soumis aux dispositions du présent Code.

CHAPITRE II : DISPOSITIONS PARTICULIERES AU CONTRAT DE TRAVAIL A DUREE DETERMINEE

Article 12 : Le contrat de travail à durée déterminée est un contrat comportant un terme certain. Celui-ci est habituellement fixé avec précision lors de la conclusion du contrat.

Article 13 : Employeur et salarié sont toujours libres de conclure un contrat à durée déterminée. Toutefois, si la durée d'un tel contrat ne peut excéder deux années. Au-delà de cette durée, le contrat est réputé être un contrat à durée indéterminée.

Un contrat d'une durée inférieure à deux ans peut faire l'objet d'un renouvellement à condition que la durée du contrat renouvelé ne soit pas supérieure à la durée du contrat initial et que la durée des deux contrats ne soit pas supérieure à deux ans.

Tout contrat renouvelé en violation de la disposition précédente est réputé être un contrat à durée indéterminée.

Article 14 : Le contrat de travail peut être conclu pour une durée déterminée sans que celle-ci soit fixée avec précision dès la conclusion du contrat dans les cas suivants :

- Lorsque la conclusion du contrat intervient soit pour une saison, soit pour le remplacement d'un salarié absent, soit pour l'exécution d'un chantier ou d'une tâche déterminée non durable correspondant à un surcroît occasionnel de travail ou à une activité inhabituelle de l'entreprise ;

- Dans tous ces cas, le contrat doit être écrit. A défaut, il est réputé être un contrat à durée indéterminée.

Article 15 : Si, après l'échéance d'un contrant de travail à durée déterminée et en l'absence de clauses régulières de renouvellement, les relations de travail subsistent entre le salarié et l'employeur, le salarié peut invoquer le bénéfice des dispositions du contrat à durée indéterminée.

CHAPITRE III : DISPOSITIONS PARTICULIERES A CERTAINES PROFESSIONS SECTION UNIQUE : MATELOTS ET GENS D'EQUIPAGE

Article 16 : Tout contrat de travail conclu entre un armateur ou son représentant et un marin et ayant pour objet un service à accomplir à bord d'un navire est un contrat d'engagement maritime soumis aux règles du contrat de travail et aux règles qui suivent.

Article 17 : Est considéré comme armateur, pour l'application du présent Code tout particulier, toute société, tout service public pour le compte desquels un navire est armé.

Article 18 : Est considéré comme marin, pour l'application du présent Code, toute personne de l'un ou de l'autre sexe qui s'engage, envers l'armateur ou son représentant, pour servir à bord d'un navire.

Article 22. Les conditions générales d'engagement traitent obligatoirement :

- De la réglementation du travail à bord du navire ;
- Des obligations de l'armateur envers le marin en ce qui concerne notamment les lieux et époques de la liquidation et du paiement des salaires ;
- Des créances et privilèges des marins ;
- Des conditions de nourriture et de couchage ;
- Des soins et indemnités en cas de blessures et de maladies des marins et ;
- Des conditions éventuelles de rapatriement.

Ces conditions générales d'engagement doivent être tenues par l'armateur à la disposition des marins et lecture doit en être donnée par l'autorité maritime au moment de l'inscription du marin au rôle d'équipage. Ces conditions d'engagement doivent être affichées dans les locaux d'équipage.

CHAPITRE IV : LE TACHERONNAT

Article 23 : Le tâcheron est un sous-entrepreneur recrutant lui-même la main-d'œuvre nécessaire, qui passe avec un entrepreneur un contrat pour l'exécution d'un certain travail ou la fourniture de certains services moyennant un prix forfaitaire.

Ce contrat est obligatoirement écrit.

Le tâcheron doit être agréé et inscrit au registre du commerce comme sous-entrepreneur. Il est soumis aux mêmes obligations que tout employeur en ce qui concerne l'application de la législation sociale.

TITRE II : APPRENTISSAGE

CHAPITRE I : NATURE ET FORME DU CONTRAT D'APPRENTISSAGE

Article 28 : Le contrat d'apprentissage est celui par lequel un chef d'établissement industriel ou agricole, un artisan ou un façonnier s'oblige à donner ou à faire donner une formation professionnelle méthodique et complète à une autre personne, et par lequel celle-ci s'oblige en retour à se conformer aux instructions qu'elle recevra et à exécuter les ouvrages qui lui seront confié en vue de son apprentissage, le tout à des conditions et pendant un temps convenus.

Le contrat doit être constaté par écrit à peine de nullité. Il doit être soumis aux prescriptions de l'article 5.

Le contrat d'apprentissage est exempt de tous droits de timbre et d'enregistrement.

Article 29 : Le contrat d'apprentissage est établi en tenant compte des usages et coutumes de la profession.

II contient en particulier :

Les noms, prénoms, âge, profession et domicile du maître, la raison ou la dénomination sociale ;

2 - Les nom, prénoms, âge, domicile de l'apprenti ;

3 - Les nom, prénoms, profession et domicile de ses père et mère, de son tuteur ou de la personne autorisée par les parents ou, à défaut, par le Président du Tribunal de première Instance;

4 - La date et la durée du contrat ;

5 - Les conditions de rémunération de nourriture et de logement de l'apprenti;

6 - L'indication des cours professionnels que le chef d'établissement s'engage à faire suivre à l'apprenti, soit dans l'établissement, soit en dehors, conformément à la loi sur la Formation professionnelle.

Article 30 : L'indemnité à payer en cas de rupture du contrat ou l'indication de cette indemnité peut être fixée par le contrat ; le cas échéant ou en cas d'insuffisance du montant de cette indemnité, le Tribunal du Travail ou, à défaut, le Juge de paix ou le Président du Tribunal de première instance saisi pourra la fixer.

CHAPITRE II : DES CONDITIONS DU CONTRAT D'APPRENTISSAGE

Article 31 : Nul ne peut recevoir des apprentis mineurs s'il n'est âgé de vingt et un ans au moins. Nul ne peut être apprenti s'il n'est pas âgé d'au moins quatorze ans révolus.

Article 32 : Aucun maître, s'il est célibataire ou en état de veuvage ou divorcée, ne peut loger, comme apprenties, des jeunes filles mineures.

Article 33 : Ne peuvent recevoir des apprentis les individus qui ont été condamnés, soit pour crime, soit pour atteinte aux bonnes mœurs, soit pour quelque délit que ce soit à une peine de plus d'un an de prison sans sursis.

CHAPITRE III : DEVOIRS DES MAITRES ET DES APPRENTIS

Article 34 : Le maître doit prévenir sans retard les parents de l'apprenti ou leurs représentants en cas de maladie, d'absence ou de toute faute de nature à motiver leur intervention.

II n'emploiera l'apprenti, dans la mesure des forces de celui-ci qu'aux travaux et services qui se rattachent à l'exercice de sa profession.

Article 35 : Le maître doit traiter l'apprenti en bon père de famille et lui assurer les meilleures conditions de logement et de nourriture.

CHAPITRE IV : RESOLUTION DU CONTRAT D'APPRENTISSAGE

Article 39 : Les deux premiers mois de l'apprentissage sont considérés comme temps d'essai pendant lequel le contrat peut être annulé par la seule volonté de l'une des parties. Dans ce cas, aucune indemnité ne sera allouée à l'une ou l'autre partie, à moins de conventions expresses.

Article 40 : Le contrat d'apprentissage est résolu de plein droit :

1 - Par la mort du maître ou de l'apprenti ;

2 - Si l'apprenti ou le maître est appelé au service militaire ;

3 - Si le maître ou l'apprenti vient à être frappé d'une des condamnations prévues à l'article 33 du présent titre ;

4 - Pour les filles mineures, dans le cas de divorce du maître, de décès de l'épouse du maître, ou de toute autre femme de la famille qui dirigeait la maison à l'époque du contrat.

Article 41 : Le contrat peut être résolu sur la demande des parties ou de l'une d'entre elles :

1 - Dans le cas où l'une des parties manquerait aux stipulations du contrat ;

2 - Pour cause d'infraction grave ou habituelle aux prescriptions du présent titre et des autres Lois réglant les conditions de travail des apprentis ;

3 - Dans le cas d'inconduite habituelle de la part de l'apprenti ;

4 - Si le maître transporte sa résidence dans une région autre que celle qu'il habitait lors de la convention. Néanmoins, la demande en résolution du

contrat fondée sur ce motif n'est recevable que pendant trois mois à compter du jour où le maître aura changé de résidence ;

5 - Si le maître ou l'apprenti encourait une condamnation comportant un emprisonnement de plus d'un mois ;

6 - En cas d'incapacité, constatée par une Commission de Formation Professionnelle de l'apprenti de suivre avec fruit les leçons du maître.

CHAPITRE V : L'APPRENTISSAGE TRADITIONNEL DANS LE SECTEUR DE L'ECONOMIE INFORMELLE

Article 43 : Les programmes de formation professionnelle et d'apprentissage mis en œuvre par les pouvoirs publics sont ouverts aux maîtres d'apprentissage et aux apprentis.

TITRE III : SYSTEME DE FORMATION PROFESSIONNELLE ET D'APPRENTISSAGE

CHAPITRE I : ORGANISATION ET FINANCEMENT

Article 44 : Les dispositions du présent Titre s'appliquent aux salariés et toute personne ayant perdu son emploi, ou étant à la recherche d'un premier emploi ou d'une formation professionnelle.

Article 45 : a) - Tout employeur, au sens du présent Code, occupant au moins dix salariés doit contribuer au développement de la formation professionnelle continue et de l'apprentissage en participant chaque année au financement des actions de formation, de perfectionnement et de reconversion professionnelle ;

b) - Cette contribution des employeurs est annuellement versée à un Fonds dénommé Fonds National pour la Qualification Professionnelle, en abrégé FNQP, placé sous la tutelle du Ministre chargé du Travail ;

c) - Le taux de cette contribution est fixé à un virgule cinquante pour cent (1,50%) de la masse salariale, qui se repartit en raison de zéro virgule cinquante pour cent (0,50%) pour le perfectionnement des salariés et en raison de un pour-cent (1%) pour l'apprentissage, la qualification et la reconversion professionnelle ;

d) -La Loi de Finances fixe chaque année le montant de la participation de l'Etat au financement de la formation professionnelle continue et de l'apprentissage. Cette participation est versée au Fonds National pour la Qualification Professionnelle.

e) - Les modalités de perception et d'emploi de la contribution visée au point (a) du présent article, ainsi que l'organisation, le fonctionnement et les attributions des instances chargées de gérer le Fonds National pour la Qualification Professionnelle sont fixées par Décret pris en Conseil des Ministres.

CHAPITRE II : DROITS ET OBLIGATIONS DES SALARIES ET DES STAGIAIRES NON SALARIES

Article 47 : Le chef d'entreprise ou d'établissement doit chaque année soumettre pour avis le plan de formation aux Délégués syndicaux.

Article 48 : Les salariés choisis par la Direction de l'entreprise pour suivre un stage de formation ou de perfectionnement continuent à percevoir, pendant toute la durée du stage, le salaire qu'ils auraient perçu s'ils avaient travaillé normalement. Ils continuent normalement à bénéficier de tous les avantages sociaux liés à leur qualité de travailleurs.

La durée du stage est assimilée à une période de travail. Elle est prise en compte dans le calcul de l'ancienneté et du droit aux congés payés. A la fin de la période de formation ou de perfectionnement, le salarié bénéficiaire du stage est tenu rester au service de son employeur pour une durée au moins équivalente à celle du stage. A défaut, il doit rembourser à l'employeur tous les frais encourus pour sa formation ou son perfectionnement.

TITRE IV : SUSPENSION DU CONTRAT DE TRAVAIL CHAPITRE I : DISPOSITIONS GENERALES

Article 50 : Il y a suspension du contrat de travail chaque fois que le travailleur est fondé à refuser sa prestation de travail ou l'employeur à s'abstenir de fournir du travail.

Article 51 : En principe, la suspension du contrat n'affecte que les obligations principales des parties au contrat de travail, à savoir l'obligation pour le salarié de fournir une prestation de travail et l'obligation pour l'employeur de rémunérer ce travail.

Les obligations secondaires, notamment les obligations de logement, de loyauté et de discrétion, continuent à produire leurs effets au cours de la période de suspension.

Article 52 : La suspension du contrat de travail n'entraîne pas celle du mandat syndical.

Article 53 : Sauf dispositions contraires, les périodes de suspension sont prises en compte pour le calcul de l'ancienneté.

CHAPITRE II : MALADIES ET ACCIDENTS

Article 54 : Le contrat de travail du salarié victime d'un accident du travail ou d'une maladie professionnelle est suspendu pendant toute la durée de l'arrêt de travail provoqué par l'accident ou la maladie. L'accident de trajet est assimilé à un accident du travail pour l'application des présentes dispositions.

L'employeur est tenu d'informer l'Inspecteur du Travail des accidents du travail et des maladies professionnelles dans les quarante-huit heures de la survenance de l'accident ou de l'identification de la maladie.

La durée des périodes de suspension est prise en compte pour la détermination de tous les avantages légaux ou conventionnels liés à l'ancienneté dans l'entreprise.

Article 55 : Au cours de la période de suspension, l'employeur ne peut résilier le contrat à durée indéterminée que pour faute grave ou en cas de force majeure, rendant impossible le maintien du contrat.

Il incombe à l'employeur de rapporter la preuve du motif qui peut, à titre exceptionnel, justifier une résiliation du contrat de travail.

Article 58 : Les maladies professionnelles ou les inaptitudes temporaires résultant d'un accident qui est ni accident du travail ni un accident de trajet n'entraînent normalement que la suspension du contrat de travail. Cependant, l'employeur peut licencier un salarié malade lorsque la fréquence ou la durée des absences du salarié, durée égale ou supérieure à six mois, constitue une perturbation importante dans le fonctionnement de l'entreprise.

CHAPITRE III : MATERNITE

Article 59 : La femme salariée a le droit de suspendre le contrat de travail pendant une période qui commence six semaines avant la date présumée de l'accouchement et se termine huit semaines avant la date de celui-ci. Il est, de toute façon, interdit d'employer des femmes en couches dans les six semaines qui suivent leur délivrance.

Quand l'accouchement a lieu avant la date présumée, la période de suspension du contrat de travail peut être prolongée jusqu'au terme des quatorze semaines de suspension du contrat auxquelles la salariée a droit.

CHAPITRE IV : OBLIGATIONS MILITAIRES

Article 66 : Chaque fois qu'un salarié doit interrompre son activité professionnelle pour accomplir ses obligations militaires, le contrat de travail est suspendu.

Article 67 : Dès que le salarié a connaissance de la date à laquelle il sera libéré de ses obligations militaires, il doit en informer l'employeur.

Le salarié qui se présente pour reprendre son activité professionnelle à l'expiration de ses obligations militaires retrouve l'emploi qu'il occupait précédemment ou un emploi équivalent.

Le salarié qui ne se présenterait pas pour reprendre son activité professionnelle dans les deux mois suivant la date de sa libération sera considéré comme démissionnaire.

Lorsque la suspension a été provoquée par une période d'insurrection militaire, ce délai est ramené à une semaine.

TITRE V : MODIFICATION DU CONTRAT DE TRAVAIL

Article 68 : A défaut de dispositions législatives ou de clauses conventionnelles prévoyant les modifications relatives à l'exécution du contrat, l'employeur ne peut imposer au salarié que des modifications mineures par rapport aux conditions de travail précisées lors de l'embauche ou appliquées immédiatement après celle-ci.

L'employeur ne peut pas imposer au salarié des modifications substantielles du contrat.

Il peut seulement proposer ces modifications au salarié; en cas de refus de ce dernier et si ce refus peut être analysé comme une cause justifiant le licenciement, l'employeur peut éventuellement procéder à un licenciement en respectant l'ensemble des dispositions prévues par les articles 78 et suivants.

Article 69 : S'il survient une modification dans la situation juridique de l'employeur, notamment par succession, vente, fusion, transformation de fonds, mise en société, tous les contrats de travail en cours au jour de la modification subsistent entre le nouvel employeur et le personnel de l'entreprise.

TITRE VI : CESSATION DE LA RELATION DE TRAVAIL

CHAPITRE I : CESSATION DES CONTRATS A DUREE DETERMINEE

Article 70 : Le contrat de travail à durée déterminée prend normalement fin à l'échéance du terme.

L'employeur doit, pour les contrats d'une durée supérieure à deux mois, informer le salarié, dix jours avant l'échéance du terme, que le contrat ne sera prolongé au-delà de la date initialement fixée. Lorsque le contrat a une durée supérieure à six mois, le délai d'information est porté à vingt jours.

Lorsque l'employeur n'informe pas le salarié dans les délais fixés ci-dessus, le contrat de travail est requalifié en contrat à durée indéterminée et assujetti aux règles de rupture propres aux contrats de cette nature.

Article 71 : À l'échéance du contrat à durée déterminée, l'employeur doit au salarié une indemnité de fin de contrat égale à 5 % du montant total des salaires et indemnités acquis par celui-ci pendant l'exécution du contrat.

Il doit également remettre au salarié un certificat de travail dans les conditions prévues par l'article 103.

En tout état de cause, le salarié peut exiger la remise d'un Certificat de travail à durée déterminée.

CHAPITRE II : CESSATION DES CONTRATS A DUREE INDETERMINEE

Article 74 : La rupture d'un contrat de travail à durée indéterminée, après l'expiration de la période d'essai, qui résulte d'une initiative de l'employeur est un licenciement.

Article 75 : Les ruptures de commun accord des contrats de travail ne sont licites et ne permettent d'éluder les règles du licenciement que si elles sont constatées par un écrit rédigé et signé en présence de l'Inspecteur du Travail.

Article. 76 : La rupture d'un contrat de travail à durée indéterminée, après l'expiration de la période d'essai, qui résulte d'une initiative du salarié est, en principe, une démission.

Toutefois, elle est assimilée au licenciement et est assujettie aux règles de fond régissant celui-ci lorsque le salarié a pris la décision de mettre fin aux relations contractuelles à la demande de l'employeur ou à la suite d'une faute commise par ce dernier.

Article 77 : Le contrat de travail à durée indéterminée peut également prendre fin en raison de la survenance d'un événement indépendant de la volonté des parties qui rend impossible, de façon définitive ou pour une longue période, l'exécution du contrat. Sous réserve de dispositions législatives ou réglementaires contraires, la cessation du contrat de travail intervenant dans ces conditions n'ouvre pas droit à indemnité.

La cessation de l'entreprise, sauf cas de force majeure, ne dispense pas l'employeur de respecter les règles du licenciement.

SECTION I : JUSTIFICATION DU LICENCIEMENT

Article 78 : Un salarié ne peut être licencié que s'il existe un motif objectivement vérifiable de nature à rendre impossible le maintien de la relation contractuelle.

Article 79 : Le motif du licenciement peut tenir à la personne du salarié, qu'il s'agisse de son état de santé, de son inaptitude à tenir l'emploi, de son insuffisance professionnelle ou de son comportement fautif. Le licenciement est alors qualifié « licenciement pour motif personnel ».

Article 80 : Le motif du licenciement peut être lié à l'organisation, à la restructuration ou à la fermeture de l'entreprise chaque fois que le poste occupé par un salarié est supprimé ou transformé de façon substantielle. Le licenciement qui survient en raison de cette transformation ou de cette suppression est qualifié « licenciement pour motif économique » et obéit à certaines règles particulières.

Article 81 : Les litiges relatifs à la justification du licenciement sont tous portés devant le Tribunal du Travail.

Il appartient à l'employeur de rapporter la preuve de l'existence et de la pertinence du motif qu'il invoque pour justifier le licenciement.

SECTION II : PROCEDURE DES LICENCIEMENTS POUR MOTIF PERSONNEL

Article 83 : L'employeur qui envisage de licencier un salarié doit, au préalable, le convoquer par lettre recommandée à un entretien, la lettre de convocation doit parvenir au salarié cinq jours au moins avant l'entretien. La lettre de convocation à l'entretien peut également être remise en main propre au salarié.

La convocation à l'entretien, qui émane de l'employeur ou de son représentant, précise la date, l'heure, le lieu de l'entretien, les motifs qui font envisager le licenciement, la possibilité pour le salarié de se faire assister et éventuellement représenter par une personne de son choix appartenant soit au personnel de l'entreprise, soit au syndicat auquel il est éventuellement affilié.

Au cours de l'entretien, l'employeur ou son représentant peut être assisté d'un membre ou d'un salarié de l'entreprise. Il expose les motifs qui lui font envisager le licenciement et recueille les explications du salarié ainsi que les arguments développés par la personne qui l'assiste.

La discussion ne peut, en aucun cas, porter sur des motifs autres que ceux mentionnés dans la lettre de convocation à l'entretien.

Tous les salariés de l'entreprise participant à cette réunion seront rémunérés comme s'ils n'avaient pas quitté leur poste habituel de travail.

Les frais de déplacement qui pourraient être occasionnés par leur participation à l'entretien sont pris en charge par l'entreprise.

SECTION III : PROCEDURE DES LICENCIEMENTS POUR MOTIF ECONOMIQUE Article 87 : Tous les projets de licenciement pour motif économique doivent être soumis pour avis aux Délégués syndicaux de l'entreprise ou de l'établissement concerné.

L'employeur remet au Délégué syndical sept jours avant la première réunion un dossier indiquaient les motifs du ou des licenciements envisagés, le nombre et les catégories de travailleurs susceptibles d'être licenciés, la période au cours de laquelle les licenciements pourraient être notifiés, les mesures adoptées pour limiter le nombre des licenciements et pour faciliter le reclassement des salariés licenciés. Ce dossier est dans le même temps adressé à l'Inspecteur du Travail du ressort.

Lors de la première réunion avec les Délégués syndicaux, l'employeur répond aux questions relatives aux éléments contenus dans le dossier d'information et recueille les propositions des Délégués; celles-ci font l'objet d'une discussion exploratoire.

Une seconde réunion avec les Délégués syndicaux se tient au plus tôt sept jours après la première; au cours de celle-ci, l'employeur présente le dernier état de son projet de licenciement et expose les motifs qui lui font modifier ou écarter les propositions présentées par les Délégués syndicaux. Ceux-ci peuvent émettre leur avis sur les solutions envisagées et sur l'argumentation de l'employeur. Un procès-verbal de réunion rapporte la communication de l'employeur, les observations des Délégués et la discussion qui a suivi.

Article 88 : L'employeur doit après cette réunion, communiquer à l'Inspecteur du Travail son projet définitif de licenciement mentionnant le nom et la qualification des personnes qu'il envisage de licencier, les dates prévues de notification de licenciement et les mesures adoptées pour faciliter le reclassement des salariés licenciés.

SECTION IV : CONSEQUENCES DU LICENCIEMENT

Article 94 : La rupture du contrat de travail à durée indéterminée ne devient effective qu'à l'expiration d'une période de préavis, ou délai-congé.

La période de préavis est fonction de la catégorie professionnelle de l'agent. Elle est au moins de trois mois pour le personnel cadre et assimilé ; un mois pour les agents de maîtrise et contremaîtres et quinze jours pour le personnel d'exécution.

Les conventions collectives et les contrats individuels peuvent fixer des durées de préavis plus longues que celles établies par le présent article.

Le délai de préavis commence à courir le jour où le salarié a reçu notification écrite du licenciement.

Le préavis est un délai préfixé ne comportant aucune cause de suspension ou d'interruption.

Article 95 : Pendant le préavis, l'employeur et le salarié restent liés par leurs obligations réciproques résultant du contrat de travail. L'employeur ne peut pas modifier les attributions et la rémunération du salarié; le salarié doit effectuer sa prestation habituelle de travail avec diligence.

Au cours du préavis, le salarié dispose de huit heures par semaine, prises sur le temps de travail, pour chercher un nouvel emploi; ces heures de disponibilité peuvent être prises en une ou deux fois au cours d'une semaine; elles ne peuvent être cumulées avec les heures de la semaine suivante.

Article 99 : Le salarié n'a pas droit au préavis lorsqu'il est licencié pour faute grave.

Article 100 : Le salarié qui a travaillé effectivement au moins douze mois pour le compte de l'entreprise au titre du contrat qui est rompu a droit à une indemnité de licenciement.

Le salarié qui est licencié pour faute grave n'a pas droit à cette indemnité.

Article 101 : L'indemnité de licenciement se cumule avec l'indemnité compensatrice de congés payés, l'indemnité de préavis et les indemnités éventuellement dues en cas de licenciement prononcé en violation des règles légales, réglementaires ou conventionnelles[13].

---

[13] **Le ministère du Travail et l'inspection générale du travail**
En France au cours du dernier quart du XIXe siècle, divers services administratifs avaient été créés en vue de contrôler l'application des législations et règlementations protectrices du travail. En 1906, ces services ont été réunis dans le cadre d'un nouveau département ministériel : le ministère du Travail. Au l'organisation, les attributions et la dénomination de cette administration ont fait l'objet de nombreuses transformations ; de 1960 à 1975 et depuis 1966, cette administration a été intégrée dans un département ministériel plus important ; le ministère des Affaires sociales.
L'inspection générale du travail et de la main-d'œuvre. Créée en 1874, l'inspection du travail a joué un rôle important dans l'application des législations et règlementations protectrices du travail. A la tête de l'inspection générale du travail et de la main-d'œuvre se trouvent deux inspecteurs généraux, sous l'autorité desquels se trouvent des inspecteurs divisionnaires, placés à la tête des circonscriptions régionales. Les inspecteurs du travail sont assistés par des contrôleurs du travail. Leurs attributions n'ont cessé de s'accroitre depuis le Code du travail. Elles sont les suivantes :
1° contrôler l'application de la législation du travail dans tous les cas où ce contrôle est prévu par le législateur, notamment en ce qui concerne les conditions de travail, l'hygiène, la sécurité, l'apprentissage, les comités d'entreprise et les délégués du personnel ;
2° prendre certaines décisions, par exemple accorder ou refuser aux chefs d'entreprise l'autorisation de certaines dérogations aux conditions habituelles du travail ;
3° arbitrer certains conflits entre les chefs d'entreprise et leur comité d'entreprise ou les organisations syndicales ;
4° conseiller le chef d'entreprise ;
5° informer le ministère du Travail.
Les inspecteurs et contrôleurs ont entrée dans tous les établissements visés par les dispositions dont ils ont à assurer l'exécution en vue d'y procéder à la surveillance et aux enquêtes dont ils sont chargés. Ils ont également entrée dans les locaux où s'effectuent certains travaux à domicile. Concurremment avec les officiers de police judiciaire et les inspecteurs et agents de la répression des fraudes, ils ont qualité pour procéder à certains prélèvements.
Les inspecteurs et contrôleurs peuvent en matière d'hygiène et de sécurité procéder à la mise en demeure du chef d'établissement d'avoir à se mettre en règle avec la règlementation applicable ; ils accordent généralement à cet effet un délai dont ils sont seuls juges. Les mises en demeure sont inscrites sur un registre spécial, qui est obligatoire dans chaque établissement soumis au contrôle.
L'inspection médicale du travail. Depuis 1941, un corps d'inspecteurs médicaux du travail contrôle en liaison avec l'inspection générale l'application des règles relatives à l'hygiène et à la protection de la santé des travailleurs.
LE DROIT COLLECTIF DU TRAVAIL
L'évolution du droit du travail marque la place prépondérante prise par les groupements professionnels, autour desquels se cristallisent les courants divers qui aboutissent soit aux conflits entre employeurs et salariés, soit aux conventions collectives, véritables lois des professions. Dans l'entreprise elle-même, les rapports s'établissent de moins en moins entre un patron et un salarié pris isolément, mais de plus en plus entre les représentants du personnel et une direction mandataire d'un conseil d'administration.
Le droit syndical et les groupements professionnels

SECTION V : MISE A LA RETRAITE

Article 104 : Le contrat de travail à durée indéterminée prend fin lorsque le salarié atteint l'âge de la retraite prévu par les lois et règlements en

---

Les syndicats professionnels ont explicitement pour objet l'étude et la défense des intérêts économiques et industriels, commerciaux et agricoles . Le syndicat ne peut grouper en principe que les personnes exerçant la même profession, entendue au sens large : bois, métaux, etc. C'est pourquoi certains groupements professionnels préfèrent adopter la forme d'une association constituée dans le cadre plus souple de la loi de 1901.

Le droit syndical est dominé par un principe absolu, reconnu par le préambule de la Constitution du 20 janvier 2002 : la liberté syndicale. C'est le droit d'adhérer ou de ne pas adhérer à un syndicat et d'en ressortir librement. Le salarié est libre vis-à-vis des autres syndiqués comme vis-à-vis de son employeur, qui ne peut le congédier pour appartenance ou refus d'appartenance à tel ou tel syndicat.

Les conventions collectives

La convention collective de travail est un accord relatif aux conditions de travail, conclu, d'une part, entre une ou plusieurs organisations syndicales de travailleurs et, d'autre part, un ou plusieurs employeurs pris individuellement.

On distingue deux types de conventions collectives :

- les conventions de type général ;
- les conventions susceptibles d'être étendues.

La convention collective lie tous les membres des organisations signataires ou ayant donné leur adhésion. Lorsqu'un employeur signe une convention collective, les clauses de cette convention s'appliquent à tous les contrats individuels de travail conclus avec lui.

Les conventions de type général

Elles peuvent être signées par n'importe quel groupement d'employeurs, même sur le plan interprofessionnel, ou par un ou plusieurs employeurs pris individuellement. Du côté des salariés, elles ne peuvent être conclues que par des organisations syndicales, mais sans qu'aucune condition de représentativité soit exigée de celles-ci. Leur champ d'application territorial est déterminé librement. La convention collective lie tous les membres des organisations signataires ou ayant donné leur adhésion.

Les conventions collectives susceptibles d'extension

En raison du caractère obligatoire qui peut leur être attribué, ces conventions sont soumises à des conditions plus rigoureuses. Les conventions collectives, pour être étendues, doivent avoir été conclues entre les organisations syndicales les plus représentatives des employeurs et des salariés (la représentativité est appréciée en fonction des effectifs, des cotisations, de l'expérience et de l'ancienneté du syndicat, etc.) ; conformément à la section II du chapitre III du Code du travail, le ministre chargé du travail peut, sous certaines conditions, prononcer l'extension des conventions nationales ne répondant pas tout à fait aux conditions de travail d'une branche d'activité déterminée sur le plan national, notamment lorsqu'elles n'ont pas été signées par la totalité des organisations syndicales les plus représentatives des travailleurs et des employeurs (les organisations qui se sont abstenues ont cependant la possibilité de s'opposer à l'extension). Les conventions doivent être limitées à une branche d'activité professionnelle déterminée ; elles peuvent être nationales, régionales ou locales. Cependant, la conclusion des conventions collectives nationales interprofessionnelles est autorisée, en matière de prévoyance et d'indemnisation du chômage.

Lorsque la carence des organisations syndicales des travailleurs et d'employeurs a rendu impossible la conclusion d'une convention collective dans une branche d'activité et pour un secteur géographique déterminés, le ministre chargé du travail peut, à la demande d'une des organisations les plus représentatives des travailleurs ou des employeurs, rendre obligatoire dans cette branche et ce secteur une convention collective déjà étendue à la même branche pour un secteur géographique différent.

vigueur. Les salariés mis à la retraite ont droit à une indemnité de départ à la retraite dont montant est fixé par Arrêté ministériel.

Article 105 : L'employeur peut proposer au salarié de prolonger le contrat de travail au-delà de l'âge de la retraite. Si le salarié refuse cette proposition, son départ est assimilé à une mise à la retraite, et donne droit à l'indemnité prévue à l'article précédent. Si le salarié accepte cette proposition, le contrat de travail continue à lier les parties jusqu'au jour où l'une d'entre elles décide d'y mettre fin, lorsque la rupture intervient, elle est soumise au régime juridique de la mise à la retraite. Cependant, lorsque le salarié commet une faute grave, l'employeur peut faire jouer les règles du licenciement.

Article 106 : L'employeur doit notifier au salarié, avant que celui-ci ait atteint l'âge de la retraite, son intention de le mettre à la retraite ou, au contraire, de proposer une prolongation du contrat de travail. Cette notification doit intervenir au moins six mois avant le jour normal de mise à la retraite lorsque le salarié a plus de dix ans d'ancienneté dans l'entreprise. Ce délai est seulement de deux mois lorsque le salarié a entre deux et dix ans d'ancienneté dans l'entreprise; il est d'un mois dans les autres cas.

Article 107 : Lorsque le contrat de travail a été prolongé après l'âge normal de mise à la retraite, le salarié ou l'employeur doit notifier à l'autre partie son intention de départ ou de mise à la retraite deux mois avant le jour pour la cessation de la relation de travail.

Article 108 : L'employeur qui n'a pas respecté les délais d'information prévus par les articles

106 et 107 versera au salarié une indemnité égale aux salaires dus pour toute la période pendant laquelle l'obligation d'information a été violée.

Article 109 : Le salarié qui n'a pas respecté le délai d'information prévu par l'article 107 pourra être condamné à des dommages et intérêts en réparation du préjudice subi par l'employeur.

SECTION VI : DEMISSION

Article 110 : Le salarié peut librement démissionner. Il n'a pas à justifier sa démission.

Arielle 111 : La rupture du contrat de travail ne devient effective qu'à l'expiration du préavis, dont la durée est au maximum d'un mois. La durée maximale du préavis peut être portée à trois mois dans les conditions fixées par convention collective lorsque la démission est le fait d'un cadre.

Article 112 : Le salarié démissionnaire qui ne respecte pas son obligation de préavis doit à l'employeur une indemnité correspondant au salaire qu'il aurait perçu s'il avait normalement travaillé jusqu'à l'expiration du délai-congé fixé à l'article précédent. Cette indemnité peut être d'un montant plus élevé lorsque, en refusant d'exécuter le préavis, le salarié démissionnaire a eu l'intention de causer un préjudice à l'employeur et lui a effectivement causé un préjudice distinct de celui qui résulte habituellement de la seule inexécution du délai-congé.

Article 113 : L'employeur qui s'opposerait à l'exécution du préavis sera condamné à payer au salarié démissionnaire une somme indemnisant celui-ci du préjudice résultant des pertes de salaire, d'indemnités et autres avantages qui auraient été acquis si le salarié avait pu travailler pendant toute la durée du délai-congé fixée à l'article 111.

Article 114 : l'employeur et le salarié démissionnaire peuvent, d'un commun accord, décider de ne pas exécuter le préavis et se libérer de leurs obligations réciproques.

Article 115 : Lorsqu'en cours de préavis l'employeur ou le salarié commet une faute grave, celle-ci entraîne la rupture immédiate du contrat.

SECTION VII : DECES

Article 1116 : Lorsque le décès de l'employeur entraîne la cessation de l'entreprise, les salariés ont droit à l'indemnité de préavis, l'indemnité de licenciement et l'indemnité compensatrice de congés payés dans des conditions analogues à celles qui existent lors d'un licenciement régulier.

Article 117 : En cas de décès du salarié, ses héritiers auront droit à l'indemnité compensatrice de congés payés. Ils ont également droit aux différentes indemnités de licenciement lorsque le défunt qui avait été licencié n'avait pas encore reçu les indemnités qui lui étaient dues.

LIVRE II : CONDITIONS DE TRAVAIL

TITRE I : REGLEMENT INTERIEUR ET DROIT DISCIPLINAIRE

CHAPITRE I : REGLEMENT INTERIEUR

Article 118 : L'élaboration d'un règlement intérieur est obligatoire dans toutes les entreprises et tous les établissements employant habituellement au moins vingt-cinq salariés.

Article 119 : On entend par entreprise toute organisation, quelle que soit sa forme juridique (société, association, syndicat, propriété individuelle), ayant une activité de production, de distribution ou de fourniture de services. L'entreprise peut comprendre plusieurs établissements.

L'établissement est un groupe de personnes travaillant en commun de façon habituelle en un lieu déterminé sous la direction d'une même autorité.

Article 120 : Le règlement intérieur est un document écrit par lequel l'employeur fixe obligatoirement les règles générales et permanentes relatives à la discipline, en déterminant la nature et l'échelle des sanctions susceptibles d'être prononcées ainsi que les dispositions procédurales garantissant les droits de la défense et les règles d'hygiène et de sécurité applicables dans l'établissement.

Article 121 : A l'exception des mises à pied, mutations, rétrogradations ou licenciements à titre disciplinaire, le règlement intérieur ou tout acte unilatéral autrement qualifié émanant de l'employeur ne doit contenir aucune disposition concernant la mobilité ou la perte d'emploi; il ne doit pas contenir non plus de dispositions relatives à l'obligation de non-concurrence. Toute stipulation contraire est réputée non écrite.

La violation des règles relatives à l'élaboration du règlement intérieur est une infraction continue.

CHAPITRE II : DROIT DISCIPLINAIRE

Article 130 : Une sanction disciplinaire ne peut être infligée à un salarié que lorsque celui-ci a commis une faute dans l'exercice de sa profession. Les actes ou omissions, même fautifs, commis en dehors du temps de travail ne peuvent justifier une sanction disciplinaire en dehors du cas où un salarié révèle à des tiers des informations confidentielles concernant l'entreprise.

Article 131 : Un employeur ne peut pas engager de poursuites disciplinaires à l'encontre d'un salarié pour faute dont lui-même ou l'un de ses représentants a connaissance depuis d'un mois.

Cependant, lorsque, à la suite d'une faute professionnelle, des poursuites pénales ont été engagées dans le délai d'un mois, l'employeur peut engager contre le salarié une procédure disciplinaire. Cette possibilité n'est ouverte que pendant le mois suivant la décision définitive de la juridiction répressive.

Article 132 : L'employeur ne peut infliger qu'une sanction mentionnée dans le règlement intérieur. Les sanctions pécuniaires sont prohibées. Par sanction pécuniaire, il faut entendre toute mesure qui entraîne une réduction de la rémunération normalement due pour la prestation de travail fournie.

Dans les établissements où un règlement intérieur n'est pas obligatoire et n'existe pas, l'employeur peut prononcer, selon la gravité de la faute un avertissement, un blâme, une mise à pied inférieure ou égale à six jours, le licenciement avec ou sans préavis.

Article 133 : La sanction disciplinaire doit être proportionnée à la gravité de la faute.

TITRE II : DUREE DU TRAVAIL ET CONGES CHAPITRE I : DUREE DU TRAVAIL

Article 139 : Dans tous les établissements privés ou publics, la durée du travail effectif des salariés est habituellement de quarante heures par semaine.

L'employeur et le salarié peuvent cependant conclure un contrat de travail prévoyant une durée inférieure à quarante heures, le contrat étant alors un contrat de travail à temps partiel.

L'employeur peut également imposer au salarié plus de quarante heures par semaine par application des règles d'équivalence, de récupération, de modulation ou d'heures supplémentaires.

Article 140 : Les règles d'équivalence sont fixées par Arrêté du Ministre chargé du Travail. Elles déterminent le nombre d'heures de présence au poste de travail, qui correspond à quarante heures de travail effectif. A défaut de texte réglementaire, les heures de présence au poste de travail sont considérées comme heures de travail effectif.

Article 141 : Lorsque l'interruption collective du travail dans un établissement ou une partie d'établissement n'est pas due à une grève, à un lock-out, aux congés payés ou aux jours fériés chômés, les heures perdues peuvent être récupérées dans les douze mois suivants. Les heures récupérées sont payées au taux normal et non au taux majoré des heures supplémentaires.

La récupération des heures perdues n'autorise pas à dépasser les durées maximales journalière et hebdomadaire du travail[14].

---

[14] **COMMENT BÉNÉFICIER DU CONGÉ MATERNITÉ ?**

Afin de bénéficier de ses droits et d'être légalement protégée, la femme enceinte doit informer son employeur de son état de grossesse. Elle peut le mettre au courant en lui envoyant un certificat médical avec lettre recommandée ou bien le lui remettre en main propre contre une signature d'une copie. Il n'est pas précisé à quel moment cette procédure doit se faire, mais en général, il est préférable de soumettre le certificat médical dans les plus brefs délais, afin de déclencher rapidement la protection juridique et sociale dont profite la salariée.

La femme enceinte dispose d'une dispense de travail pour pouvoir pratiquer les examens cités ci-après (si ces examens doivent se faire pendant les heures de travail) :

- L'examen dentaire qui doit se faire entre le début et de la grossesse et au plus tard avant la fin du 5ème mois.
- Le 1er examen médical qui doit se faire avant la fin du 3ème mois de grossesse.
- Le 2ème examen médical qui doit se faire avant la fin du 4ème mois (dans la 2ème quinzaine).
- Le 3ème examen médical à pratiquer pendant le 6ème mois de grossesse.
- Le 4ème examen a lieu durant la première moitié du 8ème mois.
- Le dernier examen a lieu durant la première moitié du 9ème mois.
- Cette exemption est comptabilisée comme temps de travail et donne droit à une rémunération habituelle.

Il faut noter que si une salariée sous contrat à durée indéterminé tombe enceinte pendant sa période d'essai, cette période est alors suspendue à partir du jour de dépôt du certificat médical. La salariée continue à travailler normalement jusqu'à son congé de maternité sans que cette période transitoire ne soit considérée comme travail à l'essai. Dès l'expiration du congé de maternité de 12 semaines, la salariée peut reprendre sa période d'essai restante.

Le moment de cette information dépend du nombre de salariés concernés par une mesure de licenciement économique sur une même période de 30 jours :

- moins de 10 salariés concernés : l'information a lieu dans les 8 jours suivant l'envoi des lettres de licenciement ;
- au moins 10 salariés concernés : l'information est adressée au plus tôt le lendemain de la 1re réunion des représentants du personnel.

Article 144 : Les heures supplémentaires donnent lieu à une majoration de salaire. Cette majoration est de 30 % les quatre premières heures, des 60 % au-delà.

Des modes de rémunération des heures supplémentaires plus avantageux peuvent être établis par voie contractuelle.

Article 145 : la durée du travail effectif ne peut être supérieure ni à dix heures par jour, ni à quarante-huit heures par semaine.

Article 146 : Tout travail entre 20 heures et 6 heures est considéré comme travail de nuit.

Article 148 : Le travail de nuit est interdit pour les femmes et pour les jeunes travailleurs de l'un ou de l'autre sexe âgés de moins de dix-huit ans.

Des dérogations à cette interdiction peuvent cependant être accordées par Arrêté ministériel, en raison de la nature particulière de l'activité professionnelle.

CHAPITRE II : CONGES SECTION I : REPOS HEBDOMADAIRE

Article 152 : Le repos hebdomadaire est obligatoire. Il est au minimum de vingt-quatre heures consécutives par semaine. Il a lieu en principe le dimanche.

Article 153 : Ne sont pas soumis à l'obligation du repos dominical pour l'ensemble du personnel :

1 - Les hôpitaux, cliniques, maisons de santé et pharmacies;

2 - Les entreprises d'éclairage et de distribution d'eau;3 - Les hôtels, bars, restaurants et entreprises de spectacles;

4 - Les entreprises de transport par eau, air, terre, chemin de fer;

5 - Les industries dans lesquelles toute interruption de travail entraîne la perte ou la détérioration du produit en cours de fabrication ou des installations.

Article 154 : Des dérogations au repos dominical peuvent être accordées par Arrêté ministériel lorsque le repos simultané de l'ensemble du personnel d'une entreprise ou d'un établissement est préjudiciable au public ou compromet le fonctionnement normal de l'entreprise ou de l'établissement.

Article 155 : Les apprentis et les salariés âgés de moins de dix-huit ans ont toujours droit au repos dominical, même lorsqu'ils sont employés dans une entreprise ou un établissement où le travail du dimanche est autorisé.

Vous devez impérativement consulter, avant de mettre en œuvre la procédure de licenciement, toutes les dispositions conventionnelles (convention collective, accords collectifs) applicables à votre entreprise, car elles peuvent prévoir une procédure plus complète et plus protectrice du salarié.

SECTION II : JOURS FERIES

Article 156 : Les fêtes légales sont déterminées par Décret. Elles sont des jours fériés, chômés et payés.

Article 157 : Les jours fériés sont également chômés et payés. Le chômage de ces jours de fête ne peut être une cause de réduction des salaires mensuels, bimensuels, hebdomadaires ou journaliers.

Article 158 : Les heures de travail perdues par suite du chômage des jours fériés ne peuvent donner lieu à récupération.

Article 159 : Dans les entreprises ou établissements qui, en raison de la nature des activités, ne peuvent interrompre le travail, les salariés qui travaillent un jour férié ont droit, en plus de la rémunération prévue à l'article 157, à une rémunération pour le travail effectué. Cette rémunération est calculée sur la base du taux horaire majoré de 60 % la journée, de 100 % la nuit.

SECTION III : CONGE ANNUEL

Article 160 : Sauf dispositions plus favorables d'une convention collective, le travailleur salarié a droit à un congé payé à la charge de l'employeur à raison de deux jours et demi ouvrables par mois de service effectif.

Sont assimilés à des périodes de travail effectif pour la détermination de la durée de congé les périodes de congé payé, de congé formation, les absences pour accidents du travail et maladies professionnelles, les congés de maternité.

Les absences dues à une maladie non professionnelle ou à un accident de droit commun sont assimilées à des périodes de travail effectif dans les conditions déterminées par convention collective.

Article 161 : Le droit de jouissance au congé est acquis après une durée de service effectif égale à un mois.

Le congé payé ne dépassant pas quatorze jours, ouvrables ou non, doit être continu.

Le travailleur doit effectivement prendre chaque année tous les jours de congé qu'il a acquis.

En aucun cas, il ne peut être prévu par convention l'octroi d'une indemnité compensatrice en lieu et place du congé.

Article 164 : L'employeur doit verser au salarié pendant toute la durée de son congé les salaires et indemnités que celui-ci aurait perçus s'il avait continué à fournir sa prestation habituelle de travail, à l'exclusion de la prime d'expatriation.

Article 165 : En cas de rupture ou d'expiration du contrat de travail, avant que le salarié ait pu bénéficier de la totalité du congé auquel il a droit, une indemnité compensatrice lui est allouée. Cette indemnité est calculée sur la base des dispositions de l'article 160.

CHAPITRE III : PENALITES

Article 167 : Peuvent être punis d'une amende de 30.000 à 300.000 francs guinéens et, en cas de récidive, de 60.000 à 600.000 francs guinéens. Les auteurs d'infractions aux dispositions des articles 141, 143 (§ 1), 145, 148,149, 150, 152, 155,156, 157, 161.

TITRE III : PROTECTION DE LA SANTE DES TRAVAILLEURS

CHAPITRE I : HYGIENE ET SECURITE DU TRAVAIL

SECTION I : DISPOSITIONS GENERALES

Article 168 : Sont soumis aux dispositions du présent titre toutes les entreprises et tous les établissements visés à l'article 119 du présent Code.

Les établissements ou les entreprises se livrant simultanément à des activités sur un même lieu de travail devront collaborer en vue d'appliquer les mesures prescrites par le présent titre, sans préjudice de la responsabilité de chaque dirigeant d'établissement ou d'entreprise à l'égard de la santé et de la sécurité des travailleurs qu'il occupe.

Article 169 : Pour protéger la vie et la santé des salariés, l'employeur est tenu de prendre toutes les mesures utiles qui sont adaptées aux conditions d'exploitation de l'entreprise. Il doit notamment aménager des installations et régler la marche du travail de manière à préserver le mieux possible les salariés des accidents et des maladies.

L'employeur doit associer les représentants des syndicats à l'élaboration des mesures d'hygiène et de sécurité.

SECTION II : HYGIENE DU TRAVAIL

Article 176 : Les établissements visés à l'article 119 du présent Code doivent être tenus dans un état de propreté permanent et présenter des conditions d'hygiène et de salubrité nécessaires à la santé du personnel.

Article 177 : Il est interdit à toute personne d'introduire ou de distribuer dans l'établissement, de laisser introduire ou de laisser distribuer dans l'établissement des boissons alcoolisées.

SECTION III : SECURITE DU TRAVAIL

Article 178 : Les établissements et locaux visés à l'article 119 du présent Code doivent être aménagés de manière à garantir la sécurité des travailleurs.

Les machines, mécanismes, appareils de transmission, outils et engins, mécaniques ou manuels, doivent être installés et tenus dans les meilleures conditions possibles de sécurité.

Les moteurs et parties mouvantes des machines doivent être isolés par des cloisons ou barrières de protection.

L'employeur, ou son représentant, doit organiser le contrôle permanent de l'état des machines afin d'assurer la protection des salariés.

L'Inspecteur du Travail peut, sur mise en demeure, imposer au chef d'établissement de faire vérifier l'état de conformité des matériels ci-dessus énumérés.

SECTION IV : DISPOSITIONS SPECIALES APPLICABLES AUX OPERATIONS DE CONSTRUCTION

Article 189 : Les maîtres d'ouvrage entreprenant la construction ou l'aménagement de bâtiments destinés à l'exercice d'une activité industrielle, commerciale ou agricole sont tenus de se conformer aux règles édictées par Arrêtés ministériels dans l'intérêt de l'hygiène et de la sécurité du travail.

Article 190 : Lorsqu'une opération de construction de bâtiment excède un montant fixé par voie réglementaire, le chantier relatif à cette opération doit disposer, en un point au moins de son périmètre, d'une desserte en voirie, d'un raccordement à des réseaux de distribution d'eau potable et d'électricité, d'une évacuation des matières usées, dans des conditions telles que les locaux destinés au personnel du chantier soient conformes aux dispositions qui leur sont applicables en matière d'hygiène et de sécurité du travail.

Un règlement d'administration publique en application de l'article 170 du présent titre fixe les conditions d'application de l'alinéa précédent et détermine en outre dans quels cas et selon quelles modalités il peut être exceptionnellement dérogé à la règle posée audit alinéa.

Article 191 : Les entrepreneurs appelés à travailler sur un chantier excédant un montant fixé par voie réglementaire doivent, avant toute intervention sur ces chantiers, remettre au maître d'œuvre un plan d'hygiène et de sécurité.

Le plan doit être également remis pour avis aux médecins du travail des entreprises intéressées. Le plan définitif doit être communiqué à l'Inspecteur du Travail avant le début des travaux.

CHAPITRE II : MEDECINE DU TRAVAIL

Article 193 : Toutes les entreprises, au sens de l'article 119 du présent Code, sont assujetties aux dispositions du présent chapitre.

Les employeurs concernés doivent organiser des Services Médicaux du Travail.

Tout employeur doit faire bénéficier les candidats à l'emploi d'un examen médical avant l'embauche ou au plus tard avant l'expiration de la période d'essai.

Les employeurs doivent également faire bénéficier les salariés d'un examen médical, au moins une fois par an, en vue de s'assurer de leur bon état de santé et du maintien de leur aptitude au poste de travail occupé.

Ces examens sont assurés par le Service Médical du Travail.

Article 194 : Les Services Médicaux du Travail sont assurés par un personnel médical et paramédical titulaire d'une décision d'agrément délivrée par le Ministre de la Santé et dont le rôle principalement préventif consiste à éviter toute altération de la santé des travailleurs du fait de leur travail.

Ils pratiqueront en étroite collaboration avec la Division Santé des Travailleurs ou le Médecin

Inspecteur du Travail qui en aura le contrôle technique.

Des Arrêtés du Ministre de la Santé déterminent les modalités d'obtention de l'agrément.

CHAPITRE II : PENALITES

Article 203. : Toute violation par un salarié des dispositions de l'article 177 expose son auteur à la condamnation à une amende de 1.500 à 15.000 francs guinéens.

Toute violation par un employeur des dispositions de l'article 177 expose son auteur à la condamnation à une amende de 10.000 à 100.000 francs guinéens.

Article 204 : Peuvent être punis d'une amende de 50.000 à 500.000 francs guinéens et, en cas de récidive, d'une amende de 100.000 à 1.000.000 de francs guinéens, les auteurs des infractions aux dispositions des articles 169 (§ 2 et 3), 172, 175,184, 188, 193, 199 et 200.

Article 205 : Peuvent être punis d'une amende de 80.000 à 800.000 francs guinéens et, en cas de récidive, d'une amende de 160.000 à 1.600.000 francs guinéens et d'une peine d'emprisonnement de 8 jours à 2 mois ou de l'une de ces deux peines seulement :1 - Les auteurs d'infractions aux dispositions des articles 178 (§3 et 4), 179, 180, 181, 182, 190 et 191 ;

2 - Les auteurs d'infractions aux dispositions des Arrêtés ministériels pris en application des articles 171, 175, 186, 187, 189.

TITRE IV : SALAIRE

CHAPITRE I : DETERMINATION DU SALAIRE

Article 206 : Tout employeur est tenu d'assurer, pour un même travail ou pour un travail de valeur égale, l'égalité de rémunération entre les salariés, quels que soient leur origine, leur sexe et leur âge, dans les conditions prévues au présent titre.

Par rémunération, il faut entendre le salaire de base et tous les autres avantages et accessoires payés directement ou indirectement, en espèces ou en nature, par l'employeur au salarié en raison de l'emploi de ce dernier. Le paiement du salaire en tout ou en partie sous forme de spiritueux ou de drogues nuisibles est prohibé. Lorsque le salaire est payé partiellement en nature, les prestations en nature doivent servir à l'usage personnel du travailleur et de sa famille et doivent être conformes à son intérêt ; la valeur attribuée à ces prestations doit être juste et raisonnable.

Aucun salaire n'est dû en cas d'absences en dehors de celles prévues par le présent Code ou résultant de l'accord des parties intéressées.

Article 207 : Les différents éléments composant la rémunération doivent être établis selon des normes identiques pour les hommes et pour les femmes.

Les catégories et les critères de classification et de promotion professionnelle ainsi que toutes les autres bases de calcul de la rémunération, notamment les modes d'évaluation des emplois, doivent être communs aux travailleurs des deux sexes.

CHAPITRE II : PAIEMENT DU SALAIRE SECTION I : MODE DE PAIEMENT DU SALAIRE

Article 213 : Sous réserve des dispositions législatives imposant le paiement des salaires suivant d'autres modalités, le salaire doit être payé en monnaie métallique ou fiduciaire ayant cours légal, nonobstant toute stipulation contraire, à peine de nullité.

Article 214 : La paie est faite, sauf cas de force majeure, sur le lieu du travail ou au bureau de l'employeur, lorsqu'il est voisin du lieu du travail. Elle ne peut être faite dans un débit de boissons ou dans un magasin de vente, sauf pour les travailleurs qui y sont normalement employés.

Article 215 : Le salaire doit être payé à intervalles réguliers ne pouvant excéder quinze jours pour les travailleurs engagés à la quinzaine ou moins.

Pour tout travail aux pièces ou au rendement dont l'exécution doit durer plus d'une quinzaine, les dates de paiement peuvent être fixées de gré à gré, mais le travailleur doit recevoir chaque quinzaine des acomptes et être intégralement payé dans la quinzaine qui suit la livraison de l'ouvrage.

Les commissions acquises au cours d'un trimestre doivent être payées dans les trois mois suivant la fin de ce trimestre.

La paie ne peut être faite le jour où les salariés ont droit à un repos.

SECTION II : PRIVILEGES ET GARANTIES DE LA CREANCE DE SALAIRE

Article 220 : Les sommes dues aux entrepreneurs de tous les travaux ayant le caractère de travaux publics ne peuvent être frappées de saisie-arrêt, ni d'opposition au préjudice des ouvriers auxquels les salaires sont dus.

Les sommes dues aux ouvriers pour salaires sont payées de préférence à celles dus aux fournisseurs.

Article 221 : La créance de salaire est privilégiée sur les meubles et les immeubles du débiteur dans les conditions suivantes:

- Pour les salariés payés à des intervalles n'excédant pas la quinzaine, les salaires des six derniers mois ;
- Pour les salariés payés au mois, les salaires des douze derniers mois.

Article 222 : S'il s'agit d'allocations de congés payés, le privilège ci-dessus porte sur les deux années suivant la date où le droit à ces congés a été acquis.

Article 223 : Les créances des salaires, primes, commissions, prestations diverses, indemnités de toute nature, et éventuellement, dommages et intérêts priment toutes créances privilégiées, y compris celles du Trésor public.

Article 224 : Outre les privilèges ci-dessus :

1 - Les maçons, charpentiers et autres ouvriers qui ont été employés pour édifier, reconstruire ou réparer les bâtiments, canaux ou autres ouvrages quelconques ont une action contre celui pour lequel les ouvrages ont été faits jusqu'à concurrence des sommes dont il se trouve débiteur envers l'entrepreneur au moment où leur action est intentée ;

2 - Les ouvriers qui ont travaillé soit à la récolte, soit à la fabrication ou à la réparation des ustensiles agricoles, soit à la conservation de la chose ont un privilège qui prime tous les autres privilèges spéciaux mobiliers, soit sur les fruits de la récolte, soit sur la chose qu'ils ont contribué à conserver.

Article 225 : L'ouvrier détenteur de l'objet par lui ouvré peut exercer un droit de rétention dans les conditions prévues par la législation en vigueur.

Les objets mobiliers confiés à un ouvrier pour être travaillés, façonnés, réparés ou nettoyés et qui n'auront pas été retirés dans le délai de six mois pourront être vendus dans les conditions et formes fixées par la législation en vigueur.

Article 226 : La créance de salaire des employés et apprentis pour l'année échue et pour l'année en cours est privilégiée sur les meubles du débiteur dans les conditions prévues par la loi concernant le règlement judiciaire et la faillite.

Article 227 : En cas de règlement judiciaire ou de liquidation de biens, les rémunérations de toute nature dues aux salariés et apprentis pour les soixante derniers jours de travail ou d'apprentissage doivent, déduction faite des acomptes déjà perçus, être payées, nonobstant l'existence de toute autre créance privilégiée, jusqu'à concurrence d'un plafond mensuel identique pour toutes les catégories de bénéficiaires.

SECTION III : PRESCRIPTION DE L'ACTION EN PAIEMENT DU SALAIRE Article 228 : L'action en paiement du salaire se prescrit:

1 - Par six mois pour les travailleurs rémunérés à des intervalles ne dépassant pas la quinzaine;

2 - Par douze mois pour les travailleurs rémunérés au mois.

La prescription ci-dessus commence à courir à la date à laquelle les salaires sont dus. Le dernier jour du délai est celui qui porte le même quantième que le jour du point de départ de la prescription.

Article 229 : La prescription a lieu quoi qu'il y ait eu continuation de service ou travaux. Elle est seulement interrompue par:

- Une reconnaissance écrite du débiteur mentionnant le chiffre de la dette;
- Une attestation de l'Inspecteur du Travail mentionnant la date à laquelle il a été saisi d'un différend individuel ainsi que l'objet de ce différend ;
- La citation en justice non périmée.

CHAPITRE III : RETENUES SUR LE SALAIRE

Article 230 : Des prélèvements sur le salaire sont effectués par l'employeur pour le compte de l'administration fiscale ou pour celui de la Caisse de Sécurité Sociale dans les conditions prévues par la loi.

Article 231 : En dehors des prélèvements obligatoires, des remboursements de cessions consenties dans le cadre des dispositions réglementaires et des consignations qui peuvent être prévues par les conventions collectives et les contrats, il ne peut être fait de retenue sur les appointements ou salaires que par saisie-arrêt ou cession volontaire, souscrite devant le Magistrat du lieu de travail ou du lieu de résidence ou, à défaut, de l'Inspection du Travail et des Lois Sociales pour le remboursement d'avances d'argent consenties par l'employeur au travailleur.

Toutefois lorsque le Magistrat ou l'Inspecteur du Travail et des Lois Sociales habitera à plus de vingt-cinq kilomètres, il pourra y avoir consentement réciproque et écrit devant le chef de l'unité administrative la plus proche.

Les acomptes sur un travail en cours ne sont pas considérés comme avances. En tout état de cause, il ne pourra y avoir compensation entre les appointements ou salaires et les sommes dues par le travailleur, notamment au titre de la réparation d'un préjudice, que dans la limite de la partie saisissable et sur les seules sommes immobilisées au Greffe du Tribunal du Travail.

Article 232 : Le salaire ayant un caractère alimentaire, une partie seulement de son montant peut faire l'objet de saisie-arrêt. La partie saisissable du salaire est déterminée par les règles du droit commun.

De la même façon, le salarié ne peut céder à des tiers sa créance de salaire que dans les limites admises par la saisissabilité du salaire.

CHAPITRE V : PENALITES

Article 236 : Peuvent être punis d'une amende de 30.000 à 300.000 francs guinéens et, en cas de récidive, de 60.000 à 600.000 francs guinéens, les auteurs des infractions aux dispositions des articles 206 (§1 et 2), 211, 213, 214, 215, 217 (§ 2).

LIVRE III : REPRESENTATION DES PARTENAIRES SOCIAUX

TITRE I : DES UNIONS PATRONALES

CHAPITRE I : CONSTITUTION DES UNIONS PATRONALES

Article 237 : Tous les employeurs, quels que soient leur secteur d'activité, le statut juridique de l'entreprise, le nombre de salariés qu'ils emploient, peuvent librement constituer une union patronale.

Article 238 : L'union patronale peut être constituée par secteur d'activité, par région géographique, en fonction de la dimension des entreprises ou de tout autre facteur de regroupement.

Article 239 : Les unions patronales peuvent se regrouper entre elles pour former des unions nationales et des unions interprofessionnelles.

Article 340 : Les unions patronales ont pour but d'étudier les problèmes professionnels qui peuvent être soit communs à tous les employeurs, soit propres à certains secteurs d'activité, à certaines régions ou à certains types d'entreprises. Elles ont, en particulier, pour rôle de représenter les intérêts de leurs membres au sein des organes consultés par les autorités publiques et d'élaborer avec les syndicats des salariés les conventions collectives.

Article 241 : Les fondateurs d'une union patronale élaborent librement les statuts de celle-ci en la dotant des organes de leur choix. Ils précisent le nom des personnes qui, à un titre quelconque, sont chargées de son administration et de sa direction.

CHAPITRE II : CAPACITE JURIDIQUE DES UNIONS PATRONALES

Article 243 : Les unions patronales, dont les statuts sont déposés à la Préfecture, ont pleine capacité civile. Elles peuvent librement acquérir des biens et en disposer. Elles peuvent conclure les actes juridiques de leurs choix et en particulier les conventions collectives nationales, régionales ou locales.

Article 244 : Les unions patronales peuvent agir et défendre en justice pour sauvegarder leurs droits et assurer l'application des conventions collectives qu'elles ont signées.

Article 245 : les unions nationales interprofessionnelles se concerteront pour désigner chaque année leur représentant à la Conférence Internationale du Travail.

A défaut d'accord, ce sera l'organisation la plus représentative qui le choisira.

Article 246 : Une union patronale ne peut être reconnue comme représentative que si elle a déposé ses statuts à la Préfecture depuis au moins six mois. Elle doit, en outre, regrouper des employeurs qui emploient au moins 15 pour cent des salariés travaillant dans le secteur géographique et professionnel de l'union.

TITRE II : DES ORGANISATIONS SYNDICALES CHAPITRE I : CONSTITUTION DES ORGANISATIONS SYNDICALES

Article 248 : Les salariés peuvent librement se grouper et constituer un syndicat, dans la circonscription géographique de leur choix, pour défendre et assurer le développement de leurs droits individuels et collectifs concernant leur vie de travailleurs.

Ils peuvent créer un syndicat dans une entreprise, dans une localité, dans une Préfecture, dans une province même s'il existe déjà un ou plusieurs syndicats représentant des salariés exerçant le même métier ou travaillant dans un même secteur d'activité.

Article 249 : Tout salarié, sans distinction, peut participer à la création d'un syndicat ou y adhérer.

La liberté syndicale des individus est aussi celle de ne pas adhérer à un syndicat ou de se retirer à tout moment du syndicat auquel ils ont adhéré.

Tout salarié se retirant d'un syndicat est libéré de son obligation de payer une cotisation syndicale du jour de son retrait d'adhésion. Toute clause limitant directement ou indirectement la liberté des salariés d'adhérer au syndicat de leur choix, de ne pas se syndiquer ou de se retirer est nulle et expose les signataires de l'acte le contenant à une amende de 20.000 à 200.000 francs guinéens.

CHAPITRE II : ATTRIBUTS DES ORGANISATIONS SYNDICALES

Article 253 : Tout syndicat ou groupement de syndicats, régulièrement constitué, a la personnalité juridique.

Il a le droit d'acquérir sans autorisation, à titre gratuit ou à titre onéreux, des biens meubles ou immeubles et il peut en disposer librement.

Les biens meubles ou immeubles nécessaires au fonctionnement des syndicats ou des groupements de syndicats et aux réunions de leurs membres sont insaisissables.

Article 254 : Les syndicats et groupements de syndicats peuvent subventionner des sociétés coopératives de production ou de consommation. Ils peuvent, en se conformant aux lois et règlements en vigueur, constituer entre leurs membres des caisses spéciales de secours mutuels et de retraite; les fonds de ces caisses sont insaisissables.

Article 255 : Toute personne qui se retire d'un syndicat conserve le droit d'être membre de sociétés de secours mutuels et de retraite à l'actif desquelles elle a contribué au moins pendant dix ans par des cotisations ou versements de fonds.

Article 256 : Les syndicats et groupements de syndicats peuvent librement contracter, mais ils doivent être représentatifs pour conclure une convention collective de travail.

Article 257 : Pour être reconnu représentatif, un syndicat ou un groupement de syndicats doit avoir déposé ses statuts depuis au moins six mois, être indépendant des employeurs, des unions patronales, des partis politiques et des organisations confessionnelles, avoir une audience suffisante dans le secteur géographique et professionnel qui est le sien.

Dans le cadre de l'établissement ou de l'entreprise, un syndicat doit avoir obtenu au moins 15 pour cent des voix des électeurs inscrits aux élections de Délégués syndicaux pour que son audience soit considérée comme suffisante au regard de la représentativité.

Dans un cadre plus large, géographique ou professionnel, un syndicat ou un groupement de syndicats sera considéré comme ayant une audience suffisante lorsqu'il est représentatif dans plusieurs entreprises employant ensemble au moins 20 pour cent de salariés travaillant dans le secteur géographique et professionnel considéré.

Article 258 : Les litiges concernant la représentativité des syndicats sont de la compétence du Tribunal du Travail. Lorsque le secteur géographique dans lequel la représentativité syndicale est discutée dépasse le domaine de la compétence territoriale d'un Tribunal, le litige est porté devant le Tribunal du Travail de Conakry.

CHAPITRE III : DISSOLUTION

Article 264 : En cas de dissolution volontaire, statutaire ou prononcée par la Justice, les biens du syndicat sont dévolus, conformément aux statuts ou, à défaut de dispositions statutaires, suivant les règles déterminées par l'assemblée générale. En aucun cas, ils ne peuvent être répartis entre les membres adhérents.

CHAPITRE I : MISE EN PLACE DES DELEGUES SYNDICAUX

Article 266 : Les Délégués syndicaux sont élus dans le cadre de l'entreprise ou dans celui des établissements composant celle-ci.

L'entreprise est entendue au sens de l'article 119 du présent Code.

L'existence d'un établissement distinct suppose que vingt salariés au moins travaillent de façon habituelle en un même lieu sous une même direction dans des conditions originales par rapport aux autres salariés de l'entreprise. Une entreprise ne peut être morcelée en établissements distincts que si elle comporte au moins deux établissements employant chacun vingt-cinq salariés au minimum.

Article 267 : Les élections ont lieu soit dans le cadre de l'entreprise, soit dans le cadre des établissements distincts. Le nombre des élus est fonction des effectifs de l'unité au sein de laquelle l'élection est organisée; des suppléants sont élus en même temps que les titulaires et en nombre égal.

Le nombre des élus est fixé de la façon suivante:

- De 25 à 100 salariés: 2 titulaires et 2 suppléants ;
- De 101 à 200 salaries : 3 titulaires et 3 suppléants ;
- De 201 à 350 salariés : 4 titulaires et 4 suppléants ;
- De 351 à 600 salariés : 5 titulaires et 5 suppléants ;
- Au-delà de 600 salariés, 1 titulaire et 1 suppléant par tranche supplémentaire de 400 salariés.

CHAPITRE II : PROTECTION DES DELEGUES SYNDICAUX

Article 277 : Le Chef d'entreprise ou le Directeur d'établissement a la faculté de prononcer immédiatement, à titre provisoire, la mise à pied d'un Délégué syndical qui a commis une faute grave. Le Chef d'entreprise ou le Directeur d'établissement doit notifier à l'Inspecteur du Travail du ressort cette mise à pied dans un délai de quarante-huit heures à compter de la prise d'effet de celle-ci en sollicitant l'autorisation de licencier.

Si l'autorisation de licencier est refusée, la mise à pied est annulée et ses effets sont supprimés de plein droit.

Article 278 : Le licenciement d'un Délégué syndical, titulaire ou suppléant, ne peut intervenir qu'après autorisation de l'Inspecteur du Travail. Le licenciement des anciens Délégués syndicaux qui ont exercé leur mandat pendant au moins douze mois est également subordonné à l'autorisation préalable de l'Inspecteur du Travail pendant les six mois qui suivent la cessation de leurs fonctions. La même procédure s'applique lorsque l'employeur envisage de licencier un salarié qui a été présenté aux élections par un syndicat représentatif. Cette protection joue, pendant six mois, à compter du jour où le syndicat a notifié à l'employeur le nom des candidats.

Article 282 : L'employeur qui a licencié un Délégué syndical sans autorisation de l'Inspecteur du Travail, ou qui ne l'a pas réintégré après l'annulation par l'Inspecteur Général du Travail de l'autorisation de licencier donnée par un Inspecteur du Travail, doit payer au Délégué licencié, outre les indemnités de préavis, de congé et de licenciement prévues par les articles 98, 100 et

164 du présent Code, une indemnité forfaitaire égale à vingt-quatre mois de salaire.

CHAPITRE III : ATTRIBUTIONS ET CONDITIONS D'EXERCICE

Article 283 : Les Délégués syndicaux ont pour mission :

1 - De veiller à l'application des prescriptions relatives à l'hygiène et à la sécurité des travailleurs et de proposer toutes mesures utiles à ce sujet ;

2 - De présenter aux employeurs toutes les réclamations individuelles ou collectives concernant les conditions de travail, les rémunérations et l'emploi ;

3 - De saisir l'Inspection du Travail des réclamations concernant l'application des prescriptions légales et réglementaires ;

4 - De négocier avec le chef d'entreprise ou avec le directeur d'établissement, sous réserve des dispositions de l'article 306, les conventions collectives d'entreprise ou d'établissement ;

5 - De déposer le préavis de grève ;

6 - D'exercer toute fonction qui leur est dévolue par le présent Code.

Article 284 : Les Délégués syndicaux ont le droit :

1 - De collecter les cotisations syndicales à l'intérieur de l'entreprise en dehors du temps de travail ;

2 - D'afficher des communications syndicales sur des panneaux réservés à cet usage ;

3 - De distribuer librement aux travailleurs de l'entreprise, dans l'enceinte de celle-ci, aux heures d'entrée et de sortie des travailleurs, des publications et tracts de nature syndicale.

CHAPITRE IV : PENALITES

Article 287 : Peuvent être punis d'une amende de 80.000 à 800.000 francs guinéens et, en cas de récidive, d'une amende de 150.000 à 1.500.000 francs guinéens et d'une peine d'emprisonnement de 8 jours à 2 mois ou de l'une de ces deux peines seulement :

1 - Les auteurs des infractions aux dispositions des articles 264 (§ 2), 270, 278, 281, 285, 286;

2 - Les personnes faisant obstacle à l'exercice des missions des Délégués syndicaux, telles qu'elles sont définies à l'article 283.

TITRE IV : COMMISSION CONSULTATIVE DU TRAVAIL ET DES LOIS SOCIALES Article 288 : Une Commission Consultative du Travail et des Lois Sociales est instituée auprès du Ministre chargé du Travail. Elle a pour mission permanente:

1 - D'étudier les problèmes concernant le travail, la main-d'œuvre, la sécurité sociale, l'hygiène et la sécurité dans les entreprises ;

2 - D'émettre des avis et de formuler des propositions et des résolutions sur la Législation et la

Réglementation en ces matières ;

3 - D'étudier les éléments pouvant servir de base à la composition du budget type et à la détermination du salaire minimum.

4 - D'émettre un avis annuel sur les orientations prioritaires de la politique de formation professionnelle et d'apprentissage à mettre en œuvre par le Fonds National pour la Qualification Professionnelle.

LIVRE IV : CONVENTIONS ET CONFLITS COLLECTIFS TITRE I : NEGOCIATION DES CONVENTIONS COLLECTIVES

Article 294 : La convention collective a pour objet de déterminer les conditions de travail et d'emploi des salariés et de régler les relations entre les employeurs et les travailleurs. Elle peut également étendre les attributions reconnues par la loi aux organisations syndicales et améliorer les garanties protégeant les travailleurs contre les risques sociaux.

Article 295 : La convention collective est conclue entre :

- D'une part, un employeur, une ou plusieurs unions patronales représentatives ;
- D'autre part, une ou plusieurs organisations syndicales de salariés représentatives.

Article 296 : La convention collective peut être conclue dans le cadre d'un établissement, d'une entreprise, d'une branche d'activité. Elle peut être également conclue pour plusieurs branches d'activité. Selon le cas, elle sera dénommée convention d'établissement, convention d'entreprise, convention de branche ou convention interprofessionnelle.

Article 297 : La convention collective de branche ou la convention collective interprofessionnelle peut avoir un champ territorial d'application plus ou moins vaste. La convention collective peut avoir un champ d'application local (Ville ou Préfecture), provincial national.

TITRE III : CONFLITS COLLECTIFS CHAPITRE I : LA GREVE

Article 328 : Tous les salariés ont le droit de se mettre en grève.

Article 329 : La grève est un arrêt complet et collectif du travail décidé par les salariés pour faire aboutir des revendications professionnelles qui n'ont pas été satisfaites.

Article 330 : La grève doit être précédée d'un préavis permettant la négociation entre les parties le préavis de grève ne peut être déposé auprès de la Direction de l'entreprise, de l'établissement ou des unions patronales de la branche que par une organisation syndicale représentative. Le préavis de grève est d'une durée de dix jours ouvrables.

A peine de nullité, le préavis de grève doit être notifié par écrit à l'autorité compétente de l'Administration du Travail. Cette notification écrite doit comporter les raisons et les revendications formulées par l'organisation syndicale déposant le préavis de grève.

Article 331 : Dès que le préavis de grève est notifié à l'autorité compétente, celle-ci doit prendre l'initiative d'une négociation avec les organisations syndicales représentatives sous l'égide de l'Inspecteur du Travail dans le ressort duquel le conflit a pris naissance ou de l'Inspecteur

Général du Travail lorsque le conflit déborde le cadre d'une Inspection du Travail.

Les parties au conflit sont tenues de se rendre à toutes convocations et réunions de concertation et de conciliation organisées par l'autorité compétente.

Au dernier jour de préavis, l'Inspecteur du Travail ou l'Inspecteur Général du Travail constate l'échec des négociations.

Article 334 : Même en période de grève, il est interdit à toute personne de s'opposer, par la force ou sous la menace, au libre exercice de l'activité professionnelle des salariés.

Article 335 : La grève suspend le contrat de travail; le salarié est dispensé de fournir sa prestation habituelle de travail; il recouvre son emploi en fin de grève et ne peut pas être sanctionné du fait de sa participation à la grève. L'employeur est dispensé de verser au salarié sa rémunération habituelle.

Article 336 : La grève ne suspend pas le mandat des Délégués syndicaux d'entreprise.

CHAPITRE II : LE LOCK-OUT

Article 338 : Le lock-out est la fermeture de tout ou partie d'une entreprise ou d'un établissement, décidée par l'employeur à l'occasion d'une grève des salariés de son entreprise.

Article 339 : Le lock-out est prohibé. Il est exceptionnellement licite lorsqu'il est justifié par un impératif de sécurité ou lorsque la grève est jugée irrégulière par l'Inspecteur du Travail du ressort.

Article 340 : Dans les cas exceptionnels où le lock-out est licite, sa durée prend fin dès que les causes qui l'ont provoqué disparaissent.

Article 341 : Le lock-out licite entraîne la suspension du contrat du travail et dispense l'employeur de verser au salarié la rémunération habituellement due pour la période concernée.

Lorsque le lock-out est prononcé irrégulièrement, l'employeur doit payer à chaque salarié les salariés et indemnités que celui-ci aurait perçues s'il avait pu fournir sa prestation habituelle de travail.

CHAPITRE III : L'ARBITRAGE

Article 342 : Sans préjudice des dispositions relatives à la conciliation, la procédure d'arbitrage peut être mise en œuvre à tout moment soit à la demande d'une des parties au conflit, soit à la demande du Ministre chargé du Travail, s'il estime que la grève ou le lock-out survenant dans un service essentiel ou dans une période de crise nationale aiguë risque d'être préjudiciable à l'ordre public ou à l'intérêt général.

Dans tous les cas, la procédure d'arbitrage ainsi mise en œuvre s'impose aux deux parties et suspend les procédures de conciliation précédemment engagées.

Article 343 : L'arbitrage est assuré par le Tribunal du Travail territorialement compétent. En cas de pluralité de lieux entraînant conflit de compétences, le Ministre de la Justice désigne le Tribunal compétent.

Le Ministre chargé du Travail désigne son représentant à l'occasion de chaque arbitrage. Celui-ci participe à toutes les audiences avec voix consultative.

Article 344 : La procédure d'arbitrage est gratuite. Les frais occasionnés par la procédure, notamment les frais de déplacement, les frais d'expertise, les pertes de salaire ou de traitement sont supportés par le budget général.

Les personnes et experts auxquels il peut être fait appel au cours de la procédure d'arbitrage sont tenus au secret professionnel.

Il statue en droit sur les différends relatifs à l'interprétation et à l'exécution des lois, règlements, conventions collectives et accords d'établissement en vigueur.

Il statue en équité sur les autres différends, notamment lorsque ceux-ci portent sur les salaires ou les conditions de travail, ainsi que sur les différends à la négociation et à la révision des clauses des conventions collectives.

La sentence arbitrale doit être motivée.

CHAPITRE IV : EXECUTION DES ACCORDS DE CONCILIATION ET DES SENTENCES ARBITRALES

Article 348 : L'exécution de l'accord de conciliation est obligatoire et, sauf disposition contraire, produit effet à dater du jour de sa signature.

L'accord de conciliation fait l'objet des mesures d'affichage et de publicité dans les mêmes conditions que la convention collective et produit les mêmes effets à l'égard des parties.

Article 349 : À l'expiration d'un délai de trois jours francs à compter de la notification et si aucune des parties n'a manifesté son opposition, la sentence arbitrale acquiert force exécutoire au jour de sa notification.

La sentence arbitrale devenue exécutoire fait l'objet des mêmes mesures de publicité et d'affichage que les jugements du Tribunal du Travail et la convention collective; elle produit les mêmes effets à l'égard des parties.

La sentence arbitrale devenue exécutoire met fin immédiatement à la grève et au lockout.

LIVRE V : ADMINISTRATION ET JURIDICTION DU TRAVAIL TITRE I : ADMINISTRATION DU TRAVAIL CHAPITRE I : L'INSPECTION DU TRAVAIL

SECTION I : ORGANISATION DE L'INSPECTION DU TRAVAIL

Article 352 : L'Inspection du Travail est un corps spécialisé de fonctionnaires, composé d'Inspecteurs du Travail, de Médecins-Inspecteurs, de Contrôleurs du Travail et Contrôleurs Adjoints du Travail. Ce Service est placé sous l'autorité d'un Inspecteur Général du Travail.

Article 353 : Les Services de l'Inspection du Travail sont organisés par Décret sur proposition du

Ministre du Travail.

Article 354 : Le recrutement des Inspecteurs du Travail est assuré par une double voie : Le recrutement direct des diplômés d'études supérieurs et le recrutement par promotion des Contrôleurs du Travail.

Article 355 : Les Inspecteurs sont assistés dans leurs missions par des Contrôleurs et Contrôleurs

Adjoints du Travail.

Article 356 : Les Services de l'Inspection du Travail doivent disposer en permanence des ressources humaines et matérielles nécessaires à l'exercice de leur mandat. Le Ministre chargé du Travail assure aux agents de l'Inspection du Travail le remboursement de tous frais de déplacement et de toutes dépenses accessoires à l'exercice de leurs fonctions.

SECTION II : MISSIONS

Article 357 : L'Inspecteur du Travail contrôle l'application de la législation et de la réglementation relative à la rémunération, aux conditions de travail, d'hygiène, de sécurité, à la négociation collective et au droit syndical dans l'entreprise.

Article 358 : Les Inspecteurs du Travail ont également pour mission de rapprocher les points de vue des employeurs et des salariés à l'occasion des conflits collectifs du travail.

Article 359 : Les Inspecteurs du Travail ont une mission d'information; ils éclairent de leurs conseils employeurs et travailleurs; ils procèdent à des études et enquêtes sur les problèmes sociaux à la demande du Ministère du Travail.

SECTION III : POUVOIRS ET OBLIGATIONS

Article 360 : Pour exercer leur mission de contrôle, les Inspecteurs du Travail ont le pouvoir de :

a) - Pénétrer, librement et sans avertissement préalable, à toute heure du jour et de la nuit, dans les établissements assujettis au contrôle de l'inspection. Ils devront prévenir, au début de l'inspection, le chef d'entreprise ou le chef d'établissement, ou son suppléant, qui pourra les accompagner au cours de la visite. Ils peuvent, cependant, ne pas les avertir lorsqu'ils estiment qu'un tel avis risque de porter préjudice à l'efficacité du contrôle ;

b) - Recueillir, si besoin est, les avis et les consultations de médecins et techniciens, notamment en ce qui concerne les prescriptions d'hygiène et de sécurité. Les médecins et techniciens sont tenus au secret professionnel dans les mêmes conditions et sous les mêmes sanctions que les

Inspecteurs du ravail;

c) - Se faire accompagner, dans leur visite, des Délégués syndicaux de l'entreprise visitée.

CHAPITRE II : LES SERVICES DE L'EMPLOI

Article 367 : Les services de l'emploi ont la charge de mettre en œuvre la politique nationale en matière d'emploi de la main-d'œuvre. Ils établissent toutes statistiques appropriées à cette fin.

Un Office public dénommé Office National de l'Emploi et de la Main-d'œuvre assume cette tâche sous l'autorité du Ministre du Travail.

Article 368 : Toute personne physique ou morale, qui ouvre une entreprise de quelque nature que ce soit, doit, dans les quinze jours du début d'activités, en faire la déclaration, conjointement à l'Office National de l'Emploi et de la Main-d'œuvre et à l'Inspection du Travail dans le ressort de laquelle est installée l'entreprise[15].

---

[15] **Le travail des femmes et des enfants**
Travail des enfants au XIXe
Les femmes et les enfants passent après!
La loi du 2 novembre 1892 sur le travail des femmes et des enfants repose sur la volonté de protéger deux catégories de travailleurs au nom d'une commune faiblesse supposée et d'un rapport commun à la famille : la femme et l'enfant.
Le travail des enfants a été déjà réglementé en 1841 et en 1874. La loi de 1892 part des principes de 1874 et en améliore la mise en forme :
– interdiction de faire travailler les enfants de moins de 13 ans, dans les établissements industriels (mais non à domicile) ;
– journée de travail limitée à 10 heures pour les 13/16 ans, à 11 heures pour les 16/18 ans, et interdiction du travail de nuit ;
– renforcement des pouvoirs des inspecteurs du travail créés en 1874. La loi accompagne et anticipe un état de fait, en raison de la mécanisation et de l'obligation scolaire : la marge de manœuvre du patronat ne se situe plus chez les enfants, mais chez les "jeunes ouvriers".
Elle est rendue tolérable pour la majorité des ménages en raison de l'amélioration du niveau de vie ouvrier en un demi-siècle.
L'interdiction du travail de nuit et la réduction de la journée à 11 heures sont appliquées aux femmes, mais le congé de maternité payé est écarté !
En pleine crise économique, le désir d'enrayer la surproduction l'emporte finalement, même dans les industries dévoreuses de femmes. Il y a contradiction entre le désir d'assurer une reproduction de qualité de la classe ouvrière et l'obligation de la payer. Une crainte, chez les

patrons comme chez beaucoup d'ouvriers désireux de bénéficier du tarif des heures de nuit est que la loi soit étendue aux hommes ! C'est ce qui arrivera en 1900.

Les femmes, instruments des patrons?

Une grève célèbre aboutira à la reconnaissance du droit de grève.

Une grève célèbre à plus d'un titre dans l'un des métiers les plus anciennement organisés de Paris. La société typographique issue d'anciennes sociétés de secours mutuels a été assez forte pour négocier avec les maîtres imprimeurs en 1843 un "tarif" qui, comme elle, survit à toutes les répressions.

En 1862, une nouvelle commission mixte doit revoir en hausse dans une phase de prospérité, les salaires des compositeurs. Quelques gros imprimeurs, Paul Dupont en particulier, décident, pour éviter d'appliquer l'augmentation, d'engager des femmes dans leurs ateliers en banlieue – en réduisant le tarif de 30%.

Pour elles c'est beaucoup, pour les typos, c'est un moyen de peser sur leurs salaires. Ils se mettent en grève. Trente ouvriers sont arrêtés, sept condamnés à des peines assez légères. Les typos quasi unanimes (2684 contre 480) repoussent cependant le nouveau tarif et organisent des démarches atelier par atelier. Beaucoup de patrons cèdent. Pas tous. Ceux-ci parviennent à faire arrêter neuf leaders accusés d'avoir organisé la coalition.

Le grand avocat royaliste, Berryer, plaide pour eux. Napoléon III gracie ceux qui sont condamnés. Cette attitude nouvelle porte un coup sévère à la loi sur les coalitions qui va être abolie en 1864 : c'est la reconnaissance du droit de grève. Cette grève annonce la longue lutte des typos contre le travail des femmes qu'on accuse d'être les instruments des patrons.

Une enquête de l'association des familles du personnel de la Banque de France: 1961, travail professionnel des mères de familles

Il est intéressant de réfléchir en quoi la situation a changé en 50 ans.

1 – premier motif de l'exercice d'une profession : 54%, nécessité absolue de subvenir aux besoins du foyer.

2 – second motif : améliorer la situation du foyer.

3- troisième motif: s'assurer contre les risques de l'existence.

4 – les motifs suivants sont : assurer sa retraite, par goût de ce qu'elles font, par souci d'indépendance.

Les remarques de ces femmes:

" Je veux que mes enfants aient une situation meilleure que la mienne".

" Mon mari a une situation inférieure à la mienne".

"Assurer le remboursement d'emprunts, mère à charge, etc."

Conseilleriez-vous à vos filles d'exercer une activité professionnelle après leur mariage?

En majorité (70%) les mères de famille conseilleraient à leur fille DE NE PAS TRAVAILLER (!!!!), surtout après la naissance d'un enfant.

Travaux domestiques et problèmes des enfants:

- En plus des heures de travail et des heures de trajets, les mères de famille consacrent quotidiennement à la tenue de leur foyer entre 2 et 5 heures.
- Les femmes évoquent le coût de la garde des enfants, le problème de leur surveillance le matin tôt et le soir et bien évidemment le problème des vacances scolaires. En fait les coûts entraînés par une aide extérieure pour le ménage et pour la garde des enfants absorbent une grande partie de leur salaire.
- Les femmes se plaignent de ne pas pouvoir consacrer le temps nécessaire à la surveillance attentive des études de leurs enfants (entre 1/2 heure et une heure) et la moitié dit que leur travail professionnel nuit à l'instruction et à l'éducation de leurs enfants. Elles trouvent qu'elles sont trop énervées et fatiguées en rentrant du travail et qu'elles passent donc sur trop de choses.
- Il est curieux de constater que 75% des femmes qui ont répondu considèrent. que l'exercice d'une profession est une conséquence inéluctable de l'évolution, mais que 70% ne souhaiteraient pas que leur fille travaille!

Toute personne physique ou morale, qui exploite une entreprise de quelque nature que ce soit, doit, dans les quinze jours du début de chaque trimestre déposer à des fins statistiques auprès de l'Office National de l'Emploi et de la Main-d'œuvre une déclaration des mouvements de personnel au cours du trimestre écoulé.

Le défaut de déclaration est puni d'une amende de 50.000 francs guinéens, et en cas de récidive d'une amende de 500.000 francs guinéens.

Article 369 : Les demandeurs d'emploi et les entreprises peuvent de façon facultative transmettre à l'Office National de la Main-d'œuvre et de l'Emploi les offres et les demandes d'emploi. L'ONEMO, est tenu de publier ou de diffuser par tous les moyens à sa disposition les offres et les demandes d'emploi qu'il reçoit.

TITRE II : JURIDICTION DU TRAVAIL

Article 374 : Les différends individuels sont soumis, en vue de leur règlement, soit à l'Inspection du Travail, soit directement au Tribunal du Travail.

Article 375 : Les Tribunaux du Travail sont créés par la loi, sur proposition du Ministre de la

Justice. Ils dépendent administrativement du Ministre de la Justice.

CHAPITRE I : COMPETENCE

Article 376 : Les Tribunaux du Travail connaissent des différends individuels qui naissent entre employeur et salarié à l'occasion de la conclusion, de l'exécution, de la suspension, de la modification, de la rupture ou de la cessation du contrat de travail.

- 83% trouvent qu'un travail à mi-temps serait une bonne solution.
- "Le travail professionnel ne correspond pas au fond de leur âme, à leur vocation de mère et d'épouse et que l'amélioration du niveau de vie obtenue par un double salaire est chèrement payée par la fatigue nerveuse et les inconvénients pour l'avenir des enfants."
- "La politique actuelle abusivement restrictive en matière de niveau de vie familial aboutit, en fait, à utiliser la masse inorganisée et mal protégée de mères de famille des classes laborieuses (en leur faisant miroiter quelques avantages matériels) comme une réserve commode de main d'œuvre. L'attitude de certaines organisations syndicales, par suite de leur position idéologique à l'égard de l'égalité des sexes et d'une prétendue émancipation des femmes par le truchement du travail hors du foyer avec des modalités identiques pour tous les travailleurs, ne favorise guère l'adoption de régimes de travail mieux adaptés aux conditions réelles d'existence des mères de famille. Certaines militantes d'action féminine savent que la bataille n'est pas terminée et que l'assimilation avec la situation des collègues masculins est toujours précaire et incomplète. Elles redoutent que l'introduction de conditions de travail particulières aux femmes ne dévalorise le travail féminin en général.

A-t-on, chiffré les dépenses de santé qui découlent de la tension nerveuse excessive des mères de familles, particulièrement dans la région parisienne, a-t-on mesuré les conséquences psychiques sur les enfants?

Ils connaissent également des litiges visés à l'article 90 et des litiges relatifs au droit disciplinaire et au règlement intérieur.

Les Tribunaux du Travail connaissent des différends individuels nés entre salariés à l'occasion du travail.

Ils connaissent aussi des litiges d'ordre juridique concernant la représentativité des organisations syndicales et des unions patronales, les élections des Délégués syndicaux, les conflits collectifs du travail.

Article 377 : Les Tribunaux du Travail sont seuls compétentes, quel que soit le montant des demandes, pour connaître des différends visés à l'article précédent. Toute convention qui y déroge est nulle et de nul effet.

Article 378 : Le Tribunal du Travail territorialement compétent pour connaître d'un litige est celui dans le ressort duquel est situé l'établissement, du lieu d'exécution du contrat, des élections contestées ou du déroulement du conflit. Cependant, lorsque le litige concerne la cessation des relations de travail, le salarié peut introduire sa demande soit devant le Tribunal du lieu d'exécution du contrat, soit devant le Tribunal de son domicile.

Lorsque le litige concerne la validité, l'interprétation, l'application, la dénonciation ou la révision d'un accord collectif, le Tribunal compétent est celui dans le ressort duquel l'accord a été signé. **Article 379 :** Lorsque le travail est effectué en dehors de tout établissement ou à domicile, les litiges individuels concernant le contrat de travail sont portés devant le Tribunal du domicile du salarié. **CHAPITRE II : COMPOSITION ET ORGANISATION Article 381 :** Le Tribunal du Travail comprend :

- Un Président, Magistrat;
- Un Vice-président, Magistrat;
- Deux Assesseurs employeurs ;
- Deux Assesseurs travailleurs.

Les Assesseurs sont choisis sur une liste annuelle arrêtée par le Ministre de la Justice, sur proposition du Ministre chargé du Travail.

Le Président du Tribunal désigne, pour chaque affaire, les Assesseurs employeurs et les

Assesseurs travailleurs appartenant à la catégorie intéressée.

En cas d'empêchement, les Assesseurs titulaires sont remplacés par les Assesseurs suppléants. Le Greffe du Tribunal est tenu par un Greffier en Chef assisté de Greffiers.

Article 382 : Les Assesseurs peuvent être récusés par les parties au procès lorsqu'ils ont un intérêt personnel à la contestation, lorsqu'ils sont parents ou alliés de l'une des parties jusqu'au sixième degré, lorsqu'ils sont employeurs ou salariés de l'une des parties en cause, lorsqu'ils ont donné un avis écrit sur la contestation, lorsque dans l'année qui a précédé la récusation, il y a eu procès pénal ou civil entre eux et l'une des parties, son conjoint, ses ascendants ou ses descendants.

La récusation est formée avant tout débat. Le Président statue immédiatement. Si la demande est rejetée, il est passé outre aux débats; si elle est admise, l'affaire est renvoyée à la prochaine audience au cours de laquelle l'Assesseur récusé est remplacé par un Assesseur suppléant.

CHAPITRE III : PROCEDURE

Article 389 : Tout travailleur ou tout employeur peut demander à l'Inspecteur du Travail de régler le différend à l'amiable. Si les parties se concilient totalement ou partiellement, l'Inspecteur du Travail établit un procès-verbal qui met définitivement fin au litige sur tous les points faisant l'objet de la conciliation. La conciliation devant l'Inspecteur du Travail est facultative, le travailleur ou l'employeur peut saisir directement le Tribunal du Travail.

Article 390 : Tout travailleur quels que soient son âge, son sexe, sa situation matrimoniale, est autorisé à demander et à défendre devant le Tribunal et devant toute autre juridiction appelée à statuer sur les recours dirigés contre le jugement du Tribunal du Travail.

Article 391 : L'action est introduite devant Tribunal du Travail par déclaration orale ou écrite au Greffe du Tribunal. Cette déclaration est inscrite sur un registre tenu à cet effet; un extrait de cette inscription est délivré à la partie appelante.

Article 392 : Dans les deux jours à compter de la réception de la demande, dimanche et jours fériés non compris, le Président cite les parties à comparaître dans un délai qui ne peut excéder sept jours.

La citation doit contenir les nom, prénom et professions du demandeur, l'indication de l'objet de la demande, l'heure et le jour de la comparution.

NEUVIEME PARTIE. LA LEGISLATION DU TRAVAIL DE LA GUINEE CONAKRY

LOI N°L/2014/072/CNT Du 10 Janvier 2014 portant code du travail de la Guinée Conakry

TITRE PRELIMINAIRE - DISPOSITIONS GENERALES

Article 1er : Les dispositions de la présente loi sont applicables aux relations individuelles et collectives entre les travailleurs et les employeurs exerçant leur activité professionnelle dans les secteurs mixte et privé en République de Guinée.

Est considéré comme travailleur salarié au sens de la présente loi, quels que soient son sexe, sa religion, sa nationalité, son origine, toute personne qui s'est engagée à mettre son activité professionnelle, moyennant rémunération, sous la direction et l'autorité d'une personne physique ou morale, publique ou privée, laïque ou religieuse, appelée employeur.

Les dispositions de la présente loi s'appliquent également aux relations entre les maîtres et leurs apprentis ainsi qu'aux contrats de stage.

Les travailleurs domestiques sont régis par la présente loi ainsi que les employeurs exerçant une profession libérale.

Les fonctionnaires, personnes nommées dans un emploi permanent, d'une administration publique, les membres des forces armées ainsi que les agents contractuels permanents et temporaires de l'Etat ne sont pas soumis aux dispositions de la présente loi.

Article 2 : Le droit au travail est reconnu à tous.

L'Etat assure l'égalité de chance et de traitement des citoyens en ce qui concerne l'accès à la formation professionnelle et à l'emploi, sans distinction d'origine, de race, de sexe , de religion et de philosophie.

Article 3 : Le travail forcé ou obligatoire est interdit.

Le terme travail forcé ou obligatoire désigne tout travail ou service exigé d'un individu sous la menace d'une peine quelconque et pour lequel ledit individu ne s'est pas offert de plein gré.

Toutefois, n'est pas considéré comme travail forcé ou obligatoire au sens de la présente loi :

- Tout travail ou service exigé d'un individu en vue des lois nationales sur le service militaire et affecté à des travaux à caractère militaire ;
- Tout travail ou service découlant des obligations civiques normales des citoyens ;

- Tout travail ou service en exécution d'une condamnation prononcée par une juridiction répressive ;
- Tout travail ou service exigé en cas de circonstance mettant en danger ou risquant de mettre en danger la vie ou les conditions normales d'existence de tout ou partie de la population et en cas de force majeure.

Article 4 : La discrimination est interdite sous toutes ses formes.

Aucun employeur, ou son représentant ou toute autre personne ne peut prendre en considération le sexe, l'âge, l'ascendance nationale, la race, la religion, la couleur, l'opinion politique et religieuse, l'origine sociale, l'appartenance ou non à un syndicat et l'activité syndicale, le handicap pour arrêter des décisions en ce qui concerne notamment l'embauche, la conduite et la répartition de travail, la formation professionnelle, l'avancement, la promotion, la rémunération, l'octroi d'avantages sociaux, la discipline ou la rupture du contrat de travail.

Sauf exception prévue par les dispositions expresses du présent Code ou de tout autre texte de nature législative ou réglementaire protégeant les femmes et les enfants, ainsi que les dispositions relatives à la condition des étrangers, tout acte ou disposition contraire de discrimination est nul et de nullité absolue.

Les distinctions, exclusions ou préférences fondées sur les qualifications exigées pour un emploi déterminé ne sont pas considérées comme des discriminations, telles que des restrictions applicables à un nombre limité d'emploi lié à des institutions religieuses particulières ou à des organisations à but non lucratif.

Le travailleur peut saisir directement la juridiction chargée de travail pour dénoncer les actes de discrimination dont il a été victime. Toutefois, il pourra saisir l'Inspecteur du travail du ressort pour la conciliation.

Le statut de personne vivant avec le VIH réel ou supposé ne doit pas être un motif de discrimination. Cependant, l'état de santé sera déterminant à l'embauche.

Article 5 : Tout employeur ou travailleur a droit au respect de sa dignité.

Article 6 : Est considérée comme violence au travail toute situation de fait dans laquelle un employeur ou travailleur est persécuté, menacé ou agressé psychiquement ou physiquement lors de l'exécution de son travail en milieu de travail.

La violence au travail vise essentiellement des comportements d'agression physique ou verbale.

Article 7 : Sont considérées comme harcèlement moral au travail, les conduites abusives et répétées de toute origine, externe ou interne à l'entreprise qui se manifestent notamment par des comportements, des paroles, des intimidations, des actes, des gestes et des écrits unilatéraux, ayant pour objet ou pour effet de porter atteinte à la personnalité, la dignité ou l'intégrité physique ou psychique d'un employeur ou d'un travailleur en milieu de travail, de mettre en péril l'entreprise ou l'emploi ou de créer un environnement intimidant, hostile, dégradant, humiliant ou offensant.

Article 8 : Est considérée comme harcèlement sexuel toute forme de comportement verbal, non verbal ou corporel de nature sexuelle, qui affecte la dignité de femmes ou d'hommes en milieu du travail. Il en est de même pour toute conduite de nature sexuelle qui a pour effet de créer un environnement de travail intimidant, hostile ou humiliant pour une personne.

Aucun travailleur ne peut être sanctionné ni licencié pour avoir subi ou refusé de subir les agissements de harcèlement sexuel d'un employeur, de son représentant ou de toute personne qui, abusant de l'autorité que lui confère sa position ou ses fonctions, a donné des ordres, proféré des menaces, imposé des contraintes ou exercé des pressions de toute nature sur ce travailleur, dans le but d'obtenir des faveurs de nature sexuelle à son profit ou au profit d'un tiers.

Nul ne peut prendre en considération le fait que la personne qui a subi ou refusé de subir les agissements ci-dessus définis ou a témoigné de tels agissements, pour décider, notamment en matière d'embauche, de rémunération, de formation, d'affectation, de promotion professionnelle, de mutation ou de renouvellement du contrat de travail.

Est nulle de plein droit toute disposition ou tout acte contraire.

Aucune personne ne peut être sanctionnée, ni licenciée, ni pénalisée pour avoir subi, dénoncé, relaté ou témoigné de tels agissements.

Toute disposition ou acte contraire est nul de plein droit.

Article 9 : Le plaignant ou la victime doit établir des faits qui permettent de présumer l'existence d'un harcèlement. Au vu de ces éléments, il incombe à la partie défenderesse de prouver que ces agissements ne sont pas constitutifs d'un harcèlement et que sa décision est justifiée par des éléments objectifs étrangers à tout harcèlement.

Le juge forme sa conviction après avoir ordonné, en cas de besoin, toutes les mesures d'instruction estimées utiles.

Article 10 : Sous réserve de dérogation expresse, les dispositions du présent Code sont d'ordre public. En conséquence, toute règle résultant d'une décision unilatérale, d'un contrat ou d'une convention, et qui ne respecte pas les dispositions du présent Code ou des textes pris pour son application est nulle de plein droit.

A l'exception des dispositions d'ordre public absolu, le caractère d'ordre public ne fait pas obstacle à ce que des garanties ou droits supérieurs à ceux prévus par le présent Code soient accordés aux travailleurs par décision unilatérale d'un employeur ou d'un groupement patronal, par un contrat de travail, une convention collective ou un usage.

Article 11: Les travailleurs continuent à bénéficier des avantages qui leur ont été consentis lorsque ceux-ci sont supérieurs à ceux qui leur sont reconnus par le présent Code.

Article 12 : L'employeur est tenu, dans toute la mesure du possible, de fournir au salarié malade ainsi qu'à ses conjoints et à ses enfants avant l'âge de la majorité logeant avec lui, les soins médicaux et les médicaments nécessités par leur état ; il sera remboursé ultérieurement par la caisse chargée de la sécurité sociale conformément aux lois et règlements en vigueur.

L'employeur doit faire évacuer au centre médical le plus proche les blessés et les malades transportables non susceptibles d'être traités par les moyens dont il dispose.

Article 13 : Dans les entreprises, les travailleurs ou leurs représentants bénéficient d'un droit à l'expression directe et collective sur le contenu, les conditions d'exercice et l'organisation du travail.

Les opinions que les travailleurs, quelle que soit leur place dans la hiérarchie professionnelle, émettent dans l'exercice du droit d'expression ne peuvent motiver une sanction ou un licenciement.

Article 14: Un exemplaire du présent Code doit être tenu par l'employeur à la disposition des délégués syndicaux.

LIVRE I - EMPLOI

TITRE I : P L A C E M E N T , RECRUTEMENT ET CONDITIONS D'UTILISATION DE LA MAIN-D'ŒUVRE

Article 110.1 : Les entreprises utilisent leur propre main d'œuvre. Elles peuvent aussi faire appel à des salariés extérieurs dans le cadre du travail temporaire. Elles peuvent également recourir aux services d'un tâcheron dans les conditions prévues au présent Code.

Article 110.2 : Les employeurs peuvent recruter librement et sans intermédiaire les chercheurs d'emploi qu'ils désirent employer.

Ils peuvent aussi, faire recours au Service public d'emploi ou aux services privés d'emploi.

Article 110.3 : Tout employeur a l'obligation de déclarer son personnel auprès du Service public d'emploi au plus tard quinze jours ouvrables après l'avoir recruté.

TITRE II : CONCLUSION DU CONTRAT DE TRAVAIL CHAPITRE I : DISPOSITIONS GENERALES

Article 121.1 : Le contrat de travail est le contrat par lequel une personne physique ou morale s'engage à mettre son activité professionnelle à la disposition d'une personne sous la subordination de laquelle elle se place moyennant une rémunération.

Article 121.2 : Le contrat de travail peut être conclu pour une durée indéterminée ou pour une durée déterminée. Le contrat conclu sans limitation de durée est dénommé « contrat à durée indéterminée » ; le contrat à durée déterminée est défini à l'article 122.1 du présent Code.

Article 121.3 : Tout contrat de travail qui ne répond pas aux définitions du contrat à durée déterminée, du contrat d'apprentissage, du contrat d'engagement à l'essai ou du contrat de stage, doit être considéré comme un contrat à durée indéterminée.

Article 121.4 : Le contrat de travail ne peut être conclu qu'avec un individu ayant atteint l'âge minimum de Seize ans.

Article 121.5: La conclusion du contrat de travail est soumise aux règles du droit commun. Le contrat de travail peut être constaté dans les formes qu'il convient aux parties contractantes d'adopter. Lorsque les parties au contrat optent pour la forme d'un contrat écrit, celui-ci est exempt de tout droit de timbre.

La preuve du contrat peut être rapportée par tout moyen.

CHAPITRE II : DISPOSITIONS PARTICULIERES AU CONTRAT DE TRAVAIL A DUREE DETERMINEE

Article 122.1 : Le contrat de travail à durée déterminée est un contrat comportant un terme certain fixé par les parties au moment de sa conclusion.

Article 122.2 : Employeur et salarié sont toujours libres de conclure un contrat de travail à durée déterminée.

A l'exception des contrats visés à l'article 122.6 du présent Code, les contrats à durée déterminée doivent être passés par écrit ou constatés par une lettre d'embauche avant le début d'exécution.

Article 122.3 : Les contrats comportant un terme précis ne peuvent être conclus pour une durée supérieure à deux ans. Ils peuvent être renouvelés à condition que la durée totale, renouvellement y compris, ne dépasse deux ans.

Employeurs et Travailleurs ne peuvent conclure dans un intervalle d'un an, plus de deux contrats à durée déterminée.

En cas de violation de ces dispositions, le contrat est réputé être un contrat à durée indéterminée à l'exception des dispositions visées à l'article 131.1.Les contrats à termes précis peuvent comporter une période d'essai dont la durée est incluse dans la durée totale du contrat qui ne peut excéder une durée calculée à raison d'une journée par semaine. Toutefois, cette durée ne peut aller au-delà d'un mois.

Article 122.4 : Le contrat de travail peut être conclu pour une durée déterminée sans que celle- ci ne soit fixée avec précision dès la conclusion du contrat lorsque celle-ci intervient :

- soit pour une saison agricole, commerciale, industrielle ;
- soit pour le remplacement d'un salarié absent ou dont le contrat est légalement suspendu ;
- soit pour l'exécution d'un chantier ou d'un ouvrage ;
- soit pour l'exécution d'une tâche déterminée non durable correspondant à un surcroît occasionnel de travail ou à une activité inhabituelle de l'entreprise.

Il est à ce titre qualifié de contrat à terme imprécis. Le terme est alors constitué soit par la fin de la saison, soit par le retour du salarié remplacé ou la rupture de son contrat de travail, soit par la fin de chantier, du surcroît occasionnel de travail ou de l'activité inhabituelle de l'entreprise.

Au moment de l'embauche, l'employeur doit communiquer au travailleur les éléments susceptibles d'éclairer ce dernier sur la durée approximative de son contrat.

La durée de la période d'essai éventuellement convenue ne peut excéder quinze jours.

TITRE III : DISPOSITIONS PARTICULIERES A CERTAINS TRAVAILLEURS ET CERTAINES ACTIVITES

CHAPITRE I : T R A V A I L L E U R S ETRANGERS

Article 131.1 : Lorsqu'un employeur envisage d'embaucher un travailleur étranger, en dehors de l'espace de la Communauté Economique des Etats de l'Afrique de l'Ouest (CEDEAO), il doit obtenir l'autorisation préalable du Service public d'emploi dans les conditions déterminées par arrêté du ministre en charge de l'Emploi.

L'embauche des travailleurs étrangers est régie par une réglementation spéciale.

Article 131.2 : La durée du Contrat de travail conclu avec un travailleur étranger ne peut dépasser quatre ans renouvellement compris.

Article 131.3 : Le contrat de travail conclu avec un travailleur étranger doit faire l'objet de stipulations écrites. Il est soumis au visa du Service public d'emploi.

La demande de visa incombe à l'employeur. Le visa est tacitement accordé lorsque le service public d'emploi pour viser le contrat n'a pas fait connaître son avis dans les trente jours suivant la date de dépôt de la demande. A défaut de visa tacitement ou explicitement accordé, le contrat de travail ne peut recevoir un commencement d'exécution.

Sauf stipulations contraires spécifiques, le visa de séjour touristique n'ouvre pas droit à l'exercice d'un emploi en République de Guinée[16].

---

[16] Les femmes ont le droit de travailler la nuit France | 30 novembre 2000 à 00:00 par La rédac' Partager Comme pour les hommes, une nouvelle loi autorise désormais les femmes à travailler entre 21h et 6h du matin, quel que soit leur métier. Les députés viennent de voter une loi sur l'égalité entre les hommes et les femmes dans leur travail. À cette occasion, ils ont décidé de supprimer l'interdiction faite aux femmes (contrairement aux hommes) de travailler de nuit. Si elles en ont le droit, cela doit rester exceptionnel, selon les députés. En compensation, elles recevront un salaire plus important et une réduction de leur temps de travail. De plus, les femmes pourront également refuser un travail de nuit : en effet, c'est un rythme difficile à prendre. Pourquoi a-t-on voté cette loi ? D'abord, parce que les lois françaises dans ce domaine n'étaient pas en accord avec les lois européennes. Depuis 1976, les lois européennes prévoient en effet que les hommes et les femmes doivent être traités à égalité dans leur travail. Ce n'était alors pas le cas pour le travail de nuit. La Cour de justice européenne a même menacé la France de devoir payer près d'1 million de francs par jour tant qu'elle n'aurait pas modifié ses lois. De plus, même si le travail de nuit des femmes était interdit depuis le 19e siècle, la loi l'autorisait dans certains cas. Mais, dans la réalité, ces cas particuliers sont plutôt nombreux ! 800 000 femmes travaillent déjà de nuit en France, dans le secteur hospitalier par exemple. Ainsi, la nouvelle loi est moins hypocrite en reconnaissant aux femmes le droit de travailler la nuit. En fait, les avis sont très partagés… Selon certains, cette loi est positive puisqu'elle cherche à renforcer petit à petit la place des femmes dans le monde du travail, pour être autant reconnues que les hommes. Mais d'autres sont d'un avis contraire. D'ailleurs, le projet de loi n'a été adopté que par 100 voix contre 68. Ainsi, certains sont persuadés que l'interdiction du travail de nuit des femmes est un moyen de protéger la famille. De plus, ils pensent que les femmes rencontrent davantage de problèmes de santé, même si la loi assure un suivi médical spécial pour tous les travailleurs de nuit. D'autres, enfin, se battent pour l'interdiction totale du travail de nuit, pour les arguments en présence : liberté/égalité, législation publique ou politique contractuelle

18Le texte du 2 novembre 1892 n'est pas uniquement une loi sur le travail industriel féminin, encore moins une loi sur le travail de nuit ; la moitié seulement des articles concerne les femmes. L'un d'eux limite à onze heures leur journée de travail, ce qui a eu rapidement pour conséquence, dans les ateliers où hommes et femmes travaillaient côte à côte, de diminuer la journée de travail pour tous. L'argument contre la réglementation au nom du droit au travail pour les femmes – ne risquaient-elles pas d'être chassées des ateliers ?, certains patrons ayant brandi cette menace – avait fait long feu. En 1900 une loi limitait la journée de travail des hommes adultes, employés dans les mêmes locaux que des femmes et des enfants à onze heures et prévoyait pour tous une diminution progressive jusqu'à dix heures, temps de travail fixé en 1892 pour les enfants. Une réglementation spécifique, donc inégalitaire, pouvait devenir un modèle applicable à tous.

Avec la scolarité obligatoire, le travail ne peut commencer,…, nous ne nous intéresserons qu'à l'article 4 : il interdit non seulement aux enfants, mais aussi aux filles mineures et aux femmes, tout travail entre 21 heures et 5 heures du matin. C'est d'ailleurs cet article qui bloque, un temps, le vote de la loi. Les défenseurs du projet mettant le plus souvent en avant la morale, la famille ou les besoins de la production, s'adressent aussi, c'est le moins en ce siècle scientiste, aux médecins qui dénoncent les méfaits, pour tous, du travail de nuit, "la privation de sommeil est une des plus pénibles que l'on puisse endurer". Ce phénomène est reconnu. Un inspecteur du travail, interrogé quelques années plus tard, sur les dérogations subies par la loi, raconte les troubles du sommeil des couturières contraintes à la veillée, il fait appel, non à la nature féminine, mais à la nature en général pour renforcer ses constatations quotidiennes : "La vie normale de la plante ne cesse-t-elle pas avec la lumière ? L'abeille butine-t-elle pendant la nuit ? La femme pas plus que l'homme ne sont des animaux nocturnes. Les animaux qui ont ce

caractère sont organisés pour cela par la nature, et la nature a d'implacables lois, dont on ne peut sans péril se défendre"
Inspecteur du travail à Marseille, cité dans un Rapport sur.... Pourtant ce regard biologique est négligé, les médecins eux-mêmes l'abandonnent rapidement, oubliant leur affirmation globale, ils se laissent dominer par des considérations idéologiques qu'ils parent de couleurs scientifiques. Les femmes à ce régime s'anémient, ont des désordres nerveux, – pas les hommes sans doute ? –, éventuellement leur lait tarit, leurs enfants sont chétifs, on fait appel au témoignage d'un ouvrier qui raconte que tous ses enfants sont morts quand son épouse travaillait la nuit. Combien plus réaliste est la vision de notre homme de terrain : "Dans le travail de nuit la femme quitte le foyer quand le mari arrive, elle a tout préparé, le mari veille à la sécurité des enfants, elle arrive quand le mari repart. La mère prépare les enfants qu'elle envoie à l'école avant de prendre du repos". Pas les habituelles considérations morales sur les dangers courus la nuit dans les ateliers, mais un sobre tableau d'une double journée de travail. Pas de considérations hypocrites sur la mission maternelle des femmes, hypocrites car la législation française ne protège pas les femmes enceintes. Un député s'écrie, quand est envisagé d'ajouter quelques articles sur les femmes en couches à la loi de 1892 : "Je ne veux pas que l'on protège la femme après ses couches parce que je suis partisan de la liberté"
François Deloncle, député opportuniste, ami de Gambetta.. Héritiers de 1789 les républicains souhaitent renforcer la liberté, or la législation du travail risque de conduire à "de dangereuses utopies contraires à la liberté individuelle"
Thèse de droit, L'interdiction du travail de nuit des femmes.... Liberté individuelle en général, liberté des femmes plus compliquée à définir, les polémiques à propos de la réglementation du travail permettent d'approfondir la réflexion, comment concilier la liberté et une certaine justice sociale à travers la réglementation ? Malgré le Code Civil, malgré l'absence de droit de vote, les femmes adultes, même mariées, sont pour certains députés des citoyennes, disposant de droits. "La femme est affranchie de l'autorité maritale dans tous les actes qui touchent aux droits de la personne même" affirme, face à ses détracteurs, Eugène Tallon en 1877 ; au nom de la maternité encore une fois : "Il ne me paraît pas bon d'ailleurs, ni pour la mère ni pour les enfants, d'assujettir trop étroitement la femme de l'ouvrier, quand elle est réduite à gagner la subsistance commune par son propre travail". Le travail est vu comme libérateur, pour les femmes aussi, et peut-être surtout, on doit alors leur accorder la libre disposition de leur salaire, il faudra attendre 1907. En utilisant également le concept de liberté, partisans comme opposants de la réglementation l'ont fait, sans le vouloir évoluer.
Sur d'autres points les arguments eurent le temps de s'aiguiser. Pourquoi faire intervenir le législateur ? D'abord est mis en avant, comme déjà au moment du vote de la loi de 1841, l'argument de la concurrence ; en 1890 un filateur de Roubaix demande l'intervention du législateur pour interdire le travail de nuit car "Comment serait-il possible à un industriel qui ne voudrait travailler que le jour de soutenir la concurrence contre celui qui, moins scrupuleux du sort de ses ouvriers, fera travailler jour et nuit ?", des commandes lui échapperaient, elles se dirigeraient vers l'entreprise qui les exécutera le plus vite, il amortira plus lentement son parc de machines
Cf Documents Législatifs n° 649 p. 83.. Ce à quoi d'autres répondent en prônant une politique contractuelle : "Les intéressés employeurs et employés, sont plus compétents que les législateurs pour fixer les conditions de travail, et sans l'intervention des politiciens, les ouvriers auraient des organisations conservatrices de la paix, désireuses de s'entendre avec les employeurs, qui de leur côté, ont tout à gagner dans le maintien de l'entente entre les différents facteurs de production", malheureusement, ajoutent-ils, si la loi doit intervenir c'est que le mécanisme syndical est faussé. Les syndicats "sont devenus des organes révolutionnaires au lieu d'être des organes de défense des intérêts professionnels, ils se sont dressés en ennemis du patronat, au lieu de chercher à résoudre pacifiquement, d'accord avec le patronat les conflits qui surviennent, au lieu de se borner à être des intermédiaires entre l'ouvrier et le patron". Enfin, les femmes y sont très peu présentes, n'y trouvent pas leur place, y sont souvent hostiles.

Syndicats vus, à juste titre souvent, comme misogynes, et qui voient dans la réglementation du travail des femmes un moyen de lutter contre une concurrence, bien réelle ; concurrence en terme de salaire, concurrence en termes de qualification, donc de dignité. Un exemple a contrario, durant la Première Guerre Mondiale, à Angers, un directeur de journal affirme avoir pu embaucher des femmes travaillant la nuit avec l'autorisation de Keufer : "Il ne s'y oppose pas ... à la condition qu'elles fussent payées au même tarif que les hommes et qu'elles cèdent leur place aux mobilisés titulaires de l'emploi lorsque ceux-ci seront libérés" ,les femmes sont là dans leur fonction de remplaçantes, une qualification leur est reconnue, mais non des droits. Cependant Keufer, secrétaire du Syndicat de la Typographie, n'est pas représentatif de l'ensemble du syndicalisme français, beaucoup de responsables appuient la législation en faveur des femmes avec l'espoir qu'elle est un premier pas vers une généralisation, argument qu'ils présentent aux quelques féministes opposées à la loi au nom de l'égalité : ouvrez-nous la porte par laquelle nous passerons ensuite. Les féministes françaises ne pensaient pas alors que la loi de 1892 assimilait les femmes avec tous ceux qui sont porteurs "d'anormalités" par rapport à l'homme blanc, adulte ;
Michèle Bordeaux "De l'abus du droit où les femmes s'abusent",.... Au contraire, elles, qui luttaient davantage pour le droit au travail que pour le droit de vote, militaient pour la réglementation du travail féminin, pour que les vendeuses aient droit à une chaise, pour que le travail à domicile ne soit plus le sweating system, mais aussi pour que le slogan "à travail égal salaire égal" devienne une réalité, pour que les filles reçoivent un enseignement professionnel. Gardons-nous du défaut d'anachronisme, cependant feu l'article 4 de la loi de 1892 laisse derrière lui matière à réflexion.
Le travail de nuit des femmes est une question très controversée en France. La question était déjà controversée en 1892 lorsque fut adoptée la loi interdisant le travail de nuit des femmes dans l'industrie, et dans la période récente également, parce que le droit communautaire a fait obligation à la France de traiter hommes et femmes à égalité au regard de cette question "un principe général d'exclusion des femmes du travail de nuit étant tenu pour discriminatoire".
Sur le plan juridique, la question était complexe dans la mesure où la question du travail de nuit des femmes était réglementée jusqu'à une période récente par la convention 89 de l'OIT datant de 1948 ratifiée par la France en 1953, par la directive 76/207 concernant l'égalité de traitement entre hommes et femmes dans l'emploi telle qu'interprétée par la Cour de Justice des Communautés européennes (CJCE) ainsi que par la loi du 2 novembre 1892 modifiée en 1941 pour interdire le travail de nuit des femmes non seulement dans l'industrie
En 1892 : "dans les usines, manufactures, mines et carrières,... mais aussi dans certains services
En 1941 : "ainsi que dans les offices publics et ministériels,.... Des dispositions plus récentes adoptées en 1987 permettaient de lever l'interdiction après signature d'un accord de branche étendu et d'un accord d'entreprise. Ce qui fut le cas seulement dans la Métallurgie.
Conflits de normes dans le temps, conflits de principes également. Mais un certain nombre de réponses ont été progressivement apportées quand la France, à la suite de l'arrêt de la CJCE du 25 juillet 1991, a dénoncé, en 1992, la convention de l'OIT après un certain nombre d'États membres de l'Union européenne. Enfin, la levée de l'interdiction du travail de nuit des femmes est en cours d'adoption. Le texte définitif dont on connaît les principales dispositions sera adopté au premier trimestre 2001.
La controverse autour de cette question justifie une mise en perspective des débats qui se sont déroulés sur plus d'un siècle, tant au plan international, communautaire que national. Le droit communautaire a obligé à repenser la question en termes d'égalité de traitement entre les femmes et les hommes, ce qui n'était pas le cas jusque-là en raison du statut réservé aux femmes dans la famille et à l'égard du travail salarié. Comment la nouvelle loi encadre-t-elle le recours au travail de nuit ? Comment assure-t-elle les garanties essentielles en termes de santé et de sécurité des personnes travaillant la nuit mais aussi l'articulation de la vie professionnelle et de la vie familiale en lien avec ce que la Convention européenne de sauvegarde des droits de l'Homme nomme "le droit à une vie familiale normale" ? Autrement dit comment règle-t-on

CHAPITRE II : M A T E L O T S ET GENS D'EQUIPAGE

Article 132.1 : Tout contrat de travail conclu entre un armateur ou son représentant et un marin et ayant pour objet un service à accomplir à bord d'un navire ou un contrat d'engagement maritime est soumis aux règles du contrat de travail et aux règles qui suivent.

Article 132.2 : Est considéré comme armateur, au sens du présent Code, tout particulier, toute société, tout service public pour le compte desquels un navire est armé.

Article 132.3 : Est considéré comme marin, au sens du présent Code, toute personne de l'un ou l'autre sexe qui s'engage envers l'armateur ou son représentant, pour servir à bord d'un navire.

Article 132.7 : Les conditions générales d'engagement traitent obligatoirement :

1. De la réglementation du travail à bord du navire ;

2. Des obligations de l'armateur envers le marin en ce qui concerne notamment les lieux et époques de liquidation et du paiement des salaires;

3. Des créances et privilèges du marin ;

4. Des conditions de nourriture et du couchage ;

5. Des soins et indemnités en cas de blessures et de maladies des marins ;

6. Des conditions éventuelles de rapatriement.

Ces conditions générales d'engagement doivent être tenues par l'armateur à la disposition des marins et lecture doit en être donnée par l'autorité maritime de l'inscription du marin au rôle d'équipage.

Ces conditions d'engagement doivent être affichées dans les locaux d'équipage.

CHAPITRE III : TRAVAIL TEMPORAIRE

Article 133.1 : Au sens du présent chapitre, le travail temporaire met en présence trois acteurs :

- une entreprise de travail temporaire ;
- une entreprise utilisatrice et,
- un travailleur lié à l'entreprise de travail temporaire par un contrat de travail.

Est entrepreneur de travail temporaire toute personne physique ou morale dont l'activité exclusive est de mettre à la disposition provisoire d'une tierce personne, physique ou morale, désignée comme utilisateur, des travailleurs qu'elle embauche et rémunère à cet effet.

---

aujourd'hui une question qui était réglée par l'exclusion des femmes ?hommes comme pour les femmes

L'entreprise utilisatrice doit, avant l'utilisation du travailleur ou en cas d'urgence, deux jours après le début du travail, passer un contrat écrit de mise à disposition avec l'entreprise de travail temporaire.

Article 133.5 : Il ne peut être recouru aux services d'entreprise de travail temporaire que pour des tâches non durables par nature et dans les seuls cas suivants :

1) Absence temporaire d'un salarié ou suspension de son contrat de travail, pendant la durée de l'absence ou de la suspension ;
2) Fin d'un contrat à durée indéterminée, dans l'attente de l'entrée en service effective d'un remplaçant ;
3) Travaux urgents dont l'exécution immédiate s'impose pour prévenir les accidents, organiser les mesures de sauvetage ou réparer les insuffisances du matériel, des installations du matériel, des installations ou bâtiments de l'entreprise présentant un danger pour les travailleurs ;
4) Survenance d'un surcroît exceptionnel de travail.

CHAPITRE IV : T A C H E R O N N A T OU SOUS ENTREPRISE

Article 134.1 : Le tâcheron est un maître ouvrier, sous-entrepreneur, qui recrute lui-même, la main d'œuvre nécessaire et qui, pour l'exécution d'un certain travail ou la fourniture de certains services exécutés dans les ateliers, magasins ou chantiers d'un entrepreneur, passe avec ce dernier un contrat moyennant un prix forfaitaire.

Ce contrat est obligatoirement écrit.

Le tâcheron doit être agrée et inscrit au registre du commerce et du crédit mobilier. Il est soumis aux mêmes règles de travail, de main d'œuvre et de sécurité sociale que tout employeur en ce qui concerne l'application de la législation sociale.

Les salariés recrutés par le tâcheron pour l'exécution du contrat de tâcheronnat doivent travailler sous la direction et le contrôle effectif de l'entrepreneur.

Article 134.2 : Lorsque les travaux sont exécutés ou les services fournis dans l'établissement, les dépendances ou les chantiers de l'entrepreneur principal, en cas d'insolvabilité du tâcheron, l'entrepreneur principal est substitué à celui-ci en ce qui concerne le paiement des salaires et de tous les avantages dus aux salariés ainsi que pour les obligations en matière de sécurité sociale. Le travailleur lésé dans ce cas pourra engager une action directe contre l'entrepreneur.

Lorsque les travaux sont exécutés dans un lieu autre que l'établissement, les dépendances ou les chantiers de l'entrepreneur principal, ce dernier est, en cas d'insolvabilité du tâcheron, et pour la partie du travail effectuée pour le compte de l'entrepreneur principal, responsable du paiement des salaires et de tous les avantages dus aux salariés ainsi que des obligations en matière de sécurité sociale.

Article 134.3 : Le tâcheron est tenu d'indiquer ses noms, son adresse et sa qualité de tâcheron ainsi que le nom et l'adresse de l'entrepreneur par voie d'affiche à apposer de façon permanente dans chacun des ateliers, magasins, chantiers utilisés aux fins de son activité.

CHAPITRE V : CONDITIONS D'EXERCICE DE LA SOUS-TRAITANCE DISPOSITIONS GENERALES

Article 135.1 : La présente loi définit la notion de sous-traitance et fixe les conditions de son exercice.

Article 135.2: Au sens de la présente loi, la sous-traitance est l'activité qui est effectuée par une entreprise ou une société dite sous-traitante, pour le compte d'une entreprise ou d'une société dite entreprise principale et qui concourt à la réalisation de l'objet social de cette entreprise ou de cette société, ou à l'exécution d'un ou de plusieurs éléments d'un contrat de l'entreprise principale.

Article 135.3: Une entreprise ou une société est dite sous-traitante lorsque son activité, à titre habituel, temporaire ou occasionnel, est liée, par un contrat ou une convention, à la réalisation de l'objet social ou à l'exécution d'un contrat d'une entreprise principale.

Article 135.4: La sous-traitance se distingue de la prestation ordinaire de services en ce que celle-ci n'est pas liée à l'objet social ou à l'exécution d'un ou de plusieurs éléments d'un contrat de l'entreprise principale.

Article 135.5: La sous-traitance, telle que définie par la présente loi, concerne tous les secteurs d'activités, sauf prestations légales relatives à certains secteurs d'activités ou à certaines professions.

SECTION I : DES CONDITIONS D'EXERCICE

Article 135.6: L'activité de sous-traitance est libre sur toute l'étendue du territoire national, y compris dans les espaces maritimes sous juridiction guinéenne[17].

---

[17] ***Le contenu des conventions***

Le Code du travail énumère les clauses que doivent obligatoirement contenir les conventions collectives nationales : le libre exercice du droit syndical et la liberté d'opinion des travailleurs, les éléments du salaire applicable par catégorie du personnel, les conditions d'embauchage et de licenciement), le fonctionnement de l'institution des délégués du personnel et des comités d'entreprise, l'organisation de l'apprentissage, etc. Lorsqu'une convention collective nationale a été conclue dans une branche d'activité, les conventions collectives régionales ou locales adaptent ses dispositions aux conditions particulières de travail dans la région ou la localité.

La procédure d'extension et ses effets

Le ministre du Travail apprécie s'il y a lieu de procéder à l'extension d'une convention collective, soit à la demande d'une des organisations syndicales les plus représentatives, soit de sa propre initiative. Les dispositions étendues de la convention collective (publiées au *Journal officiel*) deviennent *obligatoires pour tous les employeurs et travailleurs compris dans le champ d'application professionnel et territorial de la convention.*

Les accords d'établissement. En dehors des conventions collectives, le droit du travail prévoit la possibilité d'accords concernant un ou plusieurs établissements déterminés et conclus avec les représentants des syndicats les plus représentatifs du personnel de l'établissement ou des établissements considérés. L'objet normal de ces accords est d'adapter les conventions collectives aux conditions particulières de l'établissement.

Les entreprises publiques ou à statut particulier. Les dispositions de la loi relatives aux conventions collectives ne s'appliquent pas aux établissements et aux entreprises dont le personnel est soumis aux mêmes statuts législatifs ou règlementaires que ceux des entreprises publiques. Mais, lorsque le personnel d'une entreprise publique n'est pas soumis à un statut législatif ou règlementaire, des accords collectifs peuvent être conclus. En outre, lorsqu'une convention collective a fait l'objet d'un arrêté d'extension, elle est, en l'absence de dispositions contraires, applicable aux entreprises publiques se trouvant placées dans son champ d'application en raison de la nature de leur activité.

La commission supérieure des conventions collectives. Elle a pour mission :

a) de donner un avis motivé au Travail sur l'extension et sur avis motivé au ministre du Travail sur l'extension et sur le retrait de l'arrêté portant extension de toute convention collective ;

b) d'émettre, à la demande du ministre du Travail, un avis sur toute difficulté née à l'occasion de la négociation, de la conclusion et de l'application des conventions collectives ;

c) d'étudier la composition d'un budget type servant à la détermination, par le gouvernement, du salaire minimum interprofessionnel garanti (S.M.I.G.).

La grève

La grève est un abandon volontaire et concerté du travail par plusieurs personnes pour des motifs d'ordre professionnel. Jusqu'en 1864, la grève ayant un caractère illicite, les grévistes pouvaient être poursuivis devant les tribunaux correctionnels. Depuis la loi des 25-27 mai 1864, modifiant le Code pénal, ne peuvent être poursuivis que les grévistes qui, par violences, menaces ou manœuvres dolosives, s'emploient à empêcher d'autres salariés de poursuivre leur travail. C'est le délit d'entrave à la liberté du travail. Le simple fait de grève avait ainsi cessé d'être un délit, mais le droit de grève se trouvait limité par les conséquences juridiques que les tribunaux tiraient de l'exercice de la grève. Si l'on excepte certains arrêts rendus en 1939 par la Cour supérieure d'arbitrage en France, la jurisprudence affirmait, de façon constante, que la grève entraînait la rupture du contrat de travail, aux torts et griefs de l'ouvrier gréviste. Il en résultait que l'employeur qui ne reprenait pas les grévistes à l'issue du mouvement d'arrêt de travail n'était pas considéré comme les ayant licencié, puisque c'est eux-mêmes qui étaient réputés avoir rompu leur contrat de travail.

La Constitution française de 1946 ayant consacré l'exercice du droit de grève en déclarant que « *le droit de grève s'exerce dans le cadre des lois qui le règlementent* », la loi du 11 février 1950 relative aux conventions collectives a apporté la précision suivante : « La grève ne rompt pas le contrat de travail sauf faute lourde imputable au salarié ». Mais cette disposition ne suffit pas à régler les problèmes qui se posent, et ce sont les tribunaux qui ont défini les limites et les conditions d'exercice du droit de grève.

La règlementation du droit de grève dans les services publics

Le Code du travail de 1975 impose dans les services publics l'obligation d'un préavis qui doit parvenir 5 jours francs avant le déclenchement de la grève. En outre, les grévistes doivent respecter une heure de cessation du travail et une heure de reprise commune à toutes les catégories et aux heures de reprise communes à toutes les catégories et aux divers membres du personnel intéressé ; il leur est interdit d'organiser des arrêts de travail affectant, par échelonnements successifs ou par roulements concertés, les divers secteurs ou les diverses catégories professionnelles d'un même établissement ou service, ou les différents établissements ou services d'une même entreprise ou d'un même organisme.[17] On notera, cependant, que le droit de grève ne met pas d'obstacle au droit de réquisition.

Elle s'exerce par des entreprises ou des sociétés quelle que soit leur forme juridique, régulièrement établies en République de Guinée et qui justifient, notamment, d'un siège social sur le territoire national et d'une direction investie de tous les attributs de la personnalité civile.

Article 135.7: Lorsque la durée de la sous-traitance est inférieure ou égale à six mois ou lorsque l'activité de sous-traitance s'exécute de façon intermittente et précaire, il peut être dérogé aux dispositions de l'article 135.6 ci-dessus.

Article 135.8: L'activité de sous-traitance est matérialisée par un contrat ou une convention liant l'entreprise ou la société sous-traitante à l'entreprise principale. Le contrat ou la convention de sous-traitance doit mentionner toutes les contraintes usuelles.

SECTION II : DU REGIME SOCIAL

Article 135.12: Les entreprises ou les sociétés sous-traitantes, telles que définies à l'article

135.2 de la présente loi, sont régies, au plan social, par le Code du travail et les textes subséquents.

Toutefois, dans les secteurs où il existe des entreprises sous-traitantes qui ont le même objet social, les entreprises dont il s'agit peuvent constituer un secteur d'activités spécifiques et négocier leur convention collective propre.

Les conséquences juridiques de la grève
Le législateur de 1975, en décidant que la grève ne rompt pas le contrat de travail, sauf faute lourde du salarié, laissait en fait aux tribunaux le soin de définir et de délimiter le droit de grève. D'une jurisprudence abondante et quelquefois contradictoire, on peut, cependant, dégager un certain nombre de principes : Si la grève est licite et si l'ouvrier qui y a participé n'a commis aucune faute, l'employeur est obligé de le réintégrer lorsque la grève est terminée, sous réserve des délais nécessaires à la remise en marche de son atelier. S'il s'y refuse, il est considéré comme rompant abusivement le contrat de travail et peut donc être condamné au paiement de dommages intérêts et d'indemnités de rupture. Si l'ouvrier intéressé est représentant du personnel ou délégué syndical, l'employeur ne peut procéder à son licenciement qu'en observant la procédure prévue par la loi.
Lorsque la grève n'est pas licite par son objet (grève politique) ou lorsque l'arrêt de travail n'a pas le caractère d'une grève véritable (grève tournante, grève perlée), l'employeur peut rompre le contrat de travail pour faute lourde et donc sans avoir à respecter le préavis. Aucune définition n'a été donnée par la loi de la *faute lourde*. Il y a évidemment faute lourde lorsque le gréviste commet un délit pénal : entrave à la liberté du travail, violation de domicile, détérioration d'objets servant à la fabrication, violences, séquestration de personnes. Il y a également faute lourde lorsque le gréviste s'oppose à la mise en œuvre des mesures de sécurité rendues nécessaires par la grève, soit pour sauvegarder les installations, soit pour empêcher des pertes de matières premières (industries alimentaires). Le seul refus de participer à l'exécution de telles mesures de sécurité a été considéré par certaines décisions comme faute lourde, notamment lorsque la convention collective en vigueur prévoyait que le personnel devait y participer. L'occupation des lieux de travail (« grève sur le tas ») peut également constituer une faute lourde, surtout si elle s'est prolongée malgré les injonctions de l'employeur.

SECTION III : DU REGIME FINANCIER

Article 135.13: Les paiements effectués au bénéfice des entreprises ou des sociétés sous- traitantes au bénéfice de tiers, en rémunération d'un travail exécuté sur le territoire de la République de Guinée, se font dans les banques guinéennes, sauf dispositions contraires.

Article 135.14: Les entreprises ou les sociétés sous-traitantes sont soumises aux dispositions du Code de la Sécurité Sociale et peuvent souscrire leurs assurances auprès des sociétés d'assurances installées en République de Guinée.

SECTION IV : DES MESURES DE CONTROLE ET DES SANCTIONS

Article 135.15: Les contrôles qui portent, sur les conditions d'installation et de fonctionnement des entreprises ou des sociétés sous-traitantes, leur régime social, commercial, fiscal et douanier, sont effectués par les autorités nationales ou locales compétentes, dans les formes et dans les conditions prévues par les lois et règlements qui régissent chaque type de contrôle.

Toute infraction, constatée lors d'un contrôle, est poursuivie et punie d'une amende dont le montant sera fixé par arrêté du Ministre en charge du travail après avis de la Commission Consultative du Travail et des Lois Sociales.

CHAPITRE VI : TRAVAIL DES FEMMES

Article 136.1 : Le travail de nuit est interdit aux femmes dans les usines, manufactures, mines et carrières, chantiers, ateliers et leurs dépendances de quelque nature que ce soit.

L'interdiction visée à l'alinéa précédent n'est pas applicable aux femmes qui occupent des postes de direction ou de caractère technique impliquant une responsabilité.

Article 136.2 : Cette interdiction ne s'applique pas :

- En cas de force majeure lorsqu'il s'agit d'éviter l'interruption de l'exploitation;
- Dans le cas où il est question de sauver des matières périssables d'une perte inévitable ;
- En cas de travail par équipes successives si la convention ou l'accord collectif applicable le prévoit.

En cas de circonstances particulières nécessitant le travail de nuit des femmes, l'Inspecteur du travail, saisi par l'employeur, peut autoriser des dérogations à l'interdiction prévue à alinéa 1er de l'article 136.1.

CHAPITRE VII : TRAVAIL DES ENFANTS **Article 137.1** : Est appelé enfant, tout individu âgé de moins de dix-huit ans.

Article 137.2 Le travail de nuit est interdit aux travailleurs de l'un ou l'autre sexe de moins de dix-huit ans.

Article 137.3: Les apprentis et les travailleurs de moins de dix-huit ans ne peuvent être employés dans les établissements insalubres ou dangereux où des travailleurs sont exposés à des émanations préjudiciables à leur santé que dans des conditions spéciales de protection déterminées par arrêté du Ministre en charge du Travail après avis de la Commission Consultative du Travail et des Lois Sociales.

Article 137.4 : Les travaux dangereux sont interdits aux enfants. Sont considérés comme dangereux :

a)- les travaux qui exposent les enfants à des sévices physiques, psychologiques ou sexuels ;

b)- les travaux qui s'effectuent dans un milieu malsain pouvant, par exemple, exposer des enfants à des substances, des agents ou des procédés dangereux ou à des conditions de température, de bruit ou de vibrations préjudiciables à leur santé.

Article 137.5 : Les enfants ne peuvent être employés dans aucune entreprise avant l'âge de seize ans au moins, sauf comme apprenti tel que prévu aux articles 142.1 et suivants du présent Code. Un arrêté du Ministre en charge du Travail fixe la nature des travaux et les catégories d'entreprises interdites aux jeunes gens de moins de dix-huit ans et l'âge limite auquel s'applique l'interdiction.

Article 137.6 : Sont considérées comme pires formes de travail des enfants, toutes les formes d'esclavage ou pratiques analogues, telles que la vente et la traite des enfants, la servitude pour dettes et le servage ainsi que le travail forcé ou obligatoire, y compris le recrutement forcé ou obligatoire des enfants en vue de leur utilisation dans des conflits armés ; l'utilisation, le recrutement ou l'offre d'un enfant à des fins de prostitution, de production de matière pornographique ou de spectacles pornographique et l'utilisation, le recrutement ou l'offre d'un enfant aux fins d'activités illicites notamment pour la production et le trafic de stupéfiants tels que les définissent les conventions internationales.

Article 137.7 : La violation des dispositions du présent chapitre est sanctionnée par les lois pénales en vigueur.

Le mineur ne peut être maintenu dans un emploi ainsi reconnu au-dessus de ses forces et doit être affecté à un emploi convenable. Si cela n'est pas possible, le contrat de travail doit être résilié avec paiement de l'indemnité de préavis et de l'indemnité de licenciement.

CHAPITRE II : CONTRAT D'APPRENTISSAGE

SECTION I : NATURE ET FORME DU CONTRAT D'APPRENTISSAGE

Article 142.1 Le contrat d'apprentissage est celui par lequel un chef d'établissement industriel ou agricole, un artisan ou un façonnier s'oblige à donner ou à faire donner une formation professionnelle méthodique et complète à une autre personne, et par lequel celle-ci s'oblige en retour à se conformer aux instructions qu'elle reçoit et à exécuter les ouvrages qui lui sont confiés en vue de son apprentissage, le tout à des conditions et pendant un temps convenu. Le contrat doit être constaté par écrit, à peine de nullité et exempt de tout droit de timbre et d'enregistrement.

Article 142.2 : Le contrat d'apprentissage est établi en tenant compte des usages et coutumes de la profession. Il contient en particulier :

1) Les nom, prénom, âge, profession, domicile du maître, la raison ou la dénomination sociale ;

2) Les nom, prénom, âge, domicile de l'apprenti ;

3) Les nom, prénom, profession et domicile de ses père et mère, de son tuteur ou de la personne autorisée par les parents ou à défaut, par le président du tribunal de première instance. ;

4) La date et la durée du contrat ;

5) Les conditions de rémunération, de nourriture, de logement et de soin de santé de l'apprenti ;

6) L'indication des cours professionnels que le chef d'établissement s'engage à faire suivre à l'apprenti, soit dans l'établissement, soit en dehors, conformément à la Loi sur la formation professionnelle.

SECTION II : CONDITIONS DU CONTRAT D'APPRENTISSAGE

Article 142.4 : Nul ne peut recevoir des apprentis mineurs s'il n'est âgé de vingt et un ans au moins.

Nul ne peut être apprenti s'il n'est âgé d'au moins quatorze ans révolus.

Article 142.5 : Aucun maître, s'il est célibataire ou en état de veuvage ou divorcé, ne peut loger, comme apprenti(e)s des mineur(e)s.

Article 142.6 : Ne peuvent recevoir des apprentis, les individus qui ont été condamnés, soit pour crime, soit pour atteinte aux bonnes mœurs, soit pour toutes autres infractions intentionnelles à une peine de prison ferme.

SECTION III : DEVOIRS DES MAITRES ET DES APPRENTIS

Article 142.7 : Le maître doit prévenir sans retard les parents de l'apprenti ou leurs représentants en cas de maladie, d'absence ou de tout fait de nature à motiver leur intervention.

Il ne doit employer l'apprenti, dans la mesure des forces de celui-ci, qu'aux travaux et services qui se rattachent à l'exercice de sa profession.

Article 142.8 : Le maître doit traiter l'apprenti en bon père de famille et lui assurer les meilleures conditions de logement, de nourriture et de soins de santé.

Si l'apprenti ne sait pas lire, écrire et compter, le maître est tenu de lui accorder le temps et la liberté nécessaire pour son instruction. Ce temps est dévolu à l'apprenti selon un accord réalisé entre les parties, mais ne peut excéder une durée calculée sur la base de deux heures par jour de travail.

Article 142.9 : Le maître doit enseigner à l'apprenti, progressivement et complètement, l'art, le métier ou la profession spéciale qui fait l'objet du contrat.

Il lui délivre, à la fin de l'apprentissage, une attestation d'acquis ou certificat constatant l'exécution du contrat.

Article 142.10 : L'apprenti doit à son maître, dans le cadre de l'apprentissage, obéissance et respect. Il doit l'aider par son travail dans la mesure de ses aptitudes et de ses forces.

SECTION IV : RESILIATION DU CONTRAT D'APPRENTISSAGE

Article 142.12 : Les deux premiers mois de l'apprentissage sont considérés comme temps d'essai pendant lequel le contrat peut être rompu par la seule volonté de l'une des parties. Dans ce cas, aucune indemnité n'est allouée à l'une ou l'autre partie, à moins de conventions expresses.

Article 142.13 : Le contrat d'apprentissage est résilié de plein droit dans les cas suivants :

1) Décès du maître ou de l'apprenti ;

2) Appel de l'apprenti ou du maître au service militaire ;

3) Condamnation du maître ou de l'apprenti à une peine privative de liberté ;

4) Manquement grave de l'une des parties à ses engagements.

Article 142.14 : Le contrat peut être résilié à la demande des parties ou de l'une d'elles :

1) Dans le cas où l'une des parties manquerait aux stipulations du contrat ;

2) Pour cause d'infraction grave ou habituelle aux prescriptions du présent titre et des autres lois réglant les conditions de travail des apprentis ;

3) Dans le cas d'inconduite habituelle de la part de l'apprenti ;

4) Si le maître transfère sa résidence dans une région autre que celle qu'il habitait lors de la convention. Néanmoins la demande en résiliation du contrat fondée sur ce motif n'est recevable que pendant trois mois à compter du jour où le maître aura changé de résidence ;

5) En cas d'incapacité de l'apprenti, constatée par le maître et confirmée par une commission de formation professionnelle, de suivre avec fruit les leçons du maître.

CHAPITRE III : APPRENTISSAGE TRADITIONNEL

Article 143.1 : Le service national chargé de la Formation et du Perfectionnement Professionnels peut entreprendre toute étude relative à la pratique de l'apprentissage traditionnel dans le secteur de l'économie informelle.

Il peut élaborer des programmes de formation ou de complément de formation, notamment d'alphabétisation à destination des maîtres et des apprentis de ce secteur.

Article 143.2 : Le service national peut, dans des conditions fixées par voie réglementaire, délivrer des attestations au profit des jeunes ayant suivi un apprentissage traditionnel auprès d'un maître.

CHAPITRE IV: DROITS ET OBLIGATIONS DES STAGIAIRES DE FORMATION PROFESSIONNELLE

Article 144.1 : Le chef d'entreprise ou d'établissement peut, chaque année, informer les délégués syndicaux de son plan de formation.

Article 144.2 : Le salarié choisi par la direction de l'entreprise pour suivre un stage de formation ou de perfectionnement, continu à percevoir pendant toute la durée du stage, le salaire qu'il aurait perçu s'il avait travaillé normalement. Il continue également à bénéficier de tous les avantages sociaux liés à sa qualité de travailleur.

La durée du stage est assimilée à une période du travail. Elle est prise en compte dans le calcul de l'ancienneté et du droit aux congés payés.

Pendant cette durée, le stagiaire bénéficiera d'une allocation égale à sa rémunération au moment de son départ en stage.

A la fin de la période de formation ou de perfectionnement, le salarié bénéficiaire du stage est tenu de rester au service de son employeur pour une durée au moins équivalente à celle du stage ou du perfectionnement. A défaut, il doit rembourser à l'employeur tous les frais engagés par celui-ci pour sa formation ou son perfectionnement sans préjudice de dommage et intérêt.

Si le travailleur est débauché par le fait d'un autre employeur, celui-ci sera personnellement responsable du remboursement des frais visés à l'alinéa précédent.

CHAPITRE V : STAGE D'INITIATION EN ENTREPRISE

SECTION 1 : NATURE ET FORME DU CONTRAT DE STAGE

Article 145.1 : Le contrat de stage est celui par lequel un employeur s'engage à donner ou à faire donner au sein de son entreprise, société, organisation non-gouvernementale, une formation professionnelle pratique à un demandeur en quête du premier emploi et par lequel ce dernier s'engage en retour à se conformer aux instructions qu'il reçoit et à exécuter les tâches qui lui sont confiées en vue de son stage.

Le contrat doit être signé par les deux parties avec copie au service public d'emploi et à l'inspection du Travail.

Le contrat de stage est établi en tenant compte du diplôme des postulants et des domaines d'activités des entreprises.

TITRE V : SUSPENSION DU CONTRAT DE TRAVAIL

CHAPITRE I : DISPOSITIONS GENERALES

Article 151.1 : Il y a suspension du contrat du travail chaque fois que le travailleur est fondé à ne pas fournir sa prestation de travail ou l'employeur à s'abstenir de fournir le travail.

Article 151.2 : Le contrat de travail est suspendu notamment:

1°- en cas de fermeture de l'établissement par suite du départ de l'employeur sous les drapeaux ou pour une période obligatoire d'instruction militaire ;

2°- pendant la durée du service militaire du travailleur et pendant les périodes obligatoires d'instructions militaires auxquelles il est astreint;

3°- pendant la durée de l'absence du travailleur, en cas de maladie non professionnelle dûment constatée par un Médecin, durée limitée à six mois, ce délai est prorogé jusqu'au remplacement du travailleur ;

4°- pendant la période d'indisponibilité résultant d'un accident du travail ou d'une maladie professionnelle ;

5°- pendant le repos de la femme travailleuse bénéficiaire du congé de maternité ;

6°- pendant la grève ou le lock-out si ceux-ci ont été déclenchés dans le respect de la procédure de règlement des conflits collectifs du travail ;

7°- pendant la période de disponibilité du travailleur ;

8°- pendant la période de mise à pied du délégué syndical dans l'attente de la décision définitive de l'inspecteur du travail ;

9°- pendant la détention provisoire du travailleur dans la limite de six mois ;

10°- pendant la durée du mandat de député à l'Assemblée nationale, à la demande écrite de l'intéressé ;

11°- pendant la durée de l'absence du travailleur autorisée par l'employeur en vertu de la réglementation, des conventions collectives ou d'accords individuels ;

12°- pendant la période de chômage technique ou de chômage économique ;

13°- pendant la durée du congé d'éducation ouvrière accordé dans les conditions fixées conformément aux dispositions en vigueur ;

14°- pendant la période de pèlerinage aux lieux saints ;

15°- pendant la durée du congé payé ;

16°- pendant la période de l'exercice par le travailleur d'un mandat régulier politique ou syndical incompatible avec l'exercice d'une activité rémunérée.

Seules les périodes de suspension visées aux points **1°, 2°, 9° et 10°** ci-dessus ne sont pas considérées comme temps de service pour la détermination de l'ancienneté du travailleur dans l'entreprise.

Article 151.3. : La suspension du contrat du travail n'affecte que les obligations principales des parties, à savoir l'obligation pour le salarié de fournir une prestation de travail et l'obligation pour l'employeur de rémunérer ce travail.

Les obligations secondaires, notamment les obligations de logement, de loyauté et de discrétion, continuent à produire leurs effets au cours de la période de suspension, sauf autrement disposé par le présent Code.

Article 151.4 : La suspension du contrat de travail n'entraîne pas celle du mandat syndical.

CHAPITRE II : MALADIES ET ACCIDENTS

Articles 152.1 : Le contrat de travail du salarié victime d'un accident du travail ou d'une maladie professionnelle est suspendu pendant toute la durée de l'arrêt de travail provoqué par l'accident ou la maladie. L'accident de trajet est assimilé à un accident du travail pour l'application des présentes dispositions. L'employeur est tenu de faire la déclaration à l'organisme chargé de la Sécurité Sociale et d'informer l'inspecteur du travail des accidents et maladies professionnelles dans les quarante-huit heures de la survenance de l'accident ou de la maladie professionnelle, faute de quoi il supportera les frais inhérents aux traitements liés à l'accident du travail ou à la maladie professionnelle.

La durée des périodes de suspension est prise en compte pour la détermination de tous les avantages légaux ou conventionnels liés à l'ancienneté dans l'entreprise.

Article 152.2 : Au cours de la période de suspension, l'employeur ne peut résilier le contrat à durée indéterminée que pour faute grave ou en cas de force majeure, rendant impossible le maintien du contrat. Il incombe à l'employeur de rapporter la preuve du motif qui peut à titre exceptionnel, justifier une résiliation du contrat de travail.

Article 152.3 : A l'issue de la période de suspension, le salarié retrouve son emploi ou un emploi similaire si le médecin du travail le déclare apte à tenir l'emploi qui était le sien avant la maladie professionnelle ou l'accident du travail.

L'employeur qui ne réintègre pas le salarié dans son emploi ou dans un emploi équivalent doit payer les salaires et indemnités que le salarié aurait perçus s'il avait occupé son emploi.

Si après un an, l'employeur n'a pas réintégré le salarié dans son emploi ou dans un emploi équivalent, la juridiction chargée du Travail peut le condamner à verser au salarié une indemnité correspondant à deux années de salaire. Cette indemnité se cumule avec les salaires et indemnités dus pour l'année précédente.

CHAPITRE III : M A T E R N I T E

Article 153.1. La femme salariée a le droit de suspendre le contrat de travail pendant une période qui commence six semaines avant la date présumée de l'accouchement et se termine huit semaines après la date de celui-ci. Il est, de toute façon, interdit d'employer des femmes en couches dans les six semaines qui suivent leur délivrance.

Quand l'accouchement a lieu avant la date présumée, la période de suspension du contrat de travail peut être prolongée jusqu'au terme des quatorze semaines de suspension du contrat auxquelles la salariée a droit.

Si un état pathologique attesté par certificat médical comme résultant de la grossesse ou des couches le rend nécessaire, la période de suspension du contrat est augmentée de la durée de cet état pathologique sans pouvoir excéder au total huit semaines avant la date présumée de l'accouchement et dix semaines après la date de celui-ci.

CHAPITRE IV : O B L I G A T I O N S MILITAIRES

Article 154.1 : Chaque fois qu'un salarié doit interrompre son activité professionnelle pour accomplir ses obligations militaires, le contrat de travail est suspendu.

Article 154.2 : Dès que le salarié a connaissance de la date à laquelle il sera libéré de ses obligations militaires, il doit en informer l'employeur.

Le salarié qui se présente pour reprendre son activité professionnelle à l'expiration de ses obligations militaires retrouve l'emploi qu'il occupait précédemment ou un emploi équivalent.

Le salarié qui ne se présente pas pour reprendre son activité professionnelle dans les trente jours suivant la date de sa libération est considéré comme démissionnaire.

Lorsque la suspension a été provoquée par une période d'instruction militaire, ce délai est ramené à une semaine.

Article 154.3 : Le contrat de travail est également suspendu du fait de l'exécution par l'employeur de ses obligations militaires chaque fois que celles-ci nécessitent la fermeture de son établissement.

CHAPITRE V: CHOMAGE TECHNIQUE ET CHOMAGE ECONOMIQUE

Article 155.1 : Le chômage technique

En cas de nécessité d'une interruption collective de travail résultant de causes conjoncturelles ou accidentelles, telles que des accidents survenus au matériel, une interruption de la force motrice, un sinistre, des intempéries, une pénurie accidentelle de matières, d'outillage, de moyens de transport, l'employeur peut, après information des délégués syndicaux, s'il en existe, décider de la mise en chômage technique de tout ou partie du personnel de l'entreprise, que le contrat de travail soit à durée déterminée ou indéterminée. Si le régime juridique du chômage technique n'est pas prévu par la convention collective ou par la réglementation, l'inspecteur du travail doit, au préalable, être informé des mesures envisagées. Un accord entre les parties peut préciser la durée du chômage technique et le cas échéant, l'indemnisation des travailleurs pendant cette période. La période de chômage technique ne peut, renouvellement compris, excéder six mois.

Article 155.2 : **Le chômage économique**

Lorsque les difficultés ne sont que passagères et en vue d'éviter des licenciements pour motif économique touchant certaines catégories d'emploi, des mesures de prévention peuvent être prises pour une durée déterminée par l'employeur qui se trouve contraint de suspendre temporairement son activité.

Dans ce cas, les contrats individuels de travail sont suspendus pour une durée continue ou fractionnée qui ne peut excéder trois mois, au cours d'une même période de douze mois.

Article 155.3 : L'employeur qui envisage de mettre tout ou partie de son personnel en chômage économique doit en informer les délégués syndicaux, s'il en existe. Ceux-ci doivent répondre dans un délai de huit jours ouvrables qui suivent le dépôt de sa proposition.

L'employeur doit informer l'inspecteur du travail de sa décision et les modalités de sa mise en œuvre.

SECTION UNIQUE : DISPOSITIONS COMMUNES AU CHOMAGE TECHNIQUE ET AU CHOMAGE ECONOMIQUE

Article 155.4 : En cas de refus d'un travailleur d'accepter le chômage technique ou économique, la rupture du contrat qui peut en résulter est du fait de l'employeur sans pour autant revêtir un caractère abusif, sauf si la décision procède d'une intention manifeste de nuire au travailleur.

La rupture du contrat de travail intervenant pour cause de chômage technique ou de chômage économique est légitime, et ouvre droit à certaines indemnités en faveur du travailleur.

L'inspecteur du travail doit examiner les motifs en rapprochant les parties, pour apprécier les modalités du chômage technique ou économique dans un délai de huit jours ouvrables à partir de la réception du courrier.

Article 155.5 : Pendant les périodes de chômage technique ou de chômage économique, l'employeur ne peut recourir en aucune façon :

- à l'embauche de nouveaux travailleurs dans les services concernés par le chômage technique ou le chômage économique ;

- à l'exécution d'heures supplémentaires par les travailleurs restant dans l'entreprise dans les services concernés par le chômage technique ou le chômage économique.

Ces périodes de chômage doivent être considérées comme temps de travail pour la détermination de l'ancienneté.

Article 155.6 : Pendant les périodes de chômage technique ou chômage économique, sauf cas de force majeure, il sera versé au travailleur une indemnité qui ne peut être inférieure à trente pour cent du salaire de base.

Le travailleur continuera à bénéficier de toutes les prestations de sécurité sociale auxquelles il a droit au titre de son contrat de travail.

L'employeur prendra les dispositions appropriées afin que soient maintenus les droits et les prestations de sécurité sociale comme si le travailleur était en activité.

CHAPITRE VI : DISPONIBILITE

Article 156.1 : Le travailleur peut, sur sa demande, bénéficier d'une mise en disponibilité.

La mise en disponibilité est la position du travailleur qui, pour convenances personnelles et après y avoir été autorisé, cesse momentanément son service chez son employeur.

Pendant cette période le travailleur ne bénéficie pas de son salaire et des accessoires de celui- ci, ni de ses droits à l'avancement, à l'ancienneté, à la retraite et, d'une façon générale, des dispositions du présent Code.

La mise en disponibilité revêt un caractère exceptionnel laissé à la seule appréciation de l'employeur.

Article 156.2 : La disponibilité ne peut cependant être refusée lorsqu'elle est demandée :

1°)- Pour allaitement à l'issue d'un congé de maternité ;

2°)- En cas de veuvage pour la femme dans la limite de six mois ;

3°)- Pour un travailleur dont le conjoint, également employé chez le même employeur, a fait l'objet d'une mutation pour nécessité de service entraînant un changement de résidence ;

4°)- En cas de maladie grave du père, de la mère, du conjoint ou de l'enfant, nécessitant une assistance par le travailleur.

A l'exclusion des cas visés ci-dessus, et sauf accord écrit de l'employeur, la mise en disponibilité ne peut excéder une période d'un an. Cette période peut être renouvelée une seule fois sur décision de l'employeur et si le travailleur a demandé ce renouvellement avec un préavis de trois mois.

TITRE VI : MODIFICATION DU CONTRAT DE TRAVAIL

Article 160.1 : A défaut de dispositions législatives ou de clauses conventionnelles prévoyant les modifications relatives à l'exécution du contrat, l'employeur ne peut imposer au salarié que des modifications mineures par rapport aux conditions de travail précisées lors de l'embauche ou appliquées immédiatement après celle-ci.

L'employeur ne peut pas imposer au salarié des modifications substantielles du contrat. Il peut seulement proposer ces modifications au salarié, en cas de refus de ce dernier et si ce refus rend impossible le maintien de la relation contractuelle existante, l'employeur peut procéder à un licenciement dans le respect des conditions prévues par le présent Code.

Article 160.2 : Si la proposition de modification du contrat présentée par le travailleur est substantielle et qu'elle est refusée par l'employeur, le travailleur peut rompre le contrat de travail, mais cette rupture lui est imputable.

Pour des raisons tenant à l'incapacité physique du travailleur résultant d'un accident ou d'une maladie non professionnels, à la situation économique ou à la réorganisation de l'entreprise, l'employeur peut proposer à un travailleur une modification substantielle de son contrat de travail, emportant réduction de certains avantages.

Article 160.3 : S'il survient une modification dans la situation juridique de l'employeur, notamment par succession, vente, fusion, transformation de fonds, mise en société, tous les contrats de travail en cours au jour de la modification subsistent entre le nouvel employeur et le personnel de l'entreprise.

Les dispositions de l'alinéa précédent ne s'appliquent pas lorsque les travailleurs expriment devant l'inspecteur du travail du ressort, leur volonté de mettre fin au contrat en cours avec paiement de leurs droits, avant la modification.

TITRE VII : CESSATION DE LA RELATION DE TRAVAIL

CHAPITRE I : CESSATION DES CONTRATS A DUREE DETERMINEE

Article 171.1 : Le contrat de travail à durée déterminée prend fin à l'échéance du terme.

Article 171.2 : A l'échéance du contrat à durée déterminée, l'employeur doit au salarié une indemnité de fin de contrat égale à cinq pour cent du montant total des salaires et indemnités acquis par celui-ci pendant l'exécution du contrat. Il doit également remettre au salarié un certificat de travail dans les conditions prévues par le présent Code.

Article 171.3 : Lorsqu'un contrat de travail à durée indéterminée fait suite à un contrat de travail à durée déterminée lors de l'échéance de celui-ci, l'ancienneté du salarié dans l'entreprise est calculée en incluant la période couverte par le contrat à durée déterminée.

Article 171.4 : Le contrat à durée déterminée peut être rompu avant l'échéance du terme par accord des parties à condition que celui-ci soit constaté par un écrit. Cet écrit peut être présenté par voie de requête au Président de la juridiction chargée du travail dans le ressort duquel il a été établi. Celui-ci y appose la formule exécutoire pour qu'il soit exécuté comme un jugement.

A défaut d'accord des parties, le contrat à durée déterminée ne peut être rompu avant l'échéance du terme qu'en cas de faute grave ou de force majeure.

La rupture anticipée du contrat par l'employeur, en dehors des hypothèses mentionnées aux alinéas précédents du présent article, ouvre droit pour le salarié à des dommages et intérêts d'un montant au moins égal aux rémunérations qu'il aurait perçues jusqu'au terme de contrat sans préjudice de l'indemnité prévue à l'article 171.2 du présent Code.

La rupture anticipée du contrat par le salarié, en dehors des mêmes hypothèses mentionnées, ouvre droit, pour l'employeur, à des dommages et intérêts correspondant au préjudice subi.

En tout état de cause, le salarié a droit à un certificat de travail.

CHAPITRE II : CESSATION DES CONTRATS A DUREE INDETERMINEE

Article 172.1 : La rupture d'un contrat de travail à durée indéterminée, après l'expiration de la période d'essai, qui résulte d'une initiative de l'employeur est un licenciement.

Article 172.2 : Les ruptures d'un commun accord des contrats de travail ne sont licites et ne permettent d'éluder les règles du licenciement que si elles sont constatées par un écrit signé en présence de l'Inspecteur du Travail.

Article 172.3 : La rupture d'un contrat de travail à durée indéterminée, après l'expiration de la période d'essai, qui résulte d'une initiative du salarié est, en principe, une démission. Toutefois, elle est assimilée au licenciement et est assujettie aux règles de fond régissant celui-ci lorsque le salarié a pris la décision de mettre fin aux relations contractuelles à la demande de l'employeur ou à la suite d'une faute commise par ce dernier.

Article 172.4 : Le contrat de travail à durée indéterminée peut également prendre fin en raison de la survenance d'un événement indépendant de la volonté des parties qui rend impossible, de façon définitive ou pour une longue période, l'exécution du contrat. Sous réserve de dispositions législatives ou réglementaires contraires, la cessation du contrat de travail intervenant dans ces conditions n'ouvre pas droit à indemnité.

La cessation des activités de l'entreprise, sauf cas de force majeure, ne dispense pas l'employeur de respecter les règles du licenciement.

Article 172.5 : La perte de confiance ne peut en tant que telle être un motif de licenciement ; seuls les éléments objectifs justifiant cette perte de confiance peuvent être à la base d'un licenciement.

SECTION I : JUSTIFICATIONS DU LICENCIEMENT

Article 172.6 : Un salarié ne peut être licencié que s'il existe un motif objectivement vérifiable de nature à rendre impossible le maintien de la relation contractuelle.

Article 172.7 : Le motif du licenciement peut tenir à la personne du salarié, qu'il s'agisse de son état de santé entrainant une invalidité permanente, de son inaptitude à tenir l'emploi, de son insuffisance professionnelle ou de son comportement fautif. Le licenciement est alors qualifié de «licenciement pour motif personnel».

L'abandon de poste constaté par voie d'huissier peut constituer un motif de licenciement justifié.

Article 172.8 : Le motif du licenciement peut être lié à l'organisation, à la restructuration, à la baisse d'activité ou à la fermeture de l'entreprise. Chaque fois que le poste occupé par un salarié est supprimé ou transformé de façon substantielle, le licenciement qui survient en raison de cette suppression ou de cette transformation est qualifié de « licenciement pour motif économique » et obéît à certaines règles particulières.

SECTION II : PROCEDURE DE LICENCIEMENT POUR MOTIF PERSONNEL

Article 172.11 : L'employeur qui envisage de licencier un travailleur doit, au préalable, le convoquer par lettre recommandée ou remise en main propre, à un entretien ; la lettre de convocation doit parvenir au salarié cinq jours au moins avant l'entretien.

La convocation à l'entretien, qui émane de l'employeur ou de son représentant, précise la date, l'heure, le lieu de l'entretien les motifs qui font envisager le licenciement, la possibilité pour le travailleur de se faire assister, et éventuellement représenter, par une personne de son choix appartenant au personnel de l'entreprise, soit au syndicat auquel il est éventuellement affilié.

Au cours de l'entretien, l'employeur ou son représentant peut être assisté de membres dirigeants de l'entreprise. Il expose les motifs qui lui font envisager le licenciement et recueille les explications du travailleur ainsi que les arguments développés par la personne qui l'assiste. Un procès-verbal constatant la tenue de l'entretien doit être dressé sur-le-champ et signé de toutes les parties.

Au cas où une des parties refuse de signer, celle-ci doit mentionner ses réserves sur le procès- verbal et contresigner.

Tous les travailleurs de l'entreprise participant à cette réunion seront rémunérés comme s'ils n'avaient pas quitté leur poste habituel de travail.

Les frais de déplacement qui pourraient être occasionnés par leur participation à l'entretien sont pris en charge par l'employeur.

Article 172.12 : L'employeur ne peut pas prendre la décision de licencier au cours de l'entretien. Il doit observer un délai de réflexion pendant les deux jours ouvrables qui suivent l'entretien.

Lorsque le travailleur ne se présente pas et ne se fait pas représenter à l'entretien, l'employeur n'est point obligé d'organiser un nouvel entretien.

Article 172.13 : L'employeur qui décide de licencier doit notifier le licenciement au travailleur par lettre remise en main propre avec accusé de réception ou par lettre recommandée ; cette lettre ne peut être remise ou expédiée avant le troisième jour suivant celui prévu pour l'entretien ; elle doit indiquer expressément le ou les motifs du licenciement.

SECTION III : PROCEDURE DE LICENCIEMENT POUR MOTIF ECONOMIQUE

Article 172.16 : Tous les projets de licenciement pour motif économique doivent être soumis pour avis aux délégués syndicaux ou aux travailleurs de l'entreprise ou de l'établissement concerné lorsqu'il n'existe pas de délégués syndicaux.

L'employeur remet aux délégués syndicaux sept jours avant la première réunion un dossier indiquant les motifs du ou des licenciements envisagés, le nombre et les catégories de travailleurs susceptibles d'être licenciés, les critères envisagés pour fixer l'ordre des licenciements, la période au cours de laquelle les licenciements pourraient être notifiés, les mesures adoptées pour limiter le nombre des licenciements et pour faciliter le reclassement des salariés licenciés. Ce dossier est dans le même temps adressé à l'Inspecteur du Travail du ressort.

Article 172.17 : Une seconde réunion avec les délégués syndicaux se tient au plutôt sept jours après la première ; au cours de celle-ci, l'employeur présente le dernier état de son projet de licenciement et expose les motifs qui lui font modifier ou écarter les propositions des délégués syndicaux. Ceux-ci peuvent émettre leur avis, sur les solutions envisagées et sur l'argumentation de l'employeur. Un procès-verbal de réunion dûment paraphé par les parties rapporte la communication de l'employeur, les observations des délégués et la discussion qui a suivi.

Article 172.18 : L'employeur doit, après cette réunion, communiquer à l'Inspecteur du Travail son projet définitif de licenciement mentionnant le nom et la qualification des personnes qu'il envisage de licencier, les dates prévues de notification des licenciements et les mesures adoptées pour faciliter le reclassement des travailleurs licenciés.

SECTION IV : CONSEQUENCES DU LICENCIEMENT

Article 172.23 : La rupture du contrat de travail à durée indéterminée ne devient effective qu'à l'expiration d'une période de préavis ou délai congé.

La période de préavis est fonction de la catégorie professionnelle du salarié. Elle est de trois mois pour le personnel cadre et assimilé, deux mois pour les agents de maîtrise et contremaître et un mois pour le personnel d'exécution.

Article 172.24: Le délai de préavis commence à courir le jour où le salarié a reçu notification écrite du licenciement.

Article 172.25 : Pendant le préavis, l'employeur et le salarié restent liés par les obligations réciproques résultant du contrat de travail. L'employeur ne peut pas modifier les attributions et la rémunération du salarié ; le salarié doit effectuer sa prestation habituelle de travail avec diligence.

Au cours du préavis, le salarié dispose de huit heures par semaine, prises sur le temps de travail, pour chercher un nouvel emploi ; ces heures de disponibilité peuvent être prises en une ou deux fois au cours d'une semaine ; elle ne peut être cumulée avec les heures de la semaine suivante.

Article 172.29 : Aucun préavis n'est dû au salarié licencié pour faute grave.

Article 172.30 : Le salarié qui a travaillé effectivement au moins douze mois pour le compte de l'entreprise au titre du contrat qui est rompu a droit à une indemnité de licenciement dont les modalités de calcul sont définies par arrêté du Ministre chargé du Travail.

Aucune indemnité de licenciement n'est due au travailleur licencié pour faute grave.

Article 172.31 : L'indemnité de licenciement se cumule avec l'indemnité compensatrice de congés payés, l'indemnité de préavis et les indemnités éventuellement dues en cas de licenciement prononcé en violation des règles légales, réglementaires ou conventionnelles[18].

---

[18] **L'égalité de traitement entre hommes et femmes, droit fondamental**
C'est à l'occasion d'un procès mettant en cause un employeur de la branche de la Chimie qui introduisait le travail de nuit des femmes dans son entreprise, que le tribunal de police d'Illkirch a posé une question à la Cour de Justice sur la conformité de la loi française à la directive de 1976.
La Cour de Justice dans son arrêt du 25 juillet 1991 a considéré que hommes et femmes étaient à situation égale au regard du travail de nuit, les justifications avancées par la France pour le maintien de l'interdiction ne pouvaient être valablement retenues. Rien ne justifiait une différence de traitement entre hommes et femmes : "Quels que puissent être les inconvénients du travail de nuit, il n'apparaît pas que, sauf en cas de grossesse et de maternité, les risques auxquels les femmes sont exposées dans un travail, soient de façon générale, différents par leur nature de ceux auxquels sont également exposés les hommes". Ainsi, le souci de protection qui a inspiré à l'origine l'interdiction du travail de nuit des femmes n'apparaît plus fondé.

Cet arrêt a été fortement critiqué parce qu'il affirmait un principe d'égalité qui semblait formel. Pourtant la force du principe d'égalité est bien de traiter hommes et femmes de la même façon pour autant qu'ils soient dans des situations semblables. Dans des situations semblables ? Certains d'estimer que les situations n'étaient pas semblables compte tenu des charges familiales reposant sur les femmes. Ils reprenaient ainsi les arguments avancés en 1892 pour interdire le travail de nuit des femmes, ce faisant ils justifiaient implicitement une répartition des rôles entre hommes et femmes.
Pour la CJCE, au regard de l'emploi, hommes et femmes doivent être traités à égalité lorsqu'ils sont dans des situations semblables, ce qui implique en l'espèce soit d'interdire soit de réglementer le travail de nuit pour les hommes comme pour les femmes. L'égalité de traitement est ici une garantie au regard de l'emploi. Si, en revanche, hommes et femmes ne sont pas dans la même situation, s'agissant de la grossesse et de la maternité par exemple, l'égalité substantielle est à rechercher et la prise en considération de cette situation pour refuser de noter une femme ou pour la licencier constitue pour la CJCE une discrimination directe.
Par exemple CJCE 30 avril 1998 Aff- 136/95 Caisse nationale…
Dans un deuxième arrêt, du 13 mars 1993, la CJCE précisait les rapports entre le droit universel (la convention OIT), le droit communautaire et le droit national. Si en principe le droit universel l'emporte, en signant le Traité CEE postérieurement à la ratification de la convention de l'OIT, la France devait reconsidérer ses engagements antérieurs s'ils n'étaient pas compatibles. Ce qu'a fait la France en 1992.
Enfin, et parce que les dispositions concernant le travail de nuit des femmes demeuraient formellement dans le Code à défaut d'abrogation, la Cour de Justice dans un arrêt du 13 mars 1997 a rappelé à la France la nécessité d'abroger les dispositions inopérantes du Code du travail qui n'avaient pas encore été éliminées : de simples pratiques administratives ne pouvaient être considérées comme une exécution valable des obligations du traité, seules des dispositions internes à caractère contraignant, ayant la même valeur juridique que celles qui devaient être modifiées, devaient être adoptées. Il fallait une loi. Pour la CJCE, le maintien du texte d'interdiction du Code du travail ne permettait pas aux particuliers de connaître la plénitude de leurs droits, n'assurait pas l'exigence de sécurité juridique requise en la matière. Depuis le gouvernement hésitait à aborder de front cette question car l'interdiction était considérée par certains comme "un bel acquis". Ils n'entendaient pas les arguments de ceux qui soutenaient que cette interdiction était bel et bien discriminatoire et contraire au principe d'égalité entre hommes et femmes. Ils ne voulaient pas d'une égalité au rabais. La menace par la CJCE d'une astreinte d'environ 1 million de francs par jour de retard à compter du 1er décembre 2000 a emporté la décision du gouvernement.

Le statut des femmes mais aussi des raisons de concurrence économique

La question de l'interdiction du travail de nuit des femmes est une question ancienne tant au plan international qu'au plan national. Les arguments avancés permettent d'éclairer les évolutions intervenues jusqu'à l'adoption du texte dans son état actuel (nouvelle lecture à l'Assemblée nationale du 30 janvier 2001).
Le débat sur la législation protectrice des travailleurs est central à la fin du XIXème siècle. Fallait-il que l'État intervienne dans les relations entre employeur et salarié, dans le contrat de travail compte tenu de l'inégalité des parties ? Les conditions de travail étaient particulièrement difficiles, la journée de travail trop longue et l'une des premières revendications portait sur la durée journalière de travail. Lors des débats précédant le vote de la loi du 2 novembre 1892 interdisant le travail de nuit des femmes majeures dans l'industrie, les positions exprimées portaient tant sur le rôle des femmes dans la famille, leur fragilité physique, le fait qu'elles soient dépourvues de droits civils et politiques et de ce fait trop faciles à exploiter en l'absence de protection légale. Les raisons de concurrence économique n'étaient pas absentes des débats tant au plan interne qu'au plan international.
Les femmes et l'organisation syndicale avant… mettent l'accent sur l'homogénéité du discours syndical concernant l'opposition de celui-ci au travail industriel des femmes et plus largement

au travail salarié des femmes. Elle montre l'ambiguïté de la revendication "à travail égal, salaire égal". Cette revendication n'est portée que là où existe une situation de concurrence entre travailleurs masculins et féminins. Revendiquer un même salaire favorisera l'embauche des hommes puisqu'il n'y aura plus d'avantage à embaucher des femmes.

Ailleurs, l'inégalité de rémunération est admise. Il est vrai que le salaire masculin est considéré comme un salaire familial et que la femme ne doit subvenir qu'à ses seuls besoins. Il subit de ce fait un abattement de 50%. L'interdiction du travail de nuit des femmes apparaît comme un moyen de protéger les emplois masculins, de limiter la concurrence des femmes qualifiées, de les écarter d'un certain nombre d'emplois. La pénibilité des conditions de travail pouvait également constituer une garantie de maintien d'emplois masculins. Un siècle plus tard aucune réglementation générale du travail de nuit n'avait été adoptée.

Au plan international, également lors des débats relatifs à une législation internationale du travail, le travail de nuit était l'un des premiers thèmes retenus et fit l'objet de débats dès la conférence de Berlin en 1890 : fallait-il interdire partout ou autoriser partout le travail de nuit des femmes majeures ? Certains États refusaient l'interdiction malgré les pressions exercées sur eux, mettant en avant l'égalité des sexes. Lors de la Conférence de Berne en 1904, puis en 1919, lors de la création de l'OIT et l'adoption de la convention n° 4 interdisant le travail de nuit des femmes dans l'industrie, les arguments étaient proches des arguments actuels. Les réserves étaient nombreuses : le travail de nuit ne devait-il pas être exceptionnel pour les hommes comme pour les femmes ? Ne fallait-il pas considérer les difficultés familiales qu'il créait, les conséquences néfastes sur l'accès à l'emploi des femmes et les inégalités de rémunérations ?

La convention n° 4 a fait l'objet de deux révisions en 1934 et en 1948, les exceptions devenant de plus en plus nombreuses et l'interdiction ne devant pas s'appliquer "aux femmes qui occupent des postes de direction ou de caractère technique et impliquant une responsabilité non plus qu'aux femmes occupées dans les services de l'hygiène et du bien-être qui n'effectuent pas normalement un travail manuel.

Mais il fallut attendre 1979 pour que la France modifie sa législation et introduise ces exceptions, à la suite d'un conflit dans l'entreprise Général Motors à Strasbourg.

Alors même que les dénonciations de la convention OIT devenaient plus fréquentes, la France tardait à appliquer les termes mêmes de la convention qu'elle avait ratifiée en 1953.

Les garanties ?

L'exigence d'égalité de traitement n'implique pas un traitement au rabais. Elle doit permettre d'apporter un certain nombre de garanties face aux risques du travail de nuit pour les hommes comme pour les femmes en termes de santé et de sécurité comme le demande également le droit communautaire. Surtout le travail de nuit doit être strictement défini. La nouvelle loi apporte-t-elle des garanties suffisantes ?

Là encore elle doit s'inscrire dans un rapport entre le droit communautaire et le droit national et s'agissant de ce dernier dans un rapport entre dispositions d'ordre public et dispositions négociables.

Le nouvel article L.123-1 du Code du travail consacre le caractère exceptionnel du recours au travail de nuit. Il ne consacre pas la liberté des employeurs de recourir à cette forme de travail mais il encadre, au contraire, ce recours de manière contraignante en affirmant d'une part, le caractère exceptionnel de ce recours et en exigeant d'autre part, la justification de la nécessité d'un tel recours pour assurer "la continuité de l'activité économique ou des services d'utilité sociale". Une telle construction n'est pas purement formelle. Elle conditionne la validité des accords qui seront signés pour la mise en place du travail de nuit ou son extension à de nouvelles catégories de salariés.

Globalement le dispositif est construit sur la technique juridique principe/exception c'est-à-dire que la règle est le travail de jour, l'exception, le recours au travail de nuit étant d'interprétation stricte. Le travail de nuit étant néfaste tant pour les hommes que pour les femmes, mais en même temps nécessaire dans un certain nombre de cas, il convient d'autoriser le recours à ce type de travail lorsque la nécessité en est démontrée et de l'assortir de garanties. Au demeurant, l'affirmation d'un principe d'interdiction assorti de dérogations n'aurait pas modifié l'équilibre du dispositif car l'essentiel est de savoir dans quels cas le recours au travail de nuit est autorisé, selon quelles modalités et avec quelles garanties.

La loi a opté à titre principal, pour une mise en œuvre négociée du travail de nuit mais il s'agit d'une négociation encadrée.

Le recours au travail de nuit peut d'abord être organisé par une convention ou un accord de branche étendu. L'exigence d'extension de l'accord permet ainsi d'assurer un contrôle de légalité par l'administration, ce qui n'exclut pas évidemment la mise en œuvre d'un contrôle juridictionnel à l'initiative d'un syndicat non signataire.

A défaut d'un tel accord de branche, un accord d'entreprise dérogatoire peut également ouvrir le recours au travail de nuit ou son extension. Le caractère dérogatoire de l'accord ouvre la voie de l'opposition à l'entrée en vigueur de l'accord pour les organisations syndicales ayant recueilli les voix de plus de la moitié des électeurs inscrits lors des élections d'entreprise. L'accord collectif, qu'il soit de branche ou d'entreprise, doit comporter les justifications du recours au travail de nuit et prendre en compte les impératifs de protection de la sécurité et de la santé des travailleurs.

Les négociations qui doivent être "loyales et sérieuses" doivent prévoir une contrepartie sous forme de repos compensateur et éventuellement une compensation financière. La disposition est intéressante dans la mesure où la priorité est donnée au repos compensateur. Cela se traduira par la renégociation des accords de branche actuellement applicables au travail de nuit qui prévoient uniquement une contrepartie financière. Les négociateurs disposeront d'un délai d'un an pour accorder une contrepartie sous forme de repos compensateur.

Les négociations doivent prévoir également l'organisation de temps de pauses ainsi que des mesures destinées à améliorer les conditions de travail, à faciliter l'articulation de l'activité nocturne avec l'exercice de responsabilités familiales et sociales dans le respect du principe d'égalité entre hommes et femmes.

Par ailleurs, la loi fixe la plage horaire pendant laquelle tout travail est considéré comme travail de nuit (en principe entre 21 h et 6 h), définit la catégorie des travailleurs de nuit par référence à l'horaire habituel des intéressé(e)s, fixe les durées maximales journalières, hebdomadaires du travail effectué par un travailleur de nuit, prévoit une priorité pour le passage du travail de nuit au travail de jour et inversement et prend en compte "les obligations familiales impérieuses" pour l'affectation au travail de jour ou le refus du travail de nuit par le salarié. Des dispositions sont enfin consacrées à la surveillance médicale particulière des travailleurs de nuit et aux conséquences de l'inaptitude constatée par le médecin du travail.

Le dispositif législatif mis en place laissant une place importante à la négociation, il est difficile à ce stade d'évaluer l'impact de la loi sur le recours au travail de nuit et l'efficacité de garanties qui restent pour partie à construire. Quoiqu'il en soit on notera que la construction en cours constitue une première tentative de réglementation générale du travail de nuit dans une perspective d'amélioration des conditions de travail pour tous les salariés femmes et hommes. Cette construction tente, en même temps, de répondre aux exigences qu'implique le respect de droits fondamentaux, principe d'égalité, droit à une vie familiale normale, droit à la santé et à la sécurité reconnus tant au plan national qu'européen.

La place faite à la négociation dans la construction de ce dispositif peut faire craindre à certains l'adoption de mesures insuffisantes pour garantir ces droits fondamentaux. Mais outre que la loi assure directement ces garanties nouvelles, inexistantes jusque là, la négociation encadrée qu'elle organise permet à la fois l'adaptation des règles à la diversité des situations professionnelles et l'élaboration de garanties conventionnelles complémentaires qu'il appartient aux acteurs de la négociation collective de construire.

Une rupture de contrat de travail peut intervenir dans des contextes variés et selon différents motifs. Cette page répertorie différents types de fin de contrat reconnues par le Code du Travail français.

SECTION V : MISE A LA RETRAITE

Article 172.34 : Tous les travailleurs ont droit à la retraite.

Le contrat de travail à durée indéterminée prend fin lorsque le travailleur atteint l'âge de la retraite prévu par les lois et règlements en vigueur sur le régime général d'affiliation. En outre, dans certaines professions dont la liste sera déterminée par arrêté du Ministre chargé du Travail, les relations de travail pourront se poursuivre d'accord partie au-delà de l'âge légal de retraite.

En tout état de cause, le départ à la retraite à l'initiative de l'une ou l'autre des parties ne constitue pas une démission ni un licenciement, et obéit au régime juridique défini par le Code de la Sécurité Sociale.

Les travailleurs mis à la retraite ont droit à une indemnité de départ à la retraite dont le montant est fixé par arrêté du Ministre en charge du travail.

SECTION VI : DEMISSION

Article 172.38 : Le salarié peut librement démissionner sous réserve des dispositions de l'article 172.3 du présent Code. Il n'a pas à justifier sa démission. La volonté de démissionner doit être expresse et non équivoque.

Le travailleur poussé à la démission du fait de l'employeur peut saisir l'inspection du travail ou les juridictions compétentes.

Article 172.39 : La rupture du contrat de travail ne devient effective qu'à l'expiration du préavis dont la durée est prévue à l'article 172.23 alinéa 2 du présent Code.

Article 172.40 : Le salarié démissionnaire qui ne respecte pas son obligation de préavis doit à l'employeur une indemnité correspondant au salaire qu'il aurait perçu s'il avait normalement travaillé jusqu'à l'expiration du délai-congé fixé à l'article précédent.

SECTION VII - DECES

Article 172.44 : Lorsque le décès de l'employeur entraîne la cessation des activités de l'entreprise, les salariés ont droit à l'indemnité de préavis, l'indemnité de licenciement et l'indemnité compensatrice de congés payés dans les conditions analogues à celles qui existent lors d'un licenciement justifié.

Article 172.45 : En cas de décès du salarié, ses héritiers ont droit à une indemnité pour services rendus équivalent au moins à l'indemnité de licenciement prévue à l'article 172.30 du présent Code. Il sera également reversé aux héritiers tous les droits qui étaient ceux du salarié au jour du décès.

LIVRE 2 : CONDITIONS DE TRAVAIL

TITRE I : REGLEMENT INTERIEUR ET DROIT DISCIPLINAIRE

CHAPITRE I : REGLEMENT INTERIEUR

Article 211.1 : L'élaboration d'un règlement intérieur est obligatoire dans toutes les entreprises et tous les établissements employant habituellement au moins vingt-cinq salariés.

Article 211.2 : On entend par entreprise, toute organisation, quelle que soit sa forme juridique (société, association, syndicat, propriété individuelle), ayant une activité de production, de distribution ou de fourniture de services.

L'établissement est un lieu déterminé où un groupe de personnes travaillant en commun de façon habituelle sous la direction d'une même autorité.

L'entreprise peut comprendre plusieurs établissements.

Article 211.3 : Le règlement intérieur est un document écrit par lequel l'employeur fixe obligatoirement les règles générales et permanentes relatives à la discipline, en déterminant la nature et l'échelle des sanctions susceptibles d'être prononcées ainsi que les dispositions procédurales garantissant les droits de la défense, l'hygiène et la sécurité applicables dans l'établissement ou l'entreprise.

Article. 211.4 : A l'exception des mises à pied, mutations, rétrogradations ou licenciement à titre disciplinaire, le règlement intérieur ou tout acte unilatéral autrement qualifié émanant de l'employeur, ne doit contenir aucune disposition concernant la mobilité ou la perte d'emploi. Il ne doit pas contenir non plus de dispositions relatives à l'obligation de non-concurrence. Toute stipulation contraire est réputée non écrite.

CHAPITRE II : DROIT DISCIPLINAIRE

Article 212.1 : Une sanction disciplinaire ne peut être infligée à un salarié que lorsque celui-ci a commis une faute dans l'exercice de son activité professionnelle.

Les actes ou omissions, même fautifs, commis en dehors du temps et des lieux de travail, ne peuvent justifier une sanction disciplinaire en dehors du cas où un salarié révèle à des tiers des informations confidentielles concernant l'entreprise, ou cherche, par un abus caractérisé, à nuire à son employeur.

Article 212.2 : Un employeur ne peut pas prononcer de sanction disciplinaire à l'encontre d'un salarié pour une faute dont lui-même ou l'un de ses représentants a connaissance depuis plus d'un mois.

Cependant, lorsque, à la suite d'une faute professionnelle, des poursuites pénales ont été engagées dans le délai d'un mois, l'employeur peut prononcer contre le salarié une sanction disciplinaire. Cette possibilité n'est ouverte que pendant les trente jours ouvrables suivant la décision définitive de la juridiction répressive.

Article 212.3 : L'employeur ne peut infliger qu'une sanction mentionnée dans le règlement intérieur. Les sanctions pécuniaires sont prohibées ; par sanction pécuniaire, il faut entendre toute mesure qui entraîne une réduction de la rémunération normalement due pour la prestation de travail fournie.

TITRE II : DUREE DU TRAVAIL ET CONGE CHAPITRE I : DUREE DU TRAVAIL

Article 221.1 : Dans tous les établissements privés, la durée du travail effectif des salariés est habituellement de quarante heures par semaine.

L'employeur et le salarié peuvent cependant conclure un contrat de travail prévoyant une durée inférieur à quarante heures, le contrat étant alors un contrat de travail à temps partiel.

L'employeur peut également imposer au salarié plus de quarante heures par semaine par application des règles d'équivalence, de récupération, de modulation ou d'heures supplémentaires.

Article 221.2 : Les règles d'équivalence sont fixées par arrêté du Ministre chargé du Travail. Elles déterminent le nombre d'heures de présence au poste de travail, qui correspond à quarante heures de travail effectif.

A défaut de texte réglementaire, les heures de présence au poste de travail sont considérées comme heures de travail effectif.

Article 221.3 : Lorsqu'une interruption collective du travail affecte un établissement ou une partie de l'établissement pour une cause autre qu'une grève, un lock-out, les congés payés ou les jours fériés chômés, les heures perdues peuvent être récupérées dans les douze mois suivants. Les heures récupérées sont payées au taux normal et non au taux majoré des heures supplémentaires.

CHAPITRE II : CONGES SECTION I : REPOS HEBDOMADAIRE

Article 222.1 : Le repos hebdomadaire est obligatoire. Il est au minimum de vingt-quatre heures consécutives par semaine. Il a lieu en principe le dimanche.

Article 222.2 : Ne sont pas soumis à l'obligation du repos dominical pour l'ensemble du personnel :

1) les hôpitaux, cliniques, maisons de santé et pharmacies ;

2) les entreprises d'éclairage, de distribution d'eau, du carburant et de gaz ;

3) les hôtels, bars restaurants et entreprises de spectacles ;

4) les entreprises de transport par eaux, air, terre, chemin de fer ;

5) les industries dans lesquelles toute interruption de travail entraîne la perte ou la détérioration du produit en cours de fabrication ou des installations ;

Article 222.3 : Des dérogations au repos dominical peuvent être accordées par le Ministre chargé du travail, cela conformément à l'horaire de travail présenté par l'employeur après consultation des délégués syndicaux.

Article 222.4 : Les apprentis et les salariés âgés de moins de dix-huit ans ont toujours droit au repos dominical, même lorsqu'ils sont employés dans une entreprise ou un établissement où le travail du dimanche est autorisé.

Article 222.5 : L'employeur est tenu d'accorder une période de repos en compensation de toute suspension ou diminution du repos hebdomadaire au travailleur astreint par nécessité à ne pas bénéficier du repos dominical.

SECTION II : JOURS FERIES

Article 222.6 : Les fêtes légales sont déterminées par décret. Elles sont des jours fériés, chômés et payés, même si celles-ci tombent un dimanche ou le jour retenu pour le repos hebdomadaire. Le chômage de ces jours de fête ne peut être une cause de réduction des salaires mensuels, bimensuels, hebdomadaires ou journaliers. Les heures de travail perdues par suite du chômage des jours fériés ne peuvent donner lieu à une récupération.

Article 222.7 : Dans les entreprises ou établissements qui, en raison de la nature des activités, ne peuvent interrompre le travail, les salariés qui travaillent un jour férié ont droit, en plus de la rémunération prévue à l'article précédent, à une rémunération pour le travail effectué. Cette rémunération est calculée sur la base du taux horaire majoré de soixante pour cent la journée, de cent pour cent la nuit.

SECTION III : CONGE ANNUEL

Article 222.8 : Sauf dispositions plus favorables d'une convention collective, le travailleur salarié a droit à un congé payé à la charge de l'employeur à raison de deux jours et demi ouvrables par mois de service effectif.

Article 222.9 : Sont assimilés à des périodes de travail effectif pour la détermination de la durée de congé, les périodes de congé payé, de congé formation, les absences pour accidents de travail et maladies professionnelles, les congés de maternité.

Les absences dues à une maladie non professionnelle ou à un accident de droit commun sont assimilées à des périodes de travail effectif dans les conditions déterminées par convention collective.

Article 222.10 : Les jours ouvrables sont tous les jours de la semaine à l'exception du dimanche et des jours de fêtes légales. Toutefois, le premier jour de congé est celui au cours duquel le salarié aurait dû être à son travail, s'il n'était pas parti en congé.

TITRE III : PROTECTION DE LA SANTE DES TRAVAILLEURS

CHAPITRE I : SECURITE ET SANTE AU TRAVAIL

SECTION I : DISPOSITIONS GENERALES

Article 231.1 : Sont soumis aux dispositions du présent titre toutes les entreprises et tous les établissements visés à l'article 211.2 du présent Code.

Les établissements ou les entreprises se livrant simultanément à des activités sur un même lieu de travail doivent collaborer en vue d'appliquer les mesures prescrites par le présent titre, sans préjudice de la responsabilité de chaque dirigeant d'établissement ou d'entreprise à l'égard de la santé et de la sécurité des travailleurs qu'il occupe.

Article 231.2 : Pour protéger la vie et la santé des salariés, l'employeur est tenu de prendre toutes les mesures utiles qui sont adaptées aux conditions d'exploitation de l'entreprise. Il doit notamment aménager des installations et régler la marche du travail de manière à préserver le mieux possible les salariés des accidents et des maladies.

Article 231.4 : Des arrêtés du Ministre en charge du Travail fixent:

1. Les mesures générales de protection et de salubrité applicables à tous les établissements assujettis, notamment en ce qui concerne l'éclairage, l'aération ou la ventilation, les eaux potables, les installations sanitaires, l'évacuation des poussières et vapeurs, les précautions à prendre contre les incendies, les rayonnements, le bruit et les vibrations, la température et la propreté des établissements ;
2. Au fur et à mesure de nécessités constatées, les prescriptions particulières relatives, soit à certaines professions, soit à certains modes de travail ainsi qu'à l'organisation et au fonctionnement des institutions ayant pour mission de contribuer à l'organisation et à l'amélioration des conditions d'hygiène et de sécurité de travail et à la protection de la santé des travailleurs.

La mise en demeure datée et signée indique les infractions constatées et fixe un délai à l'expiration duquel ces infractions doivent avoir disparu. Ce délai ne peut en aucun cas être inférieur à quatre jours.

SECTION II : DISPOSITIONS SPECIALES APPLICABLES AUX OPERATIONS DE CONSTRUCTION

Article 231.22 : Les maîtres d'ouvrage entreprenant la construction ou l'aménagement de bâtiments destinés à l'exercice d'une activité industrielle, commerciale ou agricole sont tenus de se conformer aux règles édictées par arrêtés ministériels dans l'intérêt de l'hygiène et de la sécurité du travail.

Article 231.23 : Lorsqu'une opération de construction de bâtiment excède un montant fixé par voie réglementaire, le chantier relatif à cette opération doit disposer, en un point au moins de périmètre, d'une desserte en voirie, d'un raccordement à des réseaux de distribution d'eau potable et d'électricité, d'une évacuation des matières usées, dans des conditions telles que les locaux destinés au personnel du chantier soient conformes aux dispositions qui leur sont applicables en matière d'hygiène et de sécurité du travail.

CHAPITRE II : MEDECINE DU TRAVAIL

Article 232.1 : Toutes les entreprises au sens de l'article 211.2 du présent Code sont assujetties aux dispositions du présent chapitre.

Les employeurs concernés doivent organiser des services de médecine du travail dans l'entreprise à l'intention de tous les travailleurs.

La médecine du travail est un service organisé sur les lieux du travail ou à proximité de ceux-ci, destiné à:

a)- assurer la protection des travailleurs contre toute atteinte à la santé pouvant résulter de leur travail ou des conditions dans lesquelles celui-ci s'effectue ;

b)- contribuer à l'adaptation des postes, des techniques et des rythmes de travail à la physiologie humaine ;

c)- contribuer à l'établissement et au maintien du plus haut degré possible de bien-être physique et mental des travailleurs ;

d)- contribuer à l'éducation sanitaire des travailleurs pour un comportement conforme aux normes et aux consignes d'hygiène du travail.

Tout employeur doit faire bénéficier aux candidats retenus pour l'embauche d'un examen médical au plus tard avant l'expiration de la période d'essai.

Les employeurs doivent faire bénéficier aux salariés d'un examen médical, au moins une fois par an, en vue de s'assurer de leur bon état de santé et du maintien de leur aptitude au poste de travail occupé.

Ces examens sont assurés par les services de santé au travail de l'entreprise ou le service national de la médecine du travail.

Article 232.2 : La médecine du travail est assurée par un personnel médical et paramédical titulaire d'une décision d'agrément délivrée par le Ministre chargé de la Santé et dont le rôle principalement préventif consiste à éviter toute altération de la santé des travailleurs du fait de leur travail, notamment en surveillant les conditions d'hygiène du travail, les risques de contagion et l'état de santé des travailleurs.

TITRE IV : SALAIRE ET ACCESSOIRES DE SALAIRE

CHAPITRE I : DETERMINATION DU SALAIRE

Article 241.1 : Sous réserve des dispositions de l'article 241.7 du présent Code et des conventions collectives, le salaire et ses éléments constitutifs se négocient librement entre l'employeur et le travailleur.

Article 241.2 : Tout employeur doit assurer, pour un même travail ou pour un travail de valeur égale, l'égalité de rémunération entre les salariés quels que soient leur origine, leur sexe et leur âge dans les conditions prévues au présent titre.

Par rémunération, il faut entendre le salaire de base et tous les autres avantages et accessoires, primes et indemnités de toute nature, payés directement ou indirectement, en espèce ou en nature, par l'employeur au travailleur en raison de l'emploi de celui-ci.

Le paiement du salaire en tout ou en partie sous forme de spiritueux ou de drogues est prohibé. Lorsque le salaire est payé partiellement en nature, les prestations en nature doivent servir à l'usage personnel du travailleur et de sa famille et doivent être conformes à son intérêt ; la valeur attribuée à ces prestations doit être juste et raisonnable.

Sauf disposition contraire du présent Code, des conventions collectives, des contrats individuels de travail ou de l'accord des parties, aucun salaire n'est dû en cas d'absence du travailleur à son travail.

Article 241.3 : Les différents éléments composant la rémunération doivent être établis selon des normes identiques pour les hommes et pour les femmes.

Les catégories et les critères de classification et de promotions professionnelles ainsi que toutes les autres bases de calcul de la rémunération, notamment les modes d'évaluation des emplois doivent être communs aux travailleurs des deux sexes.

Toute disposition figurant notamment dans un contrat, une convention collective, un accord de salaires, un règlement ou un barème de salaires résultant d'une décision de l'employeur ou d'un groupement d'employeurs et qui, contrairement à l'article 241 alinéas 1 et 2 du présent Code, comporte, pour un ou des travailleurs de l'un des deux sexes, une rémunération inférieure à celle des travailleurs de l'autre sexe pour un même travail ou un travail de valeur égale, est réputée non écrite.

CHAPITRE II : PAIEMENT DU SALAIRE

Article 242.1 : Aucun employeur ne peut restreindre de quelque manière que ce soit la liberté du travailleur de disposer de son salaire à son gré.

SECTION I : M O D E DE PAIEMENT DU SALAIRE

Article 242.2 : Sous réserve des dispositions législatives imposant le paiement des salaires suivant d'autres modalités, le salaire doit être payé en monnaie métallique ou fiduciaire ayant cours légal, nonobstant toute stipulation contraire, à peine de nullité.

Article 242.3 : La paie est faite, sauf cas de force majeure, sur le lieu du travail ou au bureau de l'employeur, lorsqu'il est voisin du lieu du travail. Elle ne peut être faite dans un débit de boissons ou dans un magasin de vente, sauf pour les travailleurs qui y sont normalement employés.

Article 242.4 : Le salaire doit être payé à intervalles réguliers ne pouvant excéder quinze jours pour les travailleurs engagés à la quinzaine ou moins, de trente jours pour les travailleurs payés au mois.

SECTION II : PRIVILEGES ET GARANTIES DE LA CREANCE DE SALAIRE

Article 242.10 : Les sommes dues aux entrepreneurs de tous les travaux ayant le caractère de travaux d'intérêt publics ne peuvent être frappées de saisie-attribution, ni d'opposition au préjudice des ouvriers auxquels les salaires sont dus.

Les sommes dues aux ouvriers pour salaires sont payées de préférence à celles dues aux fournisseurs.

Article 242.11 : La créance de salaire est privilégiée sur les meubles et les immeubles du débiteur dans les conditions suivantes :

1° - pour les salariés payés à des intervalles n'excédant pas la quinzaine, les salaires de des six derniers mois ;

2° - pour les salariés payés au mois, les salaires des douze derniers mois.

Article 242.12 : S'il s'agit d'allocations de congés payés, le privilège ci-dessus porte sur les deux années suivant la date où le droit à ces congés a été acquis.

Article 242.13 : Les créances des salaires, primes, commissions, prestations diverses, indemnités de toute nature et éventuellement dommages et intérêts priment sur toutes créances privilégiées, y compris celles du Trésor Public.

Article 242.14 : Outre les privilèges ci-dessus :

1° - les maçons, charpentiers et autres ouvriers qui ont été employés pour édifier, reconstruire ou réparer les bâtiments, canaux ou autres ouvrages quelconques ont une action contre celui pour lequel les ouvrages ont été faits jusqu'à concurrence des sommes dont il se trouve débiteurs envers l'entrepreneur au moment où leur action est intentée ;

2° - les ouvriers qui ont travaillé soit à la récolte, soit à la fabrication ou à la réparation des ustensiles agricoles, soit à la conservation de la chose, ont un privilège qui prime sur tous les autres privilèges spéciaux mobiliers, soit sur les fruits de la récolte, soit sur la chose qu'ils ont contribué à conserver.

CHAPITRE III : RETENUES SUR LE SALAIRE, SAISIES ET CESSIONS

Article 243.1 : Des prélèvements sur le salaire sont effectués par l'employeur pour le compte de l'administration fiscale ou pour celui de la Caisse de sécurité sociale dans les conditions prévues par la loi.

Article 243.2 : Le salaire ayant un caractère alimentaire, une partie seulement de son montant à hauteur de trente pour cent peut faire l'objet de saisie ou de cession. De la même façon, le salarié ne peut céder à des tiers sa créance de salaire que dans les limites de la partie cessible ou saisissable du salaire.

Article 243.3 : Les dispositions d'une convention collective ou d'un contrat individuel autorisant d'autres prélèvements que ceux prévus par le présent chapitre sont nulles de plein droit et réputées non écrites.

LIVRE 3 : REPRESENTATION DES PARTENAIRES SOCIAUX

TITRE I : DES ORGANISATIONS PATRONALES

CHAPITRE I- CONSTITUTION DES ORGANISATIONS PATRONALES

Article 311.1 : Tous les employeurs, quels que soient leur secteur d'activité, le statut juridique de l'entreprise, le nombre de salariés qu'ils emploient, peuvent librement constituer une organisation patronale.

Les professions libérales où les exploitants indépendants n'employant pas de personnel peuvent librement constituer des syndicats professionnels de leur choix dans les secteurs d'activités et les secteurs géographiques qu'ils déterminent.

Article 311.2 : L'organisation patronale peut être constituée par secteur d'activité, par région géographique, en fonction de la dimension des entreprises ou de tout autre facteur de regroupement.

Article 311.3 : Les organisations d'employeurs peuvent se constituer ou se regrouper en fédération, confédérations interprofessionnelles ou organisations nationales.

Elles peuvent s'affilier à d'autres organisations d'employeurs similaires sous régionales, continentales ou internationales.

CHAPITRE II : CAPACITE JURIDIQUE DES ORGANISATIONS PATRONNALES

Article 312.1 : Les organisations patronales dont les statuts sont déposés à la Préfecture ou à la commune pour la zone spéciale de Conakry, ont pleine capacité civile. Elles peuvent librement acquérir des biens et en disposer. Elles peuvent conclure les actes juridiques de leur choix et en particulier les conventions collectives nationales, régionales ou locales.

Article 312.2 : Les organisations patronales peuvent agir et défendre en justice pour sauvegarder leurs droits et assurer l'application des conventions collectives qu'elles ont signées.

Article 312.3 : Les organisations nationales interprofessionnelles se concertent pour désigner chaque année leurs représentants à la Conférence Internationale du Travail.

A défaut d'accord, l'organisation la plus représentative opère ce choix.

TITRE II : ORGANISATIONS SYNDICALES DES TRAVAILLEURS

CHAPITRE I : PRINCIPE DE LA LIBERTE SYNDICALE

Article 321.1 : L'Etat et les employeurs s'engagent à promouvoir la liberté syndicale des travailleurs à tous les niveaux du dialogue social dans les secteurs privé, formel, informel et public, entre autres, par la reconnaissance du choix d'adhésion ou non à un syndicat ainsi que celui d'exercer ou non des responsabilités syndicales.

Ils s'interdisent de prendre en considération l'affiliation ou non à un syndicat ou l'exercice d'une activité syndicale pour arrêter leurs décisions en ce qui concerne notamment l'embauche, la promotion, la mutation, la formation professionnelle, l'avancement, la rémunération, l'octroi d'avantages sociaux, les mesures disciplinaires et le licenciement.

Ils ne doivent employer ou utiliser aucun moyen de pression en faveur ou à l'encontre d'un travailleur ou d'une organisation syndicale quelconque.

Toute mesure prise par l'employeur, contrairement aux dispositions des alinéas précédents, sera considérée comme abusive et donnera lieu à des dommages et intérêts.

Article 321.2 : Les travailleurs doivent, dans le cadre des lois et règlements qui régissent les relations de travail, respecter la liberté du travail ainsi que la sauvegarde de l'outil de travail, garant du développement et de l'emploi, sous peine de l'application des dispositions de l'article

431.7 du présent Code.

CHAPITRE II : CONSTITUTION DES ORGANISATIONS SYNDICALES

Article 322.1 : Les travailleurs peuvent librement sans autorisation préalable se grouper et constituer un syndicat, dans la circonscription géographique de leur choix, pour défendre et assurer le développement de leurs droits individuels et collectifs concernant leur vie de travailleurs. Ils peuvent adhérer à un syndicat dans une entreprise, dans une localité, dans une préfecture, dans une région même s'il existe déjà un ou plusieurs syndicats représentant des travailleurs exerçant le même métier ou travaillant dans un même secteur d'activité.

Article 322.2 : Tout travailleur du secteur formel ou informel sans distinction, peut participer à la création d'un syndicat ou y adhérer. Les travailleurs qui ont quitté l'exercice de leurs fonctions ou de leur profession après l'avoir exercé pendant au moins une année peuvent continuer à faire partie d'un syndicat professionnel.

La liberté syndicale des individus est aussi celle de ne pas adhérer à un syndicat ou de se retirer à tout moment du syndicat auquel ils ont adhéré.

CHAPITRE III : ATTRIBUTS DES ORGANISATIONS SYNDICALES

Article 323.1 : Tout syndicat ou groupement de syndicats régulièrement constitué a la personnalité juridique.

Il a le droit d'acquérir sans autorisation, à titre gratuit ou à titre onéreux, des biens, meubles ou immeubles et il peut en disposer librement.

Les biens meubles ou immeubles nécessaires au fonctionnement des syndicats ou des groupements de syndicats et aux réunions de leurs membres sont insaisissables.

CHAPITRE IV : DISSOLUTION

Article 324.1 : En cas de dissolution volontaire, statutaire ou prononcée par la justice, les biens du syndicat sont dévolus conformément aux statuts ou, à défaut de dispositions statutaires, suivant les règles déterminées par l'assemblée générale. En aucun cas ils ne peuvent être répartis entre les membres adhérents.

CHAPITRE I : MISE EN PLACE DES DELEGUES SYNDICAUX

Article 331.1 : Les délégués syndicaux sont élus dans le cadre de l'entreprise ou dans celui des établissements composant celle-ci.

L'entreprise est entendue au sens de l'article 211.2 du présent Code.

L'existence d'un établissement distinct suppose que vingt-cinq salariés au moins travaillent de façon habituelle en un même lieu sous une même direction dans des conditions originales par rapport aux autres salariés de l'entreprise. Une entreprise ne peut être morcelée en établissements distincts que si elle comporte au moins deux établissements employant chacun vingt-cinq salariés au minimum.

Article 331.2 : Les élections ont lieu soit dans le cadre de l'entreprise, soit dans le cadre des établissements distincts. Le nombre des élus est fonction des effectifs de l'unité au sein de laquelle l'élection est organisée; des suppléants sont élus en même temps que les titulaires et en nombre égal.

Le nombre des élus est fixé de la façon suivante :- 25 travailleurs : 1 titulaire et 1 suppléant ;

- de 26 à 100 travailleurs : 2 titulaires et 2 suppléants ;
- de 101 à 200 travailleurs : 3 titulaires et 3 suppléants ;
- de 201 à 350 travailleurs : 4 titulaires et 4 suppléants ;
- de 351 à 600 travailleurs : 5 titulaires et 5 suppléants ;

Au-delà de 600 travailleurs, 1 titulaire et 1 suppléant par tranche supplémentaire de 400 travailleurs.

CHAPITRE II : PROTECTION DES DELEGUES SYNDICAUX

Article 332.1 : Le chef d'entreprise ou le directeur d'établissement a la faculté de prononcer immédiatement, à titre provisoire, la mise à pied d'un délégué syndical qui a commis une faute grave. Cette mise à pied suspend le contrat de travail.

Le chef d'entreprise ou le directeur d'établissement doit notifier à l'inspecteur du travail cette mise à pied dans un délai de quarante-huit heures à compter de la prise d'effet de celle-ci et solliciter par le même acte l'autorisation de licencier.

Si la demande n'est pas adressée dans les quarante-huit heures ou si l'autorisation de licencier est refusée, la mise à pied est annulée et ses effets sont supprimés de plein droit.

Article 332.2 : Le licenciement d'un délégué syndical, titulaire ou suppléant, ne peut intervenir qu'après autorisation de l'inspecteur du travail. Le licenciement des anciens délégués syndicaux qui ont exercé leur mandat pendant au moins douze mois est également subordonné à l'autorisation préalable de l'inspecteur du travail pendant les six mois qui suivent la cessation de leur fonction.

La même procédure s'applique lorsque l'employeur envisage de licencier un salarié qui a été présenté aux élections par un syndicat représentatif. Cette protection joue, pendant six mois, à compter du jour où le syndicat a notifié à l'employeur le nom des candidats.

CHAPITRE III : ATTRIBUTIONS ET CONDITIONS D'EXERCICE

Article 333.1 : Les délégués syndicaux ont pour mission :

1. de veiller à l'application des prescriptions relatives à l'hygiène et à la sécurité des travailleurs et de proposer toutes mesures utiles à ce sujet;

2. de présenter aux employeurs toutes les réclamations individuelles ou collectives concernant les conditions de travail, les rémunérations et l'emploi ;

3. de saisir l'inspecteur du travail des réclamations concernant l'application des prescriptions légales et réglementaires ;

4. de négocier avec le chef d'entreprise ou avec le directeur d'établissement, sous réserve des dispositions de l'article 412.2 du présent Code, les conventions collectives d'entreprise ou d'établissement ;

5. de déposer le préavis de grève ;

6. d'exercer toute fonction qui leur est dévolue par le présent Code.

Article 333.2 : Les délégués syndicaux ont le droit :

1. de collecter les cotisations syndicales à l'intérieur de l'entreprise en dehors du temps de travail ;

2. d'afficher des communications syndicales sur des panneaux réservés à cet usage ;

3. de distribuer librement aux travailleurs de l'entreprise, dans l'enceinte de celle-ci, aux heures d'entrée et de sortie des travailleurs, des publications et tracts de nature syndicale.

LIVRE 4 : CONVENTIONS ET CONFLITS COLLECTIFS

TITRES I : NEGOCIATION DES CONVENTIONS COLLECTIVES

Article 410.1 : La convention collective a pour objet de déterminer les conditions de travail et d'emploi des salariés et de régler les relations entre les employeurs et les travailleurs. Elle peut également étendre les attributions reconnues par la loi aux organisations syndicales et améliorer les garanties protégeant les travailleurs contre les risques sociaux.

Article 410.2 : La convention collective est conclue entre, d'une part, un employeur, une ou plusieurs organisations patronales représentatives et, d'autre part, une ou plusieurs organisations syndicales représentatives des salariés.

Article 410.3 : La convention collective peut être conclue dans le cadre d'un établissement, d'une entreprise, d'une branche d'activité. Elle peut être également conclue pour plusieurs branches d'activité. Selon le cas, elle est dénommée convention d'établissement, convention d'entreprise, convention de branche ou convention interprofessionnelle.

Article 410.4 : La convention collective de branche ou la convention interprofessionnelle peut avoir un champ territorial d'application plus ou moins vaste. La convention collective peut avoir un champ d'application local (ville ou préfecture), régional ou national.

Article 410.5 : La convention collective peut comporter des dispositions plus favorables aux salariés et aux organisations syndicales que celles des lois et règlements en vigueur. Elle ne peut pas déroger aux dispositions d'ordre public de ces lois et règlements.

TITRE III : CONFLITS COLLECTIFS CHAPITRE I : LA GREVE

Article 431.1 : Tous les salariés ont le droit de se mettre en grève.

Article 431.2 : La grève est un arrêt partiel ou complet et collectif du travail décidé par les salariés pour faire aboutir des revendications d'ordre professionnel, économique qui n'ont pas été satisfaites. Toutefois, la présente disposition n'interdit pas l'exercice de certaines formes de grève qui n'impliquent pas forcément une cessation pure et simple du travail mais son ralentissement, et à condition qu'elles aient un caractère pacifique.

Article 4 31.3 : La grève doit être précédée d'un préavis permettant la négociation entre les parties. Le préavis de grève ne peut être déposé auprès de la direction de l'entreprise, de l'établissement ou des organisations patronales de la branche que par une organisation syndicale représentative. Dans les entreprises dépourvues de tout délégué syndical, le préavis est déposé par le collectif des salariés en conflit. Le préavis de grève est d'une durée de dix jours ouvrables.

A peine de nullité, le préavis de grève doit être notifié par écrit à l'autorité compétente de l'administration du travail. Cette notification écrite doit comporter les raisons et les revendications formulées par l'organisation syndicale ou le collectif déposant le préavis de grève.

Article 431.4 : Dès que le préavis de grève est notifié à l'autorité compétente, celle-ci doit prendre l'initiative d'une négociation avec les organisations syndicales représentatives, à défaut avec le collectif des salariés, sous l'égide de l'inspecteur du travail dans le ressort duquel le conflit a pris naissance ou de l'inspecteur général du travail, lorsque le conflit déborde le cadre d'une inspection du travail.

Les parties en conflit sont tenues de se rendre à toutes les convocations et réunions de concertation et de conciliation organisées par l'autorité compétente.

CHAPITRE II : LE LOCK-OUT

Article 432.1 : Le lock-out est la fermeture provisoire de tout ou partie d'une entreprise ou d'un établissement, décidée volontairement par l'employeur à l'occasion d'une grève des salariés de son entreprise.

Article 432.2 : Le lock-out est prohibé. Il est exceptionnellement licite lorsqu'il est justifié par un impératif de sécurité ou lorsque la grève est jugée irrégulière. Dans tous les cas l'avis de l'inspecteur du travail est requis.

Article 432.3 : Dans les cas exceptionnels où le lock-out est licite, sa durée prend fin dès que

les causes qui l'ont provoqué disparaissent.

Article 432.4 : Le lock-out licite entraîne la suspension du contrat de travail et dispense l'employeur de verser au travailleur le salaire et indemnités que celui-ci aurait perçus s'il avait normalement travaillé.

Lorsque le lock-out est prononcé irrégulièrement, l'employeur doit payer à chaque salarié les salaires et indemnités que celui-ci aurait perçus s'il avait pu fournir sa prestation habituelle de travail.

CHAPITRE III : L'ARBITRAGE

Article 433.1 : Sans préjudice des dispositions relatives à la conciliation, la procédure d'arbitrage peut être mise en œuvre à tout moment, soit à la demande d'une des parties au conflit, soit à la demande du Ministre chargé du Travail, si la grève ou le lock-out survenant dans une période de crise nationale aiguë risque d'être préjudiciable à l'ordre public ou à l'intérêt général. Il en est de même lorsque le conflit affecte un service essentiel dont l'interruption risque de mettre en danger, dans tout ou partie de la population, la vie, la liberté, la sécurité ou la santé des personnes et qui implique que soit garantie la prestation d'un service minimum afin d'éviter le risque.

Dans tous les cas, la procédure d'arbitrage ainsi mise en œuvre s'impose aux deux parties et suspend les procédures de conciliations précédemment engagées.

Article 433.2 : L'arbitrage est assuré par la juridiction chargée du travail territorialement compétent. En cas de pluralité de lieux entrainant un conflit de compétence, le Ministre de la justice désigne le tribunal compétent. Le Ministre en charge du travail désigne son représentant avec l'accord des parties au conflit et bénéficiant de leur confiance à l'occasion de chaque arbitrage. Celui-ci participe à toutes les audiences avec voix consultative.

Article 433.3 : La procédure d'arbitrage est gratuite. Les frais occasionnés par la procédure, notamment les frais de déplacement, d'expertise, les pertes de salaires ou de traitement, sont supportés par le budget national. Les personnes et experts auxquels il peut être fait appel au cours de la procédure d'arbitrage sont tenus au secret professionnel.

CHAPITRE IV : EXECUTION DES ACCORDS DE CONCILIATION ET DES SENTENCES ARBITRALES

Article 434.1 : L'exécution de l'accord de conciliation est obligatoire et, sauf disposition contraire, produit effet à compter du jour de sa signature.

L'accord de conciliation fait l'objet des mesures d'affichage et de publicité dans les mêmes conditions que la convention collective et produit les mêmes effets à l'égard des parties.

Article 434.2 : À l'expiration d'un délai de trois jours ouvrables à compter de la notification et si aucune des parties n'a manifesté son opposition, la sentence arbitrale acquiert force exécutoire au jour de sa notification.

La sentence arbitrale devenue exécutoire fait l'objet des mêmes mesures de publicité et d'affichage que les jugements de la juridiction chargée de travail et la convention collective ; elle produit les mêmes effets à l'égard des parties.

La sentence arbitrale devenue exécutoire met fin immédiatement à la grève et au lock-out.

LIVRE 5 : ADMINISTRATION ET JURIDICTION DU TRAVAIL

TITRE I : ADMINISTRATION DU TRAVAIL

CHAPITRE I : DISPOSITONS GENERALES

Article 511.1 : L'administration du travail est l'ensemble des divers services centraux et connexes de l'Etat notamment Directions Nationales, Directions Générales, Organismes nationaux, Inspection du Travail, qui concourent à tout ce qui est lié au travail, à l'emploi, à la sécurité sociale et à la formation professionnelle. Elle est donc un système au sein duquel tous les acteurs agissent en partenariat pour préparer, appliquer et évaluer la politique nationale du travail. Elle est chargée d'identifier, d'analyser et de proposer des solutions aux problèmes actuels de travail, d'emploi, de sécurité et de santé au travail, de formation et perfectionnement professionnels, de sécurité sociale et de droit syndical.

CHAPITRE II : SERVICES DE L'ADMINISTRATION DU TRAVAIL

Article 512.1 : Les services de l'administration du travail sont chargés de la mise en œuvre de la politique nationale en matière d'emploi, de travail, de main d'œuvre, de sécurité sociale et de droit syndical.

Ils ont pour mission principale :

1. d'élaborer les projets de lois et règlements dans les domaines du travail, de la main d'œuvre, de la sécurité sociale et du droit syndical;
2. de suivre l'exécution de ces lois et règlements tant à l'endroit des employeurs, privés, mixtes ou publics, et des travailleurs, qu'à l'endroit des institutions et organismes de sécurité sociale ;
3. d'éclairer de leurs conseils et de leurs recommandations les employeurs et les travailleurs ;
4. de documenter, conseiller, coordonner et contrôler les services et organismes concourant à l'application de la législation sociale ;
5. de procéder, dans le cadre des attributions ci-dessus définies, à toutes études et enquêtes ayant trait aux divers problèmes sociaux : travail, santé, main d'œuvre, sécurité sociale et leur contexte économique.

CHAPITRE III : L'INSPECTION DU TRAVAIL

SECTION 1 : ORGANISATION ET MISSIONS

Article 513.1 : L'Inspection du Travail est un corps spécialisé de fonctionnaires composé d'inspecteurs de travail, de médecins-inspecteurs, de contrôleurs du travail et contrôleurs adjoints du travail. Le service est placé sous l'autorité d'un Inspecteur Général de Travail assisté d'un Inspecteur Général Adjoint nommés par décret sur proposition du Ministre en charge du Travail.

Article 513.2 : Les services de l'Inspection du Travail sont organisés par décret sur proposition du Ministre en charge du Travail.

Article 513.3 : Le recrutement des inspecteurs du travail est assuré par une double voie : le recrutement direct des diplômés d'études supérieures et le recrutement par promotion des contrôleurs du travail et contrôleurs adjoints du travail.

Article 513.4 : Les inspecteurs sont assistés dans leurs missions par des contrôleurs et contrôleurs adjoints du travail.

SECTION II: POUVOIRS ET OBLIGATIONS

Article 513.8 : Pour exercer leur mission de contrôle, les inspecteurs du travail ont le pouvoir de :

a) - Pénétrer librement et sans avertissement préalable, à toute heure du jour et de la nuit, dans les établissements assujettis au contrôle de l'inspection. Ils doivent prévenir, au début de l'inspection, le chef d'entreprise ou le chef d'établissement, ou son suppléant, qui peut les accompagner au cours de la visite.

Ils peuvent, cependant, ne pas les avertir lorsqu'ils estiment qu'un tel avis risque de porter préjudice à l'efficacité du contrôle ;

b) – Recueillir, si besoin est, les avis et les consultations de médecins et techniciens, notamment en ce qui concerne les prescriptions d'hygiène et de sécurité. Les médecins et techniciens sont tenus au secret professionnel dans les mêmes conditions et sous les mêmes sanctions que les inspecteurs du travail ;

c) – Se faire accompagner, dans leur visite, des délégués syndicaux et des représentants du comité d'hygiène, santé et de sécurité de l'entreprise visitée ;

d) - Demander aux employeurs et aux personnes employées ou présentes dans les établissements de justifier leur identité.

Article 513.9 : Au cours de ces visites d'entreprises ou d'établissements, les inspecteurs de travail peuvent ;

a) Requérir la production de tous documents ou registres dont la tenue est prescrite par les lois et par la réglementation du travail ;

b) Interroger soit seul, soit en présence de témoins, le personnel de l'entreprise, l'employeur et les délégués syndicaux sur l'application des dispositions qu'ils doivent surveiller.

c) Prélever et emporter aux fins d'analyse, en présence du chef d'entreprise ou du chef d'établissement ou de son suppléant, des échantillons des matières et substances utilisées ou manipulées.

CHAPITRE IV : SERVICE PUBLIC D'EMPLOI

Article 514.1: Les services publics d'emploi sont chargés de la mise en œuvre de la politique nationale de promotion d'emploi du gouvernement en matière de main d'œuvre. Ils sont chargés :

1. de la réception des offres et des demandes d'emploi et de leur diffusion en application des dispositions des articles 110.2 alinéa 2 et 110.8 du présent Code;
2. du rassemblement de la documentation permanente sur les offres et demandes d'emploi et, en général, de toutes les questions relatives à l'utilisation et à la gestion d'un système d'information sur l'emploi, mettre à jour et diffuser périodiquement les statistiques sur l'emploi, la main d'œuvre, le chômage et les métiers ;
3. d'accroître les possibilités d'emploi ;
4. de favoriser l'insertion, dans le circuit de production, des jeunes à la recherche d'un premier emploi ;
5. de favoriser la réinsertion des travailleurs licenciés pour motif économique,
6. D'examiner le plan d'emploi des entreprises et de suivre les engagements souscrits par les entreprises agréées dans le cadre du Code des investissements ;
7. De mettre en œuvre la politique du Gouvernement.

TITRE II : JURIDICTION DU TRAVAIL

Article 520.1 : Les différends individuels de travail sont soumis, en vue de leur règlement, à la juridiction chargée du travail[19].

---

[19] **LA RUPTURE DU CONTRAT DE TRAVAIL**

La démission

La démission est une rupture volontaire du contrat de travail réalisée à l'initiative du salarié. Elle implique une procédure spécifique et le respect d'une période de préavis.

La rupture conventionnelle

Différente d'une démission et d'un licenciement, la rupture conventionnelle de travail constitue une alternative à ces deux solutions. Il s'agit d'un départ négocié qui est conclu entre l'employeur et le salarié.

La rupture anticipée d'un CDD

Dans certains cas de figure précis, un contrat à durée déterminée (CDD) peut être rompu avant la date d'échéance initialement convenue. Cette rupture peut être traitée à l'amiable, ou intervenir à l'initiative d'une des parties (employeur ou employé).

La rupture anticipée d'un contrat d'apprentissage

La fin anticipée d'un contrat d'apprentissage n'est facilitée que lors de la période d'essai. Une fois cette période passée, la rupture doit respecter plusieurs conditions spécifiques, qu'elle soit à l'initiative de l'employeur ou de l'apprenti.

La rupture anticipée d'un contrat de professionnalisation

Les conditions de la résiliation d'un contrat de professionnalisation varient notamment en fonction du type de contrat (CDD ou CDI) et du moment de la résiliation (avant ou après la période d'essai).

La résiliation judiciaire
La résiliation judiciaire permet au salarié de saisir le conseil des prud'hommes en vue de rompre le contrat de travail du fait de fautes imputables à l'employeur.
La prise d'acte de la rupture du contrat de travail
Le salarié qui prend acte de la rupture pour des faits reprochés à son employeur saisit le conseil des Prud'hommes afin de statuer sur les implications et conséquences de cette rupture contractuelle.
Le départ à la retraite
Le départ à la retraite répond à des conditions et démarches précises. Détail des obligations pour le salarié et l'employeur, de l'âge légal de départ, des durées de préavis et des indemnités dûes.
La mise à la retraite
Un salarié peut être mis à la retraite par son employeur, avec ou sans son accord. Conditions de forme et de fond, compensations financières, régime social et fiscal de l'indemnité, cas particuliers et vice de procédure.
Toutes les méthodes de ruptures présentées ci-dessus ne s'appliquent pas forcément à tous types de contrats de travail (CDI, CDD, contrat d'apprentissage, contrat de professionnalisation…), consultez les fiches détaillées pour vérifier les champs d'application.
LARUPTURE DU CONTRAT DE TRAVAIL
Le départ à la retraite
Le départ volontaire à la retraite est un mode de rupture du contrat de travail à durée indéterminée (CDI) qui permet au salarié de quitter son entreprise pour prendre sa retraite. La rupture du contrat de travail n'est donc possible qu'à la condition que le salarié ait atteint l'âge lui permettant de faire valoir ses droits à la retraite.
Pour pouvoir partir à la retraite, le salarié doit avertir l'employeur de son intention par lettre recommandée avec AR. Le délai de préavis est fixé par la convention collective, il dépend généralement de l'ancienneté du salarié. Il est possible de s'inspirer d'un modèle de lettre de départ à la retraite.
Si le salarié bénéficie d'une ancienneté d'au moins 10 ans dans l'entreprise, il va percevoir une indemnité légale de départ à la retraite.
Attention: sous réserve de certaines conditions, le départ à la retraite peut résulter de l'initiative de l'employeur, on parle alors de mise à la retraite.
La prise d'acte de la rupture
La prise d'acte de la rupture est un mode de rupture du contrat de travail à durée indéterminée (CDI) ouvert au salarié qui reproche certains faits qu'il considère comme fautifs à son employeur. Il doit s'agir de manquements graves (discrimination, non paiement du salaire, modification du contrat, etc.), de nature à empêcher la poursuite du contrat de travail.
Pour mettre un terme au contrat de travail, le salarié doit informer l'employeur par le biais d'une lettre de prise d'acte qui liste les reproches qu'il fait à l'employeur. Cette lettre a pour effet d'entraîner immédiatement la cessation du contrat de travail, le salarié n'a pas à effectuer de préavis.
Suite à la prise d'acte, le salarié doit saisir le Conseil de prud'hommes pour que le juge décide de la nature à donner à la rupture du contrat de travail:

- Un licenciement sans cause réelle et sérieuse si la prise d'acte était justifiée;
- Une démission si la prise d'acte n'était pas justifiée.

Dans quels cas l'employeur peut-il demander la rupture du contrat de travail?
Licenciement pour faute
Le licenciement pour faute est un mode de rupture du contrat de travail qui permet à l'employeur de résilier le contrat à la suite d'une faute de son salarié. Pour justifier un licenciement, la faute ne doit pas être légère et elle doit remplir certaines conditions. Il peut s'agir:

- D'une faute simple: il s'agit d'un manquement pouvant justifier le départ du salarié, ce peut être un fait établi ou plusieurs faits imputables au salarié (ex: une absence injustifiée, des retards répétés, etc).
- D'une faute grave: il s'agit d'une violation de ses obligations par le salarié qui rendent impossible son maintien dans l'entreprise (ex: plusieurs absences injustifiées, insubordination, harcèlement ou injures, vols, état d'ivresse, dénigrement, etc). Il s'agit alors d'un licenciement pour faute grave.
- D'une faute lourde: il s'agit d'un acte grave réalisé avec la volonté de nuire à l'employeur (ex: divulgation propre à discréditer l'entreprise, etc.).

Selon le motif de rupture du contrat de travail, le salarié pourra être privé de ses indemnités de licenciement. C'est par exemple le cas lors d'un abandon de poste.

Licenciement pour motif personnel

Le licenciement pour motif personnel est un mode de rupture du contrat de travail à durée indéterminée (CDI) qui n'est pas fondé sur une faute. L'employeur peut y recourir s'il reproche des faits tels que l'incompétence, l'inadaptation professionnelle, des erreurs ou une désorganisation empêchant la continuation de la relation de travail. Il s'agit donc de motifs liés aux capacités professionnelles du salarié, c'est d'ailleurs pourquoi le terme de licenciement pour insuffisance professionnelle est souvent utilisé.

Ce mode de licenciement doit reposer sur une cause réelle et sérieuse. Autrement dit, la cause du licenciement doit être objective et matériellement vérifiable. À défaut le salarié pourra contester son licenciement et l'employeur pourra être condamné à lui payer des indemnités si le licenciement est requalifié en licenciement abusif.

Pour pouvoir procéder à un tel licenciement, vous devrez au préalable convoquer votre salarié à un entretien pour lui exposer les motifs du licenciement et lui offrir la possibilité de se justifier.

Licenciement pour motif économique

Le licenciement pour motif économique est un mode de rupture du contrat de travail qui n'est pas justifié par l'éventuelle mauvaise conduite du salarié mais par la mauvaise santé économique de l'entreprise.

La fin du contrat de travail pour motif économique peut être justifiée par:

- Des difficultés économiques: diminution du nombre de commandes, baisse du chiffre d'affaires, appauvrissement de la trésorerie;
- Une mutation technologique: informatisation, mise en place d'outils technologiques entraînant de nouvelles méthodes de travail;
- La réorganisation d'une entreprise pour sauvegarder sa compétitivité;
- La cessation complète de l'activité de l'entreprise.

La procédure à suivre est très spécifique; selon que le licenciement économique entraîne la rupture d'un ou plusieurs CDI, les modalités à suivre seront différentes. Il est important de suivre méticuleusement la procédure.

Le salarié et l'employeur peuvent-ils se mettre d'accord pour rompre le contrat de travail?

La rupture conventionnelle est un mode de rupture du contrat de travail à durée indéterminée (CDI) qui permet au salarié et à l'employeur de mettre fin au contrat à l'amiable. Les parties doivent donc s'accorder sur la volonté de rompre la relation, et doivent se mettre d'accord sur les modalités de résiliation du contrat de travail.

Pour formaliser leur accord, les parties doivent rédiger une lettre de rupture conventionnelle.

Il existe des situations dans lesquelles la rupture conventionnelle est interdite et ce, même si les parties sont d'accord sur le principe:

- Conclusion dans des conditions frauduleuses ou si le consentement a été vicié;
- Si le médecin du travail a déclaré que le salarié était inapte à l'exercice de ses fonctions. Il faut alors se tourner vers un licenciement pour inaptitude;
- Si la rupture conventionnelle est utilisée pour éviter les garanties mises en place pour le salarié pour un licenciement économique.

Article 520.2 : Les juridictions chargées du travail sont créées par la Loi sur proposition du

Ministre de la Justice. Elles relèvent administrativement du Ministère de la Justice.

CHAPITRE I : COMPETENCE:

Article 521.1 : Les juridictions chargées du travail connaissent des différends individuels qui naissent entre employeur et salarié à l'occasion de la conclusion, de l'exécution, de la suspension, de la modification, de la rupture ou de la cessation du contrat de travail.

Elles connaissent également des litiges relatifs au droit disciplinaire et au règlement intérieur.

Les juridictions chargées du travail connaissent des différends individuels nés entre salariés à l'occasion du travail.

Elles connaissent aussi des litiges d'ordre juridique concernant la représentativité des organisations syndicales et des organisations patronales, les élections des délégués syndicaux, les conflits collectifs du travail dans les secteurs soumis aux dispositions du présent Code.

CHAPITRE II : COMPOSITION ET ORGANISATION

Article 522.1 : La juridiction chargée du travail comprend :

- Un président, magistrat ;
- Un vice-président, magistrat ;
- Un ou des juges ;
- Un greffier en chef et des greffiers ; La formation de jugement comprend:
- Un président, magistrat ;
- Deux assesseurs employeurs ;
- Deux assesseurs travailleurs,
- Un greffier.

La juridiction chargée du travail comporte également une formation de référé composé du Président assisté d'un greffier.

Les assesseurs sont choisis sur une liste annuelle arrêtée par le Ministre de la justice, sur proposition du Ministre en charge du Travail.

Le mandat des assesseurs titulaires ou suppléants est d'une durée de trois ans ; il est renouvelable.

Le président du tribunal désigne, pour chaque affaire, deux assesseurs employeurs et deux assesseurs travailleurs appartenant à la catégorie intéressée.

En cas d'empêchement, les assesseurs titulaires sont remplacés par les assesseurs suppléants.

Le greffe du tribunal est tenu par un greffier en chef assisté de greffiers. La formation de référé est compétente pour :

- Ordonner toutes mesures qui ne se heurtent à aucune contestation sérieuse ou qui justifient l'existence d'un différend ;
- Accorder une provision dans le cas où l'obligation n'est pas sérieusement contestable.

Article 522.2 : Les assesseurs peuvent être récusés par les parties au procès lorsqu'ils ont intérêt personnel à la contestation. Lorsqu'ils sont parents ou alliés de l'une des parties jusqu'au sixième degré, lorsqu'ils sont employeurs ou salariés de l'une des parties en cause, lorsqu'ils ont donné un avis écrit sur la contestation, lorsque dans l'année qui a précédé la récusation, il y a eu procès pénal ou civil entre eux et l'une des parties, son conjoint, ses ascendants ou ses descendants.

CHAPITRE III : PROCEDURE

Article 523.1 : Le travailleur ou l'employeur peut saisir directement la juridiction chargée du travail en cas de litige.

Toutefois, tout travailleur ou tout employeur peut demander à l'inspecteur du travail de régler le différend à l'amiable. Si les parties se concilient totalement ou partiellement, l'inspecteur du travail établit un procès-verbal qui met définitivement fin au litige sur tous les points faisant l'objet de la conciliation. En cas de non conciliation, le travailleur ou l'employeur peut saisir la juridiction compétente chargée du travail. La conciliation devant l'inspecteur du travail est facultative.

DIXIEME PARTIE. LA LEGISLATION DU TRAVAIL DE LA GUINEE EQUATORIALE

Loi n°2/1990 du 4 janvier 1990 portant réglementation générale du travail

La présente version est une traduction française libre : toute interprétation du Code doit se baser sur le texte officiel en espagnol

Titre 2 - Formation et effet du contrat de travail

Art.6.- Contrat de travail

1) Le contrat de travail est un accord en vertu duquel une personne accepte de rendre service à une autre, physique ou morale, en contrepartie d'une rémunération.

2) Un contrat de travail est réputé existé entre la personne qui rend un service et la personne qui en bénéficie, jusqu'à démonstration du contraire.

Art.7.- Modalités

1) Le contrat de travail peut être conclu pour une durée indéterminée, pour une durée déter- minée ou pour un travail déterminé. La règle est le contrat de travail à durée indéterminée.

2) Le contrat de travail pourra être conclu pour une durée déterminée ou pour un travail dé- terminé seulement lorsqu'il aura pour objet :

- la prestation de services pour une durée de six mois, pouvant être renouvelée pour une période égale ou inférieure ;
- le remplacement d'un travailleur temporairement absent ;
- l'exécution de travaux ou de services précisément définis et temporaires par nature, pour une durée pouvant aller jusqu'à deux ans ;
- la prestation de services saisonniers, qui par nature ont lieu durant des périodes déterminées de l'année ;
- la prestation de services, pour une durée pouvant aller jusqu'à deux ans, à une société ou une activité en création ou en restructuration et qui soit génératrice d'un volume significatif d'emplois, sur autorisation préalable de la Direction du Travail, de l'Emploi et de la Formation Professionnelle aux fins de

recruter des travailleurs sous cette condition ; le contrat de travail pourra avoir une durée de un an renouvelable une fois.

3) Si à l'expiration du délai établit ou après la conclusion des travaux le travailleur continue à rendre des services, le contrat de travail sera réputé à durée indéterminé, à moins que le contraire soit clairement établit, par la nature des services, l'extension des laps de temps qui séparent les périodes des contrats, les circonstances évidentes à l'origine du renouvellement, ou pour toute autre raison. Ainsi sera considéré à durée indéterminée l'accord entre les deux parties, lorsque le contrat aura été conclu pour durée déterminée ou qu'il se poursuivra après la fin des travaux en contravention avec la Loi.

4) Le contrat de travail pourra inclure une période d'essai d'un mois. La période d'essai pour- ra éventuellement être étendue à trois mois, par écrit, lorsqu'il s'agira de travailleurs haute- ment qualifiés, ou qui réalisent des travaux complexes ou dont l'évaluation est difficile.

Art.8.- Le travail à domicile

Lorsque le travailleur rend ses services sur son lieu de vie, ou dans tout autre lieu librement choisi par lui et hors de la surveillance de l'employeur, ce dernier a l'obligation de tenir un registre dans lequel sont reportés la date d'entrée en vigueur du contrat, le type et la quantité de travail commandé, le lieu d'exécution du travail, la quantité de matières premières livrées si nécessaire, les taux horaires pratiqués pour la fixation du salaire, la livraison et la réception des produits élaborés ainsi que tous les aspects relatifs au travail pouvant intéresser les parties.

L'employeur devra fournir une copie du registre au travailleur au moment du paiement du salaire, ou en tout état de cause une fois par mois, avec les informations correspondants à la période de travail concernée.

Art.9.- Le travail hors du lieu de résidence

Lorsqu'une personne est recrutée pour travailler hors de son lieu de résidence habituel, l'employeur doit couvrir du début à la fin du contrat les frais de déplacement du travailleur, d'aller et retour entre le lieu de travail et le lieu de résidence, ou pour un montant équivalent si le travailleur souhaite être muté sur un autre lieu de travail. S'agissant d'un travail permanent, ou d'un contrat à durée déterminée d'au moins un an, l'employeur doit à partir du troisième mois de services, prendre également en charge les frais de déplacement aller et retour de la conjointe du travailleur et y compris ceux de ses enfants à hauteur de deux au maximum.

Art.11.- Le travail des mineurs

1) Le travail des mineurs de quatorze ans est interdit.

2) Cependant, les mineurs ayant l'âge de treize ans révolus pourront accomplir des tâches légères, à condition qu'elles ne soient pas susceptibles de constituer un danger pour leur santé et leur développement, ainsi que leur scolarisation, leur participation aux programmes d'orientation ou de formation professionnelle adoptés par les autorités compétentes, ni pour les enseignements reçus.

3) Les mineurs de 12 ans pourront être admis dans des emplois déterminés ou pour des tâches légères à caractère artisanal ou agricole, dûment précisés par les autorités du travail, après consultation des organisations professionnelles de travailleurs, lorsqu'elles existeront, et porteront une attention particulière à la santé, l'intégrité physique et morale ainsi que l'éducation de ces mineurs.

4) L'âge minimum d'accès aux tâches qui par leur nature ou par les conditions dans les quel- les elles s'accomplissent peuvent s'avérer dangereuses pour la santé, la sécurité ou la moralité des mineurs sera de seize ans. Dans tous les cas, les organisations professionnelles de travail- leurs seront consultées, lorsqu'elles existeront, ainsi que les autorités du travail afin que soient adoptées les garanties de protection des mineurs suffisantes et qu'avant d'être admis à exercer ces tâches ils reçoivent une formation professionnelle adaptée et spécifique au domaine d'activité correspondant. De plus, les autorités du travail pourront élever à dix-huit ans l'âge minimum d'admission à certaines de ces tâches, sans porter atteinte au principe de l'égalité de chances dans le travail.

5) Les mineurs ne peuvent signer un contrat de travail sans l'autorisation du père, de la mère ou du représentant légal.

6) L'employeur qui a recours aux services de mineurs n'ayant pas atteint l'âge minimum requis pour travailler, ou qui ne sont pas légalement autorisés à le faire, devra dans tous les cas leur verser le salaire et les prestations auxquels ils ont droit, sans préjudice des sanctions léga- les auxquelles il pourrait être assujetti.

Titre 3 - Droits et obligations des parties

Art.21.- Les critères généraux

1) Le contrat de travail oblige à ce qui est expressément conclu et aux conséquences qui en découlent selon la bonne foi, l'équité, la coutume ou la Loi.

2) Faute de précisions supplémentaires dans le contrat, l'on entend que le travailleur doit rendre les services qui soient de sa force, ses aptitudes, de son état ou de sa condition et qu'ils doivent être de même nature que ceux qui font partie de l'objet de l'activité de l'employeur, et que ce dernier doit verser une rémunération conforme à celle qui est en vigueur sur la place pour les travailleurs de niveau équivalent, quelle que soit la condition du travailleur.

Art.22.- Les droits de l'employeur

Dans le cadre des limites fixées par la loi, ses règlements, conventions collectives et contrats de travail individuels, il appartiendra à l'employeur de diriger, organiser et administrer le travail de sorte à obtenir les niveaux adéquats d'efficacité et de rendement de la capacité productive de la société et d'exploitation des qualifications et aptitudes des travailleurs. En conséquence, il sera de la compétence de l'employeur entre autres facultés :

- d'édicter des normes internes, approuvées par le Délégué du Travail ou le Directeur Général du Travail, de l'Emploi et de la Formation professionnelle, tel que cela est prévu par la procédure, sur des matières telles que l'organisation du travail, les heures de travail de la société, le contrôle des entrées et des sorties, la circulation dans les locaux de la société, la sécurité et la santé des travailleurs et les procédures disciplinaires ;
- d'établir les horaires de travail et de les modifier à condition cela ne porte pas préjudice aux travailleurs ;
- de définir, attribuer et modifier les tâches assignées aux travailleurs, en fonction de leurs catégories professionnelles, qualifications et expériences, pour autant que cela ne n'occasionne pas un changement fondamental dans les conditions de travail négociées à l'origine.

Art.23.- Les obligations de l'employeur

L'employeur a l'obligation :

- d'assigner une tache effective à ses travailleurs ;
- de leurs fournir les outils adéquats de travail ;

- de les indemniser pour la perte d'outils ou de matériels leur appartenant et qu'ils auraient confiés à la garde de l'employeur ;
- de garder respect et considération et de s'abstenir de mauvais traitement verbaux ou dans le travail ;
- de recevoir les plaintes justifiées des travailleurs ;
- de s'abstenir d'interférer dans leurs convictions religieuses ;
- de ne pas appliquer des sanctions non prévues dans la présente loi;
- de ne pas prendre des mesures de rétorsion à l'encontre des travailleurs pour avoir fait un recours devant les autorités afin de défendre leurs droits ;
- d'observer les règles de bonne conduite et de moralité durant les heures de travail ;
- d'accomplir les autres obligations que lui imposent la loi.

Art.24.- Les droits du travailleur

1) Le travailleur a les droits fondamentaux suivants, dont le contenu de chacun d'entre eux pourra faire l'objet de normes légales ou contractuelles spécifiques :

- de travail et de libre choix de profession ou de fonction ;
- à un travail effectif ;
- à ne pas faire l'objet de discrimination de quelque forme que ce soit ou pour quelque motif que ce soit ;
- à la promotion et à la formation professionnelle dans le travail ;
- à l'intégrité physique, au repos et à travailler dans de bonnes conditions de sécurité et d'hygiène ;
- au respect de l'intimité et à la considération due à sa dignité ;
- à la perception régulière de la rémunération négociée ou légalement établie ;
- à l'exercice des actes découlant du contrat de travail ;
- d'association professionnel ;
- de négociation collective.

2) Les employeurs ne pourront pas diminuer ni supprimer les droits et avantages acquis par leurs travailleurs au travers de la promulgation de cette loi.

Art.25.- Les obligations du travailleur

Le travailleur a l'obligation :

- de réaliser personnellement le travail pour lequel il a été recruté, sous la direction de l'employeur ou de ses représentants, avec l'efficacité, l'assiduité et la philosophie requise et dans la forme, la durée et le lieu convenus ;
- d'observer bonne conduite, moralité et prudence durant le travail ;
- d'être loyal avec l'employeur et en conséquence de s'abstenir de toute concurrence qui pourrait être préjudiciable, ainsi que divulguer des secrets liés au travail et aux connaissances acquises en raison de son exercice ;
- d'être présent de manière régulière et ponctuelle à son lieu de travail et de prévenir l'employeur en cas d'absence justifiée, ou d'expliquer lorsque cela est nécessaire les rai- sons qui peuvent avoir motivé une absence ;
- d'utiliser de manière adéquate les outils de travail et les matériels mis à sa disposition par l'employeur ;
- de ne pas travailler pendant les vacances ;
- d'éviter les risques qui peuvent constituer un danger pour sa sécurité, celle de ses collègues, la sécurité des tiers, de l'employeur, des installations ou des matériels de la société ;
- de prêter assistance en cas de sinistre sur le lieu de travail ;
- d'accomplir les autres obligations prévues par la loi.

Titre 4 - Exercice du travail

Chapitre 1 - Environnement et conditions de travail

Art.26.- Les principes généraux

1) L'Etat formulera et mettra en pratique de manière progressive et réaliste une politique de sécurité et de santé des travailleurs, ainsi que d'amélioration de l'environnement et des conditions de travail, en adéquation avec les possibilités du pays. Dans le but d'atteindre ces objectifs, l'on proposera la formation des employeurs, des travailleurs et des organisations professionnelles, la concertation entre eux, la promotion de moyens concrets d'amélioration, la surveillance de l'application des normes légales, y compris l'établissement de procédures dédiées à l'investigation liée aux accidents du travail, l'élaboration de statistiques d'accidents et de maladies professionnelles.

2) Le travail devra s'exercer dans un environnement et des conditions de nature à :

- permettre le développement normal des travailleurs sur le plan physique, mental et social, ainsi que l'indépendance de leur conscience morale et civique ;
- leur donner le temps libre nécessaire au repos, à la formation, aux loisirs et à la vie en société ; et
- les protéger contre les accidents et les maladies professionnelles.

3) L'employeur aura l'obligation de prendre les mesures nécessaires pour que le travail se réalise dans les conditions citées dans le paragraphe 2 et pour assurer l'assistance due en matière médicale, pharmaceutique et hospitalière en cas d'accident professionnel, ou de sérieuses dégradation de la santé d'un travailleur durant sa présence sur le lieu de travail. Il devra accorder une attention particulière lorsque son personnel comprendra des mineurs, des femmes en grossesses ou en période d'allaitement, des travailleurs handicapés, ou lorsqu'il devra réaliser des travaux dangereux et insalubres.

4) Les travailleurs auront l'obligation de d'appliquer fidèlement les normes et consignes de sécurité et dès lors auront le droit de participer à l'élaboration et l'application des dites normes et consignes de sécurité.

L'employeur doit satisfaire aux obligations suivantes :

1) Favoriser une formation pratique en matière de santé et de sécurité pour les travailleurs lorsqu'il les emploi, ou lorsqu'ils changent de poste de travail ou qu'ils doivent appliquer une nouvelle technique ou utiliser de nouvelles substances qui peuvent occasionner un risque pour les travailleurs eux-mêmes ou pour leurs collègues ou des tiers ; dans tous les cas il veillera à ce qu'aucun travailleur ne soit exposé à l'action de conditions ou d'agents physiques, chimiques, biologiques, atmosphériques ou de toute autre nature, sans être averti des dommages qu'ils pourraient causer à la santé et des moyens de les prévenir ;

2) Lorsque cela est nécessaire, fournir à ses travailleurs les vêtements et équipements de protection appropriés afin de prévenir, dans la mesure du raisonnable et du possible, les risques d'accidents ou les effets préjudiciables pour la santé ;

3) Eviter et prévenir les accidents et maladies professionnelles ;

4) En fonction du type de risque auquel sont exposés les travailleurs, des possibilités offertes par l'assistance médicale publique et des moyens économiques dont il dispose, et sur recommandation de

l'autorité du travail, disposer d'un service médical ou paramédical et pharmaceutique à l'attention de ses travailleurs ;

) Communiquer sans délai à l'Institut de Sécurité Social, conformément à la procédure pré- vue à cet effet, les maladies ou les accidents professionnels ou toute autre état pathologique qui se serait révélé dans le cadre du travail et les relever dans un registre approprié.

6) Faire une enquête sur les causes des accidents de travail et des maladies professionnelles afin d'adopter les mesures nécessaires ;

7) Prendre bonne note des remarques formulées par les travailleurs à propos du cadre et des conditions de travail et adopter les mesures nécessaires ;

8) Encourager la participation des travailleurs dans les comités d'hygiène et de sécurité ;

9) Collaborer avec les autorités sanitaires afin d'éradiquer les endémies locales[20].

---

[20] Les modes de rupture du contrat de travail

Il existe plusieurs modes différents de rupture du contrat de travail :

- la démission,
- la rupture conventionnelle,
- le départ négocié,
- la résiliation judiciaire,
- le licenciement pour motif personnel,
- le licenciement pour motif économique,
- et le départ ou la mise à la retraite.

Il s'agit ici des cas de rupture en cours de contrat et il existe également d'autres cas de fin de contrat comme par exemple, dans le cas d'un salarié en CDD, la fin du CDD.

La démission

La démission est le fait pour un salarié de prendre l'initiative de rompre son contrat de travail. Un écrit n'est pas obligatoire mais fortement recommandé pour des problématiques de preuve. Un préavis doit être respecté par le salarié avant de quitter l'entreprise.

À compter du 1er novembre 2019, la démission pour création d'une entreprise permet de bénéficier du versement des allocations chômage. Pour plus d'informations : démissionner et créer son entreprise.

La rupture conventionnelle

Il s'agit d'une rupture du contrat de travail particulière : l'employeur et le salarié décide, d'un commun accord, de mettre fin au contrat de travail.

Pour plus d'informations, vous pouvez lire nos articles suivants : la rupture conventionnelle et les indemnités de rupture conventionnelle.

La résiliation judiciaire

Ce mode de rupture du contrat de travail est destiné aux salariés qui souhaitent mettre fin à leur contrat de travail lorsque l'employeur ne respecte pas ses obligations. Le salarié doit faire une demande de résiliation judiciaire auprès du conseil des prud'hommes.

Exemples de manquement : le fait de ne pas fournir de travail au salarié ou le fait de ne pas lui verser son salaire.

Le licenciement

Art.28.- Mesures à prendre sur les lieux de travail

Les employeurs veilleront à ce que :

- 1° les lieux de travail aient la hauteur et la dimension nécessaires au déplacement des travailleurs, ainsi que les équipements exigés par la production ou les services auxquels ils sont affectés ;

Le licenciement est une décision à l'initiative de l'employeur. Il doit y avoir un motif légitime pour procéder au licenciement et une procédure spécifique doit être respectée.

Il existe 2 méthodes de licenciement : le licenciement pour motif personnel et le licenciement pour motif économique.

Le licenciement pour motif personnel se rattache à un salarié personnellement et intervient consécutivement à des faits qui lui sont reprochés : faute grave, faute lourde, absences répétées et préjudiciables à l'entreprise...

Le licenciement pour motif économique qui résulte d'une décision de l'employeur justifiée par les difficultés de l'entreprise ou suite à des mutations technologiques. Il ne s'agit donc pas d'un fait imputable à un salarié.

Le départ ou mise à la retraite

Le départ et la mise à la retraite sont deux procédés différents.

La mise à la retraite est à l'initiative de l'employeur et ne peut concerner que les salariés ayant au moins 65 ans. 2 cas sont possibles :

- le salarié est au moins âgé de 70 ans : dans ce cas, l'employeur a la possibilité de le mettre d'office à la retraite. Il conviendra de le notifier au salarié mais celui-ci ne pourra pas s'y opposer,
- le salarié a entre 65 et 69 ans : l'employeur doit obtenir l'accord du salarié pour procéder à la mise à la retraite. Une procédure doit dans ce cas être respectée.

Le départ volontaire à la retraite est à l'initiative du salarié : ce dernier décide de quitter volontairement l'entreprise afin de bénéficier d'une pension retraite.

Rupture du contrat de travail et chômage

En fonction du mode de rupture du contrat de travail, vous aurez droit ou pas aux allocations chômage. Les modes de rupture suivants vous permettent d'avoir normalement droit aux allocations chômage :

- la rupture conventionnelle,
- le licenciement, qu'il soit pour motif économique ou personnel,
- la démission pour création d'entreprise avec un projet réel et sérieux.

Remarque : d'autres conditions doivent également être remplies pour bénéficier des allocations chômage. Pour plus d'informations : Conditions d'attribution de l'ARE – Pôle emploi

Et les modes de rupture suivants ne vous le permettent pas :

- la démission sans projet professionnel réel et sérieux,
- le départ et la mise à la retraite.

Rupture du contrat de travail pour les créateurs

Pour préserver leurs finances personnelles, les créateurs d'entreprises doivent s'assurer préalablement que la rupture de leur contrat de travail leur permettent d'avoir droit aux allocations chômage.

Ainsi, il est possible de maintenir pendant 15 mois le versement des allocations chômage tout en créant une entreprise ou de demander le versement d'une partie du reliquat des droits sous forme de capital. Cet avantage financier est considérable voir indispensable pour certains projets.

- 2° les travailleurs disposent de conditions et d'installations sanitaires appropriés, y compris l'eau potable, ainsi que d'une armoire à pharmacie de secours ;
- 3° dans ces lieux de travail les produits soient stockés dans des conditions de sécurité et que ne s'y accumulent pas déchets et résidus.

Art.29.- Travaux insalubres

1) Sont considérés insalubres les travaux qui peuvent causer un dommage à la santé des travailleurs, en raison des équipements ou des procédures employées, les matériaux utilisés, élaborés, les résidus solides, liquides ou gazeux qu'ils génèrent ; pour le stockage de substances toxiques corrosives, inflammables, radioactives ou explosives ; ou pour cause de défaut d'information ou de formation des travailleurs.

2) Les employeurs adopterons des mesures pour :

- équiper les machines de dispositifs de protection ;
- remplacer les substances, opérations ou techniques dangereuses par d'autres plus appropriées ;
- empêcher le déplacement de substances nocives, ou s'assurer de ce qu'ils se fassent dans des conditions de sécurité ;
- protéger les travailleurs contre les radiations dangereuses ;
- prévoir l'exécution des travaux dangereux dans des lieux séparés et dûment aménagés ;
- installer et utiliser des appareils mécaniques pour l'évacuation ou la ventilation, ou tous autres moyens appropriés pour éliminer poussières, fumée, gaz, fibre, nuage et vapeurs nocives, lorsqu'il n'est pas possible d'éviter l'exposition des travailleurs à ces substances.

Chapitre 2 - Risques professionnels

Art.35.- Responsabilités pour risques professionnels

1) Les employeurs ont l'obligation de s'immatriculer auprès de l'Institut de Sécurité Sociale et d'y affilier leurs travailleurs, y compris les apprentis.

2) L'employeur est responsable pour les accidents ou les maladies professionnelles de ses travailleurs, y compris les apprentis, dès lors que pour quelque raison que ce soit il ne les a pas affiliés à l'Institut de Sécurité Sociale ou qu'il n'a pas accompli ses obligations envers

cette institution. L'Institut de Sécurité Sociale pourra néanmoins offrir les prestations aux- quelles les travailleurs ou leurs ayant droits ont droit, mais dans ce cas l'employeur les remboursés à hauteur du montant qui aura été fixé par l'Institut.

3) L'employeur sera également responsable, civilement et pénalement, pour les accidents ou les maladies professionnelles qui, par sa négligence, frapperaient ses travailleurs, même lors- que ces derniers bénéficient du régime de couverture de la Sécurité Sociale.

Art.36.- Accident du travail

1) Est considéré comme accident du travail toute lésion fonctionnelle corporelle, permanente ou temporaire, immédiate ou postérieure, ou le décès résultant de l'action violente subie par le fait d'une force extérieure qui peut être déterminée dans le cadre du travail, par la nature ou l'exercice du travail ; ou toute lésion interne causée par un effort violent survenu lors de l'exercice du travail.

2) Est également considéré comme accident du travail celui que subi le travailleur :

- lors de l'exécution des ordres de l'employeur, ou lors de la prestation d'un service inter- venant sous la responsabilité de l'employeur et ayant un lien avec les tâches qui lui sont assignées, même lorsque ce fait se produit en dehors du lieu et des horaires de travail ;
- lors d'une interruption justifiée ou durant la période de repos du travailleur, sur son lieu de travail ou dans les locaux, établissement ou exploitation de la société ;
- par le fait d'une tierce personne ou d'un acte intentionnel de l'employeur ou d'un collègue de travail, lors de l'exécution des tâches qui lui sont assignées ;

Lors de son déplacement de son domicile vers son lieu de travail, ou en sens contraire, sur une durée et un itinéraire raisonnable.

3) N'est pas considéré comme accident du travail :

- le fait qui serait provoqué intentionnellement par la victime ou par ses ayants droits, ou qui serait la conséquence d'un acte délictuel de l'accidenté ;
- le fait qui serait causé par une force majeure, sans relation aucune avec la nature du travail

Art.37.- Maladies professionnelles

1) Est considéré comme maladie professionnelle tout état pathologique survenant de manière subite ou par évolution lente en conséquence de la nature du travail, ou des conditions dans lesquelles est réalisé le travail.

2) Est également considérée comme maladie professionnelle toute lésion, maladie, perturbation fonctionnelle ou aggravation, dont souffre postérieurement le travailleur à la suite d'un accident du travail ou d'une maladie professionnelle.

3) Dans tous les cas, seront considérées comme maladies professionnelles, les maladies et les intoxications produites par les substances figurant dans le tableau suivant, dès lors que les dites maladies ou intoxications affecteront les travailleurs appartenant aux industries, professions ou opérations correspondantes figurant dans le tableau et résultant du travail effectué pour le compte d'une société opérant dans le secteur considéré.

Liste des maladies et des	**Liste des professions, industries ou opérations**
Intoxication produite par le plomb	Traitement de minéraux contenant du plomb, y compris les poussières de plomb des usines dans
	Fusion du vieux zinc et du plomb en lingot.
	Fabrication d'objets de plomb fondu ou d'alliages de plomb.
	Industries polygraphiques.
	Usine de composés de plomb.
	Fabrication et réparation des accumulateurs.
	Préparation et emploi des émaux contenant du plomb.
	Polissage au moyen de limaille de plomb ou de poussière de plomb.
	Travaux de peinture incluant la préparation ou la manipulation de produits à couvrir du mastic ou des teintures
	Traitement des minéraux de mercure.
	Fabrication de composant de mercure.

Intoxication produite par le mercure, ses mélanges et ses composants, avec la conséquence directe de ladite intoxication.	Fabrication des appareils de mesure et des appareils de laboratoire.
	Préparation de matières premières destinées à la chapellerie do- rées au feu.
	Utilisation d'ampoules de mercure pour la fabrication de lampes incandescentes.
	Fabrication d'aérographes.

Art.38.- Incapacités

Aux fins des indemnisations pour accidents du travail ou maladies professionnelles, seront retenues cinq types d'incapacités : incapacité temporaire, incapacité partielle permanente, incapacité pour la profession habituelle, incapacité permanente totale pour la profession habituelle, incapacité absolue permanente pour tout travail et grande invalidité.

Art.39.- Incapacité temporaire

Est considérée comme incapacité temporaire, toute lésion qui n'est pas guérie dans le délai d'un an et qui empêche le travailleur de réaliser le travail auquel il avait été assigné au mo- ment ou il a subi la dite lésion. L'incapacité temporaire devient permanente après un an sans guérison du travailleur.

Art.40.- Incapacité partielle permanente

L'on entend par incapacité partielle permanente pour le travailleur habituel, la diminution de la capacité de travail générée par le risque professionnel et réputée incurable ou de durée im- prévisible.

Art.41.- Incapacité totale permanente

L'on entend par incapacité totale et permanente pour le travail habituel l'incapacité occasion- née par les effets des risques professionnels qui handicapent de manière définitive le travail- leur dans l'exercice de son travail habituel ou un travail équivalent correspondant à son éducation, sa formation et son travail quotidien.

Art.42.- Incapacité absolue permanente

L'on entend par incapacité absolue permanente celle qui handicape le travailleur dans l'exercice de tout type d'emploi rémunéré.

Art.43.- Grande invalidité

L'on considère qu'il y a grande invalidité quand le travailleur ne peut pas se déplacer, conduire ou effectuer les actes essentiels de vie quotidienne de toute personne.

Art.44.- Indemnités pour risques

1) Les indemnités autorisées par l'Institut de Sécurité Sociale, pour incapacité, ou décès, seront versées par cotisations mensuelles révolues, à partir du jour où l'incapacité du travailleur est établie ou à partir du jour où survient son décès.

2) L'Institut de Sécurité Sociale commuer les indemnités évoquées au paragraphe 1 en une somme représentant sa valeur actuelle, payable immédiatement pourvu que cette commutation soit préalablement autorisée par la juridiction du travail et qu'elle contienne certains des objectifs suivants :

- financer le manque à gagner professionnel de l'accidenté ;
- acquérir en faveur de ce dernier un bien ou un logement ;
- créer un atelier, une industrie ou une affaire pour l'exploitation de laquelle l'accidenté possède les capacités nécessaires ;
- subvenir aux frais de voyage, lorsqu'il s'agit d'un étranger désirant quitter définitivement la République de Guinée Equatoriale.

Art.45.- Garantie et préférence

1) Les indemnités de Sécurité Sociale et celles que doit payer l'employeur pour risque professionnels ne pourront être cédées, compensées ni taxées, pas plus qu'elles ne sont susceptibles de saisie sauf dans la quantité ou montant prévu par la loi.

2) Les crédits auxquels les indemnités indiquées au paragraphe 1 ouvrent droit aux travail- leurs et à leurs ayant droit bénéficieront du même traitement que celui établi par la présente loi pour les rémunérations des travailleurs.

Art.46.- Présomption de décès

Si à la suite d'un accident du travail un travailleur venait à disparaître sans que l'on ait la certitude de son décès et si l'on venait à ne plus avoir de ses nouvelles dans les trente jours suivant la production des faits, son décès sera présumé afin que ses ayant droits perçoivent les indemnités correspondantes, sans préjuger de ce qui résulterait dans la cas où l'on prouverait plus tard qu'il est encore en vie[21].

---

[21] **Le règlement des conflits collectifs du travail**
Rien n'est plus onéreux pour l'économie d'un pays que les conflits collectifs qui opposent salariés et employeurs, et qui ne trouvent fréquemment leur solution qu'à l'issue d'une grève souvent longue. Aussi, le législateur s'est préoccupé d'instituer des procédures permettant d'éviter ou de résoudre de tels conflits.

La conciliation

Les conventions collectives doivent contenir obligatoirement des dispositions organisant la conciliation des conflits qui peuvent naître de l'application, de la révision ou du renouvèlement de la convention. *Tous les conflits collectifs du travail doivent être obligatoirement soumis aux procédures de conciliation prévues.* Si, pour quelque raison que ce soit, les commissions de conciliation conventionnelle n'ont pas été saisies, le conflit doit être porté devant une commission régionale ou nationale de conciliation comprenant des représentants en nombre égal des organisations des plus représentatifs d'employeurs et de salariés ainsi que des représentants des pouvoirs publics. En cas d'échec de la procédure, le conflit est soumis soit à l'arbitrage si les deux parties sont d'accord, soit à la procédure de médiation.

L'arbitrage

L'arbitrage est facultatif. Toutefois, les conventions collectives peuvent prévoir une procédure d'arbitrage et, dans ce cas, tout conflit est soumis à l'arbitrage. Si la convention ne comporte pas une telle clause, les parties peuvent, néanmoins, décider de recourir à une procédure d'arbitrage. L'arbitre doit statuer en droit c'est-à-dire comme le ferait un juge sur les conflits relatifs à l'interprétation ou à l'exécution des lois, règlements ou conventions collectives en vigueur. Au contraire, il statue en équité sur les autres conflits (salaires, conditions de travail non fixées par un texte).

La médiation

La procédure de médiation instituée par le législateur consiste à soumettre à la personne désignée comme médiateur le conflit qui n'a pu être concilié. Le médiateur tente d'amener les parties à un accord et, s'il n'y parvient pas, leur recommande la solution qui lui paraît appropriée. La recommandation du médiateur n'a aucun effet obligatoire. La loi prévoit la publication au *Journal officiel* des conclusions de la recommandation.

LA REPRESENTATION DU PERSONNEL DANS L'ENTREPRISE

Dans les corporations de métiers, les contacts entre les patrons et leurs salariés étaient facilement établis et maintenus. Le patron et ses collaborateurs se connaissaient souvent de longue date : les litiges qui s'élevaient entre eux pouvaient se résoudre par des contacts personnels. Ce phénomène peut encore s'observer dans les petites et moyennes entreprises. En France au XIXe siècle, cependant, on ne concevait pas de rapport collectif entre le personnel et le chef de l'entreprise. Le patron assumait la charge de l'entreprise, les salariés s'obligeaient à exécuter un travail en échange d'une rémunération : ils étaient hors de l'entreprise. Actuellement, au contraire, les salariés tendent à être intégrés dans l'entreprise ; on a même pu parler, dans certain cas, d'une propriété de l'emploi. Se pose donc actuellement le problème de savoir quelle est la place exacte du personnel dans l'entreprise et les rapports qui doivent s'établir entre l'employeur et l'employé. Cette question n'est pas encore réglée de façon définitive. On tombe d'accord sur le fait que le personnel est directement intéressé à la marche de l'entreprise et aussi sur l'intérêt qu'il peut y avoir à le faire participer activement à la vie de l'entreprise. Mais cette participation doit-elle se limiter au domaine social ou s'étendre au domaine économique ? Le personnel doit-il être associé à la gestion (cogestion) ou son rôle doit-il se borner à la consultation (contrôle ouvrier) ? Ont été institués des délégués du personnel en 1936 et des comités d'entreprise. Depuis, la loi française du 27 décembre 1968 a donné un statut aux délégués des sections syndicales dans les établissements occupant habituellement au moins 50 salariés.

Art.47.- Risques professionnels

En cas d'accident du travail ou maladie professionnelle, le travailleur aura droit jusqu'à son rétablissement, l'établissement de son état d'incapacité permanente, ou son décès, aux avantages suivants :

- la nécessaire assistance médicale, chirurgicale, hospitalière et la fourniture de médicaments et autres moyens thérapeutiques que requière son état ;
- les aides consécutives au traitement médical prescrit, qui servent à garantir son succès ou à atténuer les conséquences de la lésion ou de la maladie ;
- la prévision, la réparation ou la rénovation normales des appareils orthopédiques qui se- raient nécessaire à titre facultatif et en accord avec l'autorité du travail compétente ; et
- les frais de transfert et d'hospitalisation de la victime ainsi que ceux de son hébergement et son alimentation lorsqu'il devra être soigné et vivre dans un lieu autre que sa résidence habituelle ou son lieu de travail.

Chapitre 3 - Temps de travail et de repos

Art.48.- Journée et semaine de travail

1) La durée du travail n'excédera pas les huit heures par jour et les quarante-huit heures par semaine, en diurne ; ni les six heures par

---

L'élection des représentants du personnel
Les délégués du personnel sont élus pour un an et les membres du comité d'entreprise le sont pour deux ans au scrutin de liste secret et à la représentation proportionnelle (avec répartition des restes à la plus forte moyenne). Participent au vote tous les salariés d'au moins 18 ans qui travaillent dans l'entreprise depuis au moins 6 moins et qui n'ont pas été frappés d'une condamnation entraînant la perte des droits politiques. Seules les organisations syndicales les plus représentatives peuvent présenter des listes de candidats dans chaque collège électoral. Si le nombre des votants est inférieur à la moitié du nombre des inscrits, il est procédé à un second tour, pour lequel les candidatures sont libres. Sont seuls éligibles les nationaux et âgés de 21 ans, sachant lire et écrire, et présents dans l'établissement depuis un an au moins (les étrangers titulaires de la carte de résident privilégié sont cependant éligibles comme délégués du personnel).

Les délégués du personnel
Les accords Matignon conclus le 7 juin 1936, prévoyaient l'institution de délégués ouvriers dans chaque établissement comprenant plus de 10 ouvriers. Le statut des délégués du personnel fixé par le Code du travail de 1975 impose l'élection de délégués du personnel dans tous les établissements des professions agricoles, commerciales et libérales, ainsi que dans les sociétés civiles, les syndicats et les associations où sont occupés habituellement plus de 10 salariés (y compris les travailleurs à domicile). Ces délégués sont élus pour un an au scrutin secret, à la représentation proportionnelle, par les salariés de l'entreprise remplissant certaines conditions d'âge et d'ancienneté.

jour et trente-six heures de jour et de nuit, sauf exceptions prévues par le présent article.

2) L'on considère comme journée de travail le temps durant lequel le travailleur est à la dis- position de l'employeur. Sera compris dans cette journée de travail le temps consacré au repos et à la restauration lorsque la nature des taches exécutées par le travailleur exigera sa présence permanente sur son lieu de travail.

3) L'on considère comme diurne la journée de travail accomplie entre 6H00 du matin et 6H00 du soir. L'on considère comme nocturne la journée de travail accomplie entre 6H00 du soir et

6H00 du matin. L'on considère comme mixte la journée de travail comprenant des heures diurnes et des heures nocturnes. Lorsque ces heures nocturnes seront supérieures à trois heu- res, la journée de travail sera considérée comme nocturne.

4) Les dispositions du paragraphe 1 de s'appliquent pas aux personnes occupant un poste de direction, ou collaborant étroitement avec l'employeur ; à celles qui exécutent des taches dis- continues ou qui requièrent expressément leur présence ; à celles qui sont employées dans le service domestique ; ni à celles qui occupent des fonctions qui par leur natures ne sont pas soumises aux journées de travail fixes. Cependant, ces personnes ne travailleront pas plus de douze heures par jour et bénéficieront d'une période de repos d'une durée minimum d'une heure durant la journée.

5) L'employeur et ses travailleurs peuvent convenir de mettre en place une demi-journée de repos dans la semaine. Dans ce cas, la journée de travail pourra être prolongée d'une heure les autres jours, jusqu'à atteindre la durée maximum de temps de travail prévue pour la semaine.

6) Lorsque les tâches seront exécutées en équipes, leurs durées pourront se prolonger au-delà des limites fixées au paragraphe 1, dès lors que la moyenne des heures de travail, calculée sur une période de trois semaines, ou une période plus courte, n'excédera pas huit heures par jour ou de quarante-huit semaines.

7) Les mineurs âgés de moins de dix-huit ans ne pourront travailler qu'en heures de jours et leurs journées n'excéderont pas six heures, réparties de telle sorte qu'elles leur permettent une période de repos adéquate, de se restaurer et d'accomplir leurs obligations scolaires ou de formation professionnelle. Après consultation des organisations

professionnelles, lorsqu'elles existent, les autorités du travail pourront cependant accorder de manière exceptionnelle des autorisations individuelles à ces mineurs afin qu'ils participent à des représentations artistiques se déroulant en heures de nuit.

8) Après audition des organisations professionnelles, lorsqu'elles existent, les autorités du travail pourront réduire la journée de travail lors de la réalisation de tâches dangereuses, ou insalubres, ou particulièrement exigeantes, susceptibles de provoquer le vieillissement prématuré de la personne.

9) Le travail exécuté en six heures nocturnes et en sept heures diurnes de la journée mixte sera rémunéré comme huit heures de travail diurne, aux fins du calcul du salaire minimum légal ou conventionnel, ou des salaires payés par une société ayant recours au travail par équipe à di- verses périodes.

Art.49.- Heures supplémentaires

1) La journée de travail d'une personne pourra être prolongée jusqu'à deux heures, avec un maximum de deux cents heures par an, dans le but de réaliser des travaux préparatoires ou complémentaires qu'ils doivent nécessairement exécuter hors de l'horaire habituel, ou afin de permettre à l'employeur de faire face aux charges supplémentaires de travail. Le règlement établira en détail les motifs d'exception, après consultation des organisations professionnelles, lorsqu'elles existent. En outre, le travail en heures supplémentaires sera volontaire.

2) La journée de travail pourra également être prolongée sans tenir compte des limites établies dans le paragraphe 1 en cas d'incidents subies par les installations, ou en cas de force majeure mais seulement lorsque cela est indispensable pour éviter une grave perturbation du fonctionnement normal de l'entreprise.

3) Les heures supplémentaires de travail devront être enregistrées au jour le jour et seront additionnées de manière hebdomadaire. Le résumé hebdomadaire sera communiqué au travail- leur sur la feuille de paie et à l'inspection du travail au moyen du formulaire prévu à cet effet.

4) Les travail en heures supplémentaires de nuit est interdit sauf dans les cas ou activités spécifiques dûment justifiées et expressément autorisées par l'inspecteur du travail.

5) La femme en grossesse ne pourra ni effectuer des heures supplémentaires, ni exécuter des tâches inadaptées ou préjudiciables à son état.

6) Les heures de travail supplémentaires seront rémunérées avec une majoration de 25 % du montant appliqué à l'horaire normal de travail, lorsqu'elles seront effectuées de jour ; et de

50 % lorsqu'elles seront effectuées de nuit, ou lorsqu'elles seront une prolongation de la jour- née mixte en période nocturne.

Art.50.- Repos journaliers et hebdomadaires

Les travailleurs ont droit au repos :

- d'une heure pendant la journée normale, sans devoir travailler plus de cinq heures de suite ; le Délégué du travail pourra autoriser la réduction du temps de repos à une demi-heure, en prenant compte de la nature du travail et l'avantage d'avancer la fin de la jour- née ;
- de deux heures, au minimum, entre la fin d'une journée et le début de la suivante ;
- d'une journée entière dans la semaine, si ils ont travaillé durant au moins quatre jours, si possible la même pour tous les travailleurs de l'entreprise et de préférence le dimanche ;
- les jours de fêtes nationales et locales.

Art.51.- Exceptions

1) Les entreprises seront fermées les dimanches et les jours de fêtes nationales, ainsi que les jours de fêtes locales déterminés par le Gouvernement. Sont exemptées de cette disposition les entreprises ou établissements qui par la nature de leurs activités sont autorisées par le gouvernement, après audition des organisations professionnelles, lorsqu'elles existent, à exercer durant tous ou certains de ces jours.

2) Lorsqu'un travailleur sera d'astreinte lors de son jour de repos hebdomadaire, il aura droit à un jour de repos compensatoire la semaine suivante.

3) Le travail effectué les jours de repos hebdomadaire ou de fêtes nationales ou locales sera rémunéré avec une majoration minimum de 50 % du salaire journalier ordinaire, sans que le travailleur perde le bénéfice de son droit à un autre jour de repos.

4) Durant les jours de fêtes locales décrétées par le Gouvernement, les travailleurs auront droit au paiement du salaire journalier d'une journée ordinaire de travail. Le travail effectué le jour d'une fête locale sera rémunéré avec la majoration prévue au paragraphe 3.

Art.52.- Autorisations

1) Les travailleurs, après information préalable et sur justification, pourront s'absenter du travail avec une autorisation pour congés payés de trois jours en cas de maladie ; sept jours en cas de mariage ; sept jours en cas de décès du conjoint, de l'enfant, des parents, grands- parents ou frères ; et de dix jours pour changement du domicile habituel. Ils bénéficieront également de congés payés afin d'accomplir leurs obligations personnelles imposées par la loi ou par les autorités compétentes, mais pour ce motif, l'employeur n'aura pas l'obligation de rémunérer plus de deux jours par mois et en tout état de cause plus de quinze jours par an.

2) Les femmes cesseront de travailler six mois avant l'accouchement ou plus de six mois avant en cas d'erreur de calcul de la date probable d'accouchement figurant sur certificat médicaux correspondant. En cas de maladie qui, sur la foi d'un certificat médical, serait la conséquence de la grossesse ou de l'accouchement, les femmes auront droit à un congé maternité prénatal supplémentaire ou à une prolongation du congé maternité postnatal, dont les durées respectives seront établies par les autorités compétentes.

3) Pendant la période l'allaitement, les travailleuses auront droit à deux pauses quotidiennes rémunérées, d'une demi-heure chacune, afin d'alimenter leurs enfants aux horaires qu'elles auront choisi et, de préférence qu'elles auront ainsi convenu avec l'employeur.

Art.54.- Horaires de travail

Chaque Employeur devra communiquer, au moyen d'affiches placés sur un lieu visible de son établissement ou tout autre lieu approprié, ou par tout autre moyen autorisé par les autorités du travail, les heures de début et de fin du travail, ainsi que, dans le cas où les tâches seraient réalisées par équipes, les heures de début et de fin de chaque équipe ; et il devra communiquer de la même manière les jours et les heures de repos, y compris celles qui sont consommées durant la journée de travail et ne sont pas considérées comme en faisant partie. Les affiches et autres moyens d'information devront préalablement être visés par les autorités du travail.

Art.55.- Congés

1) Le travailleur a le droit et le devoir de bénéficier d'un mois de congés payés pour chaque année de présence sans interruption. A partir de dix années de présence, la durée des congés sera augmentée à raison d'un jour pour deux années de présence supplémentaires.

2) Pour le calcul des congés annuels on ne prend pas en compte :

- les jours de fêtes nationales ou locales ;
- les jours d'absence pour cause de maladie.

3) L'opportunité du départ en congés sera décidée d'un commun accord par l'employeur et le travailleur. Faute d'accord, le Délégué du Travail décidera.

4) Est nul tout accord impliquant l'abandon des droits aux congés annuels ou leur renonce- ment. En contrepartie, le Délégué du Travail pourra autoriser le fractionnement des périodes de congés, dès lors que le travailleur bénéficie au minimum de quinze jours de repos sans interruption, et du reste dans les quinze mois qui suivent.

5) Lorsque le contrat de travail prend fin avant que le travailleur ait pu bénéficier de son droit aux congés annuels, ou l'ayant obtenu sans avoir pu l'exercé, le travailleur aura droit à une rémunération pour motif de congé proportionnelle aux mois travaillés en totalité ou en fractions de mois.

6) Si le contrat de travail venait à prendre fin pour cause de décès du travailleur, ses ayants droits seraient habilités à percevoir une indemnité égale à la rémunération prévue dans le paragraphe précédent.

Titre 5 - De la rémunération

Art.55.- Salaire

1) L'on entend par salaire la rémunération ou le revenu, quel que soit sa dénomination ou son mode de calcul, dès lors qu'il peut être évalué monétairement, dû par un employeur à un travailleur, pour le travail ou service réalisé ou qu'il doit accomplir ainsi que pour les périodes de repos inclues dans le temps de travail.

2) Sauf preuve du contraire, l'on présume que font partie du salaire toutes les primes que perçoit le travailleur de la part de l'employeur, y compris les gratifications fixes en temps et en montants.

3) Ne font pas partie du salaire :

- les sommes qui sont payés pour les déplacements et les frais de voyages, lorsque le travailleur doit les justifiés, et en général pour les frais nécessaires à l'exécution du travail ou la réalisation d'une tâche. ;

  les aides sporadiques, sans relation avec le travail, que l'employeur accorde volontaire- ment à certains travailleurs, pour des motifs étrangers au contrat de travail ;
- les prestations ou indemnités de Sécurité Sociale ;
- les indemnités de mutation, suspension ou licenciement.

Art.56.- Détermination du salaire

1) Le salaire sera négocié librement par les parties, pour un montant fixe ou variable, en fonction l'importance et de la nature du travail, de telle sorte que pour des tâches égales en valeur soit versée une rémunération égale sans discrimination d'aucune sorte.

2) Le salaire ne pourra en aucun cas être inférieur au minimum légal.

3) Le salaire est considéré comme étant négocié :

- par unité de temps, lorsque l'on prend en compte la tâche effectuée dans le cadre d'un travail déterminé sans en considérer le résultat ;
- par unité d'ouvrage, par pièce, au forfait, ou à la commission, lorsque l'on prend en compte le travail réalisé concrètement par le travailleur, sans considérer le temps qui lui a

  été consacré.
- par tâche, lorsque l'on prend en compte la durée du travail, mais avec l'obligation de livrer un résultat déterminé dans le délai imparti.

4) Lorsque le salaire aura été négocié sous forme variable, c'est-à-dire par unité d'ouvrage, à la commission ou à la tâche, son montant ne pourra être inférieur à celui qui aurait été appliqué par unité de temps au même travail.

5) Dans les contrats saisonniers d'une durée de six mois, la rémunération sera au moins équivalente au minimum légal augmenté de 40 %.

6) Avant qu'un travailleur n'occupe un emploi et que ne se produise un changement quel- conque dans celui-ci, l'employeur devra expliquer de manière appropriée et facilement compréhensible les conditions salariales qui lui seront applicables.

Art.57.- Salaire minimum

1) Le salaire minimum sera fixé périodiquement, au moins tous les deux ans et par décret, après consultation, de manière équitable, des représentants des organisations représentatives des employeurs et des travailleurs, ou à défaut, des représentants des représentants des employeurs et des travailleurs intéressés ; dans la mesure du possible, seront également consultées des personnalités reconnues compétentes pour représenter les intérêts généraux du pays, sélectionnées après audition de l'avis des organisations professionnelles les plus représentatives, lorsqu'elles existent.

2) Pour la détermination du salaire minimum l'on prendra en compte, dans la mesure du possible :

- les besoins des travailleurs et de leurs familles, en tenant compte du niveau général des salaires, du coût de la vie, des prestations de Sécurité Sociale et du niveau de vie relatif des autres groupes sociaux ;
- les facteurs économiques, y compris les obligations du développement économique, les niveaux de productivité et la nécessité d'atteindre et de maintenir un haut niveau de vie.
- les conditions, le temps et le lieu où le travail doit être exécuté.

Art.58.- Rémunération des jours de fériés et de repos hebdomadaires

1) Les travailleurs percevront leurs salaires les jours de fêtes nationales et les jours de repos hebdomadaires lorsqu'ils auront travaillé durant les jours de la semaine. Tout défaut de présence au travail durant la semaine, qui en vertu des dispositions en vigueur entraîne la perte de la journée, donnera lieu également à la réduction de la part proportionnelle du salaire du di- manche suivant immédiatement.

2) En cas de salaire variable, la rémunération à laquelle il est fait référence au paragraphe 1 résultera de la moyenne, en ce qui concerne les jours de fêtes nationales, des salaires dû pour les cinq jours ouvrables précédents et, pour ce qui est des jours de repos hebdomadaires, des salaires dû pour les semaines correspondantes.

Art.59.- Congés payés

1) Le salaire versé au travailleur en vacances sera celui qui lui est dû au moment de prendre son congé, y compris l'équivalent de son salaire en espèces, si nécessaire. Cette rémunération devra être versée avant le début des congés.

2) En cas de salaire variable, la rémunération des congés sera celle résultant de la moyenne des salaires perçus par le travailleur pendant les trois mois précédant immédiatement la période de congés.

Art.60.- Primes annuelles

1) Après un an de présence dans l'entreprise, tous les travailleurs auront droit aux primes sui- vantes :

- 15 jours de salaire à l'occasion de la célébration de l'indépendance nationale, qui seront versé dans les cinq jours précédant le 12 octobre de chaque année ;
- 15 jours de salaire à l'occasion de célébration de Noël, qui seront versé dans les cinq jours précédant le 24 décembre de chaque année.

2) La personne qui au moment du paiement n'aurait pas accompli un an de présence dans l'entreprise, ou dont le contrat serait arrivé à expiration avant l'accomplissement de l'année de présence au sein de l'entreprise, aura droit à percevoir les dites primes à hauteur d'un mon- tant proportionnel au nombre total de mois travaillés, ou fraction de mois.

Art.61.- Mode de paiement

1) Le salaire devra exclusivement être versé en argent, en monnaie ayant cours légal.

2) Est interdit le paiement du salaire au moyen de bons de caisse, jetons, valeurs, coupons, billets à ordre ou tout autre moyen pouvant être considéré comme substitutif à la monnaie ayant cours légal.

3) Nonobstant les dispositions du paragraphe 1, la part de salaire qui excède le minimum légal pourra être versés en espèces dans les secteurs ou dans les métiers dans lesquels ce moyen de paiement est d'usage habituel ou pratique pour les travailleurs.

4) Dans tous les cas les versements en espèces devront être adaptés à l'usage personnel du travailleur et de sa famille et de nature à améliorer son revenu. La valeurs de ses versements devra être juste et raisonnable et ne devra pas dépasser le pourcentage du montant total du salaire déterminé par le Gouvernement.

5) En aucun cas ne seront autorisés les paiements au moyen de boissons alcoolisées ou de drogues ou de substances psychotropes nocives.

Art.62.- Paiement directe

Le salaire devra être payé directement au travailleur ou à la personne qu'il désignera par écrit, à moins que par la loi ou convenance personnel ou convention collective il en soit décidé autrement.

Art.63.- Libre disposition

1) Le travailleur disposera librement de son salaire et l'employeur ne pourra limiter en aucune manière, sauf exceptions prévues dans les paragraphes suivants.

2) L'employeur pourra effectuer les retenues imputables au paiement des vivres, marchandises ou services sollicités par le travailleurs et qui lui auront été attribués à crédit, ou sous forme d'aide au loyer ou d'avance sur salaire, mais uniquement pour des montants qui au total n'excèdent pas 50 % du salaire net correspondant à une semaine, ou mois de travail, selon le cas. Les dettes que contractent les travailleurs vis-à-vis de leurs employeurs, ainsi que les avances sur salaires, ne rapporteront pas des intérêts.

3) De plus, l'employeur retiendra sur les salaires de ses travailleurs les montants destinés au paiement des obligations légales, y compris les cotisations de sécurité sociale. Le total de ces retenues ne pourra pas excéder 30 % du salaire.

4) En aucun cas il ne pourra s'effectuer une retenue sur salaire pour garantir à l'employeur, à son représentant ou à un intermédiaire un quelconque paiement directe ou indirecte en vue d'obtenir ou de conserver un emploi.

5) Au moment du versement du salaire, le travailleur recevra un relevé circonstancié des éléments pris en compte, des conditions et limites des retenues sur salaires et du solde débiteur si nécessaire.

Art.64.- Commerce sur le lieu de travail

1) Lorsque dans le cadre de l'entreprise des économats fonctionneront en vue de vendre des marchandises aux travailleurs ou qu'existeront des services destinés à leurs offrir des prestations, ou lorsque l'employeur sera en mesure de leurs fournir ces marchandises ou prestations, aucune contrainte ne pourra être exercée sur les travailleurs concernés afin qu'ils les acquièrent.

2) Lorsque l'accès à d'autres magasins ou services ne sera pas possible, l'employeur vendra ses marchandises aux travailleurs à un prix juste et raisonnable et il devra leur offrir ses prestations dans les mêmes conditions, sans se présenter comme le seul moyen d'acquérir des produits de première nécessité.

Art.65.- Opportunité de paiement

1) Le salaire sera versé de manière ponctuelle au moment qu'auront convenu les parties ou tel que cela est prévu par la coutume, avec une périodicité maximum de un mois.

2) Le versement du salaire en espèce sera uniquement effectué en jour ouvrable. L'inspecteur du travail pourra être présent au moment du paiement lorsqu'il l'estimera utile ou à la de- mande des travailleurs.

3) A la fin du contrat de travail, il sera procédé à un ajustement final de tous les salaires dus, dans un délai d'un mois, ou dans un délai supérieur en accord avec la nature de l'activité et la forme de paiement convenue.

Art.66.- Lieu de paiement

1) Le salaire en espèce sera versé uniquement sur le lieu de travail ou dans un lieu proche de ce dernier, ou déterminé par la loi ou par les conventions collectives, ou par les parties, et qui se révèlera le mieux adapté pour le travailleur.

2) Le paiement des salaires est interdit dans les débits de boissons, les bars, les lieux de dis- traction et autres établissements similaires, sauf dans le cas des travailleurs employés dans les dits établissements, ainsi que dans les lieux de débauche.

Art.67.- Priorité

1) En cas de faillite ou d'insolvabilité de l'employeur, le montant des salaires, prestations ou indemnités dus aux travailleurs bénéficiera d'une priorité sur tout autre dette, y compris celles qui existeraient en faveur de l'Etat ou de l'Institut de Sécurité Sociale.

2) Les dettes prioritaires mentionnées dans le paragraphe 1 seront versées intégralement à tous les travailleurs de l'employeur, ou au prorata lorsque ses liquidités seront suffisantes pour couvrir le montant total de ces dettes, avant que les autres créanciers puissent réclamer la part de l'actif qui leur correspondrait et cependant sans nécessité de participer au concours de créanciers, comme l'ordonnerait sans délai le paragraphe des dettes prioritaires une fois ces dernières qualifiées comme telles par le Délégué du Travail ou par le Direction Générale du

Travail, de l'Emploi et de la Formation Professionnelle, si besoin était.

Titre 6 - Suspension du contrat de travail

Art.72.- Motifs de suspension du contrat

- le contrat de travail peut être suspendu par :
- accord mutuel des parties ;
- incapacité temporaire du travailleur dans l'exercice de son travail, pour cause d'infirmité ou d'accident, pour une période ne pouvant excéder la durée de congé prévu par la loi ;
- la maternité de la femme travailleuse ;
- l'exercice d'une charge publique de représentation ;
- privation de la liberté du travailleur, en l'absence d'un jugement de condamnation ; lors- que la détention serait le résultat d'une dénonciation sans fondement de l'employé, le travailleur aura droit aux les salaires qu'il aura cessé de percevoir durant la période de privation de liberté ;
- force majeure rendant impossible l'exécution du travail pour une durée maximum de trente jours sur une période de douze mois ;
- service militaire obligatoire ;
- motifs économiques ou technologiques comme l'interruption dans l'approvisionnement en énergie ou en matières premières, pour des raisons qui ne sont pas imputables à l'employeur et qui empêchent l'exécution et l'acceptation du travail, pour une durée maximum de tente jours, sur une période de douze mois.

Art.73.- Effets de la suspension

1) Durant la période de suspension le contrat de travail reste en vigueur et le travailleur ne peut être licencié, mais il n'y a aucune obligation d'exécuter le travail ni de verser le salaire.

2) A la fin de la suspension, le travailleur aura le droit de continuer à exercer son métier dans les mêmes conditions existant avant la date à laquelle est survenue la dite suspension, pour autant qu'il réintègre son travail dès la fin du litige.

3) Aux fins du droit, l'ancienneté du travailleur comprendra la période de présence dans l'entreprise antérieure à la suspension.

Titre 7 - Rupture du contrat de travail

Art.74.- Motifs de rupture du contrat

1) Le contrat de travail peut être rompu pour des motifs indépendants de la volonté des parties, par la volonté des parties ou de l'une d'entre elles.

2) Le contrat est rompu pour des motifs indépendants de la volonté des parties dans les cas suivants :

- décès ou incapacité totale et permanente du travailleur, ou incapacité partielle le rendant inapte à l'accomplissement de sa tâche habituelle ;
- décès ou incapacité totale et permanente de l'employeur, lorsqu'elle entraîne la cessation forcée de l'entreprise ou du travail ;
- cas fortuit ou force majeur.

3) Le contrat est rompu par la volonté des deux parties, exprimée dans des clauses valable- ment intégrées dans le contrat, par l'expiration de la durée de validité convenue, par la fin du chantier ou du service et par accord mutuel.

4) Le contrat est rompu par la volonté des deux parties, en cas de licenciement, ou de démission du travailleur, au moyen d'un avis écrit envoyé par une partie à l'autre dans les conditions et dans les limites établies par la présente loi, ou lorsque se produit un licenciement indirecte.

Art.75.- Ancienneté

1) A la fin du contrat du travailleur, quelle qu'en soit la cause, le travailleur recevra au titre de l'ancienneté une somme équivalente à quarante-cinq jours de salaire pour chaque année de présence, ou un montant proportionnel par fraction de mois. Si le contrat prend fin pour cause de décès du travailleur, cette prime sera versée à ses ayants droit selon l'ordre établit par la législation civile.

2) La prime d'ancienneté des travailleurs domestiques sera de quinze jours par année de présence. Ou un montant proportionnel par fraction de mois.

3) Lorsque le travailleur aura accompli un an de présence au sein de l'entreprise, l'employeur inscrira dans ces livres le montant qui lui est dû au titre de l'ancienneté et le déposera sur un compte ouvert à cet effet auprès du Trésor Public pour le compte du Ministère du Travail et de la Promotion Sociale.

4) Au moment du paiement de la prime d'ancienneté, son montant sera réajusté en prenant comme base de calcul le dernier salaire versé au travailleur.

5) Lorsque le salaire sera variable, l'ancienneté sera calculée sur la base du salaire moyen versé lors de l'année de référence et réajusté à

la fin de la relation contractuelle sur le salaire moyen versé au cours des six mois de travail effectif immédiatement antérieurs à la fin de la relation contractuelle.

6) Le travailleur aura droit à l'octroi d'un crédit, ou de garanties de crédits du Trésor, à concurrence du montant de la prime d'ancienneté qu'il aura accumulé, pour l'achat ou l'amélioration de son domicile. Lorsqu'il s'agira de garanties, l'employeur prendra en charge la différence des intérêts qui incombent au travailleur.

7) Le Ministère du Travail et de la Promotion Sociale pourra décider que la prime d'ancienneté soit partiellement versée au travailleur tous les cinq ans.

8) Le montant de la prime d'ancienneté dû au travailleur de peut faire l'objet d'une saisie sauf lorsqu'il s'agit satisfaire à ses obligations familiales, auquel cas le juge pourra ordonner une saisie partielle à hauteur du montant qu'il aura estimé équitable.

Art.77.- Dommages et intérêts

Lorsque le contrat à durée déterminée ou pour un travail déterminé sera rompu unilatérale- ment, la partie à l'origine de cette rupture devra payer à l'autre partie des dommages et intérêts. Dans le cas où le travailleur serait à l'origine de la rupture du contrat, les dommages et intérêts seront estimés à l'équivalent d'un mois de salaire. Dans le cas où l'employeur serait à l'origine de la rupture du contrat, les dommages et intérêts seront estimés à l'équivalent du montant des salaires dû au travailleur jusqu'au terme normal du contrat[22].

---

[22] **LAFAUTE LOURDE**

Le licenciement pour faute lourde excède celui pour faute grave dans l'échelle des sanctions, constituant la sanction la plus élevée en matière de licenciement disciplinaire.

Dans sa définition traditionnelle, la faute lourde est caractérisée par l'intention de nuire.

Le licenciement pour faute lourde s'applique donc à des situations d'une extrême gravité.

A titre d'illustration, on citera le cas d'un salarié qui avait détourné du matériel informatique de l'entreprise, pour lequel il avait été condamné pénalement pour recel, avait menacé de commettre des violences sur le personnel de l'entreprise ou sur ses représentants ou leurs biens, avait affiché sur des lieux publics des tracts diffamatoires, avait émis des appels téléphoniques malveillants ; ces faits ayant été retenus par les Juges comme caractérisant l'intention de nuire du salarié vis à vis de son employeur et de son entreprise (Cass. soc. 5 mars 2015, n° 13-22108).

Le Code du travail y fait en outre référence dans ses dispositions relatives à l'exercice du droit de grève, en prévoyant que cet exercice ne peut justifier la rupture du contrat de travail, sauf faute lourde imputable au salarié .

Ce n'est en effet que lorsque l'exercice du droit de grève dégénère et donne lieu à des actes extrêmes qu'un salarié gréviste encourt un licenciement pour faute lourde.

La Cour de cassation l'avait notamment admis s'agissant d'un salarié qui avait personnellement participé à une action collective au cours de laquelle un directeur des ressources humaines avait

Art.78.- Préavis

1) L'avis écrit auquel il est fait référence dans l'article 74, ou préavis, devra être communiqué avec une semaine d'anticipation après un mois de présence dans l'entreprise ; et avec un mois d'anticipation après six mois de présence dans l'entreprise.

2) Le préavis peut être omis au moyen du versement d'une indemnité dont le montant équivaut aux salaires que le travailleur aurait perçus pour une semaine ou un mois, suivant le cas.

été retenu pendant 4 heures dans son bureau, dont il n'avait pu sortir qu'après l'évacuation par les forces de l'ordre des personnes présentes (Cass. soc. 2 juill. 2014, n° 13-12562).

Les arrêts de cassation relatifs à la qualification de faute lourde sont assez rares.

Deux décisions, qui viennent d'être rendues par la Haute Juridiction, sont porteuses d'un message délivré par les magistrats de la Chambre sociale, précisant les éléments caractéristiques de la faute lourde.

La Cour de cassation y énonce que « la faute lourde est caractérisée par l'intention de nuire à l'employeur, laquelle implique la volonté du salarié de lui porter préjudice dans la commission du fait fautif et ne résulte pas de la seule commission d'un acte préjudiciable à l'entreprise. »

Voici quels étaient les faits à l'origine de ces arrêts.

Dans la première affaire, il était reproché à un salarié, licencié pour faute lourde, de s'être fait octroyer une augmentation de sa rémunération de sujétion spéciale et de son coefficient ainsi qu'une prime exceptionnelle de 3 000 euros, de s'être accordé des acomptes sur salaires de 15 000 euros sans prévoir les modalités de remboursement, d'avoir fait bénéficier d'avantages anormaux deux salariés, dont sa sœur qu'il avait engagée.

La Cour d'appel avait retenu que de telles dérives financières tant en faveur du salarié qu'au profit de proches, avaient préjudicié gravement à l'association qui l'employait, sur le plan financier, et justifiaient un licenciement pour faute lourde.

La Haute juridiction désapprouve les juges d'appel et considère qu'ils n'avaient pas caractérisé la volonté de nuire du salarié (Cass. soc 22 oct. 2015 n° 14-11801).

Dans la seconde affaire, la Cour d'appel avait également légitimé le licenciement pour faute lourde d'un salarié, qui exerçait la fonction de responsable import-export, au motif qu'il avait détourné sur son compte personnel une somme de 60 000 euros venant en règlement partiel, par un client, d'une facture correspondant à la livraison d'une commande de vins, qu'il avait reconnu avoir sollicité cette somme auprès du client et l'avoir perçue et qu'il ne démontrait pas qu'il s'agissait d'un prêt personnel ni en avoir informé l'employeur ; enfin, qu'il n'apportait aucune preuve contraire de ce qui constitue un abus de confiance au préjudice de son employeur et une tentative d'enrichissement personnel au détriment de la société.

Cette décision est également censurée par la Cour de cassation, qui reproche aux juges du fond de ne pas avoir caractérisé l'intention de nuire à l'employeur, qui impliquait la volonté du salarié de lui porter préjudice dans la commission du fait fautif et ne résultait pas de la seule commission d'un acte préjudiciable à l'entreprise (Cass. soc. 22 oct. 2015 n° 14-11291).

En d'autres termes, un acte préjudiciable uniquement à l'entreprise ne suffit pas à caractériser la faute lourde, les Juges devant établir l'intention de nuire du salarié à l'égard de l'employeur.

En dernier lieu, il convient de préciser que le salarié licencié pour faute lourde est privé de l'indemnité de licenciement et de l'indemnité compensatrice de préavis, mais que depuis une décision du Conseil Constitutionnel du 2 mars 2016, il bénéficie de l'indemnité compensatrice de congés payés.

En revanche, et contrairement à une croyance solidement ancrée, le licenciement pour faute lourde ne l'empêche pas de bénéficier de l'allocation chômage.

3) Le préavis peut également être omis sans le versement d'une indemnité quelconque lorsque la partie à laquelle elle aurait été normalement destinée s'est rendue coupable de faute grave dans le respect des obligations que lui impose le contrat.

Art.79.- Licenciement

1) L'employeur ne devra pas mettre fin au contrat à durée indéterminée sans causes justifiées et sans au préalable donner au travailleur la possibilité de les connaître et de se défendre, à moins que l'on ne puisse raisonnablement pas demander à l'employeur de concéder au travail- leur cette possibilité.

2) L'employeur pourra licencier le travailleur pour des motifs économiques, technologiques, structurels ou équivalents, dûment vérifiés par le Délégué du Travail et avec son autorisation.

3) La femme en grossesse ne pourra être licenciée que sur la base de motifs pleinement justifiés et après autorisation du Délégué du Travail. Durant l'absence du travail en vertu d'un congé pré ou postnatal, ou d'un congé maladie consécutif à la grossesse ou à l'accouchement, la femme ne pourra pas être licenciée et son licenciement ne sera pas accepté si le délai du préavis venait à expirer durant la dite absence.

Art.80.- Causes justifiées de licenciement

Sont causes justifiées de licenciement les manquements graves du travailleur aux obligations que lui impose le contrat, telles que :

- fautes répétés et absences injustifiées et défaut de ponctualité au travail ;
- indiscipline et désobéissance grave ;
- offenses verbales ou physiques à l'employeur, à sa famille, ou aux personnes qui travail- lent dans l'entreprise ;
- fraude, défaut de loyauté ou abus de confiance dans la gestion confiée ;
- dommage matériel causé intentionnellement ou par négligence grave sur les installations, équipements ou produits du lieu de travail ;
- ébriété habituelle ;
- défaut d'hygiène lorsqu'ils auront été signalés à plusieurs reprises ou qu'ils occasionnent des plaintes justifiées de la part des collègues partageant le même local ; et

- condamnation à une peine de prison ferme.

Art.81.- Recours contre le licenciement

1) Le travailleur qui aura été licencié sans cause justifiée pourra faire un recours devant le

Délégué du Travail.

2) Si le licenciement est déclaré injustifié, l'employeur devra réintégré le travailleur dans ses fonctions, aux mêmes conditions dont il bénéficiait avant et lui versé les salaires qu'il aura cessé de percevoir. Si l'employeur persiste dans son intention de licencier le travailleur, il devra lui verser une indemnité égale au montant de la prime d'ancienneté qu'il aurait dû lui payer.

3) Lorsque le licenciement sera réalisé pour des motifs économiques, technologiques, structurels ou analogues, le travailleur n'aura pas droit à sa réintégration dans l'entreprise, mais il lui sera versée une indemnité dont le montant sera fixé par le Délégué du Travail et qui en sera en aucun cas inférieur à trois de salaire, sauf dans le cas ou le travailleur aura moins de trois ans d'ancienneté dans l'entreprise.

Art.82.- Procédure en cas de licenciement

1) Lorsqu'il recevra recours en contestation d'un licenciement directe ou indirecte, le Délégué du Travail convoquera les parties et favorisera une conciliation entre elles.

2) Lorsque la conciliation s'avérera impossible, le Délégué du Travail décidera si le licencie- ment est justifié ou injustifié.

3) L'on pourra interjeter appel de la décision du Délégué du Travail devant la Direction Générale du Travail, de l'Emploi et de la formation professionnelle, dans un délai de quinze jours suivant la date de notification de la décision à l'intéressé.

4) La décision prise en appel pourra faire l'objet d'un recours extraordinaire en révision devant le Ministre du Travail et de la Promotion Sociale.

5) En dernier recours, il pourra être fait appel de cette dernière décision devant la juridiction compétente.

Art.83.- Réduction du personnel

1) Lorsque le licenciement pour motifs économiques, technologiques, structurels ou analogues signifiera une réduction du personnel, le Délégué du Travail favorisera au préalable l'audition des représentants des travailleurs, lorsqu'ils existent, afin d'obtenir un

examen tri- partite des solutions que l'employeur se propose de mettre en place, de préciser ses objectifs et de définir conjointement la stratégie la plus adaptée permettant d'atténuer les conséquences sociales de telles mesures.

2) Afin de prendre une décision relative à la réduction du personnel, le Délégué du Travail prendra en compte les intérêts des parties et en particulier la nécessité d'un fonctionnement efficace de l'entreprise, établissement ou service ; les capacités, expériences, aptitudes et qualifications professionnelles des travailleurs ; leur ancienneté, âge et situation économique et familiale.

Les personnes touchées par les mesures de réduction du personnel seront prioritaires pour être réintégrés dans l'entreprise au cas ou cette dernière aurait à nouveau besoin de recruter des travailleurs.

Art.84.- Licenciement indirect

1) Constitue un licenciement indirect la défaillance dans l'application des obligations que lui impose le contrat de travail de la part de l'employeur lorsqu'elle est d'une gravité telle qu'elle empêche la poursuite normale de la relation contractuelle.

2) En particulier, sont causes de licenciement indirect les motifs suivants :

- mauvais traitements verbaux ou professionnels, ou fautes graves de comportement, de la part de l'employeur ou de son représentant, vis-à-vis du travailleur ou de ses proches ;
- défaillance dans la ponctualité du paiement du salaire ;
- exigence nouvelle dans l'exercice de la fonction distincte de celle figurant au contrat, sauf dans les cas exceptionnels ;
- modification importante des conditions de travail.

3) Le travailleur qui aura fait l'objet d'un des actes de l'article ci-dessus considérés comme constitutifs de motifs de licenciement indirect, pourra mettre un terme au contrat de travail et faire un recours devant le Délégué du Travail dans les conditions prévues à l'article 81 . Si le Délégué du Travail considère qu'il y a eu licenciement indirect, le travailleur aura droit à

l'indemnité pour licenciement abusif, prévu au présent article, laquelle ne sera en aucun cas inférieur à trois mois de salaire. Il aura également droit à une indemnité pour défaut de préavis dans les conditions prévues par l'article 78.

Art.85.- Licenciement nul

1) Le licenciement sera déclaré nul dans les cas suivants :

- lorsqu'il n'est pas notifié par écrit au travailleur, en l'informant du terme exact du contrat et des raisons qui motivent cette décision ;
- lorsque le travailleur est licencié pour avoir sollicité l'assistance des autorités du travail.

2) Dans les hypothèses soulevées au paragraphe a) ci-dessus, l'exécution a posteriori de ces obligations par l'employeur ne constituera pas constitutif d'une réparation du premier acte de rupture mais d'un nouveau licenciement qui prendra effet à partir de sa date effective de réalisation. Ce nouveau licenciement pourra être effectué dans un délai de sept jours suivants la déclaration de nullité du premier licenciement.

Titre 8 - Infractions, sanctions et prescriptions

Art.86.- Infraction des employeurs

1) Les infractions des employeurs aux dispositions prévues en matière de droit du travail seront connues et sanctionnées, au moyen d'enquêtes administratives conduites de manière op- portune par les autorités du travail.

2) Les sanctions seront graduées en fonction de la gravité de l'infraction, de la malice ou du mensonge de l'employeur, du nombre de travailleurs touchés, de l'importance économique de l'entreprise et de la récidive éventuelle.

3) Les infractions commises par les employeurs seront sanctionnées par une amende sur pro- position de l'inspection du travail, ou de la Délégation du Travail, pouvant aller jusqu'à :

- 200.000 FCFA, par le Délégué du Travail ;
- 500.000 FCFA par le Directeur Général du Travail, de l'Emploi et de la Formation Professionnelle ;
- 2.000.000 FCFA par le Ministre du Travail, de la Sécurité Sociale et de la Promotion de la

Femme.

4) Lorsque des situations constitueront des risques graves pour la vie ou la santé des travail- leurs, l'Inspecteur du travail pourra ordonner la suspension de l'exécution des travaux pour une durée déterminée. En cas de récidive, le Ministre du Travail et de la Promotion Sociale,

sur proposition de l'Inspecteur, pourra ordonner la fermeture temporaire ou définitive du lieu de travail. Sa décision sera susceptible d'un recours en appel devant le Conseil des Ministres.

Art.87.- Infractions des travailleurs

1) En cas de défaillance du travailleur dans le respect de ses devoirs ou obligations, l'employeur pourra lui appliqué les sanctions suivantes:

- avertissement ;
- suspension du travail, sans rémunération, de un à sept jours chaque fois, pouvant aller jusqu'à trente jours sur une durée d'un an.
- licenciement avec préavis ;
- licenciement sans préavis ;

2) Il est interdit d'imposer des amendes au travailleur.

3) Les sanctions disciplinaires devront être proportionnelles à la gravité de la faute et pour leurs applications seront pris en compte les antécédents du travailleur.

4) L'on ne pourra imposer plus d'une sanction pour une même faute.

5) Passé un délai de sept jours après que l'employeur ait pris connaissance de la faute, aucune sanction ne sera fondée.

Art.88.- Droits du travailleur

1) Avant que le travailleur ne soit sanctionné, il sera convoqué par écrit, ou devant témoins, si il ne sait pas lire, pour un entretien avec l'employeur ou son représentant, durant lequel il sera informé de la faute commise et de la sanction qu'il est envisagé de lui appliquer, et il lui soit donnée l'opportunité de se défendre. Le travailleur pourra se participer à l'entretien assisté par un collègue ou par un représentant des travailleurs.

2) Si après l'entretien indiqué au paragraphe 1 l'employeur confirme la sanction, le travailleur pourra faire un recours devant le Délégué du Travail, conformément aux dispositions de la procédure prévue en cas de licenciement ou de démission.

Art.89.- Prescription

1) Les actes découlant du contrat de travail et qui ne bénéficient pas d'un délai spécifique, seront prescrits trois ans après leurs évènements. Dans le cas d'actions en réclamation d'indemnité pour

accident ou maladie professionnelle, les trois ans prendront effet à partir de la date de l'accident ou de début de la maladie.

2) Les actions en réclamation de réintégration du travailleur licencié abusivement sont prescrites quatre-vingt-dix jours après la date de licenciement.

3) Les infractions commises par l'employeur seront prescrites après trois ans.

ONZIEME PARTIE. LA LEGISLATION DU TRAVAIL DU MALI

Loi n°1992-20 du 18 août 1992 portant Code du travail

Modifiée par :

- **la loi n°2003-37 du 30 décembre 2003**
- **la loi n°2011-79 du 29 décembre 2011**
- **la loi n°2017-21 du 12 juin 2017**

Titre 2 - Des relations de travail

Chapitre 1 - De l'apprentissage et de la formation

Section 1 - Du contrat d'apprentissage

Art.7.- *(Loi n°2017-21)* Le contrat d'apprentissage est un contrat de travail de type particulier par lequel un employeur s'engage, outre le versement d'une allocation d'apprentissage, à assurer une formation professionnelle méthodique et complète, dispensée dans l'entreprise et éventuellement dans un centre de formation professionnelle, à un jeune travailleur qui s'oblige, en retour, à travailler pour cet employeur pendant la durée du contrat.

Le contrat d'apprentissage doit être constaté par écrit et un des exemplaires déposé à l'inspection du travail dans le ressort de laquelle se trouve le lieu de l'apprentissage.

A défaut du respect de ces deux règles de forme, le contrat est considéré comme un contrat de travail à durée indéterminée.

Les autres conditions de forme et de fond, les effets du contrat d'apprentissage, les cas et les conséquences de sa résiliation, les mesures de contrôle de son exécution, les allégements de charges sociales pour les employeurs ainsi que les catégories d'entreprises dans lesquelles sera imposé un pourcentage d'apprentis par rapport au nombre total de travailleurs, sont fixés par décret.

Section 2 - De la formation et des stages

Art.9.- Le contrat de travail, ou ultérieurement un avenant à ce contrat, peut prévoir une formation professionnelle en alternance ou en formation continue ou un stage. Les objectifs et la durée de la formation ou du stage ainsi que la rémunération doivent être expressément indiqués.

A l'échéance du terme de la formation le contrat de travail se poursuit, sauf si cette formation n'a pas été concluante. Dans le cadre des stages les jeunes diplômés sans emploi peuvent se voir proposer un contrat de travail de type particulier appelé « contrat qualification ». Tous les contrats ou avenants susvisés doivent être constatés par écrit. Un décret fixera les modalités d'application du présent article.

Art.10.- Des congés non rémunérés d'éducation ou de formation syndicale peuvent être accordés aux travailleurs sur leur demande. Ces périodes de congé sont assimilées à des périodes de travail effectif pour le calcul des congés payés, le droit aux prestations familiales et le calcul de l'ancienneté du travailleur dans l'entreprise.

Chapitre 2 - Du contrat du travail

Section 1 - Généralités

Art.13.- Le contrat individuel de travail est la convention en vertu de laquelle une personne s'engage à mettre son activité professionnelle moyennant rémunération sous la direction et l'autorité d'une autre personne appelée employeur.

Art.14.- Les contrats sont passés librement. Toutefois :

1° Un contrat de travail conclu avec un mineur n'est valable que si son engagement a été autorisé par écrit par son père, ou, à défaut, la personne détenant la puissance paternelle et s'il n'est pas soumis à l'obligation scolaire,

2° Un décret pourra en fonction des nécessités économiques, démographiques, sociales ou sanitaires, interdire ou limiter les possibilités d'embauche des entreprises ou organiser des compensations en main d'œuvre entre les régions.

Art.15.- Quels que soient le lieu de la conclusion du contrat et la résidence de l'une ou l'autre partie, tout contrat de travail conclu pour être exécuté en République du Mali, est soumis aux dispositions de la présente loi.

Son existence est constatée, sous réserve des stipulations de l'article L.26, dans les formes qu'il convient aux parties contractantes d'adopter. La preuve peut être rapportée par tous moyens.

Section 2 - De la nature, de la conclusion et de l'exécution du contrat

Sous-section 1 - De la nature du contrat

Art.18.- Le contrat de travail à durée déterminée est un contrat dont la durée est précisée à l'avance suivant la volonté des parties.

Un contrat de travail passé pour l'exécution d'un ouvrage déterminé ou la réalisation d'une entreprise dont la durée ne peut être préalablement évaluée avec précision, est assimilé à un contrat à durée déterminée.

Un contrat dont le terme est subordonné à un évènement futur et certain, dont la date n'est pas exactement connue, est également assimilé à un contrat à durée déterminée.

Art.19.- Tout contrat de travail qui ne répond pas aux définitions du contrat à durée déterminée, du contrat d'apprentissage, du contrat qualification ou du contrat d'engagement à l'essai doit être considéré comme un contrat à durée indéterminée.

Sous-section 2 - Du contrat à durée déterminée

Art.20.- *(Loi n°2017-21)* Le travailleur ne peut renouveler plus de deux fois un contrat à durée déterminée avec la même entreprise. Le contrat initial ne compte pas comme renouvellement.

La continuation des services en dehors du cas prévu à l'alinéa précédent constitue de plein droit l'exécution d'un contrat de travail à durée indéterminée.

Les dispositions ci-dessus ne s'appliquent pas :

1) au travailleur engagé à l'heure ou à la journée pour une occupation de courte durée n'excédant pas une journée ;

2) au travailleur saisonnier engagé pour la durée d'une campagne agricole, commerciale, industrielle ou artisanale ;

3) au travailleur engagé en complément d'effectif pour exécuter des travaux nés d'un surcroît d'activité de l'entreprise ;

4) au travailleur engagé pour assurer le remplacement provisoire d'un travailleur de l'entreprise en suspension légale de contrat de travail ;

5) au travailleur des entreprises relevant d'un secteur d'activité dans lequel il est

d'usage de ne pas recourir au contrat à durée indéterminée en raison de la nature de l'activité exercée par le travailleur et du caractère par nature temporaire de cet emploi.

La liste de ces secteurs d'activité ou de ces emplois visés au point 5 de l'alinéa précédent est fixée par arrêté du Ministre chargé du Travail.

Les conditions d'emploi des travailleurs susmentionnés et les modalités d'application du présent article sont fixées par décret.

Section 4 - De la résiliation du contrat

Sous-section 1 - Généralités

Art.39.- Le contrat de travail à durée déterminée ne peut cesser avant terme par la volonté d'une seule des parties que dans les cas prévus au contrat, ou dans celui de faute lourde laissée à l'appréciation de la juridiction compétente.

La rupture injustifiée du contrat par l'une des parties ouvre droit aux dommages intérêts pour l'autre partie.

Art.40.- *(Loi n°2017-21)* Le contrat de travail à durée indéterminée peut toujours cesser par la volonté de l'une des parties. Cette résiliation est subordonnée à un préavis donné par la partie qui prend l'initiative de la rupture.

Tout travailleur qui démissionne doit notifier sa décision par écrit à l'employeur. Celui-ci ne peut présumer de la démission du travailleur.

Tout employeur qui désire licencier un travailleur est tenu d'informer l'inspecteur du travail du ressort par lettre recommandée comprenant les indications relatives au travailleur et à l'employeur et le motif du licenciement.

Sous-section 2 - Du préavis

Art.41.- *(Loi n°2017-21)* La résiliation d'un contrat à durée indéterminée est subordonnée à un préavis notifié par écrit par la partie qui prend l'initiative de la rupture. Le préavis commence à courir à compter de la date de la remise de la notification. Le motif de la rupture doit être indiqué dans la notification.

En l'absence de conventions collectives ou de décrets en tenant lieu, la durée du préavis est :

- de 8 jours pour le personnel payé à la journée ou à la semaine ;
- de 1 mois pour le travailleur dont le salaire est payé au mois ;
- de 2 mois pour les agents de maîtrise et assimilés ;
- de 3 mois pour les cadres et le personnel de direction.

Sous-section 3 - Du licenciement pour motif économique

Art.46.- Tout licenciement individuel ou collectif effectué par un employeur, pour un ou plusieurs motifs non inhérents à la personne du travailleur et résultant d'une suppression ou transformation d'emploi ou d'une modification substantielle du contrat de travail consécutive à des difficultés économiques ou à des mutations technologiques, constitue un licenciement pour motif économique.

Art.47.- *(Loi n°2017-21)* Pour tenter d'éviter un licenciement pour motif économique, l'employeur qui l'envisage doit consulter les délégués du personnel et rechercher avec eux, toutes solutions permettant le maintien des emplois. Ces solutions peuvent être : la réduction des heures de travail, le travail par roulement, le travail à temps partiel, le chômage technique, le redéploiement du personnel, le réaménagement des primes, indemnités et avantages de toute nature.

A l'issue des négociations internes, si un accord est intervenu, un protocole d'accord précisant les mesures retenues et la durée de leur validité est signé par les parties et transmis à l'inspecteur du travail pour information.

En cas de désaccord, le procès-verbal de cette réunion, dûment signé par les deux parties, doit être immédiatement communiqué par l'employeur à l'inspecteur du travail lequel dispose d'un délai de quinze jours, à dater de cette communication, pour exercer, éventuellement, ses bons offices.

Sous-section 3-1 - De la rupture conventionnelle

Art.50 bis.- *(Loi n°2017-21)* L'employeur et le travailleur, lorsqu'ils sont liés par un contrat de travail à durée indéterminée, peuvent convenir d'une rupture conventionnelle, alternative à la démission et au licenciement.

La rupture conventionnelle peut être à l'initiative de l'employeur, ou du travailleur. Elle fait l'objet d'un protocole librement signé par les deux parties.

Sous-section 4 - De la rupture abusive et du non-respect des formes du licenciement

Art.51.- La rupture abusive du contrat peut donner lieu à dommages-intérêts. La juridiction compétente constate l'abus par une enquête sur les causes et les circonstances de la rupture.

En cas de contestation l'employeur doit apporter la preuve de l'existence d'un motif légitime de licenciement.

La rupture du contrat est notamment abusive dans les cas suivants :

□□lorsque le licenciement est effectué sans motif légitime ou lorsque la motivation est inexacte ;

□□lorsque le licenciement est motivé par les opinions du travailleur, son activité syndicale, son appartenance ou non à un syndicat déterminé.

Le montant des dommages-intérêts est fixé compte tenu de tous les éléments qui peuvent justifier l'existence et déterminer l'étendue du préjudice causé et notamment :

a) lorsque la responsabilité incombe au travailleur, du préjudice subi par l'employeur en raison de l'inexécution du contrat ;

b) lorsque la responsabilité incombe à l'employeur, des usages, de la nature des

services engagés, de l'ancienneté des services, de l'âge du travailleur et des droits acquis à quelque titre que ce soit.

Sous-section 5 - De l'indemnité de licenciement et de services rendus

Art.53.- *(Loi n°2017-21)* En cas de licenciement et de rupture de contrat pour cas de force majeure, le travailleur ayant accompli dans l'entreprise une durée de service continue au moins égale à un an, a droit à une indemnité distincte du préavis.

Cette indemnité, dite de licenciement, est calculée en prenant la moyenne mensuelle de la rémunération perçue au cours des douze derniers mois qui ont précédé le licenciement et, en appliquant à cette rémunération moyenne, les pourcentages suivants :

□□20 % pour chacune des cinq premières années de travail ;

□□ 25 % pour chaque année de la 6ème à la 10ème année incluse ;

□□30 % pour chaque année au-delà de la 10e année.

Les conventions collectives et les accords d'établissement peuvent prévoir des taux beaucoup plus favorables. Dans ce cas, les taux prescrits par ces conventions se substitueront à ceux prévus à l'alinéa 2 du présent article.

La rémunération à prendre en compte pour le calcul de l'indemnité de licenciement englobe toutes les prestations constituant une contrepartie du travail, à l'exclusion de celles présentant un caractère de remboursement de frais.

Sous-section 6 - Du débauchage abusif

Art.56.- Lorsqu'un travailleur ayant rompu abusivement un contrat de travail, engage à nouveau ses services, le nouvel employeur est solidairement responsable du dommage causé à l'employeur précédent dans les trois cas suivants :

1° quand il est démontré qu'il est intervenu dans le débauchage ;

2° quand il a embauché un travailleur qu'il savait déjà lié par un contrat de travail ;

3° quand il a continué à occuper un travailleur après avoir appris que ce travailleur était encore lié à un autre employeur par un contrat de travail.

Dans ce troisième cas, la responsabilité du nouvel employeur cesse d'exister si, au moment où il a été averti, le contrat de travail abusivement rompu par le travailleur était venu à expiration soit, s'il s'agit de contrat à durée indéterminée, par l'expiration du préavis, ou si un délai de quinze jours s'était écoulé depuis la rupture dudit contrat.

Sous-section 7 - De la modification de la situation juridique de l'employeur

Art.57.- S'il survient une modification dans la situation juridique de l'employeur, notamment par succession, vente, fusion, transformation de fonds, mise en société, tous

les contrats de travail en cours au jour de la modification subsistent entre le nouvel entrepreneur et le personnel de l'entreprise. Leur résiliation ne peut intervenir que dans les formes et aux conditions prévues par la présente section.

La cessation de l'entreprise, notamment en cas de faillite ou de liquidation judiciaire, ne dispense pas l'employeur d'observer les règles établies en matière de licenciement aux articles L.40, 41, 42 et 53 ci-dessus.

Les parties ne peuvent renoncer à l'avance au droit éventuel de demander des dommages-intérêts en vertu des dispositions ci-dessus.

Sous-section 8 - De la modification du contrat

Art.58.- *(Loi n°2017-21)* L'employeur et le travailleur peuvent, au cours de l'exécution du contrat de travail, en proposer la modification.

Si la proposition de modification du contrat présentée par le travailleur est substantielle et qu'elle est refusée par l'employeur, le travailleur peut rompre le contrat de travail mais cette rupture lui est imputable.

Est substantielle, toute clause sans laquelle le travailleur, n'aurait pas contracté telle que le salaire, les conditions de travail, le lieu du travail, l'emploi tenu.

Si la proposition de modification du contrat présentée par l'employeur est substantielle et qu'elle est refusée par le travailleur, l'employeur peut rompre le contrat de travail mais cette rupture lui est imputable et doit être opérée dans le respect des règles de procédure du licenciement. Le licenciement, à la suite du refus de l'offre de modification, n'est abusif que si cette offre procède de l'intention de nuire ou d'une légèreté blâmable.

Si le travailleur accepte la modification celle-ci ne peut devenir effective qu'à l'issue d'une période équivalente à la durée du préavis, dans la limite maximum d'un mois.

Sous-section 9 - De la disponibilité

Art.59.- *(Loi n°2017-21)* Le travailleur peut, sur sa demande, bénéficier d'une mise en disponibilité. La mise en disponibilité est la position du travailleur qui, pour convenances personnelles, et après y avoir été autorisé, cesse momentanément son service chez l'employeur.

Sous-section 10 - De la retraite

Art.60.- *(Loi n°2003-37, Loi n°2011-79)* L'âge de la retraite est fixé à :

□□pour les travailleurs des Etablissements Publics à caractère Administratif (EPA) et les Etablissements Publics à caractère Industriel et Commercial (EPIC) :

- catégorie A : 62 ans
- catégorie B : 59
- catégorie C, D, E : 58 ans

□□pour les travailleurs du secteur privé :

- catégorie A ou équivalent : 60 ans
- catégorie B, C, D, E ou équivalent : 58 ans.

Pour les travailleurs du secteur privé classés à la catégorie A ou équivalent, les relations pourront se poursuivre, d'accord parties, pendant une période qui ne pourra dépasser l'âge de 62 ans.

Le départ à la retraite, à l'initiative de l'une ou l'autre des parties, ne constitue ni une démission ni un licenciement.

Chapitre 4 - De la convention collective et des accords collectifs de travail

Section 1 - De la nature et de la validité

Art.70.- La convocation collective de travail est un accord relatif aux conditions de travail conclu entre d'une part, les représentants d'un ou plusieurs syndicats des travailleurs et, d'autre part, d'une ou plusieurs organisations syndicales d'employeurs, ou tout autre groupement d'employeurs ou un ou plusieurs employeurs pris individuellement. La convention peut mentionner des dispositions plus favorables aux travailleurs que celles des lois et règlements en vigueur. Elle ne peut déroger aux dispositions d'ordre public définies par ces lois et règlements.

Les conventions collectives déterminent leur champ d'application.

Art.71.- Les représentants des organisations syndicales ou de tout autre groupement professionnel visés à l'article précédent peuvent contracter au nom de l'organisation qu'ils représentent en vertu :

- soit des stipulations statutaires de cette organisation,
- soit d'une délibération spéciale de cette organisation,
- soit de mandats spéciaux et écrits qui leur sont donnés individuellement par tous les adhérents de cette organisation.

Titre 3 - Des conditions générales de travail

Chapitre 1 - Du salaire

Section 1 - De la détermination du salaire

Art.95.- *(Loi n°2017-21)* Tout employeur est tenu d'assurer, pour un même travail ou un travail de valeur égale, l'égalité de rémunération entre les salariés, quel que soient leur origine, leur sexe, leur âge, leur statut, leur handicap, dans les conditions prévues au présent chapitre.

Par rémunération, il faut entendre le salaire de base ou le salaire minimum, et tous les autres avantages, payés directement ou indirectement, en espèces ou en nature, par l'employeur au travailleur, en raison du travail de ce dernier.

Les catégories et classifications professionnelles, ainsi que les critères de promotion professionnelle doivent être communes aux travailleurs des deux sexes.

Les méthodes d'évaluation des emplois doivent reposer sur des considérations objectives.

Art.96.- Des décrets fixent :

1° Les zones de salaires et les salaires minima interprofessionnels garantis,

2° Les cas dans lesquels, l'employeur est tenu d'assurer le logement et une ration journalière de vivres, les conditions d'attribution de ces prestations, leur composition et leur valeur maxima de remboursement,

3° Les cas dans lesquels d'autres prestations en nature doivent être fournies et les modalités de leur attribution,

4° A défaut de convention collective ou d'accord collectif d'entreprise ou d'établissement, les salaires minima par catégorie professionnelle.

Art.97.- *(Loi n°2017-21)* Tout travailleur bénéficie d'une prime d'ancienneté lorsqu'il compte au moins trois ans de présence continue dans la même entreprise.

Section 2 - Du mode de paiement du salaire

Art.102.- Le salaire doit être payé en monnaie ayant cours légal nonobstant toute disposition contraire.

Le paiement de tout ou partie du salaire en nature est interdit, sous réserve des dispositions de la section première du présent chapitre.

La paye est faite, sauf cas de force majeure, sur le lieu de travail ou au bureau de l'employeur lorsqu'il est voisin du lieu de travail. Elle ne peut être faite, ni dans un débit

de boissons ou dans un magasin de vente, sauf pour les travailleurs qui y sont normalement occupés, ni le jour où le travailleur a droit au repos.

Art.103.- Le salaire doit être payé à intervalle régulier ne pouvant excéder :

- quinze jours pour les travailleurs engagés à la journée ou à la semaine, cette périodicité peut être portée exceptionnellement à un mois après autorisation écrite de l'inspecteur du travail, en raison notamment des conditions particulières d'exploitation de certains établissements,

- un mois pour les travailleurs engagés à la quinzaine ou au mois. Les services administratifs et établissements publics sont autorisés, dans tous les cas, à procéder au paiement mensuel des salaires des travailleurs.

Les paiements mensuels doivent être effectués au plus tard huit jours après la fin du mois de travail qui donne droit au salaire.

Pour tout travail aux pièces ou au rendement dont l'exécution doit durer plus d'une quinzaine, les dates de paiement peuvent être fixées de gré à gré, mais le travailleur doit recevoir chaque quinzaine des acomptes correspondant au moins à 90 % du salaire et être intégralement payé dans la quinzaine qui suit la livraison de l'ouvrage.

Les commissions acquises au cours des trimestres doivent être payées dans les quarante-cinq jours suivant la fin du trimestre.

Les participations aux bénéficies réalisés durant un exercice, doivent être payées dans l'année suivante au plus tard avant six mois.

En cas de cessation ou de rupture de contrat, le salaire et les indemnités doivent être payés dès que prend fin la prestation de service. Toutefois, en cas de litige, l'employeur peut obtenir du président du tribunal du travail, le dépôt au secrétariat du tribunal de tout ou partie de la fraction saisissable des sommes dues.

Les travailleurs absents le jour de la paye peuvent retirer leur salaire aux heures normales d'ouverture de la caisse et conformément au règlement intérieur de l'entreprise.

Section 4 - Des privilèges et garanties de la créance du salaire

Art.112.- Les sommes dues aux entrepreneurs de tous les travaux ayant le caractère de travaux publics, ne peuvent être frappées de saisie-arrêt, ni d'opposition au préjudice des ouvriers auxquels les salaires sont dus.

Les sommes dues aux ouvriers pour salaires sont payées de préférence à celles dues aux fournisseurs.

Art.113.- La créance de salaire est privilégiée sur les meubles et les immeubles du débiteur pour les salaires des douze derniers mois.

Art.114.- En ce qui concerne les allocations de congés payés, le privilège porte sur les deux années suivant la date ou le droit à ces congés a été acquis.

Art.115.- Les créances des salaires, primes, commissions, prestations diverses, indemnités de toute nature et, éventuellement dommages-intérêts priment toutes autres créances privilégiées y compris celle du Trésor public.

Art.116.- Outre les privilèges ci-dessus :

- les maçons, charpentiers et autres ouvriers qui ont été employés pour édifier,

  reconstruire ou réparer les bâtiments, canaux ou autres ouvrages quelconques ont une action contre celui pour lequel les ouvrages ont été faits jusqu'à concurrence des sommes dont il se trouve débiteur envers l'entrepreneur au moment où leur action est intentée ;

□□les ouvriers qui ont travaillé soit à la récolte, soit à la fabrication ou à la réparation des ustensiles agricoles, soit à la conservation de la chose, ont un privilège qui prime tous autres privilèges spéciaux mobiliers, soit sur les fruits de la récolte, soit sur la chose qu'ils ont contribué à conserver[23].

[23] **LA FAUTE LOURDE**

Définition de la faute lourde

La faute lourde est une faute d'une intensité supérieure à la faute grave.

Le salarié commet une faute lourde lorsqu'elle est commise dans l'intention de nuire à l'employeur.

Cette notion est extrêmement importante car sans intention de nuire, il ne peut y avoir de faute lourde.

Il ne suffit pas qu'un préjudice à l'encontre de l'entreprise soit constaté.

À retenir :

- La faute lourde implique une intention de nuire à l'employeur.
- La volonté de nuire du salarié doit être établie et c'est à vous employeur qu'il revient d'apporter la preuve de l'intention de nuire .

La faute lourde est caractérisée par l'intention de nuire à l'employeur, laquelle implique la volonté du salarié de lui porter préjudice dans la commission du fait fautif et ne résulte pas de la seule commission d'un acte préjudiciable à l'entreprise. Cass. Soc. 22 octobre 2015, n°14-11291 et n°14-11801

La faute lourde permet d'engager la responsabilité du salarié afin de lui réclamer la réparation du dommage causé à l'entreprise lorsque cette faute est d'une gravité exceptionnelle .

L'un de vos salariés a commis une faute lourde et vous souhaitez mettre un terme à la relation contractuelle qui vous lie. Découvrez quelle procédure respecter.

▸ Maîtrisez la procédure de licenciement pour faute lourde

Exemples de faute lourde

Il n'existe pas de liste exhaustive des faits pouvant être qualifiés de faute lourde.

Le faits suivants, constitutifs d'une faute lourde, sont des exemples parmi tant d'autres.

Entrave à la liberté de travail

L'entrave à la liberté de travail est le fait pour une personne de s'opposer à ce que des collègues effectuent leur prestation de travail.

Exemple :

L'entrave à la liberté du travail peut constituer une faute lourde, dans les cas suivants :

- le fait pour des grévistes de s'opposer au travail d'autrui, même pour une courte durée ;
- de bloquer l'entrée et la sortie de l'entreprise et de refuser d'obtempérer à la sommation de l'huissier de justice de libérer le passage ;
- de faire obstacle à toute entrée ou sortie des véhicules dans l'entreprise provoquant la désorganisation de celle-ci ;
- d'occuper les locaux de l'entreprise et de s'y maintenir au mépris de trois décisions de justice exécutoires .

Violences sur les personnes

Les violences sur les personnes, qu'elles soient commises au sein de l'entreprise ou en dehors peuvent justifier un licenciement pour faute lourde.

Exemple :

Constituent notamment des violences sur les personnes le fait de frapper un salarié qui refuse de s'associer à un mouvement de grève.

Injures et menaces

Les menaces et injures peuvent constituer une faute lourde.

Exemples :

Le fait de menacer de mort son employeur en effectuant un geste de menace d'égorgement est constitutif d'une faute lourde

Actes de séquestration

Le fait de séquestrer un salarié ou un membre de la direction de l'entreprise peut constituer une faute lourde.

Exemple :

L'acte de séquestration peut être qualifié de faute lourde notamment, dans les situations suivante:

- le fait de pénétrer de force dans les locaux du conseil d'administration avec un personnel cagoulé qui a neutralisé le système de sécurité et de retenir les membres de la direction ;
- le fait pour un salarié de participé personnellement à l'action collective au cours de laquelle le directeur des ressources humaines est retenu de 11 heures 45 à 15 heures

30 dans son bureau, dont il n'a pu sortir qu'après l'évacuation par les forces de l'ordre des personnes présentes.

Divulgation de secrets de l'entreprise

La divulgation de secrets de l'entreprise par un salarié peut justifier un licenciement pour faute lourde.

Exemple :

Le fait pour un salarié qui travaille au sein des services comptables de l'entreprise, de divulguer des renseignements sur les difficultés financières de l'entreprise .

Détournement d'argent

La Cour de cassation a, à plusieurs reprises, estimé que le détournement d'argent au sein d'une entreprise était constitutif d'une faute lourde.

Exemple :

- le fait pour un salarié de détourner des sommes d'argent par encaissement de chèques établis par des clients ou des compagnies d'assurances en procédant à l'attribution d'avoirs et à de faux enregistrements comptables qui masquaient les opérations frauduleuses ;
- le fait pour un salarié d'utiliser, à de multiples reprises et de manière délibérée, la carte professionnelle de la société à des fins strictement personnelles pour des montants importants .

Vous hésitez encore sur la nature de la faute commise par votre salarié. Les faits constituent-ils une faute grave ou une faute lourde ? Pour le savoir, n'hésitez pas à vous rapprocher d'un avocat.

Faute simple, grave ou lourde : quelles différences pour le salarié licencié ?

Un salarié peut être licencié pour faute simple, faute grave ou faute lourde, au terme d'une procédure disciplinaire. Les conséquences du licenciement varient en fonction de la qualification retenue par l'employeur. En cas de litige, c'est au juge de déterminer si le salarié a commis une faute et s'il s'agit d'une faute simple, grave ou lourde.

FAUTE SIMPLE

Conditions

La faute commise par le salarié ne justifie pas nécessairement la qualification de faute grave.

Cependant, elle peut constituer une cause réelle et sérieuse de licenciement.

La faute simple peut être reconnue, par exemple, à l'occasion d'une erreur ou d'une négligence commise par le salarié dans le cadre de son travail.

Le salarié licencié effectue son préavis, sauf dispense de l'employeur.

À savoir : un juge peut requalifier un licenciement pour faute grave (ou lourde) en un licenciement pour faute simple.

Effet sur les indemnités de rupture du contrat

Le salarié licencié pour faute simple a droit de percevoir, s'il remplit les conditions permettant d'en bénéficier, les indemnités suivantes :

Indemnité de licenciement

Indemnité compensatrice de préavis

Indemnité compensatrice de congés payés

FAUTE GRAVE

Conditions

La faute grave est d'une telle gravité que l'employeur ne peut pas maintenir le salarié dans l'entreprise, même temporairement.

Le ou les faits fautifs doivent être directement imputables au salarié. La faute grave entraîne le départ immédiat du salarié.

La gravité de la faute est appréciée en fonction des circonstances propres à chaque fait. La faute grave peut être reconnue même si la faute est commise pour la première fois.

En pratique, la faute grave est souvent admise dans les cas suivants :

- Absences injustifiées ou abandon de poste

Art.117.- L'ouvrier détenteur de l'objet par lui ouvré, peut exercer un droit de rétention dans les conditions prévues par le Code civil.

Les objets mobiliers confiés à un ouvrier pour être travaillés, façonnés, réparés ou nettoyés et qui n'auront pas été retirés dans le délai d'un an pourront être vendus dans les conditions et formes qui seront fixées par décret.

Section 5 - De la prescription de l'action en paiement du salaire

Art.118.- *(Loi n°2017-21)* L'action en paiement du salaire, des accessoires de salaires, des primes et indemnités, ou toute autre somme due en raison du travail, la fourniture des prestations en nature et éventuellement leur remboursement, se prescrivent par trois ans.

Art.119.- La prescription ci-dessus, extinctive et libératoire, commence à courir à la date

à laquelle les salaires sont dus.

Le dernier jour du délai est celui qui porte le même quantième que le jour du point de départ de la prescription.

Art.120.- La prescription a lieu quoiqu'il y ait eu continuation de services ou travaux. Elle est seulement interrompue par :

□□une attestation de l'inspecteur du travail mentionnant la date à laquelle il a été saisi d'un différend individuel, ainsi que l'objet de ce différend,

---

- Indiscipline ou insubordination du salarié (refus d'effectuer une tâche de travail prévue dans le contrat)
- Harcèlement, violences ou injures envers l'employeur ou d'autres salariés
- Vols dans l'entreprise
- État d'ivresse pendant les heures de travail
- Effet sur les indemnités de rupture du contrat

L'indemnité de licenciement et l'indemnité compensatrice de préavis ne sont pas versées au salarié. Il reçoit l'indemnité compensatrice de congés payés, s'il en remplit les conditions.

FAUTE LOURDE

Conditions

La faute lourde est une faute d'une particulière gravité, révélant une intention de nuire du salarié à l'encontre de l'entreprise et de l'employeur. La faute lourde justifie la rupture immédiate du contrat de travail.

C'est à l'employeur d'apporter la preuve de cette intention de nuire. En l'absence de preuve, la faute lourde ne peut pas être reconnue.

En pratique, la faute lourde peut être admise dans les cas suivants :

- Dégradation volontaire d'un outil de l'entreprise
- Violence physique et menace de mort envers l'employeur
- Séquestration d'un membre du personnel de l'entreprise
- Détournement de clientèle au profit d'un concurrent
- Divulgation d'informations secrètes ou confidentielles
- Blocage de l'accès à l'entreprise aux salariés non grévistes par des salariés grévistes

Effet sur les indemnités de rupture du contrat

L'indemnité de licenciement et l'indemnité compensatrice de préavis ne sont pas versées au salarié. Il reçoit l'indemnité compensatrice de congés payés, s'il en remplit les conditions.

□□la citation en justice non périmée.

Section 6 - Des retenues sur salaires

Art.121.- *(Loi n°2017-21)* Aucune retenue ne peut être faite sur la rémunération du travailleur en dehors de celles prévue à la présente section. Il est interdit à l'employeur d'infliger des amendes.

Art.122.- Sont de droit, les retenues ayant pour objet des prélèvements obligatoires d'origine fiscale et sociale, des remboursements en vertu de l'article L.96 paragraphes 2 et 3, des versements prévus par les contrats en application des conventions collectives.

On entend :

□□ par prélèvement d'origine fiscale, les impôts sur les traitements et salaires retenus à la source,

□□ par prélèvement d'origine sociale, les cotisations au régime légal de retraite et autres avantages sociaux.

Art.123.- *(Loi n°2017-21)* Sont possibles dans certaines limites, les retenues nées des saisies attribution ou de cession volontaire souscrite dans les formes définies par la réglementation.

Les cotisations syndicales peuvent être collectées par l'employeur, à la demande du ou des syndicats, sous forme de cession volontaire de salaire dûment établie par le travailleur, au profit de l'organisation de son choix.

Chapitre 4 - De la durée du travail

Section 1 - Généralités

Art.131.- Dans tous les établissements visés à l'article L.3 la durée légale du travail ne peut, en principe, excéder 40 heures par semaine.

Toutefois dans les exploitations agricoles, les heures de travail sont fixées à 2352 heures par an. Dans cette limite un arrêté du Ministre chargé du Travail fixera la durée légale hebdomadaire selon les saisons.

Des arrêtés du Ministre chargé du travail déterminent les modalités d'application des alinéas précédents pour l'ensemble des branches d'activité ou des professions ou pour une branche ou une profession particulière. Les arrêtés fixent notamment l'aménagement et la répartition des horaires de travail dans un cycle donné, les dérogations permanentes ou temporaires applicables dans certains cas et pour certains emplois, les modalités de récupération des heures de travail perdues et les mesures de contrôle.

Des accords relatifs à l'aménagement et à la répartition des horaires de travail à l'intérieur de la semaine peuvent être conclus au sein de l'entreprise ou de l'établissement.

Chapitre 5 - Du travail de nuit

Art.141.- Est considéré comme travail de nuit, le travail effectué entre vingt et une heures et cinq heures.

Chapitre 6 - Du repos hebdomadaire et des jours fériés

Art.142.- *(Loi n°2017-21)* Le repos hebdomadaire est obligatoire. Il est de 24 heures au minimum. Il a lieu en principe le dimanche et ne peut, en aucun cas, être remplacé par une indemnité compensatrice.

Art.143.- Sont admis à donner le repos hebdomadaire par roulement, un autre jour que le dimanche, les établissements dont l'activité ne peut cesser sans inconvénients graves pour la vie collective.

Art.144.- Un arrêté du Ministre chargé du travail fixera la liste de ces établissements ou d'une partie de ces établissements ainsi que les dispositions de contrôle dans les cas de dérogation au repos dominical.

Chapitre 7 - Des congés

Section 1 - Des congés spéciaux

Art.146.- Dans une limite de dix jours, ne peuvent être déduites de la durée du congé acquis, les permissions exceptionnelles qui auraient été accordées au travailleur à l'occasion d'événements familiaux touchant directement son propre foyer. Par contre, les congés spéciaux accordés en sus des jours fériés pourront être déduits s'ils n'ont pas fait l'objet d'une compensation ou récupération des journées ainsi accordées.

Art.147.- Les congés accordés à l'occasion des naissances donnent lieu au versement d'une allocation dans les conditions fixées par le Code de prévoyance sociale.

Section 2 - Du congé annuel

Art.148.- Le travailleur acquiert droit à congé après une période de travail de douze mois de service.

L'appréciation des droits à congé du travailleur se fait sur une période de référence qui s'étend de la date de son embauche ou de son retour du précédent congé, au dernier jour qui précède celui de son départ pour le nouveau congé.

Pour la détermination de la durée du congé, sont assimilées à un mois de service effectif, les périodes équivalent à quatre semaines ou 24 jours de travail.

Art.149.- Pour la détermination de la durée du congé acquis sont considérées comme période de travail :

- les périodes d'indisponibilité pour accident du travail ou maladie professionnelle,
- dans la limite de six mois, les absences pour maladies médicalement constatées,

□□les périodes de repos des femmes en couches,

□□les absences pour les congés spéciaux prévus à la section première du présent chapitre.

Titre 4 - Hygiène et sécurité

Chapitre 1 - Généralités

Art.170.- Sont soumis aux dispositions du présent chapitre et des décrets et arrêtés pris pour son application, les établissements de toute nature où sont employés des travailleurs au sens de l'article L.1.

Art.171.- Des décrets déterminent notamment :

1° les mesures générales et spécifiques de protection, de prévention et de salubrité applicables à tous les établissements et emplois mentionnés à l'article précédent ;

2° les mesures relatives à l'organisation et au fonctionnement des organismes ayant pour mission d'aider à l'observation des prescriptions d'hygiène et de sécurité, et de contribuer à l'amélioration des conditions de travail et à la protection de la santé des travailleurs ;

3° les mesures relatives à l'exposition, à la vente ou à la cession, à quelque titre que ce soit, des machines, appareils et installations diverses présentant des dangers pour les travailleurs ;

4° les mesures relatives à la distribution et à l'emploi de substances ou de préparations à usage industriel, présentant des dangers pour les travailleurs.

Un décret peut fixer les prescriptions particulières à certaines professions ou à certains types de matériels, de substances d'agents, de procédés de travail ou d'installations, ou à certaines catégories de travailleurs.

Art.172.- L'employeur est responsable de l'application des mesures prescrites par les dispositions du présent chapitre et par les textes pris pour leur application.

Chapitre 2 - Du travail des femmes et des enfants

Art.178.- Toute femme enceinte dont l'état a été constaté médicalement peut rompre son contrat après avoir informé son employeur vingt-quatre heures à l'avance, sauf cas de force majeure, et sans avoir à payer une indemnité compensatrice de préavis.

Art.179.- Toute femme enceinte a droit à un congé de maternité de 14 semaines. Ce congé commence six semaines avant la date présumée de l'accouchement et se termine huit semaines après l'accouchement. Lorsque l'accouchement a lieu avant la date présumée, la période de repos est prolongée jusqu'à l'expiration des 14 semaines de congé.

Art.180.- L'intéressée ne peut être employée pendant une période consécutive de sept semaines dont trois semaines avant la date présumée de l'accouchement.

Art.181.- En cas de maladie attestée par un certificat médical et résultant de la grossesse ou des couches, la femme peut prétendre à une prolongation de congé de 3 semaines.

Art.182.- Pendant le congé de maternité visé à l'article L.179 l'intéressée a droit aux soins gratuits et à la rémunération qu'elle percevait au moment de la suspension du travail, dans les conditions fixées par le Code de prévoyance sociale.

Elle conserve en outre le droit aux prestations en nature.

Art.183.- Lorsque la femme ne peut, par suite de maladie, reprendre son travail à l'expiration de son congé de maternité la suspension du contrat de travail prend effet pour compter du premier jour suivant l'expiration dudit congé.

Dans ce cas, l'employeur est tenu dès le premier jour suivant la prolongation prévue à l'article précédent de l'indemniser dans les conditions fixées à l'article L.37 du présent Code.

Pendant toute la période de suspension, l'employeur ne peut résilier le contrat de travail.

Art.184.- Pendant une période de quinze mois à compter de la naissance de l'enfant, la mère a droit à ses repos pour allaitement sur le lieu du travail.

La durée totale de ces repos ne peut dépasser une heure par journée de travail.

Titre 5 - Des différends du travail

Chapitre 1 - Du différend individuel

Section 1 - De la conciliation de l'inspecteur du travail et de la saisine du tribunal

Art.190.- Tout travailleur ou tout employeur pourra demander à l'inspecteur du travail,

à son délégué ou à son suppléant de régler le différend à l'amiable.

Cette demande suspend, à sa date de réception par l'inspecteur du travail, le délai de prescription. Cette suspension court jusqu'à la date du procès-verbal qui clôt la tentative de conciliation à l'inspection du travail.

Les parties sont tenues de se présenter à l'inspection au jour et à l'heure fixés par la convocation, sous peine d'une amende.

Un arrêté du Ministre chargé du travail fixe le montant de cette amende.

Art.191.- *(Loi n°2017-21)* En cas de règlement amiable du différend, la formule exécutoire est apposée sur le procès-verbal de conciliation par ordonnance du président du tribunal du Travail prise à la requête de la partie la plus diligente.

En cas d'échec total ou partiel de ce règlement amiable constaté par un procès-verbal de non conciliation, l'action peut être introduite par déclaration orale ou écrite faite par l'une ou l'autre des parties au greffier du tribunal du Travail ; inscription en est faite sur un registre tenu spécialement à cet effet, un extrait de cette inscription est délivré à la partie ayant introduit l'action[24].

---

[24] **Le rôle et la compétence des délégués**
Les délégués du personnel ont essentiellement pour mission de présenter aux employeurs toutes réclamations individuelles et collectives qui n'auraient pas été directement satisfaites, relatives aux taux de salaires et aux classifications professionnelles, à l'application des dispositions du Code du travail ainsi qu'à celles des lois et règlements concernant la protection ouvrière, l'hygiène, la sécurité et la prévoyance sociale. Ils sont habilités à prendre contact avec les inspecteurs du travail, qu'ils peuvent saisir de toutes plaintes relatives à l'application des prescriptions légales et règlementaires dont ils sont chargés d'assurer le contrôle. En l'absence de comité de sécurité, les délégués ont pour mission de veiller à l'application des prescriptions législatives et règlementaires concernant la sécurité et de proposer toutes mesures utiles en cas d'accidents ou de maladies professionnelles graves. Lorsqu'il n'existe pas de comité d'entreprise, les délégués assument certaines des responsabilités confiées par la loi à cet organisme.
Pour exercer leurs fonctions, les délégués du personnel disposent de 15 heures par mois au maximum. Ce temps leur est payé comme temps de travail. Les délégués du personnel sont protégés par la loi et ne peuvent être licenciés que suivant une procédure spéciale : tout licenciement d'un délégué titulaire ou suppléant doit être obligatoirement soumis à l'assentiment du comité d'entreprise ; en cas de désaccord du comité d'entreprise (ou s'il n'en existe pas), la décision appartient à l'inspecteur du travail. En cas de refus d'autorisation de l'inspecteur du travail, l'employeur pourrait, d'après la Cour Suprême, demander
LES COMITES D'ENTREPRISE
La constitution des comités d'entreprise
Les comités d'entreprise doivent être constitués dans les entreprises employant au moins 50 salariés. Ils sont composés du chef d'entreprise et des délégués élus pour deux ans par le personnel dans les mêmes conditions que les délégués du personnel. En outre, un représentant de chaque organisation syndicale représentative dans l'entreprise (membre du personnel de l'entreprise) peut assister aux réunions du comité avec voix consultative.
Les attributions et le rôle du comité d'entreprise
Les comités d'entreprise ont été institués dans le but d'assurer une coopération entre la direction et le personnel. Ce faisant, le législateur a entendu maintenir intacte l'autorité patronale dans le domaine économique. En matière sociale, au contraire, les comités d'entreprise se sont vu attribuer des pouvoirs de décision.
Le rôle du comité d'entreprise en matière économique. Le comité d'entreprise étudie les suggestions émises par le personnel dans l'intention d'accroître la production et d'améliorer le rendement de l'entreprise. En matière de salaires, il est habilité à formuler son avis sur l'adaptation à l'entreprise des dispositions générales définies par les textes législatifs ou les conventions collectives.
Le comité doit être consulté sur les questions d'ordre général intéressant l'organisation, la gestion et la marche de l'entreprise, et notamment averti en temps utile des mesures tendant aux compressions de personnel. Il doit être obligatoirement informé des bénéfices réalisés et émettre des suggestions quant à leur affectation. Le chef d'entreprise doit, une fois par trimestre, faire au comité un rapport d'ensemble sur l'activité de l'entreprise ; une fois par an, il doit exposer ses projets pour l'exercice suivant.

Les sociétés anonymes sont soumises à des obligations particulières ; l'acte uniforme de l'OHADA relatif au droit des sociétés commerciales et du groupement d'intérêt économique a posé, en ce qui les concerne, les règles suivantes :

- la direction est tenue de communiquer au comité, avant leur représentation à l'assemblée générale des actionnaires, le compte des profits et pertes, le bilan annuel et le rapport des commissaires aux comptes ;
- le comité peut convoquer les commissaires aux comptes, recevoir leurs explications sur les différents postes des documents sus énumérés, ainsi que sur la situation financière de l'entreprise, et formuler toutes observations utiles, qui seront obligatoirement transmises à l'assemblée générale des actionnaires ;
- à l'occasion de ces études, le comité peut être assisté d'un expert-comptable rémunéré par l'entreprise ;
- deux membres du comité, délégués par celui-ci et appartenant l'un à la catégorie des cadres et de la maîtrise, l'autre à la catégorie des ouvriers et employés, assistent avec voix consultative à toutes les séances du conseil d'administration.

L'intéressement des travailleurs à l'entreprise

L'ordonnance française du 7 janvier 1959 tenant à favoriser l'association et l'intéressement des travailleurs à l'entreprise réserve aux comités d'entreprise un rôle important dans l'élaboration et l'application des contrats d'intéressement. Par ailleurs, une des ordonnances du 17 août 1967 relatives à la participation des salariés aux fruits de l'expansion des entreprises prévoit entre autres possibilités la conclusion au sein du comité d'entreprise d'un accord sur la nature et les modalités de gestion des droits reconnus aux salariés au titre de cette participation.

Le rôle du comité d'entreprise en matière sociale

Le comité d'entreprise assume ou contrôle la gestion des œuvres sociales établies dans l'entreprise au bénéfice des salariés ou de leurs familles. Pour lui permettre d'assumer cette tâche, il est doté de la personnalité civile. Il dispose de certaines ressources. La plus importante, sinon la seule, est constituée par les fonds versés par l'entreprise.

Le fonctionnement des comités d'entreprise

Les membres titulaires du comité d'entreprise disposent de 20 heures par mois, qui outre les heures de présence aux séances du comité sont rémunérées comme temps de travail ; ils ne peuvent être licenciés que sous les mêmes garanties que les délégués du personnel.

L'intéressement du personnel aux résultats

Une ordonnance française du 17 août 1967 a créé un régime obligatoire de participation des travailleurs aux fruits de l'expansion dans les entreprises d'une certaine importance. Ce texte a été explicité par un décret du 19 décembre 1967.

Quand y a-t-il obligation ? Les trois conditions suivantes doivent être réunies pour qu'il y ait obligatoirement constitution d'une réserve spéciale affectée à cet intéressement :

a) l'entreprise doit occuper habituellement plus de cent salariés ; néanmoins, les entreprises plus petites peuvent volontairement se soumettre à l'obligation ;

b) l'entreprise doit avoir réalisé (au Congo ou dans les pays membres du Traité OHADA) un bénéfice net imposable ;

c) le bénéfice diminué de l'impôt doit être supérieur à 5% des capitaux propres de l'entreprise.

Le mode de calcul de la réserve spéciale. Le montant de la réserve spéciale de participation des travailleurs est déterminé de la façon suivante :

1° est d'abord calculé le rapport entre la masse des salaires et la valeur ajoutée de l'entreprise ;

2° ce rapport est appliqué à la fraction du bénéfice net qui est supérieure à la rémunération de 5% des capitaux propres visée à l'alinéa c) ci-dessus.

3° la réserve spéciale est alors égale à la moitié de la somme ainsi calculée qui est censée correspondre à la part du travailleur dans l'activité de l'entreprise.

La répartition entre les travailleurs ayant au moins trois ans de présence dans l'entreprise au cours de l'exercice est calculée proportionnellement aux salaires perçus, dans la limite de certains plafonds. Toutefois, les entreprises peuvent conclure avec leur personnel des accords

En cas de non conciliation, l'inspecteur du Travail est tenu de transmettre au tribunal du Travail le Procès-verbal de non conciliation, à la demande l'une des parties, dans les 15 jours, au tribunal du Travail du ressort.

Section 2 - De la compétence

Art.192.- *(Loi n°2017-21)* Les tribunaux du Travail connaissent des différends individuels pouvant s'élever à l'occasion du travail entre les travailleurs et leurs employeurs.

---

plus avantageux pour celui-ci, sous réserve que ces accords soient homologués par arrêtés des ministres de l'Economie et des Finances et des Affaires sociales, sur avis conforme d'un Centre d'étude des revenus et de coûts. La nature et les modalités de gestion des droits reconnus aux salariés sur les sommes définies ci-dessus sont fixées par accords entre la direction d'une part, le personnel de l'autre. Il peut s'agir soit d'une convention collective, soit d'un accord d'établissement, soit encore d'une décision du comité d'entreprise.
Suivant les accords ainsi conclus, les salariés pourront soit recevoir des actions ou des coupures d'actions de l'entreprise, soit si l'entreprise affecte le montant de la réserve spéciale à ses investissements, recevoir des obligations ou bénéficier des comptes courants bloqués, soit encore devenir actionnaires d'un organisme de placements.
Les avantages fiscaux des entreprises. Les entreprises peuvent constituer en franchise d'impôt une provision pour investissements d'un montant égal à celui des sommes affectées à la réserve spéciale de participation ; cette provision doit être utilisée dans l'année à l'acquisition ou à la création d'immobilisations amortissables.
Les plans d'épargne d'entreprise
Aux termes de l'Acte uniforme relatif au droit comptable de l'OHADA, tout système d'épargne collectif ouvrant aux salariés d'une entreprise la faculté de participer, avec l'aide de celle-ci, à la constitution d'un portefeuille de valeurs mobilières constitue un plan d'épargne d'entreprise. Un tel, plan peut être établi soit à l'initiative de l'entreprise soit en vertu d'un accord avec le personnel. Les valeurs mobilières sont acquises avec les fonds fournis volontairement par les salariés et avec les fonds apportés par l'entreprise ; en fait, l'entreprise proportionne sa participation à celle des salariés, mais cette participation ne peut dépasser 10% du salaire annuel de chacun, ni 20000F par bénéficiaire. La part de chaque salarié dans le portefeuille collectif de l'entreprise est individualisée, mais il ne peut en bénéficier que cinq ans plus tard ou lorsqu'il atteint l'âge de 65 ans. Les versements de l'entreprise sont déduits de son bénéfice imposable et ne sont pas considérés comme constituant un supplément de salaire pour les travailleurs, tant en matière fiscale que sociale. Les salariés qui ont adhéré à un plan d'épargne d'entreprise peuvent demander que leur participation aux fruits de l'expansion (intéressement) soit affectée à la réalisation de ce plan.
Le règlement intérieur
Le « règlement intérieur », ou « règlement d'atelier », a pour objet de préciser les modalités d'application, dans l'entreprise, des dispositions légales et conventionnelles, et de régler les problèmes relatifs à l'organisation et à la discipline générale. Le Code du travail de 1975 impose l'établissement d'un règlement intérieur dans les entreprises industrielles et commerciales employant habituellement au moins 20 salariés. Le règlement intérieur doit contenir un certain nombre de dispositions obligatoires (date d'entrée en vigueur du règlement, licenciement collectif, hygiène, sécurité, etc.). La direction peut y insérer des clauses facultatives, concernant notamment la discipline générale, les sanctions, les heures supplémentaires, la mise à la retraite, etc. Le règlement intérieur, après avoir été soumis pour avis au comité d'entreprise (ou à défaut, aux délégués du personnel), doit être adressé à l'inspecteur du travail, accompagné, le cas échéant, d'un exposé des observations faites par les représentants du personnel ; l'inspecteur du travail peut exiger le retrait ou la modification des dispositions contraires aux lois et règlements en vigueur.

Section 3 - De la composition

Art.194.- Les tribunaux du travail sont créés par décret sur proposition du Ministre de la justice, après avis u Ministre du travail. Ces décrets fixent pour chaque tribunal son siège et sa compétence territoriale.

Art.195.- Les tribunaux du travail dépendent administrativement du Ministre de la justice.

Art.196.- Le tribunal est composé d'un magistrat, président, d'un assesseur employeur et d'un assesseur travailleur, d'un greffier.

Le tribunal du travail est subdivisé en sections professionnelles fixées par arrêté du Ministre de la justice après avis du Ministre chargé du travail.

Plusieurs sections peuvent être réunies et il peut être créé une seule section interprofessionnelle lorsque la situation du marché du travail le nécessite.

En cas de vacance d'assesseurs dans une section professionnelle déterminée, le président du tribunal peut pendant une période ne pouvant excéder trente jours faire appel aux assesseurs d'une autre section.

Art.197.- Chaque tribunal du travail comporte une formation de référé commune à toutes les éventuelles sections. La formation de référé est composée du président du tribunal du travail et d'un greffier. Elle est saisie par simple requête adressée au président du tribunal du travail.

Section 4 - De la procédure

Art.202.- La procédure devant les tribunaux du travail est gratuite. En outre, pour l'exécution des jugements rendus à leur profit, les travailleurs bénéficient de l'assistance judiciaire.

Art.203.- Dans les deux jours à dater de la réception de la demande, dimanches et jours fériés non compris, le président cite les parties à comparaître dans un délai qui ne peut excéder douze jours, majorés, s'il y a lieu, des délais de distance qui seront fixés par décret.

Section 5 - Du jugement

Art.209.- Les débats clos, le tribunal délibère immédiatement en secret. Sauf mise en délibéré, lequel ne peut excéder la date de la prochaine audience de la même section, le jugement qui doit être motivé est rédigé sur l'heure et l'audience reprise pour sa lecture.

Art.210.- Les minutes du jugement sont signées par le président et le greffier. La minute du jugement est transcrite sur le registre des délibérations. Copie en est remise aux parties sur leur demande.

Une copie de chaque jugement est adressée par le greffier à la direction du travail et à l'inspection du travail territorialement compétente.

Art.211.- Le jugement peut ordonner l'exécution immédiate jusqu'à concurrence d'un taux de 50 % des sommes portant sur les réclamations des salaires et accessoires, indemnités diverses, droits et avantages à l'exclusion des dommages intérêts nonobstant appel et par provision avec dispense de caution.

Art.212.- En cas de jugement par défaut, signification du jugement est faite, dans les formes fixées par l'article L.203, sans frais, à la partie défaillante, par le greffier du tribunal ou par un agent administratif commis spécialement à cet effet par le président.

Section 5 - Du jugement

Art.209.- Les débats clos, le tribunal délibère immédiatement en secret. Sauf mise en délibéré, lequel ne peut excéder la date de la prochaine audience de la même section, le jugement qui doit être motivé est rédigé sur l'heure et l'audience reprise pour sa lecture.

Art.210.- Les minutes du jugement sont signées par le président et le greffier. La minute du jugement est transcrite sur le registre des délibérations. Copie en est remise aux parties sur leur demande.

Une copie de chaque jugement est adressée par le greffier à la direction du travail et à l'inspection du travail territorialement compétente.

Art.211.- Le jugement peut ordonner l'exécution immédiate jusqu'à concurrence d'un taux de 50 % des sommes portant sur les réclamations des salaires et accessoires, indemnités diverses, droits et avantages à l'exclusion des dommages intérêts nonobstant appel et par provision avec dispense de caution.

Art.212.- En cas de jugement par défaut, signification du jugement est faite, dans les formes fixées par l'article L.203, sans frais, à la partie défaillante, par le greffier du tribunal ou par un agent administratif commis spécialement à cet effet par le président.

Section 6 - Des voies de recours

Art.216.- L'appel doit être interjeté dans les 15 jours délai légal du prononcé du jugement et dans les formes prévues à l'article L.191 paragraphe 2.

En ce qui concerne les jugements rendus par défaut ce délai prend effet du jour de la signification.

L'appel est transmis dans la huitaine de la déclaration d'appel à la cour d'appel avec une expédition du jugement et des lettres, mémoires et documents déposés par les parties. L'appel est jugé sur pièces.

Toutefois, les parties peuvent demander à être entendues ; en ce cas la représentation des parties obéit aux règles fixées par l'article L.204.

Art.217.- La cour suprême connaît des recours en cassation contre les jugements rendus en dernier ressort et les arrêts de la cour d'appel.

Le pourvoi est introduit et jugé dans les formes et conditions prévues par les lois relatives à l'organisation et à la procédure de la cour suprême.

Chapitre 2 - Du différend collectif

Section 1 - De la conciliation

Art.218.- Est réputé différend collectif du travail, tout conflit caractérisé à la fois par :

1° l'intervention d'un groupe de travailleurs ;

2° la nature collective de l'intérêt en jeu.

Art.219.- Tout différend collectif doit être immédiatement notifié par les parties :

1° à l'inspecteur régional du travail du ressort lorsque le conflit est limité au territoire d'une inspection régionale du travail ;

2° au directeur du travail lorsque le conflit s'étend sur le territoire de plusieurs inspections régionales.

L'inspecteur régional du travail et le directeur du travail, suivant le cas procèdent sans délai à la tentative de conciliation.

Art.220.- Les parties peuvent se faire assister ou représenter par une personne dûment mandatée.

Lorsqu'une partie ne comparaît pas ou ne se fait pas représenter valablement, l'inspecteur du travail convoque à nouveau dans un délai qui ne peut excéder 48 heures sans préjudice de la condamnation à l'amende civile prévue à l'article L.190.

Section 2 - De l'arbitrage

Art.225.- *(Loi n°2017-21)* Dès réception du rapport de non conciliation, le Ministre chargé du Travail saisit sans délai le Conseil d'arbitrage, à la demande expresse des parties au conflit.

En cas de crise nationale aigue ou lorsque le conflit concerne un service essentiel, le Ministre chargé du Travail peut, de sa seule initiative, décider de convoquer le Conseil d'arbitrage.

Est considéré comme un service essentiel, tout service dont l'interruption risque de porter atteinte à la vie, à la sécurité et à la santé de tout ou partie de la population.

Les membres employeurs et travailleurs du Conseil sont choisis, en fonction de leur autorité morale et de leurs compétences techniques, par le Ministre chargé du Travail, sur proposition des organisations syndicales d'employeurs et de travailleurs les plus représentatives.

Une fois constitué, le Conseil d'arbitrage dispose de 8 jours francs, au plus, pour se réunir.

Titre 6 - Des institutions professionnelles

Chapitre 1 - Des syndicats professionnels

Section 1 - De l'objet des syndicats professionnels

Art.232.- *(Loi n°2017-21)* Les syndicats professionnels ont exclusivement pour objet l'étude et la défense des droits ainsi que des intérêts matériels, économiques, sociaux et moraux, tant collectifs qu'individuels, de leurs membres.

Art.233.- Les personnes exerçant la même profession, des métiers similaires ou des professions connexes concourant à l'établissement de produits ou services déterminés, peuvent constituer librement un syndicat professionnel.

Art.234.- Les fondateurs de tout syndicat professionnel doivent déposer les statuts et les noms de ceux qui, à un titre quelconque, sont chargés de son administration ou de sa direction.

Ce dépôt a lieu au siège de la circonscription administrative où le syndicat est établi. Copie des statuts est adressée à l'inspecteur du travail et au procureur de la République qui en vérifie la légalité et informe de ses conclusions le syndicat intéressé, le chef de la circonscription administrative et l'inspecteur du travail.

Section 2 - De la capacité civile des syndicats professionnels

Art.240.- Les syndicats professionnels jouissent de la personnalité civile. Ils ont le droit d'ester en justice et d'acquérir sans autorisation, à titre gratuit ou à titre onéreux, des biens meubles ou immeubles.

Art.241.- Ils peuvent, devant toutes les juridictions, exercer tous les droits réservés à la

partie civile, relativement aux faits portant un préjudice direct ou indirect à l'intérêt collectif de la profession qu'ils représentent.

Art.242.- Ils peuvent créer, administrer ou subventionner des œuvres professionnelles telles que :

- institutions de prévoyance, caisses de solidarité, laboratoires, champs d'expérience, œuvre d'éducation scientifique, agricole ou sociale, cours, publications intéressant la profession.

Les immeubles et objets mobiliers nécessaires à leurs réunions, à leurs bibliothèques et à leurs cours d'instruction professionnelle sont insaisissables.

Ils peuvent affecter une partie de leurs ressources à la création de logements de travailleurs, à l'acquisition de terrains de culture ou de terrains d'éducation physique à l'usage de leurs membres.

Art.243.- Ils peuvent subventionner des sociétés coopératives de production ou de consommation.

Section 8 - De la liberté syndicale

Art.256.- Tout travailleur ou employeur peut adhérer librement à un syndicat de son choix dans le cadre de sa profession.

Art.257.- Il est interdit à tout employeur de prendre en considération les opinions l'appartenance à un syndicat ou l'exercice d'une activité syndicale pour arrêter ses décisions en ce qui concerne notamment l'embauchage, la conduite et la répartition du travail, la formation professionnelle, l'avancement, la rémunération et l'octroi d'avantages sociaux, les mesures de discipline et de congédiement.

Chapitre 2 - Des délégués du personnel

Section 1 - Des élections des délégués du personnel

Art.265.- *(Loi n°2017-21)* Des délégués du personnel sont élus dans chaque établissement comprenant plus de dix travailleurs. La durée de leur mandat est de trois ans. Ils peuvent être réélus.

Lorsque plusieurs établissements sont situés dans une même localité ou dans un rayon de 20 kilomètres et qu'ils ne comportent pas séparément le nombre minimum de travailleurs, les effectifs de ces établissements sont groupés en vue de la constitution d'un collège électoral.

Art.266.- Le nombre des délégués du personnel est fixé comme suit :

□□de 11 à 25 travailleurs : 1 délégué titulaire et un suppléant ;

□□de 26 à 50 travailleurs : 2 délégués titulaires et 2 suppléants ;

□□de 51 à 100 travailleurs : 3 délégués titulaires et 3 suppléants ;

□□ de 101 à 250 travailleurs : 5 délégués titulaires et 5 suppléants ;

□□ de 251 à 500 travailleurs : 7 délégués titulaires et 7 suppléants ;

□□de 501 à 1.000 travailleurs : 9 délégués titulaires et 9 suppléants ;

□□□ plus un délégué titulaire et un suppléant par tranche supplémentaire de 500 travailleurs.

Section 2 - Du statut des délégués du personnel

Art.271.- Le chef d'établissement est tenu de laisser aux délégués du personnel, dans les limites d'une durée qui, sauf circonstances exceptionnelles ne peut excéder 15 heures par mois, le temps nécessaire à l'exercice de leurs fonctions. Ce temps est considéré comme temps de travail et rémunéré comme tel. Il doit être utilisé exclusivement aux tâches afférentes à l'activité du personnel telles qu'elles sont définies à la Section 3 ci- après.

Art.272.- Le chef d'établissement est tenu de mettre à la disposition des délégués du personnel le local et le mobilier nécessaires pour leur permettre de remplir leur mission et notamment de se réunir.

Art.273.- Les délégués du personnel peuvent faire afficher, à l'exclusion de tout document de quelque sorte que ce soit, les renseignements qu'ils ont pour rôle de porter à la connaissance du personnel dans le cadre de leur mission. L'affichage doit être effectivement assuré aux portes d'entrée des lieux de travail et également sur des emplacements obligatoirement prévus et destinés aux communications syndicales.

Les entreprises doivent choisir ces emplacements dans un endroit apparent et de préférence sur les lieux de passage du personnel.

Section 3 - Des attributions des délégués du personnel

Art.278.- Les délégués du personnel ont pour mission :

□□de présenter aux employeurs toutes les réclamations individuelles ou collectives concernant les conditions de travail et la protection des travailleurs, l'application des conventions collectives, des classifications professionnelles et des taux de salaires réglementaires ou conventionnels ;

□□de saisir l'inspecteur du travail de toutes plaintes ou réclamations concernant l'application des prescriptions légales et réglementaires dont elle est chargée 'assurer le contrôle ;

□□de veiller à l'application des prescriptions relatives à l'hygiène et à la sécurité des

travailleurs et à la prévoyance sociale et de proposer toutes mesures utiles à ce sujet ;

□□ de communiquer à l'employeur toutes suggestions utiles tendant à l'amélioration de l'organisation et du rendement de l'entreprise.

DOUZIEME PARTIE. LA LEGISLATION DU TRAVAIL DU NIGER

Ordonnance no 96-039 du 29 juin 1996 portant Code du travail

TITRE I.- DISPOSITIONS GENERALES

Article 1 : Le présent code régit les rapports entre employeurs et travailleurs. Il est applicable sur tout le territoire de la République du Niger.

Article 2 : Est considérée comme travailleur au sens du présent Code quels que soient son sexe et sa nationalité, toute personne qui s'est engagée à mettre son activité professionnelle, moyennant rémunération, sous la direction et l'autorité d'une autre personne, physique ou morale, publique ou privée.

Pour la détermination de la qualité de travailleur, il n'est tenu compte ni du statut juridique de l'employeur, ni de celui de l'employé. Toutefois, les personnes nommées dans un emploi permanent d'un cadre d'une administration publique ne sont pas soumises aux dispositions du présent Code.

Article 3 : Est considérée comme employeur et constitue une entreprise soumise aux dispositions du présent Code toute personne physique ou morale, de droit public ou de droit privé, employant un ou plusieurs travailleurs, quelle que soit son activité ou son statut: entreprise commerciale, industrielle, agricole ou de services, profession libérale, institution de bienfaisance, organisation non gouvernementale, association ou confrérie religieuse, ainsi que toutes autres institutions avec ou sans but lucratif.

L'entreprise comprend un ou plusieurs établissements formés d'un groupe de personnes travaillant en commun en un lieu déterminé (usine, local ou chantier, notamment) sous une autorité commune représentant l'employeur.

Un établissement donné relève toujours d'une entreprise. Un établissement unique et indépendant constitue à la fois une entreprise et un établissement. L'établissement peut ne comporter qu'une seule personne.

Article 4 : Le travail forcé ou obligatoire est interdit de façon absolue. Le terme «travail forcé ou obligatoire» désigne tout travail ou service exigé d'un individu sous la menace d'une peine quelconque et pour lequel ledit individu ne s'est pas offert de plein gré.

Article 5 : Sous réserve des dispositions expresses du présent Code ou de tout autre texte de nature législative ou réglementaire protégeant les femmes et les enfants, ainsi que des dispositions relatives à la condition des étrangers, aucun employeur ne peut prendre en considération le sexe, l'âge, l'ascendance nationale, la race, la religion, la couleur, l'opinion politique et religieuse, l'origine sociale, le handicap, l'appartenance ou la non-appartenance à un syndicat et l'activité syndicale des travailleurs pour arrêter ses décisions en ce qui concerne notamment, l'embauchage, la conduite et la répartition du travail, la formation professionnelle, l'avancement, la promotion, la rémunération, l'octroi d'avantages sociaux, la discipline ou la rupture du contrat de travail.

Toute disposition ou tout acte contraire est nul.

Article 6 : Les travailleurs continuent à bénéficier des avantages qui leur ont été consentis lorsque ceux-ci sont supérieurs à ceux que leur reconnaît le présent Code.

De nouveaux avantages peuvent leur être accordés par décision unilatérale d'un employeur ou d'un groupement d'employeurs, par contrat de travail, convention collective ou usage.

Article 7 : Une copie du présent Code doit être tenue par l'employeur, pour consultation, à la disposition des représentants du personnel au sens de l'article 200.

TITRE II.- EMPLOI ET FORMATION PROFESSIONNELLE

CHAPITRE I.- EMPLOI

Article 8 : Les entreprises utilisent leur propre main-d'œuvre. Elles peuvent aussi faire appel à du personnel extérieur dans le cadre du travail temporaire et procéder à la mise à disposition de leurs salariés à d'autres entreprises. Elles peuvent également recourir aux services d'un tâcheron.

Article 9 : Sous réserve du respect des dispositions des articles 10, 12 et 41, les employeurs recrutent directement les salariés qu'ils emploient. Ils peuvent aussi faire appel aux services de bureaux de placement publics ou privés.

Article 10 : L'employeur doit communiquer toute vacance de poste au service public de l'emploi. Aucune publicité de quelque nature que ce soit relative au poste à pourvoir, aucune embauche directe ou par l'intermédiaire d'un bureau de placement privé ne peuvent être effectuées avant cette notification.

Article 11 : Toute personne à la recherche d'un emploi doit requérir son inscription auprès du service public de l'emploi. Elle peut en plus, s'inscrire auprès d'un bureau de placement privé.

Article 12 : Aucun employeur ne peut recruter des travailleurs qui ne seraient pas munis de leur carte d'inscription délivrée par le service public de l'emploi.

Toute embauche doit faire l'objet dans les trois jours ouvrables, d'une déclaration établie par l'employeur et adressée au service public de l'emploi du ressort dans les conditions prévues à l'article 275.

Article 13 : Nul ne peut, sans autorisation préalable du Ministre du Travail, procéder à des opérations d'engagement collectif de travailleurs en vue de leur emploi en dehors du territoire de la République du Niger.

Article 14 : L'ouverture de bureaux ou d'offices privés de placement ayant pour objet exclusif ou principal d'agir comme intermédiaires entre employeurs et travailleurs peut être autorisée par arrêté du Ministre du Travail pris après avis de la commission consultative du Travail. Un Décret détermine les conditions de création, de fonctionnement, notamment quant à la rétribution de leurs services, et de contrôle ainsi que la durée pour laquelle cette autorisation peut être donnée et renouvelée.

Article 15 : Est entrepreneur de travail temporaire toute personne physique ou morale dont l'activité est de mettre à la disposition provisoire d'utilisateurs, personnes physiques ou morales, des salariés, qu'en fonction d'une qualification convenue, elle embauche et rémunère à cet effet.

Les entreprises de travail temporaire doivent exercer cette activité à l'exclusion de toute autre.

Il ne peut être fait appel aux entreprises de travail temporaire pour remplacer des travailleurs en grève.

Des Décrets peuvent également déterminer des travaux particulièrement dangereux pour lesquels le recours au travail temporaire est interdit.

Article 16 : Le contrat de travail temporaire est conclu par écrit entre l'entrepreneur de travail temporaire et le travailleur mis à la disposition de l'utilisateur. Celte mise à disposition s'appelle mission.

L'entreprise de travail temporaire est réputée employeur. Elle est investie des droits et est débitrice des obligations attachés à cette qualité.

Toutefois, pour les salariés ayant déjà été employés dans le cadre d'une mission au cours des douze mois précédents, l'entrepreneur de travail temporaire qui propose une nouvelle mission est dispensé de la formalité prévue à l'article 10 ci-dessous.

Le salaire perçu par le travailleur temporaire au cours de chaque mission ne peut être inférieur à celui qu'il aurait perçu s'il avait été embauché par l'entreprise utilisatrice. Aucune rémunération ni aucune indemnisation ne peuvent être demandées au travailleur temporaire pour lui avoir procuré une mission.

Article 17 : Le contrat de mise à disposition d'un travailleur temporaire conclu entre l'entreprise de travail temporaire et l'entreprise utilisatrice doit être passé par écrit. Il mentionne expressément le motif justifiant cette mise à disposition par application des dispositions de l'article 18.

Article 18 : II ne peut être recouru aux services des entreprises de travail temporaire que pour des tâches non durables par nature et dans les seuls cas suivants:

- a) absence temporaire d'un salarié pendant la durée de celle-ci;

- b) suspension d'un contrat de travail pendant le temps de cette suspension;

- c) fin d'un contrat à durée indéterminée dans l'attente de l'entrée en service effective d'un remplaçant;

- d) travaux urgents dont l'exécution immédiate est nécessaire pour prévenir les accidents. organiser les mesures de sauvetage ou réparer les insuffisances du matériel, des installations ou bâtiments de l'entreprise présentant un danger pour les travailleurs;

- e) survenance d'un surcroît exceptionnel de travail.

La durée des missions de travail temporaire ne peut excéder six mois.

Article 19 : La mise à disposition d'un travailleur temporaire auprès d'une entreprise utilisatrice ayant procédé à un licenciement économique dans les douze mois précédents est subordonnée à l'autorisation de l'inspecteur du Travail.

Article 20 : Le tâcheron est un sous-entrepreneur qui, recrutant lui-même la main-d'œuvre nécessaire, passe avec un entrepreneur un contrat écrit pour l'exécution d'un travail ou la fourniture de certains services moyennant un prix forfaitaire.

Les salariés recrutés par le tâcheron pour l'exécution du contrat de tâcheronnat doivent travailler sous la direction et le contrôle effectifs du tâcheron, sans préjudice du droit de regard qu'a l'entrepreneur sur l'exécution des travaux.

Une copie du contrat de tâcheronnat doit être adressée à l'inspecteur du Travail du ressort.

Article 21 : Quand les travaux sont exécutés dans les ateliers, magasins ou chantiers de l'entrepreneur, ce dernier est, en cas d'insolvabilité du tâcheron, substitué à celui-ci en ce qui concerne le paiement des salaires dus aux travailleurs.

Quand les travaux sont exécutés dans un lieu autre que les ateliers, magasins ou chantiers de l'entrepreneur, ce dernier est, en cas d'insolvabilité du tâcheron, responsable du paiement des salaires dus aux travailleurs.

Les travailleurs lésés ont, dans ce cas, une action directe contre l'entrepreneur.

Article 22 : Des Décrets d'application déterminent, en tant que de besoin, les modalités d'application du présent chapitre.

CHAPITRE II.- FORMATION PROFESSIONNELLE ET APPRENTISSAGE

SECTION I.- FORMATION PROFESSIONNELLE

Article 23 : La formation professionnelle est un droit pour tous les travailleurs. Elle comprend la formation initiale en vue de l'acquisition d'une qualification et d'un premier emploi et la formation professionnelle continue.

La formation professionnelle continue a pour objet d'adapter les travailleurs aux changements des techniques et des conditions de travail et de favoriser leur promotion sociale et leur accès aux différents niveaux de qualification.

Article 24 : L'Etat, les collectivités locales, les établissements publics, les associations, les organisations professionnelles ainsi que les entreprises concourent à assurer la formation professionnelle dans des conditions fixées par voie réglementaire.

SECTION II.- CONTRAT D'APPRENTISSAGE

Article 25 : Le contrat d'apprentissage est celui par lequel un chef d'établissement industriel, commercial ou agricole, un artisan ou un façonnier s'oblige à donner ou à faire donner une formation professionnelle méthodique et complète à une autre personne et par lequel celle-ci s'oblige, en retour, à se conformer aux instructions qu'elle reçoit et à exécuter les ouvrages qui lui sont confiés en vue de son apprentissage.

Le contrat doit être constaté par écrit, à peine de nullité. Il est rédigé en langue française.

Le contrat est exempt de tout droit de timbre et d'enregistrement.

Article 26 : Le contrat d'apprentissage est établi en tenant compte des usages et coutumes de la profession. Il contient en particulier:

1) les nom, prénoms, âge, profession, domicile du maître ou la raison sociale;

2) les nom, prénoms, âge, domicile de l'apprenti;

3) les nom, prénoms, profession et domicile de ses père et mère, de son tuteur ou de la personne autorisée par les parents ou à leur défaut par le juge de paix;

4) la date et la durée du contrat;

5) les conditions de rémunération, de nourriture et de logement de l'apprenti;

6) l'indication des cours professionnels que le chef d'établissement s'engage à faire suivre à l'apprenti, soit dans l'établissement, soit au-dehors.

Article 27 : Nul ne peut recevoir des apprentis mineurs s'il n'est âgé de vingt et un ans au moins.

Article 28 : Aucun maître, s'il ne vit en famille ou en communauté, ne peut loger en son domicile personnel ou dans son atelier, comme apprentis, des jeunes filles mineures.

Article 29 : Ne peuvent recevoir des apprentis les individus qui ont été condamnés soit pour crime, soit pour délit contre les mœurs, soit pour quelque délit que ce soit à une peine d'au moins trois mois de prison sans sursis.

Article 30 : Le maître doit prévenir sans retard les parents de l'apprenti ou leurs représentants en cas de maladie, d'absence ou de tout autre fait de nature à motiver leur intervention.

Il ne doit employer l'apprenti, dans la mesure de ses forces, qu'aux travaux et services qui se rattachent à l'exercice de sa profession.

Article 31 : Le maître doit traiter l'apprenti en bon père de famille et lui assurer les meilleures conditions de logement et de nourriture.

Si l'apprenti ne sait pas lire, écrire et compter ou s'il n'a pas encore terminé sa première éducation religieuse, le maître est tenu de lui accorder le temps et la liberté nécessaires pour son instruction. Ce temps est dévolu à l'apprenti selon un accord réalisé entre les parties, mais ne peut excéder une durée calculée sur la base de deux heures par jour de travail.

Article 32 : Le maître doit enseigner à l'apprenti, progressivement et complètement, l'art, le métier ou la profession spéciale qui fait l'objet du contrat.

Il lui délivre, à la fin de son apprentissage, un congé d'acquit ou certificat constatant l'exécution du contrat.

Article 33 : L'apprenti doit à son maître, dans le cadre de l'apprentissage, obéissance et respect. Il doit l'aider par son travail dans la mesure de ses aptitudes et de ses forces.

L'apprenti dont le temps d'apprentissage est terminé passe un examen devant l'organisme désigné après avis de la commission consultative du Travail.

Le certificat d'aptitude professionnelle est délivré à l'apprenti qui a subi l'examen avec succès.

L'apprenti est tenu de remplacer à la fin de son apprentissage le temps qu'il n'a pu employer par suite de maladie ou d'absence ayant duré plus de quinze jours.

Article 34 : L'embauchage comme ouvriers ou employés de jeunes gens liés par un contrat d'apprentissage, élèves ou stagiaires dans les écoles ou centres de formation professionnelle, est passible d'une indemnité au profit du chef d'établissement abandonné.

Tout nouveau contrat d'apprentissage conclu sans que les obligations du précédent contrat aient été remplies complètement ou sans qu'il ait été résolu légalement est nul de plein droit.

Article 35 : Les autres conditions de forme et de fond et les effets de ce contrat ainsi que les cas et les conséquences de sa résiliation et les mesures de contrôle de son exécution, notamment les cas dans lesquels un maître peut se voir interdire de recevoir des apprentis lorsqu'il est fréquent qu'à l'issue de leur contrat ces derniers ne sont pas en état de subir avec succès l'examen d'aptitude professionnelle, sont réglés par décret après avis de la commission consultative du Travail.

Article 36 : Des arrêtés du Ministre du Travail, pris après avis de la commission consultative du Travail, peuvent déterminer les catégories d'entreprises dans lesquelles est imposé un pourcentage d'apprentis par rapport au nombre total des travailleurs.

CHAPITRE III.- CONTRAT DE TRAVAIL

SECTION I.- DISPOSITIONS GENERALES

Article 37 : Le contrat individuel de travail est la convention par laquelle une personne physique s'engage moyennant rémunération à mettre tout ou partie de son activité professionnelle sous la direction d'une autre personne, physique ou morale, appelée employeur.

Article 38 : Quels que soient le lieu de la conclusion du contrat et la résidence de l'une ou l'autre partie, tout contrat de travail conclu entre un employeur et un travailleur pour être exécuté au Niger, est soumis aux dispositions du présent Code. Il en est de même de tout contrat de travail conclu pour être exécuté sous l'empire d'une autre législation mais dont l'exécution, même partielle, au Niger excède une durée de trois mois.

Article 39 : Sous réserve des dispositions expresses du présent Code relatives aux contrats de mission conclus dans le cadre du travail temporaire, aux contrats de travail à durée déterminée, aux contrats de travail conclus avec des travailleurs étrangers et de ceux qui nécessitent l'installation des travailleurs hors de leur résidence habituelle, le contrat de travail est passé librement.

Sous les mêmes réserves, le contrat de travail est constaté dans les formes qu'il convient aux parties d'adopter. Lorsqu'il est écrit, le contrat de travail est exempt de tout droit de timbre et d'enregistrement.

L'existence du contrat de travail se prouve par tout moyen.

SECTION II.- CONCLUSION DU CONTRAT DE TRAVAIL

Article 40 : Le contrat de travail peut être conclu pour une durée indéterminée, ou pour une durée déterminée selon les règles définies à la troisième section du présent chapitre.

Article 41 : Tout contrat de travail nécessitant l'installation des travailleurs hors de leur résidence habituelle doit être, après visite médicale de ceux-ci, constaté par écrit devant le service public de l'emploi du lieu d'embauché ou, à défaut, devant l'inspecteur du Travail ou son suppléant légal.

Les contrats de travail des travailleurs étrangers sont, dans tous les cas, constatés par écrit et soumis au visa du service public de l'emploi.

Article 42 : L'autorité compétente vise le contrat après notamment:

1) avoir recueilli, s'il y a lieu, l'avis de l'inspecteur du Travail du lieu de l'emploi sur les conditions de travail consenties;

2) avoir constaté l'identité du travailleur, son libre consentement et la conformité du contrat de travail aux dispositions applicables en matière de travail;

3) avoir donné aux parties lecture et, éventuellement, traduction du contrat.

Article 43 : La demande de visa incombe à l'employeur.

Si le visa prévu au présent article est refusé, le contrat est nul de plein droit.

Si l'omission du visa est due au fait de l'employeur, le travailleur a le droit de faire constater la nullité du contrat et de réclamer des dommages-intérêts.

Le rapatriement est, dans tous ces cas, supporté par l'employeur.

Article 44 : Si l'autorité compétente pour accorder le visa n'a pas fait connaître sa décision dans les trente jours qui suivent la date d'expédition ou de dépôt de la demande, le visa est réputé accordé.

Article 45 : L'engagement à l'essai est facultatif.

A peine de nullité, l'essai et son éventuel renouvellement doivent être constatés par écrit.

L'essai ne peut être conclu ou renouvelé pour une durée supérieure au délai nécessaire pour mettre à l'épreuve le travailleur engagé, compte tenu de la technique et des usages de la profession. La durée maximale de l'essai et de son éventuel renouvellement est fixée par les conventions collectives. A défaut, des arrêtés du Ministre du Travail peuvent déterminer cette durée par catégories professionnelles. Dans les contrats à durée indéterminée, l'engagement à l'essai ne peut porter, renouvellement compris, que sur une période maximale de six mois ; cette période est portée à un an pour les travailleurs embauchés hors du territoire de la République.

Les délais de recrutement et de route ne sont pas compris dans la durée maximale de l'essai.

Les frais de transport aller et retour du travailleur à l'essai, déplacé de sa résidence habituelle par l'employeur, sont, dans tous les cas, supportés par l'employeur.

Article 46 : Lorsqu'un travailleur ayant rompu abusivement un contrat de travail engage à nouveau ses services, le nouvel employeur est solidairement responsable du dommage causé à l'employeur précédent dans les trois cas suivants:

1) quand il est démontré qu'il est intervenu dans le débauchage;

2) quand il a embauché un travailleur qu'il savait déjà lié par un contrat de travail;

3) quand il a continué à occuper un travailleur après avoir appris que ce travailleur était encore lié à un autre employeur par un contrat de travail. Dans ce troisième cas, la responsabilité du nouvel employeur cesse d'exister si, au moment où il a été averti, le contrat de travail abusivement rompu par le travailleur arrive à expiration soit, s'il s'agit d'un contrat à durée déterminée, par l'arrivée du terme, soit, s'il s'agit d'un contrat à durée indéterminée, par l'expiration du préavis ou si un délai de quinze jours s'était écoulé depuis la rupture dudit contrat.

Article 47 : Tout chef d'entreprise qui se fait remettre par un travailleur un cautionnement en numéraire ou en titre doit en délivrer récépissé et le mentionner en détail sur le registre d'employeur prévu à l'article 274.

Aucune retenue sur salaire ne peut être opérée à ce titre.

Article 48 : Tout cautionnement doit être mis en dépôt dans le délai d'un mois à dater de sa réception par l'employeur. Mention du cautionnement et de son dépôt est faite sur le registre d'employeur et justifiée par un certificat de dépôt à la disposition de l'inspecteur du Travail.

Un décret fixe les modalités de dépôt ainsi que la liste des caisses publiques et des banques habilitées à le recevoir. Les caisses d'épargne doivent accepter ce dépôt et délivrer un livret spécial, distinct de celui que le travailleur pourrait déjà posséder ou acquérir ultérieurement.

Article 49 : Le retrait de tout ou partie du dépôt ne peut être effectué que sous double consentement de l'employeur et du travailleur, ou sous celui de l'un d'eux habilité à cet effet par une décision de la juridiction compétente.

Article 50 : L'affectation du livret ou du dépôt au cautionnement de l'intéressé entraîne privilège sur les sommes déposées au profit de l'employeur et à l'égard des tiers qui formeraient des saisies arrêts entre les mains de ce dernier. Toute saisie-arrêt formée entre les mains de l'administration de la caisse publique ou de la banque est nulle de plein droit.

SECTION III.- CONTRATS A DUREE DETERMINEE

Article 51 : Le contrat à durée déterminée est un contrat qui prend fin par l'arrivée d'un terme fixé par les parties au moment de sa conclusion.

A l'exception des contrats visés au dernier alinéa de l'article 54 du présent Code, le contrat de travail à durée déterminée doit être passé par écrit.

Le contrat à durée determinée ne peut avoir ni pour objet ni pour effet de pourvoir durablement un emploi lié a l'activité normale et permanente de l'entreprise.

Article 52 : Le contrat conclu pour une durée déterminée doit comporter un terme précis fixé dés sa conclusion: il doit donc indiquer la date de son achèvement ou la durée précise pour laquelle il est conclu.

Toutefois, le contrat à durée déterminée peut comporter un terme imprécis dans les cas prévus à l'article 54.

Article 53 : Les contrats à terme précis ne peuvent être conclus pour une durée supérieure à deux ans. Ils peuvent comporter une période d'essai dont la durée ne peut excéder une durée calculée à raison d'une journée par semaine, et, au plus, égale à un mois.

Ils peuvent être renouvelés sans limitation de nombre dans la limite maximale de deux ans. Le contrat renouvelé ne peut pas comporter de période d'essai.

Les contrats saisonniers ou pour lesquels, dans certains secteurs d'activité définis par décret, il est d'usage constant de ne pas recourir au contrat à durée indéterminée en raison de la nature de l'activité exercée et du caractère par nature temporaire de ces emplois, peuvent être renouvelés sans limitation.

Article 54 : Les contrats à durée déterminée peuvent comporter un terme imprécis lorsqu'ils sont conclus pour assurer le remplacement d'un travailleur temporairement absent ; pour la durée d'une saison ; pour un surcroît occasionnel de travail ou pour une activité inhabituelle de l'entreprise.

Le terme est alors constitué par le retour du salarié remplacé ou la rupture de son contrat de travail ; la fin de la saison ; la fin du surcroît occasionnel de travail ou la fin de l'activité inhabituelle de l'entreprise.

Au moment de l'engagement, l'employeur doit communiquer au salarié les éléments susceptibles d'éclairer ce dernier sur la durée approximative du contrat. La durée de la période d'essai éventuellement convenue ne peut excéder quinze jours.

Sont assimilés aux contrats à durée déterminée à terme imprécis, les contrats des travailleurs journaliers engagés à l'heure ou à la journée pour une occupation de courte durée et payés à la fin de la journée, de la semaine ou de la quinzaine.

Article 55 : Les contrats à terme imprécis peuvent être renouvelés librement sans limitation de nombre et sans perte de leur qualité.

Article 56 : Les contrats de travail à durée déterminée qui ne satisfont pas aux exigences posées par le présent Code sont réputés à durée indéterminée.

SECTION IV.- EXECUTION ET SUSPENSION DU CONTRAT DE TRAVAIL

Article 57 Le règlement intérieur est établi par le chef d'entreprise sous réserve de la communication dont il est fait mention au troisième alinéa du présent article. Son contenu est limité exclusivement aux règles relatives à l'organisation technique du travail, à la discipline et aux prescriptions concernant l'hygiène et la sécurité, nécessaires à la bonne marche de l'entreprise.

Toutes les autres clauses qui viendraient à y figurer, notamment celles relatives à la rémunération, seront considérées comme nulles de plein droit, sous réserve des dispositions du dernier alinéa de l'article 43 ci-après.

Avant de le mettre en vigueur, le chef d'entreprise doit communiquer le règlement intérieur aux représentants du personnel, s'il en existe, et à l'inspecteur du Travail qui peut exiger le retrait ou la modification des dispositions contraires aux lois et règlements en vigueur.

Les modalités de communication, de dépôt et d'affichage du règlement intérieur ainsi que le nombre de travailleurs de l'entreprise au-dessus duquel l'existence de ce règlement est obligatoire sont fixés par décret pris après avis de la commission consultative du Travail.

Article 58 : Les modifications apportées au règlement intérieur ainsi que toute instruction générale et permanente, quelle qu'en soit la forme, émanant de la direction de l'entreprise ou de l'établissement et relative aux matières qui sont du domaine du règlement intérieur sont soumises aux mêmes conditions de communication, d'affichage et de dépôt que le règlement intérieur déjà établi.

Article 59 : II est interdit à l'employeur d'infliger des amendes.

Article 60 : Dans les limites de son contrat, le travailleur doit toute son activité professionnelle à l'entreprise.

Sauf convention contraire, il lui est loisible d'exercer toute activité à caractère professionnel en dehors de son temps de travail.

Article. 61 : Est nulle de plein droit toute clause d'un contrat portant interdiction pour le travailleur d'exercer une activité quelconque à l'expiration du contrat.

Article 62 : Toute modification substantielle du contrat de travail par l'employeur requiert l'accord du salarié.

Article 63 : Le contrat est suspendu:

a) en cas de fermeture de l'établissement par suite du départ de l'employeur sous les drapeaux ou pour une période obligatoire d'instruction militaire;

b) pendant la durée du service militaire du travailleur et pendant les périodes obligatoires d'instruction militaire auxquelles il est astreint;

c) pendant la durée de l'absence du travailleur, en cas de maladie dûment constatée par un médecin agréé, durée limitée à six mois : ce délai est prorogé jusqu'au remplacement du travailleur.

Article 64 : Dans chacun des cas visés à l'article précédent, l'employeur est tenu de verser au travailleur dans la limite du préavis, une indemnité assurant à celui-ci le montant de sa rémunération, déduction faite éventuellement des rémunérations ou indemnités qu'il pourrait percevoir en raison même du motif de son absence.

Lorsque le contrat est à durée déterminée, la limite de préavis à prendre en considération est celle fixée pour les contrats à durée indéterminée, mais, dans ce dernier cas, la suspension n'a pas pour effet de proroger le terme initialement prévu au contrat.

En cas de maladie, l'indemnité prévue au présent article peut être versée par le service médical interentreprises auquel adhère l'employeur à l'aide de fonds provenant de la participation de ses adhérents.

Article 65 : Le contrat est également suspendu, notamment, pendant la période de détention préventive du travailleur motivée par des raisons étrangères au service et lorsqu'elle est connue de l'employeur, dans la limite de six mois ; pendant les permissions exceptionnelles pouvant être accordées, par l'employeur, au travailleur à l'occasion d'événements familiaux ; pendant les périodes de chômage temporaire prévues à l'article 67 ci-dessous.

Dans ces cas, sauf convention contraire et sous réserve des dispositions de l'article 67 ci-dessous, l'employeur n'est pas tenu de maintenir une rémunération.

Article 66 : Les droits des travailleurs mobilisés sont garantis, en tout état de cause, par la législation en vigueur.

Article 67 : Lorsqu'en raison de difficultés économiques graves, ou d'événements imprévus relevant de la force majeure, le fonctionnement de l'entreprise est rendu économiquement ou matériellement impossible, ou particulièrement difficile, l'employeur peut décider de la suspension de tout ou partie de son activité.

Lorsque les raisons déterminant la mise en chômage temporaire sont de nature économique, le chef d'entreprise doit, avant la mise en œuvre de sa décision, réunir et consulter les représentants du personnel au sens de l'article 200 du présent code. Il en informe l'inspecteur du Travail, lequel participe à la réunion.

La décision, ou éventuellement le projet de décision, est communiqué aux participants au moins quinze jours avant la réunion prévue à l'alinéa précédent. Il indique la durée, déterminée ou non, de la mise en chômage temporaire, les catégories et le nombre de salariés susceptibles d'être affectés ainsi que les compensations salariales proposées aux salariés.

Article 68 : La mise en chômage temporaire prononcée pour une durée déterminée peut être renouvelée. La procédure prévue à l'article précédent doit être suivie lorsque les raisons de ce renouvellement sont de nature économique.

En tout état de cause, la mise en chômage technique ne peut être imposée au salarié, en une ou plusieurs fois, pendant plus de trois mois de travail au cours d'une même période de douze mois. Passé le délai de trois mois de travail, le salarié a la faculté de se considérer comme licencié. Avant ce délai, il conserve le droit de démissionner.

SECTION V.- RUPTURE DU CONTRAT DE TRAVAIL

Article 69 : Pendant la période d'essai fixée sans fraude ni abus, le contrat de travail peut être rompu librement sans préavis et sans que l'une ou l'autre des parties puisse prétendre à des indemnités.

Article 70 : Le contrat de travail à durée déterminée prend fin à l'arrivée du terme sans indemnités de licenciement, ni préavis. Cependant l'indemnité compensatrice de congé non pris reste due.

Il ne peut être rompu avant terme que par force majeure, accord commun ou faute lourde de l'une des parties.

Toute rupture prononcée en violation des règles ci-dessus donne lieu à dommages et intérêts. Lorsque la rupture irrégulière est le fait de l'employeur, ces dommages correspondent aux salaires et avantages de toute nature dont le salarié aurait bénéficié pendant la période restant à courir jusqu'au terme de son contrat.

Le contrat à durée déterminée à terme imprécis conclu pour le remplacement d'un travailleur temporairement absent, peut être rompu par décision unilatérale du salarié dès lors qu'il a été exécuté pendant six mois au moins.

Article 71 : Le contrat de travail à durée indéterminée peut toujours cesser par la volonté du salarié.

Il peut cesser par la volonté de l'employeur s'il dispose d'un motif légitime lié à l'aptitude ou à la conduite du travailleur, ou fondé sur les nécessités impératives du fonctionnement de l'entreprise, de l'établissement ou du service.

Ne peuvent en aucune façon constituer des motifs légitimes de licenciement. notamment:

- les éléments visés à l'article 5 du présent Code;
- le fait de solliciter, d'exercer ou d'avoir exercé un mandat de représentation du personnel;
- le fait d'avoir déposé une plainte ou participé à des procédures engagées contre un employeur en raison de violations alléguées de ses obligations, ou présenté un recours devant les autorités administratives compétentes;
- l'état matrimonial, la grossesse, l'absence temporaire en raison d'une maladie ou d'un accident.

Article 72 : Lorsque l'employeur envisage un licenciement pour des motifs liés à la conduite du salarié ou à son aptitude, il doit, avant toute décision, offrir à l'intéressé de se défendre contre les reproches formulés ou de s'expliquer sur les motifs avancés.

En cas de litige, le tribunal apprécie, en fonction des circonstances/des conditions particulières d'emploi, notamment de la taille de l'entreprise, la mesure dans laquelle l'employeur s'est acquitté de cette obligation.

Article 73 : Le chef d'entreprise qui envisage d'effectuer le licenciement d'un ou plusieurs salariés pour des motifs dont la cause est de nature économique, technologique ou tenant à l'organisation de l'entreprise, doit, avant la mise en œuvre de sa décision, réunir et consulter les représentants du personnel au sens de l'article 200. Il en informe l'inspecteur du Travail, lequel participe à la réunion.

Toutefois, et sauf convention ou accord collectifs portant stipulation différente, ne sont pas considérés comme des licenciements économiques, les licenciements qui, à la fin d'un chantier, revêtent un caractère normal selon la pratique habituelle et l'exercice régulier de la profession considérée. Ces licenciements font l'objet d'une notification écrite; les dispositions de l'article 72 ci-dessus ne leur sont pas applicables.

Article 74 : Au moins quinze jours avant la réunion prévue à l'article précédent, l'employeur adresse aux représentants du personnel et à l'inspecteur du Travail un dossier présentant les causes des licenciements projetés, le nombre et les catégories de travailleurs qu'ils sont susceptibles d'affecter, les critères d'ordre retenus, la liste prévisionnelle des salariés susceptibles d'être licenciés et la période au cours de laquelle il est prévu d'y procéder.

L'employeur établit l'ordre des licenciements en tenant compte de la qualification et de l'aptitude professionnelles ainsi que de l'ancienneté dans l'entreprise. L'ancienneté dans l'entreprise est majorée d'un an pour le travailleur marié et d'un an pour chaque enfant à charge au sens de la législation sur les prestations familiales.

Article 75 : Au cours de la réunion, les motifs avancés, les critères d'ordre retenus par l'employeur et leurs conséquences sur la liste des travailleurs susceptibles d'être licenciés sont examinés et discutés. Chaque participant peut formuler des propositions de nature à prévenir ou à réduire les licenciements envisagés, ou à en limiter les effets défavorables pour les travailleurs intéressés, notamment par la recherche des possibilités de reclassement dans un autre emploi.

Article 76 : Un procès-verbal de la réunion est signé par l'ensemble des participants.

L'inspecteur du Travail s'assure avant la mise en œuvre des licenciements du respect de la procédure prescrite par le présent Code et des critères retenus par le chef d'entreprise.

En cas de non-respect de la procédure ou des critères fixés, l'inspecteur du Travail le notifie par écrit au chef d'entreprise. Celui-ci est tenu de répondre avant de procéder aux licenciements. Tout licenciement économique prononcé sans respect des dispositions du présent Code est considéré comme abusif.

La défaillance de l'inspecteur du Travail ou des délégués du personnel ne fait pas obstacle à la poursuite de la procédure.

Article 77 : Lorsque les licenciements envisagés sont effectivement prononcés, le chef d'entreprise en informe sans délai l'inspecteur du Travail. La notification des licenciements doit être faite par écrit, elle doit être motivée.

Article 78 : En cas de litige, la charge de la preuve du motif économique et du respect de l'ordre des licenciements incombe à l'employeur.

Article 79 : Le salarié licencié pour motif économique bénéficie, en dehors du préavis et de l'éventuelle indemnité de licenciement, d'une indemnité spéciale non imposable, payée par l'employeur et égale à un mois de salaire brut.

Article 80 : Le travailleur licencié pour motif économique bénéficie pendant deux ans d'une priorité d'embauchage dans la même catégorie d'emploi.

Le travailleur bénéficiant d'une priorité d'embauchage est tenu de communiquer à son employeur tout changement de son adresse survenant après son départ de l'établissement. En cas de vacance d'emploi à durée indéterminée ou d'une durée déterminée au moins égale à six mois, l'employeur avise l'intéressé par lettre recommandée avec accusé de réception, envoyée à la dernière adresse connue du travailleur. Le travailleur doit se présenter à l'établissement dans un délai maximum de huit jours suivant la date de réception de la lettre.

Article 81 : La résiliation du contrat de travail à durée indéterminée est subordonnée à un préavis notifié par la partie qui prend l'initiative de la rupture.

En l'absence de conventions collectives, un décret, pris après avis de la commission consultative du Travail, détermine les conditions et la durée du préavis, compte tenu, notamment, de la durée du contrat et des catégories professionnelles.

Article 82 : Pendant la durée de préavis, l'employeur et le travailleur sont tenus au respect de toutes les obligations réciproques qui leur incombent. En vue de la recherche d'un autre emploi, le travailleur bénéficie, pendant la durée du préavis, d'un jour de liberté par semaine, pris à son choix, globalement ou heure par heure, payé à plein salaire.

La partie à l'égard de laquelle ces obligations ne seraient pas respectées ne peut se voir imposer aucun délai de préavis, sans préjudice des dommages et intérêts qu'elle jugerait bon de demander.

Le travailleur licencié qui a observé la moitié du préavis et qui trouve un autre emploi peut quitter son employeur pour exercer son nouvel emploi, sans que cette rupture soit considérée comme abusive.

Article 83 : Sous réserve des dispositions du dernier alinéa de l'article 82 ci-dessus, toute rupture de contrat à durée indéterminée, sans préavis ou sans que le délai de préavis ait été intégralement observé, emporte obligation, pour la partie responsable, de verser à l'autre partie une indemnité dont le montant correspond à la rémunération et aux avantages de toute nature dont aurait bénéficié le travailleur durant le délai de préavis non effectivement respecté.

Cependant, la rupture du contrat peut intervenir sans préavis en cas de faute lourde, sous réserve de notification écrite et motivée de la rupture et de l'appréciation de la gravité de la faute par la juridiction compétente.

Article 84 : Toute démission abusive de la part du salarié peut donner lieu à des dommages et intérêts. En cas de litige, il appartient à l'employeur d'apporter la preuve de l'abus.

Tout licenciement prononcé sans motif légitime peut donner lieu à des dommages et intérêts. La juridiction compétente constate l'irrégularité par une enquête sur les causes et les circonstances de la rupture du contrat. Le jugement doit mentionner expressément le motif allégué par l'employeur.

Article 85 : Le montant des dommages et intérêts est fixé compte tenu de tous les éléments qui peuvent justifier l'existence et déterminer l'étendue du préjudice causé et notamment:

a) lorsque la responsabilité incombe au travailleur, du préjudice subi par l'employeur en raison de l'inexécution du contrat;

b) lorsque la responsabilité incombe à l'employeur, des usages, de la nature des services engagés, de l'ancienneté des services, de l'âge du travailleur et des droits acquis à quelque titre que ce soit.

Ces dommages et intérêts ne se confondent ni avec l'indemnité pour inobservation du préavis, ni avec l'indemnité de licenciement éventuellement prévue par le contrat ou la convention collective.

Article 86 : La garantie de la créance de salaire prévue à l'article 141 ci-après s'étend aux indemnités prévues pour inobservation du préavis et aux dommages et intérêts dus en cas de rupture irrégulière du contrat de travail.

Article 87 : A l'expiration de son contrat, tout travailleur peut exiger de son employeur, sous peine de dommages et intérêts, un certificat indiquant exclusivement la date de son entrée, celle de sa sortie, la nature et les dates des emplois successivement occupés.

Ce certificat est exempt de tout droit de timbre et d'enregistrement même s'il contient la formule «libre de tout engagement» ou toute autre formule ne constituant ni obligation ni quittance.

Article 88 : La cessation de l'entreprise, sauf en cas de force majeure, ne dispense pas l'employeur de respecter les règles établies à la présente section. La faillite et la liquidation judiciaire ne sont pas considérées comme des cas de force majeure.

Article 89 : Les parties ne peuvent renoncer à l'avance au droit éventuel de demander des dommages et intérêts en vertu des dispositions ci-dessus.

Néanmoins, les parties ont la faculté de convenir de ruptures négociées du contrat de travail qui, sous réserve des dispositions de l'alinéa ci-dessous, ne peuvent être remises en cause que dans les conditions du droit civil.

Lorsque ces ruptures font partie d'une opération de réduction des effectifs pour motif économique, elles doivent être, au même titre que les licenciements, annoncées et discutées dans les conditions prévues aux articles 75 et 76 ci-dessus.

SECTION VI.- MODIFICATION DE LA SITUATION DE L'EMPLOYEUR

Article 90 : S'il survient un changement d'employeur, personne physique ou personne morale, par suite notamment de succession, vente, fusion, transformation du fonds, mise en société, tous les contrats de travail en cours au jour de la modification subsistent entre le nouvel entrepreneur et le personnel de l'entreprise.

L'interruption temporaire de l'activité de l'entreprise ne fait pas, par elle-même, obstacle à l'application des dispositions précédentes.

Article 91 : Le nouvel employeur garde néanmoins le droit de procéder à des ruptures de contrat de travail dans les conditions prévues au présent Code.

Les salariés dont les contrats ne sont pas rompus ne peuvent prétendre à aucune indemnité du fait du changement d'employeur.

TITRE III.- CONDITIONS ET REMUNERATION DU TRAVAIL

CHAPITRE I.- CONDITIONS DE TRAVAIL

SECTION I.- DUREE DU TRAVAIL

Article 92 : Dans tous les établissements publics ou privés même d'enseignement ou de bienfaisance, la durée légale du travail des employés ou ouvriers de l'un ou l'autre sexe, de tout âge, travaillant à temps, à la tâche ou aux pièces, est fixée à quarante heures par semaine.

Les heures effectuées au-delà de la durée légale de travail donnent lieu à une majoration de salaire.

Il peut être travaillé une durée moindre dans le cadre du travail à temps partiel.

Article 93 : Dans toutes les entreprises agricoles, les heures de travail sont basées sur deux mille quatre cents heures pour l'année. Dans cette limite, la durée du travail est fixée par décret.

Le décret fixe également la réglementation des heures supplémentaires et les modalités de leur rémunération[25].

---

[25] **SOUS-TITRE 1. DISPOSITIONS GENERALES**

Est considéré comme travailleur au sens du Code du travail, quels que soient son sexe et sa nationalité, toute personne qui s'est engagée à mettre son activité professionnelle, moyennant rémunération, sous la direction et l'autorité d'une autre personne, physique ou morale, publique ou privée. Pour la détermination de la qualité de travailleur, il ne sera tenu compte ni du statut juridique de l'employeur ni de celui de l'employé. Les personnes nommées dans un emploi permanent d'un cadre d'une administration publique ne sont pas soumises aux dispositions du Code de travail. Les travailleurs continuent à bénéficier des avantages qui leur ont été consentis, lorsque ceux-ci sont supérieurs à ceux que leur reconnaît le Code dont les dispositions ne s'opposent pas, par ailleurs, aux dispositions plus favorables qui peuvent être consenties par des conventions ou accords collectifs ou par des contrats particuliers.

Toute personne, physique ou morale, publique ou privée, employant un ou plusieurs travailleurs au sens de l'article 2 est considérée comme constituant une entreprise et est soumise aux dispositions du présent Code visant les employeurs Le travail forcé ou obligatoire est interdit de façon absolue. Le terme « travail forcé ou obligatoire » désigne tout travail ou service exigé d'un individu sous la menace d'une peine quelconque ou pour lequel le dit individu ne s'est pas offert de plein gré. Le terme « travail forcé » ne s'applique pas aux obligations résultant du service civique de la jeunesse ainsi qu'au travail ou service exigé en cas de guerre, de sinistre, de menace de sinistre, de désastre naturel ou d'épidémie et, de façon générale, dans toutes circonstances susceptibles de mettre en danger ou mettant en danger la vie d'autrui ou les conditions normales d'existence de l'ensemble ou d'une partie de la population. Le terme « travail obligatoire » ne s'applique pas à tout travail décidé et exécuté de plein gré par une collectivité et visant à des tâches d'intérêt direct pour cette collectivité tels que l'établissement et la propreté des lieux d'habitation, le ravitaillement en eau, l'aménagement du sol, les constructions à des fins sociales, culturelles ou économiques.

LE CONTRAT DE TRAVAIL

LE CONTRAT D'APPRENTISSAGE

La nature et la forme du contrat d'apprentissage

Le contrat d'apprentissage est celui par lequel un chef d'établissement industriel, commercial ou agricole, un artisan ou un façonnier s'oblige à donner ou à faire donner une formation professionnelle méthodique et complète à une autre personne et par lequel celle-ci s'oblige en retour, à se conformer aux instruments qu'elle recevra et à exécuter les ouvrages qui lui seront confiés en vue de son apprentissage.
Le contrat d'apprentissage est établi en tenant compte des usages et coutumes de la profession. Il contient en particulier :
- les noms, prénoms, âge, profession, domicile du maître ou la raison sociale ;
- les noms, prénoms, âge, domicile de l'apprenti ;
- si l'apprenti est mineur, les noms, prénoms, profession et domicile de ses père et mère, de son tuteur ou de la personne autorisée par les parents ou à leur défaut par le juge d'instance ;
- la date et la durée du contrat, celle-ci fixée conformément aux usages de la profession ne pourra excéder 4 ans ;
- les conditions de rémunération, de nourriture et de logement de l'apprenti ;
- l'indication de la profession qui sera enseignée à l'apprenti, éventuellement l'indication des cours professionnels que le chef d'établissement s'engage à faire suivre à l'apprenti soit dans l'établissement soit au dehors.
Le contrat d'apprentissage doit être constaté par écrit à peine de nullité ; il est signé par le maître et les parents ou le tuteur de l'apprenti si ce dernier est mineur, par l'apprenti lui-même s'il est majeur. Le contrat d'apprentissage est exempt de tous droits de timbre et d'enregistrement. Il est soumis au visa de l'inspecteur du travail ou de son représentant qui doit notamment :
- exiger la production par le maître d'un certificat médical datant de moins de trois mois déclarant le futur apprenti apte aux travaux de la profession choisie ;
- constater l'identité de l'apprenti et la conformité du contrat aux dispositions applicables en la matière ;
- vérifier que l'apprenti est libre de tout engagement antérieur ;
- avoir donné aux parties lecture et éventuellement le leur faire signer.
La demande de visa incombe au maître.
Si l'omission du visa est due au fait du maître, l'apprenti aura droit de faire constater la nullité du contrat et pourra se réclamer de toutes les mesures législatives ou règlementaires applicables aux salariés titulaires d'un contrat de travail de droit commun

Les conditions du contrat d'apprentissage

Nul ne peut recevoir des apprentis mineurs s'il n'est âgé de 21 ans au moins. Aucun maître s'il ne vit en famille ou en communauté, ne peut loger en son domicile personnel ou dans son atelier, comme apprenties, des jeunes filles mineures. Ne peuvent recevoir des apprentis les individus qui ont été condamnés soit pour crime, soit pour délit contre les mœurs, soit pour quelque délit que ce soit, à une peine d'au moins 3 mois de prison sans sursis. L'apprenti doit être âgé de 16 ans au minimum. Il bénéficie des dispositions relatives au travail des enfants et de la règlementation concernant le repos hebdomadaire, la protection des travailleurs, la durée du travail, l'hygiène et la sécurité, la réparation des accidents du travail. Dans le cas où l'apprenti est employé aux seuls travaux qu'exige sa formation et seulement pendant le temps nécessaire à cette formation, il ne peut prétendre à une rémunération. Dans le cas où pour certaines techniques ou professions, l'apprentissage représente pour le maître une perte d'argent, compte tenu notamment de la valeur des matières premières employées ou de l'usure particulière de l'outillage résultant de l'initiation aux méthodes de travail, il peut être prévu au contrat que l'apprenti versera une redevance au maître. Cette redevance doit être précisée au contrat ; elle ne pourra excéder la moitié du SMIG.
Dès l'instant où l'apprenti commence à faire des travaux dont le maître tire profit, il y a lieu à rémunération de l'apprenti. Cette rémunération qui tient compte, d'une part des avantages que l'apprenti tire de l'enseignement du métier et d'autre part des soins et sujétions que cet enseignement représente pour le maître, peut être inférieure au SMIG. Elle est progressive avec les années d'apprentissage pour devenir au moins égale au SMIG au cours de la dernière année

d'apprentissage. Les inspecteurs du travail disposent du pouvoir de recommandation le plus large en matière de fixation de la rémunération de l'apprenti. Il peut être prévu que l'apprenti s'engage après l'achèvement de l'apprentissage à exercer pendant une durée déterminée qui ne peut excéder 2 ans une activité professionnelle salariée pour le compte de son ancien maître, faute de quoi l'apprenti sera tenu de verser, à titre de clause pénale, une somme qui sera fixée en considération du préjudice qui pourra en résulter pour le maître. Toute période égale à onze mois d'apprentissage, ouvre droit, pour l'apprenti, à un mois de repos effectif.

Les devoirs du maître et de l'apprenti

Le maître doit prévenir sans retard les parents de l'apprenti ou ses représentants en cas de maladie, d'absence ou de tout fait de nature à motiver leur intervention. Il n'emploiera l'apprenti, dans la mesure de ses forces, qu'aux travaux et services qui se rattachent à l'exercice de la profession. Le maître doit traiter l'apprenti en bon père de famille, lui assurer les soins médicaux et les meilleures conditions de logement et de nourriture. Si l'apprenti ne sait pas lire, écrire et compter, le maître est tenu de lui accorder le temps et la liberté nécessaires pour son instruction. Ce temps sera dévolu à l'apprenti selon un accord réalisé entre les parties, mais ne pourra excéder une durée calculée sur la base de 2 heures par jour de travail. Le maître doit enseigner à l'apprenti, progressivement et complètement, l'art, le métier ou la profession spéciale qui fait l'objet du contrat. Il lui délivrera, à la fin de l'apprentissage, un congé d'acquit ou certificat constatant l'exécution du contrat. L'apprenti doit à son maître, dans le cadre de l'apprentissage, obéissance et respect. Il doit l'aider par son travail dans la mesure de ses aptitudes et de ses forces. L'apprenti dont le temps d'apprentissage est terminé passe un examen devant un jury professionnel désigné par le directeur du service central de la main d'œuvre ou à défaut par l'inspecteur du travail et composé de deux membres employeurs et de deux membres employés de la profession, sous la présidence d'un professeur de l'enseignement technique ou d'un technicien de la profession. Un certificat constatant la qualification professionnelle de l'apprenti lui est remis en cas de succès à l'examen de fin d'apprentissage. Il est signé par les autorités compétentes.

L'apprenti est tenu de remplacer à la fin de l'apprentissage le temps qu'il n'a pu employer par suite de malade ou d'absence ayant duré plus de quinze jours. L'embauchage, comme ouvrier ou employé, de jeunes gens liés par contrat d'apprentissage, élèves ou stagiaires dans les écoles ou centres de formation professionnelle, est passible d'une indemnité au profit du chef d'établissement abandonné. Tout nouveau contrat d'apprentissage conclu sans que les obligations du précédent contrat aient été remplies complètement ou sans qu'il ait été résolu légalement, est nul de plein droit.

La résolution du contrat d'apprentissage

Les deux premiers mois de l'apprentissage sont considérés comme un temps d'essai pendant lequel le contrat peut être annulé par la seule volonté d'une des parties. La résolution du contrat d'apprentissage intervient de plein droit dans les cas suivants :

- mort du maître ou de l'apprenti ;
- service militaire du maître ou de l'apprenti ;
- condamnation du maître à l'une des peines prévues à l'article 10 ;

Divorce du maître, décès de sa femme ou de toute autre femme de la famille qui dirigeait la maison à l'époque de la conclusion du contrat, si les apprenties sont des filles mineures.

Le contrat est résolu à la demande de l'une ou de l'autre des parties :

- pour manquement aux stipulations du contrat ou infraction grave et habituelle aux prescriptions du présent chapitre et des autres lois et règlements relatifs aux conditions de travail des apprentis ;
- en cas de changement de résidence du maître ;
- en cas de vente du fonds ou de cessation de l'exploitation du maître.

La résolution peut également être demandée par le maître pour révélation par l'apprenti de secrets de fabrication, de liste de clientèle ou pour vol. Une maladie entraînant l'impossibilité de poursuivre l'apprentissage dans la profession choisie ou la suspension de l'apprentissage

Article 94 : Des Décrets, pris après avis de la commission consultative du Travail, déterminent par branches d'activité et par catégories professionnelles s'il y a lieu, les modalités d'application de la durée du travail et des dérogations possibles, ainsi que la durée maximale des heures supplémentaires qui peuvent être effectuées en cas de travaux urgents ou exceptionnels et de travaux saisonniers.

SECTION II.- TRAVAIL DE NUIT

Article 95 : Les heures pendant lesquelles le travail est considéré comme travail de nuit sont fixées par décret, après avis de la commission consultative du Travail. Les heures de commencement et de fin de travail de nuit peuvent varier selon les régions.

Article 96 : Le travail de nuit est interdit pour les jeunes travailleurs âgés de moins de dix-huit ans, sauf dérogations particulières accordées, dans des conditions fixées par Décret, en raison de la nature particulière de l'activité professionnelle.

Article 97 : Le repos des jeunes travailleurs âgés de moins de dix-huit ans doit avoir une durée minimale de douze heures consécutives.

Article 98 : Les conditions dans lesquelles s'effectue le travail de nuit, en particulier les garanties spécifiques exigées par la nature de ce travail, sont fixées par décret.

SECTION III.- TRAVAIL DES ENFANTS

Article 99 : Les enfants ne peuvent être employés dans une entreprise, même comme apprentis, avant l'âge de quatorze ans, sauf dérogation édictée par décret, après avis de la commission consultative du Travail, compte tenu des circonstances locales et des taches qui peuvent leur être demandées.

---

pour une durée supérieure à 6 mois est aussi un motif de demande de résiliation. La rupture abusive du contrat d'apprentissage ouvre droit à des dommages-intérêts. Les actions en résolution du contrat d'apprentissage sont portées devant les tribunaux du travail qui règlent éventuellement les indemnités ou restitutions qui pourraient être dues à l'une ou à l'autre des parties.

Les mesures de contrôle du contrat d'apprentissage

Un carnet d'apprentissage est ouvert par le maître pour chaque apprenti. Il doit mentionner les progressions de l'apprenti au cours de l'enseignement. Il doit être tenu à jour et présenté à l'inspecteur du travail sur sa demande. Mention y est portée de la date de signature du contrat et de la date de fin de l'apprentissage. A l'expiration du contrat le carnet est obligatoirement remis à l'apprenti. L'inspecteur du travail, ou son représentant, est chargé du contrôle de l'exécution du contrat d'apprentissage ; il peut se faire assister d'un technicien pour le contrôle de l'enseignement donné à l'apprenti. Toute cessation du contrat d'apprentissage doit être portée à sa connaissance. Des arrêtés du ministre du travail et de la prévoyance sociale pris après avis de la commission nationale consultative du travail détermineront les catégories d'entreprises dans lesquelles est imposé un pourcentage d'apprentis par rapport au nombre total de travailleurs. Des arrêtés du ministre du travail et de la prévoyance sociale peuvent limiter l'effectif des apprentis ou suspendre le droit de former dans les entreprises dans lesquelles il aura été constaté une formation professionnelle manifestement insuffisante.

Un Décret fixe la nature des travaux et les catégories d'entreprises interdits aux jeunes gens et l'âge limite auquel s'applique l'interdiction.

Article 100 : L'inspecteur du Travail peut requérir l'examen des enfants par un médecin agréé en vue de vérifier si le travail dont ils sont chargés n'excède pas leurs forces. Cette réquisition est de droit à la demande des intéressés.

L'enfant ne peut être maintenu dans un emploi ainsi reconnu au-dessus de ses forces et doit être affecté à un emploi convenable. Si cela n'est pas possible, le contrat doit être résolu avec paiement de l'indemnité de préavis.

SECTION IV.- PROTECTION DE LA FEMME ET DE LA MATERNITE

Article 101 : Des Décrets, pris après avis de la commission consultative du travail, fixent la nature des travaux interdits aux femmes et aux femmes enceintes.

Ne peuvent être interdits que les travaux de nature à porter atteinte à leur capacité de procréation ou, dans le cas d'une femme enceinte, ceux affectant sa santé ou celle de l'enfant.

Les dispositions de l'article 100 ci-dessus peuvent être mises en œuvre au profit de la femme au travail.

Article 102 : Toute femme enceinte dont l'état a été constaté médicalement ou dont la grossesse est apparente peut quitter le travail sans avoir de ce fait à payer une indemnité de rupture de contrat.

Article 103 : A l'occasion de son accouchement, et sans que cette interruption de service puisse être considérée comme une cause de rupture du contrat, toute femme a le droit de suspendre son travail pendant quatorze semaines consécutives dont huit semaines postérieures à la délivrance: cette suspension peut être prolongée de trois semaines en cas de maladie dûment constatée et résultant de la grossesse ou des couches.

Pendant cette période, l'employeur ne peut lui donner congé. Il ne peut en outre, même avec son accord, employer la femme dans les six semaines qui suivent son accouchement.

Article 104 : Pendant la période prévue à l'article précédent, la femme a droit, à la charge de l'organisme de prestations familiales, au remboursement, dans les limites des tarifs des formations sanitaires administratives, des frais d'accouchement et, le cas échéant, des soins médicaux ainsi qu'à la moitié du salaire qu'elle percevait au moment de la suspension du travail : elle conserve le droit aux prestations en nature à la charge de l'employeur. Les dispositions ci-dessus ne peuvent faire obstacle à un éventuel relèvement de la prestation compensatoire de salaire qui pourrait résulter d'une modification de la législation relative à la Sécurité sociale.

Toute convention contraire est nulle de plein droit.

L'organisme de prestations familiales établit, aux fins visées ci-dessus, un compte de gestion distinct alimenté par les cotisations des employeurs.

Article 105 : Pendant une période de douze mois à compter de la naissance de l'enfant, la mère a droit à des repos pour allaitement. La durée totale de ces repos ne peut dépasser une heure par journée de travail.

La mère peut, pendant cette période, quitter son travail sans préavis et sans avoir de ce fait à payer une indemnité de rupture.

SECTION V.- REPOS HEBDOMADAIRE

Article 106 : Le repos hebdomadaire est obligatoire, il est au minimum de vingt-quatre heures consécutives par semaine. Il a lieu, en principe, le dimanche.

Article 107 : Un Décret, pris après avis de la commission consultative du Travail, détermine les modalités d'application du paragraphe précédent, notamment les professions pour lesquelles et les conditions dans lesquelles le repos peut exceptionnellement et pour les motifs nettement établis, soit être donné par roulement ou collectivement d'autres jours que le dimanche, soit être suspendu par compensation des fêtes rituelles ou locales, ou être réparti sur une période plus longue que la semaine.

SECTION VI.- CONGES PAYES

Article 108 : Sauf dispositions plus favorables des conventions collectives ou du contrat individuel, le travailleur acquiert droit au congé payé, à la charge de l'employeur, à raison de deux jours et demi calendaires par mois de service effectif, sans distinction d'âge.

La durée du congé est augmentée à raison de deux jours ouvrables après vingt ans de services continus ou non dans la même entreprise, de quatre jours après vingt-cinq ans et de six jours après trente ans.

Article 109 : Quelle que soit la durée de leurs services, les jeunes gens âgés de moins de vingt et un ans au premier janvier de l'année en cours ont droit, s'ils le demandent, à un congé fixé à trente jours calendaires sans qu'ils puissent exiger pour les journées de congé dont ils réclameraient le bénéfice aucune allocation de congé en sus de celle qu'ils ont acquise à raison du travail accompli au moment de leur départ en congé.

Article 110 : Dans le cas visé à l'article 151 premier alinéa et si le travailleur a sa résidence habituelle hors d'Afrique, la durée du congé est fixée à six jours calendaires par mois de service effectif

Article 111 : Les femmes salariées ou apprenties âgées de moins de vingt et un ans au premier janvier de l'année en cours, ont droit a deux jours ouvrables de congé supplémentaire par enfant à charge : celles qui sont âgées de vingt et un ans ou plus bénéficient du même avantage pour tout enfant à charge après le troisième. Est réputé à charge, l'enfant enregistré à l'état civil qui n'a pas atteint l'âge de quinze ans. Le congé supplémentaire prévu au profit des mères de famille est réduit à un jour si la durée du congé normal, déterminée en application des autres dispositions du présent article, n'excède pas six jours.

Les travailleurs titulaires de la médaille d'honneur du travail bénéficient d'un jour ouvrable de congé supplémentaire par an.

Article 112 : Pour le calcul de la durée des congés acquis, ne sont pas déduites les absences pour accident du travail ou maladie professionnelle, les périodes de repos des femmes en couches, prévues à l'article 103, ni, dans une limite de six mois, les absences pour maladie dûment constatées par un médecin agréé, ni les périodes militaires obligatoires.

Sont également décomptés, sur les bases indiquées ci-dessus, les services effectués sans congé correspondant pour le compte du même employeur quel que soit le lieu de l'emploi.

Les permissions exceptionnelles qui auront été accordées au travailleur à l'occasion d'événements familiaux ne peuvent être déduites de la durée du congé acquis. Par contre, les congés spéciaux accordés en sus des jours fériés peuvent être déduits s'ils n'ont pas fait l'objet d'une compensation ou récupération des journées ainsi accordées.

Article 113 : Après avis de la commission consultative du Travail, un Décret pris en conseil des ministres détermine, en tant que de besoin, les dispositions relatives au régime des congés payés notamment en ce qui concerne l'aménagement du congé et le calcul de l'allocation de congé.

Article 114 : Le droit de jouissance au congé est acquis après une durée de service effectif égale à un an.

La jouissance effective du congé peut être reportée par accord entre les parties sans que la durée de service effectif puisse excéder deux ans.

Article 115 : Les conventions collectives ou le contrat individuel octroyant un congé d'une durée supérieure à celle fixée au premier alinéa de l'article 108 peuvent prévoir une durée plus longue de service effectif ouvrant droit au congé, sans que cette durée puisse être supérieure à vingt mois. Dans le cas visé à l'article précédent, troisième alinéa, la durée de service effectif ouvrant droit au congé pourra atteindre vingt-quatre mois si le travailleur effectue son premier séjour et vingt mois pour les séjours suivants.

Article 116 : En cas de rupture ou d'expiration du contrat avant que le travailleur ait acquis droit au congé, une indemnité calculée sur la base des droits acquis d'après les dispositions de la présente section ou les stipulations des conventions collectives ou du contrat individuel doit être accordée à la place du congé.

En dehors de ce cas, est nulle et de nul effet toute convention prévoyant l'octroi d'une indemnité compensatrice en lieu et place du congé.

Le travailleur engagé à l'heure ou à la journée, pour une occupation de courte durée n'excédant pas une journée, perçoit son allocation de congé en même temps que le salaire acquis, au plus tard en fin de journée, sous forme d'une indemnité compensatrice de congé payé.

Article 117 : Le travailleur est libre de prendre son congé dans le pays de son choix, sous réserve des dispositions des articles 118, 121 et 124.

Article 118 : L'employeur doit verser au travailleur, au moment de son départ en congé et pour la durée de ce congé, une allocation au moins égale aux salaires et aux divers éléments de rémunération définis à l'article 156 dont le travailleur bénéficiait au cours des douze mois ayant précédé la date du départ en congé.

Les conventions collectives ou le contrat individuel peuvent exclure de la rémunération prise en considération pour le calcul de l'allocation de congé l'indemnité octroyée au titre des dispositions de l'article 152. Pour les travailleurs bénéficiaires de cette dernière indemnité, la durée du congé est augmentée des délais de route.

A défaut de convention contraire, les délais de route ne peuvent être supérieurs au temps nécessaire au travailleur pour se rendre en congé au lieu de sa résidence habituelle et en revenir, le cas échéant.

SECTION VII.- VOYAGES ET TRANSPORTS

Article 119 : Sous réserve des dispositions prévues à l'article 124, sont à la charge de l'employeur les frais de voyage du travailleur, de son conjoint et de ses enfants mineurs vivant habituellement avec lui ainsi que les frais de transport de leurs bagages:

1) du lieu de la résidence habituelle au lieu d'emploi;

2) du lieu d'emploi au lieu de la résidence habituelle;

- en cas d'expiration du contrat à durée déterminée;

- en cas de résiliation du contrat lorsque le travailleur a acquis droit au congé dans les conditions de la section précédente;

- en cas de rupture du contrat du fait de l'employeur ou à la suite d'une faute lourde de celui-ci;

- en cas de rupture du contrat due à un cas de force majeure;

3) du lieu d'emploi au lieu de la résidence habituelle et vice versa, en cas de congé normal. Le retour sur le lieu d'emploi n'est dû que si le contrat n'est pas venu à expiration avant la date de congé et si, à cette date, le travailleur est en état de reprendre son service.

Toutefois, le contrat de travail ou la convention collective peut prévoir une durée minimale de séjour du travailleur en déçà de laquelle le transport des familles n'est pas à la charge de l'employeur. Cette durée ne peut excéder douze mois.

Article 120 : Lorsqu'un contrat est résilié pour des causes autres que celles visées à l'article précédent ou par la faute lourde du travailleur, le montant des frais de transport, aller et retour, incombant à l'employeur, est proportionnel au temps de service du travailleur.

Article 121 : La classe de passage et le poids des bagages sont déterminés par la situation occupée par le travailleur dans l'entreprise, suivant les règles adoptées par l'employeur à l'égard de son personnel ou suivant les usages locaux.

II est tenu compte, dans tous les cas, des charges de famille pour le calcul du poids des bagages.

Article 122 : Sauf stipulation contraire, les voyages et transports sont effectués par une voie et des transports normaux au choix de l'employeur.

Le travailleur qui use d'une voie ou de moyens de transport plus coûteux que ceux régulièrement choisis ou agréés par l'employeur n'est défrayé par celui-ci qu'à concurrence des frais occasionnés par la voie et les moyens régulièrement choisis.

S'il use d'une voie ou de transports plus économiques, il ne peut prétendre qu'au remboursement des frais engagés.

Les délais de transport ne sont pas compris dans la durée maximale du contrat telle qu'elle est prévue à l'article 53.

Article 123 : A défaut de convention contraire, le travailleur qui use d'une voie et des moyens de transport moins rapides que ceux régulièrement choisis par l'employeur ne peut prétendre de ce fait à des délais de route plus longs que ceux prévus pour la voie et les moyens normaux.

S'il use d'une voie ou de moyens plus rapides, il continue à bénéficier, en plus de la durée du congé proprement dit, des délais qui auraient été nécessaires en usant de la voie et des moyens choisis par l'employeur.

Article 124 : Le travailleur qui a cessé son service peut faire valoir, auprès de son ancien employeur, ses droits en matière de congé, de voyage et de transport, dans un délai maximum de deux ans à compter du jour de la cessation du travail chez ledit employeur. Toutefois, les frais de voyage ne sont payés par l'employeur qu'en cas de déplacement effectif du travailleur.

Article 125 : Les dispositions de la présente section ne peuvent être un obstacle à l'application de la réglementation sur les conditions d'admission et de séjour des étrangers.

Le travailleur a le droit d'exiger le versement en espèces du montant des frais de rapatriement à la charge de l'employeur, dans les limites du cautionnement qu'il justifie avoir versé.

SECTION VIII.- ECONOMATS

Article 126 : Est considérée comme économat, toute organisation où l'employeur pratique, directement ou indirectement, la vente ou la cession de marchandises aux travailleurs de l'entreprise pour leurs besoins personnels et normaux.

Les économats sont admis sous la triple condition:

a) que les travailleurs ne soient pas obligés de s'y fournir;

b) que la vente des marchandises y soit faite exclusivement au comptant et sans bénéfice;

c) que la comptabilité du ou des économats de l'entreprise soit entièrement autonome et soumise au contrôle d'une commission de surveillance élue par les travailleurs.

Le prix des marchandises mises en vente doit être affiché lisiblement.

Tout commerce installé à l'intérieur de l'entreprise est soumis aux dispositions qui précèdent, à l'exception des coopératives ouvrières.

La vente des alcools et spiritueux est interdite dans les économats ainsi que sur le lieu d'emploi du travailleur.

Article 127 : L'ouverture d'un économat dans les conditions prévues à l'article précédent est subordonnée à l'autorisation du Ministre du Travail, délivrée après avis de l'inspecteur du Travail. Elle peut être prescrite dans toute entreprise par le Ministre du Travail sur proposition de l'inspecteur du Travail.

Le fonctionnement est contrôlé par l'inspecteur du Travail qui, en cas d'abus constaté, peut prescrire la fermeture provisoire pour une durée maximale d'un mois.

Le Ministre du Travail peut ordonner la fermeture définitive du ou des économats de l'entreprise sur rapport de l'inspecteur du Travail.

CHAPITRE II.- HYGIENE SECURITE ET SANTE AU TRAVAIL

SECTION I.- HYGIENE ET SECURITE

Article 128 : Pour protéger la vie et la santé des salariés, l'employeur est tenu de prendre toutes les mesures utiles qui sont adaptées aux conditions d'exploitation de l'entreprise.

Il doit notamment aménager les installations et organiser le travail de manière à préserver le mieux possible les salariés des accidents et maladies.

Lorsqu'une protection suffisante contre les risques d'accident ou d'atteinte à la santé ne peut pas être assurée par d'autres moyens, l'employeur doit fournir et entretenir les équipements de protection individuelle et les vêtements de protection qui peuvent être raisonnablement exigés pour permettre aux salariés d'effectuer leur travail en toute sécurité.

Article 129 : Tout employeur est tenu d'organiser une formation en matière d'hygiène et de sécurité au bénéfice des salariés nouvellement embauchés, et de ceux qui changent de poste de travail ou de technique. Cette formation doit être actualisée au profit du personnel concerné en cas de changement de la législation ou de la réglementation.

Les salariés ainsi que toutes les autres personnes intéressées, notamment les travailleurs temporaires mis à disposition, doivent être informés de manière appropriée des risques professionnels susceptibles de se présenter sur les lieux de travail et instruits quant aux moyens disponibles de prévention.

Article 130 : II est interdit à toute personne d'introduire ou de distribuer, de laisser introduire ou de laisser distribuer, dans les établissements ou entreprises, des boissons alcooliques à l'usage des travailleurs.

Article 131 : L'employeur ou son représentant doit organiser le contrôle permanent du respect des règles d'hygiène et de sécurité. Lorsque plusieurs entreprises interviennent simultanément sur un même site, les employeurs sont tenus de collaborer en vue de l'application effective des règles intéressant la santé et la sécurité au travail.

Les salariés, de leur côté, doivent respecter les consignes qui leur sont données, utiliser correctement les dispositifs de salubrité et de sécurité et s'abstenir de les enlever ou de les modifier sans autorisation de l'employeur. Ils doivent immédiatement signaler à l'employeur ou à son représentant toute situation de travail dont ils ont un motif raisonnable de penser qu'elle présente un danger grave et imminent pour leur vie ou leur santé ainsi que toute défectuosité qu'ils constatent dans les systèmes de protection.

Article 132 : Les Décrets, pris après avis du comité technique consultatif de santé et de sécurité au travail, déterminent les mesures générales de protection et de salubrité applicables à tous les établissements et entreprises assujettis au présent Code, notamment en ce qui concerne les locaux de travail, l'éclairage, l'aération ou la ventilation, les eaux potables, les fosses d'aisance, l'évacuation des poussières et vapeurs, les précautions à prendre contre les incendies, les rayonnements, le bruit et les vibrations, et, au fur et à mesure des nécessités constatées, les prescriptions particulières à certaines professions, à certains travaux, opérations ou modes de travail.

Ces Décrets comportent des listes de substances et préparations dangereuses pour les travailleurs et dont l'utilisation est limitée ou réglementée, ainsi que des listes de machines ou de leurs parties dangereuses dont la fabrication, la vente, l'importation, la cession à quelque titre que ce soit et l'emploi sont interdits.

Article 133 : Les Décrets visés, à l'article précédent précisent également dans quels cas et dans quelles conditions l'inspecteur du Travail peut recourir à la procédure de la mise en demeure.

Article 134 : La mise en demeure doit être faite par écrit soit sur le registre d'employeur, soit par lettre recommandée avec accusé de réception. Elle est datée et signée, elle précise les infractions ou dangers constatés et fixe les délais dans lesquels ils doivent avoir disparu, et qui ne peuvent être inférieurs à quatre jours francs, sauf en cas d'extrême urgence.

Article 135 : Lorsqu'il existe des conditions de travail dangereuses pour la sécurité ou la santé des travailleurs non visées par les Décrets prévus par l'article 132. l'employeur est mis en demeure par l'inspecteur du travail d'y remédier dans les formes et conditions prévues à l'article précédent.

Lorsque l'urgence l'exige impérieusement pour la protection de la vie ou de l'intégrité physique des travailleurs, l'inspecteur de Travail peut saisir le juge judiciaire d'une demande tendant à ce que soit ordonnée sans délai la fermeture totale ou partielle de l'entreprise dans l'attente du rétablissement des conditions normales de sécurité. Un Décret pris après avis de la commission consultative du Travail fixe les modalités d'application de la procédure et les conditions dans lesquelles les travailleurs victimes de cette fermeture temporaire sont indemnisés par l'employeur.

Article 136 : L'employeur est tenu de déclarer tout accident du travail survenu ou toute maladie professionnelle constatée dans l'entreprise dans les formes et délais prévus par la réglementation sur la réparation des accidents du travail et maladies professionnelles.

Cette déclaration peut être faite par le travailleur ou ses représentants jusqu'à l'expiration de la deuxième année suivant la date de l'accident ou la première constatation médicale de la maladie professionnelle.

En ce qui concerne les maladies professionnelles, la date de la première constatation médicale de la maladie est assimilée à la date de l'accident.

Article 137 : Dans les établissements ou entreprises employant habituellement au moins cinquante salariés, il doit être créé un comité de santé et de sécurité au travail composé de l'employeur ou de ses représentants et de représentants du personnel au sens de l'article 200. du présent Code.

L'Inspecteur du travail peut demander la création d'un comité de sécurité et santé au travail dans les établissements occupant un effectif intérieur lorsque cette mesure est nécessaire notamment en raison des dangers particuliers de l'activité, de l'importance des risques constatés, de la nature des travaux, de l'agencement ou de l'équipement des locaux. Cette décision est susceptible de recours.

Article 138 : Sans préjudice des attributions de tout délégué du personnel, le comité de santé et de sécurité au travail est chargé de l'étude des conditions de santé et de sécurité dans lesquelles sont assurées la protection et la santé des travailleurs, y compris de ceux mis à la disposition de l'employeur par une entreprise extérieure. Il veille à l'application des prescriptions législatives et réglementaires et contribue à l'éducation de l'ensemble des membres de l'entreprise dans le domaine de la santé et de la sécurité.

Il donne son avis sur le règlement intérieur et sur toute décision de nature à améliorer les conditions de santé et de sécurité au travail.

L'employeur doit soumettre à l'avis du comité de santé et de sécurité au travail une évaluation générale des risques auxquels sont exposés les travailleurs et un programme de prévention. Cette évaluation ainsi que le programme de prévention doivent être actualisés tous les deux ans au moins.

Article 139 : Un Décret pris après avis du comité technique consultatif de santé et de sécurité au travail détermine les modalités d'application des articles 137 et 138 ci-dessus. Le Décret détermine également, en fonction des entreprises, les personnes qui, sans être membres du comité de santé et de sécurité au travail, doivent être convoquées à ses réunions.

SECTION II.- SERVICE DE SANTE AU TRAVAIL

Article 140 : Tout employeur doit assurer un service de santé au travail au profit des travailleurs qu'il emploie.

Des Décrets pris après avis du comité technique consultatif de santé et de sécurité au travail déterminent les modalités d'exécution de cette obligation. Ils fixent les conditions dans lesquelles sont effectuées les visites médicales périodiques et classent, compte tenu des conditions locales, du nombre des travailleurs et des membres de leurs familles logés par l'employeur, les entreprises dans différentes catégories selon l'importance des services obligatoires des médecins et des infirmiers mis à leur charge.

Article 141 : Ne comptent pour l'application des prescriptions de l'article précédent que les médecins ou infirmiers ayant fait l'objet d'une décision d'agrément du Ministre du Travail. Celte décision prise après avis du Ministre de la Santé peut être rapportée dans les mêmes formes.

Article 142 : Les entreprises groupant moins de mille travailleurs et se trouvant à proximité d'un centre médical ou d'un dispensaire officiel peuvent utiliser ses services pour les soins à donner aux travailleurs suivant des modalités fixées par Décret, après avis du comité technique consultatif de santé et de sécurité au travail.

Le service médical et l'organisation des dispensaires ou infirmeries communs a un groupe d'entreprises peuvent être installés suivant les modalités fixées par Décret, après avis du comité technique consultatif de santé et de sécurité au travail. Chacune des entreprises participant au fonctionnement des organisations précitées reste tenue d'avoir une infirmerie avec salle d'isolement pour les cas urgents, dans laquelle le nombre de lits, le matériel et l'approvisionnement sont fixés par décision du Ministre du Travail, après avis du comité technique consultatif de santé et de sécurité au travail.

Article 143 : Dans chaque exploitation dont l'effectif moyen dépasse cent personnes, une visite des travailleurs se déclarant malades est passée chaque matin à l'appel. Les conjoints et enfants des travailleurs de l'exploitation, s'ils le demandent, peuvent se présenter à cette visite pour y être examinés et, le cas échéant, recevoir les soins et les traitements nécessaires.

Les résultats de cette visite sont consignés sur un registre spécial dont le modèle est fixé par Décret, après avis du comité technique consultatif de santé et de sécurité au travail.

Article 144 : En cas de maladie d'un travailleur, d'un conjoint ou d'un enfant logé avec lui dans les conditions prévues à l'article 155 du présent Code, l'employeur est tenu de leur fournir gratuitement les soins et médicaments dans la limite des moyens définis à la présente section.

L'employeur est également tenu d'assurer gratuitement l'alimentation de tout travailleur malade soigné sur place.

Article 145 : L'employeur doit faire évacuer sur la formation médicale la plus proche les blessés et les malades transportables, non susceptibles d'être traités par les moyens dont il dispose.

Si l'employeur ne dispose pas immédiatement de moyens appropriés, il en rend compte d'urgence au chef de la circonscription administrative la plus proche qui fait procéder à l'évacuation par les moyens à sa disposition. Tous les frais occasionnés de ce chef à l'administration doivent être remboursés au tarif officiel des transports médicaux.

Article 146 : Un Décret pris après avis du comité technique consultatif de santé et de sécurité au travail détermine les conditions dans lesquelles les employeurs sont obligatoirement tenus d'installer et d'approvisionner en médicaments et accessoires:

- une infirmerie pour un effectif moyen supérieur à cent travailleurs;
- une salle de pansements pour un effectif de vingt à cent travailleurs;
- une boîte de secours pour un effectif inférieur à vingt travailleurs.

CHAPITRE III.- SALAIRE

Article 147 : Par rémunération, ou salaire, il faut entendre le salaire de base ou minimum et tous les autres avantages payés directement ou indirectement en espèces ou en nature, par l'employeur au travailleur en raison de l'emploi de ce dernier.

SECTION I.- DETERMINATION DU SALAIRE

Article 148 : Dans les conditions prévues au présent chapitre, tout employeur est tenu d'assurer, pour un même travail ou un travail de valeur égale, l'égalité de rémunération entre les salariés quels que soient leur origine, leur sexe, leur âge et leur statut.

Article 149 : Les différents éléments de la rémunération doivent être établis selon des normes identiques pour les hommes et pour les femmes.

Les catégories et classifications professionnelles ainsi que les critères de promotion professionnelle doivent être communs aux travailleurs des deux sexes.

Dans tous les cas, les méthodes d'évaluation des emplois doivent reposer sur des considérations objectives basées essentiellement sur la nature des travaux que ces emplois comportent.

Article 150 : Lorsque le salarié établit des indices sérieux laissant présumer l'existence d'une discrimination contraire aux dispositions des articles 148 et

149 ci-dessus, il incombe à l'employeur de prouver l'absence de discrimination.

Article 151 : Dans le cas où le travailleur permanent, qui n'est pas originaire du lieu d'emploi et n'y a pas sa résidence habituelle, ne peut, par ses propres moyens, se procurer un logement suffisant pour lui et sa famille, l'employeur est tenu de le lui assurer dans les conditions fixées par décret pris après avis de la commission consultative du Travail.

Il en est de même lorsque ce travailleur ne peut, par ses propres moyens, obtenir pour lui et sa famille un ravitaillement régulier en denrées alimentaires de première nécessité.

Ces prestations éventuelles constituent un élément de salaire.

Article 152 : Les conventions collectives ou, à défaut, le contrat individuel de travail peuvent prévoir une indemnité destinée à dédommager le travailleur des dépenses et risques supplémentaires auxquels l'exposent sa venue et son séjour au lieu d'emploi, lorsque les conditions climatiques du lieu d'emploi diffèrent de celles caractérisant la résidence habituelle du travailleur et lorsqu'il en résulte pour ce dernier des sujétions particulières du fait de son éloignement du lieu de sa résidence habituelle au lieu d'emploi.

Lorsqu'un travailleur est astreint, par obligation professionnelle, à un déplacement occasionnel et temporaire hors de son lieu habituel d'emploi, il a droit à une indemnité dite "indemnité de déplacement" dont le montant sera fixé par convention collective ou, à défaut, par le contrat individuel.

Article 153 : Des Décrets pris après avis de la commission consultative du Travail fixent le salaire minimum interprofessionnel garanti et, à défaut de conventions collectives ou dans leur silence, les salaires minima par catégories professionnelles, ainsi que les taux minima des heures supplémentaires et du travail de nuit ou des jours non ouvrables et, éventuellement, les primes d'ancienneté et d'assiduité.

Article 154 : La rémunération d'un travail à la tâche ou aux pièces doit être calculée de telle sorte qu'elle procure au travailleur de capacité moyenne et travaillant normalement un salaire au moins égal à celui du travailleur rémunéré au temps effectuant un travail analogue.

Article 155 : Les taux minima de salaires ainsi que les conditions de rémunération du travail à la tache ou aux pièces sont affichés aux bureaux des employeurs et sur les lieux de paye du personnel.

Article 156 : Lorsque la rémunération des services est constituée en totalité ou en partie par des commissions ou des primes et prestations diverses ou des indemnités représentatives de ces prestations, dans la mesure où celles-ci ne constituent pas un remboursement de frais, il en est tenu compte pour le calcul de la rémunération pendant la durée du congé-payé, des indemnités de préavis et des dommages et intérêts.

Le montant à prendre en considération à ce titre est la moyenne mensuelle des éléments visés au paragraphe précédent.

La période sur laquelle s'effectue ce calcul n'excède pas les douze mois de service ayant précédé la cessation du travail.

Article 157 : Aucun salaire n'est dû en cas d'absence en dehors des cas prévus par la réglementation et sauf accord entre les parties intéressées.

SECTION II.- PAIEMENT DU SALAIRE

Article 158 : Le salaire doit être payé en monnaie ayant cours légal, nonobstant toute stipulation contraire.

Le paiement de tout ou partie du salaire en alcool ou en boissons alcooliques est formellement interdit.

Le paiement de tout ou partie du salaire en nature est également interdit, sous réserve des dispositions de l'article 151, premier et deuxième alinéas.

Aucun employeur ne peut restreindre de quelque manière que ce soit la liberté du travailleur de disposer de son salaire a son gré.

Article 159 : La paye est faite, sauf cas de force majeure, sur le lieu du travail ou au bureau de l'employeur lorsqu'il est voisin du lieu de travail. En aucun cas, elle ne peut être faite dans un débit de boissons ou dans un magasin de vente, sauf pour les travailleurs qui y sont normalement occupés, ni le jour où le travailleur a droit au repos.

Article 160 : A l'exception des professions pour lesquelles des usages établis prévoient une périodicité de paiement différente et qui sont déterminées par arrêté du Ministre du Travail, pris après avis de la commission consultative du Travail, le salaire doit être payé à intervalles réguliers ne pouvant excéder quinze jours pour les travailleurs engagés à la journée ou à la semaine, et un mois pour les travailleurs engagés a la quinzaine ou au mois.

Les payements mensuels doivent être effectués au plus tard huit jours après la fin du mois de travail qui donne droit au salaire.

Pour tout travail aux pièces ou au rendement dont l'exécution doit durer plus d'une quinzaine, les dates de paiement peuvent être fixées de gré à gré, mais le travailleur doit recevoir chaque quinzaine des acomptes correspondant au moins à quatre-vingt-dix pour cent du salaire minimum et être intégralement payé dans la quinzaine qui suit la livraison de l'ouvrage.

Les commissions acquises au cours d'un trimestre doivent êtres payées dans les trois mois suivant la fin de ce trimestre.

Les participations aux bénéfices réalisés durant un exercice doivent être payées dans l'année suivante, au plus tôt après trois mois et au plus tard avant neuf mois.

Article 161 : Les travailleurs absents le jour de paye peuvent retirer leur salaire aux heures normales d'ouverture de la caisse et conformément au règlement intérieur de l'entreprise.

Article 162 : En cas de résiliation ou de rupture de contrat, le salaire et les indemnités doivent être payés dès la cessation du service. Toutefois, en cas de litige, l'employeur peut obtenir du président du tribunal du Travail la consignation au secrétariat dudit tribunal de tout ou partie de la fraction saisissable des sommes dues.

L'employeur saisit le président du tribunal du Travail par une déclaration écrite ou orale faite au plus tard dans les cinq jours de la cessation des services, devant le secrétaire du tribunal qui l'inscrit sur un registre spécial.

La demande est aussitôt transmise au président qui fixe la date d'audience la plus proche possible, même d'heure à heure.

Les parties sont immédiatement convoquées ainsi qu'il est dit à l'article 288. Elles sont tenues de se présenter en personne au jour et à l'heure fixés par le président du tribunal. Elles peuvent se faire assister ou représenter conformément aux dispositions de l'article 289.

La décision est exécutoire immédiatement nonobstant opposition ou appel.

Article 163 : Le paiement du salaire doit être constaté par une pièce dressée ou certifiée par l'employeur ou son représentant et émargée par chaque intéressé ou par deux témoins s'il est illettré. Ces pièces sont conservées par l'employeur dans les mêmes conditions que les pièces comptables et doivent être présentées à toute réquisition de l'inspecteur du travail.

Sauf dérogation autorisée par l'inspecteur du Travail, les employeurs sont tenus de délivrer au travailleur au moment du paiement un bulletin individuel de paye dont la contexture est fixée par décret pris après avis de la commission consultative du Travail. Mention est faite par l'employeur du paiement du salaire sur un registre tenu a cette fin.

Article 164 : N'est pas opposable au travailleur la mention «pour solde de tout compte» ou toute mention équivalente souscrite par lui, soit au cours de l'exécution soit après la résiliation de son contrat de travail et par laquelle, le travailleur renonce à tout ou partie des droits qu'il tient de son contrat de travail.

L'acceptation sans protestation ni réserve par le travailleur d'un bulletin de paye ne peut valoir renonciation de sa part au paiement de tout ou partie du salaire, des indemnités et accessoires du salaire qui lui sont dus en vertu des dispositions législatives, réglementaires ou contractuelles. Elle ne peut non plus valoir compte arrêté.

SECTION III.- PRIVILEGES. GARANTIES ET PRESCRIPTION DE LA CREANCE SALARIALE

Article 165 : Les sommes dues aux entrepreneurs de tous travaux ayant le caractère de travaux publics ne peuvent être frappées de saisie-arrêt, ni d'opposition au préjudice des ouvriers auxquels les salaires sont dus.

Les sommes dues aux ouvriers pour salaires sont payées de préférence à celles dues aux fournisseurs.

Article 166 : La créance de salaire est garantie sur les meubles et immeubles du débiteur dans les conditions prévues par les textes législatifs particuliers accordant le bénéfice de l'action directe ou certains privilèges spéciaux en faveur de certains travailleurs.

Article 167 : Les dispositions de ces textes ne s'appliquent pas à la fraction insaisissable des sommes restant dues sur les salaires effectivement gagnés par les ouvriers pendant les quinze derniers jours de travail ou par les employés pendant les trente derniers jours, sur les commissions dues aux voyageurs et représentants de commerce pour les quatre-vingt-dix derniers jours de travail et sur les salaires dus aux marins de commerce pour la dernière période de paiement.

A cette fraction insaisissable représentant la différence entre les salaires et les commissions dus et la portion saisissable de ces salaires et commissions, telle qu'elle est déterminée par les décrets prévus à l'article 171, s'applique la procédure exceptionnelle suivante.

Les fractions des salaires et commissions ainsi désignées pour faire l'objet d'une mesure d'exception doivent être payées, nonobstant l'existence de toute autre créance, dans les dix jours qui suivent le jugement déclaratif de faillite ou de liquidation judiciaire, et sur simple ordonnance du juge commissaire, à la seule condition que le syndic ou le liquidateur ait en mains les fonds nécessaires.

Au cas où cette condition ne serait pas remplie, lesdites fractions de salaires et commissions doivent être acquittées sur les premières rentrées de fonds, nonobstant l'existence et le rang de toute autre créance privilégiée.

Au cas où lesdites fractions de salaires et commissions seraient payées grâce à une avance faite par le syndic, le liquidateur ou toute autre personne, le prêteur serait, par cela même, subrogé dans les droits des salariés et devrait être remboursé dès la rentrée des fonds nécessaires sans qu'aucun autre créancier puisse y faire opposition.

Pour établir le montant des salaires, en vue de l'application des dispositions du présent article, il doit être tenu compte non seulement des salaires et appointements proprement dits, mais de tous les accessoires des dits salaires et appointements et, éventuellement, de l'indemnité de préavis, de l'indemnité de congé-payé et de l'indemnité pour rupture abusive du contrat de travail.

Article 168 : L'ouvrier détenteur de l'objet par lui ouvré peut exercer le droit de rétention.

Les objets mobiliers confiés à un ouvrier pour être travaillés- façonnés, réparés ou nettoyés et qui n'ont pas été retirés dans le délai de deux ans peuvent être vendus dans les conditions et formes déterminées par Décret.

Article 169 : L'action en paiement du salaire se prescrit par deux ans. La prescription court du jour où le salaire est exigible.

Elle est suspendue lorsqu'il y a compte arrêté, cédule ou obligation ou citation en justice non périmée et dans le cas prévu au second alinéa de l'article 306 ci-après.

SECTION IV.- RETENUES SUR SALAIRES

Article 170 : En dehors des prélèvements obligatoires et des consignations qui peuvent être prévues par les conventions collectives et les contrats, il ne peut être fait de retenue sur les appointements ou salaires que par saisie-arrêt ou cession volontaire, souscrite devant le magistrat du lieu de la résidence ou a défaut l'inspecteur du Travail, pour le remboursement d'avances d'argent consenties par l'employeur au travailleur.

Toutefois, lorsque le magistrat ou l'inspecteur du Travail habite à plus de vingt-cinq kilomètres, il peut y avoir consentement réciproque et écrit devant le chef de l'unité administrative la plus proche.

Les acomptes sur un travail en cours ne sont pas considérés comme avances.

En tout état de cause, il ne peut y avoir compensation entre les appointements ou salaires et les sommes dues par le travailleur notamment au titre de la réparation d'un préjudice que dans la limite de la partie saisissable et sur les seules sommes immobilisées conformément aux dispositions de l'article 162 au secrétariat du tribunal du Travail.

Article 171 : Des Décrets pris après avis de la commission consultative du travail fixent les portions de salaires soumises a prélèvements progressifs et les taux y afférents. La retenue visée à l'article précédent ne peut, pour chaque paye, excéder les taux fixés par les Décrets.

Il doit être tenu compte, pour le calcul de la retenue, non seulement du salaire proprement dit, mais de tous les accessoires du salaire, à l'exception des indemnités déclarées insaisissables par la réglementation en vigueur, des sommes allouées à titre de remboursement de frais exposés par le travailleur et des allocations ou indemnités pour charges de famille.

Article 172 : Les dispositions d'une convention ou d'un contrat autorisant tous autres prélèvements sont nulles de plein droit.

Les sommes retenues au travailleur en contravention des dispositions ci-dessus portent intérêt à son profit au taux légal depuis la date où elles auraient du être payées et peuvent être réclamées par lui jusqu'à prescription, le cours en étant suspendu pendant la durée du contrat.

Les dispositions de la présente section ne font pas obstacle à l'institution de régimes légaux ou réglementaires de prévoyance ou de retraite.

TITRE IV.- REPRESENTATION PROFESSIONNELLE ET NEGOCIATION COLLECTIVE

CHAPITRE I.-SYNDICATS PROFESSIONNELS

SECTION I.- LIBERTE SYNDICALE ET CONSTITUTION DES SYNDICATS

Article 173 : Les personnes exerçant la même profession. Des métiers similaires ou des professions connexes concourant à l'établissement de produits déterminés ou la même profession libérale, peuvent constituer librement un syndicat professionnel.

Tout travailleur ou employeur peut adhérer librement à un syndicat de son choix dans le cadre de sa profession. Il en est de même des personnes ayant quitté l'exercice de leurs fonctions ou de leur profession sous réserve d'avoir exercé ces dernières pendant un an au moins.

Article 174 : Les syndicats professionnels ont pour objet l'étude et la défense des intérêts économiques, industriels, commerciaux et agricoles. Ils agissent pour la promotion et la défense des intérêts matériels, moraux et professionnels de leurs membres.

Article 175 : Le chef d'entreprise ou ses représentants ne doivent employer aucun moyen de pression en faveur ou à l'encontre d'une organisation syndicale quelconque.

Il est interdit à tout employeur de prélever les cotisations syndicales sur les salaires de son personnel et de les payer en lieu et place de celui-ci.

A l'égard des travailleurs, l'employeur est tenu par les dispositions de l'article L.100.5 du présent Code.

Article 176 : Toute mesure prise par l'employeur contrairement aux dispositions des articles 173 et 175 est considérée comme nulle et donne lieu à dommages et intérêts. Ces dispositions sont d'ordre public.

Article 177 : Les fondateurs de tout syndicat professionnel doivent déposer les statuts et les noms de ceux qui sont chargés de son administration ou de sa direction.

Ce dépôt a lieu à la mairie ou au siège de la circonscription administrative où le syndicat est établi : il en est donné récépissé ; copie des statuts est adressée à l'inspecteur du travail et au procureur de la République du ressort.

Les modifications apportées aux statuts et les changements survenus dans la composition de la direction ou de l'administration du syndicat doivent être portés, dans les mêmes conditions, à la connaissance des mêmes autorités.

Article 178 : Les membres chargés de l'administration ou de la direction d'un syndicat professionnel doivent être de nationalité nigérienne et jouir de leurs droits civiques et politiques conformément aux dispositions des lois sur l'électorat les régissant. Sous réserve de jouissance de ces mêmes droits, peuvent également accéder aux fonctions d'administration et de direction, les étrangers séjournant régulièrement sur le territoire du Niger depuis trois ans au moins.

Le délai de trois ans n'est pas applicable aux ressortissants d'États ayant passé des accords stipulant la réciprocité en matière syndicale ou ayant une législation nationale autorisant l'accès aux fonctions syndicales des étrangers sans délai de trois années de résidence antérieure. Dans ces cas. le délai est soit supprimé, soit ramené au délai figurant dans l'accord ou dans la législation nationale.

Article 179 : Les femmes mariées exerçant une profession ou un métier, peuvent adhérer aux syndicats professionnels et participer à leur administration ou a leur direction dans les conditions fixées à l'article précèdent.

Article 180 : Les mineurs âgés de plus de seize ans peuvent adhérer aux syndicats, sauf opposition de leur père, mère ou tuteur.

Article 181 : Tout membre d'un syndicat professionnel peut s'en retirer à tout instant nonobstant toute clause contraire sans préjudice du droit, pour le syndicat, de réclamer la cotisation afférente aux six mois qui suivent le retrait d'adhésion.

Article 182 : En cas de dissolution volontaire, statutaire ou prononcée judiciairement, les biens du syndicat sont dévolus conformément aux statuts ou, à défaut de dispositions statutaires suivant les règles déterminées par l'assemblée générale. En aucun cas, ils ne peuvent être répartis entre les membres adhérents.

SECTION II.- CAPACITE CIVILE DES SYNDICATS

Article 183 : Les syndicats professionnels jouissent de la personnalité civile. Ils ont le droit d'ester en justice et d'acquérir sans autorisation, à titre gratuit ou onéreux, des biens meubles ou immeubles.

Article 184 : Ils peuvent, devant toutes les juridictions répressives, exercer tous les droits réservés à la partie civile, relativement aux faits portant un préjudice direct ou indirect à l'intérêt collectif de la profession qu'ils représentent.

Article 185 : Ils peuvent affecter une partie de leurs ressources à la création de logements de travailleurs, à l'acquisition de terrains de culture ou de terrains d'éducation physique à l'usage de leurs membres.

Article 186 : Ils peuvent créer, administrer ou subventionner des œuvres professionnelles telles que : institutions de prévoyance, caisses de solidarité, laboratoires, champs d'expérience, œuvres d'éducation scientifique, agricole ou sociale, cours et publications intéressant la profession.

Les immeubles et objets mobiliers nécessaires à leurs réunions, à leurs bibliothèques et à leurs cours d'instruction professionnelle sont insaisissables.

Article 187 : Ils peuvent subventionner des sociétés coopératives de production ou de consommation.

Article 188 : Ils peuvent passer des contrats ou conventions avec tous autres syndicats, sociétés, entreprises ou personnes. Les conventions collectives du travail sont passées dans les conditions déterminées par le chapitre 3 du titre IV du présent Code.

Article 189 : S'ils y sont autorisés par leurs statuts et à condition de ne pas distribuer de bénéfices, même sous la forme de ristournes, à leurs membres, les syndicats peuvent:

1) acheter pour louer, prêter ou répartir entre leurs membres tout ce qui est nécessaire à l'exercice de leur profession, notamment matières premières, outils, instruments, machines, engrais, semences, plantes, animaux et matières alimentaires pour le bétail;

2) prêter leur entremise gratuite pour la vente des produits provenant exclusivement du travail personnel ou des exploitations des syndiqués; faciliter cette vente par expositions, annonces, publications, groupements de commandes et d'expéditions sans pouvoir l'opérer sous leur nom et sous leur responsabilité.

Article 190 : Ils peuvent être consultés sur tous les différends et toutes les questions se rattachant à leur spécialité.

Dans les affaires contentieuses, les avis du syndicat sont tenus à la disposition des parties qui peuvent en prendre communication et copie.

SECTION III.- MARQUES SYNDICALES

Article 191 : Les syndicats peuvent déposer, dans des conditions déterminées par décret, leurs marques ou labels. Ils peuvent, dès lors, en revendiquer la propriété exclusive dans les conditions dudit décret. Ces marques ou labels peuvent être apposés sur tout produit ou objet de commerce pour en certifier l'origine et les conditions de fabrication. Ils peuvent être utilisés par tous individus ou entreprises mettant en vente ces produits.

Article 192 : L'utilisation des marques syndicales ou labels ne peut avoir pour effet de porter atteinte à la liberté syndicale et à l'obligation de neutralité de l'employeur vis-à-vis des syndicats de salariés.

Est nulle et de nul effet toute clause de contrat collectif, accord ou entente aux termes de laquelle l'usage de la marque syndicale par un employeur est subordonné à l'obligation pour ledit employeur de ne conserver ou de ne prendre à son service que les adhérents du syndicat propriétaire de la marque.

SECTION IV.- CAISSES DE SECOURS MUTUELS ET DE RETRAITES

Article 193 : Les syndicats peuvent, en se conformant aux dispositions des lois en vigueur, constituer entre leurs membres des caisses spéciales de secours mutuels et de retraites.

Article 194 : Les fonds de ces caisses spéciales sont insaisissables dans les limites déterminées par la loi.

Article 195 : Toute personne qui se retire d'un syndicat conserve le droit d'être membre de sociétés de secours mutuels et de retraites pour la vieillesse à l'actif desquelles a contribué par des cotisations ou des versements de fonds.

SECTION V.- UNIONS DE SYNDICATS

Article 196 : Les syndicats professionnels régulièrement constitués d'après les prescriptions du présent Code peuvent librement se concerter pour l'étude et la défense de leurs intérêts économiques, industriels, commerciaux et agricoles ainsi que pour la défense et la promotion des intérêts matériels, moraux et professionnels de leurs membres.

Ils peuvent se constituer en union sous quelque forme que ce soit.

Article 197 : Les dispositions des articles 172, 177, 178, 179 et 180 sont applicables aux unions de syndicats qui doivent, d'autre part, faire connaître, dans les conditions de l'article 177 le nom et le siège des syndicats qui les composent.

Leurs statuts doivent déterminer les règles selon lesquelles les syndicats adhérant à l'union sont représentés dans le conseil d'administration et dans les assemblées générales.

Article 198 : Les unions de syndicats jouissent de tous les droits conférés aux syndicats professionnels par le présent Code.

Article 199 : Des locaux peuvent être, par Décret, mis sur leur demande, à la disposition des unions des syndicats pour l'exercice de leur activité.

CHAPITRE II.- REPRESENTATION DES TRAVAILLEURS DANS L'ENTREPRISE

Article 200 : Les représentants du personnel dans l'entreprise ou l'établissement comprennent les délégués du personnel et les délégués syndicaux. Des conventions ou accords collectifs peuvent instaurer d'autres institutions représentatives : comités d'entreprise ou d'établissement notamment. Lorsque c'est le cas, les membres représentant les travailleurs au sein de ces institutions sont également considérés comme représentants du personnel au sens du présent Code.

SECTION I.- DELEGUES DU PERSONNEL

Article 201 : Dans les entreprises, ou établissements distincts, employant plus de dix salariés, des délégués du personnel sont élus pour une durée de deux ans. Ils sont rééligibles.

Article 202 : L'élection a lieu au scrutin secret et sur des listes établies par les organisations syndicales les plus représentatives au sein de chaque établissement pour chaque catégorie du personnel. Si le nombre des votants est inférieur à la moitié des inscrits, il est procédé à un second tour de scrutin pour lequel les électeurs peuvent voter pour des candidats autres que ceux proposés par les organisations syndicales, l'élection a lieu à la représentation proportionnelle, les restes sont attribués à la plus forte moyenne.

Article 203 : Sont électeurs, les salariés des deux sexes âges de dix-huit ans accomplis ayant travaillé au moins six mois dans l'entreprise et jouissant de leurs droits civiques et politiques.

Article 204 : Sont éligibles les électeurs âgés de vingt et un ans accomplis, sachant s'exprimer en français, ayant travaillé dans l'entreprise sans interruption pendant douze mois au moins, à l'exception des ascendants, frères et allies au même degré du chef d'entreprise.

Article 205 : Chaque délégué a un suppléant élu dans les mêmes conditions, qui le remplace en cas d'absence motivée, de décès, démission, révocation, changement de catégorie professionnelle, résiliation du contrat de travail, perte des conditions requises pour l'éligibilité.

Article 206 : Les contestations relatives à l'électorat, à l'éligibilité des délégués du personnel ainsi qu'à la régularité des opérations électorales sont de la compétence du président du tribunal du Travail qui statue d'urgence et en dernier ressort.

La décision du président du tribunal peut être déférée à la Cour suprême pour cassation.

Article 207 : Les délégués du personnel ont pour mission:

- de présenter aux employeurs toutes les réclamations individuelles ou collectives qui n'auraient pas été directement satisfaites concernant les conditions de travail et la protection des travailleurs, l'application des conventions collectives, des classifications professionnelles et des taux de salaires;

- de saisir l'inspection du Travail de toute plainte ou réclamation concernant l'application des prescriptions légales et réglementaires dont elle est chargée d'assurer le contrôle;

- de veiller à l'application des prescriptions relatives à l'hygiène à la santé et à la sécurité des travailleurs et à la prévoyance sociale et proposer toutes mesures utiles à ce sujet;

- de communiquer à l'employeur toutes suggestions utiles tendant à l'amélioration de l'organisation et du rendement de l'entreprise:

- de faire part à l'employeur de leurs avis et suggestions sur les mesures de licenciement envisagées en cas de diminution d'activité ou de réorganisation intérieure de rétablissement.

Article 208 : Nonobstant les dispositions ci-dessus, les travailleurs ont la faculté de présenter eux-mêmes leurs réclamations et suggestions à l'employeur.

Article 209 : Le chef d'entreprise ou d'établissement est tenu de laisser aux délègues du personnel dans les limites d'une durée qui. sauf circonstances exceptionnelles, ne peut excéder quinze heures par mois, le temps nécessaire à l'exercice de leurs fonctions. Ce temps leur est payé comme temps de travail. Les heures passées en réunion avec le chef d'entreprise sur convocation de ce dernier ne sont pas imputables sur ce crédit d'heures.

Article 210 : Les délégués du personnel sont reçus collectivement par le chef d'entreprise ou d'établissement, ou son représentant, au moins une fois par mois. Ils sont en outre, reçus sur leur demande en cas d'urgence.

Article 211 : Un Décret pris après avis de la commission consultative du travail fixe, en tant que de besoin, les modalités d'application de la présente section. Il détermine également le nombre des délégués et leur répartition sur le plan professionnel; les moyens mis à leur disposition ainsi que les conditions de leur révocation par le collège des travailleurs qui les ont élus.

SECTION II - DELEGUES SYNDICAUX

Article 212 : Dans les entreprises ou établissements employant au moins cinquante salariés, un délégué syndical peut être désigné par toute organisation syndicale régulièrement constituée et appartenant aux organisations les plus représentatives des travailleurs conformément aux dispositions de l'article 232 du présent Code. Lorsqu'il existe un collège propre à l'encadrement, les critères de représentativité sont appréciés dans ce seul collège pour toute organisation qui ne présente de candidat que dans celui-ci.

Article 213 : Le délégué syndical assure la représentation de son syndicat dans l'entreprise, tant envers l'employeur qu'envers les travailleurs.

Il est convoqué aux réunions que l'employeur doit organiser avec les délègués du personnel: il peut y prendre la parole. Il est destinataire de toutes les informations que l'employeur doit aux délègues du personnel.

Pour l'exercice de son mandat, il bénéficie des mêmes heures de délégation que les délégués du personnel.

Article 214 : Le mandat du délégué syndical prend fin lorsque la condition de représentativité cesse d'être remplie ou lorsque le syndicat décide de mettre fin aux fonctions du délégué. Il prend fin également en cas de rupture du contrat de travail, de démission du mandat ou de perte des conditions requises pour la désignation.

Article 215 : Un Décret pris après avis de la commission consultative du travail fixe les modalités d'application de la présente section.

SECTION III.- LICENCIEMENT DES REPRESENTANTS DU PERSONNEL

Article 216 : Tout licenciement d'un représentant du personnel au sens de l'article 200 du présent Code envisagé par l'employeur ou son représentant doit, quelle qu'en soit la cause, être soumis à la décision de l'inspection du travail.

Toutefois, en cas de faute lourde, l'employeur peut prononcer immédiatement la mise à pied provisoire de l'intéressé en attendant la décision définitive.

Article 217 : La procédure prévue à l'article 216 ci-dessus est applicable pendant une période de six mois à partir de l'expiration de leur mandat au licenciement des anciens représentants du personnel élus. Elle est également applicable, dès la publication des candidatures et pendant une période de trois mois, aux candidats présentés au premier tour des élections par les organisations syndicales de travailleurs les plus représentatives.

La procédure est également applicable au licenciement des anciens délégués syndicaux pendant les six mois qui suivent l'expiration de leur mandat à condition que celui-ci ait dure au moins deux ans.

CHAPITRE III.- CONVENTIONS ET ACCORDS COLLECTIFS DE TRAVAIL

SECTION I - NATURE ET VALIDITE DE LA CONVENTION COLLECTIVE

Article 218 : La convention collective de travail est un accord relatif aux conditions d'emploi, de travail ou de salaire, notamment, conclu entre, d'une part, les représentants d'un ou plusieurs syndicats ou groupements professionnels de travailleurs reconnus les plus représentatifs dans les conditions prévues à l'article 232, et d'autre part, une ou plusieurs organisations syndicales d'employeurs ou tout autre groupement d'employeurs ou un ou plusieurs employeurs pris individuellement.

Article 219 : Les conventions collectives déterminent leur champ d'application géographique et professionnel. Le champ géographique peut être national ou local. Le champ professionnel doit être défini en termes d'activité économique. Il peut couvrir plusieurs branches d'activité. Il peut être limité à une ou plusieurs entreprises ou établissements.

Article 220 : La convention peut contenir des dispositions plus favorables aux travailleurs que celles des lois et règlements en vigueur. Elle ne peut déroger aux dispositions d'ordre public de ces lois et règlements.

Article 221 : Dans le cas où une convention collective concernant une branche d'activité déterminée a été conclue sur le plan national ou régional, les conventions collectives conclues sur le plan inférieur, régional ou local, adaptent cette convention ou certaines de ses dispositions aux conditions particulières de travail existant sur le plan inférieur.

Elles peuvent prévoir des dispositions nouvelles et des clauses plus favorables aux travailleurs.

Article 222 : Les représentants des organisations syndicales ou de tout autre groupement professionnel visés a l'article précèdent peuvent contracter au nom de l'organisation qu'ils représentent, en vertu:

- soit des stipulations statutaires de cette organisation;
- soit d'une délibération spéciale de celle organisation;
- soit de mandats spéciaux et écrits qui leur sont donnés individuellement par tous les adhérents de cette organisation.

A défaut, pour être valable, la convention collective doit être ratifiée par une délibération spéciale de ce groupement. Les groupements déterminent eux-mêmes leur mode de délibération.

Article 223 : Tout syndicat professionnel ou tout employeur qui n'est pas partie à la convention collective peut y adhérer ultérieurement.

Article 224 : La convention collective est conclue pour une durée déterminée ou pour une durée indéterminée. Quand la convention est conclue pour une durée déterminée, celle-ci ne peut être supérieure à cinq ans.

Article 225 : A défaut de stipulation contraire, la convention à durée déterminée qui arrive à expiration continue à produire ses effets comme une convention à durée indéterminée.

La convention collective à durée indéterminée peut cesser par la volonté d'une des parties.

Article 226 : La convention collective doit prévoir dans quelles formes et à quelle époque elle pourra être dénoncée, renouvelée ou révisée. La convention collective doit prévoir notamment la durée du préavis qui doit précéder la dénonciation.

Article 227 : La convention collective doit être écrite en langue française sous peine de nullité; un Décret pris après avis de la commission consultative du travail détermine les conditions dans lesquelles les conventions collectives sont déposées, publiées et traduites.

Article 228 : Les conventions collectives sont applicables, sauf stipulation contraire, à partir du jour qui suit leur dépôt dans les conditions et aux lieux indiqués par le Décret susvisé.

Article 229 : Sont soumises aux obligations de la convention collective toutes personnes qui l'ont signée personnellement ou qui sont membres des organisations signataires. La convention lie également les organisations qui lui donnent leur adhésion ainsi que tous ceux qui, à un moment quelconque, deviennent membres de ces organisations.

Article 230 : Lorsque l'employeur est lié par les clauses de la convention collective de travail, ces clauses s'appliquent aux contrats de travail conclus avec lui.

Dans tout établissement compris dans le champ d'application d'une convention collective, les dispositions de cette convention s'imposent, sauf dispositions plus favorables pour les travailleurs, aux rapports nés des contrats individuels ou d'équipe.

SECTION II.- CONVENTIONS COLLECTIVES ETENDUES

Article 231 : A la demande de l'une des organisations syndicales d'employeurs ou de travailleurs intéressées. considérées comme les plus représentatives. ou de sa propre initiative, le Minisire du Travail provoque la réunion d'une commission mixte en vue de la conclusion d'une convention collective de travail ayant pour objet de régler les rapports entre employeurs et travailleurs d'une ou plusieurs branches d'activité sur le plan national, régional ou local.

Un arrêté du Ministre du Travail détermine la composition de cette commission mixte présidée par le Ministre du Travail ou son représentant et qui comprend en nombre égal, d'une part, des représentants des organisations syndicales les plus représentatives de travailleurs, d'autre part, des représentants des organisations les plus représentatives d'employeurs ou, à défaut de celles-ci, des employeurs.

Des conventions annexes peuvent être conclues pour chacune des principales catégories professionnelles : elles déterminent les conditions particulières de travail à ces catégories et sont discutées par les représentants des organisations syndicales représentatives des catégories intéressées.

Article 232 : Les organisations syndicales les plus représentatives sont déterminées par le Ministre du Travail qui réunit tous les éléments d'appréciation et prend l'avis de l'inspecteur du travail.

Les éléments d'appréciation comprennent notamment: les effectifs et, pour les syndicats de travailleurs, les résultats des élections des délégués du personnel, l'indépendance, l'expérience du syndicat, l'étendue et la nature de son activité.

La décision du Ministre du Travail est susceptible, le cas échéant, de recours dans un délai de quinze jours devant la Cour suprême. Le dossier fourni par le Ministre du Travail doit comprendre tous éléments d'appréciation recueillis et l'avis de l'inspecteur du Travail.

Les dispositions qui précèdent ne peuvent être interprétées comme autorisant l'administration à prendre connaissance des registres d'inscription des adhérents et des livres de trésorerie du syndicat.

Article 233 : Les conventions collectives visées par la présente section comprennent obligatoirement les dispositions concernant:

1) le libre exercice du droit syndical et la liberté d'opinion des travailleurs;

2) les salaires applicables par catégories professionnelles, et éventuellement par région, ainsi que les modalités de détermination des catégories professionnelles;

3) les modalités d'exécution et les taux des heures supplémentaires, du travail de nuit et des jours non ouvrables;

4) la durée de la période d'essai et celle du préavis;

5) les représentants du personnel;

6) la procédure de révision, modification et dénonciation de tout ou partie de la convention collective;

7) les modalités d'application du principe "à travail de valeur égale, salaire égal" pour les femmes et les jeunes:

8) les congés payés;

9) les modalités d'organisation et de fonctionnement de l'apprentissage et de la formation professionnelle dans le cadre de la branche ou des entreprises concernées;

10) les modalités d'indemnisation du chômage temporaire.

Article 234 : Elles peuvent également contenir, sans que cette énumération soit limitative, des dispositions concernant:

1) les primes d'ancienneté et d'assiduité;

2) l'indemnité pour frais professionnels et assimilés;

3) les indemnités de déplacement et les modalités du transport;

4) quand il y a lieu, l'indemnité visée au premier alinéa de l'article 151;

5) les primes de panier pour tous les travailleurs devant prendre leur repas sur le lieu de travail;

6) les conditions générales de la rémunération au rendement chaque fois qu'un tel mode de rémunération est reconnu possible;

7) la majoration pour travaux pénibles, dangereux, insalubres;

8) les conditions d'embauchage et de licenciement des travailleurs, sans que les dispositions prévues puissent porter atteinte au libre choix du syndicat par le travailleur;

9) les conditions particulières de travail des femmes et des jeunes gens dans certaines entreprises se trouvant dans le champ d'application de la convention;

10) quand il y a lieu. Les modalités de constitution du cautionnement visé à l'article 47;

11) l'emploi à temps réduit de certaines catégories de personnel et les conditions de leur rémunération;

12) l'organisation, la gestion et le financement des services sociaux et médico-sociaux;

13) les conditions particulières du travail: travaux par roulement, travaux durant le repos hebdomadaire et durant les jours fériés;

14) les procédures conventionnelles d'arbitrage suivant lesquelles sont ou peuvent être réglés les conflits collectifs de travail susceptibles de survenir entre les employeurs et les travailleurs liés par la convention;

15) les modalités d'avancement par échelon;

16) l'organisation et le fonctionnement des commissions paritaires de classement. Les dispositions facultatives reconnues utiles peuvent être rendues obligatoires par décret.

Article 235 : A la demande de l'une des organisations syndicales les plus représentatives ou à l'initiative du Ministre du Travail, les dispositions des conventions collectives répondant aux conditions déterminées par la présente section peuvent être rendues obligatoires pour tous les employeurs et travailleurs compris dans le champ professionnel et territorial de la convention, par arrêté du Ministre du Travail pris après avis de la commission consultative du Travail.

L'extension n'est possible que si la situation économique et sociale des entreprises susceptibles d'être concernées par cette mesure permet l'application des normes conventionnelles étendues dans des conditions analogues à celles existant dans les entreprises d'ores et déjà liées par la convention. Si, compte tenu notamment de leur chiffre d'affaires ou de leurs effectifs, cette condition n'est remplie que par une partie des entreprises, l'extension doit être limitée à cette seule catégorie. Dans ce cas, l'arrêté d'extension rendu après avis motivé de la commission consultative du travail indique les catégories d'entreprises soumises à l'extension.

Après avis motivé de la commission consultative du Travail, le Ministre du Travail peut, en outre extraire des effets de l'extension, sans en modifier l'économie, les clauses qui ne répondraient pas à la situation de la ou des branches d'activité dans le champ d'application considéré.

Après avis motivé de la commission consultative du travail, le ministre du travail doit exclure de l'extension les dispositions qui seraient en contradiction avec les textes législatifs ou réglementaires en vigueur.

Article 236 : Des conventions collectives conclues dans les conditions de l'article 231 et ne portant que sur un ou plusieurs points déterminés peuvent également être étendues après avis favorable de la commission consultative du Travail.

Article 237 : L'extension des effets et des sanctions de la convention collective se fait pour la durée et aux conditions prévues par ladite convention.

L'arrêté d'extension cesse de produire effet lorsque la convention collective cesse d'être en vigueur entre les parties par suite de sa dénonciation ou de son non-renouvellement.

Le Ministre du Travail peut, après avis motivé de la commission consultative du travail, a la demande de l'une des parties signataires ou de sa propre initiative, rapporter l'arrêté en vue de mettre fin à l'extension de la convention collective, ou de certaines de ses dispositions, lorsqu'il apparaît que la convention ou les dispositions considérées ne répondent plus à la situation de la ou des branches d'activité dans le champ territorial considéré.

Article 238 : Un arrêté du Ministre du Travail, pris après avis de la commission consultative du travail, peut, à défaut ou en attendant l'établissement d'une convention collective, réglementer les conditions du travail pour une profession déterminée en s'inspirant des conventions collectives en vigueur.

Article 239 : Tout arrêté d'extension ou de retrait d'extension doit être précédé d'une consultation des organisations professionnelles et de toutes personnes intéressées qui doivent faire connaître leurs observations dans un délai de quinze jours.

Un Décret détermine les modalités de cette consultation.

L'arrêté portant extension des salaires est dispensé de cette consultation.

SECTION III.- ACCORDS D'ENTREPRISE ET D'ETABLISSEMENT

Article 240 : Des accords concernant une ou plusieurs entreprises ou un ou plusieurs établissements détermines peuvent être conclus entre d'une part, un employeur ou un groupement d'employeurs et d'autre part, des représentants des syndicats les plus représentatifs du personnel des entreprises ou établissements intéressés.

Article 241 : Les accords d'entreprise ou d'établissement ont pour objet d'adapter aux conditions particulières des entreprises ou établissements considères les dispositions des conventions collectives nationales, régionales ou locales, et notamment les conditions d'attribution et le mode de calcul de la rémunération au rendement, des primes à la production individuelle et collective et des primes à la productivité.

Ils peuvent prévoir des dispositions nouvelles et des clauses plus favorables aux travailleurs.

Les dispositions des articles 223 à 230 s'appliquent aux accords prévus au présent article.

SECTION IV.- CONVENTIONS COLLECTIVES DANS LES SERVICES. ENTREPRISES ET ETABLISSEMENTS PUBLICS

Article 242 : Lorsque le personnel des services, entreprises et établissements publics n'est pas soumis à un statut législatif ou réglementaire particulier, des conventions collectives peuvent être conclues conformément aux dispositions du présent chapitre.

La liste des personnes morales de droit public employant du personnel soumis à statut est établie par Décret.

Article 243 : Lorsqu'une convention collective fait l'objet d'un arrêté portant extension pris en application de l'article 235 ou de l'article 236, elle est, en l'absence de dispositions contraires, applicable aux services, entreprises et établissements publics visés par la présente section qui. en raison de leur nature et de leur activité, se trouvent placés dans son champ d'application.

SECTION V.- EXECUTION DES CONVENTIONS COLLECTIVES

Article 244 : Les groupements de travailleurs ou d'employeurs liés par une convention collective ou un accord prévu à l'article 240 ci-dessus, sont tenus de ne rien faire qui soit de nature à en compromettre la loyale exécution. Ils ne sont garants de cette exécution que dans la mesure déterminée par la convention.

Article 245 : Les groupements capables d'ester en justice, liés par une convention collective de travail ou un accord prévu à l'article 240 ci-dessus, peuvent en leur nom propre, intenter une action en dommages et intérêts à l'encontre de tous autres groupements, de leurs propres membres ou de toutes personnes liées par la convention ou l'accord qui violeraient les engagements contractés.

Article 246 : Les personnes liées par une convention collective ou un accord prévu à l'article 240 ci-dessus peuvent intenter une action en dommages et intérêts à l'encontre des autres personnes ou des groupements liés par la convention qui violeraient, à leur égard, les engagements contractés.

Article 247 : Les groupements capables d'ester en justice qui sont liés par une convention collective ou un accord prévu à l'article 240 ci-dessus peuvent exercer toutes les actions qui naissent de cette convention ou de cet accord en faveur de leurs membres, sans avoir à justifier d'un mandat de l'intéressé, pourvu que celui-ci ait été averti et n'ait pas déclaré s'y opposer. L'intéressé peut toujours intervenir à l'instance engagée par le groupement.

TREIZIEME PARTIE. LA LEGISLATION DU TRAVAIL DU SENEGAL

Loi n°97-17 du 1er décembre 1997 portant Code du travail

Titre 2 - Des syndicats professionnels

Chapitre 1 - De l'objet des syndicats professionnels et de leur constitution

Art.L.6.- Les syndicats professionnels ont exclusivement pour objet l'étude et la défense des intérêts économiques, industriels, commerciaux, agricoles et artisanaux.

Art.L.7.- Les personnes exerçant la même profession, des métiers similaires ou des professions connexes concourant à l'établissement de produits déterminés, ou la même profession libérale, peu- vent constituer librement un syndicat professionnel. Tout travailleur ou employeur peut adhérer libre- ment à un syndicat dans le cadre de sa profession.

Art.L.8.- Les fondateurs de tout syndicat professionnel doivent déposer les statuts et la liste des personnes, qui, à un titre quelconque, sont chargées de son administration et de sa direction. Pour chacune de ces personnes, il est indiqué les prénom, nom filiation, date et lieu de naissance, de même que son origine professionnelle.

Chapitre 2 - De la capacité civile de syndicats professionnels

Art.L.15.- Les syndicats professionnels jouissent de la personnalité civile. Ils ont le droit d'ester en justice, d'acquérir sans autorisation, à titre gratuit ou à titre onéreux, des biens meubles et immeubles. Ils peuvent, devant toutes juridictions répressives exercer tous les droits réservés à la partie civile, relativement aux faits portant un préjudice direct ou indirect à l'intérêt collectif de la profession qu'ils représentent.

Art.L.16.- Ils peuvent affecter une partie de leurs ressources à la création de logements de travail- leurs, à l'acquisition de terrains de culture ou de terrains d'éducation physique à l'usage de leurs membres.

Art.L.17.- Ils peuvent créer, administrer ou subventionner des œuvres professionnelles telles que institutions de prévoyance, caisses de solidarité, laboratoires, champs d'expérience, œuvres d'éducation scientifique, agricole ou sociale, cours et publication intéressant la profession.

Les immeubles et objets mobiliers nécessaires à leurs réunions, à leurs bibliothèques et leurs cours d'instruction professionnels sont insaisissables. Ils peuvent prendre l'initiative de la création de sociétés coopératives de production ou de consommation. Ils peuvent également subventionner ces sociétés.

Art.L.18.- Ils peuvent passer des contrats ou des conventions avec tous les autres syndicats, sociétés, entreprises ou personnes. Les conventions collectives du travail sont passées dans les conditions dé- terminées par le titre 6

Chapitre 7 - De la liberté syndicale

Art.L.29.- Il est interdit à tout employeur de prendre en considération l'appartenance à un syndicat ou l'exercice d'une activité syndicale pour arrêter ses décisions en ce qui concerne notamment l'embauche, la conduite et la répartition du travail, la formation professionnelle, l'avancement, la rémunération et l'octroi d'avantages sociaux, les me- sures de discipline et de congédiement.

Le chef d'entreprise ou ses représentants ne devront employer aucun moyen de pression en faveur ou à l'encontre d'une organisation syndicale quelconque.

Toute mesure prise par l'employeur contrairement aux dispositions des alinéas précédents sera considéré comme abusive et donnera lieu à dommages intérêts.

Art.L.30.- Le travailleur ne peut engager ses services qu'à temps, ou pour une durée limitée à l'exécution d'un ouvrage ou d'une entreprise dé- terminée. Le contrat d'équipe est interdit.

Art.L.31.- Les contrats de travail sont passés librement et dans les formes qu'il convient aux parties contractantes d'adopter, sous réserve des dispositions dérogatoires prévues au présent Code.

Les formes et modalités d'établissement du contrat de travail dans les cas dérogatoires susvisés sont fixées par décret.

Art.L.32.- Quels que soient le lieu de la conclusion du contrat et la résidence de l'une ou l'autre partie, tout contrat de travail conclut pour être exécuté au Sénégal est soumis aux dispositions du présent Code. La preuve de son existence peut être apportée par tous moyens. Le contrat écrit est exempt de tous droits de timbre et d'enregistrement.**rt.L.33.-** Tout contrat de travail nécessitant l'installation du travailleur hors de sa résidence habituelle doit être après visite médicale du travail- leur, constaté par écrit et visé par la Direction générale du Travail et de la Sécurité sociale. Celle-ci appose le visa après notamment :

1° avoir vérifié les conditions de travail consenties ;

2° avoir constaté l'identité du travailleur, son libre consentement et la conformité du contrat de travail aux dispositions applicables en matière de travail ;

3° avoir vérifié que le travailleur est libre de tout engagement ;

4° avoir donné aux parties lecture et éventuellement, traduction du contrat.

Chapitre 2 - De l'engagement à l'essai

Art.L.36.- Il y a engagement à l'essai lorsque l'employeur et le travailleur, en vue de conclure un contrat définitif verbal ou écrit, décident au préalable, d'apprécier notamment le premier la qualité des services du travailleur et son rendement, le second, les conditions de travail, de vie, de rémunération, d'hygiène et de sécurité, ainsi que le climat social.

Art.L.37.- Le contrat d'engagement à l'essai est à peine de nullité constaté par écrit. Il peut être inclus dans le corps d'un contrat définitif.

Art.L.38.- Le contrat d'engagement à l'essai ne peut être conclu pour une durée supérieure au délai nécessaire pour mettre à l'épreuve le personnel engagé, compte tenu de la technique et des usages de la profession.

Chapitre 3 - Du contrat de travail à durée déterminée

Art.L.41.- Le contrat de travail à durée déterminée est un contrat dont la durée est précisée à l'avance suivant la volonté des parties. Un contrat de travail passé pour l'exécution d'un ouvrage déterminé ou la réalisation d'une entreprise dont la durée ne peut être préalablement évaluée avec précision, est assimilé à un contrat à durée déterminée. Un contrat dont le terme est subordonné à un événement futur et certain dont la date n'est pas exactement connue, est également assimilé à un contrat à durée déterminée.

Art.L.42.- Aucun travailleur ne peut conclure avec la même entreprise plus de deux contrats à durée déterminée, ni renouveler plus d'une fois un contrat à durée déterminée. La continuation des services en dehors des cas prévus à l'alinéa précédent constitue de plein droit l'exécution d'un contrat de travail à durée indéterminée.

Les dispositions ci-dessus ne s'appliquent pas :

1° au travailleur engagé à l'heure ou à la jour- née pour une occupation de courte durée n'excédant pas une journée ;

2° au travailleur saisonnier engagé pour la du- rée d'une campagne agricole, commerciale, industrielle ou artisanale ;

3° au docker engagé pour des travaux de manutention à exécuter à l'intérieur de l'enceinte des ports ;

4° au docker engagé en complément d'effectif pour exécuter des travaux nés d'un surcroît d'activité de l'entreprise ;

5° au travailleur engagé pour assurer le rem- placement provisoire d'un travailleur de l'entreprise en suspension légale de contrat de travail, telle que définie par l'article L.70, à l'exception du 1°) et du 6°).

Art.L.47.- Lorsque les relations contractuelles de travail ne se poursuivent pas à l'issue d'un contrat de travail à durée déterminée le travailleur a droit à une indemnité de fin de contrat, à titre de complément de salaire qui est égale à 7 % du montant de la rémunération totale brute due au travailleur pendant la durée du contrat.

Cette indemnité n'est pas due :

1° dans les cas visés aux alinéas numérotés 1,2,3 et 5 de l'article L. 42 et à l'article L. 43 ;

2° en cas de refus par le travailleur d'accepter la conclusion d'un contrat de travail à durée indéterminée pour occuper le même emploi ou un emploi similaire assorti d'un salaire au moins égal ;

3° en cas de rupture anticipée du contrat due à l'initiative du travailleur ou à sa faute lourde.

Chapitre 4 - Du contrat de travail à durée indéterminée

Section 1 - De la rupture du contrat

Art.L.49.- Tout contrat de travail qui ne répond pas aux définitions du contrat à durée déterminée, du contrat d'apprentissage ou du contrat d'engagement à l'essai doit être considéré comme contrat à durée indéterminée.

Le contrat à durée indéterminée peut toujours cesser par la volonté de l'une des parties sous réserve des règles sur le préavis, et, en ce qui concerne les formes du licenciement, des dispositions spécifiques concernant les délégués du personnel et le licenciement pour motif économique.

Art.L.50.- La résiliation du contrat à durée indéterminée est subordonnée à un préavis notifié par écrit par la partie qui prend l'initiative de la rupture. Le préavis ne doit être subordonné à aucune condition suspensive ou résolutoire. Il commence à courir à compter de la date de la remise de la notification.

Le motif de rupture du contrat doit figurer dans cette notification.

En l'absence de convention collective, un décret fixe les modalités, les conditions et la durée du pré- avis, compte tenu notamment de la durée du contrat et des catégories professionnelles.

Art.L.51.- Si le licenciement d'un travailleur sur- vient sans observation de la formalité de la notification écrite de la rupture ou de l'indication d'un motif légitime, ce licenciement irrégulier en la forme ne peut être considéré comme abusif. Le tribunal peut néanmoins accorder au travailleur une indemnité pour sanctionner l'inobservation des règles de forme.

Section 2 - Du licenciement pour motif économique

Art.L.60.- Tout licenciement individuel ou collectif effectué par un employeur, et motivé par une difficulté économique ou une réorganisation intérieure constitue un licenciement pour motif économique, l'employeur doit réunir les délégués du personnel et rechercher avec eux toutes les autres possibilités telles que la réduction des heures de travail, le travail par roulement, le chômage partiel, la formation ou le redéploiement du personnel.

Le compte rendu de cette réunion, établi par l'employeur, doit être dans un délai de huit jours, communiqué à l'Inspecteur du Travail et de la Sécurité sociale, lequel dispose d'un délai de quinze jours à dater de cette communication pour exercer, éventuellement, ses bons offices.

Art.L.61.- Pour tenter d'éviter un licenciement pour motif économique, l'employeur doit réunir les délégués du personnel et rechercher avec eux toutes les autres possibilités telles que la réduction des heures de travail, le travail par roulement, le chômage partiel, la formation ou le redéploiement du personnel.

Le compte rendu de cette réunion, établi par, l'employeur, doit être dans un délai de huit jours, communiqué à l'Inspecteur du Travail et de la Sécurité sociale, lequel dispose d'un délai de quinze jours à dater de cette communication pour exercer éventuellement, ses bons offices.

Art.L.62.- Si après l'échéance du délai de quinze jours, certains licenciements étaient nécessaires, l'employeur établit l'ordre des licenciements. Cet ordre tient compte, en premier lieu, des travailleurs présentant des aptitudes professionnelles moindres pour les emplois maintenus. En cas d'égalité d'aptitude professionnelle, les travailleurs les plus anciens seront conservés. L'ancienneté dans l'entreprise est majorée, pour établir cet ordre des licenciements, d'un an pour le travailleur marié et d'un an pour chaque enfant à charge au sens de la législation sur les prestations familiales.

L'employeur doit communiquer par écrit aux délégués du personnel, s'il en existe, la liste des travail- leurs qu'il se propose de licencier, en précisant les critères qu'il a retenus. Il convoque, sept jours au plus tôt après la communication de cette liste, les délégués du personnel pour recueillir leurs suggestions, lesquelles sont consignées dans le compte rendu de la réunion établi par l'employeur.

Si l'employeur envisage de licencier un délégué du personnel, il devra respecter la procédure spécifique à ces travailleurs.

Section 4 - De la modification du contrat de travail

Art.L.66.- S'il survient une modification dans la situation juridique de l'employeur, notamment par succession, reprise sous une nouvelle appellation, vente, fusion, transformation de fonds, mise en société, tous les contrats de travail en cours au jour de la modification subsistent entre le nouvel employeur et le personnel de l'entreprise. Leur résiliation ne peut intervenir que dans les formes et aux conditions prévues par les sections 1 et 2, comme si la modification dans la situation juridique de l'employeur n'était pas intervenue.

Lorsque le travailleur est muté d'une entreprise à une filiale ou inversement, il conserve le bénéfice de l'ancienneté et les avantages déjà acquis au service du premier employeur[26].

---

[26] **Reclassement, difficultés économiques**
Obligations d'adaptation et de reclassement

Ces obligations sont d'origine jurisprudentielle (Soc. 25 février 1992, Expovit) « *l'employeur tenu d'exécuter de bonne foi le contrat de travail à le devoir d'assurer l'adaptation des salariés à l'évolution de leur emploi* »). Elles bénéficient à tout salarié et pèsent sur l'employeur quels que soient l'effectif de l'entreprise, le nombre de salariés concernés par le projet de licenciement et l'existence ou non d'un plan de sauvegarde de l'emploi. Le droit au reclassement découle directement du « droit de chacun d'obtenir un emploi » (DC 13 janvier 2005). « Un licenciement pour motif économique d'un salarié », quel qu'il soit 'individuel, moins de 10 salariés, au moins 10 salariés), « ne peut intervenir que lorsque tous les efforts de formation et d'adaptation ont été réalisés et que le reclassement de l'intéressé ne peut être opéré dans l'entreprise » ou, le cas échéant, « dans les entreprises du groupe auquel l'entreprise appartient ». « Le reclassement du salarié s'effectue :

- sur un emploi de la même catégorie que celui qu'il occupe ou sur un emploi équivalent « assorti d'une rémunération équivalente » ;
- à défaut, et sous réserve de l'accord exprès du salarié » (ce qui implique une notification par écrit suivie d'une acceptation explicite du salarié), « sur un emploi d'une catégorie inférieure ».

« Les offres de reclassement proposées au salarié sont écrites et précises » (L. 1233-4 ; Soc. 6 mars 2007). L'employeur « ne peut limiter ses recherches de reclassement et ses efforts en fonction de la volonté de ses salariés, exprimés à sa demande et par avance, en dehors de toute proposition concrète » (Soc. 4 mars 2009, PBR, Sté Pinault Bois et Matériaux). L'employeur ne peut pas non plus limiter ses offres en fonction de la volonté présumée du salarié de les refuser, à la suite d'une proposition de modification du contrat de travail, causée par des difficultés économiques, refusée par le salarié. (Soc. 2 nov. 2009, Sté Distrimusic international). Les possibilités de reclassement ne doivent pas être recherchées uniquement parmi les postes identiques : la recherche de reclassement doit porter sur des emplois disponibles de même catégorie ou, à défaut, de catégorie inférieure (le reclassement étant par ailleurs effectué de façon loyale par l'employeur), fut-ce par voie de modification des contrats de travail, en assurant au besoin une période probatoire ou l'adaptation des salariés à une évolution de leur emploi, le cas échéant par une formation complémentaire (Soc. 6 juillet 1999). L'obligation de reclassement se conjugue avec l'obligation d'adaptation : l'employeur doit proposer à une salariée un emploi disponible moyennant une formation permettant son adaptation, (Soc. 28 mai 2008). Il existe une limite cependant, relative à la nature de la formation qui peut être exigée : il ne peut être, en effet, imposé à l'employeur d'assurer aux salariés la formation initiale qui leur fait défaut, (Soc. 3 avril 2001). Les efforts de reclassement devront être appréciés en fonction des moyens dont dispose l'entreprise ou, le cas échéant, l'unité économique et sociale ou le groupe *« parmi les entreprises dont les activités, l'organisation et le lieu d'exploitation leur permettent d'effectuer une permutation du personnel (...) même si certaines de ces entreprises sont situées à l'étranger, sauf pour l'employeur à démontrer que la législation applicable localement aux salariés étrangers ne permet pas le reclassement » (*Soc. 13 janvier 2010, PBR, Sté San Carlo Gruppo) *; « Les possibilités de reclassement s'apprécient au plus tard à la date du licenciement » (*Soc.1er juin 2010) ; il ne peut être reproché à l'employeur de ne pas avoir recherché des possibilités de reclassement dans un groupe dont il ne fait pas encore partie à la date du licenciement).

Le manquement de l'employeur à l'obligation de reclassement, préalablement à la notification du licenciement, aura pour effet de priver le licenciement de cause réelle se sérieuse. Dès l'instant qu'existent des possibilités de reclassement et que l'employeur ne les a pas mises en œuvre, les licenciements sont dépourvus de cause économique (Soc. 12 décembre 1995). Le salarié menacé de licenciement pour motif économique est en droit de refuser les mesures de reclassement qui lui sont proposées par l'employeur (Soc. 29 janvier 2003). « Lorsque l'entreprise ou le groupe auquel elle appartient est implanté hors du territoire national, l'employeur demande au salarié, préalablement au licenciement, s'il accepte de recevoir des offres de reclassement hors de ce territoire, dans chacune des implantations en cause, et sous quelles restrictions éventuelles quant aux caractéristiques des emplois offerts, notamment en matière de rémunération et de localisation. Le salarié manifeste son accord, assorti le cas échéant des restrictions sus mentionnées, pour recevoir de telles offres dans un délai de six jours ouvrables à compter de la réception de la proposition de l'employeur. L'absence de réponse vaut refus. Les offres de reclassement hors du territoire national, qui sont écrites et précises, ne sont adressées qu'au salarié ayant accepté d'en recevoir et compte tenu des restrictions qu'il a pu exprimer. Le salarié reste libre de refuser ces offres. Le salarié auquel aucune offre n'est adressée est informé de l'absence d'offres correspondant à celles qu'il a accepté de recevoir » (L. 1233-4-1, loi du 18 mai 2010). Par ailleurs, de manière préventive, l'employeur a l'obligation de veiller à « l'employabilité » de chacun de ses salariés : « Le terme employabilité se rapporte aux compétences et aux qualifications transférables qui se rapporte aux compétences et aux qualifications transférables qui renforcent la capacité d'un individu à tirer parti des possibilités d'éducation et de formation qui se présentent pour trouver un travail décent et le garder, progresser dans l'entreprise ou en changeant d'emploi, ainsi que s'adapter aux évolutions de la technologie et des conditions du marché du travail » (Recommandation n°195 de l'OIT de 2004). Le droit impose à l'employeur une obligation de veiller au maintien de la capacité des salariés d'occuper non pas « leurs emplois, des technologies et des organisations (L. 6321-1, L. 930-1). L'employeur est débiteur de cette obligation à l'égard de chaque salarié, indépendamment de tout licenciement économique. Et le non-respect de cette obligation ouvre droit notamment à des dommages-intérêts. Il a ainsi été jugé que : *« La Cour d'appel a constaté que les salariés, présents dans l'entreprise depuis respectivement 24 et 12 ans, n'avaient bénéficié que d'un stage de formation continue de trois jours en 1999 ; qu'elle a pu en déduire qu'au regard de l'obligation pour l'employeur d'assurer l'adaptation des salariés à leur poste de travail et de veiller au maintien de leur capacité à occuper un emploi, ces constatations établissaient un manquement de l'employeur dans l'exécution du contrat de travail entraînant un préjudice distinct de celui résultant de sa rupture »* (Soc. 23 oct. 2007).

« Le fait que les salariés n'avaient bénéficié d'aucune formation professionnelle pendant toute la durée de leur emploi dans l'entreprise établit un manquement de l'employeur à son obligation de veiller au maintien de leur capacité à occuper un emploi, entraînant pour les intéressés un préjudice qu'il appartient au juge d'évaluer » (Soc. 2 mars 2010, M. Soumaré et a. c/ Sté La Tour Lafayette). Les salariés, employés en qualité de garçons de cuisine, d'origine malienne, avaient saisi la juridiction prud'homale de demandes notamment de dommages-intérêts pour absence de formation professionnelle continue et d'évolution de carrière ; pendant la durée de leur emploi (20 à 25 ans), au sein de la société, aucune formation ne leur avait été proposée, notamment pour combattre leur illettrisme, et ils n'avaient donc pu évoluer au sein de l'entreprise.

Critères de l'ordre des licenciements. Les conventions collectives contiennent fréquemment des dispositions prévoyant qu'en cas de licenciement collectif, il sera tenu compte, pour fixer l'ordre des licenciements, des charges de famille, de l'ancienneté de service dans l'établissement et des qualités professionnelles. Lorsque l'employeur procède à un licenciement collectif pour motif économique et en l'absence de convention ou accord collectif de travail applicable, il définit les critères retenus pour fixer l'ordre des licenciements, après consultation du CE ou, à défaut, des DP. Ces critères prennent notamment en compte (L. 1233-5, L. 321-1) :

- les charges de famille, en particulier celles des parents isolés ;
- l'ancienneté de service dans l'établissement ou l'entreprise.

Le salaire

La rémunération du travail. La rémunération du travail salarié ou salaire peut être envisagée sous plusieurs aspects :

Du point de vue juridique. Le salaire est dû en échange de la prestation de travail dans le contrat de travail.

Du point de vue social. Le salaire à un caractère alimentaire. Pour la majorité des salariés, il constitue le revenu essentiel sinon unique et de fait, la perception d'un salaire suffisant est pour le travailleur un besoin vital. Mais, c'est aussi, un droit qui trouve sa source dans fourniture par le travailleur de ses forces vitales. En mettant toute sa force productive au service d'autrui un homme engage sa personne même et il doit recevoir en échange de quoi mener une vie digne d'une personne humaine.

Du point de vue économique. Le législateur contemporain s'est beaucoup préoccupé de l'influence des salaires sur les prix et par là, sur les tendances à l'expansion ou à la récession économique. On observera que ces différents aspects du salaire s'apparentent aux grands courants qui ont successivement traversé le droit du travail. Dans la période libérale et individualiste du XIXème siècle, c'est le premier aspect du salaire qui était seul retenu. A l'époque contemporaine au contraire, la règlementation des salaires a été à la foi, mais avec des différences d'accents selon les moments, à finalité sociale et à finalité économique. Les pouvoirs publics ont voulu protéger les travailleurs mais aussi orienter l'économie nationale.

La notion de salaire. Le salaire apparaît à la fois comme étant la contrepartie du travail fourni, une créance alimentaire assurant au travailleur un revenu stable et adapté à ses besoins et une part dans les résultats de l'entreprise.

Le salaire en tant que contrepartie du travail. L'accomplissement d'un travail apparaît donc comme la condition du droit au salaire. Les différentes manières de mesurer le travail déterminent les modalités de calcul du salaire. Les prestations qui trouvent leur cause juridique, non pas dans le travail, mais dans une idée de réparation ou de libéralité se différencient du salaire, c'est en principe le cas des indemnités et gratifications.

Le travail, condition au droit au salaire. L'employeur n'est tenu, en principe, de payer un salaire au travailleur, que si celui-ci a accompli la prestation de travail qu'il avait promise. Si le travailleur refuse volontairement son travail, il est privé de tout droit à une rémunération pour le temps où il n'a pas fourni ses services. La règle s'applique même lorsque le refus de travailler se justifie par l'exercice du droit de grève. Elle s'applique en principe, aux autres cas de suspension de travail. Toutefois, c'est moins le travail effectif accompli qui justifie le droit au salaire, que le fait, pour le travailleur de s'être mis à la disposition de l'employeur. Si ce dernier n'a pas utilisé les services du travailleur : Soit, par négligence ou mauvaise volonté, soit, par suite d'incidents technique ou des difficultés économiques, il demeure du salaire. On peut rattacher à cette idée le mécanisme de l'indemnité de délai-congé qui peut s'analyser en un salaire dû pour une période où l'employeur a dispensé le salarié d'accomplir son travail ou l'obligation au paiement du salaire des salariés qui ne se sont pas joints à un mouvement de grève même si cette grève les a empêchés de travailler effectivement.

Mesure du travail et modalités du salaire. Il y a deux manières possibles de mesurer le travail :

-on peut tenir compte soit du temps du travail, soit de l'ampleur de la tâche exécutée. On rencontre donc deux modalités de calcul de salaire : le salaire au temps et le salaire à la tâche ou au rendement. Ces modalités peuvent cependant se combiner et se compléter par la création de primes tenant compte des qualités particulières du travailleur ou des circonstances spéciales de son travail.

- *le salaire au temps :* il se rencontre principalement sous deux formes : la plus fréquente, pour les ouvriers est celle de la rémunération horaire, et pour les employés, celle de la rémunération mensuelle.

Cependant, certains employés ne reçoivent pas de traitement mensuel (les représentants de commerce payés à la commission) et certains ouvriers bénéficient au contraire d'un salaire mensuel. Le salaire mensuel est un salaire forfaitaire qui ne tient pas compte du nombre d'heures ou de jours de travail effectif, au cours du mois considéré. Par-là, il est généralement plus avantageux pour le travailleur puisqu'il lui garantit la stabilité de sa rémunération. En cas d'absence ou de grève du travailleur, le salaire mensuel doit subir une retenue proportionnelle à la durée de l'interruption de travail. Il demeure donc nécessaire de déterminer la rémunération correspondant à une heure de travail.

Le salaire au rendement. Il peut prendre des formes variées selon la nature du travail. Lorsque le travailleur est chargé d'usiner des pièces auxquelles il fait subir une transformation déterminée on peut le payer aux pièces. Lorsqu'il est chargé de la vente de marchandises, on peut le payer à la commission, d'après son chiffre d'affaires que son activité permet de réaliser. En pratique, le salaire au rendement se combine toujours avec un salaire au temps. La loi impose en effet, le versement à tous les travailleurs un salaire minimum calculé d'après le temps de travail. Il n'est donc légalement possible de rémunérer le travailleur en fonction des résultats qu'il obtient, que si cela permet d'ajouter une prime ou un boni à un salaire de base fixé d'après le temps de travail. Le salaire au rendement a longtemps été encouragé par la loi, qui annulait les clauses des conventions collectives interdisant d'y recourir. Cette disposition a été abrogée par la loi du 27 décembre 1973, relative à l'amélioration des conditions de travail. D'autres primes viennent souvent compéter le salaire pour tenir compte : soit des qualités propres au travailleur, soit des suggestions particulières de sa tâche. Par exemple, on rencontre fréquemment des primes d'ancienneté et des primes d'assiduité.

Distinction du salaire et des indemnités ou libéralités. Le travailleur peut recevoir, à l'occasion du travail, diverses prestations qui n'ont pas pour cause juridique le travail fourni. Tantôt il s'agit d'indemnités qui ont pour objet de réparer un préjudice subi par le travailleur, ou de compenser des frais avancés par lui. Tantôt il s'agit de gratification accordée bénévolement par l'employeur ou un tiers. Certaines indemnités peuvent jouer un rôle de remplacement de salaire (indemnités de congés payés ou délai-congé, jours fériés). Les gratifications, elles, échappent au régime des salaires dans la mesure où leur caractère bénévole les rapproche d'une libéralité (sommes versées à l'occasion d'un anniversaire, d'un succès remporté par l'entreprise, d'un évènement de famille, les plus fréquentes sont les primes de fin d'année).

Le salaire en tant que créance alimentaire. Le droit contemporain se montre particulièrement sensible au souci de garantir à tout travailleur des ressources correspondant à ses besoins alimentaires.

L'adaptation du salaire aux besoins du travailleur. L'idée du minimum vital qui doit être garanti à tout travailleur, quelles que soient les possibilités économiques de l'entreprise, inspire l'institution du salaire minimum. Pour fixer originairement le montant de celui-ci, on est parti d'une évaluation des besoins en fonction d'un budget type.

- l'idée de l'indexation, la loi elle-même a organisé l'indexation du SMIC qui, sans avoir d'effet automatique sur l'échelle des salaires a tendance néanmoins à se répercuter au moins sur les salaires les plus bas.
- La situation de famille : pour adapter le revenu qu'il tire de son travail à cette situation, notre droit use de plusieurs techniques. D'une part, il a prévu plusieurs prestations familiales versées par les organismes de sécurité sociale (elles n'ont pas le caractère juridique d'un salaire).
- les prestations en nature : aucun texte n'interdit de stipuler une rémunération en nature et cela correspond aux usages et aux nécessités pratiques pour certaines professions : employés de maison, personnel des hôtels, travailleurs agricoles).

Les avantages en nature ont le caractère de salaire au moins quand il ne s'agit pas de fourniture de produits ou services nécessaires à l'exécution du travail (vêtements de travail).

La garantie du revenu salarial en cas d'interruption du travail. La diversité des institutions tendant à garantir le revenu salarial, et les techniques utilisées empêchent cependant d'attribuer le caractère juridique de salaire à toutes les prestations perçues par le salarié pour des périodes d'inactivité.

Rémunération des périodes de repos. Accident du travail ou maladie donnent lieu à indemnisation. Le travailleur reçoit d'abord des prestations de sécurité sociale qui n'ont pas la nature juridique de salaires. Mais beaucoup de conventions collectives prévoient en outre le

La cessation de l'entreprise, sauf cas de force majeure, ne dispense pas l'employeur de respecter les règles établies au présent chapitre. La faillite et la liquidation judiciaire ne sont pas considérées comme des cas de force majeure. Les parties ne peuvent renoncer à l'avance au droit éventuel de demander des dommages intérêts en vertu des dis- positions ci-dessus.

Art.L.67.- Le contrat de travail peut être modifié soit à l'initiative du travailleur soit à l'initiative de l'employeur. Toute proposition de modification de caractère individuel apportée à l'un des éléments du contrat de travail doit, au préalable, faire l'objet d'une notification écrite.

Si la proposition de modification du contrat présentée par le travailleur est substantielle et qu'elle est refusée par l'employeur, le travailleur peut rompre le contrat de travail, mais cette rupture lui est imputable.

Chapitre 5 - De la suspension des contrats de travail

Art.L.70.- Le contrat est suspendu

1° en cas de fermeture de l'établissement par suite du départ de l'employeur sous les drapeaux ou pour une période obligatoire d'instruction militaire.

2° pendant la durée du service militaire du travailleur et pendant les périodes obligatoires d'instruction militaire auxquelles il est astreint ;

---

versement par l'employeur d'indemnités de maladie complétant les prestations de sécurité sociale.

- chômage ou réduction d'activité : ces période ouvrent droit à des allocations de chômage ;
- stages de formation professionnelle : durant ces périodes le travailleur peut recevoir soit son salaire, soit des indemnités substituant.

L'évolution du salaire vers la participation des travailleurs aux résultats de l'entreprise. C'est l'idée du lien entre la prospérité de l'entreprise et l'amélioration des moyens d'existence du personnel. Cette idée peut se concrétiser de différente façons. Il est rare que toute la rémunération consiste dans une participation aux résultats ce qui correspondrait plutôt à un contrat de société qu'à un contrat de travail. Généralement, à un salaire de base forfaitaire s'ajoute un élément variable en fonction des résultats. Le système le plus répandu était l'attribution de primes de productivité basées généralement mais avec des variantes, sur le rapport entre volume de la production et le nombre d'heures de travail accomplies. L'autre forme, la participation aux bénéficiaires était pratiquée par certaines entreprises en 1967, soit au profit de salariés déterminés (calculs supérieurs), soit au profit de l'ensemble personnel.

Fixation des salaires en droit positif. Le taux des salaires est en principe librement fixé par l'accord des parties dans le contrat de travail. Mais, la liberté des parties est limitée par l'obligation de respecter les taux minima fixés par les textes règlementaires et les conventions collectives. En pratique, les pouvoirs publics n'ont qu'un rôle limité dans la fixation du taux des salaires ; celui-ci résulte avant tout de la négociation collective. Le principal domaine où la loi a conservé un rôle au pouvoir règlementaire est la fixation du salaire minimum de croissance (SMIC). Le ministre du Travail a également un pouvoir d'appréciation pour étendre les conventions collectives. Une autre limite légale à la liberté des conventions en matière de salaires résulte des dispositions qui cherchent à garantir l'égalité des salaires masculin et féminin. Les employeurs sont tenus d'assurer l'égalité de rémunération entre les uns et les autres ''pour un même travail, ou pour un travail de valeur égale''.

3° pendant la durée de l'absence du travailleur, en cas de maladie dûment constatée par un médecin agréé, durée limitée à six mois ; ce délai est prorogé jusqu'au remplacement du travailleur ;

4° pendant la période d'indisponibilité résultant d'un accident du travail ou d'une maladie professionnelle ;

5° pendant le repos de la femme salariée bénéficiaire des dispositions de l'article L. 143 ;

6° pendant la grève ou le lock-out, si ceux-ci ont été déclenchés dans le respect de la procédure de règlement des conflits collectifs du travail ;

7° pendant la durée de l'absence du travailleur, autorisée par l'employeur en vertu de la réglementation des conventions collectives, ou d'accords individuels ;

8° pendant la période de mise à pied du délégué du personnel, dans l'attente de la décision définitive de l'Inspecteur du Travail et de la Sécurité sociale;

9° pendant la détention préventive du travail- leur ;

10° pendant la durée du congé payé augmentée, éventuellement des délais de route et des périodes d'attente de départ définies à l'article L. 160 ;

11° pendant la durée du mandat de député à l'Assemblée nationale, à la demande écrite de l'intéressé ;

12° pendant la durée du congé d'éducation ouvrière accordé dans les conditions fixées conformément aux dispositions en vigueur.

Titre 6 - De la convention et des accords collectifs de travail

Chapitre 1 - De la nature et de la validité de la convention collective

Art.L.80.- La convention collective de travail est un accord relatif aux conditions de travail conclu entre, d'une part, les représentants d'un ou plusieurs syndicats ou groupements professionnels de travailleurs, et, d'autre part, une ou plusieurs organisations syndicales d'employeurs, ou un ou plusieurs employeurs pris individuellement.

La convention peut mentionner des dispositions plus favorables aux travailleurs que celles des lois et règlements en vigueur. Elle ne peut déroger aux dispositions d'ordre public définies par ces lois et règlements.

La convention collective détermine son champ d'application. Celui-ci peut être national, régional ou local.

La convention collective peut être conclue dans le cadre d'un établissement, d'une entreprise, d'une branche d'activité. Elle peut également être conclue pour plusieurs branches d'activité. Selon le cas elle sera dénommée convention d'établissement, convention d'entreprise, convention de branche d'activité ou convention interprofessionnelle.

Titre 9 - Du salaire et de ses accessoires

Chapitre 1 - De la détermination du salaire

Art.L.105.- A conditions égales de travail, de qualification professionnelle et de rendement, le salaire est égal pour tous les travailleurs, quels que soient leur origine, leur sexe, leur âge et leur statu. Aucun salaire n'est dû en cas d'absence en dehors des cas prévus par la réglementation, les conventions collectives ou les accords des parties.

Art.L.106.- Dans le cas où le travailleur a été dé- placé de sa résidence habituelle et introduit au lieu d'emploi par l'employeur pour l'exécution d'un contrat de travail, celui-ci est tenu de lui procurer un logement suffisant pour lui et sa famille.

Chapitre 2 - Du paiement du salaire

Section 1 - Du mode de paiement du salaire

Art.L.114.- Le salaire doit être payé en monnaie ayant cours légal au Sénégal, nonobstant toute stipulation contraire.

Le paiement de tout ou partie du salaire, en alcool ou en boissons alcoolisées, est formellement inter- dit.

La paie est faite, sauf cas de force majeure, sur le lieu de travail ou au bureau de l'employeur lors- qu'il est voisin du lieu de travail. En aucun cas, elle ne peut être faite dans un débit de boissons ou dans un magasin de vente, sauf pour les travailleurs qui y sont normalement occupés. La paie est faite pendant les heures de travail. Le temps passé à la paie est considéré comme temps de travail et rémunéré comme tel.

Section 2 - Des privilèges et garanties de la créance de salaire

Art.L.118.- Au sens des dispositions des sections II et III du présent chapitre, le salaire s'entend, du salaire proprement dit, quelle que soit son appellation, des accessoires du salaire, de l'allocation de congé, des primes, des indemnités et des prestations de toute nature ainsi que des sommes dues pour la résiliation du contrat de travail, et des dommages intérêts

Art.L.119.- A due concurrence de la fraction insaisissable du salaire, telle qu'elle résulte des dispositions de l'article L. 118, les créances de salaire du travailleur bénéficient d'un privilège préférable à tous autres privilèges, généraux ou spéciaux.

Ce privilège s'exerce sur les biens meubles et immeubles de l'employeur.

Art.L.120.- En cas de liquidation judiciaire ou de faillite, les sommes précomptées par le Trésor postérieurement à la date de cessation des paiements, sur les mandats dus à l'employeur, sont rapportées à la masse.

Section 3 - De la prescription de l'action en paiement de salaire

Art.L.126.- L'action des travailleurs en paiement de salaires, des accessoires du salaire, des primes et indemnités de toute nature, ainsi que, plus généralement, de toute somme due par l'employeur au travailleur, et celle en fourniture de prestations en nature et éventuellement de leur remboursement, se prescrivent par cinq ans.

Art.L.127.- Néanmoins le travailleur auquel cette prescription est opposée, peut déférer le serment à l'employeur ou à son représentant, sur la question de savoir si le salaire qu'il réclame été payé.

Le serment peut être déféré aux veuves et héritiers ou aux tuteurs de ces derniers, s'ils sont mineurs, pour qu'ils aient à déclarer s'ils ne savent pas que le salaire réclamé soit dû.

Art.L.128.- Si le serment déféré n'est pas prêté, ou s'il est reconnu, même implicitement, que les sommes ou prestations réclamées n'ont pas été payées, fournies ou remboursées, l'action en paie- ment de salaires et en fournitures ou remboursements de prestations en nature se prescrit par dix ans.

Il en est de même en cas d'interruption de la prescription.

Chapitre 3 - Des retenues sur salaires

Art.L.129.- Il est interdit à l'employeur d'infliger des amendes et remboursements de cession consentie dans le cadre des dispositions réglementaires prévues aux articles L. 106 et 107 et les consignations qui peuvent être prévues aux articles L. 106 et 107 et les consignations qui peuvent être prévues par les conventions collectives et les contrats individuels de travail peuvent faire l'objet de retenues sur le salaire.

L'employeur doit prélever d'office sur les salaires les cotisations des travailleurs aux institutions obligatoires ou autorisées de prévoyance sociale, dans les conditions fixées par la réglementation en vigueur ou par les statuts desdites institutions. A la demande écrite du travailleur, et sans qu'il y ait lieu de recourir pour celle-ci aux formalités applicables aux autres cessions des traitements et salaires, cotisation du travailleur à son syndicat dans les conditions qui seront définies par l'autorité compétente

L'autorité compétente fixera les plafonds des retenues à opérer au titre de la cotisation du travailleur aux institutions obligatoires ou autorisées de pré- voyance sociale et au titre de la cotisation syndicale. Elle fixera aussi les modalités pratiques de reversement de ces cotisations par l'employeur aux institutions obligatoires ou autorisées de pré- voyance sociale et au syndicat désigné par la de- mande écrite du travailleur.

Le plafond des prêts ou avances sur salaire consentis par l'employeur à son salarié ne peut excéder six fois la quotité cessible du salaire.

Les acomptes sur salaire déjà acquis ne sont pas considérés comme avances.

Dans tous les autres cas, la compensation entre les salaires ou appointements et les dettes du travail- leur envers l'employeur ne peut être opérée dans les conditions prévues par l'article 215 du Code des Obligations civiles et commerciales, que par décision de justice sauf en cas de rupture du contrat de travail imputable au travailleur ou à la suite de sa faute lourde.

Titre 10 - Des conditions du travail

Chapitre 1 - De la durée du travail

Art.L.135.- Dans tous les établissements visés à l'article L.3 la durée légale du travail ne peut excéder 40 heures par semaine. Toutefois dans les exploitations agricoles, les heures de travail sont fixées à 2352 heures par an. Dans cette limite, un arrêté du Ministre chargé du travail fixera la durée légale hebdomadaire selon les saisons.

Des arrêtés du Ministre chargé du Travail déterminent les modalités d'application des alinéas précédents pour l'ensemble des branches d'activité ou des professions ou pour une branche ou une profession particulière. Les arrêtés fixent notamment l'aménagement et la répartition des horaires de travail dans un cycle donné, les dérogations permanentes ou temporaires applicables dans certains cas et pour certains emplois, les modalités de récupération des heures de travail perdues et les mesures de contrôle. Des accords relatifs à l'aménagement et à la répartition des horaires de travail à l'intérieur de la semaine peuvent être conclus au sein de l'entreprise ou de l'établissement.

Chapitre 2 - Du travail de nuit

Art.L.140.- Est considéré comme travail de nuit celui effectué entre 22 heures et 5 heures.

Les modalités d'application du travail de nuit sont fixées par arrêté du Ministre chargé du Travail.

Art.L.141.- Le repos des femmes et des enfants doit avoir une durée de onze heures consécutives au minimum.

Chapitre 3 - Du contrat des femmes et des enfants

Art.L.142.- Des décrets fixent la nature des travaux interdits aux femmes et aux femmes enceintes.

Art.L.143.- A l'occasion de son accouchement, et sans que cette interruption de service puisse être considérée comme une cause de rupture de contrat, toute femme a le droit de suspendre son travail pendant quatorze semaines consécutives, dont huit semaines postérieures à la délivrance.

Cette suspension peut être prolongée de trois semaines en cas de maladie dûment constatée et résultant de la grossesse ou des couches.

A cette possibilité pour la femme enceinte de sus- pendre son contrat de travail dans la limite de quatorze semaines correspond, pour l'employeur, l'obligation de ne pas employer l'intéressée.

Pendant cette période la femme enceinte a droit à un régime spécial d'assistance en vue d'assurer à la fois sa subsistance et les soins nécessités par son état, dans les conditions prévues par la législation de la sécurité sociale.

Toute convention contraire est nulle de plein droit. Toute femme enceinte dont l'état a été constaté médicalement ou dont la grossesse est apparente peut rompre le contrat de travail sans préavis et sans avoir de ce fait à payer une indemnité de rupture de contrat. Pendant la période de suspension du travail, l'employeur ne peut licencier la femme enceinte.

Art.L.144.- Pendant une période de quinze mois à compter de la naissance de l'enfant, la mère a droit à des repos pour allaitement.

La durée totale de ces repos ne peut dépasser une heure par journée de travail.

La mère peut, pendant cette période, quitter son travail sans préavis et sans avoir de ce fait à payer une indemnité de rupture de contrat.

Art.L.145.- Les enfants ne peuvent être employés dans aucune entreprise, même comme apprentis, avant l'âge de quinze ans, sauf dérogation édictée par arrêté du Ministre chargé du Travail, compte tenu des circonstances locales et des tâches qui peuvent leur être demandées.

Chapitre 4 - Du repos hebdomadaire

Art.L.147.- Le repos hebdomadaire est obligatoire. Il est au minimum de vingt-quatre heures consécutives par semaine. Il a lieu en principe le dimanche. Un décret détermine les modalités d'application et les dérogations éventuelles à l'alinéa précédent, notamment les professions pour lesquelles et les conditions dans lesquelles le repos pourra exceptionnellement et pour des motifs nettement établis, soit être donné par roulement ou collectivement d'autres jours que le dimanche, soit être suspendu par compensation des fêtes rituelles ou locales, soit réparti sur une période plus longue que la semaine.

Un décret fixera les modalités du repos hebdomadaire dans les établissements et services publics.

Chapitre 5 - Des congés payés, des transports

Section 1 - Des congés payés

Art.L.148.- Sauf dispositions plus favorables des conventions collectives, le travailleur acquiert droit au congé payé à la charge de l'employeur à raison de deux jours ouvrables par mois de service.

Cette durée du congé est augmentée en considération de l'ancienneté du travailleur dans l'entreprise, suivant les règlements en vigueur ou les dispositions des conventions collectives.

Les mères de famille ont droit à un jour de congé supplémentaire par an pour chaque enfant de moins de 14 ans enregistré à l'état civil.

Les périodes de suspension de contrat de travail, énumérées à l'article L. 70 de la présente loi, ouvrent droit à congé au même titre que le temps de service effectif à l'exception de celles visées aux alinéas 9°, 10° et 11° du même article.

Titre 11 - Hygiène et sécurité

Art.L.167.- Sont soumis aux dispositions du pré- sent titre et des décrets et arrêtés pris pour son application, les établissements de toute nature où sont employés des travailleurs au sens de l'article L. 3.

Sont également soumis à ces dispositions les établissements d'enseignement, de formation professionnelle et d'apprentissage, les formations sanitaires et hospitalières ainsi que certains emplois de la fonction publique dont la liste est fixée par décret.

Art.L.168.- Des décrets déterminent :

1° les mesures générales et spécifiques de protection, de prévention et de salubrité applicables à tous les établissements et emplois mentionnés à l'article précédent ;

2° les mesures relatives à l'organisation et au fonctionnement des organismes ayant pour mission d'aider à l'observation des prescriptions d'hygiène et de sécurité, et de contribuer à l'amélioration des conditions de travail et à la protection de la santé des travailleurs ;

3° les mesures relatives à l'exposition, à la vente ou à la cession, à quelque titre que ce soit, des machines, appareils et installations diverses présentant des dangers pour les travailleurs ;

4) les mesures relatives à la distribution et à l'emploi de substances ou de préparations à usage industriel, présentant des dangers pour les travailleurs.

Chapitre 2 - Des organismes consultatifs

Art.L.205.- Un conseil national du Travail et de la Sécurité sociale est institué auprès du Ministre chargé du Travail et de la Sécurité sociale. Cet organisme consultatif a pour mission générale d'étudier les problèmes concernant le travail et la sécurité sociale.

Tous projets de loi intéressant le travail et la sécurité sociale doivent être obligatoirement accompagnés de l'avis du Conseil consultatif national du travail et de la sécurité sociale.

Le Conseil consultatif national du Travail et de la Sécurité sociale est également consulté obligatoirement pour les textes prévus par les articles L.5, L.

31, L. 50, L. 73, dernier alinéa, L. 86, L. 88, L. 89, L. 90, L. 109, L. 142, L. 155, L. 211, L. 224 ainsi que pour tout autre décret pris pour l'application du présent code.

Il est chargé d'étudier les éléments pouvant servir de base à la détermination du salaire minimum : étude du minimum vital, études des conditions économiques générales.

Chapitre 3 - Des délégués du personnel

Art.L.211.- Les délégués du personnel sont élus, la durée de leur mandat est de trois ans, ils peuvent être réélus.

Un décret fixe :

- le nombre de travailleurs à partir duquel et les catégories d'établissements dans lesquels l'institution de délégués du personnel est obligatoire ;
- le nombre des délégués et leur répartition sur le plan professionnel ;
- les modalités de l'élection, qui doit avoir lieu au scrutin secret et sur les listes établies par les organisations syndicales représentées au sein de l'établissement pour chaque catégorie de personnel, si le nombre des votants est inférieur à la moitié des inscrits, il sera procédé à un second tour de scrutin pour lequel les électeurs pourront voter pour des candidats autres que ceux proposés par les organisations syndicales. L'élection a lieu à la représentation proportionnelle, les restes étant attribués à la plus forte moyenne ;
- les conditions exigées pour être électeur ou éligible ;
- le modèle du procès-verbal de l'élection que l'employeur et tenu de faire parvenir en 3 exemplaires sous huitaine à l'Inspecteur du Travail et de la Sécurité sociale.
- la durée, considérée et rémunérée comme temps de travail dont disposent les délégués pour l'accomplissement de leurs fonctions ;
- les moyens mis à la disposition des délégués ;
- les conditions dans lesquelles ils sont reçus par l'employeur ou son représentant ;
- les conditions de révocation du délégué par le collège de travailleurs qui l'a élu.

Art.L.218.- Les délégués du personnel ont pour mission :

- de présenter aux employeurs toutes les réclamations individuelles ou collectives qui n'auraient pas été directement satisfaites concernant les conditions de travail et la protection des travailleurs, l'application des conventions collectives, des classifications professionnelles et des taux de salaires, réglementaires ou conventionnels.
- de saisir l'Inspection du Travail et de la Sécurité sociale de toute plainte ou réclamation concernant l'application des prescriptions léga- les et réglementaires dont elle est chargée d'assurer le contrôle ;
- de veiller à l'application des prescriptions relatives à l'hygiène et à la sécurité des travailleurs et à la sécurité sociale de proposer toutes mesures utiles à ce sujet ;

- de communiquer à l'employeur toutes suggestions utiles tendant à l'amélioration de l'organisation et du rendement de l'entreprise ;
- de faire part à l'employeur de leur avis et de leurs suggestions sur les mesures de licencie- ment envisagées en cas de diminution d'activité ou de réorganisation intérieure de l'établissement ;
- de donner leur avis sur tout projet d'acte du chef d'entreprise instaurant des règles généra- les et permanentes s'imposant au personnel.

Titre 13 - Des différends du travail

Chapitre 1 - Du différend individuel

Art.L.229.- Les tribunaux du travail connaissent des différends individuel pouvant s'élever entre les travailleurs et leurs employeurs à l'occasion du contrat du travail, du contrat d'apprentissage, des conventions collectives, des conditions de travail, d'hygiène et de sécurité, du régime de sécurité sociale. Leur compétence s'étend également aux différends nés entre travailleurs et entre employeurs à l'occasion du travail, ainsi qu'entre les institutions obligatoires de sécurité sociale, leurs bénéficiaires et les assujettis, à l'occasion de l'application du régime de sécurité sociale. Leur compétence s'étend aussi aux actions récursoires des entrepreneurs contre les tâcherons aux cas prévus à l'article L. 78. Les tribunaux du travail demeurent compétents, lors même qu'une collectivité ou un établissement public est en cause, et peuvent statuer sans qu'il y ait lieu, pour les parties, d'observer, dans le cas où il en existe, les formalités préalables qui sont prescrites avant qu'un procès puisse être intenté à ces personnes morales.

Art.L.232.- Les tribunaux du travail siègent au chef-lieu de chaque région, leur ressort est le territoire de la région.

Lorsque les structures du marché du travail le justifient, chaque tribunal du travail peut être, par décret, subdivisé en sections professionnelles.

Les tribunaux du travail dépendent administrative- ment du Ministre de la justice.

Art.L.233.- Le tribunal du travail est composé :

- du président, ou, en cas d'empêchement de celui-ci, d'un juge du tribunal du travail, désigné par ordonnance du président de la juridiction ; En cas d'absence ou d'empêchement de tous les magistrats du tribunal du travail, la présidence est assurée par le président du tribunal régional ou par le magistrat du siège dé- légué par lui ;
- d'un assesseur employeur et assesseur travail- leur pris parmi ceux figurant sur les listes établies en conformité de l'article L. 235.

Chapitre 2 - Du différend collectif

Art.L.271.- Les dispositions du présent chapitre sont applicables aux différends collectifs concernant les travailleurs définis à l'article L. 2 ; elles s'appliquent aux travailleurs des services et établissements publics qu'en l'absence de dispositions législatives ou réglementaires contraires.

Art.L.272.- Tout différend collectif doit être immédiatement notifié par la partie la plus diligente :

- à l'inspecteur du Travail et de la Sécurité sociale, lorsque le conflit est limité au ressort d'une inspection régionale du Travail et de la sécurité sociale ;
- au directeur Général du Travail et de la Sécurité sociale, lorsque le conflit s'étend sur les ressorts de plusieurs inspections régionales du Travail et de la sécurité sociale.

Art.L.273.- La procédure de conciliation sera celle prévue par la convention collective pour le règle- ment des différends collectifs. En cas de conciliation des parties dans le délai de dix jours qui sui- vent leur convocation, un procès-verbal en tenant acte est dressé sur le champ par l'inspecteur du Travail et de la Sécurité sociale et signé par les parties auxquelles il est délivré copie. A défaut de procédure de conciliation prévue par la convention collective, ou en cas d'échec de ladite procédure, l'Inspecteur ou le Directeur général du Travail et de la Sécurité sociale devra dans les 48 heures après sa saisine, convoquer les parties. Dès lors que la conciliation n'a pas été constatée dans ce délai, le lock-out ou la grève déclenchés après préavis de 30 jours déposé au niveau des syndicats des employeurs ou des travailleurs concernés, est licite.

Art.L.274.- Le lock-out et la grève déclenchés en violation des dispositions ci-dessus, est considérée comme illicite.

Art.L.275.- Le lock-out et la grève déclarés illicites entraînent :

- pour les employeurs, le paiement aux travail- leurs des journées de salaire perdu de ce fait et, par jugement du tribunal régional, rendu à la requête du Ministre chargé du Travail, pendant une période de deux ans, l'inéligibilité aux fonctions de membres des chambres de commerce ou des métiers, l'interdiction de faire partie du Conseil économique et social, d'une commission ou d'un conseil consultatif du travail, de la main-d'œuvre ou de la sécurité sociale et d'un conseil d'arbitrage, et de participer sous une forme quelconque à une entre- prise de travaux ou un marché de fournitures pour le compte de l'Etat, d'une collectivité publique ou de sociétés nationales ;
- pour les travailleurs, la perte du droit aux indemnités et aux dommages intérêts prévus en cas de rupture de contrat[27].

27

QUATORZIEME PARTIE. LA LEGISLATION DU TRAVAIL DU TCHAD

Loi n°038/PR/96 du 11 décembre 1996 portant Code du travail

Livre 2 - De l'emploi

Titre 1 - De l'apprentissage, de la formation professionnelle et de la pro- motion du travailleur

Art.11.- L'apprentissage, la formation professionnelle postscolaire et la promotion du travailleur sont organisés et contrôlés par l'État.

Art.12.- Les questions intéressant la formation professionnelle postscolaire, l'apprentissage et la promotion du travailleur sont de la compétence du Ministre chargé du Travail et de la Sécurité Sociale.

Art.13.- L'apprentissage est une initiation à un métier. Il a pour but de donner à des personnes une formation générale, théorique et/ou pratique en vue de l'acquisition d'une qualification professionnelle sanctionnée par une attestation.

Art.13.- L'apprentissage est une initiation à un métier. Il a pour but de donner à des personnes une formation générale, théorique et/ou pratique en vue de l'acquisition d'une qualification professionnelle sanctionnée par une attestation.

Section 1 - Du contrat d'apprentissage

Art.14.- Le contrat d'apprentissage est un contrat de travail particulier par lequel un chef d'établissement industriel, commercial, agricole, un artisan ou un façonnier s'engage à assurer une formation professionnelle méthodique et complète à une autre personne qui s'oblige, en retour, à exécuter les ouvrages qui lui seront confiés en vue de son apprentissage pendant la durée du contrat.

Art.15.- Le contrat d'apprentissage est régi par les lois, les règlements et les conventions ou accords de travail applicables aux relations de travail entre employeurs et salariés.

Art.17.- Le contrat d'apprentissage est établi en tenant compte des usages et coutumes de la profession. Il contient en particulier :

1° les nom, prénoms, âge, profession et domicile du maître ou raison sociale de l'entreprise ;

2° les nom, prénoms, âge et domicile de l'apprenti ;

3° les nom, prénoms, profession et domicile de ses père et mère, de son tuteur ou de la per- sonne autorisée par les parents pour les représenter ou à défaut, de la personne autorisée par le Président du Tribunal Civil de première instance ;

4° la date et la durée du contrat ;

5° éventuellement les conditions de rémunération, de nourriture et de logement de l'apprenti ;

6° l'indication des cours professionnels que le chef d'établissement s'engage à faire suivre à l'apprenti, soit dans l'établissement soit au dehors.

Titre 2 - De la conclusion du contrat de travail

Chapitre 1 - Des dispositions communes

Art.48.- Le contrat de travail est un contrat par lequel une personne, dénommée employeur s'engage à fournir un emploi à une personne physique dénommée travailleur, qui lui est juridiquement subordonnée dans l'exécution du travail et qui accepte d'exécuter sa prestation moyennant une rémunération appelée salaire.

Art.49.- Le contrat de travail peut être conclu pour une durée indéterminée, ou déterminée selon les règles définies au chapitre 2 du présent titre.

Art.50.- Sous réserve des dispositions expresses du présent code, les contrats de travail sont passés librement et sous la même réserve, ils sont contractés dans les formes qu'il convient aux parties contractantes d'adopter.

Lorsqu'ils sont écrits, ils sont exempts de tous droits de timbre et d'enregistrement.

Chapitre 2 - Des dispositions propres à certaines catégories de contrats de travail

Section 1 - Du contrat de travail à durée déterminée

Art.57.- Le contrat de travail conclu pour une du- rée déterminée doit comporter un terme précis fixé dès sa conclusion ; il doit donc indiquer soit la date de son expiration soit la durée précise pour laquelle il est conclu.

Toutefois ce contrat peut comporter un terme imprécis dans les cas prévus à l'article 61 et aux conditions fixées à l'article 62.

Art.58.- Les contrats à terme précis ne peuvent être conclus pour une durée supérieure à deux ans.

Les contrats dont la durée n'excède pas six mois sont conclus librement, sous réserve des dispositions de l'article 66.

Les contrats dont la durée est comprise entre six mois et deux ans sont soumis au visa préalable de l'Office National pour la Promotion de l'Emploi.

Art.59.- Le contrat de travail à durée déterminée est un contrat comportant un terme certain, fixé, d'avance et d'accord parties. Il est obligatoirement écrit. Sa durée ne peut excéder deux ans, renouvelable une seule fois. Toutefois, des contrats de courte durée peuvent être conclus et renouvelés plus d'une fois, à condition que leur durée totale ne dépasse pas deux ans.

Toute clause de renouvellement n'ouvre pour l'employeur, qu'une faculté de proposer un renouvellement, et pour le travailleur qu'une faculté de l'accepter.

Section 2 - Des contrats soumis au visa de l'Office National pour la Promotion de l'Emploi

Art.67.- Les contrats cités ci-dessous doivent être passés par écrit et soumis avant tout commence- ment d'exécution, au visa de l'Office National de la Promotion de l'Emploi :

- contrats conclus avec des travailleurs de nationalité étrangère ;
- contrats nécessitant l'installation du travailleur hors du lieu d'embauche ;
- contrats à durée déterminée à terme précis stipulant une durée supérieure à six mois ; la du- rée s'entend renouvellement éventuel compris ;
- contrats à durée indéterminée.

La visite médicale d'embauche prévue par l'article

240 doit être préalable à la conclusion.

Une autorisation préalable à l'embauche de tout travailleur étranger doit être sollicitée par l'employeur auprès de l'Office National pour la Promotion de l'Emploi.

Chapitre 3 - Du prêt de main-d'œuvre et du tâcheronnat

Art.73.- Tout prêt de main-d'œuvre qui procure au prêteur un bénéfice quelconque ou qui a pour but ou résultat de diminuer les droits dont les salariés prêtés auraient bénéficié s'ils avaient été embauchés par l'employeur est interdit. Il constitue le délit de marchandage.

Art.74.- Les salariés victimes du délit de marchandage peuvent demander directement à l'emprunteur de main-d'œuvre le paiement des sommes quel qu'en soit le montant, qui leur sont dues à l'occasion du travail accompli au service de celui- ci. Ils conservent néanmoins la faculté d'agir si bon leur semble contre le prêteur seul, ou contre le prêteur et l'emprunteur solidairement. Ces mêmes droits sont ouverts aux organismes créanciers de cotisations afférentes aux salaires dus pour la période en cause.

Art.75.- Le tâcheron est un sous-entrepreneur qui passe avec un entrepreneur un contrat, dénommé contrat de tâcheronnage pour l'exécution d'un travail ou la fourniture de certains services moyennant un prix forfaitaire et qui pour l'exécution de ce contrat, recrute lui-même la main-d'œuvre nécessaire.

Titre 3 - De l'exécution, de la suspension et de la modification du contrat de travail

Chapitre 1 - Du règlement intérieur

Art.81.- Le règlement intérieur est un document établi par la direction de l'établissement ou de l'entreprise et qui fixe les conditions d'exécution du contrat de travail exclusivement pour ce qui a trait à l'organisation technique du travail, à la discipline et aux prescriptions concernant l'hygiène et la sécurité.

Toute autre clause qui viendrait à y figurer, notamment celle relative à la rémunération, serait considérée comme nulle de plein droit, à l'exception, toutefois, de celle concernant les modalités de la paie des travailleurs.

Art.82.- Un règlement intérieur est obligatoirement élaboré dans les établissements industriels et commerciaux employant habituellement au moins 25 travailleurs, que ces établissements dépendent d'une entreprise privée ou de la puissance publique.

Chapitre 2 - Du droit disciplinaire

Art.87.- Une sanction disciplinaire ne peut être infligée à un salarié que s'il a commis une faute professionnelle c'est-à-dire une faute dans l'exécution de son contrat de travail.

Le comportement du salarié en dehors du temps de travail ne peut être constitutif d'une faute professionnelle à moins qu'il ne s'agisse de la révélation de secret touchant l'entreprise, d'actes de concurrence manifeste ou pour un cadre, d'un dénigre- ment manifeste de l'entreprise.

Chapitre 3 - De la suspension du contrat de travail

Section 1 - De la maternité

Art.107.- Il est interdit à tout employeur de faire travailler une femme enceinte dans les quatre semaines précédant la date présumée de l'accouchement ainsi que dans les six semaines suivant l'accouchement.

Art.108.- Sans préjudice des dispositions de l'article précédent, la femme a le droit de suspendre son contrat de travail pendant une période qui commence six semaines avant la date présumée de son accouchement et s'achève huit semaines après cet accouchement.

Quand l'accouchement a lieu avant la date présumée, la femme peut prolonger la période de sus- pension de son contrat pour atteindre les quatorze semaines auxquelles elle a droit.

Quand l'accouchement a lieu après la date présumée la femme peut ne reprendre son travail qu'après les huit semaines suivant l'accouchement.

Art.109.- En cas d'état pathologique médicalement constaté et résultant soit de la grossesse, soit de l'accouchement, les durées des congés prénatal et postnatal peuvent être augmentées, respectivement de trois semaines.

Art.110.- Pendant les périodes visées aux articles précédents, la femme a droit aux soins gratuits à la charge de l'employeur, dans les conditions prévues par les conventions collectives existantes tant que ceux-ci ne seront pas couverts par la Caisse Nationale de Sécurité Sociale (CNSS).

Art.111.- Pendant une période de quinze mois à compter de la naissance de l'enfant la mère a droit à des repos pour allaitement. La durée totale de ses repos ne peut dépasser une heure par journée de travail, elle est considérée et payée comme temps de travail.

Art.112.- En dehors du cas de faute lourde non liée à la grossesse et du cas d'impossibilité dans lequel il se trouve de maintenir le contrat, aucun employeur ne peut licencier une femme en état de grossesse apparente ou médicalement constatée.

En toute hypothèse, aucun employeur ne peut licencier une femme pendant les périodes de suspension prévues aux articles 108 et 109, que la femme use ou non de son droit à suspension.

Art.113.- Toute violation des dispositions de l'article précédent entraîne, au profit de la femme et à la charge de l'employeur, le paiement d'une indemnité forfaitaire égale à douze mois de salaire calculé conformément aux règles prévues à l'alinéa

2 de l'article 148.

Section 2 - Des maladies et des accidents

Art.115.- Est considéré comme accident du travail, quelle qu'en soit la cause, l'accident survenu à un travailleur ;

1° par le fait ou à l'occasion du travail, qu'il y ait faute ou non de sa part. ;

2° pendant le trajet de sa résidence ou du lieu où il prend habituellement ses repas au lieu où il exécute son travail ou perçoit sa rémunération et vice-versa, dans la mesure où le trajet n'a pas été interrompu ou détourné pour un motif dicté par l'intérêt personnel ou indépendant de l'emploi.

3° pendant un voyage dont les frais sont à la charge de l'employeur en vertu des textes en vigueur.

Section 3 - Des obligations militaires

Art.126.- Le contrat de travail est suspendu pendant la durée du service militaire du travailleur, ainsi que pendant les périodes obligatoires de mobilisation ou d'instruction militaire auxquelles il est astreint.

Art.127.- Dans le mois qui suit sa libération, le salarié doit se présenter dans l'entreprise. Il y retrouve son emploi ou un emploi équivalent. Le salarié qui ne s'est pas présenté dans le mois suivant sa libération est réputé démissionnaire sans être tenu, de ce fait, de payer une quelconque indemnité.

Art.128.- Le contrat de travail est suspendu pendant la durée du service militaire de l'employeur ainsi que pendant les périodes obligatoires de mobilisation ou d'Inspection militaire auxquelles il est astreint, lorsque ces événements nécessitent la fermeture de l'entreprise.

Pendant la durée de la suspension, les salariés peu- vent, sans que cela puisse être considéré comme une rupture de leur contrat, s'embaucher provisoirement dans une autre entreprise non concurrente.

Section 4 - De l'incarcération

Art.129.- Le contrat de travail d'un salarié placé en détention préventive est suspendu pendant une période de six mois à compter du jour de sa détention. Si au terme de ce délai, aucune décision judiciaire définitive n'est intervenue, l'employeur peut résilier le contrat.

Art.130.- Lorsque le salarié est condamné à une peine d'emprisonnement, il est réputé avoir rompu son contrat de travail sans avoir, de ce chef, à payer une quelconque indemnité. Lorsqu'aucune condamnation à une peine d'emprisonnement n'est prononcée, le salarié retrouve son emploi ou un emploi équivalent sous réserve de la perte de confiance justifiée et appréciée par les tribunaux.

Section 5 - Des autres cas de suspension du contrat de travail

Art.133.- Sont également causes de suspension du contrat de travail :

- la grève ou le lock-out déclenché dans le respect de la procédure des conflits collectifs de travail ;
- le mandat électif ou l'exercice d'une fonction politique par le travailleur en accord avec l'employeur ;
- le congé sans solde d'une durée de six mois renouvelable une fois pour l'entretien de l'enfant du travailleur ;
- la saison morte pour les travailleurs saisonniers ou temporaires ;
- le chômage technique total ou partiel dans la limite de six mois maximum ;
- la mise à pied ;
- la durée de l'absence du travailleur dans la limite de trois mois en vue d'assister son conjoint malade.

Chapitre 4 - De la modification du contrat de travail

Section 1 - Du remplacement

Art.134.- Lorsqu'un travailleur doit assurer temporairement, à la demande de son employeur, un emploi relevant d'une catégorie inférieure à celle de son classement habituel, son salaire et son classe- ment antérieurs doivent être maintenus pendant la période correspondante ;

Lorsqu'un employeur demande à un travailleur d'accepter définitivement un emploi d'une catégorie inférieure à celle de l'emploi qu'il occupe, le travailleur a le droit de ne pas accepter ce classe- ment ;

Si le travailleur accepte ce classement, il est rémunéré dans les conditions correspondantes à son nouvel emploi ;

Si le travailleur refuse, le contrat est considéré comme rompu du fait de l'employeur.

Section 2 - De l'intérim

Art.135.- Le fait pour le travailleur d'assumer, provisoirement ou par intérim un emploi comportant un classement supérieur dans l'échelle hiérarchique ne lui confère pas automatiquement le droit aux avantages pécuniaires ou autres attachés audit emploi. Toutefois, la durée de ces fonctions temporaires ne peut excéder :

! 2 mois pour les ouvriers et employés ;

! 4 mois pour les agents de maîtrise et les cadres, sauf dans les cas de maladie, d'accident survenu au titulaire de l'emploi ou de remplacement de ce dernier pour la durée d'un congé.

Passé ce délai et ces cas visés ci-dessus, l'employeur doit régler définitivement la situation du travailleur en cause :

- soit le reclasser dans la catégorie correspondante au nouvel emploi,
- soit lui rendre ses anciennes fonctions.

En cas de maladie, accident ou congé du titulaire, l'intérimaire perçoit, après deux ou quatre mois suivant le cas, une indemnité égale à la différence entre son salaire et celui qu'il obtiendrait s'il était titulaire du nouvel emploi occupé.

Titre 4 - De la cessation du contrat de travail

Chapitre 1 - Des dispositions communes

Art.136.- S'il survient un changement d'employeur, personne physique ou personne morale, par suite notamment de succession, vente, fusion, transformation du fonds, mise en société, tous les contrats de travail en cours au jour de la modification subsistent entre le nouvel entrepreneur et le personnel de l'entreprise. Le nouvel employeur est réputé y avoir été partie dès l'origine.

L'interruption temporaire de l'activité de l'entre- prise ne fait pas obstacle à l'application des dispositions précédentes. Le nouvel employeur garde néanmoins le droit de procéder à des ruptures de contrat de travail mais uniquement aux conditions et aux formes prévues au présent titre.

Chapitre 2 - Des règles propres au contrat a durée déterminée

Art.140.- Le contrat à durée déterminée cesse de plein droit à l'arrivée du terme convenu lors de sa conclusion.

Art.141.- A l'échéance du contrat à durée déterminée, à moins que les relations contractuelles de travail ne se poursuivent dans le cadre d'un contrat à durée indéterminée, l'employeur doit au salarié une indemnité de fin de contrat égale à 5 % du montant des salaires et avantages de toute nature acquis par celui-ci pendant l'exécution du contrat.

Il lui sera également versé une allocation compensatrice de congé payé calculée en fonction des mois de service effectif conformément aux dispositions de l'article 223.

Art.142.- Sous réserve des dispositions relatives à la période d'essai, l'employeur ne peut unilatéralement mettre fin au contrat avant l'échéance du terme qu'en raison d'une faute lourde commise par le salarié et en respectant les dispositions relatives à la procédure disciplinaire prévue aux articles 91 à

98.

Toute rupture du fait de l'employeur qui n'est pas justifiée par une faute lourde du salarié, ouvre droit pour ce dernier à une indemnité égale aux salaires et avantages de toute nature dont le salarié aurait bénéficié pour la période restant à courir jusqu'au terme de son contrat.

Toute rupture du fait de l'employeur, justifiée ou non par une faute lourde du salarié, mais prononcée sans respect de la procédure disciplinaire, ouvre droit pour le salarié à une indemnité égale au quart de l'indemnité précédente, que celle-ci soit due ou non.

Chapitre 3 - Des règles propres au contrat à durée indéterminée

Art.144.- Le contrat de travail à durée indéterminée peut toujours cesser par la volonté de l'une des parties. Cette résiliation est subordonnée à un préavis donné par la partie qui prend l'initiative de la rupture.

La rupture d'un contrat de travail à durée indéterminée qui résulte d'une initiative de l'employeur survenant postérieurement à l'expiration de la période d'essai est un licenciement.

La rupture d'un contrat de travail à durée indéterminée qui résulte d'une initiative du salarié survenant postérieurement à l'expiration de la période d'essai est une démission. Toutefois une telle rupture est assimilée à un licenciement lorsque :

1° la démission résulte d'une pression de l'employeur.

2° la démission résulte de l'inexécution par l'employeur de ses propres obligations, notamment lorsque ce dernier aura prétendu imposer unilatéralement au salarié un change- ment substantiel dans ses conditions de travail.

Section 1 - De la justification des licenciements

Art.145.- Un salarié ne peut être licencié que s'il existe un motif objectif et sérieux de ne pas main- tenir son contrat de travail.

Art.146.- Le motif du licenciement peut tenir à la personne du salarié qu'il s'agisse de son état de santé, de son inaptitude à tenir l'emploi, de son insuffisance professionnelle ou de sa conduite fautive. Le licenciement est alors qualifié de licencie- ment pour motif personnel.

Le motif du licenciement peut aussi tenir à la sup- pression ou à la transformation substantielle du poste de travail occupé par le salarié pour des rai- sons tenant soit aux changements technologiques, soit à l'organisation, aux difficultés économiques ou à la fermeture de l'entreprise. Le licenciement est alors qualifié de licenciement pour motif économique.

Section 2 - De la procédure de licenciement pour motif personnel

Art.149.- L'employeur qui envisage de licencier un salarié doit le convoquer à un entretien au moyen d'une lettre remise en main propre contre récépissé en présence d'un délégué du personnel lorsque le salarié est illettré, ou à défaut de délégué du personnel, et dans la même hypothèse en présence d'un autre salarié de l'entreprise sachant lire et écrire. Lorsque la remise en main propre ne peut avoir lieu, la convocation est expédiée par lettre recommandée avec accusé de réception.

Section 3 - De la procédure de licenciement pour motif économique

Art.157.- Constitue un licenciement pour motif économique, le licenciement effectué par un employeur, en raison d'une suppression ou d'une transformation d'emploi consécutive, notamment, à des mutations technologiques, à une restructuration ou à des difficultés économiques de nature à compromettre l'activité et/ou l'équilibre financier de l'entreprise.

Hormis le cas d'une procédure collective d'apurement du passif pour cause de cessation des paiements, l'employeur, qui envisage tout licenciement individuel ou collectif fondé sur un motif économique tel que prévu à l'alinéa 1, est tenu d'observer la procédure décrite dans la présente section.

Art.158.- En vue de recueillir leurs avis et suggestions, l'employeur doit communiquer, par écrit, aux délégués du personnel s'il en existe, la liste des emplois supprimés ou modifiés ainsi que la liste des travailleurs qu'il se propose de licencier en précisant les critères de choix retenus.

En premier lieu, seront licenciés, les travailleurs présentant les moindres aptitudes professionnelles, les moins anciens dans l'entreprise ; à égalité d'ancienneté, les moins chargés de famille et, à égalité de charge de famille, les moins âgés.

Les délégués du personnel doivent faire parvenir leurs réponses et leurs observations à l'employeur dans les huit jours qui suivent la réception des documents prévus à l'alinéa premier du présent article.

Section 4 - Des conséquences du licenciement

Art.162.- La rupture du contrat de travail à durée indéterminée ne devient effective qu'à l'expiration d'un délai appelé préavis. Le délai de préavis débute le jour où la lettre notifiant le licenciement est présentée au domicile du salarié ou le jour où elle lui est directement remise en main propre contre récépissé ; il s'achève impérativement à l'expiration de sa durée calculée de quantième à quantième dans le cas d'un préavis exprimé en mois et de date à date dans le cas d'un préavis exprimé en jours.

Quel que soit le mode de fixation de son salaire, le salarié licencié a droit à un préavis d'un mois lors- qu'il compte une année d'ancienneté à l'entreprise, de deux mois lorsqu'il compte au moins trois an- nées d'ancienneté dans l'entreprise, de quinze jours dans les autres cas.

L'ancienneté à prendre en considération se calcule en additionnant les mois de travail effectifs ou assimilés accomplis par le salarié, chaque période de douze mois équivalent à une année.

Art.163.- Le salarié qui a commis une faute lourde justifiant son licenciement n'a pas droit au préavis sous réserve de l'appréciation de la juridiction compétente en ce qui concerne la gravité de la faute.

Art.164.- Pendant la durée du préavis, les parties sont tenues d'exécuter le contrat de travail conformément à leurs obligations réciproques ; en particulier, l'employeur ne peut pas modifier substantiellement le contrat et le salarié doit exécuter sa prestation de façon consciencieuse et diligente.

Toutefois, le salarié a le droit de s'absenter un jour par semaine pour rechercher un nouvel emploi, ce jour étant pris à son choix globalement ou heure par heure et payé à plein salaire. Les journées de recherche d'emploi non utilisées sont cumulables.

Art.165.- L'employeur peut dispenser le salarié d'exécuter tout ou partie de son préavis. Cette dis- pense ne peut entraîner, pour le salarié, aucune diminution des salaires et avantages de toute nature dont il aurait bénéficié s'il avait travaillé.

Section 5 - De la démission

Art.172.- Le salarié peut démissionner librement, cependant il est tenu de notifier son acte à son employeur.

Art.173.- La rupture du contrat de travail ne de- vient effective qu'à l'expiration d'un délai de pré- avis qui, sauf dispositions de conventions collectives prévoyant une durée supérieure, est fixé à trente jours pour les cadres, les techniciens supé- rieurs, les agents de maîtrise et quinze jours pour les manœuvres et tous les travailleurs de la première catégorie.

Section 6 - De la retraite

Art.178.- L'avènement de l'âge de la retraite prévu par la loi et les règlements en vigueur est une cause légitime de rupture du contrat de travail à durée indéterminée. Avant le départ à la retraite, le salarié a droit à une indemnité pour services rendus.

Art.179.- La partie qui décide de mettre un terme au contrat à durée indéterminée pour cause de re- traite, doit notifier sa décision de départ à la retraite ou de mise à la retraite en respectant le délai de préavis légal ou conventionnel auquel elle est sou- mise. Cette notification peut se faire, soit avant l'âge de la retraite pour que la rupture devienne effective à ce moment, soit à tout moment après l'avènement de l'âge de la retraite.

Art.180.- Quel que soit l'auteur de la rupture du contrat à durée indéterminée pour cause de retraite, le travailleur a droit à une indemnité pour services rendus prévue par l'article 170.

Section 7 - Du décès

Art.181.- En cas de décès du salarié l'employeur est tenu de verser à ses ayant-droits une indemnité équivalente à l'indemnité pour services rendus. Ses ayant-droits bénéficient également de tous les droits qui étaient ceux du défunt au jour de son décès.

Art.182.- Lorsque le décès de l'employeur entraîne la cessation de l'entreprise les salariés ont droit à l'indemnité compensatrice de congés payés. Ils ont également droit à l'indemnité de préavis et à l'indemnité de licenciement dans les mêmes conditions que celles qui existent lors d'un licenciement régulier.

Chapitre 1 - De la durée du travail

Art.194.- Dans tous les établissements non agricoles publics ou privés, même d'enseignement ou de bienfaisance, la durée légale du travail des employés ou ouvriers de l'un ou de l'autre sexe, de tout âge, travaillant à temps, à la tâche ou aux pièces ne peut excéder trente-neuf heures par semaine.

Les heures effectuées au-delà de cette durée donneront lieu à une majoration de salaire.

Toutefois, cette durée peut être dépassée par appli- cation des règles relatives aux équivalences, aux heures supplémentaires, à la récupération des heures de travail perdues et à leur modulation.

Des décrets pris en conseil des Ministres sur proposition du Ministre chargé du Travail et de la Sécurité Sociale fixent les modalités de répartition de la durée du travail sur les différents jours de la semaine ainsi que l'amplitude et la durée maximale journalières du travail.

Livre 3 - Des conditions de travail

Titre 1 - De la durée du travail, du travail de nuit, du repos et des congés

Chapitre 1 - De la durée du travail

Art.194.- Dans tous les établissements non agricoles publics ou privés, même d'enseignement ou de bienfaisance, la durée légale du travail des employés ou ouvriers de l'un ou de l'autre sexe, de tout âge, travaillant à temps, à la tâche ou aux pièces ne peut excéder trente-neuf heures par semaine.

Les heures effectuées au-delà de cette durée donneront lieu à une majoration de salaire.

Toutefois, cette durée peut être dépassée par appli- cation des règles relatives aux équivalences, aux heures supplémentaires, à la récupération des heures de travail perdues et à leur modulation.

Des décrets pris en conseil des Ministres sur proposition du Ministre chargé du Travail et de la Sécurité Sociale fixent les modalités de répartition de la durée du travail sur les différents jours de la semaine ainsi que l'amplitude et la durée maximale journalières du travail.

Chapitre 2 - Du travail de nuit

Art.204.- Les heures pendant lesquelles le travail est considéré comme travail de nuit sont fixées par décret pris en conseil des Ministres sur proposition du Ministre chargé du Travail et de la Sécurité Sociale.

Les heures de commencement et de fin de travail de nuit peuvent varier selon les saisons mais englobent en tout état de cause la période comprise entre

22 heures et 5 heures.

Art.205.- Le travail de nuit des femmes est interdit dans les industries.

Cette interdiction ne s'applique pas :

a) aux femmes occupant des fonctions d'encadrement ;

b) aux femmes occupées dans les services n'impliquant pas le travail manuel ;

c) aux femmes travaillant dans les établissements occupés par les membres d'une même famille.

Art.206.- Le travail de nuit des enfants âgés de moins de 18 ans est interdit.

Art.207.- Les modalités d'application des précédents articles sont fixées par décret pris en Conseil des Ministres sur proposition du Ministre chargé du Travail et de la Sécurité Sociale, après avis du Co- mité Technique Consultatif du Haut Comité pour le Travail et la Sécurité Sociale.

Chapitre 3 - Du repos et des congés

Section 1 - Du repos journalier, du repos hebdomadaire et des jours fériés

Art.208.- Le repos journalier des femmes et des jeunes travailleurs âgés de moins de 18 ans doit avoir une durée minimale de 12 heures consécutives.

Art.209.- Le repos hebdomadaire est obligatoire ; il est au minimum de 24 heures consécutives. Il a lieu en principe le dimanche.

Section 2 - Du congé annuel payé

Art.212.- Le salarié acquiert droit au congé payé, à la charge de l'employeur, à raison de deux jours ouvrables par mois de travail effectif.

Sont comptées pour un mois de travail effectif les périodes équivalant à quatre semaines ou 24 jours de travail.

Art.213.- Pour le calcul de la durée du congé, sont considérés comme période de travail effectif les congés payés précédents, les absences pour accident de travail ou maladie professionnelle, les périodes de repos des femmes en couches prévues aux articles 110 et 111 et dans une limite de 6 mois, les absences pour maladie dûment constatées.

Titre 2 - De la santé et de la sécurité au travail

Chapitre 1 - De l'hygiène et de la sécurité

Art.224.- Les conditions d'hygiène et de sécurité sur les lieux de travail sont définies par décret pris en Conseil des Ministres sur proposition du Ministre chargé du Travail et de la Sécurité Sociale, après avis du comité technique consultatif.

Ce décret assure aux travailleurs tout en prenant en considération les conditions locales, des normes d'hygiène et de sécurité conformes à celles recommandées par l'Organisation Internationale du Travail et d'autres organismes techniques reconnus sur le plan international.

Il précise dans quels cas et dans quelles conditions, l'Inspecteur ou le Médecin-Inspecteur du Travail doit recourir à la procédure de mise en demeure. Toutefois, en cas de danger imminent pour la santé et la sécurité des travailleurs, l'Inspecteur ou le Médecin-Inspecteur du Travail ordonne les mesures immédiatement exécutoires.

Section 1 - Du comité d'hygiène et de sécurité

Art.231.- L'employeur doit associer les délégués du personnel à l'élaboration des mesures d'hygiène et de sécurité dans les établissements et entreprises.

Art.232.- Dans tous les établissements ou entreprises employant habituellement au moins 50 salariés, il doit être crée un comité d'hygiène et de sécurité dont la composition est déterminée par décret pris en conseil des Ministres sur proposition conjointe du Ministre chargé du Travail et de la Sécurité Sociale et du Ministre chargé de la Santé Publique.

Ce comité, sans préjudice des attributions de tout délégué du personnel, est chargé de l'étude et de la promotion des conditions d'hygiène et de sécurité dans lesquelles sont assurées la protection et la santé des travailleurs.

Chapitre 2 - De la santé au travail

Art.239.- Tout employeur doit mettre en place un service de santé au profit de ses travailleurs. Le service est chargé de :

1° procéder à la surveillance de la santé des travailleurs et des candidats à l'embauche ou des salariés nouvellement embauchés, au plus tard avant l'expiration de leur période d'essai.

2° procéder à la surveillance périodique des salariés en vue de s'assurer de leur bon état de santé et du maintien de leur aptitude au poste de travail occupé.

Art.240.- Le service de santé au travail est assuré par un ou plusieurs médecins qui prennent le nom de médecins du travail. Leur rôle, essentiellement préventif consiste à éviter toute altération de la santé des travailleurs du fait de leur travail, notamment en surveillant les conditions d'hygiène du travail, les risques de contagion et l'état de santé des travailleurs.

Titre 3 - Des salaires et frais de voyage

Chapitre 1 - De la détermination du salaire

Art.246.- Tout employeur est tenu d'assurer, pour un même travail ou un travail de valeur égale, l'égalité de rémunération entre les salariés, quels que soient leur origine, leur nationalité, leur sexe et leur âge, dans les conditions prévues au présent titre.

Par rémunération il faut entendre le salaire de base ou minimum et tous les autres avantages, payés directement ou indirectement, en espèces ou en nature, par l'employeur au travailleur en raison de l'emploi de ce dernier.

Chapitre 2 - Du paiement de salaire

Section 1 - Des modalités de paiement

Art.257.- Le salaire doit être payé en monnaie ayant cours légal, nonobstant toute stipulation contraire.

Le paiement de tout ou partie du salaire en alcool, boissons alcoolisées, drogues est formellement interdit.

Le paiement de tout ou partie du salaire en nature est également interdit, sous réserve des dispositions du chapitre 1 du présent titre.

Aucun employeur ne peut restreindre de quelque manière que ce soit la liberté du travailleur de dis- poser de son salaire à son gré.

Art.258.- La paie est faite, sauf cas de force majeure, sur le lieu de travail ou au bureau de l'employeur lorsqu'il est voisin du lieu de travail.

Section 2 - Des privilèges et garanties des créances salariales

Art.266.- On entend par créance salariale toutes sommes dues aux salariés en raison de l'exécution ou de la rupture du contrat de travail.

Art.267.- Les sommes dues aux entrepreneurs de tous les travaux ayant le caractère de travaux publics ne peuvent être frappées de saisie-arrêt ni d'opposition au préjudice des ouvriers titulaires de créances salariales.

Les créances salariales dues aux travailleurs sont payées de préférence aux sommes dues aux fournisseurs.

Le nantissement ne peut faire obstacle à l'application du présent article.

Art.268.- Les créances salariales sont privilégiées sur les meubles et immeubles de l'employeur.

Elles viennent, dans la limite du délai de prescription prévu à l'article 170, au premier rang des créances privilégiées.

Art.269.- Les créances salariales doivent être payées, nonobstant l'existence de toute autre créance, dans les dix jours qui suivent le jugement d'ouverture d'une procédure collective d'apurement du passif pour cause de cessation des paiements ou non et sur simple ordonnance du juge commissaire, à la seule condition que le syndic ou le liquidateur ait en main les fonds nécessaires[28].

[28] **La durée du travail**

L'intervention de l'Etat, en matière de durée du travail, s'est imposée pour deux raisons :

- souci de la santé physique et morale des travailleurs (loi de 1906 sur le repos hebdomadaire, loi de 1919 sur la journée de 8 heures),
- nécessité d'une action sur l'économie, par exemple lutte contre le chômage (loi de 1936 sur la semaine de 40 heures).

Cette analyse comprend
Successivement :

- la semaine de 40 heures ;
- le repos hebdomadaire ;
- les congés payés.

La semaine de 40 heures. Le premier texte du 22 mars 1841 se contentait de limiter à 8 heures par jour le travail des enfants de 8 à 12 heures pour les enfants de 12 à 16 ans. La loi de 1874 leur interdisait le travail de nuit. La loi de 1892 limite la durée de travail à 10 heures de 16 à 18 ans, et pour les femmes. En 1848, une loi limite à 12 heures le travail dans tous les établissements utilisant des moteurs mécaniques. Le 29 avril 1919, la journée de 8 heures est instituée. Une nouvelle réduction de la durée du travail fut décidée en 1936 en raison de la crainte du chômage provoqué par la crise économique de l'entre-deux guerres et du succès électoral du Front Populaire. La loi du 21 juin 1936 instituant la semaine de 40 heures, à la différence des précédentes avait un domaine d'application très large englobant les établissements industriels, commerciaux, artisanaux et coopératifs.

Une application qui n'est pas générale. La loi vise toute personne liée par un contrat de travail, sans distinction d'âge, ni de sexe, et employée dans une entreprise industrielle, commerciale, artisanale, libérale, publique ou privée, laïque ou religieuse, ou dans un établissement hospitalier ou un asile d'aliénés.

Sont exclus du bénéfice de cette loi :

- les professions domestiques ;
- les travailleurs à domicile.

En ce qui concerne les ouvriers agricoles, une loi du 13 mars 1948 fixe à 2400 heures par an la durée de leur temps de travail.

La loi s'applique aux personnes et non aux établissements ou entreprises. Le patron est libre de faire travailler son établissement 24 heures sur 24, sous réserve de ne pas exiger de chacun de ses préposés plus de 40 heures augmentées d'un certain nombre d'heures supplémentaires de rétribution à un taux supérieur au taux normal. La durée fixée est la durée de travail effectif. Par travail effectif, il faut entendre le temps effectivement consacré à l'activité professionnelle : le temps d'habillage, de casse-croûte ne sont pas compris dans les 40 heures. En ce qui concerne les entreprises qui connaissent des heures creuses (salons de coiffure, magasins), le temps de présence peut-être majoré en conséquence par le décret (par exemple dans les localités de moins de 5 000 habitants, le temps de présence au salon des ouvriers coiffeurs est de 58 heures).

La liberté du travail reste intégrale. Sa journée terminée, l'ouvrier est libre de travailler pour son compte ou pour un autre employeur. Aucun texte n'établit le principe de la répartition des 40 heures sur cinq jours.

Le régime des heures supplémentaires. Les décrets de la loi de 1936 accordaient des dérogations permanentes limitées en moyenne à 2 heures par semaine, pour certains travaux devant être exécutés sans interruption.

Ils prévoyaient trois cas :

- travaux urgents nécessaires dans l'intérêt de la défense nationale ;

- travaux urgents nécessaires pour réparer ou prévenir des accidents ou procéder à des mesures de sauvetage ;
- travaux urgents et exceptionnels correspondant à un surcroît de travail.

Une loi de 1945 a prévu de manière plus générale des heures supplémentaires en vue d'accroître la production. Elles doivent être autorisées par l'Inspecteur du travail, après avis des organisations syndicales ouvrières (cas de chômage). La loi du 24 décembre 1971 limite à 57 heures la durée maximale de travail par semaine.

Rémunération des heures supplémentaires. Au-delà de 40 heures et jusqu'à 48 heures, la 48ème étant incluse plus 25% du taux horaire. Après 48 heures plus 50% du taux horaire. Ces majorations incitent l'employeur à embaucher du personnel plutôt que de faire assurer des heures supplémentaires.

Le repos hebdomadaire. La loi du 13 juillet 1906 consacre le principe du repos hebdomadaire pour la très grande majorité des travailleurs. L'obligation du repos hebdomadaire s'applique à toutes les professions à l'exception : des domestiques attachés à la personne, des employés des entreprises de transport pour lesquels des dispositions particulières ont été prévues. La loi pose deux principes :

- le repos doit être de 24 heures consécutives par semaine ;
- le repos doit être donné en principe le dimanche.

Mais ces deux principes connaissent de nombreuses dérogations. Des dérogations peuvent être dictées par des impératifs techniques ou des motifs d'ordre économique. Peuvent déroger à la règle des 24 heures consécutives de repos :

- les usines à feu continu ;
- les entreprises de chargement et déchargement en cas d'intempéries pouvant empêcher le travail pendant quelque jours ;
- les entreprises qui emploient du matériel périssable ;
- les établissements de l'Etat dans l'intérêt de la défense nationale ;
- toute entreprise en cas de travaux urgents, mesure de sauvetage, accident imminent.

Dans tous les cas, les dérogations ne peuvent être que temporaires et le repos supprimé doit être compensé. Des dérogations peuvent être accordées :

- par le Code de travail : hôtels, restaurants, hôpitaux, pharmacie, etc... (dérogations permanentes),
- par le Préfet : lorsque le repos du dimanche serait préjudiciable au public ou bien de nature à compromettre le fonctionnement des établissements considérés. L'autorisation doit évidemment être accordée à tous les établissements du même genre se trouvant dans la même ville (dérogations permanentes) ;
- par le Maire : à raison de trois dimanches par an, aux établissements de commerce de détail ; les heures effectuées ces dimanches-là devront être payées comme heures supplémentaires et donneront lieu à un repos compensateur (dérogations temporaires).

Les jours de fête légale sont obligatoirement chômés pour les femmes et les enfants de moins de 18 ans, en effet tous les travailleurs en profitent. Seul le 1er mai est obligatoirement chômé. Aucun salarié ne peut être employé ce jour-là, sauf dans les établissements et services qui, en raison de la nature de leur activité ne peuvent interrompre le travail. Dans le cas où le jour férié a été chômé, l'employeur peut décider que les heures perdues seront récupérées. Il en est ainsi pour les heures perdues à l'occasion de la journée du 1er mai. Les salariés ayant travaillé le 1er mai ont droit au double de leur salaire journalier.

Les congés payés. En France c'est le gouvernement du Front populaire de 1936, qui a fait voter la loi du 20 juin 1936 instituant les congés payés. Les principes de cette loi n'ont pas été modifiés : tout travailleur ayant accompli un temps de travail minimum a droit chaque année, à un nombre de jours de congé proportionnel au temps du travail accompli dans l'entreprise : la troisième semaine de congés payés a été accordée en 1956, la quatrième semaine en 1969.

Le Congé est annuel et préétabli. De mai à octobre, sauf accord du travailleur à convention collective fixant une période plus étendue. L'employeur ne peut obliger un salarié à prendre ses vacances en dehors de la période légale. Dans les entreprises qui accordent les congés par roulement l'ordre des départs est fixé par l'employeur, compte tenu de la situation de famille, après consultation des délégués du personnel. Le congé doit comprendre au moins 12 jours ouvrables entre deux jours non ouvrables

Il. comporte le repos forcé. Le patron est obligé d'accorder le congé, le salarié ne peut y renoncer par avance. Le congé doit être effectivement pris et chômé.

Durée du congé. Depuis la loi du 16 mai 1969, la durée du congé annuel légal est de deux jours ouvrables par mois de travail, sans pouvoir excéder 24 jours ouvrables. Les travailleurs qui ont un an d'ancienneté au moins, ont droit à 4 semaines de congés payés. On ne comprend pas dans les jours ouvrables, les dimanches et les jours ouvrables sauf le samedi précédent le départ en congé.

L'indemnité de congé est payée par l'employeur. L'indemnité est, en principe, égale au 12ème de la rémunération totale perçue par le travailleur en une année. Elle est donc calculée d'après le salaire moyen. Dans le cas où le travailleur a bénéficié d'une augmentation de salaire au cours de cette période l'indemnité ne doit pas être inférieure au salaire perçu au moment du départ en congé. Le salaire servant à calculer l'indemnité comprend les avantages en nature : pourboires.

Indemnité compensatrice. Cette indemnité qui ne doit pas être confondue avec la précédente est due aux travailleurs dont le contrat de travail se trouve résilié. On calcule le nombre de jours de congé auxquels le travailleur a droit et le montant de l'indemnité correspondante.

Cas de professions intermittentes. Pour certaines catégories de salariés (dockers, ouvriers du bâtiment, employés saisonniers), la loi a prévu la création de caisse de compensation. Les employeurs doivent obligatoirement cotiser à une caisse de compensation, agréée par l'Etat, et c'est cette caisse qui verse au travailleur l'indemnité de congés payés.

L'indemnité de congé est un salaire différé. Elle est assimilée à un salaire bien qu'elle ne soit pas la contrepartie d'un travail.

- on fait entrer en ligne de compte pour son calcul tous les éléments de la rémunération ;
- elle est insaisissable dans les mêmes conditions que le salaire ;
- elle est soumise à la prescription de 6 mois ;
- elle bénéficie des mêmes privilèges que le salaire ;
- elle est soumise aux précomptes de la sécurité sociale, et à l'impôt sur les salaires.

Mais c'est un salaire différé qui s'acquiert mois par mois, et qui entre dans les calculs des prix de revient pour l'employeur. L'indemnité de congé payé est donc due au salarié même si celui-ci tombe malade pendant la durée du congé.

[28] En juin 1968, il a été prévu aux entretiens de la rue de Grenelle que la durée hebdomadaire du travail serait progressivement ramenée à 40 heures, avec compensation partielle des pertes de salaires en résultant.

[28] **Les congés payes**

Les congés payés. En France, c'est le gouvernement du Front populaire de 1936, qui a fait voter la loi du 20 juin 1936 instituant les congés payés. Les principes de cette loi n'ont pas été modifiés : tout travailleur ayant accompli un temps de travail minimum a droit chaque année, à un nombre de jours de congé proportionnel au temps du travail accompli dans l'entreprise : la troisième semaine de congés payés a été accordée en 1956, la quatrième semaine en 1969.

Le congé est annuel et préétabli. De mai à octobre, sauf accord du travailleur ou convention collective fixant une période plus étendue. L'employeur ne peut obliger un salarié à prendre ses vacances en dehors de la période légale. Dans les entreprises qui accordent les congés par roulement l'ordre des départs est fixé par l'employeur, compte tenu de la situation de famille, après consultation des délégués du personnel. Le congé, dont la durée dépasse 12 jours peut

Section 3 - De la prescription de l'action en paiement des créances salariales

Art.270.- L'action en paiement des créances salariales se prescrit par cinq ans à partir de la date où ces créances sont dues, sauf cas de force majeure.

Cette prescription est valable pour les indemnités liées à la rupture du contrat de travail assimilées au salaire.

être fractionné avec l'accord du salarié. Mais une fraction de congé doit comprendre au moins 12 jours ouvrables entre deux jours non ouvrables.
Il comporte le repos forcé. Le patron est obligé d'accorder le congé, le salarié ne peut y renoncer par avance. Le congé doit être effectivement pris et chômé.
Durée du congé. Depuis la loi du 15 mars 1975, la durée du congé annuel légal est de deux jours ouvrables par mois de travail, sans pourvoir excéder 24 jours ouvrables. Les travailleurs qui ont un an d'ancienneté au moins, ont droit à 4 semaines de congés payés. On ne comprend pas dans les jours ouvrables, les dimanches et les jours fériés. Le samedi est considéré comme jour férié. Le samedi est considéré comme jour ouvrable sauf le samedi précédent le départ en congé.
L'indemnité de congé est payée par l'employeur. L'indemnité est, en principe, égale au 12ème de la rémunération totale perçue par le travailleur en une année. Elle est donc calculée d'après le salaire moyen. Dans le cas où le travailleur a bénéficié d'une augmentation de salaire au cours de cette période l'indemnité ne doit pas être inférieure au salaire perçu au moment du départ en congé. Le salaire servant à calculer l'indemnité comprend les avantages en nature : pourboires.
Indemnité compensatrice. Cette indemnité qui ne doit pas être confondue avec la précédente est due aux travailleurs dont le contrat de travail se trouve résilié. On calcule le nombre de jours de congé auxquels le travailleur a droit et le montant de l'indemnité correspondante.
Cas des professions intermittentes. Pour certaines catégories de salariés (dockers, ouvriers du bâtiment, employés saisonniers), la loi a prévu la création de caisses de compensation. Les employeurs doivent obligatoirement cotiser à une caisse de compensation, agréée par l'Etat, et c'est cette caisse qui verse au travailleur l'indemnité de congés payés. Sans cette mesure, ces salariés dont le travail est discontinu et qui changent fréquemment d'employeurs, n'auraient pu bénéficier des congés payés.
L'indemnité de congé est un salaire différé. Elle est assimilée à un salaire bien qu'elle ne soit pas la contrepartie d'un travail. On fait entrer en ligne de compte pour son calcul tous les éléments de la rémunération, elle est insaisissable dans les mêmes conditions que le salaire. Elle est soumise à la prescription de 6 mois, elle bénéficie des mêmes privilèges que le salaire, elle est soumise aux précomptes de la sécurité sociale, et à l'impôt sur les salaires. Mais c'est un salaire différé qui s'acquiert mois par mois, et qui entre dans les calculs des prix de revient pour l'employeur. L'indemnité de congé payé est donc due au salarié même si celui-ci tombe malade pendant la durée du congé.
En France le comité créé en 1941 et réorganisé en 1947 comprend le chef d'établissement, le chef du service de la sécurité, le médecin du travail de l'établissement, la conseillère du travail ainsi que trois ou six représentants du personnel désignés, parmi les personnes ayant les connaissances requises, par les membres du comité d'entreprise et les délégués du personnel.

Celle-ci ne cesse de courir que lorsqu'il y a eu compte arrêté et réglé, citation en justice non périmé ou réclamation formulée par le travailleur devant les services de l'Inspection du Travail.

La continuation du travail n'interrompt pas le délai de prescription.

Chapitre 3 - Des retenues sur salaires

Art.273.- L'acompte est le versement avant échéance d'une partie des salaires acquis.

La compensation entre les salaires et l'acompte s'effectue à l'échéance par retenue sur salaires.

Art.274.- L'avance est un prêt consenti par l'employeur au travailleur qui en garantit le remboursement sur ses salaires. Elle n'est autorisée que dans des cas exceptionnels.

Livre 4 - De la représentation et des attributions des organisations professionnelles d'employeurs et de travailleurs

Titre 1 - Des organisations syndicales

Chapitre 1 - De la constitution

Art.294.- Les travailleurs, sans distinction d'aucune sorte, ont le droit de constituer librement des syndicats de leur choix dans des secteurs d'activités et des secteurs géographiques qu'ils déterminent. Ils ont le droit d'y adhérer librement.

Peuvent continuer à faire partie d'un syndicat professionnel les personnes qui ont quitté l'exercice de leur fonction ou de leur profession sous réserve d'avoir exercé celle-ci au moins un an.

Les mineurs âgés de plus de seize ans peuvent adhérer à un syndicat, sauf opposition de leur père, mère ou tuteur.

Les femmes mariées exerçant une profession ou un métier peuvent sans l'autorisation de leur mari, adhérer à un syndicat et participer à sa direction ou son administration dans les conditions fixées au présent article.

Art.295.- Les syndicats ont pour objet l'étude et la défense des droits ainsi que des intérêts matériels et moraux d'ordre professionnel, tant collectifs qu'individuels, des salariés visés par leurs statuts.

Chapitre 2 - Des attributions

Section 1 - Des dispositions communes à toutes les organisations syndicales

Art.303.- Les Organisations Syndicales régulière- ment constituées jouissent de la personnalité civile.

Elles peuvent ester en justice pour sauvegarder leurs droits ainsi que les intérêts collectifs de leurs membres.

Elles peuvent également exercer l'action individuelle d'un de leurs membres victime d'une ateinte à ses droits syndicaux, pourvu que l'intéressé, dûment informé, ait déclaré ne pas s'y opposer.

Art.304.- Elles peuvent librement acquérir, à titre gratuit ou à titre onéreux, des biens meubles ou immeubles et en disposer librement.

Les immeubles, les fonds et objets mobiliers leur appartenant et nécessaires à leur fonctionnement ainsi qu'aux réunions de leurs membres sont insaisissables.

Art.305.- Elles peuvent affecter une partie de leurs ressources à la création et au fonctionnement d'œuvres professionnelles ou sociales telles que : coopératives, logements des travailleurs, terrains de culture ou d'éducation physique, action d'éducation ou de formation professionnelle ou sociale, institutions de prévoyance sociale ou caisses de solidarité des caisses d'épargne et/ou des crédits mutuels et participer à leur administration.

Art.306.- Sous réserve des dispositions de l'article

308, elles peuvent passer librement des contrats.

Art.307.- Les organisations syndicales doivent tenir une comptabilité faisant apparaître, en recettes et en dépenses, l'ensemble de leurs opérations financières.

Cette comptabilité et ses pièces justificatives doivent être présentées sans délai au Procureur de la République ou à l'Inspecteur du Travail qui en fait la demande.

Titre 4 - De la négociation et des conventions collectives

Art.337.- La négociation collective est une attribution essentielle des organisations professionnelles. Elle constitue, pour elles, un devoir national.

Art.338.- Les conventions collectives sont des accords écrits conclus entre d'une part, soit un employeur, soit un ou plusieurs groupements patronaux et, d'autre part, une ou plusieurs organisations syndicales représentatives des salariés.

Art.339.- Les conventions collectives ont pour objet de déterminer les conditions d'emploi et de travail ainsi que d'organiser les relations collectives entre l'employeur et les travailleurs.

Elles ne peuvent déroger aux garanties qui sont données aux salariés ou leurs représentants par le présent code, la loi ou tout autre texte de nature réglementaire. Toute clause qui ne respecte pas cette règle est nulle de plein droit et de nul effet.

Art.340.- Les conventions collectives peuvent être conclues dans le cadre d'un établissement, d'une entreprise, d'une ou de plusieurs branches d'activité. Selon les cas, les conventions collectives sont dénommées conventions d'établissement, conventions d'entreprise, conventions de branche, conventions interprofessionnelles.

Si une convention collective interprofessionnelle couvre l'ensemble des secteurs de l'activité économique, elle prend le nom de convention collective générale.

Titre 5 - De la représentation du personnel dans l'entreprise

Art.381.- La représentation des travailleurs dans les établissements ou entreprises est assurée par des délégués du personnel élus par les travailleurs de ces établissements ou entreprises et des délégués syndicaux élus par les syndicats ou leurs représentants.

Art.382.- La durée du mandat est de deux ans renouvelable.

Les délégués élus restent en poste jusqu'au renouvellement d'un nouveau mandat.

Le mandat des délégués prend fin par suite de décès, cessation du contrat de travail, démission, ré- vocation, changement de catégorie professionnelle impliquant un changement de collège électoral, changement d'établissement.

Chapitre 1 - De la mise en place des délégués du personnel

Art.383.- Un décret pris en Conseil des Ministres sur proposition du Ministre chargé du Travail et de la Sécurité Sociale détermine :

- la période de l'année pendant laquelle les élections devront obligatoirement avoir lieu ;
- le nombre des délégués et leur répartition sur le plan professionnel ;
- les modalités de l'élection, qui doit avoir lieu au scrutin secret et sur des listes établies par les organisations syndicales représentatives au sein de chaque établissement pour chaque catégorie de personnel ; si le nombre des votants est inférieur à la moitié des inscrits, il sera pro- cédé à un second tour de scrutin pour lequel les électeurs pourront voter pour des candidats autres que ceux proposés par les organisations syndicales.

Chapitre 2 - Des attributions des délégués du personnel

Art.388.- Les délégués du personnel ont pour mission :

1° de présenter à l'employeur toutes les réclamations individuelles ou collectives concernant les conditions de travail, les rémunérations ou l'emploi ;

2° de veiller à l'application des prescriptions relatives à l'hygiène et à la sécurité des travail- leurs et de proposer toutes mesures utiles dans ce domaine sans préjudice des dispositions des articles 231 à 234 ;

3° de communiquer à l'employeur toute suggestion tendant à une meilleure organisation sociale ou économique de l'entreprise ;

4° de saisir l'Inspecteur du Travail des réclamations concernant l'application des prescriptions légales, réglementaires ou conventionnel- les ;

5° d'exercer toute autre attribution qui leur est dévolue par le présent code.

Livre 5 - Des différends relatifs au travail et à l'emploi

Titre 1 - Des tribunaux du travail et de la sécurité sociale

Chapitre 1 - De la compétence

Art.411.- Les tribunaux du Travail et de la Sécurité Sociale connaissent :

a) des différends individuels pouvant s'élever à l'occasion de la conclusion, de l'exécution, de la suspension, de la modification ou de la cessation d'un contrat de travail ou d'apprentissage, aussi bien au regard des normes légales ou réglementaires qu'au regard des stipulations conventionnelles ;

b) des différends pouvant s'élever à l'occasion de l'exécution d'une convention collective entre les parties à la convention ;

c) des différends nés entre travailleurs à l'occasion du travail ;

d) des différends pouvant s'élever à l'occasion de l'application des régimes de sécurité sociale gérés par la Caisse Nationale de Sécurité Sociale ;

e) de tout autre contentieux qui leur est expressément réservé par le présent code.

Chapitre 2 - De la création et de l'organisation

Art.414.- Les Tribunaux du Travail et de la Sécurité Sociale, sont créés et organisés par décrets pris en conseil des Ministres sur la proposition conjointe du Ministre chargé du Travail et de la Sécurité Sociale et du Ministre chargé de la Justice.

Ces décrets fixent, pour chaque Tribunal du Travail et de la Sécurité Sociale, son siège et sa compétence territoriale. Ils déterminent la répartition des assesseurs en sections spécialisées.

Art.415.- Les tribunaux du Travail et de la Sécurité Sociale dépendent du Ministre chargé de la justice.

Art.416.- Le Tribunal du Travail et de la Sécurité Sociale est composé :

a) d'un magistrat, Président ;

b) d'un assesseur travailleur et d'un assesseur employeur ;

c) d'un Greffier.

Titre 2 - Du règlement des différends individuels

Art.420.- Tout différend individuel de travail ne peut être soumis au Tribunal du Travail et de la Sécurité Sociale qu'en cas de non conciliation devant l'Inspecteur ou le Contrôleur du Travail.

L'Inspecteur ou son délégué est saisi par écrit ou verbalement par la partie la plus diligente.

En cas d'accord, l'Inspecteur ou son délégué établit et signe avec les parties un procès-verbal de conciliation qui vaut titre exécutoire ; un exemplaire de ce procès-verbal est déposé sans délai par l'Inspecteur du Travail au Greffe du ou des Tribunaux du Travail et de la Sécurité Sociale habilités à connaître du différend.

Chapitre 3 - De la conciliation

Art.431.- Lorsque les parties comparaissent devant le Tribunal du Travail et de la Sécurité Sociale, il est procédé avant le renvoi en audience publique a une tentative de conciliation devant le Président en chambre du conseil, assisté de ses assesseurs.

Lors de la comparution en conciliation, le demandeur peut modifier, augmenter ou réduire sa de- mande et le défendeur peut former telles défenses ou demandes reconventionnelles qu'il juge convenables.

Art.432.- En cas d'accord, un procès-verbal rédigé séance tenante sur le registre des délibérations du Tribunal consacre le règlement à l'amiable du li- tige.

Chapitre 4 - Du jugement

Art.433.- En cas de non-conciliation ou pour la partie contestée de la demande, le Tribunal du Travail et de la Sécurité Sociale doit retenir l'affaire ; il procède immédiatement à son examen ; aucun renvoi ne peut être prononcé sauf accord des parties ; mais le Tribunal peut toujours par jugement motivé, prescrire toutes enquêtes, descentes sur les lieux et toutes mesures d'information.

Art.434.- Les débats clos, le Tribunal du Travail et de la Sécurité Sociale délibère immédiatement en secret. Sauf mis en délibéré à la prochaine audience utile, le jugement est rédigé sur l'heure et l'audience reprise pour sa lecture, il doit être motivé.

Titre 3 - Du règlement des conflits collectifs

Art.443.- Est considéré comme conflit collectif tout différend intervenu ou risquant d'intervenir entre l'employeur et tout ou partie du personnel de l'entreprise au sujet des conditions de travail ou d'emploi des salariés parties au conflit.

A défaut de procédures conventionnelles, tout différend collectif est obligatoirement soumis en vue de son règlement à la procédure de conciliation et peut, si les parties en conviennent être soumis à la procédure d'arbitrage défini ci-après.

Chapitre 1 - De la procédure de conciliation

Art.444.- Tout conflit collectif est immédiatement notifié par les parties à l'Inspection du Travail du ressort du lieu de travail.

On entend par parties au conflit, d'une part, l'employeur qui peut désigner un représentant ayant pouvoir de concilier, d'autre part, le groupe des salariés concernés, lesquels sont obligatoire- ment représentés par la ou les organisations syndicales représentatives à moins que les groupes des salariés concernés n'ait majoritairement décidé de designer un ou deux des leurs pour les représenter et concilier en leur nom.

Chapitre 2 - De la procédure d'arbitrage

Art.449.- Les différends collectifs du travail non réglés par la conciliation peuvent être portés devant un conseil d'arbitrage saisi d'accord parties dans les deux jours ouvrables suivant le procès-verbal de non conciliation par lettre recommandée adressée au Président de la Cour d'Appel.

Art.450.- Le conseil d'arbitrage est composé du Président de la Cour d'Appel et de deux assesseurs désignés par le Ministre du Travail et de la Sécurité Sociale à raison d'un assesseur employeur et d'un assesseur salarié, parmi les membres employeurs et salariés du Haut comité pour le travail et la sécurité sociale. Un magistrat désigné par le Président remplit les fonctions de rapporteur. Lorsque les dispositions du présent article ne permettent pas de constituer valablement le conseil d'arbitrage, le Ministre chargé du Travail et de la Sécurité Sociale peut désigner aux sièges non pourvus des personnes choisies parmi les assesseurs des tribunaux du Travail et de la Sécurité Sociale.

Ne peuvent être désignées dans les fonctions d'assesseurs les personnes qui ont un intérêt parti- culier, direct ou indirect, dans le conflit.

Art.451.- Les points litigieux soumis au conseil d'arbitrage sont ceux qui n'ont pu être réglés par la tentative de conciliation tels qu'ils résultent du procès-verbal de non-conciliation ou de ceux qui, nés postérieurement à l'établissement des documents découlant du conflit en cause.

Art.452.- Le conseil d'arbitrage dispose des plus larges pouvoirs d'information. Il peut demander un supplément d'enquête au conciliateur. Les assesseurs sont tenus au secret professionnel quant aux documents confidentiels qui leur sont communiqués.

Chapitre 3 - De la grève et du lock-out

Art.455.- Sont interdits tout lock-out et toute grève en violation des dispositions d'un accord de conciliation ou d'une sentence ayant acquis force exécutoire. Le lock-out ou la grève, engagé en violation des dispositions du présent code peut entraîner :

a) pour les employeurs, le paiement aux travailleurs des journées de salaire perdues de ce fait ;

b) pour les travailleurs la perte du droit à l'indemnité de préavis pour rupture de contrat ;

c) pour les employeurs, par décision des tribunaux de droit commun rendue à la requête du Ministre chargé du Travail et de la Sécurité Sociale pendant une période minimum de deux ans, l'inéligibilité aux fonctions des membres des chambres de commerce, l'interdiction de faire partie du comité pour le travail et la sécurité sociale, de participer sous une forme quelconque à une entreprise de travaux ou un marché de fourniture pour le compte de l'Etat, ou d'une collectivité publique.

d) la grève déclenchée après formation de l'opposition à la sentence du conseil d'arbitrage n'entraîne pas la rupture du contrat de travail.

Section 1 - De l'exercice du droit de grève

Art.456.- L'exercice du droit de grève est reconnu à tous les salariés.

La grève est un arrêt collectif et concerté de travail décidé par les salariés pour faire aboutir des revendications professionnelles qui n'ont pas été satisfaites par l'employeur.

Art.457.- La grève doit être précédée d'un préavis de 6 jours francs permettant la négociation entre les parties.

Le préavis doit être déposé auprès de la direction de l'entreprise, de l'établissement ou de l'union patronale de la branche par les décideurs de la grève.

Art.458.- A peine de nullité, le préavis de grève doit être notifié par écrit à l'Inspecteur du Travail du ressort duquel le conflit a pris naissance ou au Directeur du Travail lorsque le conflit déborde le cadre d'une Inspection du Travail. Cette notification écrite doit comporter les revendications formulées par les décideurs de la grève ayant déposé le préavis.

Section 2 - Du lock-out

Art.462.- Le lock-out est la fermeture de tout ou partie d'une entreprise, ou d'un établissement décidée par l'employeur à l'occasion d'une grève des salariés de son entreprise.

Art.463.- Le lock-out est licite en cas de force majeure ou s'il est la réplique à une grève illicite para- lysant la marche de l'entreprise.

Le lock-out licite suspend le contrat de travail et dispense l'employeur du paiement des salaires pour la période concernée.

Lorsque le lock-out est déclaré illicite par la juridiction compétente, l'employeur doit payer à chaque salarié les salaires et indemnités que celui-ci aurait perçus s'il avait pu normalement travailler.

QUINZIEME PARTIE. LA LEGISLATION DU TRAVAIL DU TOGO

LOI N°2006- DU 05 DECEMBRE 2006 PORTANT CODE DU TRAVAIL

TITRE PREMIER

DES DISPOSITIONS GENERALES

ARTICLE PREMIER. Le présent code du travail régit les relations de travail entre les travailleurs et les employeurs exerçant leurs activités professionnelles sur le territoire de la République togolaise, ainsi qu'entre ces derniers et les apprentis placés sous leur autorité.

ARTICLE 2. Est considérée comme travailleur au sens du présent code, quels que soient son sexe et sa nationalité, toute personne qui s'est engagée à mettre son activité professionnelle, moyennant rémunération, sous la direction et l'autorité d'une autre personne, physique ou morale, publique ou privée, appelée employeur. Pour la détermination de la qualité de travailleur, il ne sera tenu compte ni du statut juridique de l'employeur, ni de celui de l'employé.

Ne sont pas soumises aux dispositions du présent code, sauf dispositions spécifiques contraires, les personnes nommées dans un emploi permanent d'un cadre d'une administration publique ou relevant du statut général de la Fonction Publique.

ARTICLE 3. Toute discrimination directe ou indirecte en matière d'emploi et de profession est interdite.

Par discrimination, on entend toute distinction, exclusion ou préférence fondée sur le sexe, la race, la couleur, la religion, l'appartenance ethnique, l'opinion politique ou philosophique, l'origine sociale, le statut juridique, l'ascendance nationale, l'état de santé ou le handicap et qui a pour effet de réduire ou d'altérer l'égalité de chance ou de traitement en matière d'emploi ou de profession.

Est nulle de plein droit toute disposition discriminatoire figurant dans un contrat de travail, un barème de salaire, une convention ou un accord collectif de travail.

ARTICLE 4. Le travail forcé ou obligatoire est interdit.

On entend par travail forcé ou obligatoire, tout travail ou service exigé d'un individu sous la menace d'une peine quelconque et pour lequel ledit individu ne s'est pas offert de son plein gré.

Toutefois, le terme « travail forcé ou obligatoire » ne concerne pas :

1. tout travail ou service exigé en vertu des lois et règlements sur le service militaire obligatoire et ayant un caractère purement militaire ;
2. tout travail ou service d'intérêt général faisant partie des obligations civiques des citoyens, telles qu'elles sont définies par les lois et les règlements ;
3. tout travail ou service exigé d'un individu comme conséquence d'une condamnation prononcée par une décision judiciaire ;
4. tout travail ou service exigé dans les cas de force majeure, notamment dans les cas de guerre, de sinistres ou menaces de sinistres tels qu'incendies, inondations, épidémies et épizooties violentes, invasions d'animaux, d'insectes ou de parasites végétaux nuisibles et, en général, toutes circonstances mettant en danger ou risquant de mettre en danger la vie ou les conditions normales d'existence de l'ensemble ou d'une partie de la population.

Le fait d'exiger le travail forcé ou obligatoire est passible de sanctions pénales.

ARTICLE 5. Les dispositions du présent code priment sur les clauses des contrats et conventions, sauf si celles-ci sont plus favorables au travailleur.

TITRE II : DES SYNDICATS PROFESSIONNELS

CHAPITRE I

DE L'OBJET, DE LA CONSTITUTION ET DE LA DISSOLUTION DES SYNDICATS PROFESSIONNELS

ARTICLE 6. Les personnes exerçant la même profession, des métiers similaires ou des professions connexes concourant à l'établissement de produits déterminés, ou la même profession libérale, peuvent constituer librement un syndicat professionnel.

Tout travailleur ou employeur peut adhérer librement à un syndicat de son choix dans le cadre de sa profession.

Peuvent également librement constituer des syndicats, les exploitants indépendants, même s'ils n'emploient pas de personnel.

ARTICLE 7. Les syndicats professionnels ont pour objet l'étude et la défense des droits, ainsi que des intérêts matériels, sociaux et moraux d'ordre professionnel, tant collectifs qu'individuels des salariés et des professions visés par leurs statuts.

Toute activité qui n'est pas de nature à promouvoir ces objectifs est interdite.

CHAPITRE II

DE LA CAPACITE CIVILE ET DE LA REPRESENTATIVITE DES SYNDICATS PROFESSIONNELS

SECTION I - DE LA CAPACITE CIVILE DES SYNDICATS PROFESSIONNELS

ARTICLE 18. Les syndicats professionnels jouissent de la personnalité morale. Ils ont le droit d'ester en justice et d'acquérir sans autorisation, à titre onéreux, des biens meubles et immeubles.

ARTICLE 19. Ils peuvent, devant toutes les juridictions, exercer tous les droits réservés à la partie civile, relativement aux faits portant un préjudice direct ou indirect à l'intérêt collectif de la profession qu'ils représentent.

ARTICLE 20. Ils peuvent affecter une partie de leurs ressources à la construction de logements, à l'acquisition de terrains pour les activités agricoles, sportives et culturelles à l'usage de leurs membres.

ARTICLE 21. Ils peuvent créer, administrer ou subventionner des œuvres professionnelles ou sociales telles que des institutions de prévoyance, caisses de solidarité, coopératives de production ou de consommation, laboratoires d'expérience, champs d'expérimentation agricole, œuvres d'éducation scientifique, sociale, artisanale, cours et publications intéressant la profession.

Les biens meubles ou immeubles nécessaires à leurs réunions, à leurs bibliothèques et à leurs cours d'instruction professionnelle sont insaisissables.

ARTICLE 22. Ils peuvent passer des contrats ou conventions avec toute personne physique ou morale, notamment avec des sociétés et d'autres syndicats.

ARTICLE 23. S'ils sont autorisés par leurs statuts, et à condition de ne pas distribuer de bénéfices, même sous forme de ristournes, à leurs membres, les syndicats peuvent :

1. acheter pour louer, prêter ou répartir entre leurs membres, tout ce qui est nécessaire à l'exercice de la profession notamment, matières premières, outils, instruments, machines, engrais, semences, plantes, animaux et produits alimentaires pour le bétail ;

2. prêter leur concours gratuit pour la vente des produits provenant exclusivement du travail personnel ou des exploitations des syndiqués ;

3. faciliter cette vente par des expositions, annonces, publications, groupements de commandes et d'expéditions, sans pouvoir l'opérer sous leur nom, ni sous leur responsabilité.

ARTICLE 24. Ils peuvent être consultés sur tous les différends et toutes les questions se rattachant à leur spécialité.

CHAPITRE IVDES UNIONS DE SYNDICATS

ARTICLE 30. Les syndicats professionnels, régulièrement constitués conformément aux dispositions du présent code, peuvent librement se concerter pour l'étude et la défense de leurs intérêts matériels, sociaux et moraux.

Ils peuvent constituer des unions de syndicats, sous quelque forme que ce soit et s'affilier aux organisations syndicales internationales de leur choix.

Un arrêté du ministre chargé du travail, après avis du Conseil National du

Travail, détermine les différentes formes d'unions syndicales.

ARTICLE 31. Les dispositions des articles 7, 10 et 11 sont applicables aux unions de syndicats qui doivent, en outre, faire connaître dans les conditions prévues à l'article 10, le nom et le siège des syndicats qui les composent.

Leurs statuts doivent déterminer les règles selon lesquelles les syndicats adhérents à l'union sont représentés dans les organes directeurs et à l'assemblée générale de l'union.

ARTICLE 32. Ces unions jouissent de tous les droits conférés aux syndicats professionnels par les dispositions prévues au chapitre II du présent titre.

ARTICLE 33. Des locaux peuvent être mis par les pouvoirs publics à la disposition des unions de syndicats pour l'exercice de leur activité, sur leur demande.

TITRE III - DU CONTRAT DE TRAVAIL

CHAPITRE I. DU CONTRAT DE TRAVAIL INDIVIDUEL

SECTION I – DES DISPOSITIONS GENERALES

ARTICLE 34. Le contrat de travail est un accord de volonté par lequel une personne physique, dénommée travailleur, s'engage à mettre son activité professionnelle sous la direction et l'autorité d'une autre personne physique ou morale dénommée employeur, moyennant une rémunération appelée salaire.

ARTICLE 35. Les contrats de travail sont conclus librement. Cependant, à titre exceptionnel et pour des raisons d'ordre économique et social et notamment dans l'intérêt de l'hygiène ou de la santé publique, certains embauchages peuvent être interdits ou limités par arrêté du ministre chargé du travail, après avis du Conseil National du Travail.

ARTICLE 36. Quels que soient le lieu de la conclusion du contrat et la résidence de l'une ou l'autre partie, tout contrat de travail conclu pour être exécuté au Togo est soumis aux dispositions du présent code.

La forme du contrat est librement convenue entre les parties.

ARTICLE 37. En l'absence d'un contrat écrit, l'engagement du travailleur devra lui être notifié dans les quinze (15) jours qui suivent. Dans tous les cas, la preuve de l'existence du contrat peut être rapportée par tous moyens. Le contrat écrit est exempt de tous droits de timbre et d'enregistrement.

SECTION II- DE LA CONCLUSION ET DE L'EXECUTION DU CONTRAT

ARTICLE 38. Le travailleur ne peut engager ses services que suivant les modalités ci-après :

1. soit à temps ou pour un ouvrage déterminé : c'est le contrat à durée déterminée dont le terme est fixé et précisé à l'avance par les deux parties ;
2. soit pour une durée indéterminée : c'est le contrat à durée indéterminée qui peut cesser à tout moment par la volonté de l'une des parties sous réserve des dispositions des articles 65 et suivants du présent code.

ARTICLE 39. Aucune personne ne peut être écartée d'une procédure de recrutement, aucun salarié ne peut être sanctionné ou licencié en raison de son origine, de son sexe, de ses mœurs, de sa situation de famille, de son appartenance à une ethnie, une nation ou une race, de ses opinions politiques, de ses activités syndicales ou mutualistes, de ses convictions religieuses ou, sauf inaptitude constatée par le médecin d'entreprise ou par un médecin agréé, en raison de son état de santé ou de son handicap. En cas de contestation sur l'inaptitude invoquée, il est fait recours au médecin inspecteur du travail.

Aucun salarié ne peut être sanctionné ou licencié en raison de l'exercice normal du droit de grève.

Toute disposition ou tout acte contraire à l'égard d'un salarié est nul de plein droit.

ARTICLE 40. Aucun salarié ne peut être sanctionné ni licencié pour avoir subi ou refusé de subir les agissements de harcèlement d'un employeur, de son représentant ou de toute autre personne qui, abusant de l'autorité que lui confèrent ses fonctions, a donné des ordres, proféré des menaces, imposé des contraintes ou exercé des pressions de toute nature sur ce salarié dans le but d'obtenir des faveurs de nature sexuelle à son profit ou au profit d'un tiers.

Aucun salarié ne peut être sanctionné ni licencié pour avoir témoigné des agissements définis à l'alinéa précédent ou pour les avoir relatés.

Tout usage abusif de la procédure de plainte par les travailleurs entraîne des dommages-intérêts et des sanctions pénales.

ARTICLE 41. Est passible d'une sanction disciplinaire tout salarié ayant procédé aux agissements définis à l'article précédent.

Tout acte commis en violation des articles 39 et 40 ci-dessus ouvre droit au payement de dommages-intérêts et est passible de sanctions pénales.

SOUS-SECTION I- DU CONTRAT A DUREE DETERMINEE

ARTICLE 43. Le contrat de travail à durée déterminée ne peut avoir ni pour objet, ni pour effet, de pourvoir durablement à un emploi lié à l'activité normale de l'entreprise.

Il est obligatoirement écrit. Sa durée, tout renouvellement compris, ne peut excéder quatre (04) ans.

ARTICLE 44. Tout contrat de travail stipulant une durée déterminée supérieure à un mois, ou nécessitant l'installation du travailleur hors de sa résidence habituelle doit être, après visite médicale de celui-ci, constaté par écrit.

Ce contrat doit être visé par le directeur général du travail.

ARTICLE 45. Sauf dispositions contraires dans le pays d'accueil, le recrutement ou l'affectation d'un travailleur togolais pour l'étranger doit faire l'objet d'un contrat de travail conclu par écrit, préalablement visé par les autorités compétentes du pays d'accueil et approuvé par le directeur général du travail. Tout refus d'une autorisation d'embauchage pour l'étranger doit être motivé.

ARTICLE 46. Le recrutement au Togo et hors du Togo d'un travailleur de nationalité étrangère doit être précédé d'une autorisation d'embauchage et faire l'objet d'un contrat de travail conclu par écrit et visé par le directeur général du travail.

SOUS-SECTION II- DU CONTRAT A DURÉE INDETERMINEE

ARTICLE 50. Les contrats de travail qui ne satisfont pas aux dispositions de la sous-section I ci-dessus sont réputés à durée indéterminée.

SOUS-SECTION III- DE L'ENGAGEMENT A L'ESSAI

ARTICLE 51. Il y a engagement à l'essai lorsque l'employeur et le travailleur, en vue de conclure un contrat définitif, décident au préalable d'apprécier notamment :

1. l'employeur, l'aptitude professionnelle du travailleur ;

2. le travailleur, les conditions de travail, de vie, de rémunération, d'hygiène, de sécurité et santé au travail, ainsi que le climat social de l'entreprise.

L'engagement à l'essai doit être expressément stipulé au contrat. Il ne peut être conclu pour une durée supérieure au délai nécessaire pour mettre à l'épreuve la personne engagée, compte tenu des techniques et des usages de la profession, ainsi que des dispositions de la convention collective régissant cette dernière.

Dans tous les cas, l'engagement à l'essai ne peut porter, renouvellement compris, que sur une période maximale de six (06) mois.

Les délais de recrutement et de route ne sont pas compris dans la durée maximale de l'essai.

Les frais de voyage aller et retour du travailleur à l'essai, déplacé de sa résidence habituelle par l'employeur sont, dans tous les cas, à la charge de ce dernier.

SECTION III- DE LA SUSPENSION DU CONTRAT

ARTICLE 54. Il y a suspension du contrat de travail chaque fois que dans le cadre d'un contrat en cours, le salarié est fondé à ne pas fournir sa prestation de travail, ou l'employeur, à s'abstenir de donner un travail à exécuter.

ARTICLE 55. Le contrat est suspendu :

1. en cas de fermeture de l'établissement par suite du départ de l'employeur sous les drapeaux ou pour une période obligatoire d'instruction militaire ;
2. pendant la durée du service militaire du travailleur et pendant les périodes obligatoires d'instruction militaire auxquelles il est astreint ;
3. pendant la durée d'absence du travailleur, en cas de maladie non professionnelle dûment constatée par un médecin agréé ; ladite durée ne peut excéder six (06) mois. Passé ce délai, le remplacement définitif du travailleur peut intervenir, après avis du médecin-inspecteur du travail ;
4. pendant la période d'indisponibilité résultant d'un accident du travail ou d'une maladie professionnelle jusqu'à la consolidation de la blessure ou la guérison de la maladie ;
5. pendant la durée du congé de maternité de la femme salariée ;
6. pendant la grève ou le lock-out, si ceux-ci ont été déclenchés en respectant la procédure de règlement des conflits collectifs du travail ;
7. pendant la période de mise à pied du travailleur ;

8. pendant la détention préventive du travailleur mais dans la limite de six (06) mois ;
9. pendant la durée du congé payé ;
10. pendant la période de l'absence du travailleur, autorisée par l'employeur en vertu de dispositions conventionnelles ou d'accords individuels ;
11. pendant la période de l'exercice par le travailleur d'un mandat régulier politique ou syndical incompatible avec l'exercice d'une activité professionnelle rémunérée.

Les périodes de suspension du contrat visées aux points 1 et 2 ne sont pas considérées comme temps de service effectif pour la détermination de l'ancienneté du travailleur dans l'entreprise.

Les périodes de suspension du contrat visées aux points 1, 2, 8 et 9 ne sont pas considérées comme temps de service effectif pour la détermination du droit au congé payé.

ARTICLE 56. Le contrat est également suspendu pendant les périodes de chômage technique.

Le chômage technique est défini comme la suspension de tout ou partie des activités d'une entreprise, suite à des difficultés économiques graves ou à des événements relevant de la force majeure rendant économiquement et matériellement impossible le fonctionnement de l'entreprise.

SECTION IV- DE LA RESILIATION DU CONTRAT

ARTICLE 60. Les licenciements effectués sans motifs légitimes, de même que les licenciements motivés par les opinions du travailleur, son appartenance ou sa non appartenance à un syndicat, la maternité de la femme salariée, sont abusifs.

Est irrégulier en la forme sauf quand il s'agit de licenciement collectif, tout licenciement intervenu dans les conditions suivantes :

1. inobservation de la formalité de notification écrite ;
2. non indication du motif ;
3. non conformité aux règles de procédures disciplinaires définies dans les conventions collectives et les règlements intérieurs en vigueur.

S'il est néanmoins fondé sur un motif légitime, il ne peut être considéré comme abusif. La juridiction du travail peut cependant accorder au travailleur une indemnité pour sanctionner l'inobservation des règles de forme sans que le montant de cette indemnité excède six (06) mois de salaire[29].

[29] **Les services médicaux du travail**

L'institution des services médicaux du travail apparue en 1942, a été organisée par une loi du 11 octobre 1946, et un décret du 13 juin 1969.

Organisation des services médicaux du travail. Obligations pesant sur le chef d'entreprise : l'obligation d'organiser un service médical pèse sur tous les établissements. Le temps minimum que doit consacrer le médecin du travail au personnel, est fixé par un décret.

- le service médical d'entreprise : le service médical est obligatoirement organisé dans l'entreprise chaque fois que le nombre d'heures que doit y consacrer mensuellement le médecin dépasse 173. Dans ce cas, le Comité d'entreprise est associé à sa gestion.
- les petites entreprises qui ne peuvent organiser un service médical autonome doivent s'adresser à un service médical inter-entreprises.

Fonctionnement du service médical

Selon la loi, son rôle, exclusivement préventif consiste à éviter toute altération de la santé des travailleurs, du fait de leur travail, notamment en surveillant les conditions d'hygiène du travail, les risques de contagion et l'état de santé des travailleurs.

- le médecin du travail est le conseil de la direction, du comité d'entreprise, du comité d'hygiène et de sécurité et du service social. Il veille à ce que les organisations ne nuisent pas à la santé des travailleurs ;
- le décret de 1969 prévoit des visites d'embauche, des examens médicaux périodiques. Ces examens ont lieu pendant le temps de travail sans pouvoir justifier de retenue de salaire.
- les médecins du travail n'en sont pas moins tenus sous peine d'être poursuivis de non-assistance à une personne en danger, de donner des soins d'urgence aux victimes d'accidents. Mais ils ne peuvent à cette occasion demander aucune rémunération.

Les syndicats de salariés en France

Après la période de guerre, caractérisée par l'interdiction des syndicats tant ouvriers que patronaux, une ordonnance de 1944 a rétabli la liberté syndicale, et les organisations ouvrières et patronales ont pu se reconstituer. La confédération générale du travail (C.G.T). Elle réunit dans une association de syndicats :

- les fédérations nationales d'industries, groupant les salariés d'après la branche d'activité (livre, bâtiment, etc.) ;
- les syndicats nationaux (arsenaux, tabac, allumettes), ne comprenant qu'un syndicat national avec des sections locales ;
- les unions départementales constituées par les syndicats des diverses professions d'une même région ;
- des syndicats de catégories professionnelles (employées, maîtrises, etc.).

La Confédération française démocratique du travail (C.F.D.T.). Elle a succédé en 1964 à la Confédération française des travailleurs chrétiens (C.F.T.C.). La structure, très voisine de celle de la C.G.T.C. comprend également des fédérations nationales et des unions départementales.

La Confédération française des travailleurs chrétiens (C.F.T.C.). A la suite du changement de nom de la C.F.T.C. en 1964, un certain nombre de salariés ont quitté la nouvelle C.F.D.T. et ont créé une confédération qui a gardé le sigle C.F.T.C. en y ajoutant parfois l'adjectif « maintenue ».

La Confédération générale du travail-Force ouvrière (C.G.T.F.O.). Elle est née des oppositions qui se manifestèrent au sein de la C.G.T. lors des grèves de novembre 1947. La minorité de la C.G.T. décida de se retirer de la centrale confédérale et d'en créer une nouvelle. Pour marquer sa fidélité à l'esprit de la Confédération d'avant-guerre, elle tint à garder la dénomination C.G.T. en y ajoutant F.O. (« Force ouvrière », du nom du journal qui exprimait cette tendance).

Divers syndicats indépendants. Un certain nombre de syndicats indépendants se groupent soit à la Confédération générale des travailleurs indépendants, soit à la Confédération française des syndicats indépendants, soit encore à la Confédération autonome du travail. En outre, certaines

SOUS-SECTION I – DE LA RESILIATION DU CONTRAT A DUREE DETERMINEE

ARTICLE 61. Le contrat à durée déterminée prend fin à l'échéance du terme convenu lors de sa conclusion.

ARTICLE 62. Le contrat de travail à durée déterminée ne peut être rompu avant l'échéance que dans les cas suivants :

---

organisations, comme la Fédération de l'éducation nationale (F.E.N.), ne sont affiliées à aucune Confédération.

La Confédération générale des cadres (C.G.C.). Les syndicats de cadres groupent les chefs de services, les ingénieurs, les techniciens et les contremaîtres. Ceux qui ne sont pas rattachés à une centrale ouvrière se sont fédérés dans la confédération générale des cadres (C.G.C), à laquelle adhère également la Chambre nationale des voyageurs et représentants de commerce (V.R.P.).

Les syndicats patronaux. Le patronat est organisé au sein du Conseil national du patronat français (C.N.P.F.). Créé en 1946, dans le cadre de la loi de 1901, sous la forme d'une association, le C.N.P.F. comprend actuellement les organisations suivantes :- les grandes confédérations, fédérations ou unions professionnelles, qui groupent tous les éléments patronaux d'une industrie ou d'un commerce, en partant du chef d'entreprise, pour aller, par le syndicat local, et le syndicat régional, jusqu'à la confédération, fédération ou union nationale ;

- la Confédération générale des petites et moyennes entreprises (C.G.P.M.E), organisme interprofessionnel, qui fédère les entreprises industrielles et commerciales, petites et moyennes ;
- la Fédération des associations régionales, organisme également interprofessionnel, qui réunit les groupements patronaux des divers départements français.

En France le législateur a, par ailleurs, interdit la grève aux services de police (1948) et aux compagnies républicaines de sécurité (1947), au personnel des services extérieurs de l'administrateur pénitentiaire (1958), aux magistrats (1958) et au personnel de la sécurité aérienne (1964).

En France, en 1938, l'arbitrage ayant été rendu obligatoire, il avait été institué une *Cour supérieure d'arbitrage*, qui avait pouvoir d'annuler les sentences arbitrales lorsque l'arbitre avait violé la loi ou commis un excès de pouvoir. Cette Cour subsiste, mais son rôle est réduit du fait du caractère facultatif de l'arbitrage.

En France c'est en 1883 qu'un industriel de l'école sociale catholique, Léon Harmel, installait au Val-des-Bois, près de Reims, le premier conseil d'usine. Une loi de 1890 instituait des délégués mineurs à la sécurité. Ces délégués, qui représentaient en même temps le personnel, devaient, en plus de leurs fonctions de contrôle de la sécurité, signaler les infractions à la législation sociale. En 1899, à la suite d'une grève, la direction du Creusot et le syndicat ouvrier avaient recours à l'arbitrage du président Waldeck-Rousseau pour la nomination de délégués d'atelier. D'autres systèmes de représentation ouvrière qui fonctionnaient aux Aciéries d'Ugine et aux établissements industriels avaient institué une telle représentation. En 1917, Albert Thomas, ministre de l'Armement, créait des délégués ouvriers dans les établissements de plus de 50 ouvriers travaillant pour la défense nationale. Ces délégués avaient pour mission de présenter les réclamations individuelles et d'intervenir auprès du patron pour lui proposer de résoudre les difficultés naissant de l'application des règlements, des tarifs des salaires, etc.

Au moment de la Libération, les comités sociaux d'établissement institués en application de la Charte du travail furent remplacés en divers endroits par des comités qualifiés de noms divers. Aussi, le gouvernement provisoire de la République a-t-il très rapidement promulgué l'ordonnance du 22 février 1945 sur les comités d'entreprise, modifiée ultérieurement par les lois du 16 mai 1946 et du 18 juin 1966.

1. force majeure,
2. accord des parties, à condition que celui-ci soit constaté par écrit,
3. faute lourde,
4. résolution judiciaire.

ARTICLE 63. Toute rupture abusive donne lieu à dommages-intérêts. Lorsque cette rupture est le fait de l'une ou l'autre partie, ces dommages-intérêts correspondent aux salaires et avantages de toute nature dont le salarié aurait bénéficié pendant la période restant à courir jusqu'au terme du contrat.

SOUS-SECTION II - DE LA RESILIATION DU CONTRAT A DUREE INDETERMINEE

ARTICLE 65. Le contrat de travail à durée indéterminée peut être résilié par la volonté de l'une des parties, sous réserve d'un préavis donné par la partie qui prend l'initiative de la rupture.

Les conditions et les délais du préavis sont déterminés par les conventions collectives.

Tout licenciement doit être confirmé par écrit au travailleur dans les huit (08) jours qui suivent. Copie en sera adressée à l'inspection du travail et des lois sociales et au service de l'emploi.

ARTICLE 66. Pendant la durée de préavis, l'employeur et le travailleur sont tenus au respect de toutes obligations qui leur incombent respectivement.

ARTICLE 67. Toute rupture de contrat à durée indéterminée, sans préavis ou sans que le délai de préavis ait été intégralement observé, emporte obligation, pour la partie responsable, de verser à l'autre partie une indemnité dont le montant correspond à la rémunération et aux avantages de toutes natures dont aurait bénéficié le travailleur durant le délai de préavis qui n'aura pas été effectivement respecté.

La rupture du contrat peut cependant intervenir sans préavis en cas de faute lourde, sous réserve de l'appréciation par la juridiction compétente, de la gravité de la faute.

Toute rupture abusive du contrat peut donner lieu à des dommages-intérêts. La juridiction compétente constate l'abus, par une enquête, sur les causes et les circonstances de la rupture du contrat.

Le montant des dommages-intérêts est fixé en tenant compte de tous les éléments qui peuvent justifier l'existence et déterminer l'étendue du préjudice causé et notamment :

1. lorsque la responsabilité incombe au travailleur, du préjudice subi par l'employeur en raison de l'inexécution du contrat ;

2. lorsque la responsabilité incombe à l'employeur, des usages, de la nature des services engagés, de l'ancienneté des services, de l'âge du travailleur et des droits acquis, à quelque titre que ce soit.

Ces dommages-intérêts ne se confondent ni avec l'indemnité pour inobservation de préavis ni avec l'indemnité de licenciement.

CHAPITRE IIDU TACHERONNAT

ARTICLE 79. Le tâcheron est un sous-entrepreneur recrutant lui-même la main-d'œuvre nécessaire, qui passe verbalement ou par écrit avec un entrepreneur un contrat pour l'exécution d'un certain travail ou la fourniture de certains services moyennant un prix forfaitaire. Il doit être inscrit au registre du commerce et du crédit mobilier comme sous-entrepreneur.

Le tâcheron est soumis aux mêmes obligations que tout employeur en ce qui concerne l'application de la législation en matière de travail, de main-d'œuvre et de sécurité sociale.

ARTICLE 80. Quand les travaux sont exécutés dans les ateliers, magasins ou chantiers de l'entrepreneur, celui-ci est, en cas d'insolvabilité du tâcheron, substitué à ce dernier en ce qui concerne ses obligations à l'égard des travailleurs.

Quand les travaux sont exécutés dans un lieu autre que les ateliers, magasins ou chantiers de l'entrepreneur, celui-ci est, en cas d'insolvabilité du tâcheron, responsable du paiement des salaires dus aux travailleurs.

Le travailleur lésé aura, dans ce cas, une action directe contre l'entrepreneur.

CHAPITRE IV. DU REGLEMENT INTERIEUR

ARTICLE 87. Le règlement intérieur est obligatoire dans les établissements ou entreprises où travaillent au moins onze (11) salariés. Il doit contenir les règles relatives à l'organisation technique du travail, à la discipline et aux prescriptions concernant l'hygiène, la sécurité et santé au travail nécessaire à la bonne marche de l'entreprise.

Toute autre clause est considérée comme nulle de plein droit, sous réserve des dispositions du dernier alinéa de l'article 127 du présent code.

ARTICLE 88. Avant la mise en vigueur du règlement intérieur, le chef d'entreprise doit le communiquer aux délégués du personnel s'il en existe, pour avis, ainsi qu'à l'inspecteur du travail et des lois sociales, accompagné de l'avis des délégués du personnel.

CHAPITRE V. DE L'APPRENTISSAGE

ARTICLE 92. Le contrat d'apprentissage est un contrat de type particulier liant étroitement la formation et le travail. Par ce contrat, un artisan ou un chef d'entreprise agricole, industrielle, commerciale ou de services s'engage à assurer ou à faire assurer une formation professionnelle, méthodique et complète à une personne qui s'oblige en retour à se conformer aux instructions qu'elle reçoit et à exécuter les ouvrages qui lui sont confiés en vue de sa formation.

ARTICLE 93. Les conditions relatives à la conclusion et à l'exécution du contrat d'apprentissage sont déterminées par la législation en vigueur en la matière.

TITRE IV. DE LA CONVENTION ET DES ACCORDS COLLECTIFS DE TRAVAIL

CHAPITRE I. DES ACCORDS D'ETABLISSEMENT OU D'ENTREPRISE

ARTICLE 94. Des accords concernant un ou plusieurs établissements déterminés peuvent être conclus entre d'une part, un employeur et, d'autre part, des délégués du personnel de l'établissement ou des établissements intéressés.

ARTICLE 95. Les accords d'établissement ou d'entreprise ont pour objet d'adapter aux conditions particulières de l'établissement ou des établissements considérés, les clauses des conventions collectives nationales, régionales ou locales, et notamment les conditions d'attribution et le mode de calcul de la rémunération au rendement, des primes à la production individuelle et collective et des primes à la productivité.

Ils peuvent prévoir des clauses plus favorables aux travailleurs.

A défaut de conventions collectives nationales, régionales ou locales, les accords d'établissement ne peuvent porter que sur la fixation des salaires et des accessoires de salaires.

Les dispositions des articles 97, 98, 108, 109, 110 et 111 s'appliquent aux accords prévus au présent article.

CHAPITRE II. DE LA CONVENTION COLLECTIVE ORDINAIRE

ARTICLE 96. La convention collective de travail est un accord conclu entre, d'une part, les représentants d'un ou de plusieurs syndicats ou groupements professionnels de travailleurs, et, d'autre part, une ou plusieurs organisations syndicales d'employeurs ou de tout autre groupement d'employeurs ou un ou plusieurs employeurs pris individuellement, ayant pour objet de déterminer les conditions auxquelles seront conclus les contrats individuels de travail, de fixer les droits et les devoirs des parties et d'uniformiser les conditions de travail.

ARTICLE 97. La convention collective détermine son champ d'application, qui peut être national, régional, local ou limité à un établissement ou plusieurs établissements.

ARTICLE 98. Les représentants des organisations syndicales ou de tout autre groupement professionnel visés à l'article précédent peuvent contracter au nom de l'organisation qu'ils représentent, en vertu :

1. soit des stipulations statutaires de cette organisation ;

2. soit d'une délibération spéciale de cette organisation ;
3. soit de mandats spéciaux et écrits qui leur sont donnés individuellement par tous les adhérents de cette organisation.

A défaut, pour être valable, la convention collective doit être adoptée par une délibération spéciale de ce groupement.

Les groupements déterminent eux-mêmes leur mode de délibération.

ARTICLE 99. La convention collective est applicable pendant une durée déterminée ou pour une période indéterminée.

TITRE V. DU SALAIRE

CHAPITRE I. DE LA DETERMINATION DU SALAIRE

ARTICLE 117. Par salaire, il faut entendre, quels qu'en soient la dénomination et le mode de calcul, le salaire de base ou minimum et tous autres avantages, payés directement ou indirectement, en espèces ou en nature, par l'employeur au travailleur, en raison de l'emploi de ce dernier, et fixés par les dispositions conventionnelles ou réglementaires.

ARTICLE 118. Dans les conditions prévues au présent titre, tout employeur est tenu d'assurer, pour un même travail ou un travail de valeur égale, l'égalité de rémunération entre les salariés, quels que soient leur nationalité, leur sexe, leur âge ou leur statut.

Les différents éléments composant la rémunération doivent être établis selon des normes identiques pour les hommes et pour les femmes.

Les catégories et classifications professionnelles, ainsi que les critères de promotion professionnelle doivent être communs aux travailleurs des deux sexes.

Les méthodes d'évaluation des emplois doivent reposer sur des considérations objectives basées essentiellement sur la nature des travaux que ces emplois comportent.

CHAPITRE II. DU PAIEMENT DU SALAIRE

SECTION I - DU MODE DE PAIEMENT

ARTICLE 126. Le salaire doit être payé en monnaie ayant cours légal. Toute stipulation contraire est interdite.

Le paiement de tout ou partie du salaire en alcool ou en boissons alcoolisées est formellement interdit.

Le paiement de la totalité du salaire en nature est également interdit, sous réserve des dispositions de l'article 119 du présent code dont les modalités de calcul de la valeur des denrées fournies sont déterminées par dispositions conventionnelles ou, à défaut, par arrêté du ministre chargé du travail.

La paie est faite, sauf cas de force majeure, sur le lieu du travail ou au bureau de l'employeur, lorsqu'il est voisin du lieu de travail. En aucun cas, elle ne peut être faite dans un débit de boissons ou dans un magasin de vente, sauf pour les travailleurs qui y sont normalement occupés, ni le jour où le travailleur a droit au repos.

SECTION II - DES PRIVILEGES ET GARANTIES DE LA CREANCE DE SALAIRES

ARTICLE 130. Les sommes dues aux entrepreneurs de tous les travaux ayant le caractère de travaux publics ne peuvent être frappées de saisie-attribution de créances, ni d'opposition au préjudice des ouvriers auxquels les salaires sont dus.

Les sommes dues aux ouvriers à titre de salaire sont payées de préférence à celles dues aux fournisseurs.

ARTICLE 131. La créance de salaire de tout travailleur bénéficiant des dispositions du présent code est privilégiée sur les meubles et immeubles du débiteur. Elle prend rang dans l'ordre des créances privilégiées immédiatement après les frais de justice, les frais funéraires et les frais de dernières maladies.

Peuvent, en outre, faire valoir une action directe ou des privilèges spéciaux :

1. les maçons, charpentiers et autres ouvriers employés pour édifier, reconstruire ou réparer les bâtiments ou autres ouvrages quelconques dans les conditions prévues à l'article 1798 du Code civil ;
2. les ouvriers qui ont travaillé, soit à la récolte, soit à la fabrication ou la réparation des ustensiles agricoles, soit à la conservation de la chose, dans les conditions prévues à l'article 2102 du Code civil;
3. les inscrits maritimes dans les conditions prévues par le code de commerce ;
4. les ouvriers employés à la construction, à la réparation, à l'armement et à l'équipage du navire dans les conditions prévues par le code de commerce.

ARTICLE 132. Sont privilégiées les sommes dues aux travailleurs et apprentis pour exécution et résiliation de leur contrat durant la dernière année ayant précédé le décès du débiteur, la saisie des biens ou la décision judiciaire d'ouverture d'une procédure collective.

ARTICLE 133. Les dispositions de l'article 130 du présent code ne s'appliquent pas à la fraction insaisissable des sommes restantes dues sur les salaires effectivement gagnés par les ouvriers pendant les quinze (15) derniers jours de travail, ou par les employés pendant les trente (30) derniers jours, sur les commissions dues aux voyageurs et représentants de commerce pour les quatre- vingt-dix (90) derniers jours de travail et sur les salaires dus aux marins de commerce pour la dernière période de paiement.

A cette fraction insaisissable, représentant la différence entre les salaires et commissions dues et la portion saisissable de ces salaires et commissions telle qu'elle est déterminée par le décret prévu à l'article 137 du présent code, s'applique la procédure exceptionnelle suivante :

1. les fractions des salaires et commissions ainsi désignées pour faire l'objet d'une mesure d'exception devront être payées, nonobstant l'existence de toute autre créance, dans les dix (10) jours qui suivent le jugement déclaratif de faillite ou de liquidation judiciaire et sur simple ordonnance du juge commissaire, à la seule condition que le syndic ou le liquidateur ait en mains les fonds nécessaires ;
2. au cas où cette condition ne serait pas remplie, lesdites fractions de salaires et commissions devront être acquittées sur les premières rentrées de fonds, nonobstant l'existence et le rang de toute autre créance privilégiée ;
3. au cas où lesdites fractions de salaires et commissions sont payées grâce à une avance faite par le syndic, le liquidateur ou toute autre personne, le prêteur sera, par cela même, subrogé dans les droits des salariés et devra être remboursé dès la rentrée des fonds nécessaires, sans qu'aucun autre créancier puisse y faire opposition.

Pour établir le montant des salaires, en vue de l'application des dispositions du présent article, il doit être tenu compte non seulement des salaires et appointements proprement dits, mais de tous les accessoires desdits salaires et appointements et, éventuellement, de l'indemnité de préavis, de l'indemnité de congé payé et de l'indemnité pour rupture abusive du contrat de travail.

SECTION III - DE LA PRESCRIPTION DE L'ACTION EN PAIEMENT DU SALAIRE

ARTICLE 135. L'action en paiement du salaire se prescrit par cinq (05) ans.

Le délai de prescription court du jour où le salaire est exigible. Il est suspendu lorsqu'il y a compte arrêté ou citation en justice non périmée.

CHAPITRE III. DES RETENUES SUR SALAIRE

ARTICLE 136. En dehors des prélèvements obligatoires, des remboursements des sommes versées à des tiers en vertu d'une cession de salaires régulièrement consentie et des consignations qui peuvent être prévues par les conventions collectives et les contrats, il ne peut être fait de retenue sur les appointements ou salaires que dans les cas ci-après :

1. par saisie-attribution des créances ;
2. par cession volontaire souscrite par le cédant en personne et communiquée pour vérification à l'inspecteur du travail et des lois sociales du ressort quand

il s'agit de remboursement des avances d'argent consenties par l'employeur aux travailleurs et devant le président du tribunal compétent dans les autres cas ;

3. en cas d'institution, dans le cadre des dispositions législatives et réglementaires en vigueur, des sociétés de secours mutuel comportant le versement de cotisation par le travailleur.

Les acomptes sur un travail en cours ne sont pas considérés comme des avances.

TITRE VI. DES CONDITIONS DU TRAVAIL

CHAPITRE I. DE LA DUREE DU TRAVAIL

ARTICLE 142. Dans toute entreprise, même d'enseignement ou de bienfaisance, à l'exception de l'entreprise agricole, la durée du travail des employés ou ouvriers, de l'un ou l'autre sexe, de tout âge, travaillant à temps, à la tâche ou aux pièces, ne peut normalement excéder quarante (40) heures par semaine.

Dans les exploitations agricoles, la durée légale du travail est fixée à deux mille quatre cents (2400) heures par an.

Les heures effectuées au-delà de cette durée de travail ou de la durée considérée comme équivalente donnent lieu à une majoration de salaire.

Les modalités d'application de la durée du travail et la durée maximale des heures supplémentaires qui peuvent être effectuées en cas de travaux urgents et exceptionnels ainsi que la durée du travail considérée comme équivalente sont fixées par arrêté du ministre chargé du travail après avis du Conseil National du Travail.

Les conventions collectives déterminent le taux et les modalités de rémunération des heures supplémentaires effectuées de jour ou de nuit, pendant les jours ouvrables, les jours fériés et les jours de repos.

ARTICLE 143. Une durée de travail inférieure à la durée normale peut être stipulée dans le cadre du travail partiel. Dans ce cas, le contrat doit être constaté par écrit ou une lettre d'embauche mentionnant la durée de travail. Des heures complémentaires peuvent être accomplies dans des conditions et limites prévues par arrêté du ministre chargé du travail.

CHAPITRE II. DU TRAVAIL DE NUIT

ARTICLE 144. Est considéré comme travail de nuit, le travail effectué entre vingt-deux (22) heures et cinq (05) heures.

ARTICLE 145. Le travail de nuit est interdit pour les jeunes travailleurs de moins de dix-huit (18) ans, sauf dérogation accordée dans des conditions fixées par arrêté du ministre chargé du travail, après avis du Conseil National du Travail, en raison de la nature particulière de l'activité professionnelle.

ARTICLE 146. Les heures de travail effectuées de jour comme de nuit sont rémunérées au taux normal, sous réserve de dispositions plus favorables des conventions collectives.

CHAPITRE III. DU TRAVAIL DES FEMMES

ARTICLE 147. Des arrêtés du ministre chargé du travail, pris après avis du Conseil National du Travail, fixent la nature des travaux interdits aux femmes enceintes.

Ne peuvent être interdits que les travaux de nature à porter atteinte à leur capacité de procréation ou ceux affectant leur santé ou celle de leur enfant.

ARTICLE 148. Toute femme enceinte, dont l'état a été constaté par un médecin, peut quitter le travail sans préavis et sans avoir de ce fait à payer une indemnité de rupture de contrat.

A l'occasion de son accouchement, et sans que cette interruption puisse être considérée comme une cause de rupture du contrat, toute femme a le droit de suspendre son travail pendant quatorze (14) semaines consécutives, dont six (06) semaines après la délivrance.

Quand l'accouchement a lieu après la date qui était présumée, le congé pris antérieurement est, dans tous les cas, prolongé jusqu'à la date effective, et la durée du congé à prendre obligatoirement après l'accouchement ne sera pas réduite.

La suspension peut être prolongée de trois (03) semaines en cas de maladie dûment constatée, et résultant de la grossesse, des couches ou en cas de grossesses multiples ou pour des causes intéressant la santé de l'enfant.

Dans tous les cas, la femme a droit, pendant la période de suspension de contrat de travail, à la charge de la Caisse Nationale de Sécurité Sociale, à une indemnité égale à la moitié du salaire qu'elle percevait au moment de la suspension du travail, l'autre moitié étant à la charge de l'employeur.

Toute convention contraire aux dispositions du présent article, est nulle et de nul effet.

ARTICLE 149. Pendant la période de quinze (15) mois qui suit la naissance de l'enfant, la mère a droit à des repos pour l'allaitement. La durée totale de ces repos ne peut dépasser une (01) heure par jour de travail.

La mère peut, pendant cette période, quitter son travail sans préavis et sans avoir de ce fait à payer une indemnité de rupture.

CHAPITRE IV. DU TRAVAIL DES ENFANTS

ARTICLE 150. Sous réserve des dispositions relatives à l'apprentissage, les enfants, de l'un ou l'autre sexe, ne peuvent être employés dans aucune entreprise, ni réaliser aucun type de travail, même pour leur propre compte, avant l'âge de quinze (15) ans, sauf dérogation prévue par arrêté du ministre chargé du travail, pris après avis du Conseil National du Travail compte tenu des circonstances locales et des tâches qui peuvent leur être demandées.

ARTICLE 151. Les enfants de plus de quinze (15) ans peuvent effectuer des travaux légers. Les employeurs sont tenus d'adresser une déclaration préalable à l'inspecteur du travail et des lois sociales qui dispose d'un délai de huit (08) jours pour notifier son désaccord éventuel.

Dans tous les cas, sont interdites les pires formes de travail des enfants. Sont considérées comme pires formes de travail des enfants :

1. toutes formes d'esclavage ou pratiques analogues, telles que la vente et la traite des enfants, la servitude pour dettes et le servage, ainsi que le travail forcé ou obligatoire, y compris le recrutement forcé ou obligatoire des enfants en vue de leur utilisation dans des conflits armés ;
2. l'utilisation, le recrutement ou l'offre d'un enfant à des fins de prostitution, de production de matériel pornographique ou de spectacles pornographiques ;
3. l'utilisation, le recrutement ou l'offre d'un enfant aux fins d'activités illicites, notamment pour la production et le trafic de stupéfiants, tels que les définissent les conventions internationales pertinentes ;
4. les travaux qui, par leur nature ou les conditions dans lesquelles ils s'exercent, sont susceptibles de nuire à la santé, à la sécurité ou à la moralité de l'enfant.

Le fait de soumettre un enfant à des pires formes de travail est passible de sanctions pénales.

CHAPITRE V. DU TRAVAIL DES PERSONNES HANDICAPEES

ARTICLE 152. Est considérée comme personne handicapée, toute personne qui, du fait d'une déficience motrice, sensorielle ou mentale, congénitale ou acquise, est dans l'incapacité d'assurer par elle-même tout ou partie des nécessités d'une vie individuelle ou sociale normale et se trouve empêchée ou limitée dans ses possibilités de jouir des mêmes droits et de faire face aux mêmes obligations que ses concitoyens de même sexe et de même âge.

ARTICLE 153. Les conditions de travail des personnes handicapées sont déterminées par décret en conseil des ministres.

CHAPITRE VI. DES DISPOSITIONS COMMUNES AU TRAVAIL DES ENFANTS ET DES PERSONNES HANDICAPEES

ARTICLE 154. Le repos journalier des enfants doit avoir une durée de douze (12) heures consécutives au minimum.

ARTICLE 155. L'inspecteur du travail et des lois sociales peut requérir l'examen des enfants et des personnes handicapées par un médecin inspecteur du travail ou par un médecin agréé, en vue de vérifier si le travail dont ils sont chargés n'excède pas leurs capacités.

La personne handicapée ou l'enfant ne peut être maintenu dans un emploi reconnu au-dessus de ses capacités et doit être affecté à un emploi convenable. Si cela n'est pas possible, le contrat doit être résilié avec paiement par l'employeur, de l'indemnité de préavis et, éventuellement, de l'indemnité de licenciement.

CHAPITRE VII. DU REPOS HEBDOMADAIRE ET DES JOURS FERIES

ARTICLE 156. Le repos hebdomadaire est obligatoire. Il est au minimum de vingt-quatre (24) heures consécutives par semaine. Il a lieu en principe le dimanche.

Les modalités d'application de l'alinéa précédent, notamment les professions pour lesquelles et les conditions dans lesquelles le repos pourra exceptionnellement, et pour des motifs nettement établis, soit être donné par roulement ou collectivement d'autres jours que le dimanche, soit être suspendu par compensation des fêtes religieuses ou locales, sont fixées par arrêté du ministre chargé du travail.

ARTICLE 157. La liste et le régime des jours fériés sont déterminés par décret en conseil des ministres et affichés sur les lieux de travail.

CHAPITRE VIII. DES CONGES ET TRANSPORTS

SECTION I - DES CONGES PAYES

ARTICLE 158. Sauf dispositions plus favorables des conventions collectives ou de contrat de travail individuel, le travailleur acquiert droit au congé payé, à la charge de l'employeur, à raison de deux jours et demi par mois de service effectif. Pour le calcul de la durée du congé acquis, ne seront pas déduites les absences pour accident du travail ou maladie professionnelle, les périodes de repos des femmes en couche, prévues à l'article 148 du présent code, ni dans la limite de six (06) mois, les absences pour maladie dûment constatée par un médecin agréé.

Dans la limite de dix (10) jours par an et en l'absence de dispositions conventionnelles plus favorables, ne peuvent être déduites de la durée du congé acquis, les permissions exceptionnelles qui auront été accordées au travailleur à l'occasion d'événements familiaux touchant directement son foyer. Par contre, les congés spéciaux accordés en sus des jours fériés pourront être déduits s'ils n'ont pas fait l'objet d'une compensation ou récupération des journées ainsi accordées

ARTICLE 159. Le droit au congé est acquis après une durée de service effectif d'un (01) an. Toutefois, les parties au contrat peuvent convenir d'une jouissance de ce droit au prorata temporis, après six (06) mois consécutifs de travail.

La jouissance effective de congé peut être reportée d'accord parties sans que la durée de service effectif ouvrant droit au congé puisse excéder deux (02) ans.

En cas de rupture ou d'expiration du contrat avant que le travailleur ait acquis droit au congé, une indemnité calculée sur la base des droits acquis d'après l'article 158 du présent code ou d'après les dispositions de la convention collective ou du contrat de travail individuel doit être accordée à la place du congé.

TITRE VII. DE LA SECURITE ET SANTE AU TRAVAIL ET DES SERVICES DE SECURITE ET SANTE AU TRAVAIL

CHAPITRE I. DE LA SECURITE ET SANTE AU TRAVAIL

ARTICLE 168. Il est institué auprès du ministre chargé du travail et présidé par le directeur général du travail, un comité technique consultatif de sécurité et santé au travail doté d'un secrétariat permanent.

Ce comité donne son avis, outre les cas prévus par le présent code, sur les demandes d'homologation des dispositifs de protection des appareils, machines ou éléments de machines dangereux à installer dans les établissements et sur les lieux de travail, ainsi que sur celles des produits potentiellement toxiques.

Un arrêté du ministre chargé du travail détermine la composition et le fonctionnement du comité technique consultatif de sécurité et santé au travail dans lequel toutes les parties intéressées doivent être représentées.

CHAPITRE II. DES SERVICES DE SECURITE ET SANTE AU TRAVAIL

ARTICLE 175. Toute entreprise ou établissement, de quelque nature que ce soit, doit assurer un service de sécurité et santé à ses travailleurs.

Des arrêtés conjoints du ministre chargé du travail et du ministre chargé de la santé, déterminent les modalités d'application, d'organisation et de fonctionnement des services de sécurité et santé au travail. Ils déterminent les conditions dans lesquelles sont effectuées les différentes surveillances de la santé des travailleurs, du milieu du travail, de la prévention, de l'amélioration des conditions de travail et le suivi-évaluation des activités.

Ils classent, compte tenu des conditions locales, du nombre des travailleurs et des risques, les entreprises dans les catégories suivantes :

1. entreprises devant s'assurer un service de sécurité autonome avec un ou plusieurs médecins, infirmiers et autres spécialistes en sécurité et santé au travail ;
2. entreprises devant s'assurer un service de sécurité et santé inter-entreprises avec un ou plusieurs médecins et infirmiers spécialistes en santé au travail.

ARTICLE 176. L'employeur doit obligatoirement mettre à la disposition du personnel soignant des locaux adaptés, du matériel médical, des médicaments et consommables bio-médicaux, conformément à la liste fixée par arrêté conjoint du ministre chargé du travail et du ministre chargé de la santé après avis du comité technique consultatif de sécurité et santé au travail.

TITRE VIII. DES SERVICES DE CONTROLE, DU PLACEMENT ET DU DIALOGUE SOCIAL

CHAPITRE I. DES SERVICES DE CONTROLE

SECTION I - DE L'INSPECTION DU TRAVAIL ET DES LOIS SOCIALES

ARTICLE 182. L'inspection du travail et des lois sociales est assurée par un corps spécialisé de fonctionnaires composé d'inspecteurs et de contrôleurs du travail et des lois sociales.

Un décret en conseil des ministres fixe le statut particulier de ces fonctionnaires qui doivent bénéficier de moyens matériels et de ressources financières nécessaires à leur indépendance et à l'exercice de leurs fonctions.

ARTICLE 183. Les inspecteurs du travail et des lois sociales ont notamment pour attributions de :

1. veiller à l'application des dispositions édictées en matière de travail, de rapports professionnels individuels et collectifs, et informer l'autorité compétente des insuffisances constatées ;
2. éclairer de leurs conseils et de leurs recommandations les employeurs et les travailleurs ;
3. apporter leur concours aux employeurs et aux travailleurs pour le règlement amiable des différends individuels.
4. conduire des enquêtes sur les risques professionnels.

Ils peuvent être chargés par le directeur général du travail de :

1. l'étude de la conjoncture économique et sociale, notamment des problèmes de salaires et de prix ;
2. l'étude de l'évolution des rapports professionnels et des relations avec les organismes professionnels ;
3. l'étude des rapports contractuels de travail.

SECTION II - DES ACTIVITES DE SANTE AU TRAVAIL

ARTICLE 193. Les activités de santé au travail sont coordonnées par un médecin inspecteur du travail placé sous l'autorité du directeur général du travail. Il prête serment dans les conditions prévues à l'article 184 du présent code.

Il n'est pas habilité à dresser des mises en demeure, des procès-verbaux au cours de ses visites et enquêtes. Il fait des rapports de contrôle dont il adresse copie à l'inspecteur du travail et des lois sociales, rapports dans lesquels sont mentionnées les infractions ou irrégularités constatées au cours des visites et enquêtes.

ARTICLE 194. Le médecin inspecteur du travail est chargé :

1. de contrôler le fonctionnement des services médicaux du travail au sein des entreprises ;
2. de contrôler l'exécution des différentes prestations prévues par le présent code en collaboration avec les services psychotechniques en vue de l'orientation professionnelle des travailleurs, de leur reclassement ou de leur rééducation professionnelle ;
3. d'étudier les problèmes relatifs à la physiologie du travail, à l'ergonomie et à la prévention des risques professionnels ;
4. de veiller, en collaboration avec l'inspecteur du travail et des lois sociales, à l'application de la législation et de la réglementation en matière de protection de la santé des travailleurs ;
5. de procéder aux visites médicales d'embauchage, aux visites périodiques, aux visites de reprise du travail et aux visites annuelles.

Des arrêtés du ministre chargé du travail fixent les conditions dans lesquelles sont effectuées ces visites.

SECTION II- DE L'AGENCE NATIONALE POUR L'EMPLOI (ANPE)

ARTICLE 202. L'ANPE est un établissement public administratif doté de la personnalité morale et de l'autonomie financière. Elle est placée sous l'autorité du ministre chargé de l'emploi.

Elle a pour missions de :

1. contribuer à l'élaboration de la politique nationale en matière d'emploi;
2. constituer une banque de données fiables sur l'emploi et la main-d'œuvre en relation avec toute banque de données existantes dans d'autres départements ou organismes ;
3. promouvoir l'emploi et lutter contre le chômage ;
4. prospecter les emplois disponibles et développer les relations en entreprise ;
5. orienter les demandeurs d'emploi vers les centres de formation professionnelle et participer à la formation en entreprise des travailleurs, à leur recyclage et éventuellement à leur reconversion professionnelle ;
6. délivrer à tout demandeur d'emploi, tant national qu'étranger, une carte d'inscription ;
7. recevoir les demandes et les offres d'emplois ;
8. effectuer le placement ;

9. traiter toutes les questions relatives à l'utilisation et à la répartition de la main-d'œuvre ;

10. régler les problèmes de compensation de main-d'œuvre entre les régions ;

11. participer à l'organisation et à la surveillance des concours et examens de formation ou de perfectionnement professionnels.

ARTICLE 203. L'ANPE est administrée par un conseil d'administration qui délibère notamment sur le budget de l'agence ainsi que sur les programmes et plans d'action.

CHAPITRE V

DES DELEGUES DU PERSONNEL ET DES DELEGUES SYNDICAUX

SECTION I- DES DELEGUES DU PERSONNEL

ARTICLE 212. Les délégués du personnel sont les représentants élus du personnel. Ils sont chargés de la défense des intérêts des travailleurs au sein de l'entreprise. La durée de leur mandat est de deux (02) ans. Ils sont rééligibles.

Un arrêté du ministre chargé du travail, pris après avis du Conseil National du Travail, fixe les conditions d'organisation et les modalités de fonctionnement de l'institution notamment :

1. le nombre de travailleurs à partir duquel ainsi que les catégories d'établissement dans lesquelles l'institution de délégués du personnel est obligatoire ;
2. le nombre des délégués et leur répartition sur le plan professionnel ;
3. les modalités de leur élection ;
4. les conditions exigées pour être électeur et éligible ;
5. la durée considérée et rémunérée comme temps de travail dont disposent les délégués pour l'accomplissement de leur fonction ;
6. les moyens mis à la disposition des délégués ;
7. les conditions dans lesquelles ils seront reçus par l'employeur ou son représentant ;
8. les conditions de révocation du délégué par le collège des travailleurs qui l'a élu.

ARTICLE 213. Les contestations relatives à l'élection, à l'éligibilité des délégués du personnel, ainsi qu'à la régularité des opérations électorales sont de la compétence du tribunal du travail qui statue d'urgence en premier et dernier ressort par décision susceptible de pourvoi en cassation devant la chambre judiciaire de la cour suprême.

***SECTION II* - DES DELEGUES SYNDICAUX**

ARTICLE 218. Les délégués syndicaux sont désignés au sein de l'entreprise par les organisations syndicales les plus représentatives.

ARTICLE 219. Les délégués syndicaux peuvent assister les délégués du personnel sur leur demande.

ARTICLE 220. Pour l'exercice de leur mandat, les délégués syndicaux bénéficient de la même protection que celle prévue pour les délégués du personnel.

ARTICLE 221. Pour permettre leur participation aux activités d'éducation ouvrière des organisations syndicales, il est accordé aux responsables syndicaux, à la demande de leurs organisations syndicales, un congé dit "congé d'éducation ouvrière". Les conventions collectives règlent les modalités d'attribution de ce congé.

ARTICLE 222. Un arrêté du ministre chargé du travail, pris après avis du Conseil National du Travail, fixe les modalités d'organisation et de fonctionnement de la représentation syndicale dans l'entreprise.

TITRE IX. DES DIFFERENDS DU TRAVAIL

ARTICLE 223. Les différends du travail comprennent :

1. les litiges individuels du travail ;
2. les conflits collectifs du travail.

La procédure de règlement de ces différends est soumise aux dispositions du présent titre.

CHAPITRE I. DU LITIGE INDIVIDUEL

ARTICLE 224. Le litige individuel du travail est celui qui oppose, en cours d'emploi ou à l'occasion de la rupture du contrat, un travailleur à son employeur.

***SECTION I* - DE LA PROCEDURE DE REGLEMENT AMIABLE**

ARTICLE 225. Tout travailleur ou tout employeur peut demander à l'inspecteur du travail et des lois sociales, à son délégué ou suppléant légal, de régler tout litige individuel de travail à l'amiable.

ARTICLE 226. L'inspecteur du travail et des lois sociales, saisi d'une demande de règlement amiable, convoque les parties dans les quinze (15) jours qui suivent la date de réception du dossier.

Les parties sont tenues de se présenter à l'inspecteur qui vérifie si elles sont disposées à se concilier immédiatement sur la base des dispositions fixées par la loi, la réglementation, les conventions collectives ou le contrat individuel de travail.

Nul ne doit, de quelque manière que ce soit, faire obstacle à la conciliation ou à la non conciliation.

ARTICLE 227. Le défaut de comparution de l'une des parties après deux (02) convocations, sauf cas de force majeure, est passible d'une amende de vingt mille (20.000) francs sans préjudice de la condamnation au paiement des dommages-intérêts par la juridiction compétente.

ARTICLE 228. En cas de conciliation, la formule exécutoire est apposée, en vertu d'une ordonnance du président du tribunal du travail prise à la requête de la partie la plus diligente, sur le procès-verbal de conciliation établi par l'inspecteur du travail et des lois sociales son délégué ou son suppléant légal.

Le procès-verbal a force exécutoire comme un jugement du tribunal.

Le président du tribunal du travail territorialement compétent est celui dans le ressort duquel le procès-verbal de conciliation a été signé.

SECTION II - DE LA PROCEDURE DE REGLEMENT DEVANT LES TRIBUNAUX

ARTICLE 230. Les tribunaux du travail connaissent des litiges individuels pouvant s'élever à l'occasion de l'exécution du contrat de travail entre les travailleurs et leurs employeurs.

Ces tribunaux sont compétents pour se prononcer sur tous litiges individuels relatifs aux conventions collectives ou aux arrêtés en tenant lieu. Leur compétence s'étend également aux litiges nés entre travailleurs à l'occasion du travail, aux litiges relatifs aux contrats d'apprentissage, aux litiges ayant pour origine l'application de la législation en matière de sécurité sociale, accidents du travail, maladies professionnelles, prestations familiales, pensions de retraite.

ARTICLE 231. Le tribunal territorialement compétent est celui du lieu du travail.

Toutefois, pour les litiges nés de la résiliation du contrat de travail et nonobstant toute attribution conventionnelle de juridiction, le travailleur dont la résidence habituelle est au Togo, en un autre lieu que le lieu de travail aura le choix entre le tribunal de sa résidence habituelle et celui du lieu du travail.

CHAPITRE II. DES CONFLITS COLLECTIFS ET DE L'EXERCICE DU DROIT DE GREVE

ARTICLE 256. Le conflit collectif est celui qui oppose une collectivité de salariés organisés ou non en groupement professionnel à un employeur ou à un groupe d'employeurs.

Il est caractérisé par la nature collective de l'intérêt en jeu.

SECTION I - DE LA CONCILIATION DEVANT L'INSPECTEUR DU TRAVAIL ET DES LOIS SOCIALES

ARTICLE 257. L'inspecteur du travail et des lois sociales saisi du conflit doit, sans délai, prendre l'initiative du règlement devant intervenir entre les parties.

Les parties au conflit sont tenues de répondre à toutes les convocations et de se rendre aux réunions de concertation et de conciliation organisées par l'autorité compétente.

Lorsque l'une des parties ne comparaît pas, l'inspecteur du travail et des lois sociales la convoque de nouveau dans un délai qui ne peut excéder quarante-huit (48) heures, sans préjudice de sa condamnation à une amende prononcée par la juridiction compétente sur procès-verbal dressé par l'inspecteur du travail et des lois sociales.

ARTICLE 258. A l'issue de la tentative de conciliation, l'inspecteur du travail et des lois sociales dresse procès-verbal constatant soit l'accord, soit le désaccord total ou partiel des parties qui contresignent le procès-verbal et en reçoivent copie.

En cas de conciliation, l'accord est exécutoire dans les conditions fixées à l'article 228 du présent code.

ARTICLE 259. En cas de désaccord, l'inspecteur du travail et des lois sociales rédige un rapport sur le conflit et précise les points de désaccord. Le rapport accompagné du dossier complet du conflit est adressé au directeur général du travail qui convoque les parties dès réception dans un délai de quinze (15) jours sur les points qui demeurent encore sans solution.

SECTION II - DE L'ARBITRAGE

ARTICLE 260. Au cas où le désaccord persiste sur certains points du différend, le directeur général du travail rédige un rapport qu'il adresse au ministre chargé du travail et lui propose de désigner les membres du conseil d'arbitrage qui doit être saisi du différend.

La désignation des membres du conseil d'arbitrage doit intervenir dans les huit

(08) jours qui suivent la transmission du rapport.

Le conseil d'arbitrage est présidé par le président de la cour d'appel territorialement compétent ou un conseiller délégué. Il comprend en outre :

1. un magistrat de la cour d'appel désigné par le président ;
2. le président du tribunal du travail ;
3. un inspecteur du travail et des lois sociales qui n'a pas eu à connaître de la conciliation et désigné par le ministre chargé du travail.

4. un assesseur employeur et un assesseur travailleur nommés par le ministre chargé du travail et désignés sur la liste des assesseurs du tribunal du travail.

Les personnes qui ont participé à la conciliation ou qui ont un intérêt direct dans le différend ne peuvent être membres du conseil d'arbitrage.

ARTICLE 261. Le conseil d'arbitrage, ne peut statuer sur d'autres objets que ceux déterminés par les rapports établis ou ceux qui, résultant d'événements postérieurs à ces rapports, sont les conséquences du différend en cours.

Il statue en droit sur les différends relatifs à l'interprétation des lois, règlements, conventions collectives ou accords d'établissements en vigueur.

Il statue en équité sur les autres différends, notamment lorsque ceux-ci portent sur les salaires ou les conditions de travail quand celles-ci ne sont pas fixées par des lois, règlements, conventions collectives ou accords d'établissement en vigueur, ainsi que sur les différends relatifs à la négociation et à la révision de clauses des conventions collectives.

SECTION III - DE LA GREVE ET DU LOCK-OUT

SOUS-SECTION I - DE LA GREVE

ARTICLE 268. La grève est une cessation collective et concertée du travail décidée par les travailleurs en vue d'obtenir la satisfaction de leurs revendications d'ordre professionnel.

ARTICLE 269. Les travailleurs salariés ont le droit de recourir à la grève pour défendre leurs intérêts professionnels.

ARTICLE 270. Pour être licite, la grève doit être précédée d'un préavis de cinq (05) jours ouvrables notifié à l'employeur et à l'inspecteur du travail et des lois sociales du ressort par l'organisation syndicale ayant pris l'initiative de la grève. Cette notification doit comporter les raisons et les revendications formulées par l'organisation syndicale déposant le préavis de grève et indiquer si le conflit a déjà fait l'objet de procédure conventionnelle de négociation.

La grève est illicite lorsqu'elle n'est pas déclarée et exécutée conformément aux dispositions ci-dessus mentionnées.

ARTICLE 271. Les parties au conflit sont tenues de se rencontrer pendant la durée de préavis pour poursuivre les négociations et organiser un service minimum dans l'entreprise en cas de grève afin d'éviter les accidents et d'assurer la protection des installations et des équipements. A défaut d'accord entre les parties, l'inspecteur du travail et des lois sociales fixe le service minimum en question. Auparavant, il doit offrir aux intéressés la possibilité de se faire entendre.

Toute contestation relative à la fixation d'un service minimum selon le présent article est tranchée par le tribunal du travail qui statue en référé.

Le travailleur réquisitionné pour assurer un service minimum conformément au présent article et qui ne se présente pas à son poste de travail commet une faute lourde.

ARTICLE 272. A l'expiration du préavis et en cas d'échec de la négociation, les travailleurs peuvent cesser le travail sous réserve :

1. d'assurer, à la demande de l'employeur, un service minimum ;
2. de respecter la liberté de travail des non-grévistes ;
3. de s'abstenir de la destruction des biens, de porter des coups volontaires, de séquestrer l'employeur, ses préposés ou l'autorité administrative.

L'employeur est tenu de prendre toutes les mesures de sécurité indispensables. L'inspecteur du travail et des lois sociales, dans un rapport constatant l'échec de la négociation, transmet le dossier au directeur général du travail.

SOUS-SECTION II **- DU LOCK-OUT**

ARTICLE 282. Le lock-out est la fermeture de tout ou partie d'une entreprise ou d'un établissement, décidée par l'employeur pour riposter à une action syndicale.

ARTICLE 283. Le lock-out est exceptionnellement admis lorsqu'il est justifié par un impératif de sécurité lors d'une grève illicite ou lorsque l'entreprise se trouve dans l'incapacité de fonctionner normalement du fait d'une grève.

ARTICLE 284. Le lock-out prend fin lorsque les causes qui l'ont provoqué disparaissent.

ARTICLE 285. Le lock-out licite suspend le contrat de travail et dispense l'employeur de verser aux travailleurs la rémunération habituellement due pour la période concernée.

Lorsque le lock-out est jugé illicite, l'employeur doit payer à chaque travailleur les salaires et les indemnités que celui-ci aurait perçus s'il avait pu fournir sa prestation habituelle de travail.

TABLE DES MATIERES

Structures éditoriales du groupe L'Harmattan

L'Harmattan Italie
Via degli Artisti, 15
10124 Torino
harmattan.italia@gmail.com

L'Harmattan Hongrie
Kossuth l. u. 14-16.
1053 Budapest
harmattan@harmattan.hu

L'Harmattan Sénégal
10 VDN en face Mermoz
BP 45034 Dakar-Fann
senharmattan@gmail.com

L'Harmattan Cameroun
TSINGA/FECAFOOT
BP 11486 Yaoundé
inkoukam@gmail.com

L'Harmattan Burkina Faso
Achille Somé – tengnule@hotmail.fr

L'Harmattan Guinée
Almamya, rue KA 028 OKB Agency
BP 3470 Conakry
harmattanguinee@yahoo.fr

L'Harmattan RDC
185, avenue Nyangwe
Commune de Lingwala – Kinshasa
matangilamusadila@yahoo.fr

L'Harmattan Congo
67, boulevard Denis-Sassou-N'Guesso
BP 2874 Brazzaville
harmattan.congo@yahoo.fr

L'Harmattan Mali
Sirakoro-Meguetana V31
Bamako
syllaka@yahoo.fr

L'Harmattan Togo
Djidjole – Lomé
Maison Amela
face EPP BATOME
ddamela@aol.com

L'Harmattan Côte d'Ivoire
Résidence Karl – Cité des Arts
Abidjan-Cocody
03 BP 1588 Abidjan
espace_harmattan.ci@hotmail.fr

L'Harmattan Algérie
22, rue Moulay-Mohamed
31000 Oran
info2@harmattan-algerie.com

L'Harmattan Maroc
5, rue Ferrane-Kouicha, Talaâ-Elkbira
Chrableyine, Fès-Médine
30000 Fès
harmattan.maroc@gmail.com

Nos librairies en France

Librairie internationale
16, rue des Écoles – 75005 Paris
librairie.internationale@harmattan.fr
01 40 46 79 11
www.librairieharmattan.com

Librairie l'Espace Harmattan
21 bis, rue des Écoles – 75005 paris
librairie.espace@harmattan.fr
01 43 29 49 42

Lib. sciences humaines & histoire
21, rue des Écoles – 75005 paris
librairie.sh@harmattan.fr
01 46 34 13 71
www.librairieharmattansh.com

Lib. Méditerranée & Moyen-Orient
7, rue des Carmes – 75005 Paris
librairie.mediterranee@harmattan.fr
01 43 29 71 15

Librairie Le Lucernaire
53, rue Notre-Dame-des-Champs – 75006 Paris
librairie@lucernaire.fr
01 42 22 67 13

www.ingramcontent.com/pod-product-compliance
Lightning Source LLC
LaVergne TN
LVHW021138061026
849535LV00002B/292
* 9 7 8 2 3 4 3 1 9 4 3 3 2 *